郑州统计年鉴

2021

（总第二十三期　NO.23）

郑　州　市　统　计　局
国家统计局郑州调查队　编

中国统计出版社
China Statistics Press

图书在版编目(CIP)数据

郑州统计年鉴. 2021 / 郑州市统计局，国家统计局郑州调查队编. -- 北京 : 中国统计出版社，2021.12
ISBN 978-7-5037-9745-3

Ⅰ. ①郑… Ⅱ. ①郑… ②国… Ⅲ. ①统计资料－郑州－2021－年鉴 Ⅳ. ①C832.611-54

中国版本图书馆CIP数据核字(2021)第251770号

郑州统计年鉴—2021

作　　者/ 郑州市统计局　国家统计局郑州调查队
责任编辑/ 钟　钰
装帧设计/ 王西海
出版发行/ 中国统计出版社有限公司
地　　址/ 北京市丰台区西三环南路甲6号
邮政编码/ 100073
电　　话/ 邮购（010）63376909　书店（010）68783171
网　　址/ http://www.zgtjcbs.com
印　　刷/ 河南新华印刷集团有限公司
经　　销/ 新华书店
开　　本/ 890mm×1240mm　1/16
字　　数/ 810千字
印　　张/ 33.75　彩页 0.75
版　　别/ 2021年12月第1版
版　　次/ 2021年12月第1次印刷
定　　价/ 300.00元

如有印装差错，由本社发行部调换。

《郑州统计年鉴—2021》

编委会和编辑人员

一、编委会

二、编辑部

郑州统计年鉴

编 辑 说 明

一、《郑州统计年鉴—2021》是一部全面反映郑州地区国民经济和社会发展的资料性统计年刊。本书收录了郑州市及所辖区县（市）2020年经济和社会发展各方面的统计数据，以及重要年份的主要统计数据，是认识和研究郑州市情、经济社会发展、制定宏观政策、指导工作和进行决策的重要经济类工具书。

二、本年鉴以丰富、翔实的统计资料全面反映了郑州市国民经济和社会发展状况。全书分为16部分。即1.综合；2.从业人员和劳动工资；3.固定资产投资及房地产开发；4.价格；5.人民生活；6.城市公用事业和环保；7.农业；8.工业；9.建筑业；10.交通运输和邮电通讯；11.国内贸易；12.对外经济贸易和旅游；13.财政金融；14.教育、文化、卫生、体育、科技和民政；15.产业集聚区；16.统计工作大事记。各篇末均附有《主要统计指标解释》，对主要统计指标的含义、范围、计算方法作了简要说明。

三、本年鉴中使用的计量单位均采用国际统一标准计量单位；统计口径除特别注明外，均包括郑州市及所辖各区县（市）。资料取自郑州市统计局、郑州市经济社会调查队、国家统计局郑州调查队及有关部门的统计报表。

四、本年鉴部分数据合计数或相对数不等于分项之和，是由于单位取舍和不同产业的计算误差，部分指标未作机械调整。

五、本年鉴表中的符号使用说明：

“空格”表示该项统计指标数据不详或无该项数据。

常住人口（万人）

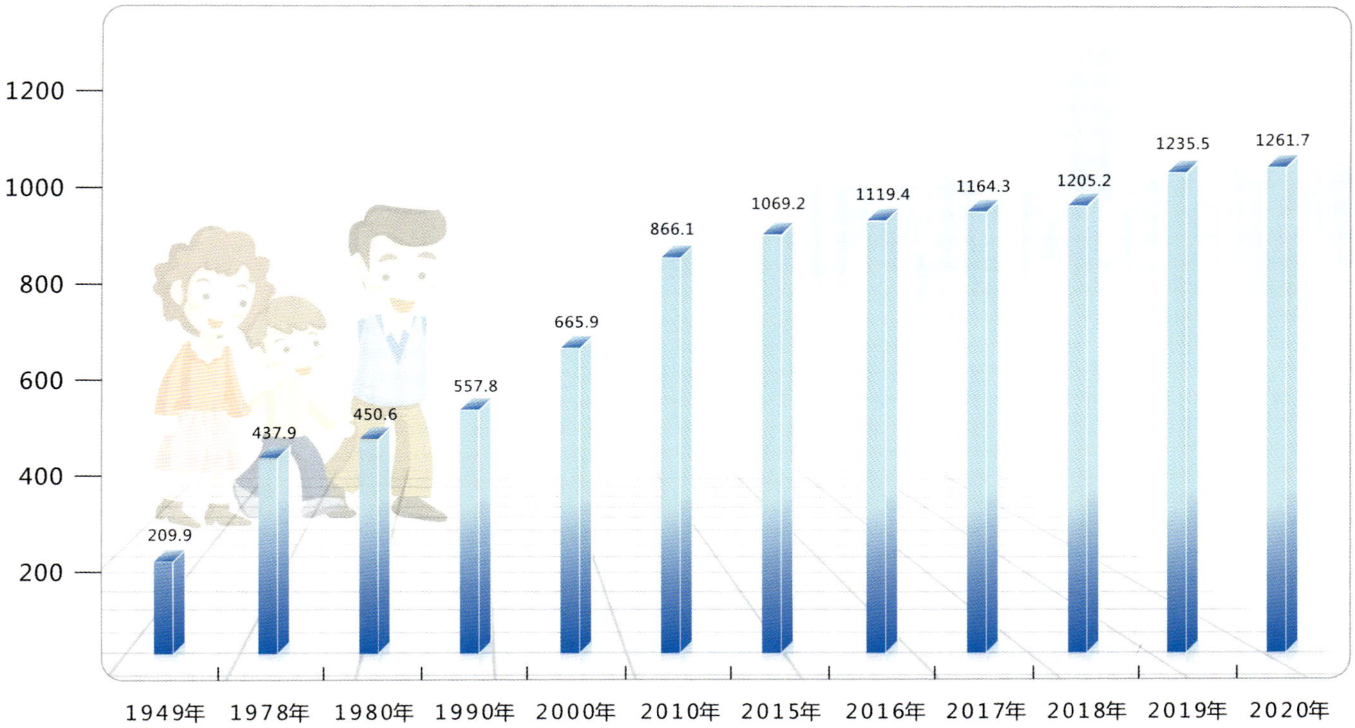
1200
1000
800
600
400
200
209.9
437.9
450.6
557.8
665.9
866.1
1069.2
1119.4
1164.3
1205.2
1235.5
1261.7
1949年
1978年
1980年
1990年
2000年
2010年
2015年
2016年
2017年
2018年
2019年
2020年

城镇化率（%）

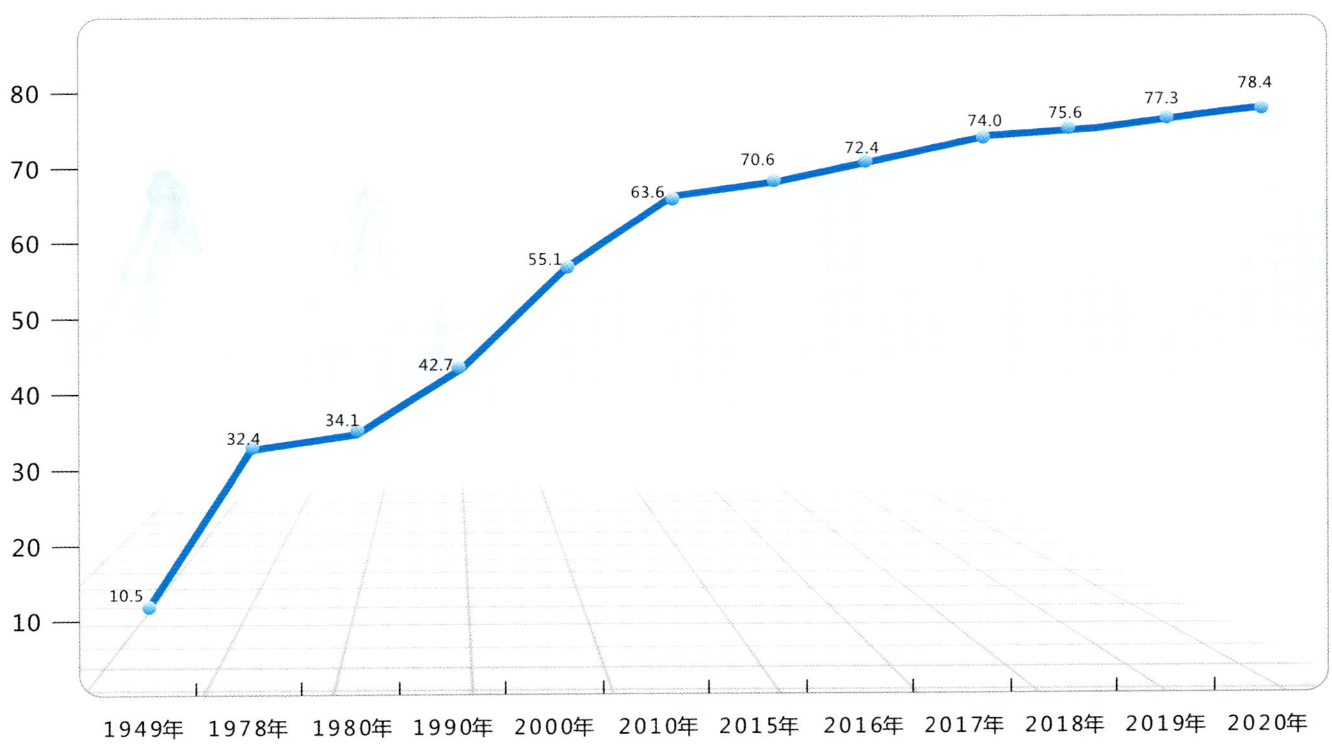
80
70
60
50
40
30
20
10
10.5
32.4
34.1
42.7
55.1
63.6
70.6
72.4
74.0
75.6
77.3
78.4
1949年
1978年
1980年
1990年
2000年
2010年
2015年
2016年
2017年
2018年
2019年
2020年

地区生产总值（亿元）

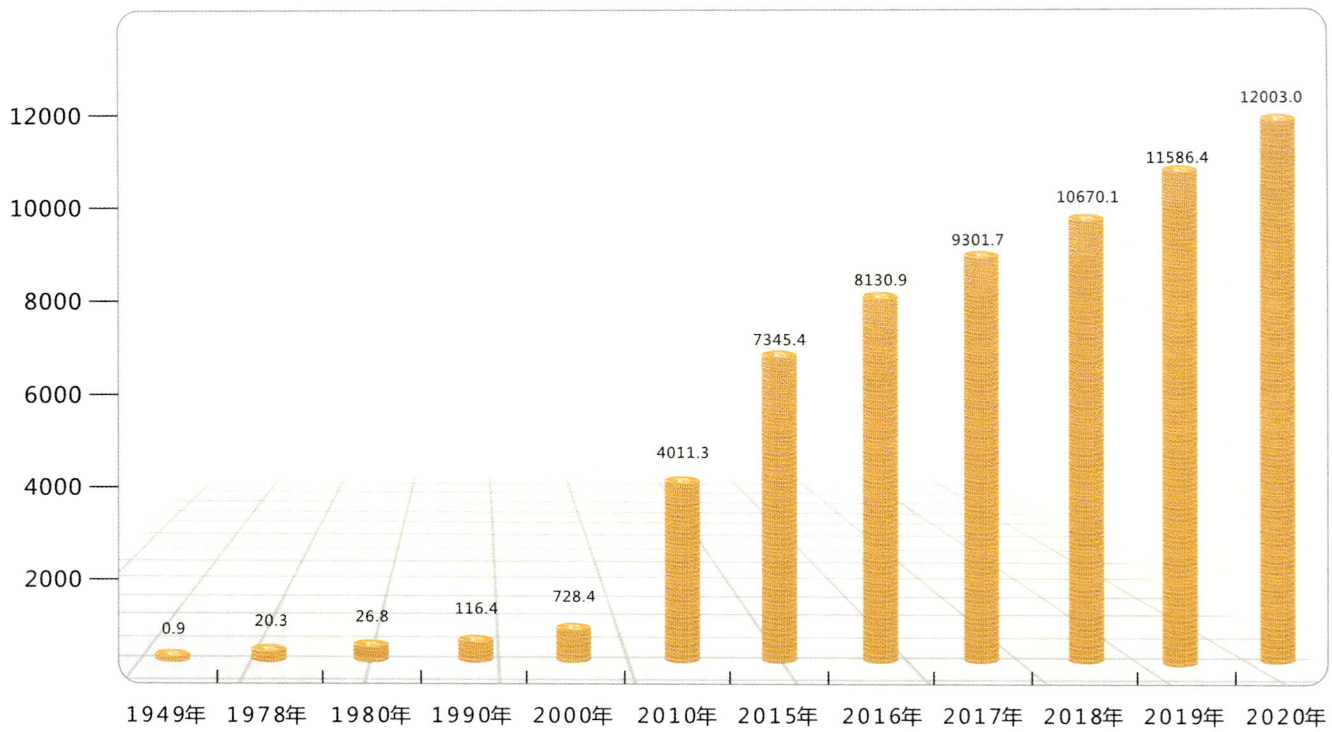

人均地区生产总值（元）

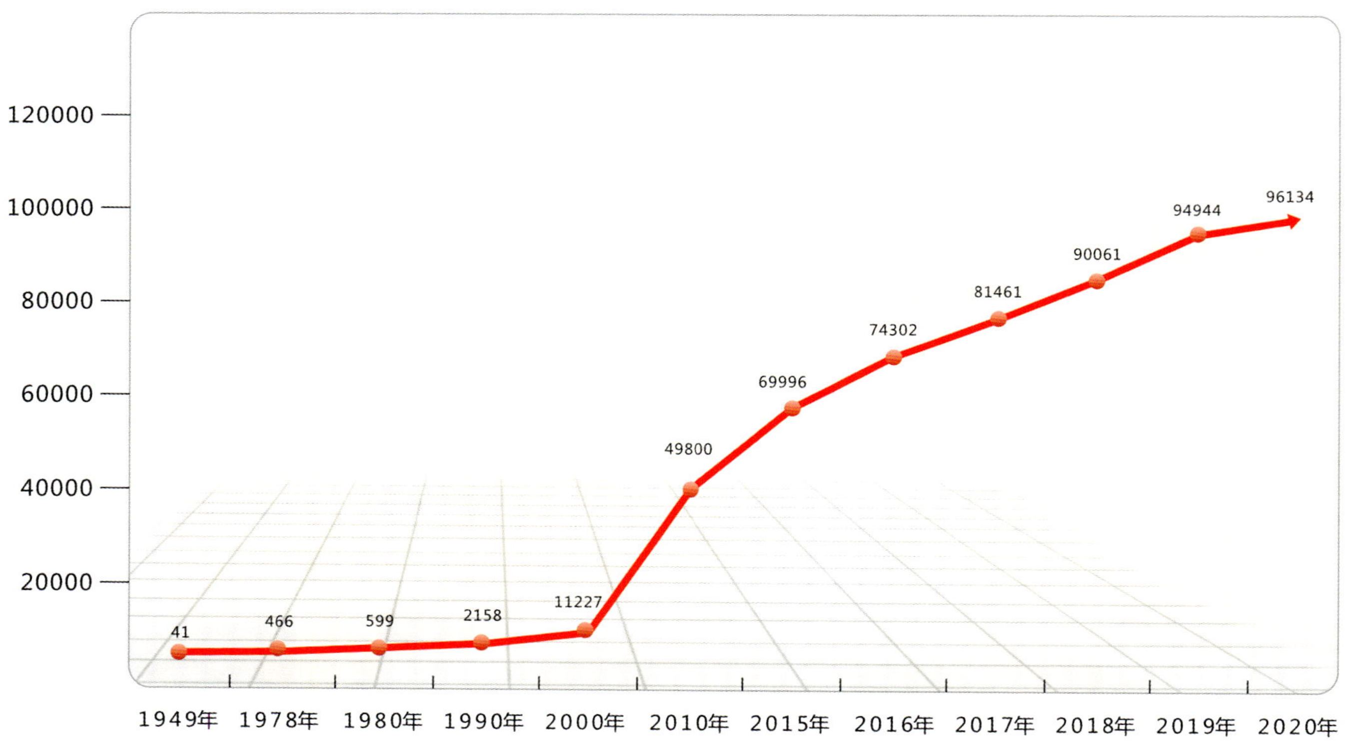

第二产业增加值（亿元）

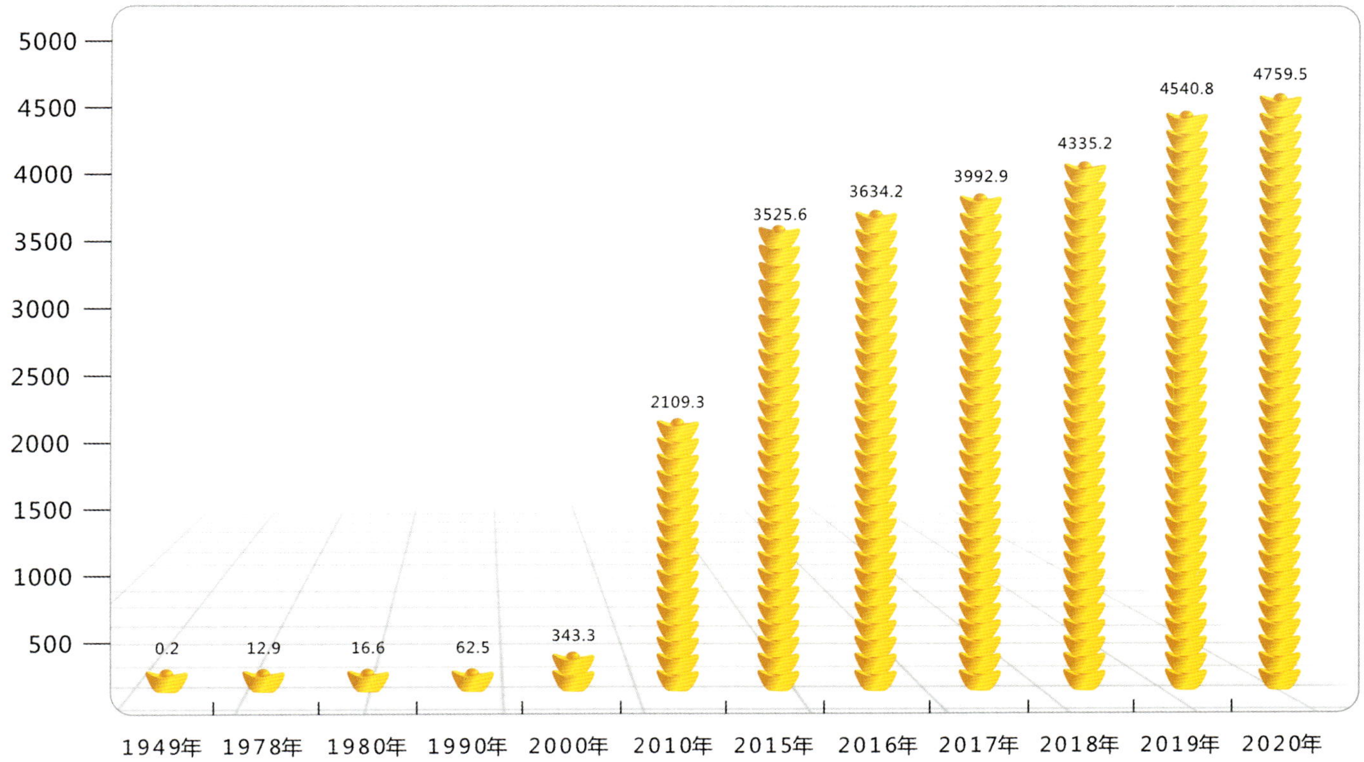

第三产业增加值（亿元）

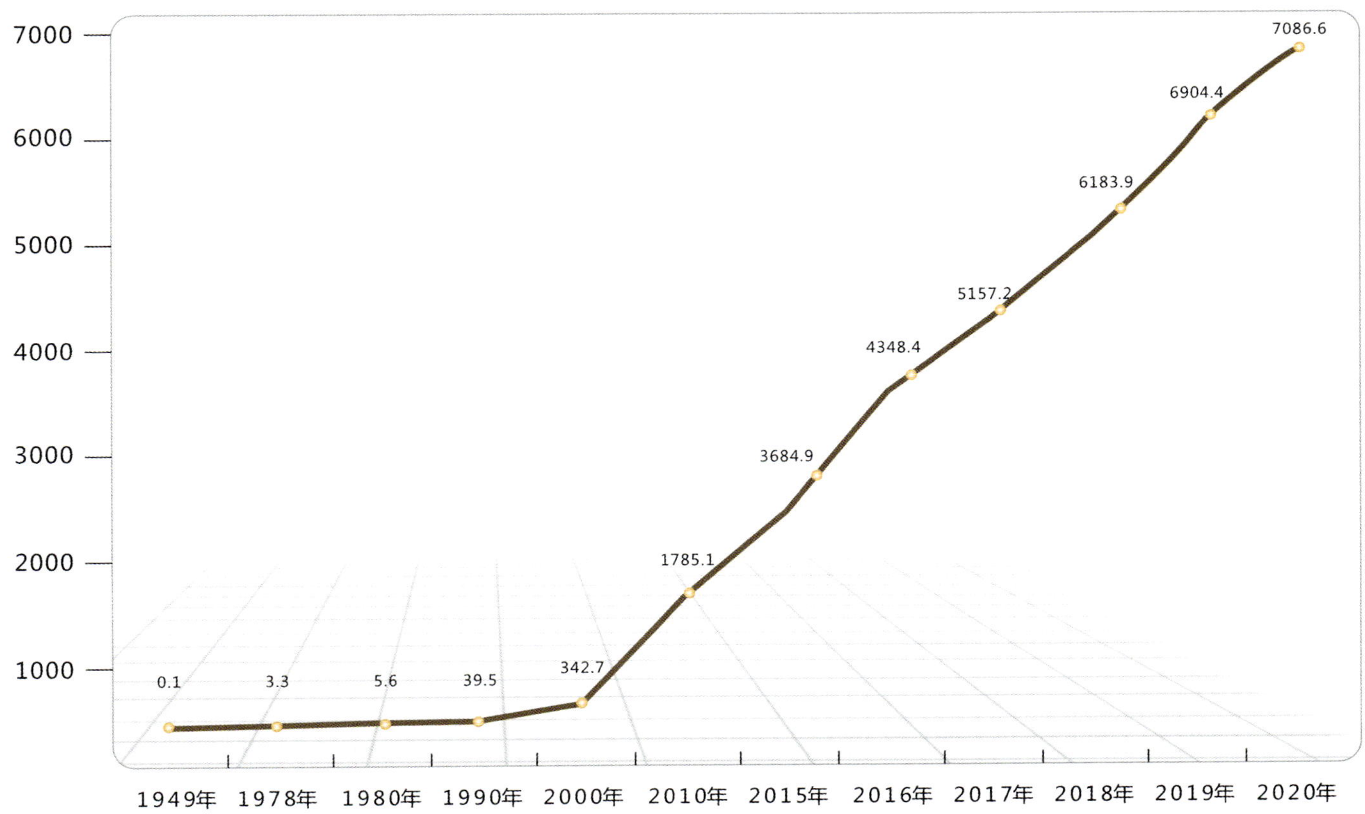

三次产业结构

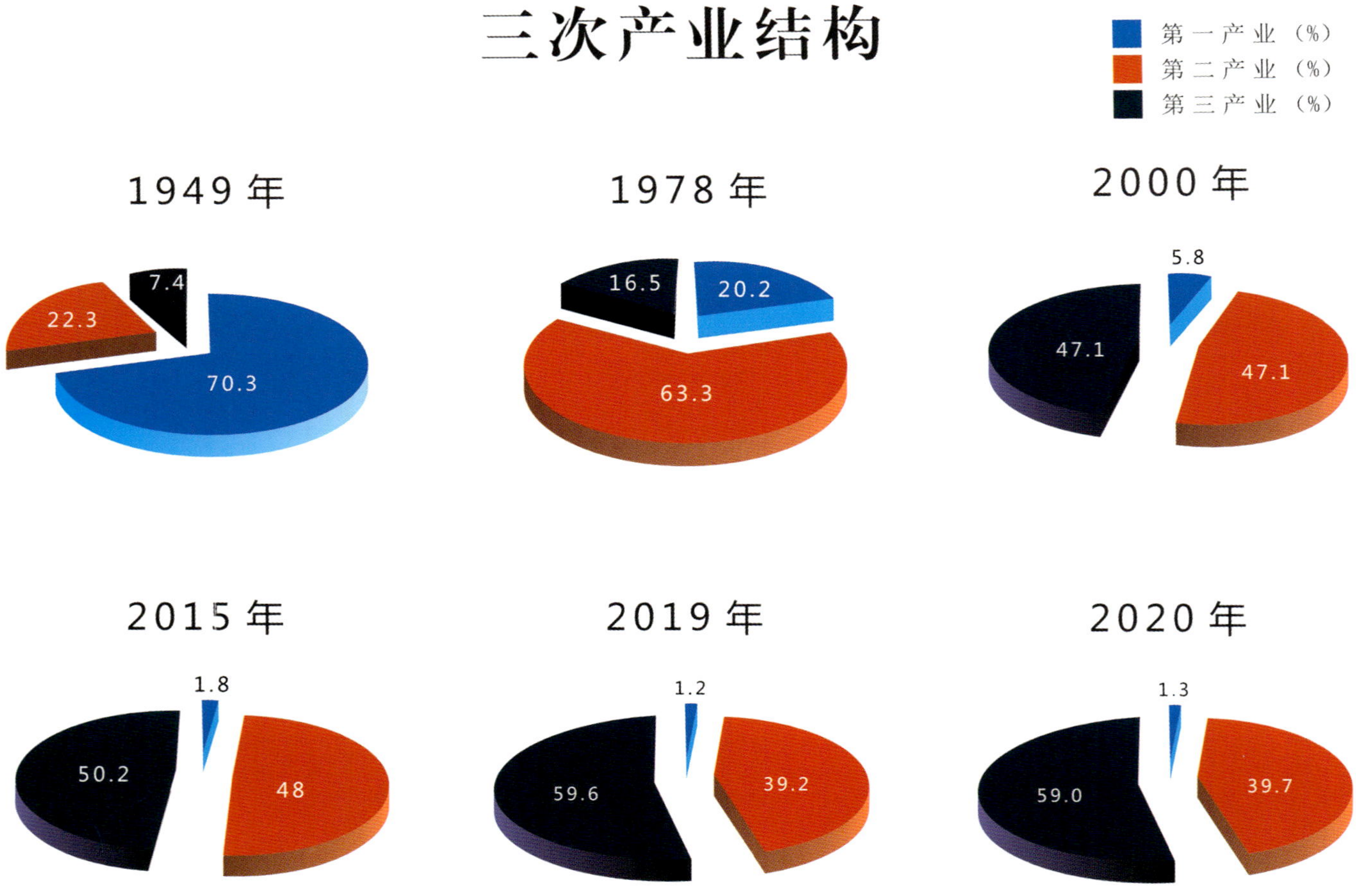

社会消费品零售总额（亿元）

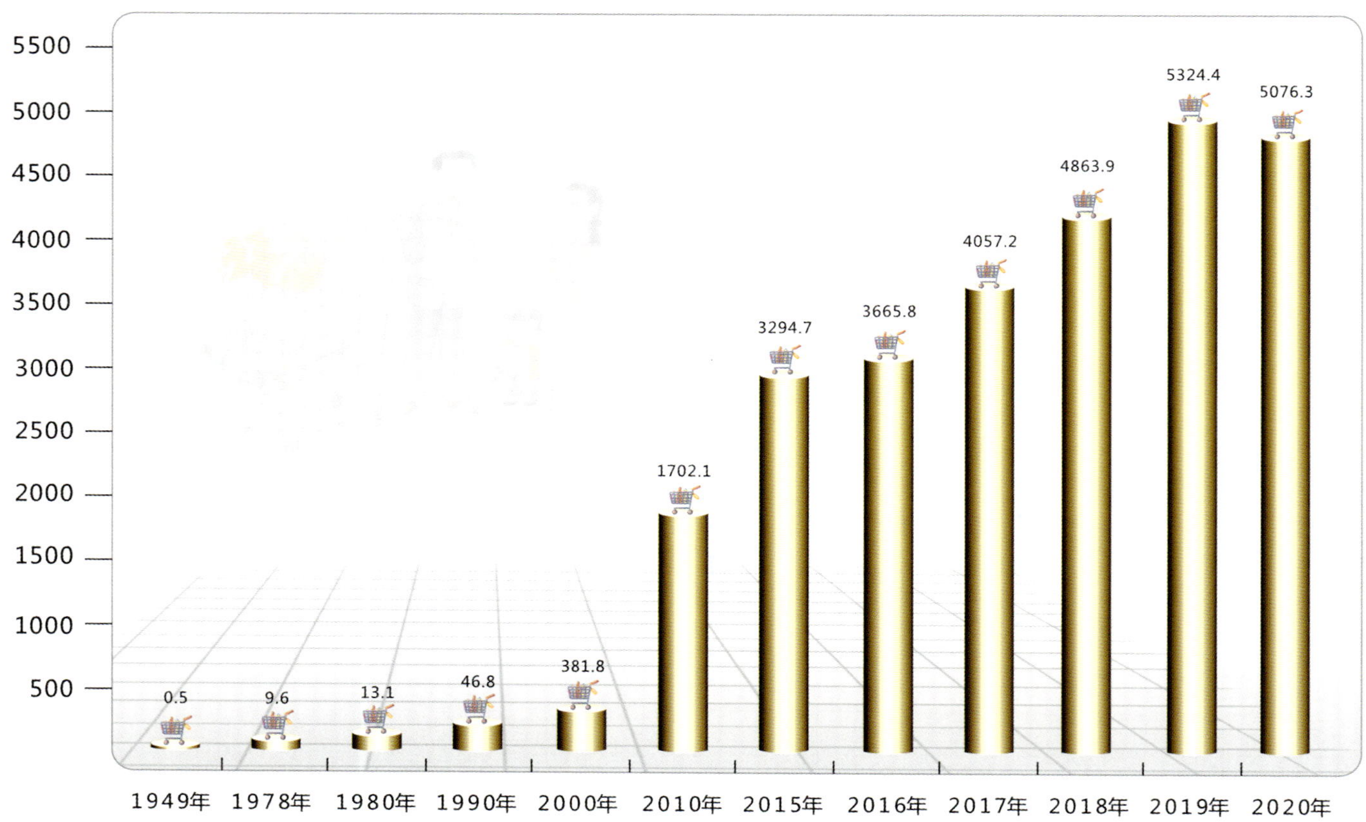

地方财政一般公共预算收入（亿元）

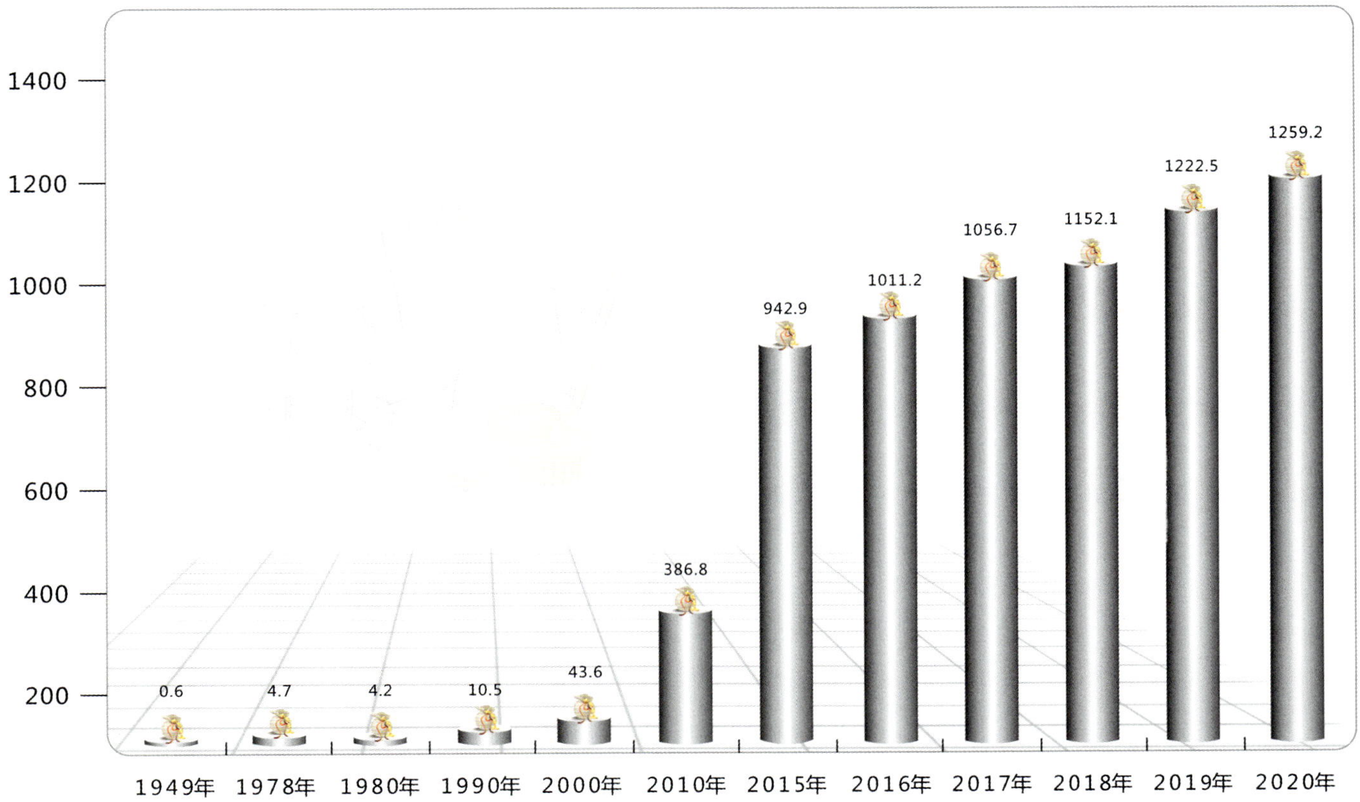

地方财政一般公共预算支出（亿元）

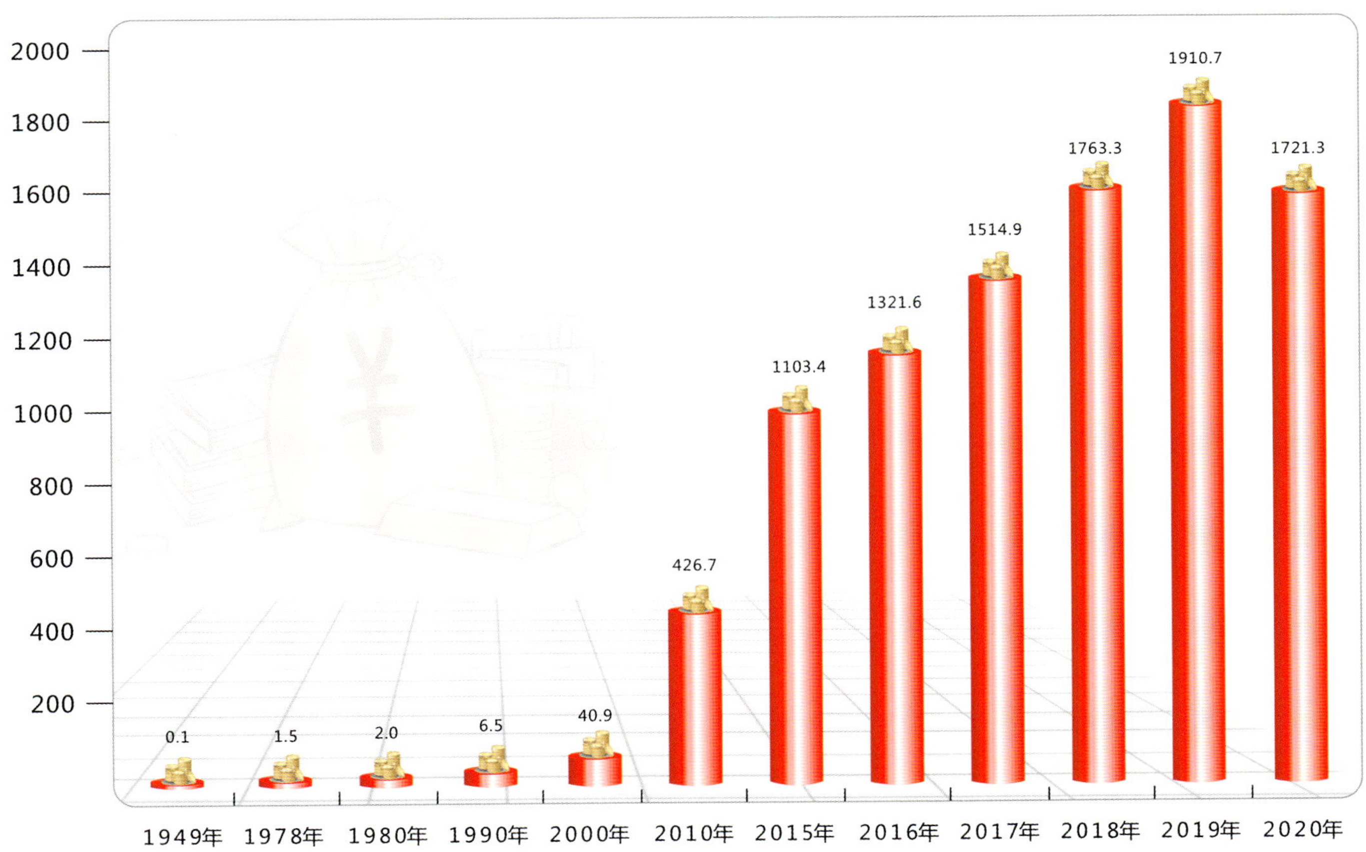

金融机构存款余额（亿元）

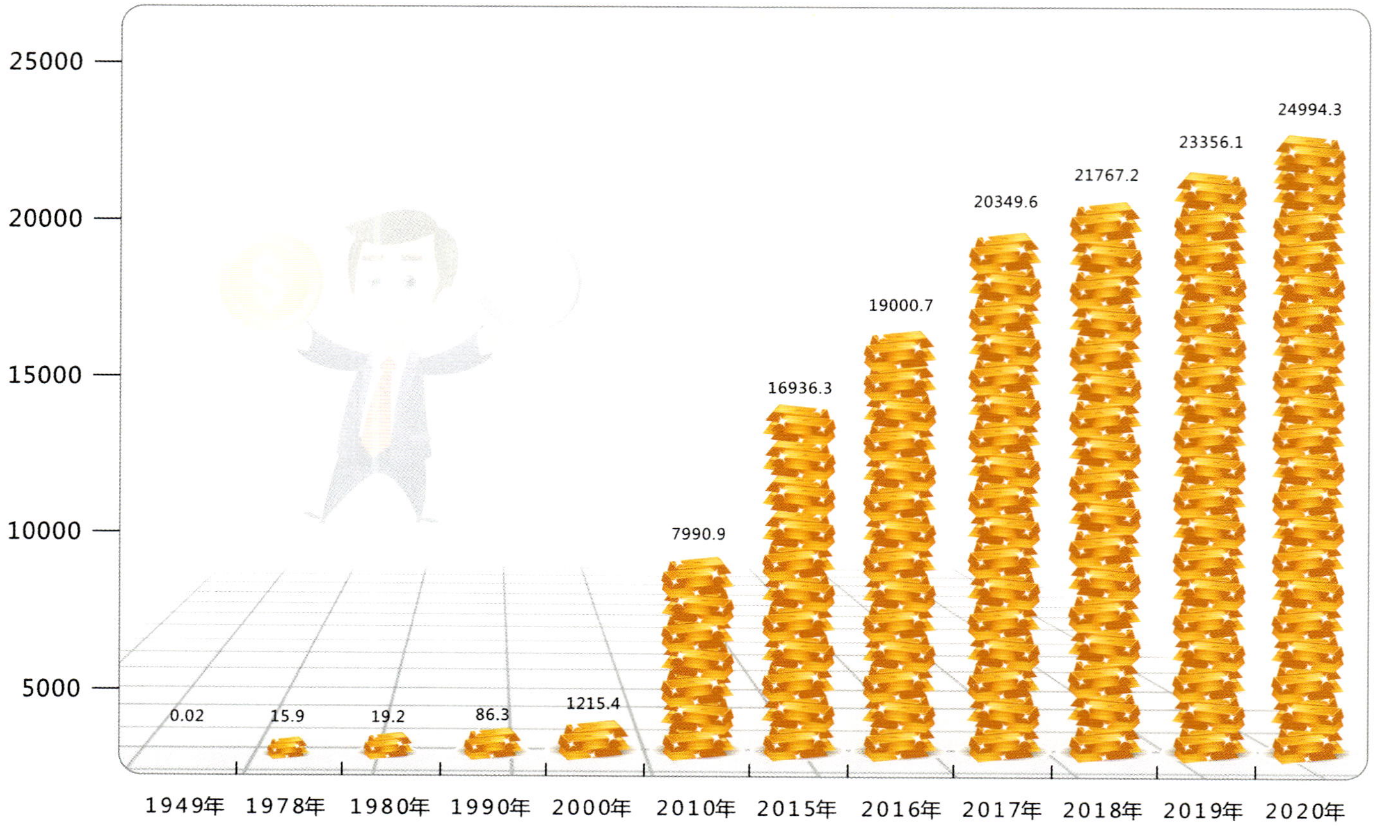

金融机构贷款余额（亿元）

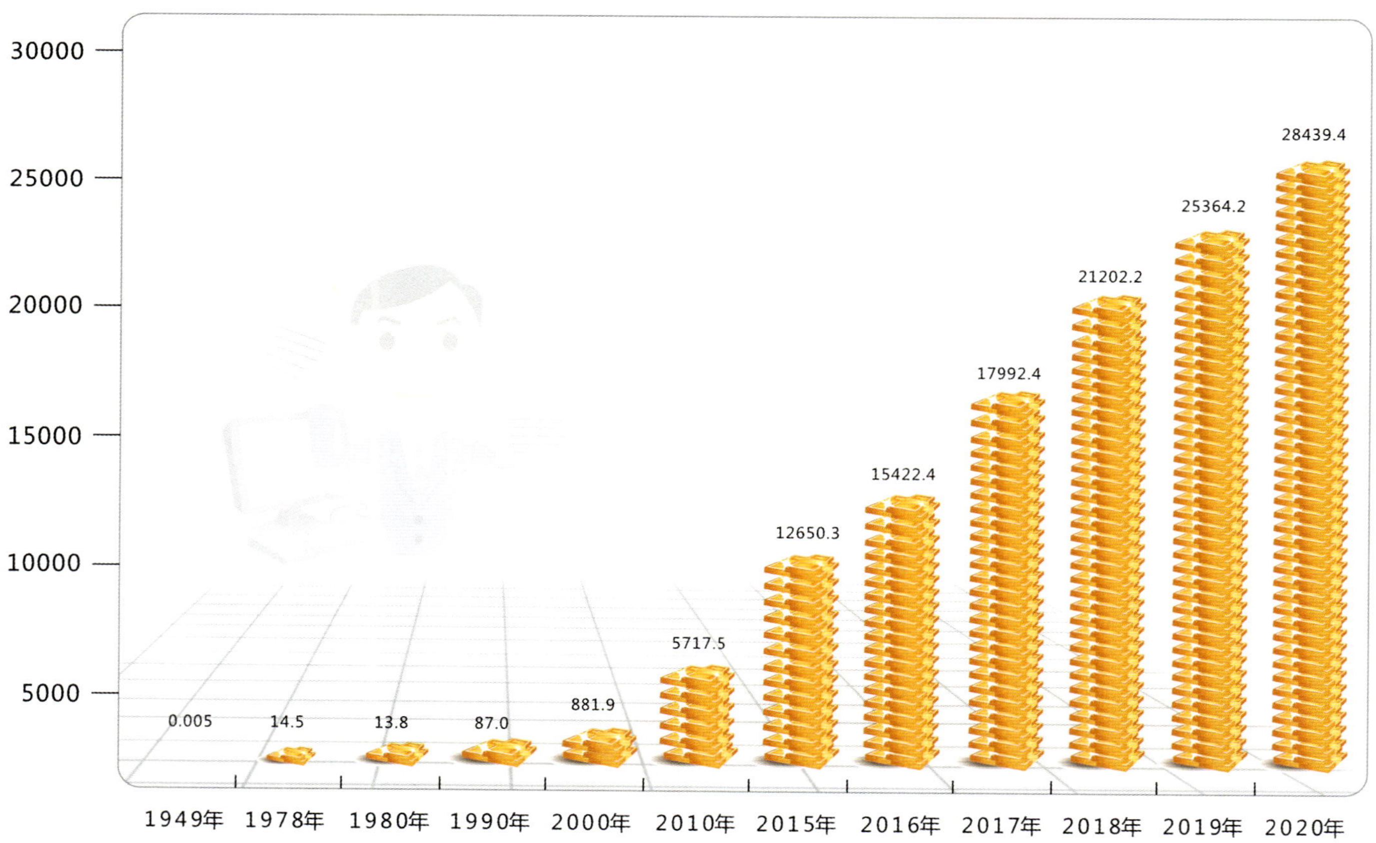

城镇居民人均可支配收入（元）

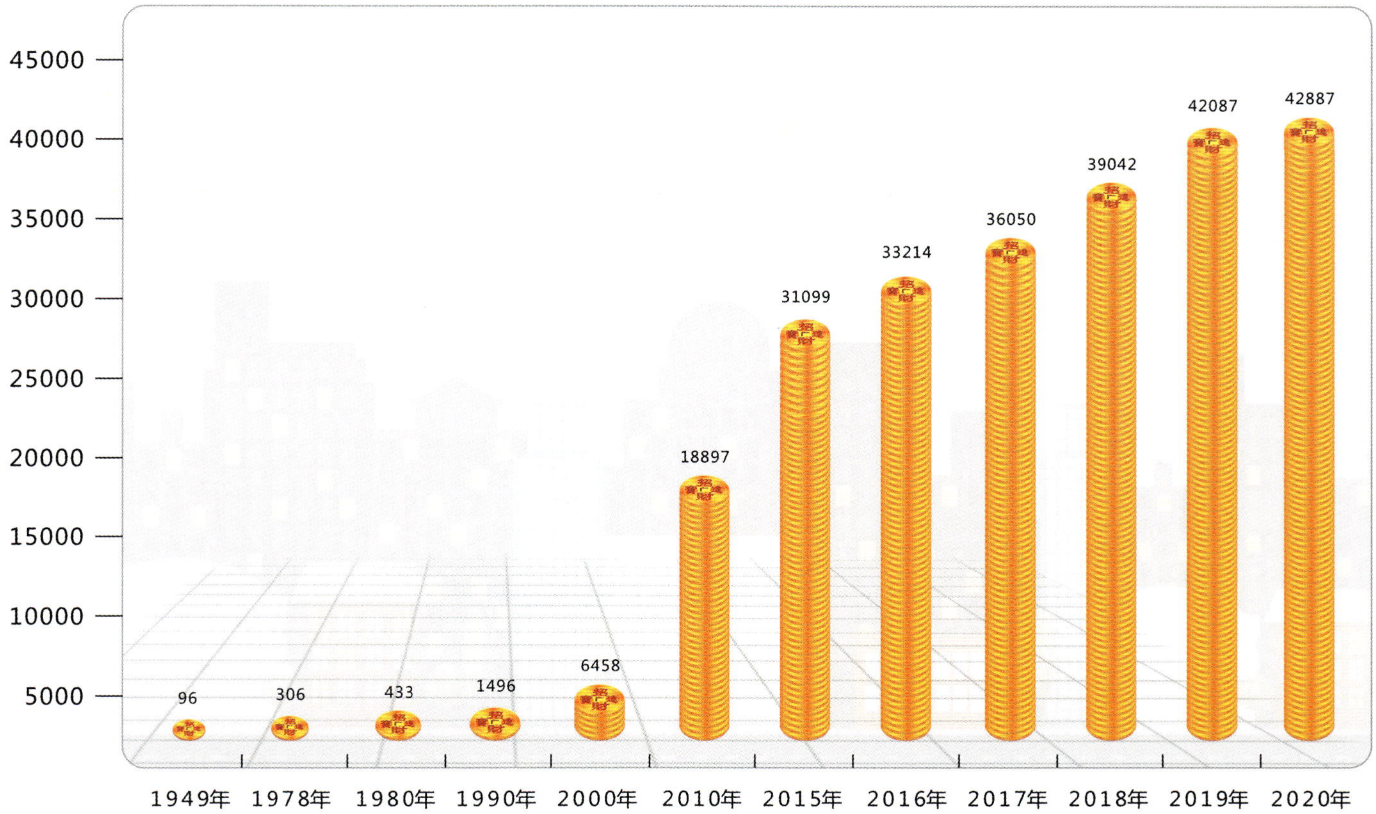

农村居民人均可支配收入（元）

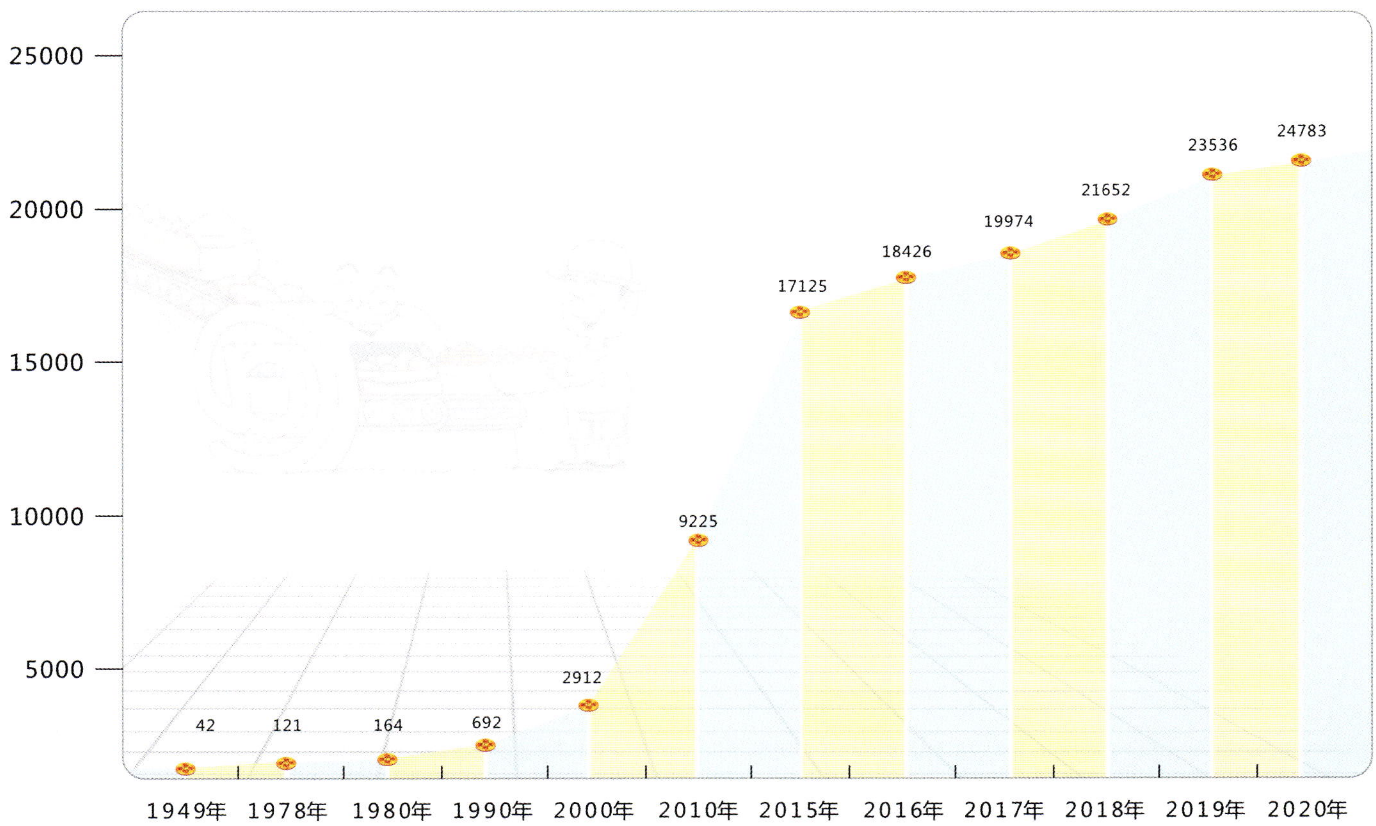

目　　录

一、综　　合

二、从业人员和劳动工资

三、固定资产投资及房地产开发

四、价 格

五、人民生活

六、城市公用事业和环保

七、农　业

八、工　业

九、建　筑　业

十、交通运输和邮电通讯

十一、国内贸易

十二、对外经济贸易和旅游

十三、财政金融

十四、教育、文化、卫生、体育、科技和民政

十五、产业集聚区

十六、统计工作大事记

一、综　合

合影，一

1-1 行政区划

（2020年底）

单位：个

区县(市)	街道办事处	镇	乡	社区	村委会
总　计	**124**	**71**	**13**	**922**	**2192**
市辖区	**103**	**6**	**2**	**727**	**503**
中原区	14			100	46
二七区	17	1		163	13
管城区	12			102	22
金水区	17			166	41
上街区	5	1		41	22
惠济区	6	2		31	53
高新区	3	1	1	35	35
经开区	6			28	36
郑东新区	10	1	1	60	63
航空港实验区	13			1	172
县(市)	**21**	**65**	**11**	**195**	**1689**
中牟县	3	10	1	21	273
巩义市	5	15		31	288
荥阳市	2	9	3	25	289
新密市	4	12	2	48	303
新郑市	4	10	1	50	233
登封市	3	9	4	20	303

注：本表数据为按管理权限划定区域，未经民政部门认定。

1-2 主要气象情况

（2020 年）

指　　标	一月	二月	三月	四月	五月	六月
月平均气温	2.7	6.3	12.8	16.2	24.7	27.1
月日照时数	62.0	150.3	170.1	218.1	245.9	132.2
月降水量	42.7	33.5	5.5	22.3	54.5	131.8
月内降水量≥0.1mm 的日数	6	6	4	6	5	12
月极端最高气温	15.0	19.0	28.2	35.1	40.8	39.6
出现日期	31	10	20	30	3	4
月极端最低气温	-4.8	-2.9	0.1	1.6	14.1	17.4
出现日期	14	8	5	10	6	3

1-2 续表

指　　标	七月	八月	九月	十月	十一月	十二月
月平均气温	26.6	27.5	24.6	15.6	10.9	2.9
月日照时数	97.2	124.0	165.8	87.5	102.2	141.0
月降水量	126.9	1290.0	51.7	31.1	39.3	8.4
月内降水量≥0.1mm 的日数	13	14	8	7	5	2
月极端最高气温	36.6	36.3	35.4	28.1	23.3	13.6
出现日期	6	9	4	1	7	12
月极端最低气温	19.0	19.4	14.6	5.3	-1.2	-6.1
出现日期	12	26	18	24	29	15

1-3　区县(市)所辖乡、镇办事处

(2020年底)

区县(市)	乡镇	街道办事处
中原区		林山寨　建设路　棉纺路　秦岭路　桐柏路　三官庙　绿东村　汝河路　航海西路　中原西路　西流湖　须水　莲湖　柳湖
二七区	马寨镇	淮河路　解放路　铭功路　一马路　蜜蜂张　五里堡　大学路　建中街　福华街　德化街　嵩山路　京广路　长江路　人和路　侯寨　樱桃沟　金水源
管城区		北下街　西大街　南关街　城东路　东大街　二里岗　陇海马路　紫荆山南路　航海东路　十八里河　南曹　金岱
金水区		经八路　花园路　人民路　杜岭　大石桥　南阳路　南阳新村　文化路　丰产路　东风路　北林路　未来路　兴达路　凤凰台　国基路　杨金路　丰庆路
上街区	峡窝镇	济源路　中心路　新安路　工业路　矿山
惠济区	古荥镇　花园口镇	刘寨　江山路　新城　迎宾路　长兴路　大河路
高新区	沟赵乡　石佛镇	枫杨　梧桐　双桥
经开区		明湖　潮河　京航　前程　九龙　祥云
郑东新区	圃田乡　白沙镇	祭城路　龙子湖　如意湖　博学路　龙湖　龙源路　金光路　商都路　杨桥　豫兴
航空港实验区		新港　郑港　滨河　银河　三官庙　张庄　龙港　八岗　冯堂　清河　龙王　明港　八千
中牟县	韩寺镇　官渡镇　狼城岗镇　万滩镇　郑庵镇　黄店镇　大孟镇　刘集镇　雁鸣湖镇　姚家镇　刁家乡	青年路　东风路　广惠街
巩义市	米河镇　新中镇　小关镇　竹林镇　大峪沟镇　河洛镇　站街镇　康店镇　北山口镇　西村镇　芝田镇　回郭镇　鲁庄镇　夹津口镇　涉村镇	新华路　杜甫路　永安路　孝义　紫荆路
荥阳市	豫龙镇　广武镇　王村镇　汜水镇　高山镇　刘河镇　崔庙镇　贾峪镇　乔楼镇　高村乡　城关乡　金寨回族乡	索河　京城路
新密市	袁庄乡　尖山景区管委会　米村镇　牛店镇　平陌镇　超化镇　苟堂镇　大隗镇　刘寨镇　曲梁镇　白寨镇　岳村镇　城关镇　来集镇	新华路　青屏街　西大街　矿区
新郑市	新村镇　辛店镇　观音寺镇　梨河镇　和庄镇　薛店镇　孟庄镇　郭店镇　龙湖镇　城关乡　具茨山国家级森林公园	新建路　新华路　新烟　新郑新区
登封市	大金店镇　颍阳镇　卢店镇　告成镇　大冶镇　宣化镇　徐庄镇　东华镇　唐庄镇　君召乡　石道乡　白坪乡　送表矿区	少林　中岳　嵩阳

1-4 年末人口基本情况

（2020 年底）

区县(市)	总户数（户）	总人口(万人)			城镇化率（%）
		合 计	女 性	城镇人口	
郑州市	**4133568**	**1261.7**	**660.4**	**989.2**	**78.4**
中原区	344500	96.3	48.1	95.5	99.2
二七区	385701	106.1	52.7	95.9	90.0
管城区	312524	81.9	40.6	74.7	91.2
金水区	588782	161.8	81.2	158.0	97.1
上街区	71512	19.7	9.8	19.5	98.6
惠济区	174488	55.5	27.8	39.4	71.1
中牟县	199103	70.3	33.3	43.1	61.3
巩义市	251344	80.2	38.5	51.1	65.1
荥阳市	229639	73.0	34.9	42.4	58.1
新密市	269855	82.6	40.1	52.9	64.1
新郑市	349991	117.2	56.6	78.8	67.2
登封市	212524	72.9	33.1	42.7	58.5
经开区	109495	32.9	14.5	28.8	87.5
高新区	181571	54.6	26.3	50.7	92.8
郑东新区	291311	94.5	94.5	77.1	81.6
航空港实验区	161228	62.1	28.4	38.6	62.1

1-5 国民经济和社会发展总量及速度指标

指　　标	单位	1995	2000	2005	2010	2015	2016	2017	2018	2019	2020	2020比上年±%
人口与面积												
人口	万人	600.3	665.9	716.0	866.1	1069.2	1119.4	1164.3	1205.2	1235.5	1261.7	2.1
建城区面积	平方公里									773.9	836.2	8.1
宏观经济												
国民经济核算												
地区生产总值	亿元	386.4	728.4	1620.4	4011.3	7345.4	8130.9	9301.7	10670.1	11586.4	12003.0	3.0
第一产业	亿元	28.5	42.4	71.3	116.8	134.9	148.3	151.6	151.0	141.2	156.9	0.9
第二产业	亿元	203.5	343.3	841.4	2109.3	3525.6	3634.2	3992.9	4335.2	4540.8	4759.5	4.5
第三产业	亿元	154.3	342.7	707.6	1785.1	3684.9	4348.4	5157.2	6183.9	6904.4	7086.6	1.7
固定资产投资												
全社会固定资产投资额	亿元	165.6	258.4	820.0	2757.0	6371.7	7070.4	7635.5				
固定资产投资	亿元	132.4	159.4	610.2	2432.5	6288.0	6998.6	7573.4				3.6
财政												
地方财政一般公共预算收入	亿元	17.1	43.6	136.1	386.8	942.9	1011.2	1056.7	1152.1	1222.5	1259.2	3.0
地方财政一般公共预算支出	亿元	17.8	49.0	136.7	426.7	1103.4	1321.6	1514.9	1763.3	1910.7	1721.3	-9.9
价格总指数												
商品零售价格指数	以上年为100	110.4	99.1	101.2	102.7	99.0	100.2	101.7	103.6	103.0	100.8	0.8
居民消费价格指数	以上年为100	114.5	99.0	102.4	103.0	101.1	102.3	101.8	102.4	103.1	102.3	2.3
外商投资												
利用外资												
合同利用外资额	万美元	21086	12860	63766	191632	125514	426930	352024	115032	239298	115032	-51.9
实际利用外资额	万美元	15020	9211	33549	190015	382661	403305	404969	421080	440542	465851	5.7
产业												
农业												
农林牧渔业总产值	亿元	51.5	73.2	126.2	221.4	276.6	285.2	263.1	241.3	243.6	261.3	7.3
粮食总产量	万吨	140.1	158.7	153.0	166.7	168.3	161.0	153.2	157.4	149.8	146.4	-2.3

1-5 续表 1

指　标	单位	1995	2000	2005	2010	2015	2016	2017	2018	2019	2020	2020 比上年±%
工业												
工业总产值	亿元	647.9	1005.3	2411.5	7958.3	14779.6	15531.3	16329.2				6.3
规模以上工业												
资产总计	亿元	470	750	1474	3899	11297	13102	13557	10744	11064	11113	-0.7
负债合计	亿元	329	478	946	2135	6257	7623	7949	7434	7471	7468	-1.6
主营业务收入	亿元	308	531	1673	5942	13588	14158	14739	8898	8755	8893	
利税总额	亿元	38	67	230	1058	1540	1507	1468	1114	1009	862	1.8
建筑业												
建筑业总产值	亿元	46	106	299	1352	2715	2891	3496	4225	4729	4954	4.8
施工房屋面积	万平方米	805	1217	2937	8877	23206	25324	23772	32047	32015	34414	7.5
竣工房屋面积	万平方米	306	440	765	2602	4318	4829	4409	4950	5724	5801	1.3
交通运输												
旅客周转量	亿人公里	92.0	125.1	189.6	301.4	279.6	311.9	329.3	373.3	379.8	192.6	-49.3
铁路	亿人公里	53.0	60.0	80.0	113.9	134.5	138.2	152.5	157.1	162.6	97.7	-39.9
公路	亿人公里	32.1	56.3	82.7	137.7	79.7	107.7	104.4	97.1	90.8	24.1	-73.5
航空	亿人公里	6.8	8.8	26.9	49.8	65.4	65.9	72.4	119.1	126.3	70.8	-43.9
货物周转量	亿吨公里	212.9	226.5	287.7	479.8	548.2	686.4	779.2	864.4	927.8	706.2	-23.9
铁路	亿吨公里	181.9	156.2	187.9	199.4	172.7	176.8	202.4	213.8	222.2	155.6	-30.0
公路	亿吨公里	30.9	70.1	99.4	279.8	370.0	494.8	558.2	621.4	684.3	530.1	-22.5
航空	万吨公里	574	1281	3385	5641	54276	147408	185694	291232	212883	205990	-3.2
邮电通讯												
邮电业务总量	亿元	8.5	42	108.2	296.3	297.8	427.1	484.5	1053.0	1470.1	1917.1	30.4
国内商业												
社会消费品零售总额	亿元	164.1	381.8	706.7	1702.1	3294.7	3665.8	4057.2	4863.9	5324.4	5076.3	-4.7
对外贸易和旅游												
进出口总值	亿美元	1.6	1.9	11.0	45.2	570.3	550.3	596.4	615.1	595.1	4946.4	

1-5 续表 2

指　　标	单位	1995	2000	2005	2010	2015	2016	2017	2018	2019	2020	2020 比上年±%
出口总值	亿美元	1.3	1.2	7.6	33.1	312.5	317.0	345.6	386.0	385.8	2948.8	
金融												
金融机构各项存款	亿元	464	1215	3116	7991	16936	19001	20350	21767	23356	24994	7
金融机构各项贷款	亿元	374	882	2428	5718	12650	15422	17992	21202	25364	28439	12.2
教育												
在校学生数	万人	114.9	139.7	191.3	222.3	260.2	286.9	302.3	323.2	339.7	361.2	6.3
专任教师数	万人	5.9	7.1	9.4	12.5	15.6	16.2	17.2	18.1	19.3	20.7	7.3
人民生活												
城镇居民人均可支配收入	元	4535	5935	10640	18897	31099	33214	36050	39042	42087	42887	1.9
农村居民人均可支配收入	元	1555	2912	4774	9225	17125	18426	19974	21652	23536	24783	5.3
城市居民人均居住建筑面积	平方米		15.5	22.3	29.3	36.8	38.2	38.4	39.5	37.8	35.5	-6.1
农村居民人均居住面积	平方米	23.8	35.4	43.7	56.0	53.6	55.3	58.3	76.5	75.8	72.1	-4.9
城乡居民储蓄余额	亿元	254.2	565.8	1436.1	2911.0	5695.5	6297.6	6538.2	7157.3	7957.0	8961.8	12.6
工资												
在岗职工年平均工资	元	5226	9017	16694	32779	52987	61149	70486	80963	88030	89464	1.6
卫生												
医疗机构数	个	879	688	1637	1347	3922	3964	4421	4773	4999	6258	25.2
卫生技术人员	个	30590	31137	33568	49519	86518	94955	106458	117013	121189	133549	10.2
医疗床位数	张	22122	24472	29295	47094	78242	85929	91454	98249	100492	104888	4.4
市政建设												
自来水供水量	万吨	32506	28783	30448	37724	35181	37259	39635	42098	45647	41980	-8
城市集中供热面积	万平方米	851	1383	1777	2261	5270	6050	11726	14724	15200		
用气人口	万人	107.9	149.2	230	439	608	615	517	515			
城市道路长度	公里	563	684	1131	1338	1809	1932	2101	2202	2274		
公共汽(电)车总数	辆	728	1342	3077	4788	6221	6230	6180	6373	6316	6316	

注:1. 1990 年城市居民人均可支配收入以人均生活费收入代替;2. 直接进出口总值、直接出口总值统计范围不包括国家部委及省属进出口公司,1995 年、1990 年为业务统计数,2000 年和 2003 年以来为海关数;3. 2013 年邮电业务总量按 2010 年可比价格计算,2001-2010 年按 2000 年可比价格计算,2000 年以前按 1990 年可比价格计算;4. 固定资产投资 2010 年以前为城镇投资;5. 2010 年以后,工业总产值和增加值包含河南中烟工业公司和河南电力公司;6. 2020 年进出口数据为人民币口径。

1-6 国民经济和社会发展比例和效益指标

指　　标	单位	1995	2000	2005	2010	2015	2016	2017	2018	2019	2020
就业											
每一就业者负担人口	人	**1.85**	**1.90**	**2.15**	**2.01**	**1.75**	**1.93**	**1.96**	**1.89**	**1.92**	**2.04**
三次产业从业者比例											
第一产业	%	40.4	41.9	31.5	21.5						
第二产业	%	32.3	27.0	30.0	33.8						
第三产业	%	27.3	31.1	38.5	44.6						
城镇登记失业率	%		2.0	3.0	2.8	1.6	1.9	2.3	2.5	1.8	1.9
宏观经济											
国民经济核算											
三次产业增加值比例											
第一产业	%	7.4	5.8	4.4	2.9	1.8	1.8	1.6	1.4	1.2	1.3
第二产业	%	52.7	47.1	51.9	52.6	48	44.7	42.9	40.6	39.2	39.7
第三产业	%	39.9	47.1	43.7	44.5	50.2	53.5	55.4	58.0	59.6	59
人均生产总值	元	6499	11227	23320	49800	69996	74302	81461	90061	94944	96134
固定资产投资											
全社会固定资产占 GDP 比例	%	42.8	35.5	49.4	68.2	87.1	87.1	83.1			
财政											
地方财政收入占 GDP 比例	%	4.4	6.5	9.1	14.6	20.3	22.8	23.2	25.5	22.8	19.3
产业											
工业											
产品销售率	%	96.4	97.4	98.1	98.2	97.9	96.0	98.5	99.4		
总资产贡献率	%	12.8	11.2	18.0	28.4	14.5	12.2	11.6	11.0	9.7	8.3
成本费用利润率	%	3.3	5.2	7.8	13.8	8.3	8.2	7.8	7.4	6.2	6.2
资产负债率	%	69.9	63.7	64.6	54.8	55.4	58.2	58.6	69.2	67.5	67.2
建筑业											
产值利税率	%	4.84	3.27	4.57	8.0	7.0	6.6	5.0	4.3	3.9	4.9
全员劳动生产率	元/人	28440	60305	117785	221621	423016	408571	475377	507103	542814	608434
教育											
适龄儿童入学率	%	99.71	99.95	100	100	100	100	100	100	100	100
学校教师负担人数	人	19.48	17.2	15.5	17.8	16.7	17.7	17.6	17.9	17.6	17.4
卫生											
每万人拥有医疗机构数	个	1.46	1.05	2.29	1.56	4.10	4.08	4.47	4.71	4.83	4.96
每万人拥有卫生技术人员	人		48.58	46.88	57.17	90.41	97.65	107.74	115.44	117.07	105.85
每万人拥有医院床位数	张	36.85	37.42	40.91	54.37	81.77	88.37	92.56	96.93	97.07	83.13
市政建设											
城市自来水普及率	%	97.6	100	100	100	100	100	100	100	100	100

1-7 郑州一日

指　　标	单位	2000	2005	2010	2016
生产总值	万元	19956	44395	109899	222156
第一产业	万元	1161	1953	3200	4052
第二产业	万元	9405	23052	57789	99295
第三产业	万元	9389	19386	48907	118809
粮食总产量	吨	4348	4192	4567	4412
全社会固定资产投资	万元	7079	22466	75534	193709
社会消费品零售总额	万元	10460	19361	46633	100434
地方公共财政预算收入	万元	1192	3729	10597	27704
货运量	万吨	43. 2	65. 1	56. 5	60. 4
客运量	万人	35. 8	50. 2	82. 5	44. 8
邮电业务总量	万元	1161	2963	8118	11701
出口总值	万美元	33. 7	207	908	8685
自来水供水量	万吨	79	83	103	102
售电量	万千瓦时	2156	3852	9753	9808
接待境外人数	人次	222	573	956	1317

1-7　续表

指　　标	单位	2017	2018	2019	2020
生产总值	万元	254841	292332	317436	327952
第一产业	万元	4153	4137	3868	4287
第二产业	万元	109395	118773	124405	130041
第三产业	万元	141293	169422	189162	193623
粮食总产量	吨	4196	4312	4104	4000
全社会固定资产投资	万元	209192			
社会消费品零售总额	万元	111157	116934	145875	138697
地方公共财政预算收入	万元	28950	31563	33494	34405
货运量	万吨	68. 9	75. 7	83. 4	70. 5
客运量	万人	40. 4	40. 6	40. 7	21. 8
邮电业务总量	万元	13274	28850	40278	52380
出口总值	万美元	9469	10575	10570	80568
自来水供水量	万吨	109	115	125	115
售电量	万千瓦时	10986	11507	12192	12022
接待境外人数	人次	1378	1444	1518	

注:2020 年出口数据为人民币口径。

1-8　按行政区划分主要经济指标

（2020 年底）

指　　标	郑州市	中原区	二七区	管城区	金水区	上街区	惠济区
生产总值(万元)	120030450	12245079	7601657	17113149	27231037	1654814	2913052
第一产业(万元)	1568683	882	269	9885	3091	356	46757
第二产业(万元)	47595404	4844344	1787242	8448139	3648150	786745	1033021
第三产业(万元)	70866363	7399853	5814146	8655125	23579797	867713	1833274
农林牧渔业(万元)	1647111	882	471	11754	5347	356	48857
工业(万元)	31456937	2650604	648557	4480681	146026	620212	351166
建筑业(万元)	16277328	2232179	1140813	3992585	3504994	168005	683225
批发和零售业(万元)	10585524	715668	697644	2144568	1982959	104306	249947
交通运输仓储和邮政业(万元)	6841545	378788	657322	695606	1729850	169374	203905
住宿和餐饮业(万元)	2024764	176734	184040	193398	431658	25353	77673
金融业(万元)	13029100	1237469	977888	772873	7991478	209489	166018
房地产业(万元)	10454607	976500	934745	1758965	2510642	99649	305338
其他服务业(万元)	27713534	3876255	2360175	3062717	8928084	258070	826923
营利性服务业(万元)	16863834	2494257	1454403	2224999	5695968	146300	379364
非营利性服务业(万元)	10849700	1381999	905772	837718	3232116	111770	447559
生产总值指数(%)	103.0	101.6	100.8	103.0	101.8	102.6	100.2
第一产业(%)	100.9	96.6	97.4	93.1	91.0	12.0	140.1
第二产业(%)	104.5	99.8	105.0	104.2	100.1	103.4	106.6
第三产业(%)	101.7	103.0	99.3	101.6	102.0	101.8	95.3
农林牧渔业指数(%)	101.2	96.6	97.5	93.0	91.4	11.9	140.3
工业指数(%)	105.7	101.8	102.9	101.4	87.2	103.7	98.3
建筑业指数(%)	101.6	97.2	106.7	108.4	100.9	102.1	112.1
批发和零售业指数(%)	102.3	99.8	97.2	100.9	97.6	109.6	94.5
交通运输仓储和邮政业指数(%)	100.5	98.0	93.7	102.3	103.5	96.4	98.6
住宿和餐饮业指数(%)	90.8	99.7	87.6	90.2	87.9	92.0	92.6
金融业指数(%)	104.1	103.8	103.8	103.8	104.0	106.4	103.9
房地产业指数(%)	98.1	101.0	94.6	102.9	100.0	103.0	76.4
其他服务业指数(%)	102.8	104.5	102.8	101.3	102.3	100.3	102.0
营利性服务业指数(%)	104.0	105.5	103.8	101.8	103.0	100.9	101.7
非营利性服务业指数(%)	101.1	102.8	101.3	100.1	101.2	99.6	102.3
总人口(万人)	1261.7	150.9	106.1	118.2	214.6	19.7	55.5
社会消费品零售总额(万元)	50763047	4439895	4797777	11286161	12969384	381132	2197803

1-8 续表 （2020年底）

指　　标	中牟县	巩义市	荥阳市	新密市	新郑市	登封市
生产总值(万元)	12591038	8265737	5460285	7062901	13355698	4527719
第一产业(万元)	349891	126567	285372	236113	256505	225816
第二产业(万元)	6550335	4799845	2675792	3668047	7204728	2148100
第三产业(万元)	5690813	3339324	2499121	3158741	5894465	2153803
农林牧渔业(万元)	363996	148566	299313	248350	263240	228802
工业(万元)	5418045	4406419	1945905	2870779	5976502	1941124
建筑业(万元)	1152302	404730	733561	813057	1243388	208490
批发和零售业(万元)	1045936	647606	403021	581873	1624898	387098
交通运输仓储和邮政业(万元)	1098181	430479	258772	509437	576719	133111
住宿和餐饮业(万元)	153455	214475	95728	170115	206778	95356
金融业(万元)	448379	205539	190754	235492	347053	246667
房地产业(万元)	815392	546015	629059	463615	1181433	253063
其他服务业(万元)	2095353	1261908	904172	1170183	1935687	1034007
营利性服务业(万元)	1065663	701085	486826	647880	1010255	556834
非营利性服务业(万元)	1029690	560823	417346	522303	925431	477174
生产总值指数(%)	104.5	104.3	103.1	103.2	105.9	102.4
第一产业(%)	98.0	100.3	100.7	100.8	100.2	100.8
第二产业(%)	106.3	106.3	105.1	104.6	109.5	101.8
第三产业(%)	102.6	101.0	100.7	101.2	101.0	103.4
农林牧渔业指数(%)	98.2	101.1	100.9	100.9	100.3	101.0
工业指数(%)	108.1	100.0	105.7	107.3	110.0	107.0
建筑业指数(%)	96.5	101.8	103.1	95.1	106.9	63.2
批发和零售业指数(%)	104.0	102.4	103.1	103.9	110.5	103.0
交通运输仓储和邮政业指数(%)	102.1	97.9	94.5	102.4	89.5	101.3
住宿和餐饮业指数(%)	88.5	91.5	89.0	91.7	91.7	88.1
金融业指数(%)	103.0	106.8	103.0	104.5	104.6	108.3
房地产业指数(%)	105.9	116.2	102.6	90.1	94.6	95.2
其他服务业指数(%)	101.9	97.2	101.3	103.9	102.2	106.5
营利性服务业指数(%)	103.9	94.8	101.8	106.2	102.6	110.0
非营利性服务业指数(%)	99.8	100.1	100.7	101.2	101.7	102.8
总人口(万人)	141.5	80.2	73.0	82.6	146.5	72.9
社会消费品零售总额(万元)	3305750	2790460	1590086	1880769	3582107	1541722

1-9 生产总值

（2020 年）

单位:万元

项　　目	郑州市	中原区	二七区	管城区	金水区	上街区	惠济区	中牟县
生产总值	120030450	7092889	7601657	6739958	18070956	1654814	2913052	4358543
第一产业	1568683		269	4381	3091	356	46757	249382
第二产业	47595404	2247410	1787242	1719275	2538814	786745	1033021	1238398
第三产业	70866363	4845479	5814146	5016302	15529051	867713	1833274	2870763
农林牧渔业	1647111		471	5226	3091	356	48857	263948
工业	31456937	915630	648557	407909	123255	620212	351166	698614
建筑业	16277328	1339953	1140813	1312311	2418377	168005	683225	540622
批发和零售业	10585524	397522	697644	1237873	1658210	104306	249947	623049
交通运输、仓储和邮政业	6841545	319186	657322	414001	469582	169374	203905	262681
住宿和餐饮业	2024764	116103	184040	109620	307782	25353	77673	90022
金融业	13029100	1016188	977888	439145	4395696	209489	166018	270874
房地产业	10454607	581343	934745	1159692	1564792	99649	305338	486238
其他服务业	27713534	2406964	2360175	1654181	7130169	258070	826923	1122494
营利性服务业	16863834	1550832	1454403	1205671	4742296	146300	379364	637437
非营利性服务业	10849700	856132	905772	448510	2387873	111770	447559	485058

1-9 续表 （2020 年） 单位:万元

项　　目	巩义市	荥阳市	新密市	新郑市	登封市	经开区	高新区	郑东新区	航空港实验区
生产总值	8265737	5460285	7062901	7485563	4527719	11219982	5152190	12004118	10411802
第一产业	126567	285372	236113	238484	225816	13760	882	21968	88306
第二产业	4799845	2675792	3668047	3053301	2148100	8068614	2596933	1738029	7494920
第三产业	3339324	2499121	3158741	4193777	2153803	3137608	2554375	10244122	2828576
农林牧渔业	148566	299313	248350	245157	228802	16319	882	21968	88628
工业	4406419	1945905	2870779	2289608	1941124	5419124	1734973	229781	6852963
建筑业	404730	733561	813057	765897	208490	2681666	892226	1508352	666044
批发和零售业	647606	403021	581873	1122214	387098	843121	318146	544498	769396
交通运输、仓储和邮政业	430479	258772	509437	353881	133111	718177	59602	1600410	281624
住宿和餐饮业	214475	95728	170115	167493	95356	47063	60631	190424	72884
金融业	205539	190754	235492	273385	246667	317721	221281	3710817	152145
房地产业	546015	629059	463615	637107	253063	568880	395158	1091928	757795
其他服务业	1261908	904172	1170183	1630822	1034007	607911	1469292	3105940	770323
营利性服务业	701085	486826	647880	834148	556834	381605	943425	1736584	459144
非营利性服务业	560823	417346	522303	796674	477174	226305	525867	1369356	311180

1-10 生产总值指数

（2020 年底）

单位:%

项 目	郑州市	中原区	二七区	管城区	金水区	上街区	惠济区	中牟县
生产总值	103.0	101.2	100.8	101.6	101.0	102.6	100.2	101.0
第一产业	100.9	100.0	97.4	97.7	91.0	12.0	140.1	100.7
第二产业	104.5	98.9	105.0	106.0	95.9	103.4	106.6	99.9
第三产业	101.7	102.5	99.3	100.0	101.9	101.8	95.3	101.5
农林牧渔业	101.2		97.5	98.2	91.0	11.9	140.3	101.0
工业	105.7	100.0	102.9	81.8	84.5	103.7	98.3	108.0
建筑业	101.6	98.0	106.7	119.9	96.8	102.1	112.1	88.6
批发和零售业	102.3	101.4	97.2	100.5	96.7	109.6	94.5	101.2
交通运输、仓储和邮政业	100.5	97.7	93.7	99.8	102.0	96.4	98.6	96.6
住宿和餐饮业	90.8	103.8	87.6	89.0	86.8	92.0	92.6	88.0
金融业	104.1	103.8	103.8	103.8	104.0	106.4	103.9	102.5
房地产业	98.1	100.7	94.6	99.4	103.8	103.0	76.4	105.4
其他服务业	102.8	103.2	102.8	99.7	102.1	100.3	102.0	102.3
营利性服务业	104.0	103.6	103.8	99.4	102.3	100.9	101.7	104.0
非营利性服务业	101.1	102.3	101.3	100.4	101.7	99.6	102.3	100.2

1-10 续表 （2020 年底） 单位:%

项　　目	巩义市	荥阳市	新密市	新郑市	登封市	经开区	高新区	郑东新区	航空港实验区
生产总值	104.3	103.1	103.2	104.6	102.4	103.9	102.1	103.5	107.8
第一产业	100.3	100.7	100.8	100.9	100.8	90.6	96.6	92.1	90.7
第二产业	106.3	105.1	104.6	109.4	101.8	103.6	100.6	109.9	109.8
第三产业	101.0	100.7	101.2	100.8	103.4	105.0	104.0	102.4	102.0
农林牧渔业	101.1	100.9	100.9	101.0	101.0	90.1	96.6	92.1	90.8
工业	100.0	105.7	107.3	109.3	107.0	104.0	102.8	102.4	110.4
建筑业	101.8	103.1	95.1	109.8	63.2	102.6	95.9	111.7	102.6
批发和零售业	102.4	103.1	103.9	108.7	103.0	101.2	98.0	102.5	113.9
交通运输、仓储和邮政业	97.9	94.5	102.4	101.3	101.3	108.1	99.7	104.1	75.7
住宿和餐饮业	91.5	89.0	91.7	92.7	88.1	93.0	92.6	90.8	87.8
金融业	106.8	103.0	104.5	104.8	108.3	103.9	103.9	103.9	104.0
房地产业	116.2	102.6	90.1	86.6	95.2	113.9	101.4	94.1	107.1
其他服务业	97.2	101.3	103.9	102.2	106.5	100.8	106.7	103.2	102.3
营利性服务业	94.8	101.8	106.2	102.2	110.0	101.2	108.5	106.3	104.7
非营利性服务业	100.1	100.7	101.2	102.2	102.8	100.0	103.5	99.6	99.1

1-11　2016-2019 年生产总值

单位:万元、%

指　　标	2016 年	2017 年	2018 年	2019 年
生产总值	**81309097**	**93017180**	**106701400**	**115864173**
第一产业	1483133	1515948	1509545	1411700
第二产业	36342435	39928809	43352400	45408195
第三产业	43483529	51572423	61839400	69044278
农林牧渔业	1511811	1548930	1561335	1481800
工业	26102050	27410056	28944735	29635636
建筑业	10255892	12551373	14533249	15895944
批发和零售业	6976870	8293350	9559458	10312109
交通运输仓储和邮政业	4927951	5614060	6397438	6952933
住宿和餐饮业	1437852	1838962	1980598	2165142
金融业	7888613	9282507	11068542	12258098
房地产业	6546578	8228921	9731094	10247746
其他服务业	15661481	18249022	22924961	26914766
营利性服务业	9294658	10739802	13550420	16282342
非营利性服务业	6366823	7509220	9374541	10632424
生产总值指数	**108. 5**	**108. 2**	**108. 1**	**106. 5**
第一产业	103. 0	102. 6	102. 1	95. 1
第二产业	104. 9	106. 4	106. 2	106. 0
第三产业	112. 2	110. 0	110. 0	107. 3
农林牧渔业指数	103. 1	102. 7	102. 2	95. 7
工业指数	103. 9	105. 5	105. 2	105. 8
建筑业指数	107. 5	109. 1	109. 7	106. 2
批发和零售业指数	109. 3	107. 5	113. 0	106. 0
交通运输仓储和邮政业指数	105. 6	111. 3	113. 9	104. 8
住宿和餐饮业指数	102. 8	102. 3	98. 8	107. 6
金融业指数	120. 3	110. 0	108. 7	109. 0
房地产业指数	112. 2	108. 9	106. 1	106. 9
其他服务业指数	112. 7	111. 6	110. 1	108. 0
营利性服务业指数	111. 8	110. 7	109. 9	110. 0
非营利性服务业指数	113. 9	113. 0	110. 4	105. 1

注:2016-2018 年是第四次经济普查后修订数据,2019 年数据是最终核实数据。

1-12 全市法人单位数(按地域划分)

(2020年底)

单位:个

行业	郑州市	中原区	二七区	管城区	金水区	上街区	惠济区	经开区
合计	433939	24179	45780	42945	107237	4092	13324	13488
农、林、牧、渔业	6488	36	152	55	151	15	200	42
采矿业	370	6	9	1	1	2	1	1
制造业	21205	738	1182	296	370	494	353	784
电力、热力、燃气及水生产和供应业	470	21	30	7	5	10	6	31
建筑业	37164	2336	3576	3342	7845	340	1182	1308
批发和零售业	160108	9332	17570	21263	42177	1545	5291	4905
交通运输、仓储和邮政业	7163	283	580	890	893	158	256	581
住宿和餐饮业	6939	271	885	486	1500	62	235	243
信息传输、软件和信息技术服务业	33060	1594	3073	2296	11656	132	756	1029
金融业	749	29	66	32	188	5	7	18
房地产业	17702	1165	1931	1711	4068	176	540	552
租赁和商务服务业	69422	3754	8468	7724	20761	373	1934	1771
科学研究和技术服务业	35803	1755	4716	2429	9524	234	1089	1343
水利、环境和公共设施管理业	2437	138	272	175	496	43	100	43
居民服务、修理和其他服务业	8230	549	877	761	2427	76	379	255
教育	7476	863	803	474	1134	92	279	220
卫生和社会工作	1817	119	189	114	257	19	57	26
文化、体育和娱乐业	9136	494	966	517	2704	76	416	228
公共管理、社会保障和社会组织	8200	696	435	372	1080	240	243	108

1-12 续表 (2020 年底) 单位:个

行业	高新区	航空港实验区	郑东新区	中牟县	巩义市	荥阳市	新密市	新郑市	登封市
合计	25423	6283	65881	14408	14298	15210	12975	20927	7489
农、林、牧、渔业	61	123	64	1018	704	1336	1087	827	617
采矿业	2		3	1	31	55	95	15	147
制造业	2414	402	229	816	3974	3440	2763	1897	1053
电力、热力、燃气及水生产和供应业	54	19	50	20	53	25	57	50	32
建筑业	2208	1023	6612	2039	685	1111	1128	2030	399
批发和零售业	7412	1342	21026	4663	5289	4161	3184	8975	1973
交通运输、仓储和邮政业	186	375	643	402	296	289	484	702	145
住宿和餐饮业	287	216	1420	310	118	178	189	334	205
信息传输、软件和信息技术服务业	3371	276	7276	250	276	271	243	447	114
金融业	53	16	272	8	9	6	10	13	17
房地产业	647	353	3120	940	299	550	447	954	249
租赁和商务服务业	3390	874	14147	1402	560	1324	770	1608	562
科学研究和技术服务业	3917	480	7179	534	259	725	458	882	279
水利、环境和公共设施管理业	101	54	273	118	138	131	136	134	85
居民服务、修理和其他服务业	423	123	1010	230	142	226	202	403	147
教育	224	221	526	457	372	318	556	528	409
卫生和社会工作	56	33	173	295	120	83	114	90	72
文化、体育和娱乐业	486	87	1456	248	227	275	271	405	280
公共管理、社会保障和社会组织	131	266	402	657	746	706	781	633	704

1-13 按登记注册类型分组法人单位情况

（2020年底）

单位：个

登记注册类型	法人单位	企业法人	非企业法人
合计	**433939**	**414379**	**19560**
内资	**433015**	**413455**	**19560**
国有	7725	584	7141
集体	1140	647	493
股份合作	105	79	26
联营	62	10	52
国有联营	7	2	5
集体联营	19	1	18
国有与集体联营	9	2	7
其他联营	27	5	22
有限责任公司	22256	22041	215
国有独资公司	372	372	
其他有限责任公司	21884	21669	215
股份有限公司	657	648	9
私营	390419	388797	1622
私营独资	3845	2879	966
私营合伙	1996	1711	285
私营有限责任公司	383573	383217	356
私营股份有限公司	1005	990	15
其他内资	10651	649	10002
港澳台商投资	**437**	**437**	
与港澳台商合资经营	159	159	
与港澳台商合作经营	9	9	
港澳台商独资	265	265	
港澳台商投资股份有限公司	1	1	
其他港、澳、台商投资	3	3	
外商投资	**487**	**487**	
中外合资经营	165	165	
中外合作经营	9	9	
外资企业	218	218	
外商投资股份有限公司	87	87	
其他外商投资	8	8	

1-14 法人单位按登记注册类型分组情况(按地域划分)

(2020 年底)　　单位:个

注册类型	郑州市	中原区	二七区	管城区	金水区	上街区	惠济区	经开区
合计	**433939**	**24179**	**45780**	**42945**	**107237**	**4092**	**13324**	**13488**
内资	**433015**	**24154**	**45724**	**42901**	**107068**	**4086**	**13306**	**13377**
国有	7725	810	480	564	1202	231	285	92
集体	1140	48	105	66	114	45	26	13
股份合作	105	3	27		8	4	9	
联营	62		7	5	20	2		
国有联营	7		1		4			
集体联营	19				8	1		
国有与集体联营	9		1		5			
其他联营	27		5	5	3	1		
有限责任公司	22256	1310	1885	1718	4831	250	675	1092
国有独资公司	372	35	28	11	94	10	14	24
其他有限责任公司	21884	1275	1857	1707	4737	240	661	1068
股份有限公司	657	40	45	35	134	12	17	42
私营	390419	20992	42685	40374	99593	3414	12130	11996
私营独资	3845	162	230	248	387	37	186	59
私营合伙	1996	75	187	120	523	10	32	45
私营有限责任公司	383573	20708	42209	39925	98481	3355	11875	11851
私营股份有限公司	1005	47	59	81	202	12	37	41
其他内资	10651	951	490	139	1166	128	164	142
港澳台商投资	**437**	**12**	**28**	**24**	**77**	**2**	**3**	**53**
与港澳台商合资经营	159	5	9	8	23	2		21
与港澳台商合作经营	9			2	5			
港澳台商独资	265	5	19	14	49		3	31
港澳台商投资股份有限公司	1	1						
其他港、澳、台商投资	3	1						1
外商投资	**487**	**13**	**28**	**20**	**92**	**4**	**15**	**58**

1-14　续表　　（2020 年底）　　单位：个

注册类型	高新区	航空港实验区	郑东新区	中牟县	巩义市	荥阳市	新密市	新郑市	登封市
合计	**25423**	**6283**	**65881**	**14408**	**14298**	**15210**	**12975**	**20927**	**7489**
内资	**25333**	**6226**	**65660**	**14388**	**14281**	**15182**	**12960**	**20893**	**7476**
国有	110	198	368	600	570	494	644	577	500
集体	17	24	19	104	210	123	79	70	77
股份合作	2	3	5		7	28	1	3	5
联营		2	6		11	6	1	1	1
国有联营			1		1				
集体联营		1	2		4	3			
国有与集体联营		1			1	1			
其他联营			3		5	2	1	1	1
有限责任公司	1343	562	5079	472	516	585	548	852	538
国有独资公司	22	15	53	9	12	10	8	11	16
其他有限责任公司	1321	547	5026	463	504	575	540	841	522
股份有限公司	80	13	138	9	19	15	18	22	18
私营	23618	5098	59662	11832	12092	12943	10350	18348	5292
私营独资	43	36	255	174	1017	143	317	259	292
私营合伙	212	53	540	19	103	13	38	22	4
私营有限责任公司	23214	4985	58668	11622	10939	12765	9974	18018	4984
私营股份有限公司	149	24	199	17	33	22	21	49	12
其他内资	163	326	383	1371	856	988	1319	1020	1045
港澳台商投资	**33**	**23**	**120**	**7**	**3**	**15**	**9**	**22**	**6**
与港澳台商合资经营	13	6	45	2	1	7	5	7	5
与港澳台商合作经营	1		1						
港澳台商独资	19	17	74	4	2	8	4	15	1
港澳台商投资股份有限公司									
其他港、澳、台商投资				1					
外商投资	**57**	**34**	**101**	**13**	**14**	**13**	**6**	**12**	**7**

主要统计指标解释

生产总值 是一个国家(地区)所有常住单位在一定时期内生产活动的最终成果。地区生产总值有三种表现形态,即价值形态、收入形态和产品形态。从价值形态看,它是所有常住单位在一定时期内所生产的全部货物和服务价值超过同期投入的全部非固定资产货物和服务价值的差额,即所有常住单位的增加值之和;从收入形态看,它是所有常住单位在一定时期内所创造并分配给常住单位和非常住单位的初次分配收入之和;从产品形态看,它是最终使用的货物和服务减去进口货物和服务。在实际核算中,地区生产总值的三种表现形态表现为三种计算方法,即生产法、收入法和支出法。三种方法分别从不同的方面反映地区生产总值及其构成。

平均每年增长速度 在我国计算平均增长速度有两种方法,一种是习惯上经常使用的"水平法",又称几何平均法,是以间隔期最后一年的水平同基期水平对比来计算平均每年增长(或下降)速度。另一种是"累计法",又称代数平均法或方程法,是以间隔期内各年水平的总和同基期水平对比来计算平均每年增长(或下降)速度。在一般正常情况下,两种方法计算的平均每年增长速度比较接近,但在经济发展不平衡,出现大起大落时,两种方法计算的结果差别较大。本《年鉴》内所列的平均每年增长速度,除固定资产投资是用"累计法"计算以外,其余均用"水平法"计算。

总产出 总产出是指一定时期内一个国家(或地区)常住单位生产的所有货物和服务的价值,即包括新增价值,也包括转移价值。它反映常住单位生产活动的总规模。总产出按生产者价格计算。

增加值 增加值是指常住单位生产过程创造的新增价值和固定资产的转移价值。它可以按生产法计算,也可以按收入法计算,按生产法计算,它等于总产出减去中间投入;按收入法计算,它等于劳动者报酬、生产税净额、固定资产折旧和营业盈余之和。

人口数 指一定时点、一定地区范围内的有生命的个人的总和。

年度统计的年末人口数是指每年 12 月 31 日 24 时的人口数。年度统计的全国人口总数内未包括台湾省和港澳同胞以及海外华侨人数。

出生率(又称粗出生率)指在一定时期内(通常为一年)平均每千人所出生的人数的比率,一般用千分率表示。计算公式:

$$出生率=\frac{年出生人数}{年平均人数}\times 1000‰$$

出生人数 是指活产婴儿,即胎儿脱离母体时(不管怀孕月数),有过呼吸或其他生命现象。

年平均人数 是指年初、年底人口数的平均数,也可用年中人口数代替。

死亡率(又称粗死亡率) 指在一定时期内(通常为一年)一定地区的死亡人数与同期平均人数(或期中人数)之比,一般用千分率表示。计算公式:

$$死亡率=\frac{年死亡人数}{年平均人数}\times 1000‰$$

人口自然增长率 指在一定时期内(通常为一年)人口自然增加数(出生人数减死亡人数)与该时期内平均人数(或期中人数)之比。一般用千分率表示。计算公式:

$$人口自然增长率=\frac{(本年出生人数-本年死亡人数)}{年平均人数}\times 1000‰$$

人口自然增长率=人口出生率-人口死亡率

二、从业人员和劳动工资

2-1 分行业从业人员和工资情况

（2020 年底）　　　　单位：人、%

类　别	单位从业人员期末人数	比上年增长	其中：女性	劳务派遣人员	从业人员平均人数	从业人员工资总额	从业人员平均工资
合　计	**2139898**	**13.1**	**820004**	**248657**	**2090749**	**181897412**	**87001**
农林牧渔业	1248	-3.9	421		1177	68488	58212
采矿业	29168	-8.4	4264	94	28658	1762119	61487
制造业	462840	4.1	167554	32927	478677	32478397	67850
电力、热力、燃气及水的生产和供应业	20257	26.2	6556	1598	19944	2069175	103749
建筑业	365385	12.2	53336	108803	323361	24322170	75217
批发和零售业	102883	9.9	53840	2992	101017	6861238	67921
交通运输、仓储和邮政业	94828	29.1	27976	13303	92789	7629515	82224
住宿和餐饮业	32662	14.8	18668	1475	32181	1608464	49982
信息传输、软件和信息技术服务业	92081	22.1	24431	3544	81766	6103383	74645
金融业	78931	31.7	39241	1797	78910	15824311	200535
房地产业	88691	12.3	37653	12732	89677	7148267	79712
租赁和商务服务业	97888	-0.9	27751	23427	94082	5218866	55471
科学研究和技术服务业	88001	15.0	27626	7503	90615	9622278	106189
水利、环境和公共设施管理业	34998	49.1	14132	4080	34333	2076995	60496
居民服务、修理和其他服务业	7585	51.9	4114	221	6874	359783	52343
教育	203484	20.1	136165	4780	200472	21443099	106963
卫生和社会工作	131946	13.4	96485	5541	129720	14943887	115201
文化、体育和娱乐业	25902	36.5	12695	1098	26270	2769687	105433
公共管理、社会保障和社会组织	181122	16.5	67095	22741	180228	19587290	108681

2-2 分行业在岗职工人数和工资情况

（2020 年底）

类　　别	在职职工年末人数	比上年增长	在岗职工平均人数	在岗职工工资总额	在岗职工平均工资（含劳务派遣）
合　计	**1765902**	**12.6**	**1741769**	**163139350**	**89464**
农林牧渔业	935	3.5	862	58718	68083
采矿业	27701	-9.4	27427	1744168	63558
制造业	425873	3.9	449550	30915736	67920
电力、热力、燃气及水的生产和供应业	17530	20.1	17288	1921820	106816
建筑业	230630	5.2	202279	16535883	76825
批发和零售业	98471	10.9	96371	6611685	68332
交通运输、仓储和邮政业	79286	38.1	76227	6746981	83316
住宿和餐饮业	30193	14.4	29559	1489644	50185
信息传输、软件和信息技术服务业	55013	22.9	51902	5109809	95728
金融业	76261	31.4	76114	15585679	202181
房地产业	72789	10.9	72080	6391577	81559
租赁和商务服务业	68072	16.8	66818	4149769	56547
科学研究和技术服务业	76043	16.6	74449	8442736	108177
水利、环境和公共设施管理业	19712	24.6	19542	1595134	75004
居民服务、修理和其他服务业	6243	45.5	5552	318718	56240
教育	192224	20.8	188956	20843087	108620
卫生和社会工作	117999	12.7	115865	14053418	118944
文化、体育和娱乐业	23089	35.5	23387	2647548	110058
公共管理、社会保障和社会组织	147840	16.5	147542	17977238	112312

2-3　2020年全市及各区县(市)城镇非私营单位就业人员及年平均工资

(2020年底)　　单位:人、元

区域	从业人员	就业人员平均工资	在岗职工(含劳务派遣)
全市	2139898	87001	89464
中原区	173012	92419	94743
二七区	164769	84436	86192
管城区	114034	86282	88513
金水区	414564	88978	94865
上街区	26752	75655	78065
惠济区	50730	80642	81366
中牟县	51077	82968	89405
巩义市	62664	63289	64304
荥阳市	48141	78859	80149
新密市	69128	69148	70951
新郑市	92342	79371	82281
登封市	64135	57411	58762
经开区	130395	87962	89610
高新区	104578	93286	94576
郑东新区	257995	131895	135019
航空港区	315582	68745	68817

主要统计指标解释

从业人员年末人数 指期末最后一日 24 时在本单位中工作，并取得工资或其他形式劳动报酬的人员数。该指标为时点指标，不包括最后一日当天及以前已经与单位解除劳动合同关系的人员。是在岗职工、劳务派遣人员及其他从业人员之和。从业人员不包括：

（1）离开本单位仍保留劳动关系，并定期领取生活费的人员；

（2）利用课余时间打工的学生及在本单位实习的各类在校学生；

（3）本单位因劳务外包而使用的人员。

在岗职工 指在本单位工作且与本单位签订劳动合同，并由单位支付各项工资和社会保险、住房公积金的人员，以及上述人员中由于学习、病伤、产假等原因暂未工作仍由单位支付工资的人员。在岗职工还包括：

（1）应订立劳动合同而未订立劳动合同人员（如使用的农村户籍人员）；

（2）处于试用期人员；

（3）编制外招用的人员；

（4）派往外单位工作，但工资仍由本单位发放的人员（如挂职锻炼、外派工作等情况）。

在岗职工不包括：

（1）本单位使用的且由本单位直接支付工资的劳务派遣人员，应统计在本单位“劳务派遣人员”指标中；

（2）本单位因劳务外包而使用的人员，由承包劳务的单位统计为在岗职工。

劳务派遣人员 根据《中华人民共和国劳动合同法》规定，指与劳务派遣单位签订劳动合同，并被劳务派遣单位派遣到实际用工单位工作，且劳务派遣单位与实际用工单位签订《劳务派遣协议》的人员。

注意：无论用工单位是否直接支付劳动报酬，劳务派遣人员均由实际用工单位填报，而劳务派遣单位（派出单位）不填报这些人员。

其他从业人员 指本单位中不能归到在岗职工、劳务派遣人员中的人员。此类人员是实际参加本单位生产或工作并从本单位取得劳动报酬的人员。具体包括：非全日制人员、聘用的正式离退休人员、兼职人员和第二职业者等，以及在本单位中工作的外籍和港澳台方人员。

从业人员工资总额 指根据《关于工资总额组成的规定》（1990 年 1 月 1 日国家统计局发布的一号令）进行修订，本单位在报告期内（季度或年度）直接支付给本单位全部从业人员的劳动报酬总额。包括计时工资、计件工资、奖金、津贴和补贴、加班加点工资、特殊情况下支付的工资，是在岗职工工资总额、劳务派遣人员工资总额和其他从业人员工资总额之和。

工资总额是税前工资，包括单位从个人工资中直接为其代扣或代缴的房费、水费、电费、住房公积金和社会保险基金个人缴纳部分等。

工资总额不论是计入成本的还是不计入成本的，不论是以货币形式支付的还是以实物形式支付的，均应列入工资总额的计算范围。

在岗职工工资总额 指本单位在报告期内直接支付给本单位全部在岗职工的劳动报酬总额。在岗职工工资总额从构成角度分解为四部分：基本工资、绩效工资、工资性津贴和补贴、其他工资。工资总额不包括病假、事假等情况的扣款，单位在填报在岗职工工资总额四项构成时，应根据实际情况调整对应项目；如不能确定调整项，可扣减基本工资项。

劳务派遣人员工资总额 指实际用工单位（派遣人员的使用方）在一定时期内为使用劳务派遣人员而付出的劳动报酬总额，包括用工单位负担的基本工资、加班工资、绩效工资以及各种津贴、补贴等，但不包含因使用派遣人员而支付的管理费用和其他用工成本。

其他从业人员工资总额 指本单位在报告期内直接支付给本单位其他从业人员的全部劳动报酬。

三、固定资产投资及房地产开发

3-1 全市固定资产投资增速

项　　目	2019年比上年±%	2020年比上年±%
投资完成额	**2.8**	**3.6**
工业投资	1.6	20.9
房地产开发投资	2.8	2.4
基础设施投资	10.9	-9.6
民间投资	3.1	5.9
按产业分		
第一产业	-26.1	-15.7
第二产业	1.2	20.8
第三产业	3.2	1.6
按隶属关系分		
中央项目	62.0	12.6
地方项目	1.8	3.4
按建设性质分		
新建	-5.5	3.9
扩建	77.4	-41.4
改建与技术改造	46.8	133.9
按构成分		
建筑安装工程	5.4	2.5
设备工器具购置	-24.3	10.8
其他费用	5.5	4.7
房屋面积		
施工面积	6.0	-7.5
住宅	3.2	-3.6
竣工面积	17.1	-36.3
住宅	19.3	-35.5
本年（不含5000万元以下项目）实际到位资金	**7.9**	**-1.5**
国家预算资金	19.3	2.2
国内贷款	-4.0	-17.6
利用外资	100.2	-78.3
自筹资金	-1.9	3.9
其他资金来源	40.6	-5.5

3-2 按行业分固定资产投资增速及比重

（2020 年）　　　　单位:%

指　　标	比上年±%	比重
总　计	**3.6**	**100.0**
农、林、牧、渔业	**-6.8**	**0.4**
畜牧业	471.0	
工业	**20.9**	**12.4**
采矿业	99.7	0.4
煤炭开采和洗选业	122.7	0.3
有色金属矿采选业	-97.2	
非金属矿采选业	83.6	
开采专业及辅助性活动	-100.0	
制造业	16.8	9.4
农副食品加工业	-22.9	0.1
食品制造业	-4.7	0.2
酒饮料和精致茶制造业	-18.6	0.1
烟草制品业	31.2	
纺织业	853.7	0.1
纺织服装服饰业	99.5	0.1
皮革毛皮羽毛及其制品和制鞋业	-9.4	
木材加工和木竹藤棕草制品业	-49.5	
家具制造业	-70.6	
造纸和纸制品业	-30.4	
印刷和记录媒介复制业	19.2	
文教工美和体育娱乐用品制造业	-80.4	
石油煤炭及其它燃料加工业	-91.4	
化学原料和化学制品制造业	-46.0	0.1
医药制造业	13.2	0.2
化学纤维制造业	-33.5	
橡胶和塑料制品业	-32.3	0.1
非金属矿物制品业	-9.4	1.4
黑色金属冶炼和压延加工业	-76.7	
有色金属冶炼和压延加工业	1.1	0.7
金属制品业	-3.9	0.4
通用设备制造业	13.3	0.6
专用设备制造业	79.3	0.8
汽车制造业	22.7	1.3

3-2 续表 （2020年） 单位：%

指　　标	比上年±%	比重
铁路传播航空航天和其它运输设备制造业	176.4	0.1
电气机械和器材制造业	97.9	1.0
计算机通信和其它电子设备制造业	43.2	1.7
仪器仪表制造业	-35.2	0.1
其它制造业	-63.7	
废弃资源综合利用业	-0.9	0.1
电力、燃气及水的生产和供应业	30.8	2.6
电力、热力生产和供应业	36.9	1.9
燃气生产和供应业	26.4	0.1
水的生产和供应业	14.7	0.6
建筑业	**-100.0**	
批发和零售业	**-37.6**	**0.3**
交通运输、仓储和邮政业	**30.7**	**8.1**
铁路运输业	-31.0	0.8
道路运输业	48.5	6.5
航空运输业	577.5	0.4
仓储业	-26.9	0.3
住宿和餐饮业	**-49.7**	**0.1**
信息传输、软件和信息技术服务业	**260.6**	**2.4**
金融业	**-9.6**	**0.2**
房地产业	**2.1**	**59.8**
租赁和商务服务业	**-13.6**	**1.6**
科学研究和技术服务业	**25.9**	**0.8**
水利、环境和公共设施管理业	**-33.0**	**9.1**
水利管理业	-10.9	0.3
生态保护和环境治理业	13.8	0.2
公共设施管理业	-34.4	8.6
居民服务业、修理和其他服务业	**42.2**	**0.4**
教育	**29.6**	**2.1**
卫生和社会工作	**111.1**	**0.8**
卫生	72.2	0.6
文化、体育和娱乐业	**44.7**	**1.3**
公共管理、社会保障和社会组织	**-27.1**	**0.2**

3-3 各区县(市)固定资产投资增速

(2020年)

单位:%

区县(市)	固定资产投资	项目	亿元及以上项目	房地产开发	建安工程
郑州市	**3.6**	**5.2**	**3.6**	**2.4**	**2.5**
市辖区	-28.5	-28.5	-28.5		-55.6
中原区	10.2	32.2	22.5	1.1	0.4
二七区	11.1	15.6	19.7	9.1	6.3
管城区	13.2	30.5	44.1	10.4	46.4
金水区	-8.0	9.7	10.5	-11.8	1.3
上街区	10.5	17.9	34.9	4.1	8.3
惠济区	15.7	100.5	120.3	-5.4	13.2
中牟县	14.1	-1.8	-1.7	36.2	3.6
巩义市	6.3	5.0	-7.7	14.0	21.0
荥阳市	12.5	-11.8	-19.3	50.8	0.8
新密市	10.6	14.1	7.0	5.3	5.1
新郑市	11.6	13.0	16.0	10.6	7.4
登封市	16.6	3.0	4.4	61.6	19.3
经开区	11.6	-14.4	-12.2	45.5	-5.0
高新区	10.7	75.2	77.9	-2.1	26.5
郑东新区	-12.7	12.4	17.2	-23.1	-4.3
航空港实验区	8.5	24.2	23.9	-9.1	22.0

3-4 各区县(市)按三次产业分固定资产投资增速

(2020年)

单位:%

区县(市)	固定资产投资	第一产业	第二产业	第三产业
郑州市	**3.6**	**-15.7**	**20.8**	**1.6**
市辖区	-28.5			-28.5
中原区	10.2		61.1	9.6
二七区	11.1		17.5	10.6
管城区	13.2		109.7	10.8
金水区	-8.0		-39.7	-7.8
上街区	10.5		14.8	9.4
惠济区	15.7		96.9	12.5
中牟县	14.1	29.3	-18.7	17.3
巩义市	6.3	39.0	9.5	3.0
荥阳市	12.5	-90.4	-17.5	26.6
新密市	10.6	12.5	2.9	13.4
新郑市	11.6	-51.7	18.8	11.8
登封市	16.6	-21.1	15.7	17.9
经开区	11.6		14.6	11.0
高新区	10.7		72.6	5.0
郑东新区	-12.7		-41.2	-12.2
航空港实验区	8.5		81.1	-7.6

3-5 各区县(市)按构成性质分固定资产投资增速

(2020年)

单位:%

区县(市)	固定资产投资	建筑安装工程	设备工器具购置	其他费用
郑州市	**3.6**	**2.5**	**10.8**	**4.7**
市辖区	-28.5	-55.6	1004.0	100.1
中原区	10.2	0.4	-47.4	36.4
二七区	11.1	6.3	2.5	37.2
管城区	13.2	46.4	-9.9	-7.1
金水区	-8.0	1.3	98.8	-25.7
上街区	10.5	8.3	57.1	-0.5
惠济区	15.7	13.2	-38.4	21.3
中牟县	14.1	3.6	-15.1	81.4
巩义市	6.3	21.0	-43.3	16.1
荥阳市	12.5	0.8	-19.7	120.9
新密市	10.6	5.1	-1.1	39.6
新郑市	11.6	7.4	-0.4	27.6
登封市	16.6	19.3	3.8	23.7
经开区	11.6	-5.0	45.7	42.9
高新区	10.7	26.5	53.6	-31.9
郑东新区	-12.7	-4.3	-28.3	-28.5
航空港实验区	8.5	22.0	12.9	-57.5

3-6 各区县(市)分行业固定资产投资增速

(2020 年)

单位:%

县(市)区	合计	农林牧渔业	工业	建筑业	批发和零售业	交通运输、仓储和邮政业	住宿和餐饮业	信息传输、软件和信息技术服务业	金融业
郑州市	**3.6**	**-6.8**	**20.9**	**-100.0**	**-37.6**	**30.7**	**-49.7**	**260.6**	**-9.6**
市辖区	-28.5					129.2			
中原区	10.2		61.1		-67.8	98.7			
二七区	11.1		17.5		3651.9	-99.0		-5.7	
管城区	13.2		109.7			-52.1			
金水区	-8.0		-39.7			-79.9		64.7	
上街区	10.5		14.8		-100.0	-35.1		-100.0	
惠济区	15.7		96.9		-100.0	51759.4			
中牟县	14.1	57.9	-18.7		38.8	-88.2		922.8	
巩义市	6.3	39.0	9.8		-2.9	-26.2	-62.2		
荥阳市	12.5	-90.6	-17.5		-62.2	-35.8	-17.6	-100.0	
新密市	10.6	12.5	2.3		-100.0	11.9	365.3		
新郑市	11.6	-51.7	18.8		-35.0	19.8	-100.0	1210.6	
登封市	16.6	81.2	15.7		-100.0	-2.7	-100.0		
经开区	11.6		14.6		-80.3	-30.2		91.7	
高新区	10.7		75.4	-100.0				80.5	
郑东新区	-12.7		-41.2		-6.7	-72.6	17.2	1185.3	-9.6
航空港实验区	8.5		81.1			1.1		1239.3	

3-6 续表 （2020 年） 单位:%

县(市)区	房地产业	租赁和商务服务业	科学研究和技术服务业	水利、环境和公共设施管理业	居民服务业、修理和其他服务业	教育	卫生和社会工作	文化、体育和娱乐业	公共管理、社会保障和社会组织
郑州市	**2.1**	**-13.6**	**25.9**	**-33.0**	**42.2**	**29.6**	**111.1**	**44.7**	**-27.1**
市辖区				-85.0					
中原区	6.3		45.5	45.7		143.1	-48.1	-41.1	-78.0
二七区	6.1	-100.0		74.9		168.2	35.8	1268.1	-100.0
管城区	13.2		-92.5	-18.6	-100.0	2.9	-28.6	507.1	80.5
金水区	-8.1	1278.2	-18.2	9.6		-47.0	68.0	-76.8	-21.9
上街区	4.8	8.1	68.0	100.2		139.2	217.6		-42.7
惠济区	-4.8	-59.9		-8.5		22.1	-3.3	1129.0	-51.6
中牟县	23.8	132.3	43.0	23.9	38888.9	79.9	136.0	-88.4	
巩义市	2.6	77.3	-92.1	-8.6	-62.4	349.5	473.1	313.1	94.0
荥阳市	34.9		439.9	28.3		-17.8		112.1	-76.7
新密市	19.4	-41.6		4.5		-15.5	20.6	875.7	2805.4
新郑市	5.4	18.1	-5.5	8.9	379.9	79.0	-29.9	-49.6	-100.0
登封市	49.1		-10.4	12.3		-80.8	-94.1	908.0	
经开区	36.2	29.0	283.6	-39.4		-26.9	56.1	-100.0	-100.0
高新区	-1.5	-18.0	651.1	20.2		1369.6	20.0		
郑东新区	-24.8	-32.9	-5.1	-37.7	-44.2	4.5	1136.4	428.9	-68.5
航空港实验区	-9.1	-75.1		-25.8		295.4	222.3		

3-7 工业主要产业投资增速及结构

（2020 年）

单位：%

行　　业	比上年±%	占工业投资比重
工业	**20.9**	**100.0**
战略性新兴产业	29.7	28.5
新一代信息技术产业	35.2	5.9
高端装备制造业	-21.8	7.0
新材料产业	39.1	2.1
生物产业	111.2	1.3
新能源汽车	1016.8	6.6
新能源产业	-47.7	1.4
节能环保产业	82.3	3.8
数字创意产业	-63.7	0.1
相关服务业	-60.6	0.3
五大主导产业	39.4	53.9
装备制造	57.4	24.6
食品制造	-10.7	3.1
新型材料产业	39.1	2.1
电子制造	43.2	13.7
汽车制造	22.7	10.3
传统支柱产业	8.9	37.8
化学	-38.0	0.9
冶金	-8.6	6.0
建材	-9.7	10.9
轻纺	-21.0	1.3
能源	43.4	18.8
高载能行业	9.7	35.6
煤炭开采和洗选业	122.7	2.5
化学原料及化学制品制造业	-46.0	0.7
非金属矿物制品业	-9.4	11.3
黑色金属冶炼及压延加工业	-76.7	0.2
有色金属冶炼及压延加工业	1.1	5.8
电力、热力生产和供应业	36.9	15.2
高成长性制造业	33.8	54.6
汽车及零部件产业	22.7	10.3
电子信息产业	43.2	13.7
装备制造	57.4	24.6
食品产业	-10.7	3.1
现代家居产业	-58.4	1.3
服装服饰	209.5	1.6
高技术产业（制造业）	52.6	24.3
工业企业技术改造项目	26.7	56
制造业企业技术改造项目	10	44.7

3-8 各区县(市)工业固定资产投资增速

(2020 年)

单位:%

区县(市)	工业投资比上年同期增长	采矿业	制造业	电力热力燃气及水的生产和供应业
郑州市	**20.9**	**99.7**	**16.8**	**30.8**
中原区	61.1			45.0
二七区	17.5		-9.0	41.2
管城区	109.7		131.4	107.6
金水区	-39.7		25.0	-44.1
上街区	14.8	-100.0	50.8	-51.5
惠济区	96.9		12.7	114.8
中牟县	-18.7		-3.0	-29.4
巩义市	9.8	-33.4	11.2	1.7
荥阳市	-17.5		-22.1	-3.5
新密市	2.3	125.1	-12.6	6.2
新郑市	18.8	-27.2	13.4	45.1
登封市	15.7	155.6	-35.8	259.0
经开区	14.6		11.6	58.5
高新区	75.4		78.9	51.2
郑东新区	-41.2		-59.3	-41.0
航空港实验区	81.1		70.0	

3-9 民间固定资产投资增速

指　　标	2019年比上年±%	2020年比上年±%
总计	**3.1**	**5.9**
按产业分		
第一产业	-36.1	-40.9
第二产业	7.1	15.0
第三产业	3.0	4.9
按行业分		
农、林、牧、渔业	-36.1	-40.9
工业	7.6	15.2
采矿业	-29.5	76.8
制造业	7.9	12.1
电力、燃气及水的生产和供应业	15.3	47.7
建筑业	-79.2	-100.0
批发和零售业	-27.8	-39.7
交通运输、仓储和邮政业	26.3	-36.9
住宿和餐饮业	709.9	-59.2
信息传输、软件和信息技术服务业	-31.0	550.5
金融业	41.7	-93.4
房地产业	1.3	3.8
房地产开发投资	3.3	4.5
租赁和商务服务业	73.9	-16.3
科学研究和技术服务业	18.8	-14.3
水利环境和公共设施管理业	3.0	-7.1
居民服务修理和其它服务业	71.3	248.4
教育	69.2	38.2
卫生和社会工作	-35.9	263.6
文化体育和娱乐业	-29.7	124.9
公共管理社会保障和社会组织	-32.5	-21.1

3-10 房地产开发分地区企业个数和就业人数

（2020 年）

单位：个、人

区县（市）	企业个数						
		一级	二级	三级	四级	暂定	其他
郑州市	1505	40	153	155	13	939	205
中原区	66	3	10	6		46	1
二七区	93	5	17	9		59	3
管城区	80	3	10	5		58	4
金水区	231	9	30	42	6	114	30
上街区	39	2	5	12	1	17	2
惠济区	55	3	7			36	9
中牟县	115		6	7		94	8
巩义市	74	2	2	7	2	50	11
荥阳市	97		12	13	2	40	30
新密市	84	1	8	12		48	15
新郑市	153	2	11	13	1	104	22
登封市	43		1	7		31	4
经开区	87	1	10	9	1	62	4
高新区	47	1	6	3		30	7
郑东新区	186	6	18	9		115	38
航空港实验区	55	2		1		35	17

3-10 续表　　　　（2020年）　　　　单位:个、人

区县(市)	年末从业人员总计						
		一级	二级	三级	四级	暂定	其他
郑州市	46699	2998	6793	4133	343	27652	4780
中原区	3641	154	857	214		2380	36
二七区	3840	489	783	158		2386	24
管城区	3078	142	596	127		2170	43
金水区	6118	576	800	824	89	3106	723
上街区	1345	130	41	431	45	691	7
惠济区	1763	328	389			956	90
中牟县	3547		309	360		2740	138
巩义市	1574	55	52	107	30	1140	190
荥阳市	3398		802	321	92	990	1193
新密市	2090	21	264	424		1202	179
新郑市	4298	169	409	328	31	2929	432
登封市	716		28	118		525	45
经开区	2852	19	380	353	56	1745	299
高新区	1376		178	75		754	369
郑东新区	6295	595	905	293		3805	697
航空港实验区	768	320				133	315

3-11 房地产开发企业(单位)财务情况

(2020 年)

单位:万元

类　别	数　值	类　别	数　值
年初存货	**100981473**	其他收入	1913082
期末资产负债		营业成本	16710498
流动资产合计	204362832	主营业务成本	13790707
应收账款	8942820	税金及附加	804472
存货	119105536	其他业务利润	35147
固定资产原价	3766604	销售费用	1063657
房屋和构筑物	959170	管理费用	945381
机器设备	83418	研发费用	2028
累计折旧	792369	财务费用	922403
本年折旧	112444	利息收入	127845
在建工程	3383466	利息支出	641511
资产总计	230820568	资产减值损失	23791
流动负债合计	162249825	公允价值变动收益(损失以“-”号记)	
负债合计	200429752	投资收益(损失以“-”号记)	350581
所有者权益合计	30390815	其他收益	82389
实收资本	16210558	营业利润	1795960
损益及分配		营业外收入	97032
营业收入	20188133	营业外支出	134731
主营业务收入	18857253	利润总额	1725856
土地转让收入	291617	所得税费用	474382
商品房屋销售收入	16268956	**人工成本**	
自持物业收入	383598	应付职工薪酬(本年贷方累计发生额)	652063
房屋出租收入	209925	应交增值税	852351

3-12 分区县(市)房地产开发企业财务状况

(2020 年)

单位:万元

区县(市)	资产总计	固定资产原价	本年折旧	所有者权益合计	营业收入	主营业务收入	营业成本	主营业务成本
郑州市	230820568	3766604	112443.5	30390815	20188133	18857253	16710498	13790707
中原区	17658317	40377	2372	754112	868378	865044	672866	671133
二七区	16215216	130904	6737.7	1528561	996719	970052	733808	714720
管城区	19871162	1355296	26012.9	4097789	1195093	1187701	862805	860179
金水区	24720748	519990	25747.4	2513226	2522416	2344856	1493367	1329018
上街区	3380073	33272	1765	374748	397019	394546	264916	257878
惠济区	11686079	41875	819.1	1471239	1011921	969326	780650	731280
中牟县	20013164	59967	2389.7	2827192	1281290	1233616	882171	849699
巩义市	2684505	201874	3143.7	404690	785040	711524	428061	427172
荥阳市	12153650	115142	6586	1348363	1303807	1204027	964003	958538
新密市	4539567	41573	4834.8	167414	314201	257519	230448	200909
新郑市	17585177	103451	5988.8	1613019	1821478	1474517	1349086	1107843
登封市	2299475	22280	590.5	207072	529414	416059	428531	386494
经开区	15345736	72463	3935.8	2142747	1594136	1343938	1378349	1373767
高新区	14057494	99017	5233.3	1000137	1723949	1719531	3353417	1070922
郑东新区	35513452	913030	15234.3	6719683	2625424	2557581	2043278	2014413
航空港实验区	13096752	16093	1052.5	3220824	1217850	1207417	844744	836743

3-12 续表 1 （2020 年） 单位:万元

区县(市)	税金及附加	销售费用	管理费用	研发费用	财务费用	资产减值损失	公允价值变动收益	投资收益
郑州市	804472	1063657	945381	2028	922403	23791	-2992	350581
中原区	43388	70375	69187		49406	584	-4	10584
二七区	50751	52698	73325		110501	843		11989
管城区	55327	83180	84315	924	86267	1476		224630
金水区	91263	95146	116783	609	79481	6658		11782
上街区	11801	21261	12469		7891	53		226
惠济区	44958	49463	38626		50832	-123	13	535
中牟县	68628	96424	69767	32	150674	-13994		2
巩义市	26469	61331	51821		28534			651
荥阳市	52067	80410	60797	98	18539	2827		50739
新密市	16028	32482	31678	35	14355			200
新郑市	102358	101372	88825		60617	-152		-3364
登封市	16533	12474	6634		5623			-136
经开区	60951	51686	41929		45914	17258	-2760	11104
高新区	41746	86320	39554	318	85440	1999		180
郑东新区	104479	139358	145267	13	93321	6364	-242	13582
航空港实验区	17725	29679	14405		35009	-2		17880

3-12　续表 2　　（2020 年）　　单位：万元

区县（市）	其他收益	营业利润	营业外收入	利润总额	所得税费用	应付职工薪酬（贷方累计发生额）	应交增值税
郑州市	82389	1795960	97032	1725856	474382	652063	852351
中原区	40	-23025	6814	-29384	15123	54142	65646
二七区	43	22698	2776	11529	23112	40200	62391
管城区	89	309482	29002	308221	36134	39256	94434
金水区	-4070	107965	7270	87746	25131	74994	57582
上街区	8	69481	2471	67589	11723	12319	6383
惠济区	11	59532	1566	46059	43324	32814	62290
中牟县	43432	52515	2029	43778	23971	51622	-10865
巩义市	3	189787	1074	188124	6871	13021	65278
荥阳市	73	142908	3392	137793	42912	40468	18911
新密市	1167	-8471	471	-15064	7957	22411	20035
新郑市	216	125430	1494	116455	29072	55278	83409
登封市	-13	67114	155	65868	19019	5831	20881
经开区	6904	18019	28155	38111	13106	38886	59948
高新区	175	222493	1344	221687	77068	32289	36155
郑东新区	34255	145717	8374	144730	43545	115598	87876
航空港实验区	59	294316	645	292613	56316	22935	121997

3-13　房地产开发企业(单位)投资、资金和土地情况

(2020 年)　　单位:万元

类　别	数　值	类　别	数　值
计划总投资	**214190252**	**按工程用途分**	
自开始建设累计完成投资	**139965339**	住宅	27002949
本年完成投资	**34287764**	90 平方米以下	10053064
按照登记注册类型分		90-144 平方米	12872542
内资	**33672391**	144 平方米以上	4077343
国有	368942	办公楼	1645557
有限责任公司	27791211	商业营业用房	2733304
国有独自公司	1072336	其他	2905954
其他有限责任公司	26718875	本年新增固定资产	7124901
股份有限公司	314603	待开发土地面积	6104608
私营	4951727	本年土地购置面积	2943833
其他内资	245908	本年土地成交价款	3162641
港澳台商投资	**190695**	拆迁补偿费	48830
与港澳台商合资经营	56845	**上年末结余资金**	**14346467**
与港澳台商合作经营	15207	**本年资金来源小计**	**32789778**
港澳台商独资	116764	省外资金	561967
外商投资	**424678**	国内贷款	3362722
外资企业	424678	银行贷款	2941943
按构成分		非银行金融机构贷款	420779
建筑工程	21324941	自筹资金	17042619
安装工程	602871	定金及预收款	7817355
设备工器具购置	186308	个人按揭贷款	4228631
其他费用	12173644	其他资金来源	338451
旧建筑物购置费	42380	**本年各项应付款合计**	**10471964**
土地购置费	10411609	工程款	5299932

3-14 房地产开发企业(单位)施工、销售和空置情况

（2020 年）

单位:万元、平方米

类　别	合计	住宅	90 平米以下住房	144 平米以上住房	办公楼	商业营业用房	其他房屋
房屋施工面积	194447667	132019626	42296658	19536184	12935145	17210963	32281933
新开工面积	32898394	22836325	5898926	2112178	1040961	2765115	6255993
房屋竣工面积	14629283	10320383	3177485	2083260	626345	1371096	2311459
不可销售面积	1273143	161566	64658	41255	22454	191463	897660
商品住宅竣工套数(套)		93291	39169	10473			
竣工房屋价值	4541341	3283275	953952	700807	209145	332638	716283
商品房销售面积	34260594	30256836	10588423	3944631	1185975	2255009	562774
现房销售面积	5543203	4452688	1254390	427087	186985	635643	267887
期房销售面积	28717391	25804148	9334033	3517544	998990	1619366	294887
商品房销售额	33691661	29788075	9217582	5887452	1493152	1889905	520529
现房销售额	3078349	2384738	555446	366511	232053	317000	144558
期房销售额	30613312	27403337	8662136	5520941	1261099	1572905	375971
商品住宅销售套数(套)		296442	135319	22716			
现房销售套数		46231	19233	2461			
期房销售套数		250211	116086	20255			
待售面积	7580411	4706331	1216343	1207685	789994	1155218	928868
待售 1-3 年面积	3702960	2252398	462429	769216	434475	582578	433509
待售 3 年以上面积	1275496	779935	188920	126229	208084	232239	55238

3-15　分区县(市)按工程用途分房地产开发投资情况

(2020 年)

单位:万元

区县(市)	本年完成投资	住宅	90 平米以下	144 平米以上住房	办公楼	商业营业用房	其他房屋
郑州市	**34287764**	**27002949**	**10053064**	**4077343**	**1645557**	**2733304**	**2905954**
中原区	2401348	1889566	853023	96575	74098	128314	309370
二七区	3018189	2097416	596246	226119	262176	391607	266990
管城区	3139611	2398756	1200628	134517	41054	142955	556846
金水区	3822298	2931452	970072	370435	204239	301104	385503
上街区	301346	233943	33293	23860		35984	31419
惠济区	1846309	1570883	757038	85969	3294	197938	74194
中牟县	1705105	1348250	91393	500928	115393	110233	131229
巩义市	609497	488888	46095	79508	24284	94045	2280
荥阳市	1624401	1294045	277166	217000	54728	144738	130890
新密市	704744	524346	182250	32180	920	93194	86284
新郑市	2653501	2175571	461600	299071	46995	227430	203505
登封市	478881	360002	18390	67580	7730	38529	72620
经开区	2711592	2277866	796327	187876	83784	96683	253259
高新区	2807418	2707976	1625480	489	36866	47904	14672
郑东新区	4355104	2753568	282929	1755236	689996	595128	316412
航空港实验区	2108420	1950421	1861134			87518	70481

3-16 分区县(市)房地产开发商品房屋施工面积

(2020 年)

单位:平方米

区县(市)	施工房屋面积	住宅	90 平米以下	144 平米以上住房	办公楼	商业营业用房	其他房屋
郑州市	**194447667**	**132019626**	**42296658**	**19536184**	**12935145**	**17210963**	**32281933**
中原区	19267540	13071152	4799557	690295	561690	1002874	4631824
二七区	17766704	12186691	4490764	945409	1820822	1749277	2009914
管城区	12805355	9079818	3689157	494668	440741	513574	2771222
金水区	19057027	11250360	4637275	1416939	2238218	2117793	3450656
上街区	1881274	1422657	113579	289161		128661	329956
惠济区	11704846	8255882	2278101	678372	222581	1264967	1961416
中牟县	12591170	8571895	820197	3381903	1115802	972927	1930546
巩义市	2825801	2415963	327360	470395	143822	232584	33432
荥阳市	12274750	8591439	1718220	1760295	345036	1166589	2171686
新密市	6298798	4948446	2192823	725569	6025	756639	587688
新郑市	18187025	14533973	3404276	1187549	158483	1456255	2038314
登封市	3602752	2843908	47500	505008	15155	283641	460048
经开区	15228580	10429732	3464928	1031169	1031068	633120	3134660
高新区	8594337	6852934	4518002	67094	313147	716538	711718
郑东新区	27151088	13357623	1922317	5871851	4522555	3317533	5953377
航空港实验区	5210620	4207153	3872602	20507		897991	105476

3-17 分区县(市)房地产开发商品房屋新开工面积

(2020年) 单位:平方米

区县(市)	新开工房屋面积	住宅	90平米以下	144平米以上住房	办公楼	商业营业用房	其他房屋
郑州市	**32898394**	**22836325**	**5898926**	**2112178**	**1040961**	**2765115**	**6255993**
中原区	3755762	2374203	520709	95962	258238	136266	987055
二七区	2652084	1839686	778234	116901	15494	265815	531089
管城区	3377885	2104414	893525	128825	113360	28087	1132024
金水区	2722877	1627004	311120	273857	198507	198578	698788
上街区	373170	195864	481			5522	171784
惠济区	2199363	1420598	413780	164674	6007	476713	296045
中牟县	2669896	2119092	286217	235741	86459	117000	347345
巩义市	980013	783224	52530	103792	13600	178415	4774
荥阳市	3097852	2311802	518376	319111	705	339174	446171
新密市	976201	698440	278847	42169	878	164933	111950
新郑市	3816105	2941927	545033	158410	87781	317830	468567
登封市	1164760	1005555	3217	97699	6364	77966	74875
经开区	1742326	1236947	442951	38681	53908	40406	411065
高新区	1389296	1039729	267585	21444	57918	94316	197333
郑东新区	1292757	565470	13951	314912	141742	268094	317451
航空港实验区	688047	572370	572370			56000	59677

3-18　分区县(市)房地产开发商品房屋竣工面积

(2020年)

单位:平方米

区县(市)	竣工房屋面积	住宅	90平米以下	144平米以上住房	办公楼	商业营业用房	其他房屋
郑州市	**14629283**	**10320383**	**3177485**	**2083260**	**626345**	**1371096**	**2311459**
中原区	322544	269640	176340	66500		571	52333
二七区	2543275	1808283	1060226	20874	44100	392646	298246
管城区	1505070	1032935	342293	31354	61000	35204	375931
金水区	1009495	720158	265622	109740	130056	962	158319
上街区							
惠济区	273224	194143	62773	5360		26438	52643
中牟县	776190	616652	44356	166117	913	83681	74944
巩义市	213125	213125	34500	49500			
荥阳市	1145188	794339	58168	141640	3115	200514	147220
新密市	483835	150392	101720	33590		291270	42173
新郑市	1119934	910540	185480	294122		132201	77193
登封市	307808	206235	6406	2784		70785	30788
经开区	811393	429520	137748	30984	252658	18883	110332
高新区	38528	30315	30315		8213		
郑东新区	3944733	2809165	536597	1130695	126290	117941	891337
航空港实验区	134941	134941	134941				

3-19 分区县(市)商品房屋销售面积

(2020 年)

单位:平方米

区县(市)	销售面积	住宅	住宅：90平米以下	住宅：144平米以上住房	办公楼	商业营业用房	其他房屋
郑州市	**34260594**	**30256836**	**10588423**	**3944631**	**1185975**	**2255009**	**562774**
中原区	2373008	2114874	977001	116386	62872	165633	29629
二七区	2433194	1935699	879407	128417	62189	370997	64309
管城区	3101243	2954910	1317780	71243	75710	18328	52295
金水区	2663110	2451631	457167	308674	69442	121603	20434
上街区	682995	652766	35476	48690		28158	2071
惠济区	1563214	1556616	496100	151017		6250	348
中牟县	2761106	2312675	260121	691607	121767	325840	824
巩义市	1007637	992419	127401	223856	11709	3509	
荥阳市	2203973	2040223	338387	248114	2835	99405	61510
新密市	985289	820481	268135	267328	5285	110900	48623
新郑市	2841630	2553432	407236	214445	12075	260254	15869
登封市	587084	546456	8570	124524		40411	217
经开区	1734941	1540905	247204	258768	76097	33672	84267
高新区	3760811	3255663	2678248	9202	340400	162270	2478
郑东新区	3137628	2551399	113503	1082360	345594	88733	151902
航空港实验区	2423731	1976687	1976687			419046	27998

3-20 分区县(市)房地产开发商品房屋销售额

(2020 年)

单位:万元

区县(市)	商品房屋销售额	住宅			办公楼	商业营业用房	其他房屋
			90 平米以下	144 平米以上住房			
郑州市	**33691661**	**29788075**	**9217582**	**5887452**	**1493152**	**1889905**	**520529**
中原区	2619673	2240748	747170	211880	231364	131998	15563
二七区	2137985	1821133	595587	143411	64668	202817	49367
管城区	2681641	2580374	994395	85921	57383	31654	12230
金水区	3736257	3498386	483857	524702	95971	125567	16333
上街区	322927	302082	18499	36666		20114	731
惠济区	1375137	1365260	352853	187120		9534	343
中牟县	2401785	2143635	131789	861021	89234	168137	779
巩义市	659444	649352	83769	149442	5931	4161	
荥阳市	1668749	1563093	204459	258084	1722	83549	20385
新密市	643287	547597	190144	138365	3361	74159	18170
新郑市	2242932	2042811	333856	184744	3622	192283	4216
登封市	399808	366443	5302	91017		33116	249
经开区	1786507	1573009	221277	373493	105812	38070	69616
高新区	3889486	3395598	2752233	5899	340400	150694	2794
郑东新区	4645761	3728527	132365	2635687	493684	146464	277086
航空港实验区	2480282	1970027	1970027			477588	32667

3-21 分地区房地产开发资金来源

（2020 年）

单位：万元

区县（市）	本年资金来源小计	国内贷款	银行贷款	自筹资金	定金及预收款	个人按揭贷款	其他资金来源
郑州市	**32789778**	**3362722**	**2941943**	**17042619**	**7817355**	**4228631**	**338451**
中原区	2838891	451484	336364	1112135	685660	579972	9640
二七区	2562410	346029	239567	1209883	759305	207870	39323
管城区	2802775	139377	139377	1413768	708393	532425	8812
金水区	3781839	269125	247328	2191251	812308	491351	17804
上街区	275545	51900	51900	74221	54582	89320	5522
惠济区	1804863	212303	184598	764785	424307	380571	22897
中牟县	1487467	88438	26638	859516	311640	215308	12565
巩义市	461832	14000	14000	332417	68011	47404	
荥阳市	1762915	213514	206956	943247	317755	264534	23865
新密市	733816	44341	44341	523062	105824	52559	8030
新郑市	2614866	87000	87000	1268211	645244	549796	64615
登封市	345151	21614	18214	245870	42222	21845	13600
经开区	2994114	641507	622420	1655139	494972	196868	5628
高新区	1854977	88959	88959	515364	990107	259661	886
郑东新区	4087067	433738	374888	1854973	1377025	329147	92184
航空港实验区	2381250	259393	259393	2078777	20000	10000	13080

3-22 分地区房地产土地购置和开发情况

（2020 年）

单位：万元

区县（市）	土地购置费	本年购置土地面积（平方米）	本年土地成交价款	拆迁补偿费
郑州市	**10411609**	**2943833**	**3162641**	**48830**
中原区	963651	224649	320489	
二七区	688611	137247	130201	
管城区	1178592	532648	616119	
金水区	1404711	81208	77053	47730
上街区	58627			
惠济区	819786	68960	67790	
中牟县	626525	37325	2191	
巩义市	224401	37000	17205	
荥阳市	485091	227050	63753	
新密市	203930	260341	104208	1100
新郑市	833135	236744	130292	
登封市	29024			
经开区	1220066	391724	663299	
高新区	541462	200201	206001	
郑东新区	1043351	480675	754040	
航空港实验区	90646	28061	10000	

主要统计指标解释

固定资产投资额 是以货币表现的建造和购置固定资产活动的工作量,它是反映固定资产投资规模、速度、比例关系和使用方向的综合性指标。全社会固定资产投资包括国有经济单位投资、城乡集体经济单位投资、各种经济类型的单位的投资和城乡居民个人投资。按照我国现行计划管理体制,国有经济单位固定资产投资总额分为基本建设、更新改造、商品房屋建设投资和其他固定资产投资四个部分;城乡集体经济单位投资包括城镇集体所有制单位投资和农村集体所有制单位投资;各种经济类型的单位投资包括联营经济、股份制经济、中外合资经营、中外合作经营、外资、与大陆合资经营、与大陆合作经营、港澳台独资及其他经济类型的单位投资。城镇居民个人投资包括城市、县城、镇、工矿区所辖范围内的个人建房和农村个人建房及购买生产性固定资产的投资。

固定资产投资的资金来源 根据固定资产投资的资金来源不同,分为国家预算内资金、国内贷款、利用外资、自筹资金和其他资金来源。

1. 国家预算内资金 指中央财政和地方财政中由国家统筹安排的基本建设拨款和更新改造拨款,以及中央财政安排的专项拨款中用于基本建设的资金和基本建设拨款改贷款的资金等。

2. 国内贷款 指报告期内企、事业单位向银行及非银行金融机构借入的用于固定资产投资的各种国内贷款。包括银行利用自有资金及吸收的存款发放的贷款、上级主管部门拨入的国内贷款、国家专项贷款(包括煤代油贷款、劳改煤矿专项贷款等)、地方财政专项资金安排的贷款、国内储备贷款、周转贷款等。

3. 利用外资 指报告期内收到的用于固定资产投资的国外资金,包括统借统还、自借自还的国外贷款,中外合资项目中的外资,以及对外发行债券和股票等。国家统借统还的外资指由我国政府出面同外国政府、团体或金融组织签订贷款协议、并负责偿还本息的国外贷款。

4. 自筹资金 指建设单位报告期内收到的,用于进行固定资产投资的上级主管部门、地方和企、事业单位自筹资金。

5. 其他资金来源 指报告期内收到的除以上各种拨款、借款、自筹资金以外,其他用于固定资产投资的资金。

固定资产投资按国民经济行业分 建设项目归哪个行业,按其建成投产后的主要产品或主要用途及社会经济活动性质来确定。基本建设按建设项目划分国民经济行业,更新改造、国有经济单位其他固定资产投资及城镇集体投资根据整个企业、事业单位所属的行业来划分。一般情况下,一个建设项目或一个企业、事业单位只能属于一种国民经济行业。为了更准确地反映国民经济各行业之间的比例关系,联合企业(总厂)所属分厂属于不同行业的,原则上按分厂划分行业。

固定资产投资按建设性质分 建设项目的性质一般分为新建、扩建、改建、迁建、恢复。基本建设按建设项目划分建设性质,更新改造、国有经济单位其他固定资产投资及城镇集体投资按整个企业、事业单位的建设情况确定建设性质。目前基本建设和更新改造是根据我国现行的计划管理体制区分的,所以基本建设和更新改造都可以分别按新建、扩建等划分。

固定资产投资按用途分 固定资产投资按工程的经济用途分为用于为农林牧渔业用、工业建筑业用商业、运输邮电业用、其他五部分的建设,是研究不同用途的固定资产投资之间比例关系的重要指标。基本建设投资、国有经济单位其他固定资产投资及城镇集体投资的用途按单项工程确定,现有企业、事业单位更新改造投资的用途按更新改造项目确定。

固定资产投资按构成分 固定资产投资活动按其工作内容和实现方式分为建筑安装工程,设备、工具、器具购置,其他费用三个部分。

1. 建筑安装工程(建筑工作量)指各种房屋、建筑物的建造工程和各种设备、装置的安装工程。包括各种房屋建造工程,各种用途设备基础和各种工业窑炉的砌筑工程;为施工而进行的各种准备工作和临时工程以及完工后的清理工作等;铁路、道路的铺设,矿井的开凿及石油管道的架设等;水利工程;防空地下建筑等特殊工程;以及各种机械设备的安装工程;为测定安装工程质量,对设备进行的试行工作。在安装工程中,不包括被安装设备本身价值。

2. 设备、工具、器具购置指购置或自制达到固定资产标准的设备、工具、器具的价值,固定资产的标准按财务部门规定。新建单位、扩建单位的新建车间按照设计和计划要求购置或自制的全部设备、工具、器具,不论是否达到固定资产标准均计入"设备、工具、器具购置"中。

3. 其他费用指除建筑安装工程和设备、工具、器具购置以外的投资完成额。它包括两种性质的费用,一种是属于增加固定资产的费用,主要有:建设单位管理费,土地、青苗等补偿费和安置补助费、勘察设计费、研究实验费、农林单位牲畜购置费、各种经济林木的营造费、办公和生活家具、器具购置费、引进技术和进口设备项目的其他费用、联合试运转费等;一种是属于不增加固定资产的费用,主要有:施工机械转移费、生产职工培训费、农业开荒费用及报废工程损失费等。

建筑业统计单位 指从事房屋、构筑物建造和设备安装活动的法人企业。建筑业法人企业应具有建筑业资质并能够独立核算,同时其应具备以下条件:1. 依法成立,有自己的名称、组织机构和场所,能够承担民事责任;2. 独立拥有和使用资产,承担负债,有权与其他单位签订合同;3. 独立核算盈亏,能够编制资产负债表。

施工项目 指报告期内曾进行建筑或安装工程施工活动的建设项目。包括报告期内新开工项目,报告期以前开工跨入报告期继续施工的项目以及报告期施过工并在报告期内全部建设投产或停缓建的项目。

全部建成投产项目工业项目 是指设计文件规定形成生产能力的主体工程及其相应配套的辅助设施全部建成,经负荷试运转,证明具备生产设计规定合格产品的条件,并经过验收鉴定合格或达到竣工验收标准,与生产性工程配套的生产福利设施可以满足近期正常生产的需要,正式移交生产的建设项目。

施工和竣工房屋建筑面积 房屋建筑面积是从房屋外墙线算起的各层平面面积的总和,包括房屋结构(如柱、墙)占用的面积和地下室面积。多层建筑按各自然层面积总和计算,包括房屋内的楼隔层,突出墙面的眺望间、门斗、有柱雨罩的面积。不包括突出墙面结构的构件、艺术装饰等所占的面积,如台阶等。凹阳台、挑阳台按其水平投影面积一半计算建筑面积。

住宅建筑面积 指施工和竣工房屋建筑面积中供居住用的施工和竣工房屋建筑面积。

竣工面积 指在报告期内房屋建筑按照设计要求已全部完工,达到住人和使用条件,经验收鉴定合格,正式移交使用单位的建筑面积。

房屋建筑面积竣工率 指一定时期内房屋竣工面积占同期房屋施工面积的比率。它是从房屋建筑施工速度的角度反映投资效果和建筑业经济效益的指标。

新增固定资产 指通过投资活动所形成的新的固定资产价值。包括已经建成投入生产或交付使用的工程价值和达到固定资产标准的设备、工具、器具的价值及有关应摊入的费用。它是以价值形式表示的固定资产投资成果的综合性指标,可以综合反映不同时期、不同部门、不同地区的固定资产投资成果。

建设项目投产率 指一定时期内全部建成投入生产项目个数占同期正式施工项目个数的比率。它是从项目建设速度的角度反映投资效果的指标。

固定资产交付使用率 指一定时期新增固定资产与同期完成投资额的比率。它是反映各个时期固定资产动用速度,衡量建设过程中投资效果的一个综合性指标。未完工程占用率指年末未完工程累计完成投资额占全年实际完成投资额的比率。它反映未完工程的相对规模,并可从资金占用的角度反映固定资产投资效果。由于未完工程是指已经开工,但尚未建成交付使用的工程,有个跨年度问题,因此未完工程占用率会出现大于1的情况。

实收资本 指企业实际吸收到的所有投资人投入的资金。该指标来源于会计"资产负债表"中"实收资本"项目的期末数。

资产总计 指企业拥有或控制的全部资产,包括活动资产、长期投资、固定资产、无形及递延资产、其他长期资产。该指标来源于会计"资产负债表"中"资产总计"项的期末数。

负债总计 指企业的流动负债和长期负债的合计。

本年施工规模 指报告期内施工的单项工程(或更新改造项目)的设计能力(或工程效益),包括报告期以前已开工跨入本年继续施工的工程的设计能力和报告期新开工工程的设计能力。也包括报告期内建成投产或报告期施工后又停缓建的单项工程设计能力。不包括在报告期以前建成投产或已经停、缓建的工程,以及报告期内尚未正式开工的工程的设计能力。

商品房销售面积 指报告期内出售商品房屋的合同总面积(即双方签署的正式买卖合同中所确定的建筑面积)。由现房销售面积和期房销售面积两部分组成。

商品房销售额 指报告期内出售商品房屋的合同总价款(即双方签署的正式买卖合同中所确定的合同总价)。该指标与商品房销售面积同口径,由现房销售额和期房销售额两部分组成。

四、价　格

4-1 市区居民消费价格指数(2020 年)

(以上年价格为 100)

类别	年度	月份											
		一	二	三	四	五	六	七	八	九	十	十一	十二
居民消费价格总指数	102.3	105.6	105.6	104.3	102.9	101.8	101.7	102.2	102.1	102.0	100.4	99.4	100.2
非食品烟酒价格指数	100.1	101.5	101.0	100.4	99.8	99.4	99.2	99.8	99.9	100.5	100.1	100.1	100.1
食品(原口径)指数	108.1	117.1	118.1	115.1	111.2	108.2	108.3	108.7	108.0	105.9	101.2	97.5	100.5
非食品(原口径)指数	100.2	101.4	100.9	100.4	99.8	99.4	99.2	99.8	99.9	100.5	100.1	100.2	100.1
服务价格指数	100.6	101.6	100.9	100.7	100.2	99.8	99.4	100.4	100.0	101.5	101.0	101.1	100.9
工业品价格指数	99.6	101.4	101.0	100.1	99.4	99.0	99.0	99.2	99.8	99.4	99.2	99.2	99.2
鲜活食品价格指数	113.1	134.3	135.8	128.8	119.0	112.0	112.7	114.5	112.7	107.6	97.7	93.2	99.8
消费品价格指数	103.3	107.9	108.2	106.4	104.4	102.9	102.9	103.2	103.3	102.2	100.1	98.5	99.9
能源价格指数	95.4	102.0	98.9	94.8	93.3	92.7	94.0	95.0	95.6	95.2	94.4	94.3	95.2
非食品价格指数	100.6	102.0	101.5	101.0	100.5	100.1	99.9	100.4	100.4	100.8	100.5	100.2	100.2
扣除食品和能源价格指数	100.9	102.0	101.7	101.4	100.9	100.6	100.3	100.7	100.7	101.2	100.9	100.6	100.5
扣除鲜菜鲜果价格指数	102.6	105.4	105.6	104.6	103.6	102.5	102.5	103.1	102.6	101.9	100.1	99.1	100.0
扣除自有住房价格指数	102.9	106.4	106.4	105.1	103.6	102.4	102.3	102.8	102.7	102.5	100.8	99.7	100.6
居住(扣自有住房)价格指数	100.2	101.7	102.0	100.5	100.2	100.0	99.6	99.7	99.6	99.7	99.8	100.4	99.6
食品烟酒	107.3	115.5	116.4	113.6	110.1	107.4	107.5	107.8	107.3	105.4	101.2	97.9	100.5
食品	109.2	121.0	122.3	118.2	112.9	108.8	109.0	109.9	109.3	106.5	100.3	96.5	100.5
粮食	101.3	100.3	100.3	100.6	101.8	101.6	101.8	101.8	102.1	101.9	101.7	101.0	100.9
大米	101.4	100.2	100.2	101.6	101.6	101.6	102.2	102.2	102.2	102.2	102.2	101.1	100.0
面粉	101.5	102.3	102.3	102.1	102.2	102.2	102.2	102.2	102.1	100.7	100.5	99.9	99.9
其他粮食	102.4	99.2	99.2	99.2	102.0	103.1	103.5	103.9	103.9	104.6	103.0	103.0	104.6
粮食制品	101.0	99.7	99.7	99.7	101.8	101.1	101.1	101.1	101.7	101.7	101.7	101.1	101.1
薯类	100.9	98.2	103.0	102.4	104.1	102.7	94.6	89.2	97.8	105.8	109.6	101.6	106.3
豆类	104.9	105.6	105.7	106.2	108.0	108.6	106.5	106.5	103.5	103.4	102.7	101.1	100.8
干豆	103.6	105.8	107.0	106.7	105.2	103.8	102.9	102.8	103.5	102.7	101.9	100.0	100.8
豆制品	105.0	105.6	105.6	106.2	108.3	109.0	106.8	106.8	103.5	103.5	102.7	101.2	100.8
食用油	102.1	101.0	99.4	102.0	102.4	100.7	103.0	101.9	102.1	104.5	103.3	102.2	102.7
食用植物油	100.7	99.0	97.5	100.0	100.6	99.2	101.4	100.3	100.5	103.1	102.1	102.3	102.8
食用动物油	170.7	229.7	229.7	232.9	212.2	196.9	199.9	198.5	193.0	172.8	154.0	100.7	101.4
菜	104.6	120.5	112.8	102.0	93.1	92.2	99.6	100.7	107.1	111.3	108.3	103.0	103.7
鲜菜	104.6	122.3	113.5	101.7	91.8	90.6	98.9	100.3	107.5	112.3	109.0	102.9	103.9
干菜及菜制品	104.3	105.8	105.8	105.7	104.5	104.5	104.3	104.3	104.3	103.9	103.7	103.4	102.2
畜肉类	136.3	177.1	187.3	174.4	162.7	151.6	154.6	157.5	141.3	120.4	99.2	91.7	101.2
猪肉	147.9	218.8	237.7	210.6	191.4	174.3	178.3	181.7	154.0	124.3	94.4	86.8	99.4
牛肉	116.7	122.6	121.5	126.1	122.8	119.8	119.8	120.9	118.8	112.4	110.0	106.1	105.6
羊肉	104.5	105.6	107.3	109.2	106.3	104.3	105.5	105.7	104.3	100.1	98.7	100.0	108.2
畜肉副产品	137.8	166.4	164.9	159.1	157.8	155.0	155.9	154.1	148.4	130.4	123.1	99.4	98.6

4-1 续表1

类别	年度	月份											
		一	二	三	四	五	六	七	八	九	十	十一	十二
其他畜肉及制品	116.7	120.2	119.8	120.0	119.8	118.0	118.0	118.2	117.8	119.1	119.9	106.1	106.9
禽肉类	105.3	121.6	125.8	121.6	119.1	112.7	107.8	107.6	105.2	97.3	90.2	81.3	88.9
鸡	100.8	120.1	126.3	120.8	117.1	108.9	102.6	102.0	98.6	89.3	82.1	75.7	84.3
鸭	117.8	132.7	136.3	132.4	134.6	129.9	126.9	125.9	125.6	122.0	102.7	81.0	93.3
其他禽肉及制品	113.7	120.9	119.2	118.8	117.7	116.2	115.1	116.2	116.2	112.4	112.8	101.2	101.5
水产品	100.7	97.7	96.0	99.9	97.8	99.7	104.1	103.9	104.1	102.2	101.9	100.7	101.6
淡水鱼	105.2	95.1	93.6	100.2	100.5	104.9	110.7	110.4	112.7	109.0	109.1	109.1	109.5
海水鱼	104.9	108.1	106.5	106.7	105.6	106.5	106.6	106.0	104.7	104.3	103.2	101.4	99.3
虾蟹类	91.9	94.8	91.1	95.6	88.3	88.3	95.0	94.7	93.8	92.0	91.2	87.5	91.2
其他水产品及制品	101.0	99.7	100.4	101.0	101.3	101.7	101.7	101.7	100.9	100.9	100.9	101.1	101.3
蛋类	85.6	104.4	100.2	99.5	92.2	81.3	79.3	78.6	81.5	77.1	77.4	76.9	85.1
鸡蛋	84.4	105.4	100.8	100.0	92.1	79.4	77.1	76.5	79.8	75.1	75.5	74.9	83.9
其他蛋及制品	97.3	95.6	95.6	95.7	93.3	98.8	98.8	98.8	98.8	98.8	98.8	97.4	97.4
奶类	101.7	100.0	101.2	100.9	101.7	100.3	101.3	100.1	101.8	104.2	103.0	103.4	102.1
鲜奶	101.4	97.2	98.4	99.9	101.4	101.4	101.4	101.0	104.2	104.2	103.3	102.3	102.3
酸奶	101.2	104.4	106.9	101.7	101.7	101.7	100.8	102.7	97.3	97.3	100.0	100.0	100.0
奶粉	102.5	101.8	102.7	102.7	103.6	97.7	101.4	94.7	100.2	110.5	104.7	108.2	102.6
其他奶制品	101.6	100.0	100.0	100.0	100.0	100.0	101.5	103.0	103.0	103.0	103.0	103.0	103.0
干鲜瓜果类	90.5	94.9	96.4	95.0	86.4	83.4	73.8	72.3	78.9	95.8	106.4	110.1	104.6
鲜瓜果	87.8	93.4	95.3	94.0	82.9	78.6	67.2	64.7	72.4	94.7	109.8	114.9	106.9
坚果	99.5	101.1	101.8	99.2	99.5	98.9	99.0	99.4	100.4	99.2	98.0	98.4	98.7
瓜果制品	98.2	96.6	96.6	96.6	96.6	106.2	97.2	100.0	100.0	97.2	97.2	97.2	97.2
糖果糕点类	98.8	98.7	98.9	97.7	97.4	97.9	98.1	98.9	99.8	99.9	99.5	98.9	99.4
食糖	97.6	97.6	97.6	97.6	97.6	97.6	97.6	97.6	97.6	97.6	97.6	97.6	97.6
糖果	96.1	91.1	91.1	87.6	92.8	93.7	100.0	100.0	100.3	100.3	98.0	98.0	100.3
糕点	100.4	102.7	102.7	102.7	98.9	99.5	97.4	98.6	100.7	101.1	101.1	99.8	99.8
其他糖果糕点	100.7	100.0	102.6	97.4	102.6	102.6	98.8	103.3	100.6	98.8	100.6	101.3	100.1
调味品	102.3	101.0	102.4	101.5	101.9	102.3	100.9	104.5	105.0	101.4	102.1	100.7	104.3
食用盐	101.8	100.0	111.8	100.0	111.8	100.0	100.0	100.0	100.0	100.0	100.0	100.0	100.0
酱油	102.9	100.7	100.1	101.9	101.9	106.1	102.5	103.5	105.4	105.4	105.4	99.0	102.9
食醋	103.8	97.8	112.6	107.6	107.6	107.6	99.6	107.6	104.7	94.0	100.0	100.0	107.9
调味酱	102.0	104.1	99.4	99.2	99.2	99.2	101.6	107.9	110.4	102.1	100.7	100.7	100.7
味精	100.8	101.5	101.5	101.5	100.4	101.5	101.5	101.5	100.0	100.0	100.0	100.0	100.0
其他调味品	101.5	99.5	99.5	99.5	99.5	99.5	99.5	100.0	100.0	103.6	103.6	103.6	110.3
其他食品类	106.7	104.9	106.8	106.2	108.6	107.6	109.2	108.1	107.1	108.2	106.1	104.2	103.7
方便食品	113.4	109.6	112.7	111.1	114.8	115.4	118.8	117.1	115.0	115.7	113.6	108.9	108.4
淀粉及制品	102.7	103.8	103.8	102.9	102.9	102.9	102.9	102.9	102.9	102.9	102.9	101.4	100.0

4-1 续表 2

类别	年度	月份 一	二	三	四	五	六	七	八	九	十	十一	十二
膨化食品	100.4	98.5	100.9	102.0	105.3	100.3	101.3	99.5	99.0	101.8	97.3	99.3	99.9
茶及饮料	100.6	102.6	105.5	101.8	100.6	100.4	100.4	100.0	99.7	99.4	99.6	98.0	99.8
茶叶	99.2	100.0	100.0	100.0	100.0	97.2	100.0	100.0	100.0	100.0	100.0	93.8	100.0
固体咖啡	99.5	101.5	99.4	98.8	98.7	98.6	98.6	99.4	99.1	100.0	100.0	100.0	100.0
其他固体饮料	98.7	100.0	100.0	101.9	100.9	100.0	100.0	100.0	97.5	95.6	95.6	96.2	96.2
饮用水	102.9	102.9	102.9	102.9	102.9	102.9	102.9	102.9	102.9	102.9	102.9	102.9	102.9
果汁饮料	102.1	105.0	106.1	106.1	105.0	99.8	102.6	100.5	100.0	101.1	100.0	100.0	100.0
其他液体饮料	101.1	104.1	111.3	101.5	99.2	103.1	99.6	99.6	99.1	98.0	99.0	100.3	99.4
烟酒	100.5	100.3	100.3	100.1	100.0	100.0	100.1	100.3	100.9	100.6	100.9	101.3	101.5
烟草	100.0	100.0	100.0	100.0	100.0	100.0	100.0	100.0	100.0	100.0	100.0	100.0	100.0
酒类	100.8	100.5	100.5	100.2	100.0	100.0	100.1	100.4	101.5	100.9	101.5	102.2	102.4
白酒	101.0	100.6	100.5	100.2	100.2	100.2	100.2	100.2	101.6	101.1	101.8	102.6	102.6
葡萄酒	100.6	100.9	100.9	101.4	100.9	100.9	100.9	100.9	100.4	100.2	100.0	100.0	100.0
啤酒	97.8	94.3	95.2	94.3	94.3	95.3	97.3	101.6	101.0	100.0	100.0	100.0	101.7
其他酒类	107.8	121.4	121.4	121.4	117.8	110.5	106.8	103.3	100.0	100.0	100.0	100.0	100.9
在外餐饮	105.5	107.9	107.5	107.6	107.6	107.4	107.1	106.1	105.0	104.7	104.3	100.8	100.4
正餐	107.7	111.8	111.0	110.9	110.7	110.7	110.7	108.3	106.2	105.8	105.6	101.0	100.9
快餐	103.4	103.5	103.5	103.9	103.9	103.9	103.9	103.9	103.4	102.8	102.8	102.8	102.8
地方小吃	106.3	109.4	109.4	109.4	109.4	108.4	107.2	107.2	107.2	107.2	105.6	98.7	98.0
其他在外餐饮	99.3	100.0	100.0	100.0	100.0	100.0	100.0	100.0	100.0	100.0	100.0	97.1	94.1
衣着	**99.1**	**101.8**	**101.7**	**100.5**	**99.1**	**98.6**	**98.4**	**98.4**	**98.5**	**98.2**	**98.2**	**98.2**	**98.2**
服装	98.5	101.8	101.7	100.1	98.2	97.9	97.6	97.7	97.8	97.4	97.4	97.5	97.5
男式服装	99.7	102.5	102.0	100.5	99.8	99.6	99.1	99.2	99.2	98.7	98.7	98.7	98.7
男式西服	99.8	99.8	99.9	100.0	100.0	100.0	100.0	100.0	99.6	99.6	99.6	99.6	99.6
男式冬衣	100.0	100.0	100.0	100.0	100.0	100.0	100.0	100.0	100.0	100.0	100.0	100.0	100.0
男式夹克衫	100.4	111.9	110.9	103.7	98.5	98.5	98.5	98.5	98.9	96.8	96.8	96.8	96.8
男式毛线衣	100.0	100.0	100.0	100.0	100.0	100.0	100.0	100.0	100.0	100.0	100.0	100.0	100.0
男式运动装	99.0	107.1	106.4	101.5	101.3	100.1	95.3	97.3	99.3	95.3	95.3	95.3	95.3
男式衬衫T恤	99.8	107.1	104.2	101.0	99.6	98.9	98.9	98.2	98.0	98.0	98.0	98.0	98.0
男式裤子	99.0	94.8	96.4	98.2	99.1	100.0	100.0	100.0	100.0	100.0	100.0	100.0	100.0
男式内衣	99.9	100.2	100.2	100.0	100.0	100.0	100.0	100.0	98.9	100.0	100.0	100.0	100.0
女式服装	99.1	101.7	101.7	100.6	98.7	98.3	98.2	98.5	98.8	98.2	98.2	98.3	98.4
女式外套	97.9	100.3	100.3	99.0	97.6	97.1	96.5	96.8	97.1	97.1	97.1	97.7	98.3
女式冬衣	100.0	100.0	100.0	100.0	100.0	100.0	100.0	100.0	100.0	100.0	100.0	100.0	100.0
女式毛线衣	100.0	100.0	100.0	100.0	100.0	100.0	100.0	100.0	100.0	100.0	100.0	100.0	100.0
女式运动装	91.3	92.7	92.7	93.6	90.0	90.0	90.0	92.0	94.1	90.0	90.0	90.0	90.0
女式衬衫T恤	100.6	107.6	107.9	104.7	100.0	99.2	99.2	99.2	98.6	98.3	97.9	97.9	97.9

4-1 续表 3

类别	年度	月份											
		一	二	三	四	五	六	七	八	九	十	十一	十二
女式裤子	101.5	106.2	106.2	103.7	101.0	101.0	101.0	101.0	101.0	99.3	99.3	99.3	99.3
女式裙子	100.5	105.9	105.3	102.8	99.7	98.6	98.6	98.6	99.4	99.6	99.6	99.6	99.6
女式内衣	100.0	100.2	100.2	100.0	100.0	100.0	100.0	100.0	100.0	100.0	100.0	100.0	100.0
儿童服装	94.3	100.6	101.0	97.7	93.7	93.2	92.7	92.2	91.7	92.3	92.3	92.4	92.6
婴幼服装	98.4	102.5	102.5	100.7	98.8	98.8	98.8	97.5	96.3	96.3	96.3	96.3	96.3
儿童上衣	93.8	101.2	101.2	97.9	94.2	92.8	91.3	91.3	91.3	91.3	91.3	91.3	91.3
儿童裤子	91.0	97.7	98.8	94.7	88.8	88.8	88.8	88.8	88.8	88.8	88.8	89.4	89.9
儿童裙子	96.4	102.7	102.7	99.2	95.3	95.3	95.3	93.5	91.9	95.3	95.3	95.3	95.3
服装材料	108.0	109.8	109.8	109.8	109.8	109.8	109.8	109.8	109.8	109.8	109.8	100.0	100.0
其他衣着及配件	99.4	99.3	99.3	99.3	99.3	99.3	99.3	99.3	99.0	99.7	99.7	99.7	99.7
袜子	100.0	100.0	100.0	100.0	100.0	100.0	100.0	100.0	100.0	100.0	100.0	100.0	100.0
帽子	98.2	98.0	98.0	98.0	98.0	98.0	98.0	98.0	97.0	99.0	99.0	99.0	99.0
其他衣着配件	100.0	100.0	100.0	100.0	100.0	100.0	100.0	100.0	100.0	100.0	100.0	100.0	100.0
衣着加工服务费	100.0	100.0	100.0	100.0	100.0	100.0	100.0	100.0	100.0	100.0	100.0	100.0	100.0
衣着洗涤保养	100.0	100.0	100.0	100.0	100.0	100.0	100.0	100.0	100.0	100.0	100.0	100.0	100.0
衣着加工	100.0	100.0	100.0	100.0	100.0	100.0	100.0	100.0	100.0	100.0	100.0	100.0	100.0
鞋类	100.6	102.1	102.1	101.8	101.3	100.0	100.0	100.0	100.0	100.0	100.0	100.0	100.0
鞋	100.6	101.8	101.8	101.8	101.3	100.0	100.0	100.0	100.0	100.0	100.0	100.0	100.0
男鞋	100.7	102.2	102.2	102.2	102.2	100.0	100.0	100.0	100.0	100.0	100.0	100.0	100.0
女鞋	100.6	102.0	102.0	102.0	101.0	100.0	100.0	100.0	100.0	100.0	100.0	100.0	100.0
童鞋	100.0	100.0	100.0	100.0	100.0	100.0	100.0	100.0	100.0	100.0	100.0	100.0	100.0
鞋类加工服务	102.6	117.6	117.6	100.0	100.0	100.0	100.0	100.0	100.0	100.0	100.0	100.0	100.0
居住	**99.0**	**100.6**	**100.6**	**99.7**	**98.8**	**98.4**	**98.2**	**98.7**	**98.7**	**98.6**	**98.6**	**98.8**	**98.4**
租赁房房租	94.8	98.3	100.6	96.6	94.6	94.3	90.8	92.4	91.6	92.2	92.8	97.1	97.0
公房房租	100.0	100.0	100.0	100.0	100.0	100.0	100.0	100.0	100.0	100.0	100.0	100.0	100.0
私房房租	94.6	98.3	100.6	96.4	94.4	94.1	90.5	92.1	91.3	91.9	92.6	97.0	96.8
住房保养维修及管理	102.3	105.4	105.4	102.8	102.5	101.7	101.7	101.7	101.8	101.8	101.8	101.9	99.9
住房装潢材料	100.6	102.5	102.5	102.2	101.6	99.8	99.8	99.8	100.1	100.1	100.1	100.2	98.4
木地板	100.0	100.0	100.0	100.0	100.0	100.0	100.0	100.0	100.0	100.0	100.0	100.0	100.0
瓷砖	100.0	100.0	100.0	100.0	100.0	100.0	100.0	100.0	100.0	100.0	100.0	100.0	100.0
水泥	99.8	123.0	123.0	119.5	112.2	90.0	90.0	90.0	93.3	93.3	93.3	96.1	78.1
涂料	100.0	100.0	100.0	100.0	100.0	100.0	100.0	100.0	100.0	100.0	100.0	100.0	100.0
板材	101.0	100.9	100.9	100.9	100.9	101.4	101.4	101.4	101.4	101.4	101.4	100.0	100.0
管材	105.3	105.3	105.3	105.3	105.3	105.3	105.3	105.3	105.3	105.3	105.3	105.3	105.3
厨卫设备	100.0	100.0	100.0	100.0	100.0	100.0	100.0	100.0	100.0	100.0	100.0	100.0	100.0
门窗	101.4	101.4	101.4	101.4	101.4	101.4	101.4	101.4	101.4	101.4	101.4	101.4	101.4
其他住房装潢材料	100.1	100.0	100.0	100.0	100.0	100.0	100.0	100.0	100.0	100.0	100.0	100.0	101.4

4-1 续表4

类别	年度	月份											
		一	二	三	四	五	六	七	八	九	十	十一	十二
物业管理费	105.4	100.0	100.0	106.4	106.4	106.4	106.4	106.4	106.4	106.4	106.4	106.4	106.4
住房装潢维修	103.4	109.4	109.4	102.6	102.6	102.6	102.6	102.6	102.6	102.6	102.6	102.6	100.0
装潢维修费	104.3	104.7	104.7	104.7	104.7	104.7	104.7	104.7	104.7	104.7	104.7	104.7	100.0
其他住房费用	102.3	115.8	115.8	100.0	100.0	100.0	100.0	100.0	100.0	100.0	100.0	100.0	100.0
水电燃料	100.1	99.7	99.7	99.7	100.1	100.2	100.5	100.2	100.2	100.2	100.2	100.2	100.2
水	100.0	100.0	100.0	100.0	100.0	100.0	100.0	100.0	100.0	100.0	100.0	100.0	100.0
电	100.0	100.0	100.0	100.0	100.0	100.0	100.0	100.0	100.0	100.0	100.0	100.0	100.0
燃气	100.3	98.8	98.8	98.8	100.3	100.7	102.1	100.7	100.7	100.7	100.7	100.7	100.7
管道燃气	100.7	100.8	100.8	100.8	102.0	102.0	102.0	100.0	100.0	100.0	100.0	100.0	100.0
液化石油气	99.4	94.5	94.5	94.5	96.7	98.0	102.3	102.3	102.3	102.3	102.3	102.3	102.3
取暖费	100.0	100.0	100.0	100.0	100.0	100.0	100.0	100.0	100.0	100.0	100.0	100.0	100.0
其他燃料	100.0	100.0	100.0	100.0	100.0	100.0	100.0	100.0	100.0	100.0	100.0	100.0	100.0
自有住房	98.2	99.8	99.7	99.2	97.8	97.3	97.2	98.0	98.1	97.9	97.8	97.6	97.6
生活用品及服务	**100.5**	**101.1**	**101.4**	**101.4**	**100.9**	**100.4**	**100.5**	**100.4**	**100.4**	**100.4**	**99.9**	**99.8**	**100.0**
家具及室内装饰品	99.6	98.8	99.2	99.2	98.8	98.9	98.9	98.9	98.9	100.0	100.0	100.0	103.0
家具	99.5	98.7	99.1	99.1	98.7	98.8	98.8	98.8	98.8	100.0	100.0	100.0	103.3
柜	100.4	98.9	100.0	100.0	100.0	100.0	100.0	100.0	100.0	100.0	100.0	100.0	105.7
床	98.2	97.3	97.3	97.2	97.2	97.2	97.2	97.2	97.2	100.0	100.0	100.0	100.0
桌	101.0	100.0	100.0	100.0	100.0	100.0	100.0	100.0	100.0	100.0	100.0	100.0	111.4
椅	100.2	102.7	103.1	103.1	98.8	98.8	98.8	98.8	98.8	100.0	100.0	100.0	100.0
沙发	98.4	96.6	96.6	97.9	97.9	97.9	97.9	97.9	97.9	100.0	100.0	100.0	100.0
其他家具	100.7	102.6	102.6	98.2	98.2	100.0	100.0	100.0	100.0	100.0	100.0	100.0	106.5
室内装饰品	99.9	99.8	99.8	99.8	99.8	100.0	100.0	100.0	100.0	100.0	100.0	100.0	100.0
灯具	99.9	99.5	99.5	99.5	99.4	100.1	100.1	100.1	100.1	100.1	100.1	100.1	100.1
其他室内装饰品	100.0	100.0	100.0	100.0	100.0	100.0	100.0	100.0	100.0	100.0	100.0	100.0	100.0
家用器具	99.1	99.8	100.1	100.3	100.4	99.7	99.4	99.0	99.0	99.1	98.1	97.2	96.9
大型家用器具	99.4	100.8	101.3	100.7	100.6	100.1	99.7	99.3	99.3	99.4	98.1	97.1	97.0
洗衣机	95.9	101.6	101.6	98.0	97.9	96.8	95.1	95.4	95.5	93.5	92.4	91.7	91.6
电冰箱(柜)	95.6	95.2	95.9	96.0	96.6	95.5	94.3	96.8	96.7	96.7	95.4	93.6	94.0
抽油烟机	98.5	99.4	100.1	99.5	97.4	97.4	97.4	98.5	99.5	98.6	97.9	98.7	97.4
空调器	102.1	100.1	100.4	101.9	103.4	103.8	104.3	103.7	102.8	102.8	101.9	100.1	99.7
热水器	101.6	107.1	109.2	104.9	103.7	102.3	100.9	100.3	99.6	99.1	99.3	97.3	97.3
炉具灶具	100.7	105.4	105.4	100.1	100.1	99.9	99.7	99.7	99.7	99.7	99.7	99.7	100.0
微波炉	97.2	97.7	97.7	95.9	95.8	95.8	95.3	94.9	97.3	99.9	98.4	100.1	97.7
其他大型家用器具	98.4	101.0	101.0	102.4	100.1	99.0	99.0	95.8	97.2	99.0	94.9	95.6	95.6
小家电	96.6	92.7	92.7	97.6	99.2	97.0	97.0	97.0	97.1	97.0	98.1	97.6	96.3
厨房小家电	94.5	88.6	88.6	95.5	97.6	94.8	95.2	95.4	95.7	95.7	97.4	96.8	94.8

4-1 续表 5

类　别	年　度	月份											
		一	二	三	四	五	六	七	八	九	十	十一	十二
生活小家电	100.7	101.9	101.9	102.2	102.4	101.4	100.4	100.0	100.0	99.7	99.7	99.2	99.2
家用纺织品	100.0	99.9	99.9	100.0	100.0	100.0	100.0	100.0	100.0	100.0	100.0	100.0	100.0
床上用品	100.0	99.9	99.9	100.0	100.0	100.0	100.0	100.0	100.0	100.0	100.0	100.0	100.0
被　子	100.0	99.8	99.8	100.0	100.0	100.0	100.0	100.0	100.0	100.0	100.0	100.0	100.0
床单被套	100.0	100.0	100.0	100.0	100.0	100.0	100.0	100.0	100.0	100.0	100.0	100.0	100.0
其他床上用品	100.0	100.0	100.0	100.0	100.0	100.0	100.0	100.0	100.0	100.0	100.0	100.0	100.0
窗帘门帘	100.0	100.0	100.0	100.0	100.0	100.0	100.0	100.0	100.0	100.0	100.0	100.0	100.0
其他家用纺织品	99.7	99.4	99.4	99.4	99.4	99.4	100.0	100.0	100.0	100.0	100.0	100.0	100.0
家庭日用杂品	101.8	103.4	104.3	104.1	102.4	101.0	101.8	102.0	101.9	101.2	100.2	100.2	99.9
洗涤卫生用品	103.4	106.1	107.7	107.4	104.2	103.0	103.3	103.6	103.3	102.0	100.4	100.4	99.8
清洗用品	102.0	106.1	106.1	104.1	100.9	100.9	102.8	100.9	100.0	100.5	100.0	100.0	102.1
清洁用具	100.0	100.0	100.0	100.0	100.0	100.0	100.0	100.0	100.2	100.2	100.0	100.0	100.0
清洁用纸	106.5	108.1	112.7	114.7	110.3	107.1	105.0	108.8	109.5	105.0	101.0	101.0	96.4
厨具餐具茶具	99.8	100.0	100.0	100.0	100.0	97.9	100.0	100.0	100.0	100.0	100.0	100.0	100.0
厨　具	100.0	100.0	100.0	100.0	100.0	100.0	100.0	100.0	100.0	100.0	100.0	100.0	100.0
餐　具	99.5	100.0	100.0	100.0	100.0	94.1	100.0	100.0	100.0	100.0	100.0	100.0	100.0
茶　具	100.0	100.0	100.0	100.0	100.0	100.0	100.0	100.0	100.0	100.0	100.0	100.0	100.0
家用手工工具	99.7	98.9	98.9	98.9	100.0	100.0	100.0	100.0	100.0	100.0	100.0	100.0	100.0
其他家庭日用杂品	100.2	100.0	100.0	100.0	100.3	100.3	100.3	100.3	100.3	100.3	100.3	100.3	100.3
配电附件	100.4	100.0	100.0	100.0	100.5	100.5	100.5	100.5	100.5	100.5	100.5	100.5	100.5
雨　具	100.0	100.0	100.0	100.0	100.0	100.0	100.0	100.0	100.0	100.0	100.0	100.0	100.0
其他日用杂品	100.0	100.0	100.0	100.0	100.0	100.0	100.0	100.0	100.0	100.0	100.0	100.0	100.0
个人护理用品	101.7	102.7	101.7	101.7	101.6	101.6	101.7	101.4	101.5	101.4	101.5	102.0	101.6
化妆品	101.1	101.1	100.9	100.8	100.8	100.8	100.8	100.8	100.8	100.8	100.8	102.3	102.5
清洁化妆品	101.3	100.0	100.0	102.3	102.3	102.3	102.3	102.3	102.3	102.3	100.0	100.0	100.0
护肤化妆品	101.0	102.3	101.1	100.0	100.0	100.0	100.0	100.0	100.0	100.0	101.0	102.9	104.2
彩妆化妆品	101.4	98.0	101.6	101.6	101.6	101.6	101.6	101.6	101.6	101.6	101.6	104.7	100.0
化妆器具	100.2	100.0	100.0	100.0	100.0	100.3	100.3	100.3	100.3	100.3	100.3	100.3	100.3
其他护理用品类	102.9	105.8	103.3	103.5	103.3	103.2	103.4	102.5	102.8	102.7	102.7	101.4	100.0
清洁类护理用品	101.5	105.7	101.3	101.3	101.3	101.3	101.3	101.3	101.3	101.2	101.2	101.2	100.0
护发美发用品	104.1	107.1	107.1	106.9	106.9	106.9	104.3	104.3	102.4	102.4	102.4	100.0	100.0
护理器具	106.1	106.1	106.1	107.4	106.2	105.7	109.1	104.2	108.2	108.2	108.2	103.9	100.1
其他护理用品	100.9	100.4	100.4	99.8	99.8	99.8	101.8	101.7	101.7	101.7	101.7	102.0	100.3
家庭服务	101.0	100.6	100.6	101.4	101.4	101.1	101.1	101.1	101.1	101.1	100.8	100.8	100.8
家政服务	101.5	101.0	101.0	102.2	102.2	101.7	101.7	101.7	101.7	101.7	101.2	101.2	101.2
家庭维修服务	100.0	100.0	100.0	100.0	100.0	100.0	100.0	100.0	100.0	100.0	100.0	100.0	100.0
交通和通信	**93.7**	**95.7**	**93.8**	**91.4**	**90.5**	**90.6**	**90.8**	**94.5**	**95.8**	**95.7**	**95.4**	**95.1**	**95.7**

4-1 续表6

类别	年度	月份											
		一	二	三	四	五	六	七	八	九	十	十一	十二
交通	95.1	100.0	97.3	94.0	92.7	93.1	93.9	94.4	95.4	95.1	95.0	94.7	95.4
交通工具	98.0	96.2	96.2	96.1	96.2	98.1	98.8	98.9	99.6	99.2	99.2	99.0	99.1
小型汽车	97.9	95.2	95.2	95.2	95.2	97.8	98.8	99.1	100.1	99.5	99.5	99.6	99.6
电动自行车	98.0	98.5	98.5	98.5	98.9	98.4	98.4	97.8	97.8	97.8	97.8	96.6	97.2
自行车	100.3	102.0	102.0	100.0	100.0	100.0	100.0	100.0	100.0	100.0	100.0	100.0	100.0
其他交通工具	98.5	96.3	96.3	96.3	96.3	99.6	99.6	99.6	99.6	99.6	99.6	99.6	99.6
交通工具用燃料	86.6	106.7	97.6	85.9	80.5	78.9	81.5	85.0	86.6	85.6	83.3	82.8	85.8
汽油	85.7	107.3	97.4	85.1	79.0	77.3	80.1	83.8	85.5	84.7	82.3	81.9	85.2
柴油	85.1	106.9	97.5	83.8	79.1	77.3	80.1	84.1	85.7	83.8	80.8	80.0	83.0
其他车用能源	100.0	100.0	100.0	100.0	100.0	100.0	100.0	100.0	100.0	100.0	100.0	100.0	100.0
交通工具使用和维修	100.0	100.0	100.0	100.0	100.0	100.0	100.0	100.0	100.0	100.0	100.0	100.0	100.0
停车费	100.0	100.0	100.0	100.0	100.0	100.0	100.0	100.0	100.0	100.0	100.0	100.0	100.0
车辆使用费	100.0	100.0	100.0	100.0	100.0	100.0	100.0	100.0	100.0	100.0	100.0	100.0	100.0
交通工具零配件	100.0	100.0	100.0	100.0	100.0	100.0	100.0	100.0	100.0	100.0	100.0	100.0	100.0
车辆修理与保养	100.0	100.0	100.0	100.0	100.0	100.0	100.0	100.0	100.0	100.0	100.0	100.0	100.0
交通费	94.6	101.4	97.2	94.2	93.7	94.2	92.9	90.6	92.7	93.1	95.5	95.1	94.8
市内公共交通	100.0	100.0	100.0	100.0	100.0	100.0	100.0	100.0	100.0	100.0	100.0	100.0	100.0
出租汽车	100.0	100.0	100.0	100.0	100.0	100.0	100.0	100.0	100.0	100.0	100.0	100.0	100.0
飞机票	74.3	115.9	91.1	76.3	74.4	71.7	63.7	56.2	61.5	65.2	75.4	69.0	68.5
火车票	100.0	100.0	100.0	100.0	100.0	100.0	100.0	100.0	100.0	100.0	100.0	100.0	100.0
长途汽车	94.6	95.6	95.6	90.8	90.7	93.3	93.3	93.3	97.2	93.3	97.2	97.6	97.6
其他交通费	100.0	100.0	100.0	100.0	100.0	100.0	100.0	100.0	100.0	100.0	100.0	100.0	100.0
通信	90.3	85.8	85.9	85.4	85.3	84.7	83.8	94.9	96.9	97.2	96.6	96.1	96.5
通信工具	91.0	91.4	91.6	90.5	90.2	88.7	87.8	88.6	93.0	93.7	94.0	91.2	92.2
固定电话机	100.8	100.0	100.0	100.0	100.0	100.0	101.8	101.8	101.3	101.3	101.3	100.9	100.9
移动电话机	90.5	90.9	91.1	89.9	89.6	88.1	87.0	87.9	92.6	93.3	93.6	90.7	91.7
通信工具零配件	100.0	100.0	100.0	100.0	100.0	100.0	100.0	100.0	100.0	100.0	100.0	100.0	100.0
通信服务	89.2	81.2	81.2	81.2	81.2	81.2	80.2	99.6	99.6	99.6	98.3	99.6	99.5
固定电话费	100.0	100.0	100.0	100.0	100.0	100.0	100.0	100.0	100.0	100.0	100.0	100.0	100.0
移动通信费	83.8	72.1	72.1	72.1	72.1	72.1	72.1	100.0	100.0	100.0	100.0	100.0	100.0
上网费	95.2	93.1	93.1	93.1	93.1	93.1	89.9	98.9	99.0	99.0	95.0	99.0	98.5
其他通信服务	100.0	100.0	100.0	100.0	100.0	100.0	100.0	100.0	100.0	100.0	100.0	100.0	100.0
邮递服务	100.0	100.0	100.0	100.0	100.0	100.0	100.0	100.0	100.0	100.0	100.0	100.0	100.0
邮政邮寄	100.0	100.0	100.0	100.0	100.0	100.0	100.0	100.0	100.0	100.0	100.0	100.0	100.0
快递服务	100.0	100.0	100.0	100.0	100.0	100.0	100.0	100.0	100.0	100.0	100.0	100.0	100.0
教育文化和娱乐	**102.5**	**102.8**	**101.0**	**102.5**	**102.9**	**102.1**	**101.7**	**101.1**	**99.5**	**104.5**	**104.1**	**103.9**	**103.9**
教育	102.0	101.5	101.2	100.9	101.0	99.1	98.3	99.1	99.0	106.4	105.6	105.7	106.2

4-1 续表 7

类别	年度	月份											
		一	二	三	四	五	六	七	八	九	十	十一	十二
教育用品	100.0	100.1	100.1	100.1	99.9	99.9	99.9	99.9	99.9	100.0	100.0	100.0	100.0
工具书	100.0	100.0	100.0	100.0	100.0	100.0	100.0	100.0	100.0	100.0	100.0	100.0	100.0
教材	99.8	99.7	99.7	99.7	99.7	99.7	99.7	99.7	99.7	100.0	100.0	100.0	100.0
参考资料	100.0	100.0	100.0	100.0	100.0	100.0	100.0	100.0	100.0	100.0	100.0	100.0	100.0
其他教育用品	101.3	105.4	105.4	105.4	100.0	100.0	100.0	100.0	100.0	100.0	100.0	100.0	100.0
教育服务	102.2	101.6	101.3	101.0	101.1	99.0	98.2	99.1	98.9	107.0	106.1	106.2	106.8
学前教育	103.7	105.1	105.1	105.1	105.1	105.1	105.1	105.1	105.1	105.1	100.0	100.0	100.0
小学初中教育	103.6	110.2	108.8	107.4	106.0	104.7	103.5	102.5	101.4	100.0	100.0	100.0	100.0
高中中职教育	103.4	112.0	109.7	107.7	105.8	104.0	102.3	100.9	100.0	100.0	100.0	100.0	100.0
高等教育	112.6	100.0	100.0	100.0	100.0	100.0	100.0	100.0	100.0	137.7	137.7	137.7	137.7
课外教育	102.3	102.0	102.0	102.0	102.0	102.0	103.2	103.2	103.2	103.2	103.2	101.2	101.2
专业技能培训	88.5	92.6	92.6	92.6	94.5	86.2	82.6	86.9	86.9	84.7	85.4	87.0	89.3
文化娱乐	103.2	104.5	100.8	104.7	105.4	106.3	106.4	103.7	100.2	101.8	101.9	101.5	100.8
文娱耐用消费品	100.5	100.3	101.0	99.6	100.7	100.6	99.9	100.3	101.2	101.4	100.1	99.8	100.4
电视机	100.2	91.8	94.2	99.5	103.8	102.3	100.9	101.6	103.6	103.2	99.4	100.2	103.4
照相机	96.4	95.9	95.9	96.0	96.2	96.2	96.3	96.5	96.2	96.1	96.7	97.5	97.5
台式计算机	100.8	109.0	109.5	101.2	100.1	101.0	99.9	99.6	99.5	100.2	98.5	96.3	95.7
笔记本平板	101.7	102.1	101.8	98.5	100.1	100.1	100.1	101.2	103.0	103.6	103.6	103.3	103.3
乐器	100.9	101.8	101.8	101.8	100.9	100.9	100.0	100.6	100.6	100.6	100.6	100.6	100.6
音响	100.2	100.6	100.6	100.6	100.0	100.0	100.0	100.0	100.0	100.0	100.0	100.0	100.0
其他文娱耐用消费品	99.0	100.5	100.5	99.3	98.8	98.8	98.8	98.8	98.5	98.5	98.5	98.5	98.5
其他文娱用品	100.5	100.9	100.9	100.9	100.7	100.7	100.0	100.0	100.3	100.3	100.5	100.5	100.5
书报杂志	100.0	100.0	100.0	100.0	100.0	100.0	100.0	100.0	100.0	100.0	100.0	100.0	100.0
纸张文具	99.5	99.1	99.1	99.1	97.7	98.4	98.4	98.4	100.7	100.7	100.7	100.7	100.7
体育户外用品	101.3	102.7	102.7	102.7	102.7	102.7	100.1	100.1	100.0	100.0	100.7	100.7	100.7
游戏用品和玩具	100.8	101.3	101.3	101.3	101.1	100.6	100.6	100.6	100.6	100.6	100.6	100.6	100.6
园艺花卉及用品	100.0	100.0	100.0	100.0	100.0	100.0	100.0	100.0	100.0	100.0	100.0	100.0	100.0
宠物及用品	102.0	102.0	102.0	102.0	102.0	102.0	102.0	102.0	102.0	102.0	102.0	102.0	102.0
其他文化娱乐用品	100.0	100.0	100.0	100.0	100.0	100.0	100.0	100.0	100.0	100.0	100.0	100.0	100.0
文化娱乐服务	100.3	100.4	100.4	101.8	100.3	97.1	100.4	100.4	100.4	100.4	100.4	100.4	100.4
电影票	101.3	104.1	104.1	104.1	104.1	100.0	100.0	100.0	100.0	100.0	100.0	100.0	100.0
景点门票	96.3	100.0	100.0	100.0	94.7	85.1	96.6	96.6	96.6	96.6	96.6	96.6	96.6
有线电视	100.0	100.0	100.0	100.0	100.0	100.0	100.0	100.0	100.0	100.0	100.0	100.0	100.0
健身活动	100.0	100.0	100.0	100.0	100.0	100.0	100.0	100.0	100.0	100.0	100.0	100.0	100.0
其他文娱服务	105.8	100.0	100.0	106.9	106.9	106.9	106.9	106.9	106.9	106.9	106.9	106.9	106.9
旅游	112.3	117.6	100.9	117.7	121.5	130.3	128.4	115.0	98.7	105.3	107.3	105.8	102.1

4-1 续表 8

类别	年度	月份											
		一	二	三	四	五	六	七	八	九	十	十一	十二
旅行社收费	112.5	117.9	100.9	118.1	122.1	130.8	128.8	115.2	98.7	105.4	107.7	105.9	102.2
其他旅游	95.7	100.0	96.8	93.8	83.3	96.8	100.0	100.0	100.0	100.0	85.7	96.8	100.0
医疗保健	**105.4**	**106.1**	**106.1**	**105.9**	**105.6**	**104.7**	**104.8**	**104.7**	**105.0**	**104.8**	**105.3**	**105.7**	**105.8**
药品及医疗器具	101.9	103.6	103.6	103.1	102.2	100.1	100.4	100.2	101.0	100.6	101.8	102.7	103.0
中药	107.7	105.5	105.5	106.7	110.5	108.8	108.5	107.7	107.6	107.0	109.2	107.4	108.5
中药材	113.2	103.2	103.2	104.4	118.1	114.4	114.4	115.0	116.6	116.1	116.1	116.1	119.8
中成药	105.7	106.4	106.4	107.7	107.7	106.6	106.2	104.8	104.1	103.5	106.6	104.1	104.3
西药	98.4	103.0	103.0	102.3	99.6	98.3	96.3	96.0	95.8	95.3	95.9	98.0	98.3
抗微生物药	98.4	96.5	96.5	100.0	99.3	96.7	96.7	96.7	96.7	96.7	97.9	104.2	104.2
消化系统用药	101.9	100.8	100.8	102.9	103.1	102.5	102.5	101.0	101.0	98.1	99.5	104.6	105.7
呼吸系统用药	91.0	101.3	101.3	101.3	88.4	89.5	89.5	89.5	87.2	86.1	86.1	86.1	86.1
解热镇痛药	102.3	103.9	103.9	103.8	108.2	99.0	99.0	99.0	99.0	99.0	99.0	107.5	107.5
抗肿瘤药	94.7	100.0	100.0	100.0	92.9	92.9	92.9	92.9	92.9	92.9	92.9	92.9	92.9
激素及影响内分泌药	97.4	112.0	112.0	112.0	102.8	92.3	92.3	92.3	91.6	91.6	91.6	91.7	91.7
心血管系统用药	102.2	109.6	109.6	107.6	107.6	106.3	98.1	98.1	98.1	98.1	98.1	98.2	99.5
血液系统用药	75.2	99.1	99.1	88.5	67.8	68.4	68.4	68.4	68.4	68.4	68.4	68.4	68.4
治疗精神障碍药	98.2	99.6	99.6	98.4	97.7	98.0	98.0	98.0	98.0	97.6	97.8	97.8	97.8
神经系统用药	100.4	102.2	102.2	100.0	100.0	100.0	100.0	100.0	100.0	100.0	100.0	100.0	100.0
消毒防腐及创伤外科用药	105.4	105.9	105.9	108.6	106.9	107.6	107.6	102.5	102.5	102.5	105.2	105.2	105.2
泌尿系统用药	100.0	100.0	100.0	99.8	99.8	99.8	99.8	99.8	99.8	99.8	100.4	100.4	100.4
维生素、矿物质类药	99.2	98.2	98.2	98.2	98.2	98.2	98.2	98.2	98.2	98.2	101.0	102.8	102.8
调节水、电解质及酸碱平衡药	105.2	108.5	108.5	107.2	107.2	104.4	104.4	104.4	104.4	104.4	104.4	106.7	98.8
滋补保健品	107.2	105.9	105.9	105.5	105.5	100.2	105.4	105.4	108.9	108.7	111.7	111.7	111.7
医疗卫生器具	99.2	99.2	99.2	98.5	98.5	100.0	100.0	100.0	100.0	100.0	98.4	98.4	98.4
保健器具	100.3	100.8	100.8	100.8	100.8	100.8	100.0	100.0	100.0	100.0	100.0	100.0	100.0
医疗服务	107.9	107.9	107.9	107.9	107.9	107.9	107.9	107.9	107.9	107.9	107.9	107.9	107.8
综合医疗类	115.0	115.0	115.0	115.0	115.0	115.0	115.0	115.0	115.0	115.0	115.0	115.0	114.8
一般医疗服务	149.9	149.9	149.9	149.9	149.9	149.9	149.9	149.9	149.9	149.9	149.9	149.9	149.9
一般治疗操作	101.1	101.1	101.1	101.1	101.1	101.1	101.1	101.1	101.1	101.1	101.1	101.1	101.1
护理	111.4	111.5	111.5	111.5	111.5	111.5	111.5	111.5	111.5	111.5	111.5	111.5	110.5
其他综合医疗服务	100.0	100.0	100.0	100.0	100.0	100.0	100.0	100.0	100.0	100.0	100.0	100.0	100.0
诊断类	101.1	101.2	101.2	101.1	101.1	101.1	101.1	101.1	101.1	101.1	101.1	101.1	101.1
病理学诊断	106.6	106.6	106.6	106.6	106.6	106.6	106.6	106.6	106.6	106.6	106.6	106.6	106.6
实验室诊断	99.7	100.0	100.0	99.6	99.6	99.6	99.6	99.6	99.6	99.6	99.6	99.6	99.6
影像学诊断	97.5	97.5	97.5	97.5	97.5	97.5	97.5	97.5	97.5	97.5	97.5	97.5	97.5
临床诊断	111.9	111.9	111.9	111.9	111.9	111.9	111.9	111.9	111.9	111.9	111.9	111.9	111.9

4-1 续表 9

类别	年度	月份 一	二	三	四	五	六	七	八	九	十	十一	十二
治疗类	108.6	108.6	108.6	108.6	108.6	108.6	108.6	108.6	108.6	108.6	108.6	108.6	108.6
临床手术治疗	104.2	104.2	104.2	104.2	104.2	104.2	104.2	104.2	104.2	104.2	104.2	104.2	104.2
临床非手术治疗	122.2	122.2	122.2	122.2	122.2	122.2	122.2	122.2	122.2	122.2	122.2	122.2	122.2
康复类	100.0	100.0	100.0	100.0	100.0	100.0	100.0	100.0	100.0	100.0	100.0	100.0	100.0
中医医疗服务类	100.0	100.0	100.0	100.0	100.0	100.0	100.0	100.0	100.0	100.0	100.0	100.0	100.0
其他医疗服务	100.0	100.0	100.0	100.0	100.0	100.0	100.0	100.0	100.0	100.0	100.0	100.0	100.0
其他用品和服务	**108.0**	**110.0**	**110.6**	**111.1**	**111.1**	**112.0**	**108.9**	**109.3**	**111.8**	**107.9**	**101.4**	**102.3**	**100.6**
其他用品类	119.2	117.4	116.8	122.7	123.8	127.1	120.5	120.5	125.0	115.9	113.5	116.5	112.3
首饰手表	123.6	121.6	120.4	128.0	129.5	133.7	125.2	125.4	130.6	119.6	116.7	120.5	115.3
金饰品	128.2	126.0	124.4	134.3	136.0	141.0	130.3	130.3	135.7	123.0	119.6	124.2	117.8
银饰品	106.0	99.6	99.6	99.2	110.1	108.1	102.1	100.9	113.5	113.5	109.9	107.6	107.6
铂金饰品	102.3	105.5	107.0	101.6	97.5	101.1	103.8	103.6	105.0	98.5	99.5	99.7	104.8
手表	100.0	100.0	100.0	100.0	100.0	100.0	100.0	100.0	100.0	100.0	100.0	100.0	100.0
其他杂项用品	98.8	99.6	101.3	100.1	100.1	100.0	100.0	97.8	97.4	97.4	97.4	97.4	97.4
箱包	100.0	100.0	100.0	100.0	100.0	100.0	100.0	100.0	100.0	100.0	100.0	100.0	100.0
母婴用品	97.9	99.0	102.4	100.0	100.0	100.0	100.0	95.6	95.6	95.6	95.6	95.6	95.6
眼镜	99.0	100.8	100.8	100.8	100.8	100.0	100.0	100.0	97.1	97.1	97.1	97.1	97.1
其他服务类	100.5	105.2	106.6	103.7	103.1	102.6	101.4	101.7	102.4	102.1	92.8	92.5	92.6
旅馆住宿	99.2	101.4	116.3	108.8	101.5	95.6	89.5	92.8	100.0	93.3	99.9	96.6	97.6
宾馆住宿	100.9	102.8	102.4	102.3	99.8	100.3	101.3	99.7	100.6	102.4	105.2	97.9	96.3
其他住宿	98.4	100.7	123.7	112.1	102.4	93.3	84.2	89.5	99.7	89.1	97.4	95.9	98.3
美容美发洗浴	103.4	104.6	104.6	104.6	104.6	104.6	104.6	104.6	104.6	104.6	100.0	100.0	100.0
美容	100.0	100.0	100.0	100.0	100.0	100.0	100.0	100.0	100.0	100.0	100.0	100.0	100.0
美发	100.0	100.0	100.0	100.0	100.0	100.0	100.0	100.0	100.0	100.0	100.0	100.0	100.0
洗浴	110.2	114.1	114.1	114.1	114.1	114.1	114.1	114.1	114.1	114.1	100.0	100.0	100.0
养老服务	102.5	117.1	117.1	100.0	100.0	100.0	100.0	100.0	100.0	100.0	100.0	100.0	100.0
金融保险	94.9	101.5	101.5	101.5	101.5	101.5	101.5	101.5	101.5	103.0	74.8	74.8	74.8
金融服务	100.0	100.0	100.0	100.0	100.0	100.0	100.0	100.0	100.0	100.0	100.0	100.0	100.0
车辆保险	88.5	100.0	100.0	100.0	100.0	100.0	100.0	100.0	100.0	100.0	53.8	53.8	53.8
旅行保险	100.0	100.0	100.0	100.0	100.0	100.0	100.0	100.0	100.0	100.0	100.0	100.0	100.0
其他保险	114.3	113.6	113.6	113.6	113.6	113.6	113.6	113.6	113.6	127.3	112.0	112.0	112.0
其他服务类	104.9	112.5	112.5	112.5	112.5	112.5	100.0	100.0	100.0	100.0	100.0	100.0	100.0
中介服务	100.0	100.0	100.0	100.0	100.0	100.0	100.0	100.0	100.0	100.0	100.0	100.0	100.0
其他服务	109.1	125.0	125.0	125.0	125.0	125.0	100.0	100.0	100.0	100.0	100.0	100.0	100.0

4-2 市区商品零售价格指数(2020年)

（以上年价格为100）

类别	年度	月份											
		一	二	三	四	五	六	七	八	九	十	十一	十二
商品零售价格指数	**100.8**	**103.9**	**103.9**	**102.3**	**100.9**	**99.9**	**100.0**	**100.4**	**100.9**	**100.3**	**99.2**	**98.5**	**99.4**
食品	**107.4**	**116.1**	**116.8**	**113.6**	**109.7**	**106.9**	**107.1**	**107.5**	**107.4**	**105.8**	**101.4**	**97.9**	**100.7**
粮食	101.3	100.3	100.3	100.6	101.8	101.6	101.8	101.8	102.1	101.9	101.7	101.0	100.9
大　米	101.4	100.2	100.2	101.6	101.6	101.6	102.2	102.2	102.2	102.2	102.2	101.1	100.0
面　粉	101.5	102.3	102.3	102.1	102.2	102.2	102.2	102.2	102.1	100.7	100.5	99.9	99.9
其他粮食	102.4	99.2	99.2	99.2	102.0	103.1	103.5	103.9	103.9	104.6	103.0	103.0	104.6
粮食制品	101.0	99.7	99.7	99.7	101.8	101.1	101.1	101.1	101.7	101.7	101.7	101.1	101.1
薯类	100.9	98.2	103.0	102.4	104.1	102.7	94.6	89.2	97.8	105.8	109.6	101.6	106.3
豆类	104.9	105.6	105.7	106.2	108.0	108.6	106.5	106.5	103.5	103.4	102.7	101.1	100.8
干　豆	103.6	105.8	107.0	106.7	105.2	103.8	102.9	102.8	103.5	102.7	101.9	100.0	100.8
豆制品	105.0	105.6	105.6	106.2	108.3	109.0	106.8	106.8	103.5	103.5	102.7	101.2	100.8
食用油	101.2	99.7	98.1	100.7	101.2	99.7	101.9	100.8	101.1	103.6	102.5	102.2	102.8
食用植物油	100.7	99.0	97.5	100.0	100.6	99.2	101.4	100.3	100.5	103.1	102.1	102.3	102.8
食用动物油	170.7	229.7	229.7	232.9	212.2	196.9	199.9	198.5	193.0	172.8	154.0	100.7	101.4
菜	104.6	120.5	112.8	102.0	93.1	92.2	99.6	100.7	107.1	111.3	108.3	103.0	103.7
鲜　菜	104.6	122.3	113.5	101.7	91.8	90.6	98.9	100.3	107.5	112.3	109.0	102.9	103.9
干菜及菜制品	104.3	105.8	105.8	105.7	104.5	104.5	104.3	104.3	104.3	103.9	103.7	103.4	102.2
畜肉类	136.3	177.1	187.3	174.4	162.7	151.6	154.6	157.5	141.3	120.4	99.2	91.7	101.2
猪　肉	147.9	218.8	237.7	210.6	191.4	174.3	178.3	181.7	154.0	124.3	94.4	86.8	99.4
牛　肉	116.7	122.6	121.5	126.1	122.8	119.8	119.8	120.9	118.8	112.4	110.0	106.1	105.6
羊　肉	104.5	105.6	107.3	109.2	106.3	104.3	105.5	105.7	104.3	100.1	98.7	100.0	108.2
畜肉副产品	137.8	166.4	164.9	159.1	157.8	155.0	155.9	154.1	148.4	130.4	123.1	99.4	98.6
其他畜肉及制品	116.7	120.2	119.8	120.0	119.8	118.0	118.0	118.2	117.8	119.1	119.9	106.1	106.9
禽肉类	105.3	121.6	125.8	121.6	119.1	112.7	107.8	107.6	105.2	97.3	90.2	81.3	88.9
鸡	100.8	120.1	126.3	120.8	117.1	108.9	102.6	102.0	98.6	89.3	82.1	75.7	84.3
鸭	117.8	132.7	136.3	132.4	134.6	129.9	126.9	125.9	125.6	122.0	102.7	81.0	93.3
其他禽肉及制品	113.7	120.9	119.2	118.8	117.7	116.2	115.1	116.2	116.2	112.4	112.8	101.2	101.5
水产品	100.7	97.7	96.0	99.9	97.8	99.7	104.1	103.9	104.1	102.2	101.9	100.7	101.6
淡水鱼	105.2	95.1	93.6	100.2	100.5	104.9	110.7	110.4	112.7	109.0	109.1	109.1	109.5
海水鱼	104.9	108.1	106.5	106.7	105.6	106.5	106.6	106.0	104.7	104.3	103.2	101.4	99.3
虾蟹类	91.9	94.8	91.1	95.6	88.3	88.3	95.0	94.7	93.8	92.0	91.2	87.5	91.2
其他水产品及制品	101.0	99.7	100.4	101.0	101.3	101.7	101.7	101.7	100.9	100.9	100.9	101.1	101.3
蛋类	85.6	104.4	100.2	99.5	92.2	81.3	79.3	78.6	81.5	77.1	77.4	76.9	85.1
鸡　蛋	84.4	105.4	100.8	100.0	92.1	79.4	77.1	76.5	79.8	75.1	75.5	74.9	83.9
其他蛋及制品	97.3	95.6	95.6	95.7	93.3	98.8	98.8	98.8	98.8	98.8	98.8	97.4	97.4
奶类	101.7	100.0	101.2	100.9	101.7	100.3	101.3	100.1	101.8	104.2	103.0	103.4	102.1

4-2 续表 1

类　别	年　度	月　份											
		一	二	三	四	五	六	七	八	九	十	十一	十二
鲜　奶	101.4	97.2	98.4	99.9	101.4	101.4	101.4	101.0	104.2	104.2	103.3	102.3	102.3
酸　奶	101.2	104.4	106.9	101.7	101.7	101.7	100.8	102.7	97.3	97.3	100.0	100.0	100.0
奶　粉	102.5	101.8	102.7	102.7	103.6	97.7	101.4	94.7	100.2	110.5	104.7	108.2	102.6
其他奶制品	101.6	100.0	100.0	100.0	100.0	100.0	101.5	103.0	103.0	103.0	103.0	103.0	103.0
干鲜瓜果类	90.5	94.9	96.4	95.0	86.4	83.4	73.8	72.3	78.9	95.8	106.4	110.1	104.6
鲜 瓜 果	87.8	93.4	95.3	94.0	82.9	78.6	67.2	64.7	72.4	94.7	109.8	114.9	106.9
坚　果	99.5	101.1	101.8	99.2	99.5	98.9	99.0	99.4	100.4	99.2	98.0	98.4	98.7
瓜果制品	98.2	96.6	96.6	96.6	96.6	106.2	97.2	100.0	100.0	97.2	97.2	97.2	97.2
糖果糕点类	98.8	98.7	98.9	97.7	97.4	97.9	98.1	98.9	99.8	99.9	99.5	98.9	99.4
食　糖	97.6	97.6	97.6	97.6	97.6	97.6	97.6	97.6	97.6	97.6	97.6	97.6	97.6
糖　果	96.1	91.1	91.1	87.6	92.8	93.7	100.0	100.0	100.3	100.3	98.0	98.0	100.3
糕　点	100.4	102.7	102.7	102.7	98.9	99.5	97.4	98.6	100.7	101.1	101.1	99.8	99.8
其他糖果糕点	100.7	100.0	102.6	97.4	102.6	102.6	98.8	103.3	100.6	98.8	100.6	101.3	100.1
调味品	102.3	101.0	102.4	101.5	101.9	102.3	100.9	104.5	105.0	101.4	102.1	100.7	104.3
食 用 盐	101.8	100.0	111.8	100.0	111.8	100.0	100.0	100.0	100.0	100.0	100.0	100.0	100.0
酱　油	102.9	100.7	100.1	101.9	101.9	106.1	102.5	103.5	105.4	105.4	105.4	99.0	102.9
食　醋	103.8	97.8	112.6	107.6	107.6	107.6	99.6	107.6	104.7	94.0	100.0	100.0	107.9
调 味 酱	102.0	104.1	99.4	99.2	99.2	99.2	101.6	107.9	110.4	102.1	100.7	100.7	100.7
味　精	100.8	101.5	101.5	101.5	100.4	101.5	101.5	101.5	100.0	100.0	100.0	100.0	100.0
其他调味品	101.5	99.5	99.5	99.5	99.5	99.5	99.5	100.0	100.0	103.6	103.6	103.6	110.3
其他食品类	106.7	104.9	106.8	106.2	108.6	107.6	109.2	108.1	107.1	108.2	106.1	104.2	103.7
方便食品	113.4	109.6	112.7	111.1	114.8	115.4	118.8	117.1	115.0	115.7	113.6	108.9	108.4
淀粉及制品	102.7	103.8	103.8	102.9	102.9	102.9	102.9	102.9	102.9	102.9	102.9	101.4	100.0
膨化食品	100.4	98.5	100.9	102.0	105.3	100.3	101.3	99.5	99.0	101.8	97.3	99.3	99.9
在外餐饮	105.5	107.9	107.5	107.6	107.6	107.4	107.1	106.1	105.0	104.7	104.3	100.8	100.4
正　餐	107.7	111.8	111.0	110.9	110.7	110.7	110.7	108.3	106.2	105.8	105.6	101.0	100.9
快　餐	103.4	103.5	103.5	103.9	103.9	103.9	103.9	103.9	103.4	102.8	102.8	102.8	102.8
地方小吃	106.3	109.4	109.4	109.4	109.4	108.4	107.2	107.2	107.2	107.2	105.6	98.7	98.0
其他在外餐饮	99.3	100.0	100.0	100.0	100.0	100.0	100.0	100.0	100.0	100.0	100.0	97.1	94.1
饮料、烟酒	**100.5**	**101.0**	**101.9**	**100.6**	**100.2**	**100.1**	**100.2**	**100.2**	**100.5**	**100.2**	**100.5**	**100.3**	**100.9**
茶及饮料	100.6	102.6	105.5	101.8	100.6	100.4	100.4	100.0	99.7	99.4	99.6	98.0	99.8
茶　叶	99.2	100.0	100.0	100.0	100.0	97.2	100.0	100.0	100.0	100.0	100.0	93.8	100.0
固体咖啡	99.5	101.5	99.4	98.8	98.7	98.6	98.6	99.4	99.1	100.0	100.0	100.0	100.0
其他固体饮料	98.7	100.0	100.0	101.9	100.9	100.0	100.0	100.0	97.5	95.6	95.6	96.2	96.2
饮 用 水	102.9	102.9	102.9	102.9	102.9	102.9	102.9	102.9	102.9	102.9	102.9	102.9	102.9
果汁饮料	102.1	105.0	106.1	106.1	105.0	99.8	102.6	100.5	100.0	101.1	100.0	100.0	100.0
其他液体饮料	101.1	104.1	111.3	101.5	99.2	103.1	99.6	99.6	99.1	98.0	99.0	100.3	99.4

4-2 续表 2

类　　别	年　度	月　　份											
		一	二	三	四	五	六	七	八	九	十	十一	十二
烟草	100.0	100.0	100.0	100.0	100.0	100.0	100.0	100.0	100.0	100.0	100.0	100.0	100.0
酒类	100.8	100.5	100.5	100.2	100.0	100.0	100.1	100.4	101.5	100.9	101.5	102.2	102.4
白　　酒	101.0	100.6	100.5	100.2	100.2	100.2	100.2	100.2	101.6	101.1	101.8	102.6	102.6
葡 萄 酒	100.6	100.9	100.9	101.4	100.9	100.9	100.9	100.9	100.4	100.2	100.0	100.0	100.0
啤　　酒	97.8	94.3	95.2	94.3	94.3	95.3	97.3	101.6	101.0	100.0	100.0	100.0	101.7
其他酒类	107.8	121.4	121.4	121.4	117.8	110.5	106.8	103.3	100.0	100.0	100.0	100.0	100.9
服装、鞋帽	**98.9**	**101.6**	**101.5**	**100.3**	**98.8**	**98.3**	**98.1**	**98.1**	**98.2**	**97.9**	**97.9**	**98.0**	**98.0**
服装	98.5	101.8	101.7	100.1	98.2	97.9	97.6	97.7	97.8	97.4	97.4	97.5	97.5
男士服装	99.7	102.5	102.0	100.5	99.8	99.6	99.1	99.2	99.2	98.7	98.7	98.7	98.7
男式西服	99.8	99.8	99.9	100.0	100.0	100.0	100.0	100.0	99.6	99.6	99.6	99.6	99.6
男式冬衣	100.0	100.0	100.0	100.0	100.0	100.0	100.0	100.0	100.0	100.0	100.0	100.0	100.0
男式夹克衫	100.4	111.9	110.9	103.7	98.5	98.5	98.5	98.5	98.9	96.8	96.8	96.8	96.8
男式毛线衣	100.0	100.0	100.0	100.0	100.0	100.0	100.0	100.0	100.0	100.0	100.0	100.0	100.0
男式运动装	99.0	107.1	106.4	101.5	101.3	100.1	95.3	97.3	99.3	95.3	95.3	95.3	95.3
男式衬衫T恤	99.8	107.1	104.2	101.0	99.6	98.9	98.9	98.2	98.0	98.0	98.0	98.0	98.0
男式裤子	99.0	94.8	96.4	98.2	99.1	100.0	100.0	100.0	100.0	100.0	100.0	100.0	100.0
男式内衣	99.9	100.2	100.2	100.0	100.0	100.0	100.0	100.0	98.9	100.0	100.0	100.0	100.0
女士服装	99.1	101.7	101.7	100.6	98.7	98.3	98.2	98.5	98.8	98.2	98.2	98.3	98.4
女式外套	97.9	100.3	100.3	99.0	97.6	97.1	96.5	96.8	97.1	97.1	97.1	97.7	98.3
女式冬衣	100.0	100.0	100.0	100.0	100.0	100.0	100.0	100.0	100.0	100.0	100.0	100.0	100.0
女式毛线衣	100.0	100.0	100.0	100.0	100.0	100.0	100.0	100.0	100.0	100.0	100.0	100.0	100.0
女式运动装	91.3	92.7	92.7	93.6	90.0	90.0	90.0	92.0	94.1	90.0	90.0	90.0	90.0
女式衬衫T恤	100.6	107.6	107.9	104.7	100.0	99.2	99.2	99.2	98.6	98.3	97.9	97.9	97.9
女式裤子	101.5	106.2	106.2	103.7	101.0	101.0	101.0	101.0	101.0	99.3	99.3	99.3	99.3
女式裙子	100.5	105.9	105.3	102.8	99.7	98.6	98.6	98.6	99.4	99.6	99.6	99.6	99.6
女式内衣	100.0	100.2	100.2	100.0	100.0	100.0	100.0	100.0	100.0	100.0	100.0	100.0	100.0
儿童服装	94.3	100.6	101.0	97.7	93.7	93.2	92.7	92.2	91.7	92.3	92.3	92.4	92.6
婴幼服装	98.4	102.5	102.5	100.7	98.8	98.8	98.8	97.5	96.3	96.3	96.3	96.3	96.3
儿童上衣	93.8	101.2	101.2	97.9	94.2	92.8	91.3	91.3	91.3	91.3	91.3	91.3	91.3
儿童裤子	91.0	97.7	98.8	94.7	88.8	88.8	88.8	88.8	88.8	88.8	88.8	89.4	89.9
儿童裙子	96.4	102.7	102.7	99.2	95.3	95.3	95.3	93.5	91.9	95.3	95.3	95.3	95.3
鞋帽袜	100.3	101.3	101.3	101.3	100.9	99.8	99.8	99.8	99.7	99.9	99.9	99.9	99.9
鞋	100.6	101.8	101.8	101.8	101.3	100.0	100.0	100.0	100.0	100.0	100.0	100.0	100.0
男鞋	100.7	102.2	102.2	102.2	102.2	100.0	100.0	100.0	100.0	100.0	100.0	100.0	100.0
女鞋	100.6	102.0	102.0	102.0	101.0	100.0	100.0	100.0	100.0	100.0	100.0	100.0	100.0
童鞋	100.0	100.0	100.0	100.0	100.0	100.0	100.0	100.0	100.0	100.0	100.0	100.0	100.0

4-2 续表 3

类 别	年 度	月份											
		一	二	三	四	五	六	七	八	九	十	十一	十二
袜子	100.0	100.0	100.0	100.0	100.0	100.0	100.0	100.0	100.0	100.0	100.0	100.0	100.0
帽子	98.2	98.0	98.0	98.0	98.0	98.0	98.0	98.0	97.0	99.0	99.0	99.0	99.0
其他衣着配件	100.0	100.0	100.0	100.0	100.0	100.0	100.0	100.0	100.0	100.0	100.0	100.0	100.0
纺织品	**101.9**	**102.2**	**102.2**	**102.3**	**102.3**	**102.3**	**102.3**	**102.3**	**102.3**	**102.3**	**102.3**	**100.0**	**100.0**
服装材料	108.0	109.8	109.8	109.8	109.8	109.8	109.8	109.8	109.8	109.8	109.8	100.0	100.0
床上用品	100.0	99.9	99.9	100.0	100.0	100.0	100.0	100.0	100.0	100.0	100.0	100.0	100.0
被　子	100.0	99.8	99.8	100.0	100.0	100.0	100.0	100.0	100.0	100.0	100.0	100.0	100.0
床单被套	100.0	100.0	100.0	100.0	100.0	100.0	100.0	100.0	100.0	100.0	100.0	100.0	100.0
其他床上用品	100.0	100.0	100.0	100.0	100.0	100.0	100.0	100.0	100.0	100.0	100.0	100.0	100.0
家用电器及音像器材	**99.2**	**97.7**	**98.4**	**99.7**	**100.6**	**100.0**	**99.5**	**99.4**	**99.5**	**99.6**	**98.3**	**98.3**	**98.7**
家庭设备	99.1	99.7	100.1	100.3	100.5	99.8	99.5	99.1	99.1	99.1	98.1	97.2	96.9
洗 衣 机	95.9	101.6	101.6	98.0	97.9	96.8	95.1	95.4	95.5	93.5	92.4	91.7	91.6
电冰箱(柜)	95.6	95.2	95.9	96.0	96.6	95.5	94.3	96.8	96.7	96.7	95.4	93.6	94.0
抽油烟机	98.5	99.4	100.1	99.5	97.4	97.4	97.4	98.5	99.5	98.6	97.9	98.7	97.4
空 调 器	102.1	100.1	100.4	101.9	103.4	103.8	104.3	103.7	102.8	102.8	101.9	100.1	99.7
热 水 器	101.6	107.1	109.2	104.9	103.7	102.3	100.9	100.3	99.6	99.1	99.3	97.3	97.3
炉具灶具	100.7	105.4	105.4	100.1	100.1	99.9	99.7	99.7	99.7	99.7	99.7	99.7	100.0
微 波 炉	97.2	97.7	97.7	95.9	95.8	95.8	95.3	94.9	97.3	99.9	98.4	100.1	97.7
厨房小家电	94.5	88.6	88.6	95.5	97.6	94.8	95.2	95.4	95.7	95.7	97.4	96.8	94.8
生活小家电	100.7	101.9	101.9	102.2	102.4	101.4	100.4	100.0	100.0	99.7	99.7	99.2	99.2
其他大型家用器具	98.4	101.0	101.0	102.4	100.1	99.0	99.0	95.8	97.2	99.0	94.9	95.6	95.6
文娱用耐用消费品	99.4	94.0	95.6	98.9	101.6	100.7	99.8	100.2	101.4	101.1	98.9	99.6	101.5
电 视 机	100.2	91.8	94.2	99.5	103.8	102.3	100.9	101.6	103.6	103.2	99.4	100.2	103.4
照 相 机	96.4	95.9	95.9	96.0	96.2	96.2	96.3	96.5	96.2	96.1	96.7	97.5	97.5
音　响	100.2	100.6	100.6	100.6	100.0	100.0	100.0	100.0	100.0	100.0	100.0	100.0	100.0
其他文娱耐用消费品	99.0	100.5	100.5	99.3	98.8	98.8	98.8	98.8	98.5	98.5	98.5	98.5	98.5
专业音像器材	98.6	97.1	97.1	98.1	98.8	98.8	98.8	98.8	96.2	98.2	98.2	101.7	101.7
专业音响器材	97.2	96.0	96.0	96.0	97.2	97.2	97.2	97.2	92.3	96.2	96.2	103.1	103.1
专业声像器材	100.0	98.3	98.3	100.3	100.3	100.3	100.3	100.3	100.3	100.3	100.3	100.3	100.3
文化办公用品	**100.9**	**103.2**	**103.2**	**99.6**	**99.8**	**100.1**	**99.8**	**100.2**	**101.2**	**101.8**	**101.3**	**100.5**	**100.5**
纸张文具	99.5	99.1	99.1	99.1	97.7	98.4	98.4	98.4	100.7	100.7	100.7	100.7	100.7
台式计算机	100.8	109.0	109.5	101.2	100.1	101.0	99.9	99.6	99.5	100.2	98.5	96.3	95.7
笔记本平板	101.7	102.1	101.8	98.5	100.1	100.1	100.1	101.2	103.0	103.6	103.6	103.3	103.3
电脑附件	100.0	100.0	100.0	100.0	100.0	100.0	100.0	100.0	100.0	100.0	100.0	100.0	100.0
打印复印机	105.2	100.0	100.0	105.2	105.2	105.2	106.6	106.6	106.6	106.6	106.6	106.6	107.9
教学设备	93.8	97.9	97.9	91.0	92.1	92.3	90.6	91.4	91.4	95.3	95.3	95.3	95.3

4-2 续表 4

类别	年度	月份											
		一	二	三	四	五	六	七	八	九	十	十一	十二
日用品	**100.8**	**102.4**	**102.8**	**102.2**	**101.0**	**100.3**	**101.2**	**100.5**	**100.2**	**100.1**	**99.6**	**99.4**	**99.7**
日用百货	100.9	101.7	102.6	102.8	102.1	101.1	100.8	101.1	101.4	100.5	99.6	98.9	97.9
电动自行车	98.0	98.5	98.5	98.5	98.9	98.4	98.4	97.8	97.8	97.8	97.8	96.6	97.2
自行车	100.3	102.0	102.0	100.0	100.0	100.0	100.0	100.0	100.0	100.0	100.0	100.0	100.0
雨具	100.0	100.0	100.0	100.0	100.0	100.0	100.0	100.0	100.0	100.0	100.0	100.0	100.0
护理器具	106.1	106.1	106.1	107.4	106.2	105.7	109.1	104.2	108.2	108.2	108.2	103.9	100.1
清洁用纸	106.5	108.1	112.7	114.7	110.3	107.1	105.0	108.8	109.5	105.0	101.0	101.0	96.4
化妆器具	100.2	100.0	100.0	100.0	100.0	100.3	100.3	100.3	100.3	100.3	100.3	100.3	100.3
厨具餐具茶具	99.8	100.0	100.0	100.0	100.0	97.9	100.0	100.0	100.0	100.0	100.0	100.0	100.0
厨具	100.0	100.0	100.0	100.0	100.0	100.0	100.0	100.0	100.0	100.0	100.0	100.0	100.0
餐具	99.5	100.0	100.0	100.0	100.0	94.1	100.0	100.0	100.0	100.0	100.0	100.0	100.0
茶具	100.0	100.0	100.0	100.0	100.0	100.0	100.0	100.0	100.0	100.0	100.0	100.0	100.0
清洗用品	102.0	106.1	106.1	104.1	100.9	100.9	102.8	100.9	100.0	100.5	100.0	100.0	102.1
其他日用品	99.4	99.8	100.6	100.0	100.0	100.0	100.1	99.1	98.6	98.6	98.6	98.6	98.6
灯具	99.9	99.5	99.5	99.5	99.4	100.1	100.1	100.1	100.1	100.1	100.1	100.1	100.1
箱包	100.0	100.0	100.0	100.0	100.0	100.0	100.0	100.0	100.0	100.0	100.0	100.0	100.0
母婴用品	97.9	99.0	102.4	100.0	100.0	100.0	100.0	95.6	95.6	95.6	95.6	95.6	95.6
眼镜	99.0	100.8	100.8	100.8	100.8	100.0	100.0	100.0	97.1	97.1	97.1	97.1	97.1
其他护理用品	100.9	100.4	100.4	99.8	99.8	99.8	101.8	101.7	101.7	101.7	101.7	102.0	100.3
其他日用杂品	100.0	100.0	100.0	100.0	100.0	100.0	100.0	100.0	100.0	100.0	100.0	100.0	100.0
体育娱乐用品	**101.1**	**102.1**	**102.1**	**102.1**	**101.9**	**101.9**	**100.3**	**100.4**	**100.3**	**100.3**	**100.7**	**100.7**	**100.7**
体育户外用品	101.3	102.7	102.7	102.7	102.7	102.7	100.1	100.1	100.0	100.0	100.7	100.7	100.7
娱乐用品	100.9	101.3	101.3	101.3	100.9	100.8	100.5	100.7	100.7	100.7	100.7	100.7	100.7
乐器	100.9	101.8	101.8	101.8	100.9	100.9	100.0	100.6	100.6	100.6	100.6	100.6	100.6
游戏用品和玩具	100.8	101.3	101.3	101.3	101.1	100.6	100.6	100.6	100.6	100.6	100.6	100.6	100.6
园艺花卉及用品	100.0	100.0	100.0	100.0	100.0	100.0	100.0	100.0	100.0	100.0	100.0	100.0	100.0
宠物及用品	102.0	102.0	102.0	102.0	102.0	102.0	102.0	102.0	102.0	102.0	102.0	102.0	102.0
其他文化娱乐用品	100.0	100.0	100.0	100.0	100.0	100.0	100.0	100.0	100.0	100.0	100.0	100.0	100.0
交通、通信用品	**95.9**	**94.6**	**94.7**	**94.4**	**94.3**	**95.0**	**95.2**	**95.7**	**97.8**	**97.7**	**97.8**	**96.9**	**97.2**
交通运输机械	98.3	96.3	96.3	96.3	96.3	98.3	99.1	99.3	100.1	99.6	99.6	99.6	99.6
小型汽车	97.9	95.2	95.2	95.2	95.2	97.8	98.8	99.1	100.1	99.5	99.5	99.6	99.6
大中型客车	100.0	100.4	100.4	100.4	100.4	100.0	100.0	100.0	100.0	99.7	99.7	99.7	99.7
交通工具零配件	100.0	100.0	100.0	100.0	100.0	100.0	100.0	100.0	100.0	100.0	100.0	100.0	100.0
通信器材	91.3	91.3	91.6	90.7	90.4	89.0	88.0	88.9	93.3	94.0	94.3	91.6	92.5
固定电话机	100.8	100.0	100.0	100.0	100.0	100.0	101.8	101.8	101.3	101.3	101.3	100.9	100.9
移动电话机	90.5	90.9	91.1	89.9	89.6	88.1	87.0	87.9	92.6	93.3	93.6	90.7	91.7

4-2 续表 5

类别	年度	月份 一	二	三	四	五	六	七	八	九	十	十一	十二
其他通信器材	104.0	97.9	97.9	103.9	103.9	103.9	103.9	106.1	106.1	106.1	106.1	106.1	106.1
家具	**99.5**	**98.7**	**99.1**	**99.1**	**98.7**	**98.8**	**98.8**	**98.8**	**98.8**	**100.0**	**100.0**	**100.0**	**103.3**
柜	100.4	98.9	100.0	100.0	100.0	100.0	100.0	100.0	100.0	100.0	100.0	100.0	105.7
床	98.2	97.3	97.3	97.2	97.2	97.2	97.2	97.2	97.2	100.0	100.0	100.0	100.0
桌	101.0	100.0	100.0	100.0	100.0	100.0	100.0	100.0	100.0	100.0	100.0	100.0	111.4
椅	100.2	102.7	103.1	103.1	98.8	98.8	98.8	98.8	98.8	100.0	100.0	100.0	100.0
沙发	98.4	96.6	96.6	97.9	97.9	97.9	97.9	97.9	97.9	100.0	100.0	100.0	100.0
其他家具	100.7	102.6	102.6	98.2	98.2	100.0	100.0	100.0	100.0	100.0	100.0	100.0	106.5
化妆品	**101.5**	**102.7**	**101.5**	**101.4**	**101.4**	**101.4**	**101.2**	**101.2**	**101.0**	**101.0**	**101.0**	**101.9**	**101.7**
清洁化妆品	101.3	100.0	100.0	102.3	102.3	102.3	102.3	102.3	102.3	102.3	100.0	100.0	100.0
护肤化妆品	101.0	102.3	101.1	100.0	100.0	100.0	100.0	100.0	100.0	100.0	101.0	102.9	104.2
彩妆化妆品	101.4	98.0	101.6	101.6	101.6	101.6	101.6	101.6	101.6	101.6	101.6	104.7	100.0
清洁类护理用品	101.5	105.7	101.3	101.3	101.3	101.3	101.3	101.3	101.3	101.2	101.2	101.2	100.0
护发美发用品	104.1	107.1	107.1	106.9	106.9	106.9	104.3	104.3	102.4	102.4	102.4	100.0	100.0
金银饰品	**120.6**	**118.7**	**118.0**	**123.3**	**124.7**	**128.7**	**121.7**	**121.9**	**127.6**	**117.2**	**114.8**	**117.7**	**114.2**
金饰品	128.2	126.0	124.4	134.3	136.0	141.0	130.3	130.3	135.7	123.0	119.6	124.2	117.8
银饰品	106.0	99.6	99.6	99.2	110.1	108.1	102.1	100.9	113.5	113.5	109.9	107.6	107.6
铂金饰品	102.3	105.5	107.0	101.6	97.5	101.1	103.8	103.6	105.0	98.5	99.5	99.7	104.8
中西药品及医疗保健用品	**101.5**	**103.5**	**103.5**	**103.3**	**102.6**	**101.0**	**100.3**	**99.9**	**100.2**	**99.8**	**100.8**	**101.7**	**102.1**
医疗卫生器具	99.2	99.2	99.2	98.5	98.5	100.0	100.0	100.0	100.0	100.0	98.4	98.4	98.4
中药	107.7	105.5	105.5	106.7	110.5	108.8	108.5	107.7	107.6	107.0	109.2	107.4	108.5
中药材	113.2	103.2	103.2	104.4	118.1	114.4	114.4	115.0	116.6	116.1	116.1	116.1	119.8
中成药	105.7	106.4	106.4	107.7	107.7	106.6	106.2	104.8	104.1	103.5	106.6	104.1	104.3
西药	98.4	103.0	103.0	102.3	99.6	98.3	96.3	96.0	95.8	95.3	95.9	98.0	98.3
抗微生物药	98.4	96.5	96.5	100.0	99.3	96.7	96.7	96.7	96.7	96.7	97.9	104.2	104.2
消化系统用药	101.9	100.8	100.8	102.9	103.1	102.5	102.5	101.0	101.0	98.1	99.5	104.6	105.7
呼吸系统用药	91.0	101.3	101.3	101.3	88.4	89.5	89.5	89.5	87.2	86.1	86.1	86.1	86.1
解热镇痛药	102.3	103.9	103.9	103.8	108.2	99.0	99.0	99.0	99.0	99.0	99.0	107.5	107.5
抗肿瘤药	94.7	100.0	100.0	100.0	92.9	92.9	92.9	92.9	92.9	92.9	92.9	92.9	92.9
激素及影响内分泌药	97.4	112.0	112.0	112.0	102.8	92.3	92.3	92.3	91.6	91.6	91.6	91.7	91.7
心血管系统用药	102.2	109.6	109.6	107.6	107.6	106.3	98.1	98.1	98.1	98.1	98.1	98.2	99.5
血液系统用药	75.2	99.1	99.1	88.5	67.8	68.4	68.4	68.4	68.4	68.4	68.4	68.4	68.4
治疗精神障碍药	98.2	99.6	99.6	98.4	97.7	98.0	98.0	98.0	98.0	97.6	97.8	97.8	97.8
神经系统用药	100.4	102.2	102.2	100.0	100.0	100.0	100.0	100.0	100.0	100.0	100.0	100.0	100.0
消毒防腐及创伤外科用药	105.4	105.9	105.9	108.6	106.9	107.6	107.6	102.5	102.5	102.5	105.2	105.2	105.2
泌尿系统用药	100.0	100.0	100.0	99.8	99.8	99.8	99.8	99.8	99.8	99.8	100.4	100.4	100.4

4-2 续表 6

类 别	年 度	月 份											
		一	二	三	四	五	六	七	八	九	十	十一	十二
维生素、矿物质类药	99.2	98.2	98.2	98.2	98.2	98.2	98.2	98.2	98.2	98.2	101.0	102.8	102.8
调节水、电解质及酸碱平衡药	105.2	108.5	108.5	107.2	107.2	104.4	104.4	104.4	104.4	104.4	104.4	106.7	98.8
保健器具及用品	106.4	105.3	105.3	104.9	104.9	100.2	104.7	104.7	107.9	107.7	110.4	110.4	110.4
保健器具	100.3	100.8	100.8	100.8	100.8	100.8	100.0	100.0	100.0	100.0	100.0	100.0	100.0
滋补保健品	107.2	105.9	105.9	105.5	105.5	100.2	105.4	105.4	108.9	108.7	111.7	111.7	111.7
书报杂志及电子出版物	**100.0**	**100.1**	**100.1**	**100.1**	**99.9**	**99.9**	**99.6**	**99.6**	**100.3**	**100.3**	**100.3**	**100.1**	**100.1**
教材及参考书	100.0	100.1	100.1	100.1	99.9	99.9	99.9	99.9	99.9	100.0	100.0	100.0	100.0
工 具 书	100.0	100.0	100.0	100.0	100.0	100.0	100.0	100.0	100.0	100.0	100.0	100.0	100.0
教 材	99.8	99.7	99.7	99.7	99.7	99.7	99.7	99.7	99.7	100.0	100.0	100.0	100.0
参考资料	100.0	100.0	100.0	100.0	100.0	100.0	100.0	100.0	100.0	100.0	100.0	100.0	100.0
其他教育用品	101.3	105.4	105.4	105.4	100.0	100.0	100.0	100.0	100.0	100.0	100.0	100.0	100.0
书报杂志	100.0	100.0	100.0	100.0	100.0	100.0	100.0	100.0	100.0	100.0	100.0	100.0	100.0
计算机办公软件	100.3	100.0	100.0	100.0	100.0	100.0	97.0	97.0	102.8	102.8	102.8	100.8	100.8
燃料	**91.4**	**101.2**	**98.4**	**90.9**	**87.8**	**86.0**	**88.0**	**90.7**	**90.7**	**90.7**	**89.6**	**90.4**	**92.2**
煤炭及制品	96.9	89.7	100.5	98.3	98.2	94.3	93.7	97.8	93.4	96.0	97.5	102.3	102.6
原 煤	94.6	96.5	99.2	97.2	92.9	90.3	90.9	92.0	89.7	92.1	93.3	101.3	101.0
煤 制 品	98.0	86.7	101.1	98.9	101.0	96.4	95.0	100.6	95.2	98.0	99.5	102.8	103.4
石油及制品	89.8	104.8	97.8	88.8	85.0	83.8	86.3	88.7	89.9	89.2	87.5	87.1	89.4
管道燃气	100.7	100.8	100.8	100.8	102.0	102.0	102.0	100.0	100.0	100.0	100.0	100.0	100.0
液化石油气	99.4	94.5	94.5	94.5	96.7	98.0	102.3	102.3	102.3	102.3	102.3	102.3	102.3
汽 油	85.7	107.3	97.4	85.1	79.0	77.3	80.1	83.8	85.5	84.7	82.3	81.9	85.2
柴 油	85.1	106.9	97.5	83.8	79.1	77.3	80.1	84.1	85.7	83.8	80.8	80.0	83.0
建筑材料及五金电料	**100.0**	**101.2**	**101.2**	**101.0**	**100.7**	**99.5**	**99.5**	**99.5**	**99.7**	**99.7**	**99.7**	**99.7**	**98.5**
建筑装璜材料	100.6	102.5	102.5	102.2	101.6	99.8	99.8	99.8	100.1	100.1	100.1	100.2	98.4
木 地 板	100.0	100.0	100.0	100.0	100.0	100.0	100.0	100.0	100.0	100.0	100.0	100.0	100.0
瓷 砖	100.0	100.0	100.0	100.0	100.0	100.0	100.0	100.0	100.0	100.0	100.0	100.0	100.0
水 泥	99.8	123.0	123.0	119.5	112.2	90.0	90.0	90.0	93.3	93.3	93.3	96.1	78.1
涂 料	100.0	100.0	100.0	100.0	100.0	100.0	100.0	100.0	100.0	100.0	100.0	100.0	100.0
板 材	101.0	100.9	100.9	100.9	100.9	101.4	101.4	101.4	101.4	101.4	101.4	100.0	100.0
管 材	105.3	105.3	105.3	105.3	105.3	105.3	105.3	105.3	105.3	105.3	105.3	105.3	105.3
厨卫设备	100.0	100.0	100.0	100.0	100.0	100.0	100.0	100.0	100.0	100.0	100.0	100.0	100.0
门 窗	101.4	101.4	101.4	101.4	101.4	101.4	101.4	101.4	101.4	101.4	101.4	101.4	101.4
其他住房装潢材料	100.1	100.0	100.0	100.0	100.0	100.0	100.0	100.0	100.0	100.0	100.0	100.0	101.4
五金水暖	98.6	98.2	98.2	98.2	98.7	98.7	98.7	98.7	98.7	98.7	98.7	98.7	98.7
家用手工工具	99.7	98.9	98.9	98.9	100.0	100.0	100.0	100.0	100.0	100.0	100.0	100.0	100.0
配电附件	100.4	100.0	100.0	100.0	100.5	100.5	100.5	100.5	100.5	100.5	100.5	100.5	100.5
水暖器材	96.3	96.3	96.3	96.3	96.3	96.3	96.3	96.3	96.3	96.3	96.3	96.3	96.3

主要统计指标解释

居民消费价格指数　居民消费价格指数是城乡居民购买并用于日常生活消费的商品和服务项目的价格。居民消费价格指数,反映一定时期内居民所消费商品及服务项目的价格水平变动趋势和变动程度。居民消费价格水平的变动率在一定程度上反映了通货膨胀(或紧缩)的程度。编制居民消费价格指数的目的,是了解全国各地价格变动的基本情况,分析研究价格变动对社会经济和居民生活的影响,满足各级政府制定政策和计划、进行宏观调控的需要,以及为国民经济核算提供参考依据。目前编制居民消费价格指数调查的商品和服务项目共 8 个大类,262 个基本分类。基期年份的权数根据居民家庭住户调查资料及相关统计资料整理得出,同时辅以典型调查数据或专家评估予以补充和完善。

商品零售价格指数　商品的零售价格是商品在流通过程中的最后一个环节的价格,是工业、商业、餐饮业和其他零售企业向城乡居民、机关团体出售生活消费品和办公用品的价格。商品零售价格指数,反映市场商品零售价格的变动趋势和变动程度。其目的在于掌握商品价格的变动趋势,为国家宏观调控和国民经济核算提供参考依据。目前调查的商品共 16 个大类,197 个基本分类。基期年份的权数根据基期年份的零售贸易统计资料及相关统计资料整理得出,同时辅以典型调查数据或专家评估予以补充和完善。

五、人民生活

5-1 城镇居民家庭基本情况

（2020 年）

指　　标	单位	郑州市	中原区	二七区	管城区	金水区	上街区	惠济区	中牟县
调查户数	户	**1000**	**80**	**80**	**60**	**90**	**40**	**40**	**70**
期内住户常住成员数	人	**3394**	**221**	**232**	**183**	**275**	**110**	**125**	**289**
劳动力人数	人	**2383**	**168**	**169**	**125**	**192**	**76**	**89**	**182**
6 周岁及以上住户成员受教育程度	人	**2383**	**168**	**169**	**125**	**192**	**76**	**89**	**182**
未上过学	人	40	2	1		4		3	5
小学	人	120	1	11	2	5	2	4	9
初中	人	644	47	33	14	26	19	9	66
高中	人	692	46	50	40	44	24	25	46
大学专科	人	541	49	47	36	49	18	41	33
大学本科	人	321	20	24	31	58	13	7	22
研究生	人	25	3	3	2	6			1
从事主要行业	人	**1666**	**98**	**94**	**92**	**133**	**44**	**59**	**131**
第一产业	人	39		2		4			7
第二产业	人	320	13	8	11	9	27	11	15
第三产业	人	1308	85	84	81	120	17	48	109
可支配收入	元/人	**42887.10**	**44665.87**	**45945.78**	**43611.49**	**50444.49**	**49531.93**	**37208.15**	**33797.80**
总收入	元/人	**45588.09**	**47813.87**	**51029.27**	**46344.75**	**53492.09**	**52715.81**	**39378.19**	**37720.68**
总支出	元/人	**34254.46**	**31722.52**	**36289.27**	**35403.01**	**38823.47**	**31768.07**	**29255.64**	**30437.62**
消费支出	元/人	**25450.40**	**25185.39**	**28132.59**	**29364.45**	**30996.95**	**25372.75**	**25011.62**	**22422.67**
年末人均居住面积	平方米/人	**35.53**	**27.63**	**35.29**	**33.06**	**30.30**	**36.63**	**30.43**	**60.87**

5-1　续表

指　　标	单位	巩义市	荥阳市	新密市	新郑市	登封市	经开区	高新区	郑东新区	航空港实验区
调查户数	户	**70**	**70**	**70**	**70**	**70**	**40**	**40**	**60**	**50**
期内住户常住成员数	人	**258**	**226**	**286**	**251**	**286**	**139**	**123**	**209**	**183**
劳动力人数	人	**180**	**172**	**190**	**176**	**211**	**95**	**85**	**147**	**127**
6 周岁及以上住户成员受教育程度	人	**180**	**172**	**190**	**176**	**211**	**95**	**85**	**147**	**127**
未上过学	人			1	14				3	7
小学	人	12	10	13	11	8	5	1	11	15
初中	人	43	47	69	71	70	16	12	44	58
高中	人	63	63	61	42	70	22	33	39	24
大学专科	人	43	34	32	27	37	37	20	25	14
大学本科	人	18	18	14	10	26	15	18	21	6
研究生	人	1			1			1	4	3
从事主要行业	人	**126**	**132**	**156**	**129**	**151**	**65**	**64**	**104**	**89**
第一产业	人	1	3	4	1	6	1	5	3	2
第二产业	人	34	32	22	41	38	11	6	14	28
第三产业	人	91	97	130	87	107	53	53	87	59
可支配收入	元/人	**36181.80**	**36544.07**	**36357.48**	**36711.03**	**35479.77**	**44291.84**	**43646.42**	**46957.27**	**40199.28**
总收入	元/人	**37158.30**	**40624.74**	**40953.62**	**37123.41**	**36399.11**	**47832.72**	**46746.96**	**48790.28**	**42965.94**
总支出	元/人	**15824.77**	**32129.99**	**26948.76**	**28615.79**	**26419.71**	**37948.68**	**31919.01**	**49375.79**	**46487.89**
消费支出	元/人	**13858.09**	**23621.56**	**19563.87**	**27542.76**	**17317.68**	**30851.04**	**25982.84**	**27182.77**	**23615.01**
年末人均居住面积	平方米/人	**44.68**	**57.56**	**36.13**	**23.34**	**52.33**	**34.29**	**31.29**	**29.43**	**31.14**

5-2 城镇居民

（2020 年）

指　　标	郑州市	中原区	二七区	管城区	金水区	上街区	惠济区
可支配收入	**42887.10**	**44665.87**	**45945.78**	**43611.49**	**50444.49**	**49531.93**	**37208.15**
工资性收入	**27000.76**	**30878.73**	**22064.20**	**29928.57**	**35757.07**	**30093.41**	**22761.97**
工资	25550.81	29535.36	21255.03	28570.27	34027.79	27687.46	22092.90
实物福利	81.87	74.42	16.84	64.34	50.18	268.36	14.85
其他	1368.08	1268.96	792.33	1293.96	1679.10	2137.59	654.23
经营净收入	**3758.21**		**4315.79**	**1094.71**	**2084.02**	**593.96**	**3896.12**
第一产业经营净收入	87.63		-1.08		2.71	0.11	-0.06
第二产业经营净收入	546.30				1946.08	594.24	
第三产业经营净收入	3124.28		4316.88	1094.71	135.23	-0.39	3896.19
财产净收入	**7196.17**	**5830.38**	**9239.95**	**9761.54**	**7054.64**	**2104.24**	**6442.98**
利息净收入	-127.98	-184.05	-93.71	-140.27	-471.81	-107.79	-42.10
红利收入	241.41	39.99		141.08	68.79		6.50
储蓄性保险净收益	4.65		2.94		6.94		7.35
转让承包土地经营权租金净收入	54.16				3.10		11.15
出租房屋财产性收入	2479.05	414.60	1948.40	2191.27	2100.54		1418.64
出租机械专利版权等资产的收入	116.08						
其他财产净收入	11.37			-14.63	-19.37		12.43
房屋虚拟租金	4417.41	5559.83	7382.33	7584.10	5366.44	2212.03	5029.01
转移净收入	**4931.96**	**7956.76**	**10325.84**	**2826.67**	**5548.76**	**16740.32**	**4107.08**
转移性收入	**6668.74**	**10771.11**	**11828.56**	**5213.89**	**7758.85**	**19752.76**	**5873.92**
养老金或离退休金	5355.03	9833.40	10415.74	4980.52	6982.80	17571.06	4464.35
社会救济和补助	33.80	1.32	19.77	10.06	13.83		226.91
政策性生活补贴	176.08	134.98	427.53	84.01	186.72	83.92	704.41
报销医疗费	447.37	589.68	763.10	66.20	384.58	1534.55	0.29
家庭外出从业人员寄回带回收入	132.30		38.14				52.51
从政府和组织得到的实物产品和服务折价	18.50	85.08	11.14	27.75	5.69	0.53	1.17
转移性支出	**1736.79**	**2814.35**	**1502.72**	**2387.22**	**2210.09**	**3012.44**	**1766.84**
个人所得税	164.28	579.09	182.11	125.81	185.38	572.90	36.52
社会保障支出	1427.28	2133.24	1221.53	2212.85	1956.03	2243.15	1512.54
外来从业人员寄给家人的支出	29.19					1.18	
赡养支出	67.16	64.85	56.69	18.98	24.10	165.52	157.28
其他转移性支出	48.87	37.17	42.38	29.58	44.58	29.69	60.51

人均可支配收入

单位:元

中牟县	巩义市	荥阳市	新密市	新郑市	登封市	经开区	高新区	郑东新区	航空港实验区
33797.80	**36181.80**	**36544.07**	**36357.48**	**36711.03**	**35479.77**	**44291.84**	**43646.42**	**46957.27**	**40199.28**
15147.56	**19455.86**	**21022.16**	**22636.84**	**17853.08**	**21655.86**	**35491.93**	**40505.32**	**27143.10**	**23572.32**
14505.43	17968.08	19881.49	21957.61	16500.39	21283.51	33910.55	36216.92	25995.75	20776.55
67.31	15.47	170.11	26.06	7.06	0.56	57.08	95.83	173.07	341.50
574.82	1472.32	970.55	653.17	1345.63	371.79	1524.31	4192.57	974.28	2454.28
8301.18	**9779.03**	**4812.01**	**9643.93**	**8571.46**	**7771.93**	**0.65**	**0.06**	**1336.52**	**1491.68**
799.31	949.76	0.05	-16.96	1.54	0.62	0.65	0.06	-0.29	9.50
2272.59		818.08	951.25		592.14				
5229.28	8829.27	3993.88	8709.63	8569.92	7179.18			1336.82	1482.17
7325.94	**3767.68**	**4678.95**	**1218.97**	**8151.73**	**2665.48**	**7304.39**	**4153.68**	**12896.94**	**13831.78**
141.82	12.21	-92.39	-454.42	-47.47	12.90	-434.65	1.74	384.83	104.17
231.56	761.61	595.26	570.61	25.44	155.18			1292.42	
			37.54					10.13	
43.63	34.09	238.91	465.25	104.78				74.52	
131.93	1796.91	282.66	84.45	7445.92	1472.07	355.55	66.50	5176.29	10664.97
									1650.77
312.63	-19.54	61.99	9.54	35.33					
6464.37	1182.40	3592.52	506.00	587.74	1025.33	7383.49	4085.45	5958.75	1411.88
3023.12	**3179.23**	**6030.95**	**2857.75**	**2134.76**	**3386.50**	**1494.86**	**-1012.65**	**5580.71**	**1303.50**
4036.77	**3648.56**	**7510.90**	**3829.89**	**2373.30**	**3771.55**	**4414.86**	**2052.89**	**7098.79**	**2989.07**
3030.56	2647.59	3763.29	2057.03	2058.52	3605.99	3715.65	2046.90	3428.76	642.43
18.36		5.09	0.74	0.19					292.68
	60.20	906.77	2.80	61.81	33.30			36.18	55.03
185.92	11.76	469.15	519.90	30.28	14.04		0.55	368.91	1792.96
21.44	233.60	1062.11	972.67	27.19	14.73				
55.16		1.21	1.83	2.01	0.01			56.18	1.45
1013.65	**469.33**	**1479.95**	**972.15**	**238.54**	**385.05**	**2919.99**	**3065.54**	**1518.09**	**1685.57**
9.89	34.20	3.19	54.40	13.26	15.73	345.23	222.25	74.75	73.58
926.65	393.32	1174.29	844.40	206.79	330.86	2467.35	2711.28	1310.31	831.29
									414.81
40.92	25.51	155.49	37.23	11.73	21.08	12.88	53.77	12.42	340.94
36.20	16.29	146.97	36.12	6.76	17.38	94.54	78.23	120.61	24.96

5-3 城镇居民

（2020 年）

指　　标	郑州市	中原区	二七区	管城区	金水区	上街区	惠济区
总收入	**45588.09**	**47813.87**	**51029.27**	**46344.75**	**53492.09**	**52715.81**	**39378.19**
工资性收入	26851.15	30878.73	22064.20	29928.57	35757.07	30093.41	22761.97
工资	25409.23	29535.36	21255.03	28570.27	34027.79	27687.46	22092.90
实物福利	81.41	74.42	16.84	64.34	50.18	268.36	14.85
其他	1360.50	1268.96	792.33	1293.96	1679.10	2137.59	654.23
经营性收入	4678.98		7775.48	1285.84	2203.34	594.35	4111.45
第一产业经营收入	127.61		0.10		3.38	0.11	0.02
第二产业经营收入	582.94				1946.08	594.24	
第三产业经营收入	3968.42		7775.39	1285.84	253.87		4111.43
财产性收入	7426.18	6164.03	9361.03	9916.44	7772.84	2275.30	6630.84
利息收入	134.15	149.60	27.37		210.58	63.27	145.77
红利收入	240.08	39.99		141.08	68.79		6.50
储蓄性保险净收益	4.63		2.94		6.94		7.35
转让承包土地经营权租金净收入	53.86				3.10		11.15
出租房屋财产性净收入	2465.32	414.60	1948.40	2191.27	2100.54		1418.64
出租机械专利版权等资产的净收入	115.44						
其他财产净收入	19.78				16.44		12.43
房屋虚拟租金	4392.93	5559.83	7382.33	7584.10	5366.44	2212.03	5029.01
转移性收入	6631.79	10771.11	11828.56	5213.89	7758.85	19752.76	5873.92
养老金或离退休金	5325.35	9833.40	10415.74	4980.52	6982.80	17571.06	4464.35
社会救济和补助	33.61	1.32	19.77	10.06	13.83		226.91
政策性生活补贴	175.10	134.98	427.53	84.01	186.72	83.92	704.41
家庭外出从业人员寄回带回收入	131.57		38.14				52.51
赡养收入	476.64	126.65	139.77	42.42	185.22	562.70	411.26
报销医疗费	444.89	589.68	763.10	66.20	384.58	1534.55	0.29
从政府和组织得到的实物产品和服务折价	18.40	85.08	11.14	27.75	5.69	0.53	1.17
其他转移性收入	15.31		13.36	2.93			13.03

人均总收入

单位:元

中牟县	巩义市	荥阳市	新密市	新郑市	登封市	经开区	高新区	郑东新区	航空港实验区
37720.68	**37158.30**	**40624.74**	**40953.62**	**37123.41**	**36399.11**	**47832.72**	**46746.96**	**48790.28**	**42965.94**
15147.56	19455.86	21022.16	22636.84	17853.08	21655.86	35491.93	40505.32	27143.10	23572.32
14505.43	17968.08	19881.49	21957.61	16500.39	21283.51	33910.55	36216.92	25995.75	20776.55
67.31	15.47	170.11	26.06	7.06	0.56	57.08	95.83	173.07	341.50
574.82	1472.32	970.55	653.17	1345.63	371.79	1524.31	4192.57	974.28	2454.28
11209.15	10266.66	7085.25	12770.47	8683.55	8306.22	0.65	0.12	1519.40	2494.41
1282.62	1208.57	0.05	56.30	4.92	18.66	0.65	0.12		30.77
2292.29		1326.92	1146.23		649.37				
7634.25	9058.09	5758.28	11567.95	8678.63	7638.18			1519.40	2463.64
7327.19	3787.22	5006.43	1716.42	8213.48	2665.48	7925.28	4188.62	13028.99	13910.14
143.06	12.21	233.91	38.37	14.28	12.90	186.24	36.67	516.88	182.53
231.56	761.61	595.26	570.61	25.44	155.18			1292.42	
			37.54					10.13	
43.63	34.09	238.91	465.25	104.78				74.52	
131.93	1796.91	282.66	84.45	7445.92	1472.07	355.55	66.50	5176.29	10664.97
									1650.77
312.63		63.17	14.20	35.33					
6464.37	1182.40	3592.52	506.00	587.74	1025.33	7383.49	4085.45	5958.75	1411.88
4036.77	3648.56	7510.90	3829.89	2373.30	3771.55	4414.86	2052.89	7098.79	2989.07
3030.56	2647.59	3763.29	2057.03	2058.52	3605.99	3715.65	2046.90	3428.76	642.43
18.36		5.09	0.74	0.19					292.68
	60.20	906.77	2.80	61.81	33.30			36.18	55.03
21.44	233.60	1062.11	972.67	27.19	14.73				
624.51	670.32	1061.95	252.68	193.31	40.31	699.21	5.45	3166.51	204.52
185.92	11.76	469.15	519.90	30.28	14.04		0.55	368.91	1792.96
55.16		1.21	1.83	2.01	0.01			56.18	1.45
40.66	0.40	186.79	1.91		0.67			42.24	

5-4 城镇居民

（2020 年）

指　　标	郑州市	中原区	二七区	管城区	金水区	上街区	惠济区
总支出	**34254.46**	**31722.52**	**36289.27**	**35403.01**	**38823.47**	**31768.07**	**29255.64**
消费支出	25450.40	25185.39	28132.59	29364.45	30996.95	25372.75	25011.62
生产经营费用支出	801.46		3254.81	161.35	119.31	0.39	0.13
第一产业经营费用支出	26.36		1.18		0.68		0.08
第二产业经营费用支出	32.23						
第三产业经营费用支出	742.87		3253.63	161.35	118.64	0.39	0.05
财产性支出	269.89	333.65	121.08	154.91	718.20	171.06	187.87
生活贷款利息支出	261.42	333.65	121.08	140.27	682.39	171.06	187.87
其他财产性支出	8.47			14.63	35.81		
转移性支出	1727.16	2814.35	1502.72	2387.22	2210.09	3012.44	1766.84
个人所得税	163.37	579.09	182.11	125.81	185.38	572.90	36.52
社会保障支出	1419.37	2133.24	1221.53	2212.85	1956.03	2243.15	1512.54
外来从业人员寄给家人的支出	29.03					1.18	
赡养支出	66.79	64.85	56.69	18.98	24.10	165.52	157.28
其他转移性支出	48.60	37.17	42.38	29.58	44.58	29.69	60.51
部分商业保险支出	503.36	341.05	243.98	639.58	409.77	119.88	386.08
意外伤害保险	25.90		2.48	293.10	6.77	20.81	13.96
商业医疗保险（含大病保险）	195.63	312.00	221.35	60.81	403.01	59.95	278.54
其他非储蓄性商业保险	13.21	4.06	14.56	53.90		11.22	88.01
其他储蓄性商业保险	268.63	24.99	5.59	231.76		27.90	5.56
购置资产及非经常性转移支出	4091.44	1507.76	1730.75	1454.58	2118.32	2407.95	778.08
购置资产支出	1187.76		306.84	385.67	1171.55	1480.40	17.03
非经常性转移支出	2903.69	1507.76	1423.90	1068.91	946.76	927.56	761.05
借贷性支出	1410.75	1540.32	1303.34	1240.94	2250.83	683.59	1125.02

人均总支出

单位:元

中牟县	巩义市	荥阳市	新密市	新郑市	登封市	经开区	高新区	郑东新区	航空港实验区
30437.62	**15824.77**	**32129.99**	**26948.76**	**28615.79**	**26419.71**	**37948.68**	**31919.01**	**49375.79**	**46487.89**
22422.67	13858.09	23621.56	19563.87	27542.76	17317.68	30851.04	25982.84	27182.77	23615.01
2137.99	130.72	1783.37	2595.98	70.77	467.73		0.06	180.63	1001.66
478.54	34.25		73.26	3.38	18.05		0.06	0.29	20.20
		473.02	152.19		12.45				
1659.45	96.47	1310.35	2370.52	67.39	437.24			180.33	981.46
1.25	19.54	327.48	497.45	61.75		620.89	34.94	132.05	78.36
1.25		326.31	492.79	61.75		620.89	34.94	132.05	78.36
	19.54	1.18	4.66						
1013.65	469.33	1479.95	972.15	238.54	385.05	2919.99	3065.54	1518.09	1685.57
9.89	34.20	3.19	54.40	13.26	15.73	345.23	222.25	74.75	73.58
926.65	393.32	1174.29	844.40	206.79	330.86	2467.35	2711.28	1310.31	831.29
									414.81
40.92	25.51	155.49	37.23	11.73	21.08	12.88	53.77	12.42	340.94
36.20	16.29	146.97	36.12	6.76	17.38	94.54	78.23	120.61	24.96
137.60	124.05	217.19	213.98	1.58	92.03	43.82	150.52	1879.13	2067.45
3.13		5.87	4.47		1.86	9.15	21.86	30.26	1.69
128.46	55.14	142.61	95.01	1.58	32.34	22.30	43.66	423.40	119.64
	32.46	5.96	3.52		1.74	12.37	44.15	0.90	
6.02	36.44	62.74	110.97		56.09		40.85	1424.58	1946.12
3658.94	1001.77	2895.78	2373.08	603.21	8153.30	899.65	1550.11	14146.99	17885.39
1670.13	209.89	26.86	743.29	2.03	6681.40	70.42		6181.15	1.62
1988.80	791.88	2868.92	1629.79	601.18	1471.89	829.23	1550.11	7965.84	17883.77
1065.52	221.28	1804.66	732.26	97.18	3.92	2613.28	1135.00	4336.13	154.45

5-5 城镇居民

（2020 年）

指　　标	郑州市	中原区	二七区	管城区	金水区	上街区	惠济区
消费支出	**25450.40**	**25185.39**	**28132.59**	**29364.45**	**30996.95**	**25372.75**	**25011.62**
食品烟酒	**6359.02**	**6854.30**	**6271.12**	**6720.79**	**7577.72**	**6297.08**	**6313.75**
食品	4240.14	4514.41	4650.82	4294.13	5087.66	4208.98	4344.31
谷物	554.50	467.95	516.42	466.02	579.17	509.20	546.42
薯类	78.05	78.27	103.21	76.84	89.89	64.03	82.69
豆类	69.90	59.93	70.42	59.02	76.11	67.83	80.77
食用油	134.04	134.56	140.39	127.61	159.37	144.25	74.15
蔬菜和食用菌	520.53	625.31	650.58	491.37	645.56	481.51	619.10
肉类	961.65	1093.47	1069.21	998.17	1096.75	989.42	967.19
禽类	198.47	272.15	215.84	220.60	283.65	168.97	214.51
水产品	174.97	286.84	198.54	232.87	241.46	221.21	209.17
蛋类	153.15	158.90	170.58	163.44	178.99	169.00	182.08
奶类	419.32	440.21	539.17	462.69	588.68	358.61	351.58
干鲜瓜果类	597.59	588.49	615.48	641.43	742.12	729.60	647.61
糖果糕点类	175.12	162.83	156.87	183.03	211.92	153.59	169.20
其他食品	202.84	145.52	204.10	171.03	193.99	151.76	199.85
烟酒	567.63	552.12	434.80	598.14	517.77	206.65	489.06
烟草	311.46	288.65	287.04	323.05	142.64	104.73	227.14
酒类	256.17	263.47	147.76	275.09	375.14	101.93	261.92
饮料	133.30	110.43	116.78	170.24	156.08	81.53	147.57
饮食服务	1417.95	1677.34	1068.73	1658.28	1816.21	1799.91	1332.81
食堂用餐	88.65	33.15	54.38	102.38	59.73	197.56	41.27
其他在外饮食	1327.70	1644.19	1014.32	1555.90	1755.95	1602.13	1291.54
食品加工服务费	1.60		0.03		0.53	0.22	
衣着	**1659.08**	**1359.95**	**1039.56**	**1664.64**	**2099.91**	**1979.27**	**1876.72**
衣类	1301.73	1063.51	800.70	1275.78	1634.95	1501.77	1454.46
鞋类	357.35	296.44	238.85	388.86	464.95	477.50	422.26
居住	**8224.00**	**8585.06**	**11516.19**	**11523.70**	**10513.60**	**6382.63**	**8868.35**
租赁房房租	199.45	130.11	212.62	124.99	296.62	135.30	604.92
住房维修及管理	654.92	218.08	369.95	505.96	479.55	940.49	634.26
水电燃料及其他	1099.99	1303.88	1041.16	1030.03	1233.64	1744.77	811.00
自有住房折算租金	6269.63	6932.99	9892.45	9862.72	8503.79	3562.07	6818.17
#租赁房房租中租赁公房房租	12.76	6.16	37.12	71.80	0.36	29.37	43.35
租赁房房租中租赁私房房租	186.69	123.95	175.50	53.18	296.26	105.93	561.58
住房维修及管理中物业管理费	195.73	193.82	196.60	260.40	296.14	382.88	165.87
生活用品及服务	**1476.77**	**1261.36**	**1081.81**	**1323.78**	**1619.81**	**2342.52**	**1237.95**

人均消费支出

单位：元

中牟县	巩义市	荥阳市	新密市	新郑市	登封市	经开区	高新区	郑东新区	航空港实验区
22422.67	**13858.09**	**23621.56**	**19563.87**	**27542.76**	**17317.68**	**30851.04**	**25982.84**	**27182.77**	**23615.01**
4422.87	**4279.95**	**6646.47**	**5991.73**	**5559.09**	**6836.60**	**4723.12**	**6545.72**	**6218.67**	**6536.44**
3020.02	3008.16	4051.22	3711.09	4084.44	4543.43	3389.05	3703.46	4388.25	3872.78
397.64	424.06	542.02	474.16	513.77	541.15	297.43	429.64	584.22	1247.19
50.79	63.55	83.18	83.54	85.70	78.44	56.85	63.51	79.55	45.02
4	75.16	83.42	78.91	116.59	104.17	42.32	51.74	56.12	45.55
80.43	107.30	150.55	162.97	91.73	146.11	131.70	70.59	158.10	141.03
336.53	374.99	513.43	427.18	561.25	580.95	382.31	439.91	483.36	259.29
717.03	648.12	936.32	788.42	1190.62	997.21	932.74	730.17	926.90	810.92
177.48	100.02	142.85	151.08	163.13	157.59	139.87	164.07	224.97	101.47
99.28	59.49	115.60	92.59	103.64	89.45	117.80	161.09	215.16	108.89
121.13	129.55	165.16	125.06	146.43	142.99	147.34	134.14	167.16	96.82
250.61	292.33	306.19	392.35	22	464.87	353.58	352.77	488.23	216.10
470.36	443.10	606.13	537.60	506.16	765.40	444.72	603.34	679.80	311.17
142.15	134.79	182.49	176.22	84.50	290.16	102.11	206.75	162.41	180.46
136.59	155.69	223.89	221.01	300.93	184.94	240.29	295.75	162.27	308.88
375.36	325.03	586.15	601.53	656.49	680.69	179.04	227.52	471.19	1589.11
218.60	229.57	328.07	444.75	556.66	433.67	83.51	107.05	259.79	860.62
156.76	95.46	258.08	156.78	99.83	247.02	95.53	120.46	211.40	728.48
79.39	75.72	113.46	158.55	99.62	248.71	71.05	177.76	166.73	82.23
948.10	871.04	1895.63	1520.56	718.54	1363.77	1083.98	2436.98	1192.51	992.32
67.92	115.69	44.59	75.88	378.22	84.14	21.87	218.63	133.03	15.12
879.34	752.71	1851.00	1442.33	340.31	1279.58	1062.11	2218.30	1059.30	960.69
0.84	2.64	0.04	2.35	0.01	0.04		0.06	0.18	16.51
1772.56	**1304.95**	**2102.56**	**2030.65**	**1219.85**	**1646.06**	**2394.27**	**1633.46**	**1763.61**	**1258.30**
1415.09	1017.01	1701.09	1597.68	900.29	1342.67	1997.63	1272.95	1331.72	1045.48
357.47	287.94	401.47	432.97	319.56	303.39	396.64	360.51	431.88	212.82
8830.57	**2649.50**	**6122.12**	**2579.58**	**9399.67**	**2848.62**	**12738.88**	**7460.28**	**9708.95**	**5565.79**
128.56	29.29	229.23	138.64	38.41	75.18	119.23		743.96	
172.73	97.96	145.01	464.47	6571.05	28.66	294.70	294.09	493.49	377.04
829.72	636.86	996.16	917.29	748.19	976.62	616.39	720.21	958.97	2309.30
7699.56	1885.38	4751.72	1059.19	2042.02	1768.16	11708.57	6445.98	7512.53	2879.46
5.98	14.01	2.57		0.88	6.48				
122.57	15.28	226.66	138.64	37.53	68.70	119.23		743.96	
83.91	70.13	80.49	62.40	37.45	3.00	291.86	285.18	342.13	245.78
1584.29	**968.62**	**1656.20**	**1911.71**	**582.59**	**1686.50**	**2713.28**	**2300.91**	**1629.10**	**1198.10**

5-5　续表　　　　（2020 年）

指　　标	郑州市	中原区	二七区	管城区	金水区	上街区	惠济区
家具及室内装饰品	155.81	42.15	190.69	195.30	109.97	561.82	175.46
家用器具	413.73	341.21	215.14	288.33	379.64	720.34	249.20
家用纺织品	126.20	82.83	91.81	82.33	112.54	138.42	83.19
家庭日用杂品	322.85	291.99	328.97	312.98	317.72	415.88	305.35
个人用品	399.94	467.04	232.68	407.21	588.14	423.34	399.01
家庭服务	58.24	36.14	22.52	37.63	111.80	82.73	25.73
#家政服务	26.63	11.66	1.66	3.29	87.25	58.60	1.36
交通通信	**2661.93**	**2023.06**	**2552.86**	**2189.39**	**3237.99**	**1562.89**	**2238.23**
交通	1856.30	1141.06	1956.37	1227.70	2224.28	1057.49	1360.15
交通工具	692.57	37.94	1023.15	86.34	707.00	289.04	52.29
交通费	165.45	259.24	124.14	153.59	189.90	158.40	90.61
交通工具用燃料	600.61	439.91	342.12	534.27	858.75	464.12	909.38
交通工具使用及维修	397.68	403.97	466.95	453.50	468.63	145.92	307.88
#车辆保险支出	149.17	176.58	238.35	187.58	165.41	47.29	77.29
通信	805.62	882.00	596.50	961.68	1013.71	505.40	878.07
通信工具	274.03	228.59	180.77	416.93	336.60	150.70	192.76
通信服务	531.59	653.42	415.73	544.76	677.11	354.70	685.32
教育文化娱乐	**2377.02**	**2131.52**	**2117.15**	**4188.90**	**3154.45**	**1938.61**	**3311.58**
教育	1716.71	1597.03	1525.06	3481.08	2019.40	909.75	2675.52
学前教育	397.35	383.30	516.57	921.88	345.97	206.31	117.06
小学教育	426.32	259.21	230.42	659.64	899.10	49.69	370.72
初中教育	258.93	406.99	58.00	517.05	391.40	181.49	1000.23
高中教育	260.33	24.79	440.42	804.93	255.78	124.67	547.12
中专职高教育	8.48	23.79			12.69		4.46
大专及以上教育	282.67	470.93	188.97	335.93	85.23	315.31	433.19
成人教育	82.63	28.03	90.68	241.64	29.23	32.27	202.73
文化娱乐	660.31	534.49	592.09	707.83	1135.05	1028.86	636.05
文娱耐用消费品	200.16	114.51	107.55	177.20	461.71	97.48	168.68
其他文娱用品	198.24	149.35	170.12	200.07	295.59	160.79	309.38
文化娱乐服务	261.91	270.63	314.41	330.56	377.75	770.59	157.99
医疗保健	**2134.93**	**2563.23**	**3190.54**	**1366.50**	**2212.42**	**4427.29**	**805.19**
医疗器具及药品	613.14	668.98	647.57	385.95	774.03	1881.64	416.27
医疗服务	1521.79	1894.25	2542.97	980.55	1438.39	2545.65	388.91
门诊总费用	485.37	951.76	671.84	423.53	412.21	377.17	260.16
住院总费用	1036.42	942.49	1871.13	557.02	1026.18	2168.49	128.75
其他用品和服务	**557.64**	**406.91**	**363.37**	**386.75**	**581.04**	**442.46**	**359.87**
其他用品	248.03	213.64	155.62	104.57	260.94	142.52	194.18
其他服务	309.62	193.26	207.75	282.18	320.10	299.94	165.69

单位:元

中牟县	巩义市	荥阳市	新密市	新郑市	登封市	经开区	高新区	郑东新区	航空港实验区
332.86	60.37	222.41	227.10	30.64	132.42	155.76	334.65	191.05	81.41
354.74	257.57	373.80	433.18	112.49	449.03	1527.25	1078.46	348.76	518.76
184.74	91.20	156.55	270.31	24.26	169.45	181.84	61.59	301.36	58.82
248.42	275.14	321.89	327.59	319.17	442.96	319.22	333.34	369.33	297.61
440.44	235.81	413.72	600.14	82.29	449.08	501.07	453.93	388.35	148.43
23.09	48.52	167.83	53.40	13.74	43.57	28.15	38.94	30.26	93.08
1.74	14.44	143.45	7.60	0.15	2.45	6.79	6.31	10.38	
2141.01	**1425.61**	**2800.68**	**2505.61**	**7801.42**	**2075.10**	**2511.91**	**2400.68**	**2320.63**	**2134.81**
1477.89	774.08	1976.64	1194.60	7125.45	1475.17	1726.02	1649.07	1689.87	1504.79
342.92	110.25	860.32	101.26	6568.63	364.69	24.53	66.12	90.53	604.66
60.97	85.90	93.08	78.81	15.44	49.68	149.57	199.99	307.12	377.16
606.72	394.61	690.38	651.80	332.74	849.47	976.91	797.48	651.58	273.46
467.27	183.32	332.85	362.73	208.63	211.33	575.01	585.49	640.64	249.52
177.55	43.23	113.72	82.64	17.26	44.62	261.78	177.15	322.91	57.49
663.11	651.53	824.04	1311.01	675.97	599.93	785.88	751.61	630.75	630.01
280.75	265.64	279.05	680.29	174.43	106.43	269.77	254.70	170.78	221.77
382.36	385.88	544.98	630.72	501.54	493.50	516.11	496.90	459.97	408.24
2236.79	**1539.47**	**1678.52**	**2117.58**	**1337.98**	**1112.70**	**2910.55**	**2820.32**	**3032.31**	**1295.49**
1669.69	1282.33	1081.88	1753.21	1247.73	739.26	1886.07	1579.15	2117.26	1039.44
285.76	146.73	149.87	412.00	141.73	262.83	345.17	225.65	984.17	299.95
357.44	226.77	198.72	579.49	954.45	71.35	241.40	232.66	254.89	233.66
206.47	83.16	262.64	223.73	36.43	71.98	181.91	61.11	289.83	102.48
199.45	207.85	81.81	342.45	32.85	64.57	34.75	461.60	352.75	66.87
	5.97	8.94	19.75	0.80	2.02			5.85	19.98
530.99	544.64	277.99	153.83	63.36	209.25	851.96	236.09	178.95	316.49
89.58	67.21	101.90	21.95	18.12	57.26	230.87	362.04	50.82	
567.10	257.14	596.65	364.37	90.25	373.43	1024.47	1241.17	915.05	256.05
203.81	41.78	67.36	19.07	22.78	119.29	704.57	692.25	105.64	42.76
178.32	126.90	192.52	165.93	41.78	136.58	236.21	244.46	388.55	67.30
184.97	88.45	336.77	179.36	25.69	117.56	83.69	304.46	420.86	145.99
1079.74	**1288.56**	**2045.97**	**1853.45**	**463.04**	**763.08**	**2439.77**	**1583.85**	**1926.32**	**4720.69**
248.68	310.00	644.15	706.78	231.78	374.90	1327.71	517.64	554.79	648.15
831.06	978.56	1401.82	1146.68	231.25	388.18	1112.05	1066.21	1371.53	4072.54
457.39	416.41	464.34	318.51	122.42	154.43	556.26	536.76	487.00	603.67
373.67	562.14	937.48	828.17	108.83	233.75	555.79	529.45	884.52	3468.87
354.84	**401.44**	**569.05**	**573.55**	**1179.12**	**349.03**	**419.26**	**1237.63**	**583.19**	**905.40**
183.88	177.17	189.59	325.46	1098.30	157.26	174.76	246.47	196.47	230.90
170.95	224.27	379.46	248.10	80.82	191.76	244.50	991.16	386.71	674.50

5-6 城镇居民人均

（2020 年）

指标名称	单位	郑州市	中原区	二七区	管城区	金水区	上街区	惠济区
购买生活消费品	**元**	**18686.56**	**17916.32**	**17973.10**	**19222.05**	**22267.56**	**21527.47**	**18100.13**
食品烟酒	元	6210.48	6786.09	6247.36	6636.31	7523.30	6062.38	6299.73
食品	元	4123.73	4448.60	4627.06	4209.65	5037.99	4018.75	4330.29
谷物	元	475.07	451.61	508.78	428.82	573.74	446.95	545.37
小麦	公斤	0.67	0.01	0.05		0.03		0.06
金额	元	1.27	0.07	0.24		0.26		0.52
面粉	公斤	17.32	13.46	18.17	10.68	15.20	11.10	17.51
金额	元	66.17	54.35	84.45	46.37	72.31	38.92	66.51
稻谷	公斤	0.01						
金额	元	0.03						
大米	公斤	15.04	17.40	16.93	11.22	15.77	10.20	21.75
金额	元	91.34	106.49	103.87	71.74	115.16	63.72	121.64
玉米	公斤	2.38	2.67	3.92	2.72	3.48	2.05	2.31
金额	元	10.63	12.12	17.25	14.81	16.12	11.33	9.33
小米	公斤	2.59	1.60	2.84	1.80	2.91	1.07	2.99
金额	元	25.63	15.28	31.87	19.52	33.98	12.82	26.41
其他谷物	公斤	0.67	0.56	0.31	0.47	0.57	0.08	0.26
金额	元	4.76	5.40	3.43	4.66	6.36	0.90	4.61
面粉制品	公斤	42.02	38.99	53.65	29.99	35.67	34.04	62.13
金额	元	242.54	222.32	229.19	231.07	294.41	258.09	286.60
其他谷物制品	公斤	2.81	2.67	3.75	2.75	2.63	4.11	3.92
金额	元	32.69	35.59	38.47	40.66	35.14	61.17	29.74
薯类	公斤	16.06	15.79	23.28	16.28	16.10	13.37	19.70
金额	元	77.95	78.27	103.21	76.84	89.89	64.03	82.69
红薯	公斤	5.66	5.00	8.80	5.10	5.17	5.54	8.28
金额	元	20.06	20.10	31.35	19.73	21.66	17.65	29.97
马铃薯	公斤	7.85	8.78	11.18	9.57	8.52	5.86	9.43
金额	元	30.34	34.24	36.03	38.30	38.03	22.80	34.97
其他薯类及制品	公斤	2.55	2.01	3.31	1.61	2.41	1.97	1.99
金额	元	27.55	23.93	35.83	18.81	30.20	23.58	17.76

购买生活消费品

中牟县	巩义市	荥阳市	新密市	新郑市	登封市	经开区	高新区	郑东新区	航空港实验区
14402.04	**11914.01**	**18584.75**	**18387.14**	**25474.41**	**15500.33**	**18822.54**	**19219.84**	**19118.08**	**16875.67**
4308.49	4264.48	6482.08	5957.50	5555.34	6832.03	4710.74	6449.89	6042.69	5266.19
2905.99	2992.69	3902.47	3694.25	4080.68	4538.86	3376.67	3607.63	4235.95	2987.28
324.98	417.83	509.75	465.62	513.39	539.76	295.43	357.61	537.85	368.47
0.02	4.21	6.92	0.81	0.11	0.03	0.07	0.05	0.01	0.09
0.06	9.26	8.20	1.92	0.44	0.25	0.41	0.37	0.07	0.49
9.62	18.43	15.79	14.82	43.27	16.50	10.33	6.73	20.33	29.53
31.25	61.74	64.90	51.18	100.23	60.11	47.82	30.49	73.34	105.18
	0.04			0.01					0.06
	0.29			0.05					0.20
10.09	12.62	14.75	12.36	27.13	13.74	11.73	11.81	19.04	8.50
51.40	78.45	92.57	77.15	96.08	90.49	77.08	74.78	104.83	50.93
2.19	1.13	1.76	1.29	2.12	2.23	1.29	2.59	2.29	0.24
8.46	4.42	6.95	4.75	5.99	9.78	5.26	9.26	12.91	1.26
1.41	3.29	4.14	2.83	7.40	2.45	0.58	2.39	1.56	1.35
13.05	31.66	46.17	29.63	40.24	24.08	6.05	22.33	17.75	13.63
0.17	0.23	0.82	0.49	2.66	0.43	0.05	2.16	0.09	1.65
1.12	2.20	5.56	4.73	13.26	3.32	0.71	8.43	0.94	5.74
34.81	49.19	48.53	46.90	68.34	60.58	17.38	36.63	31.86	29.55
192.17	209.85	246.59	265.01	247.81	289.21	141.23	179.29	286.82	187.32
3.08	2.68	2.90	3.63	1.36	5.25	1.12	2.71	2.97	0.32
27.46	19.95	38.81	31.26	9.29	62.52	16.86	32.66	41.18	3.72
12.00	12.52	17.91	15.33	17.75	16.75	11.02	14.68	15.67	10.96
49.47	63.55	83.18	83.54	85.70	78.44	56.85	63.51	79.55	44.20
3.55	3.32	6.66	5.88	6.72	6.60	1.38	6.30	5.37	5.34
10.10	10.80	24.77	18.35	17.17	20.97	5.60	22.59	20.40	14.17
6.63	7.35	9.38	6.62	1.94	7.93	8.30	7.14	7.80	3.56
20.74	26.85	35.26	26.59	7.16	30.24	32.04	29.28	30.54	13.98
1.82	1.85	1.88	2.83	9.09	2.22	1.34	1.24	2.50	2.07
18.63	25.91	23.15	38.60	61.36	27.23	19.21	11.64	28.61	16.06

5-6 续表 1 （2020 年）

指标名称	单位	郑州市	中原区	二七区	管城区	金水区	上街区	惠济区
豆类	公斤	11.52	9.60	12.63	8.69	9.13	10.34	16.45
金额	元	69.90	59.93	70.42	59.02	76.11	67.83	80.77
大豆	公斤	0.42	0.26	0.62	0.24	0.50	0.46	0.28
金额	元	3.25	2.23	5.65	2.34	4.64	3.46	1.56
其他豆类及制品	公斤	11.10	9.34	12.02	8.45	8.63	9.88	16.17
金额	元	66.64	57.70	64.77	56.68	71.47	64.37	79.21
食用油	公斤	8.20	6.90	8.85	5.78	8.61	4.78	4.83
金额	元	120.56	116.28	130.20	95.96	152.25	83.54	71.62
食用植物油	公斤	8.12	6.88	8.71	5.77	8.43	4.76	4.80
金额	元	119.23	115.61	127.37	95.53	148.82	82.80	70.57
食用动物油	公斤	0.07	0.02	0.14	0.01	0.18	0.02	0.02
金额	元	1.33	0.67	2.84	0.43	3.43	0.74	1.05
蔬菜和食用菌	公斤	108.18	128.19	145.47	96.25	104.36	98.36	136.62
金额	元	519.03	623.60	648.06	491.37	643.41	478.92	619.10
鲜菜	公斤	103.23	122.50	139.67	92.09	99.74	93.21	130.24
金额	元	452.74	542.89	586.83	436.66	568.83	409.45	539.20
干菜及菜制品	公斤	1.30	0.81	1.45	1.15	1.17	1.27	1.03
金额	元	18.40	12.81	16.09	19.24	17.71	20.69	11.95
鲜菌	公斤	3.38	4.60	4.10	2.87	3.13	3.71	4.97
金额	元	36.09	54.00	35.35	29.57	44.60	38.95	52.27
干菌及制品	公斤	0.27	0.28	0.25	0.14	0.32	0.16	0.38
金额	元	11.80	13.90	9.79	5.90	12.27	9.83	15.68
肉类	公斤	19.94	19.99	25.24	20.12	19.71	17.98	19.92
金额	元	957.46	1090.53	1069.21	995.66	1087.52	989.17	960.29
猪肉	公斤	11.40	11.35	15.00	11.71	10.10	12.19	11.07
金额	元	498.41	528.83	588.15	538.54	529.68	586.30	496.13
牛肉	公斤	2.32	2.41	4.26	2.64	2.20	1.27	1.75
金额	元	139.31	143.59	201.48	172.47	159.86	90.06	104.32
羊肉	公斤	1.81	2.47	2.28	1.59	1.65	1.02	2.43
金额	元	108.26	159.42	129.73	90.56	109.57	75.61	154.84
其他肉类及制品	公斤	4.41	3.76	3.69	4.19	5.75	3.50	4.67
金额	元	211.48	258.69	149.85	194.09	288.41	237.21	204.99
禽类	公斤	8.07	10.01	9.66	8.61	9.37	6.62	9.66

中牟县	巩义市	荥阳市	新密市	新郑市	登封市	经开区	高新区	郑东新区	航空港实验区
8.05	12.07	12.87	12.70	33.17	16.85	5.87	8.34	7.76	7.49
4	75.16	83.42	78.91	116.59	104.17	42.32	51.74	56.12	45.55
0.17	0.21	0.32	0.58	1.09	0.76	0.27	0.45	0.15	0.25
0.79	1.45	2.60	3.52	5.94	4.62	1.67	3.84	1.29	1.93
7.89	11.87	12.55	12.12	32.08	16.09	5.60	7.89	7.62	7.23
39.20	73.70	80.82	75.39	110.65	99.54	40.65	47.90	54.83	43.62
6.64	8.69	7.40	11.40	9.05	9.48	8.72	4.17	7.43	11.95
69.51	103.66	118.19	159.39	91.29	145.94	131.48	64.91	106.04	140.33
6.59	8.69	7.40	11.30	9.05	9.48	8.71	4.17	7.40	11.74
67.13	103.66	117.95	158.32	91.25	145.84	130.97	64.69	105.32	139.14
0.06		0.01	0.10			0.02		0.03	0.21
2.38		0.24	1.08	0.04	0.10	0.52	0.22	0.73	1.19
91.11	89.46	111.57	93.75	173.32	122.19	74.54	93.89	96.36	51.01
332.31	374.99	513.23	425.18	561.25	578.11	382.24	439.91	482.67	256.59
88.09	85.29	105.96	90.79	160.69	116.75	72.57	88.93	91.52	48.60
299.36	314.20	436.13	366.68	456.80	495.28	350.58	375.49	417.00	218.08
0.85	1.02	1.35	0.78	4.81	1.15	0.60	1.57	1.76	0.68
11.46	12.92	21.00	15.50	49.86	19.91	8.13	20.65	25.52	15.81
2.01	2.90	4.04	1.77	7.57	3.63	1.27	3.21	2.97	1.47
16.54	29.31	45.54	24.11	49.05	37.74	16.22	33.42	34.39	12.71
0.16	0.25	0.21	0.41	0.25	0.66	0.11	0.18	0.11	0.26
4.96	18.56	10.56	18.89	5.54	25.18	7.30	10.35	5.75	9.99
18.17	12.89	17.83	15.15	36.67	21.10	17.75	16.18	19.82	16.49
706.30	648.12	930.06	787.70	1190.18	997.21	923.21	724.99	916.24	810.92
12.89	7.11	11.37	8.81	21.50	12.01	7.69	8.89	10.76	10.53
425.32	330.06	545.11	397.37	652.64	478.28	373.30	376.38	470.63	495.26
0.61	1.11	1.25	0.77	4.95	2.40	4.31	1.99	2.31	1.18
42.76	70.43	86.74	54.46	237.80	171.19	253.43	100.49	128.07	91.69
1.16	0.89	1.11	1.12	2.26	3.01	2.84	2.34	1.97	0.78
78.56	60.86	74.98	73.25	88.79	161.81	171.71	118.87	107.05	52.22
3.51	3.77	4.10	4.45	7.96	3.67	2.91	2.96	4.78	3.99
159.65	186.77	223.23	262.62	210.94	185.93	124.77	129.25	210.50	171.75
8.44	3.98	5.31	6.27	11.98	6.15	5.94	6.95	9.09	5.40

5-6 续表 2 （2020 年）

指标名称	单位	郑州市	中原区	二七区	管城区	金水区	上街区	惠济区
金额	元	198.35	272.15	215.84	220.60	283.02	168.97	214.51
鸡	公斤	5.24	6.37	6.16	5.65	4.98	4.27	6.54
金额	元	104.37	126.79	119.05	118.51	125.13	97.61	125.67
鸭	公斤	0.26	0.46	0.35	0.36	0.29	0.45	0.39
金额	元	4.22	7.08	6.65	4.58	6.22	5.40	3.55
鹅	公斤	0.03						0.02
金额	元	0.48						0.28
其他禽类及制品	公斤	2.54	3.17	3.16	2.60	4.10	1.90	2.71
金额	元	89.27	138.27	90.14	97.51	151.67	65.96	85.02
水产品	公斤	6.65	9.87	8.64	8.00	7.94	7.10	9.59
金额	元	174.29	285.48	198.54	228.47	241.11	218.64	209.17
鱼类	公斤	4.21	6.24	5.99	4.84	4.86	4.80	5.64
金额	元	88.25	149.00	125.21	105.91	109.01	124.08	114.72
虾类	公斤	1.03	1.78	1.14	1.37	1.29	1.33	1.61
金额	元	48.41	71.62	45.78	70.15	78.55	62.05	58.35
蟹类	公斤	0.09	0.16	0.18	0.17	0.10	0.05	0.13
金额	元	5.92	14.72	5.52	13.74	6.94	6.45	5.07
贝类	公斤	0.22	0.37	0.28	0.59	0.41	0.11	0.05
金额	元	3.67	7.54	1.96	9.11	6.09	2.74	1.38
藻类	公斤	0.30	0.28	0.38	0.18	0.39	0.24	0.66
金额	元	3.37	3.02	4.60	1.83	5.25	1.66	3.74
其他水产品及制品	公斤	0.79	1.05	0.69	0.84	0.89	0.57	1.51
金额	元	24.66	39.58	15.47	27.73	35.26	21.67	25.91
蛋类	公斤	18.84	19.09	21.00	19.06	18.64	19.70	24.49
金额	元	153.14	158.90	170.58	163.44	178.99	169.00	182.08
鲜蛋	公斤	17.95	18.33	19.90	18.60	17.54	18.82	23.09
金额	元	144.06	148.51	158.61	156.79	167.42	157.39	174.46
蛋制品	公斤	0.89	0.76	1.10	0.47	1.10	0.88	1.41
金额	元	9.08	10.38	11.97	6.65	11.57	11.61	7.62
奶类	公斤	23.35	21.70	28.10	23.28	38.75	28.42	28.74
金额	元	419.32	440.21	539.17	462.69	588.68	358.61	351.58
鲜奶	公斤	13.41	11.87	17.12	13.33	18.75	18.52	20.86
金额	元	166.72	134.36	188.27	187.45	233.80	153.44	198.92

中牟县	巩义市	荥阳市	新密市	新郑市	登封市	经开区	高新区	郑东新区	航空港实验区
177.48	100.02	142.85	150.93	163.13	157.59	139.87	164.07	224.97	101.44
6.00	3.02	3.45	4.16	10.71	4.16	4.17	4.10	5.51	3.92
102.87	56.17	72.08	73.46	143.50	94.46	80.72	80.83	102.84	79.48
0.12	0.08	0.04	0.04	0.39	0.11	0.29	0.27	0.39	0.05
2.38	1.77	0.67	0.97	3.41	2.02	2.65	3.89	6.54	0.92
0.06					0.01		0.07	0.29	
2.31					0.18		1.86	4.58	
2.26	0.88	1.82	2.07	0.88	1.87	1.48	2.51	2.90	1.43
69.93	42.08	70.10	76.50	16.22	60.92	56.49	77.49	111.01	21.04
5.13	2.59	4.70	3.66	8.11	3.32	4.72	6.48	7.05	3.97
99.28	59.49	114.38	92.59	103.49	89.45	117.80	161.09	213.91	108.85
3.08	1.43	2.82	1.76	7.19	1.55	2.61	4.57	4.01	2.79
48.52	31.47	58.73	35.49	83.04	35.84	44.29	94.62	82.47	66.40
0.85	0.15	0.68	0.66	0.54	0.86	0.95	0.69	1.05	0.66
31.78	7.25	32.20	24.71	14.64	34.21	37.53	34.22	60.93	31.19
0.18		0.06	0.04	0.01	0.01	0.06	0.05	0.15	0.01
5.14	0.17	1.85	3.64	0.07	0.89	7.98	2.37	9.35	0.49
0.06	0.03	0.09	0.15		0.06	0.10	0.24	0.14	0.06
1.03	0.57	1.24	2.53	0.04	3.57	2.17	3.49	4.48	0.49
0.14	0.25	0.64	0.30	0.21	0.35	0.14	0.22	0.15	0.21
1.10	2.85	5.94	3.80	2.21	3.82	1.03	1.78	2.13	2.52
0.81	0.73	0.42	0.76	0.17	0.49	0.86	0.72	1.54	0.24
11.71	17.19	14.41	22.43	3.49	11.13	24.80	24.62	54.54	7.76
16.15	16.42	20.57	16.60	24.19	19.61	18.13	15.97	20.77	12.85
121.13	129.55	165.16	125.06	146.43	142.99	146.99	134.14	167.16	96.78
15.78	16.19	20.13	16.20	20.12	19.06	17.94	15.01	19.94	12.45
116.25	126.42	159.49	119.74	115.74	137.03	144.16	125.54	158.19	93.41
0.37	0.23	0.44	0.39	4.06	0.54	0.19	0.96	0.82	0.41
4.89	3.13	5.67	5.32	30.69	5.96	2.83	8.60	8.98	3.37
13.35	17.36	16.02	20.17	18.96	21.28	16.11	16.26	22.73	9.21
250.61	292.33	306.19	392.35	22	464.87	353.58	352.77	488.23	216.10
8.05	11.71	8.82	12.55	13.55	13.21	9.09	10.18	13.63	4.59
105.42	113.37	133.50	215.97	147.18	216.87	130.42	143.53	157.42	61.45

5-6 续表 3 （2020 年）

指标名称	单位	郑州市	中原区	二七区	管城区	金水区	上街区	惠济区
酸奶	公斤	8.51	8.48	9.38	8.75	18.20	8.78	5.67
金额	元	92.93	100.68	99.91	115.17	135.33	114.27	57.73
奶粉	公斤	0.69	0.76	1.21	0.80	0.76	0.37	0.33
金额	元	144.49	189.96	243.76	148.44	200.05	76.92	69.52
其他奶制品	公斤	0.75	0.59	0.40	0.40	1.03	0.75	1.87
金额	元	15.18	15.20	7.22	11.63	19.51	13.99	25.41
干鲜瓜果类	公斤	80.87	81.67	85.61	83.98	77.92	81.13	84.20
金额	元	591.52	581.73	615.48	634.40	737.72	676.29	645.87
鲜瓜果	公斤	73.55	76.35	76.79	77.96	71.68	73.89	76.95
金额	元	474.42	477.52	493.40	526.78	602.25	520.59	523.54
瓜果制品	公斤	1.77	1.18	2.04	1.66	1.71	1.64	1.90
金额	元	26.34	21.21	30.96	26.28	32.23	34.13	32.58
坚果类	公斤	5.55	4.13	6.79	4.36	4.53	5.60	5.34
金额	元	90.77	83.00	91.13	81.34	103.24	121.57	89.75
糖果糕点类	公斤	8.11	8.59	9.97	7.14	7.37	5.80	10.11
金额	元	170.43	151.79	156.87	181.62	199.97	147.31	168.72
食糖	公斤	1.49	0.73	1.70	0.60	1.05	0.45	2.58
金额	元	13.53	6.88	15.94	5.69	10.25	3.66	21.54
糖果	公斤	0.72	0.68	0.71	0.66	0.87	0.45	0.97
金额	元	17.19	23.81	13.52	17.52	19.26	11.98	15.15
糕点	公斤	5.41	6.82	7.00	5.51	5.15	4.45	6.18
金额	元	129.37	113.80	115.68	148.48	163.72	119.05	120.79
其他糖果糕点	公斤	0.50	0.36	0.55	0.36	0.30	0.46	0.36
金额	元	10.34	7.29	11.73	9.93	6.74	12.62	11.25
其他食品	元	196.71	138.13	200.70	170.74	185.58	149.48	198.54
调味品	元	110.07	106.19	110.47	105.15	129.90	108.03	114.11
其他食品	元	86.64	31.94	90.23	65.59	55.68	41.45	84.43
饮料	元	133.30	110.43	116.78	170.24	156.08	81.53	147.57
茶叶	公斤	0.17	0.12	0.18	0.16	0.31	0.16	0.11
金额	元	31.37	25.46	38.29	32.42	67.49	19.42	35.70
咖啡	元	3.21	6.06	2.69	3.83	3.99	0.01	5.28
其他固体饮料	元	6.80	3.98	5.19	18.49	7.35	9.97	5.84
瓶装饮用水	元	19.97	19.10	14.26	13.66	16.51	7.64	41.68

中牟县	巩义市	荥阳市	新密市	新郑市	登封市	经开区	高新区	郑东新区	航空港实验区
4.59	5.04	6.46	6.60	4.07	6.08	6.00	4.81	7.31	2.64
60.25	46.42	108.41	93.88	36.87	98.22	131.14	67.03	97.09	32.51
0.45	0.49	0.40	0.44	0.20	0.85	0.85	0.52	1.05	0.43
80.69	130.87	55.09	73.87	22.45	128.90	88.06	117.21	218.52	82.53
0.27	0.11	0.35	0.58	1.13	1.14	0.17	0.75	0.74	1.55
4.25	1.67	9.19	8.63	13.49	20.88	3.96	25.00	15.21	39.61
85.46	76.02	78.87	79.59	119.77	99.02	57.67	81.51	82.67	47.70
463.90	437.50	590.10	536.58	505.97	765.29	444.50	602.16	654.14	311.17
77.24	69.24	71.54	71.34	112.36	87.83	53.53	69.50	75.65	40.69
364.27	340.64	462.99	411.77	422.81	598.11	350.23	501.93	522.23	227.02
2.76	1.54	2.04	1.37	0.45	1.61	1.45	6.17	1.86	0.90
30.17	23.47	30.93	22.03	5.60	28.48	26.28	26.06	35.26	13.26
5.46	5.24	5.30	6.88	6.97	9.58	2.70	5.84	5.16	6.11
69.47	73.40	96.18	102.77	77.55	138.70	68.00	74.17	96.66	70.88
6.59	7.94	7.77	8.04	7.56	14.61	3.78	8.40	5.87	7.74
139.91	134.79	176.53	175.38	83.22	290.11	102.11	194.98	155.39	180.44
0.96	1.32	0.60	1.73	5.11	1.98	0.34	0.93	0.87	3.27
7.17	10.84	5.76	13.41	42.79	12.79	3.55	7.38	9.60	36.92
0.68	0.38	1.05	0.94	0.46	1.17	0.37	0.73	0.65	0.36
12.88	10.39	22.54	23.51	7.63	26.01	7.69	21.84	18.93	9.54
4.25	5.41	5.61	4.84	1.75	10.29	2.75	5.48	4.06	3.66
115.95	97.90	136.05	127.30	28.92	226.05	85.00	142.87	120.59	124.99
0.70	0.83	0.52	0.53	0.24	1.18	0.31	1.27	0.28	0.45
3.91	15.66	12.17	11.17	3.88	25.27	5.86	22.88	6.27	8.99
131.11	155.69	169.42	221.01	300.06	184.94	240.29	295.75	153.66	306.45
72.71	112.13	130.34	105.98	106.06	134.51	91.90	87.37	99.26	93.36
58.40	43.56	39.08	115.03	194.00	50.43	148.38	208.38	54.40	213.09
79.39	75.72	113.41	158.55	99.62	248.71	71.05	177.76	166.73	82.23
0.05	0.09	0.09	0.14	0.19	0.34	0.08	0.18	0.13	0.06
15.85	15.36	19.32	19.10	14.21	52.91	9.92	26.41	16.84	6.43
0.83	0.55	2.59	2.50	0.64	4.97	4.85	4.69	3.62	0.36
7.45	2.85	8.92	12.57	2.03	6.49	1.41	4.92	9.80	1.16
19.56	15.63	27.25	24.99	14.36	47.84	8.78	31.87	15.53	17.24

5-6 续表 4 （2020 年）

指标名称	单位	郑州市	中原区	二七区	管城区	金水区	上街区	惠济区
果汁饮料	元	10.25	10.14	4.57	15.01	11.57	8.57	16.49
其他液体饮料	元	61.71	45.69	51.78	86.82	49.17	35.92	42.58
烟酒	元	551.87	552.12	434.80	598.14	517.77	206.65	489.06
烟草	元	295.70	288.65	287.04	323.05	142.64	104.73	227.14
卷烟	盒	18.44	19.21	17.82	17.16	7.01	9.36	16.70
金额	元	295.00	288.65	287.04	323.05	142.64	104.73	227.14
烟丝烟叶	公斤	0.05						
金额	元	0.70						
酒类	元	256.17	263.47	147.76	275.09	375.14	101.93	261.92
啤酒	公斤	2.90	3.25	3.17	2.30	2.78	3.26	2.57
金额	元	21.12	21.87	23.26	19.79	28.41	20.98	16.15
白酒	公斤	1.79	1.96	1.49	2.55	1.63	2.07	2.91
金额	元	218.24	219.53	108.52	226.61	322.15	76.20	234.08
果酒	公斤	0.17	0.14	0.10	0.19	0.21	0.04	0.14
金额	元	12.78	12.74	12.19	26.79	16.11	0.72	9.41
其他酒	元	4.03	9.33	3.79	1.91	8.47	4.02	2.29
饮食服务	元	1401.59	1674.94	1068.73	1658.28	1811.46	1755.45	1332.81
食堂用餐	元	83.43	30.75	54.38	102.38	54.99	153.10	41.27
其他在外饮食	元	1316.56	1644.19	1014.32	1555.90	1755.95	1602.13	1291.54
食品加工服务费	元	1.60		0.03		0.53	0.22	
衣着	元	1637.98	1359.95	1039.11	1664.64	2098.10	1979.27	1876.72
衣类	元	1280.63	1063.51	800.26	1275.78	1633.15	1501.77	1454.46
服装	元	1217.21	1008.07	738.20	1213.89	1535.01	1444.27	1342.78
服装材料	元	1.91	1.81	4.58	1.42	0.57	2.01	2.32
其他衣类及配件	元	57.66	50.61	55.72	55.37	92.46	47.20	106.78
衣类加工服务费	元	3.86	3.02	1.75	5.09	5.11	8.29	2.59
鞋类	元	357.35	296.44	238.85	388.86	464.95	477.50	422.26
鞋	双	2.78	2.10	2.45	2.72	2.84	2.76	3.07
金额	元	355.74	296.04	238.34	387.96	462.04	474.58	421.33
鞋类配件及加工服务费	元	1.62	0.40	0.51	0.90	2.92	2.93	0.93
居住	元	1915.82	1573.76	1623.74	1660.98	2009.81	2792.05	2050.18
租赁房房租	元	199.45	130.11	212.62	124.99	296.62	135.30	604.92
租赁公房房租	元	12.76	6.16	37.12	71.80	0.36	29.37	43.35

中牟县	巩义市	荥阳市	新密市	新郑市	登封市	经开区	高新区	郑东新区	航空港实验区
1.69	5.23	11.42	7.84	3.34	12.28	1.68	8.51	4.70	32.39
34.01	36.10	43.91	91.56	65.03	124.22	44.41	101.36	116.23	24.65
375.36	325.03	586.15	601.53	656.49	680.69	179.04	227.52	471.19	1363.72
218.60	229.57	328.07	444.75	556.66	433.67	83.51	107.05	259.79	635.24
14.42	19.31	23.05	33.10	31.07	29.86	4.48	7.99	14.32	34.18
218.60	229.57	315.30	444.75	556.46	433.56	83.51	107.05	258.80	635.08
		0.94		0.02				0.04	
		12.77		0.21	0.11			0.99	0.16
156.76	95.46	258.08	156.78	99.83	247.02	95.53	120.46	211.40	728.48
2.98	2.00	3.57	2.62	1.04	3.95	2.79	4.83	2.97	2.82
14.07	11.08	29.51	20.42	6.79	25.75	23.47	29.30	16.62	15.51
1.18	0.98	3.01	1.67	1.30	1.90	0.44	1.22	1.21	3.16
139.70	78.26	214.97	122.25	92.54	211.00	69.70	86.25	145.87	706.96
0.03	0.36	0.17	0.22	0.01	0.30	0.03	0.08	0.37	0.01
2.49	5.92	11.99	8.19	0.34	9.85	0.26	3.24	47.15	1.51
0.50	0.20	1.61	5.91	0.16	0.41	2.10	1.66	1.77	4.50
947.75	871.04	1880.05	1503.17	718.54	1363.77	1083.98	2436.98	1168.82	832.95
67.57	115.69	29.01	58.49	378.22	84.14	21.87	218.63	109.34	15.12
879.34	752.71	1851.00	1442.33	340.31	1279.58	1062.11	2218.30	1059.30	801.32
0.84	2.64	0.04	2.35	0.01	0.04		0.06	0.18	16.51
1772.56	1304.95	2101.65	2030.65	1218.00	1646.06	2394.27	1633.46	1763.61	963.41
1415.09	1017.01	1700.18	1597.68	898.44	1342.67	1997.63	1272.95	1331.72	750.59
1378.08	961.07	1622.53	1544.91	844.74	1265.17	1960.81	1207.56	1278.61	738.15
0.25	7.95	0.72	1.40	0.10	1.08	1.71	0.04	1.82	1.37
33.55	45.80	70.41	43.59	51.70	73.70	34.70	51.89	49.01	10.90
3.22	2.18	6.51	7.78	1.90	2.72	0.42	13.46	2.29	0.18
357.47	287.94	401.47	432.97	319.56	303.39	396.64	360.51	431.88	212.82
3.54	2.90	3.21	3.52	3.12	2.81	2.77	2.08	3.10	2.39
356.84	285.47	399.81	430.37	319.04	302.12	393.95	358.12	431.12	210.52
0.63	2.47	1.66	2.60	0.52	1.27	2.69	2.39	0.76	2.30
1131.01	764.12	1370.40	1520.39	7357.65	1080.46	1029.77	1014.30	2196.42	2251.27
128.56	29.29	229.23	138.64	38.41	75.18	119.23		743.96	
5.98	14.01	2.57		0.88	6.48				

5-6　续表 5　　　　　　　　　　　　（2020 年）

指标名称	单位	郑州市	中原区	二七区	管城区	金水区	上街区	惠济区
租赁私房房租	元	186.69	123.95	175.50	53.18	296.26	105.93	561.58
住房维修及管理	元	654.92	218.08	369.95	505.96	479.55	940.49	634.26
住房装潢	元	403.43	7.90	61.26	181.90	31.56	555.20	464.26
住房维修	元	36.83	13.32	94.23	33.47	71.05	1.42	3.98
物业管理费	元	195.73	193.82	196.60	260.40	296.14	382.88	165.87
其他	元	18.93	3.04	17.86	30.19	80.80	0.98	0.16
水电燃料及其他	元	1061.44	1225.57	1041.16	1030.03	1233.64	1716.26	811.00
水	吨	48.27	52.46	66.76	43.59	59.06	36.13	47.25
金额	元	156.28	216.58	235.88	170.15	250.76	96.78	173.36
电	度	869.25	808.68	641.95	685.23	852.00	566.76	666.88
金额	元	537.36	458.64	373.02	405.29	500.07	320.82	387.66
燃料	元	218.99	236.03	282.81	258.00	305.61	165.60	238.28
煤炭	公斤	1.66				0.04		
金额	元	1.67				0.08		
管道天然气	立方米	69.54	98.44	106.24	92.72	114.85	66.81	97.90
金额	元	169.63	232.85	279.84	240.60	286.73	165.26	232.47
管道煤气	立方米	0.45		0.40	0.76	1.43		0.17
金额	元	1.33		1.03	2.06	4.41		0.46
罐装液化石油气	公斤	7.13	0.50	0.02		2.53	0.04	0.24
金额	元	43.14	2.45	0.08		10.82	0.33	0.58
汽油	升	0.17		0.21	0.78			
金额	元	1.10		1.36	5.85			
柴油	升							
金额	元							
其他油	升	0.01						
金额	元	0.02						
其他生活燃料	元	0.97	0.73	0.49	0.64	3.14		3.08
取暖费	元	102.68	231.68	148.83	190.44	57.70	673.21	11.68
其他	元	46.13	82.64	0.62	6.15	119.49	459.85	0.02
生活用品及服务	元	1463.81	1258.88	1081.76	1321.27	1618.18	2337.59	1237.92
家具及室内装饰品	元	155.81	42.15	190.69	195.30	109.97	561.82	175.46
家具	元	133.89	29.33	164.18	178.65	91.23	556.67	160.99
家具材料	元	2.70	8.65	1.44	7.17	2.81	1.24	3.66

中牟县	巩义市	荥阳市	新密市	新郑市	登封市	经开区	高新区	郑东新区	航空港实验区
122.57	15.28	226.66	138.64	37.53	68.70	119.23		743.96	
172.73	97.96	145.01	464.47	6571.05	28.66	294.70	294.09	493.49	377.04
76.61	7.12	37.95	397.46	6529.47	11.49	0.37	5.25	123.54	36.26
11.36	19.48	17.02	3.01	4.09	7.12	2.47	3.23	27.83	91.16
83.91	70.13	80.49	62.40	37.45	3.00	291.86	285.18	342.13	245.78
0.86	1.22	9.55	1.59	0.05	7.05		0.43		3.83
829.72	636.86	996.16	917.29	748.19	976.62	615.84	720.21	958.97	1874.24
41.22	28.31	39.17	35.07	47.31	20.37	55.11	25.33	30.16	85.80
99.08	61.69	111.57	124.22	69.59	64.06	137.80	96.45	125.99	99.23
711.34	604.77	922.40	977.74	612.59	1198.44	408.37	556.02	972.59	2068.57
414.72	346.33	546.89	555.93	476.39	692.80	247.92	313.40	547.14	1606.80
217.54	110.64	147.65	166.86	187.38	186.16	186.20	166.02	195.59	168.02
0.01	18.50				7.17			0.04	1.61
0.10	21.20				4.39			0.08	1.46
74.58	16.34	41.92	17.53	25.62	8.22	74.59	117.90	49.04	11.00
193.02	42.49	107.20	47.79	68.54	15.41	175.28	162.92	126.01	28.38
	0.12		0.89	0.44	0.14	0.58		0.11	0.03
	0.31		2.33	1.13	0.93	1.66		0.03	0.21
4.61	8.07	6.04	15.65	24.02	24.48	1.50	0.24	10.26	21.42
24.21	45.35	38.25	115.74	111.47	160.15	3.17	1.22	69.39	137.21
		0.16		0.93		0.95			0.11
		0.69		5.99		5.74			0.67
		0.06	0.02						0.01
		0.21	0.12						0.09
0.21	0.43	0.51	0.11	0.02	0.67	0.35	1.87	0.07	
69.59	96.84	149.94	33.29	14.81	28.26	43.92	71.16	90.25	
28.79	21.37	40.11	36.98	0.02	5.34		73.18		0.20
1584.06	968.62	1655.57	1911.04	582.13	1686.50	2675.07	2300.91	1629.10	1043.84
332.86	60.37	222.41	227.10	30.64	132.42	155.76	334.65	191.05	81.41
299.84	55.03	200.40	214.59	22.17	113.19	152.02	163.75	165.77	81.07
1.75	2.09	0.07	0.12		4.04	1.08	3.70	0.41	

5-6 续表 6 （2020 年）

指标名称	单位	郑州市	中原区	二七区	管城区	金水区	上街区	惠济区
室内装饰品	元	19.22	4.17	25.06	9.49	15.94	3.91	10.81
家用器具	元	410.67	341.21	215.14	288.33	379.64	720.34	249.20
耐用消费品	元	349.63	252.49	169.95	234.20	321.16	682.28	208.91
洗衣机	台	0.03	0.01	0.01	0.02	0.02	0.05	0.01
金额	元	38.01	6.17	8.87	31.58	71.75	100.16	31.02
电冰箱(柜)	台	0.02	0.01	0.01	0.04	0.01	0.05	0.01
金额	元	43.17	24.62	10.35	132.07	38.61	157.62	33.35
空调器	台	0.03	0.02	0.04	0.01	0.01	0.12	0.02
金额	元	92.23	63.57	88.42	22.52	27.62	338.73	56.98
吸尘器	台	0.01				0.02		0.01
金额	元	5.32	1.19	0.40	8.41	9.27		2.71
抽油烟机	台	0.01	0.01		0.01	0.02		
金额	元	8.78	1.65	4.05	8.43	29.03		
微波炉	台	0.01	0.01		0.01		0.01	0.02
金额	元	6.05	3.79		2.44	1.31	3.08	14.27
非太阳能热水器	台	0.02			0.01	0.01	0.02	
金额	元	16.07	9.12		8.92	21.25	15.87	48.47
太阳能热水器	台						0.05	
金额	元	2.52	1.39			0.75	38.58	
燃气炉具	套	0.02	0.03	0.03	0.01	0.01		0.02
金额	元	12.63	18.63	40.72	6.98	2.71		5.61
洗碗机	台							
金额	元	0.32						
其他	元	122.30	122.36	17.14	12.84	111.42	28.23	16.50
小家电	元	61.03	88.73	45.19	54.13	58.48	38.06	40.29
家用纺织品	元	126.20	82.83	91.81	82.33	112.54	138.42	83.19
床上用品	元	106.92	63.72	80.59	60.79	96.61	100.05	68.01
窗帘门帘	元	8.34	7.15	2.44	6.92	3.73		5.72
其他家用纺织品	元	10.93	11.96	8.78	14.62	12.21	38.37	9.46
家庭日用杂品	元	312.96	289.51	328.92	310.46	316.09	410.94	305.32
洗涤及卫生用品	元	93.24	84.88	84.32	65.30	113.75	57.48	64.11
厨具餐具茶具	元	56.40	53.80	48.43	46.74	72.51	144.56	61.29
家用手工工具	元	3.26	0.35	2.26	3.03	2.33	5.41	4.69

中牟县	巩义市	荥阳市	新密市	新郑市	登封市	经开区	高新区	郑东新区	航空港实验区
31.27	3.25	21.94	12.39	8.47	15.19	2.67	167.21	24.87	0.34
354.74	257.57	373.80	433.18	112.49	449.03	1527.25	1078.46	348.76	474.88
317.69	220.55	332.58	306.64	106.08	361.67	1485.37	864.93	286.30	469.47
0.01	0.02	0.01	0.02	0.20	0.01	0.02	0.02	0.02	0.03
30.61	35.50	31.72	65.17	46.06	9.35	41.74	47.24	27.92	45.31
0.01		0.01	0.01	0.01	0.01	0.01	0.02	0.03	0.04
46.73	2.14	55.11	36.72	9.77	24.59	13.22	65.33	65.41	68.35
0.02	0.03	0.02	0.04	0.01	0.09	0.01	0.01	0.05	0.11
79.52	88.19	78.86	155.21	16.22	233.79	45.88	29.40	129.40	237.05
					0.01		0.01	0.03	
1.07	0.61	0.31			12.04		9.24	27.60	
0.02							0.01	0.01	
24.30		6.01	3.61		3.36		16.25	9.46	
					0.02				0.10
2.91	2.73		0.82		31.33	0.85			38.91
0.02	0.01	0.01	0.01				0.03	0.02	0.11
56.40	18.25	13.01	10.98	8.32	3.93		36.09	16.45	24.93
0.01					0.01				0.02
15.74					10.93				5.84
0.04	0.04	0.03	0.03		0.02		0.03	0.03	
34.49	34.03	5.31	7.62		3.88		15.16	10.06	0.41
					0.01				
			2.41	0.15	3.10				
25.92	39.12	129.36	23.13	25.56	21.59	1383.68	646.22		46.98
37.05	37.02	41.22	126.54	6.41	87.37	41.88	213.53	62.46	5.41
184.74	91.20	156.55	270.31	24.26	169.45	181.84	61.59	301.36	58.82
134.61	76.97	128.09	246.37	22.52	145.44	155.83	51.33	283.31	35.02
32.03	4.93	7.80	16.17	0.68	10.05	20.82	3.08	7.47	20.48
18.10	9.30	20.66	7.76	1.06	13.96	5.20	7.18	10.57	3.32
248.18	275.14	321.26	326.92	318.71	442.96	281.01	333.34	369.33	187.23
54.00	82.66	105.62	122.56	143.52	142.52	96.78	63.52	87.02	60.98
52.83	50.57	52.95	61.88	7.84	102.82	50.13	31.91	71.47	21.18
0.65	1.49	1.50	4.64	0.22	1.67	1.87	0.35	1.95	19.80

5-6 续表 7 （2020 年）

指标名称	单位	郑州市	中原区	二七区	管城区	金水区	上街区	惠济区
其他	元	160.06	150.48	193.91	195.38	127.50	203.49	175.23
个人用品	元	399.94	467.04	232.68	407.21	588.14	423.34	399.01
化妆品	元	234.42	268.69	98.62	216.95	338.65	198.89	260.75
其他个人用品	元	165.52	198.35	134.05	190.26	249.49	224.45	138.27
家庭服务	元	58.24	36.14	22.52	37.63	111.80	82.73	25.73
家政服务	元	26.63	11.66	1.66	3.29	87.25	58.60	1.36
家庭设备修理费	元	31.61	24.48	20.86	34.34	24.55	24.13	24.37
交通通信	元	2467.90	1846.48	2314.52	1996.71	3072.58	1515.60	2160.93
交通	元	1674.51	964.48	1718.02	1035.03	2058.87	1010.20	1282.86
交通工具	元	690.68	37.94	1023.15	86.34	707.00	289.04	52.29
汽车	辆	0.01		0.01				
金额	元	604.07		970.91		596.79	19.68	
摩托车	辆							
金额	元	1.20						
自行车	辆	0.01		0.01	0.01	0.02	0.02	0.01
金额	元	7.90	3.05	3.27	1.83	11.47	5.90	1.90
电动自行车	辆	0.03	0.01	0.02	0.03	0.04	0.11	0.01
金额	元	70.15	34.89	40.26	84.51	97.12	251.60	50.39
其他交通工具	元	7.36		8.71		1.61	11.86	
交通费	元	134.71	259.24	124.14	148.50	189.90	158.40	90.61
飞机	元	21.83	55.69	26.49	12.11	30.95	22.18	8.75
火车	元	48.44	116.53	28.29	80.08	80.20	97.76	26.61
长途汽车	元	6.78	2.96	7.35	7.78	15.35	8.21	8.02
市内公共交通	元	17.74	41.78	31.42	16.95	13.49	12.14	13.94
出租汽车费	元	34.34	22.73	23.11	31.02	38.92	16.25	31.41
其他交通费	元	5.58	19.54	7.49	0.57	10.98	1.87	1.88
交通工具用燃料	元	600.61	439.91	342.12	534.27	858.75	464.12	909.38
汽油	升	96.87	71.85	52.87	86.83	130.65	81.53	152.79
金额	元	588.26	425.54	339.97	517.28	854.05	462.77	897.79
柴油	升	1.32	1.65		0.85	0.09		
金额	元	7.76	12.19		4.31	0.68		
其他燃料和润滑剂	元	4.58	2.18	2.16	12.69	4.03	1.35	11.59
交通工具使用及维修	元	248.51	227.39	228.61	265.91	303.22	98.64	230.59

中牟县	巩义市	荥阳市	新密市	新郑市	登封市	经开区	高新区	郑东新区	航空港实验区
140. 70	140. 43	161. 19	137. 85	167. 13	195. 94	132. 23	237. 56	208. 88	85. 27
440. 44	235. 81	413. 72	600. 14	82. 29	449. 08	501. 07	453. 93	388. 35	148. 43
305. 04	123. 19	194. 34	444. 74	48. 68	249. 06	381. 07	319. 37	196. 55	97. 08
135. 40	112. 62	219. 37	155. 40	33. 61	200. 02	120. 01	134. 57	191. 80	51. 35
23. 09	48. 52	167. 83	53. 40	13. 74	43. 57	28. 15	38. 94	30. 26	93. 08
1. 74	14. 44	143. 45	7. 60	0. 15	2. 45	6. 79	6. 31	10. 38	
21. 35	34. 08	24. 38	45. 80	13. 59	41. 11	21. 36	32. 63	19. 88	93. 08
1937. 32	1382. 38	2686. 96	2422. 97	7784. 10	2030. 48	2243. 96	2223. 53	1947. 63	1505. 63
1274. 21	730. 85	1862. 92	1111. 96	7108. 12	1430. 55	1458. 08	1471. 92	1316. 88	1050. 44
342. 92	110. 25	860. 32	101. 26	6568. 63	364. 69	24. 53	66. 12	90. 53	577. 64
0. 01		0. 01		0. 07	0. 01				
220. 72		760. 56		6529. 98	318. 47				418. 08
	12. 63				7. 57				
0. 02	0. 03	0. 01	0. 01				0. 02	0. 01	0. 01
10. 09	10. 04	15. 34	9. 45	0. 80	0. 37		20. 93	25. 22	3. 32
0. 04	0. 03	0. 03	0. 03	0. 02	0. 01	0. 01	0. 01	0. 03	0. 04
91. 93	87. 58	84. 42	91. 81	32. 85	35. 71	24. 53	45. 18	65. 31	86. 39
20. 18				5. 01	2. 57				69. 85
34. 84	85. 90	93. 08	78. 81	15. 37	49. 68	143. 41	199. 99	257. 03	7. 31
2. 14	1. 35	12. 28	7. 38	0. 28	4. 60	15. 46	13. 53	67. 53	
13. 47	13. 69	44. 59	5. 84	6. 44	3. 37	67. 95	31. 96	75. 86	
0. 76	6. 84	2. 40	6. 28	2. 78	6. 99	8. 60	9. 13	2. 24	0. 19
6. 72	12. 81	8. 98	21. 13	0. 68	17. 48	18. 93	26. 26	12. 67	2. 83
10. 14	51. 15	21. 15	37. 11	2. 78	17. 14	31. 63	117. 10	95. 43	1. 30
1. 60	0. 06	3. 69	1. 07	2. 42	0. 09	0. 83	2. 00	3. 29	2. 98
606. 72	394. 61	690. 38	651. 80	332. 74	849. 47	976. 91	797. 48	651. 58	273. 46
103. 18	59. 09	119. 68	108. 31	55. 83	134. 19	169. 67	136. 90	105. 30	42. 99
580. 82	344. 47	685. 20	627. 01	332. 12	806. 35	974. 14	796. 44	649. 67	273. 46
3. 79	8. 47	0. 58	2. 47		4. 65				
24. 51	49. 60	3. 08	12. 15		24. 79				
1. 39	0. 54	2. 10	12. 64	0. 62	18. 33	2. 77	1. 04	1. 91	
289. 72	140. 10	219. 14	280. 09	191. 37	166. 71	313. 23	408. 34	317. 73	192. 03

5-6 续表 8 （2020 年）

指标名称	单位	郑州市	中原区	二七区	管城区	金水区	上街区	惠济区
交通工具零配件和维修	元	137.58	131.08	114.84	120.95	136.64	59.70	128.44
停车费	元	45.22	47.82	72.58	51.44	69.18	10.38	34.48
车辆使用税费(含过桥过路费)	元	49.12	41.42	34.24	78.67	79.14	26.68	63.41
其他	元	16.59	7.07	6.95	14.85	18.26	1.87	4.26
通信	元	793.40	882.00	596.50	961.68	1013.71	505.40	878.07
通信工具	元	267.93	228.59	180.77	416.93	336.60	150.70	192.76
电话机	部							0.02
金额	元	0.73				2.95		5.15
移动电话机	部	0.11	0.11	0.13	0.15	0.10	0.07	0.07
金额	元	253.49	216.56	176.07	401.20	318.44	137.49	166.34
其他通信工具及零配件	元	13.70	12.03	4.70	15.72	15.20	13.21	21.26
通信服务	元	525.47	653.42	415.73	544.76	677.11	354.70	685.32
固定电话费	元	9.36	6.19	20.66	0.84	11.24	16.06	5.42
移动电话费	元	459.99	571.97	338.19	467.24	602.30	327.85	553.23
上网费	元	48.53	64.25	53.92	62.63	53.18	5.10	117.84
邮费	元	3.64	3.08	1.24	8.24	5.68	3.29	2.84
其他通信服务费	元	3.95	7.92	1.71	5.81	4.71	2.41	5.98
教育文化娱乐	元	2347.32	2131.52	2117.15	4188.90	3154.45	1938.61	3311.58
教育	元	1695.12	1597.03	1525.06	3481.08	2019.40	909.75	2675.52
学前教育	元	397.35	383.30	516.57	921.88	345.97	206.31	117.06
教育用品	元	5.96	7.98	6.66	17.31	1.05	2.78	2.34
学杂费	元	160.87	194.51	317.01	209.87	140.73	109.73	27.09
培训费	元	110.47	102.35	107.14	138.09	176.67	69.62	72.26
赞助费	元	1.63		15.61				
一揽子教育服务(含食宿)	元	111.68	78.14	64.48	537.39	18.10	24.18	12.12
其他费用	元	6.75	0.31	5.66	19.22	9.42		3.25
小学教育	元	426.32	259.21	230.42	659.64	899.10	49.69	370.72
教育用品	元	21.88	2.64	25.99	43.77	12.70	8.28	98.04
学杂费	元	22.80		7.35	7.27	87.01	1.05	0.65
培训费	元	332.90	236.97	197.05	461.49	724.31	39.66	204.00
赞助费	元	10.44			118.17	13.36		
一揽子教育服务(含食宿)	元	21.34	15.92		2.01	10.81	0.65	2.84
其他费用	元	16.95	3.68	0.03	26.93	50.91	0.06	65.20

中牟县	巩义市	荥阳市	新密市	新郑市	登封市	经开区	高新区	郑东新区	航空港实验区
218.63	110.46	152.64	231.73	49.88	124.46	175.26	182.10	109.92	168.62
7.48	3.67	7.84	2.10	2.15	1.88	27.54	94.37	164.29	0.46
52.19	21.73	45.22	33.31	35.11	21.71	106.65	115.03	32.78	3.33
11.42	4.24	13.44	12.95	104.24	18.67	3.77	16.84	10.74	19.62
663.11	651.53	824.04	1311.01	675.97	599.93	785.88	751.61	630.75	455.20
280.75	265.64	279.05	680.29	174.43	106.43	269.77	254.70	170.78	134.46
0.31		0.30			0.50			0.39	
0.12	0.13	0.10	0.21	0.11	0.05	0.13	0.10	0.05	0.06
267.41	250.16	259.71	663.92	170.66	95.64	258.19	235.21	157.30	113.10
13.03	15.48	19.04	16.38	3.77	10.29	11.58	19.49	13.09	21.36
382.36	385.88	544.98	630.72	501.54	493.50	516.11	496.90	459.97	320.73
1.00	2.71	5.03	19.25	9.37	13.12	2.25	34.62	0.66	0.50
353.07	367.08	488.88	569.02	464.62	444.44	469.32	340.89	377.20	304.15
22.55	12.10	41.89	36.66	26.90	24.43	38.55	110.79	72.99	15.44
3.64	2.36	4.26	3.50	0.29	1.69	4.88	8.69	3.68	0.36
2.10	1.63	4.93	2.28	0.36	9.83	1.12	1.92	5.45	0.28
2236.79	1539.47	1678.05	2117.58	1337.44	1112.70	2910.55	2820.32	3032.31	871.48
1669.69	1282.33	1081.88	1753.21	1247.28	739.26	1886.07	1579.15	2117.26	730.97
285.76	146.73	149.87	412.00	141.73	262.83	345.17	225.65	984.17	299.95
4.72	1.72	4.81	3.06	24.26	5.86		7.35	3.25	5.24
214.04	76.46	98.69	134.59	45.87	18.42	227.23	124.43	132.77	276.55
49.37	7.09	23.83	86.42	12.91	151.83	4.62	93.00	382.02	4.08
				0.47					
17.62	61.00	17.65	181.84	9.18	83.07	113.32	0.87	466.13	14.08
	0.46	4.89	6.09	49.04	3.64				
357.44	226.77	198.72	579.49	954.45	71.35	241.40	232.66	254.89	233.66
31.30	23.81	14.96	44.89	25.82	4.81	26.16	16.08	9.89	14.93
49.33	12.09	9.56	36.03		0.22	0.17	13.20	13.91	6.89
267.17	166.49	144.79	296.25	926.58	52.16	212.60	203.37	210.90	145.32
		6.25				0.27			0.02
7.65	4.24	23.09	170.66	1.43	10.23			2	55.77
1.99	20.13	0.06	31.65	0.62	3.93	2.19		0.19	10.72

5-6 续表 9 （2020 年）

指标名称	单位	郑州市	中原区	二七区	管城区	金水区	上街区	惠济区
初中教育	元	258.93	406.99	58.00	517.05	391.40	181.49	1000.23
教育用品	元	19.58	14.96	19.09	41.25	20.31	42.46	28.14
学杂费	元	42.09	75.92		80.50	22.20	25.71	354.40
培训费	元	107.92	200.67	29.49	225.72	168.39	86.74	341.42
赞助费	元							
一揽子教育服务（含食宿）	元	62.20	27.59	9.42	139.23	113.97	21.15	250.43
其他费用	元	27.12	87.85		30.34	66.52	5.43	25.85
高中教育	元	260.33	24.79	440.42	804.93	255.78	124.67	547.12
教育用品	元	19.22	1.61	14.15	95.62	4.66	10.54	34.68
学杂费	元	17.62	6.61	3.56	77.96	2.66	23.47	3.28
培训费	元	83.04		277.77	61.42	89.83	22.12	181.91
一揽子教育服务（含食宿）	元	97.85	13.98	144.93	156.87	150.13	68.54	229.21
其他费用	元	7.73	2.58		41.87	8.32		9.83
中专职高教育	元	8.48	23.79			12.69		4.46
教育用品	元	0.51						
学杂费	元	0.74				0.30		
一揽子教育服务（含食宿）	元	3.25				12.39		
其他费用	元	0.19						4.46
大专及以上教育	元	261.10	470.93	188.97	335.93	85.23	315.31	433.19
教育用品	元	5.89	25.02	4.02	2.86	0.65	4.58	
学杂费	元	136.42	160.72	41.96	256.77	29.41	184.77	243.65
培训费	元	2.64		7.24	8.12	1.56		
一揽子教育服务（含食宿）	元	111.37	279.57	134.28	66.15	49.71	125.96	189.54
其他费用	元	4.77	5.63	1.47	2.03	3.90		
成人教育	元	82.61	28.03	90.68	241.64	29.23	32.27	202.73
教育用品	元	3.92		10.38	20.13	1.17		7.96
培训费	元	54.67	28.03	59.11	178.46	27.72	31.53	187.16
其他费用	元	24.03		21.19	43.06	0.34	0.75	7.61
文化娱乐	元	652.20	534.49	592.09	707.83	1135.05	1028.86	636.05
文娱耐用消费品	元	200.16	114.51	107.55	177.20	461.71	97.48	168.68
组合音响	台							
金额	元	0.05				0.29		
彩色电视机	台	0.01	0.03		0.01	0.02	0.06	0.02

中牟县	巩义市	荥阳市	新密市	新郑市	登封市	经开区	高新区	郑东新区	航空港实验区
206.47	83.16	262.64	223.73	36.43	71.98	181.91	61.11	289.83	102.48
24.20	17.47	14.44	18.04	6.86	14.63	9.04	25.12	16.18	17.01
59.40	7.28	53.74	50.97	17.61	6.20	0.35		56.43	13.65
47.03	13.24	127.56	88.01	7.75	6.58	145.52	1.01	156.41	
66.28	9.99	49.30	64.24	1.14	43.81	23.40	30.42	57.79	65.86
9.56	35.18	17.60	2.47	3.08	0.77	3.61	4.55	3.03	5.96
199.45	207.85	81.81	342.45	32.85	64.57	34.75	461.60	352.75	66.87
21.41	11.63	3.10	52.42	8.61	24.35	14.95	17.83	19.03	2.15
62.77	27.53		22.59	1.93			87.15	24.03	1.12
31.32	15.55		93.00	6.18	2.55	13.91	270.78	115.29	37.37
83.95	127.99	78.71	173.96	2.80	30.82	5.88	79.16	85.84	26.23
	19.21		0.49	13.29	6.85		6.70	7.26	
	5.97	8.94	19.75	0.80	2.02			5.85	19.98
	2.51	4.57	2.23						0.05
			10.45		1.19				
	3.37	3.59	6.90					5.85	
	0.09	0.78	0.17						
530.99	544.64	277.99	153.83	63.36	209.25	851.96	236.09	178.95	8.02
0.11	5.67	25.29	1.15		7.04		0.13	1.33	8.02
315.30	340.78	160.60	51.68	49.35	57.14	657.85	121.73	118.81	
1.34	6.57	0.73		0.41	4.95	9.22			
214.24	178.78	90.05	98.92	13.60	103.36	184.89	106.90	58.81	
	12.84	1.32	2.08		36.76		7.33		
89.58	67.21	101.90	21.95	17.67	57.26	230.87	362.04	50.82	
1.06	0.38	1.84		6.84			14.64	0.32	
81.76	36.40	93.34	15.08	9.23	36.45	209.49	12.65	35.19	
6.77	30.44	6.72	6.87	1.61	20.80	21.38	334.75	15.32	
567.10	257.14	596.17	364.37	90.16	373.43	1024.47	1241.17	915.05	140.51
203.81	41.78	67.36	19.07	22.78	119.29	704.57	692.25	105.64	42.76
0.02	0.01	0.01							

5-6 续表 10 （2020 年）

指标名称	单位	郑州市	中原区	二七区	管城区	金水区	上街区	惠济区
金额	元	21.68	42.81	23.86	18.62	30.49	58.08	46.78
照相机	台							0.01
金额	元	0.58						2.88
家用台式电脑	台							0.01
金额	元	8.01		19.27		8.12		15.77
家用笔记本电脑	台	0.01	0.01	0.01	0.02	0.01		0.01
金额	元	46.43	45.66	35.83	91.48	66.77	19.68	64.32
中高档乐器	元	52.48	0.73			280.85		0.79
健身器材	元	16.48		10.25	1.65			0.26
其他文娱耐用消费品	元	38.98	7.23	7.37	42.85	48.15	8.61	3.95
文娱耐用消费品的零配件及维修	元	14.78	17.67	10.97	22.60	27.04	11.12	12.81
其他文娱用品	元	198.22	149.35	170.12	200.07	295.59	160.79	309.38
书报杂志及音像制品	元	50.98	33.46	40.65	27.87	85.55	33.21	86.41
文具纸张	元	28.82	13.60	22.90	30.41	44.23	12.43	59.23
体育户外用品	元	1	11.00	5.20	18.28	11.37	17.75	25.99
游戏用品和玩具	元	60.66	57.04	32.57	91.54	87.51	41.09	48.80
园艺花卉及有关产品	元	18.30	15.27	15.30	14.23	27.15	27.24	17.43
宠物及有关产品	元	11.50	3.63	32.75	10.55	18.57	3.56	10.63
其他文娱用品及维修	元	17.95	15.35	20.76	7.18	21.21	25.52	60.89
文化娱乐服务	元	253.83	270.63	314.41	330.56	377.75	770.59	157.99
团体旅游	元	105.72	108.67	107.25	111.49	141.81	578.30	75.65
景点门票	元	50.45	67.78	35.05	118.40	81.44	21.42	38.68
体育健身活动	元	17.78	6.10	2.53	7.74	28.86	132.83	3.92
电影话剧演出票	元	11.25	11.03	4.82	14.03	23.82	0.87	10.07
有线电视费	元	22.30	32.36	86.75	16.23	30.90	12.92	6.60
其他文化娱乐服务	元	46.33	44.69	78.02	62.67	70.93	24.25	23.07
医疗保健	元	2097.36	2563.23	3186.09	1366.50	2212.42	4460.06	805.19
医疗器具及药品	元	600.23	668.98	643.59	385.95	774.03	1881.44	416.27
药品	元	454.65	429.01	546.64	258.51	599.71	1174.51	308.75
滋补保健品	元	83.81	194.12	51.39	81.15	67.13	343.65	68.87
医疗卫生器具	元	48.67	39.34	40.63	36.69	97.06	160.69	36.22
保健器具	元	13.09	6.51	4.93	9.61	10.13	202.59	2.44
医疗服务	元	1497.13	1894.25	2542.50	980.55	1438.39	2578.62	388.91
门诊医疗总费用	元	485.27	951.76	671.37	423.53	412.21	377.17	260.16
住院医疗总费用	元	1011.85	942.49	1871.13	557.02	1026.18	2201.45	128.75
其他用品和服务	元	545.88	396.42	363.37	386.75	578.72	441.91	357.87
其他用品	元	241.45	203.15	155.62	104.57	259.32	141.97	193.27
首饰及手表	元	149.58	154.64	16.46	28.25	171.64	70.47	63.70
其他杂项用品	元	91.87	48.52	139.16	76.32	87.68	71.50	129.57
其他服务	元	304.43	193.26	207.75	282.18	319.40	299.94	164.60
旅馆住宿费	元	43.75	67.40	39.60	51.95	60.98	99.14	36.07
美容美发洗浴	元	134.63	101.66	99.07	151.09	171.29	174.92	90.56
其他杂项服务	元	126.05	24.20	69.08	79.13	87.14	25.88	37.97

中牟县	巩义市	荥阳市	新密市	新郑市	登封市	经开区	高新区	郑东新区	航空港实验区
68.82	16.36	19.12	6.60	0.91	4.04	5.91		11.64	3.48
0.01									
13.07								0.42	
0.01									
81.29		13.94		13.19					
						0.01	0.06	0.02	0.01
3.56	13.04	17.44				17.39	266.78	61.20	29.03
	1.82		0.21		98.27			2.58	
0.10		0.26		0.04	0.54	0.20	386.78	6.40	0.16
18.34	2.94	5.46	4.18	7.53	4.93	677.51	11.42	8.90	5.09
18.64	7.62	11.15	8.09	1.10	11.50	3.56	27.27	14.51	5.01
178.32	126.90	192.04	165.93	41.69	136.58	236.21	244.46	388.55	67.30
41.55	21.55	28.20	24.60	12.25	25.32	76.73	44.58	171.98	8.72
37.55	28.50	31.34	29.29	8.63	19.91	34.84	23.68	30.06	24.53
7.45	13.77	7.82	13.80	3.51	5.46	7.64	7.88	8.46	3.35
53.19	28.72	68.24	67.10	15.28	55.47	62.90	77.17	109.12	23.48
20.79	11.96	18.09	12.48	0.37	12.82	15.55	23.01	48.86	3.19
6.69	0.63	21.37	6.44	0.90	4.78	8.72	30.59	2.07	
11.09	21.78	16.99	12.21	0.75	12.82	29.84	37.55	18.01	4.03
184.97	88.45	336.77	179.36	25.69	117.56	83.69	304.46	420.86	30.44
96.02	46.19	146.64	66.73	7.49	36.64		23.15	282.09	11.71
27.23	9.06	77.54	36.86	9.09	39.50	30.74	44.46	58.53	6.81
22.22	3.01	20.14	11.00		1.34	0.31	161.87	3.03	0.67
1.96	6.44	18.33	9.12	0.76	6.63	18.22	7.46	15.95	2.69
17.25	5.18	5.57	4.08	4.84	6.79	10.71	15.33	4.99	3.40
20.28	18.57	68.56	51.57	3.51	26.66	23.72	52.18	56.27	5.16
1079.71	1288.56	2045.97	1853.45	462.98	763.08	2438.92	1539.81	1926.32	4206.10
248.65	310.00	644.15	706.78	231.72	374.90	1327.53	517.64	554.79	469.56
141.56	251.17	365.75	591.38	188.84	256.99	1196.53	344.37	434.63	419.61
65.36	30.69	194.13	77.97	25.88	100.03	74.46	84.50	34.34	26.63
38.00	17.48	46.13	29.07	14.37	14.90	51.20	41.76	77.44	23.32
3.73	10.66	38.14	8.36	2.62	2.97	5.33	47.02	8.38	0.01
831.06	978.56	1401.82	1146.68	231.25	388.18	1111.39	1022.17	1371.53	3736.54
457.39	416.41	464.34	318.51	122.42	154.43	555.60	536.02	487.00	603.67
373.67	562.14	937.48	828.17	108.83	233.75	555.79	486.15	884.52	3132.87
352.09	401.44	564.09	573.55	1176.78	349.03	419.26	1237.63	580.01	767.75
181.62	177.17	185.80	325.46	1095.96	157.26	174.76	246.47	193.58	163.96
93.61	72.53	98.35	227.92	1086.31	120.90	64.92	81.81	56.07	71.86
88.01	104.64	87.44	97.54	9.66	36.37	109.84	164.66	137.51	92.10
170.47	224.27	378.29	248.10	80.82	191.76	244.50	991.16	386.43	603.79
7.22	9.87	93.54	11.41	4.97	4.49	62.74	57.09	82.51	3.60
137.26	86.17	212.59	204.47	70.61	18	158.10	81.37	171.99	57.67
25.98	128.24	72.17	32.22	5.24	7.28	23.66	852.70	131.93	542.53

5-7 城镇居民

（2020 年）

指　　标	单位	郑州市	中原区	二七区	管城区	金水区	上街区	惠济区
住户居住空间样式								
单栋楼房	%	11.4			1.3			
单栋平房	%	4.5						
四居室及以上单元房	%	5.9		15.9	8.0	5.4	15.2	7.6
三居室单元房	%	35.5	25.3	27.2	37.2	37.0	35.6	27.5
二居室单元房	%	35.3	65.1	56.8	43.1	40.9	39.9	64.9
一居室单元房	%	6.9	8.2		10.4	15.7	9.2	
筒子楼或连片平房	%	0.4	1.3			1.2		
其他	%							
主要建筑材料								
钢筋混凝土	%	68.7	64.4	55.5	91.7	88.8	98.6	41.4
砖混材料	%	31.2	35.6	44.5	8.3	11.2	1.4	58.6
砖瓦砖木	%							
其他	%							
现住房房屋来源								
租赁公房	%	2.0	2.6	0.9	7.6	1.2	1.5	
租赁私房	%	4.4	3.8	6.2	1.4	7.7	4.1	11.5
自建住房	%	17.3			12.3			
购买商品房	%	44.5	36.4	40.8	49.5	71.5	64.8	66.5
购买房改住房	%	13.2	44.4	32.0	13.3	8.8	24.7	16.8
购买保障性住房	%	3.9	3.8	8.6	2.9	2.2		
拆迁安置房	%	10.5	3.4	10.4	9.8		2.1	
继承或获赠住房	%	0.5	0.6		3.2			3.6
免费借用房	%	3.1	3.9	1.0		7.5		1.7
雇主提供免费住房	%	0.3	1.2			1.1		
其他来源	%	0.1					2.8	
现住房建筑面积	**平方米/人**	**35.5**	**27.6**	**35.3**	**33.1**	**30.3**	**36.6**	**30.4**

家庭现住房情况

中牟县	巩义市	荥阳市	新密市	新郑市	登封市	经开区	高新区	郑东新区	航空港实验区
23.0	28.1	22.1	1.3	28.4	58.8		4.0		72.4
	35.1	8.6	28.4	10.4	12.0				1.3
3.9	3.3	4.3	7.9		4.3	27.6			
60.9	30.7	56.8	56.8	52.2	22.9	51.2	36.1	53.3	
11.1	2.0	4.8	5.6	7.0	1.6	15.4	41.3	43.3	13.5
1.0	0.7	3.4				5.8	18.6	3.3	12.7
				2.1					
					0.4				
95.0	29.9	87.5	50.1	31.6	49.1	85.1	100.0	55.5	60.1
5.0	70.1	12.5	49.9	68.4	50.9	14.9		44.5	39.2
									0.7
1.0	0.7			2.1					11.7
2.0	1.3	6.1				2.9	7.9	5.9	
21.1	68.2	30.7	34.8	0.2	72.6				60.7
43.8	28.5	54.0	33.5		27.4	90.4	55.8	28.2	
	1.3		1.2						
4.1							36.3		
28.0		9.2	28.6			4.1		62.1	13.5
			1.9						
						2.6		3.8	14.0
60.9	44.7	57.6	36.1	23.3	52.3	34.3	31.3	29.4	31.1

5-8 城镇居民家庭

（2020 年）

指　　标	单位	郑州市	中原区	二七区	管城区	金水区	上街区	惠济区
家用汽车	辆	62	40	54	55	63	42	60
摩托车	辆	17		15	3		10	0
助力车	台	89	96	99	97	87	93	110
洗衣机	台	101	100	100	103	100	100	100
电冰箱(柜)	台	99	98	100	102	98	100	100
微波炉	台	58	70	69	70	59	50	75
彩色电视机	台	117	101	113	120	114	107	112
空调	台	213	167	210	245	221	205	253
热水器	台	107	99	103	102	102	103	102
洗碗机	台	7	1			3	3	2
排油烟机	台	83	96	95	98	97	97	100
固定电话	线	16	8	31	10	10	20	20
移动电话	部	261	214	238	228	231	210	253
#接入互联网	部	237	197	210	143	224	193	243
计算机	台	81	64	79	88	76	68	82
#接入互联网	台	65	61	71	60	67	68	55
照相机	台	17	23	26	20	26	13	18
中高档乐器	架	7	6	11	8	9	5	2
健身器材	台	9	8	8	8	11		8

注:航空港实验区样本包含集体宿舍。

每百户耐用消费品拥有量

中牟县	巩义市	荥阳市	新密市	新郑市	登封市	经开区	高新区	郑东新区	航空港实验区
80	54	69	53	50	84	95	72	65	68
9	40	3	41	27	76	8			18
116	34	150	51	104	74	35	98	105	60
113	103	104	103	103	103	103	103	102	66
114	99	110	99	97	101	108	97	98	64
64	37	54	46	63	66	70	50	53	32
126	121	139	119	130	123	123	117	112	94
257	241	250	216	193	251	251	205	75	164
114	104	104	96	104	99	103	110	172	96
4		4	1		3	5	5	78	2
107	74	80	81	66	79	100	97	17	36
3	4	3	16	7	10		8	77	34
294	293	299	311	269	319	261	234	242	248
294	286	293	286	216	259	261	164	242	244
57	77	89	74	44	74	50	93	227	54
57	76	87	60	43	69	50	83	80	52
13	6	13	3	6	9	10	25	62	2
4	1	6	9	1	11	3	13	18	0
17	6	9	4	11	4		13	23	6

5-9 城镇居民

（2020 年）

指标名称	郑州市	中原区	二七区	管城区	金水区	上街区	惠济区
粮食消费量	**125.02**	**115.06**	**148.25**	**89.94**	**112.80**	**95.13**	**167.20**
谷物消费量	**110.28**	**102.30**	**130.96**	**78.00**	**100.45**	**82.11**	**146.81**
小麦	80.27	69.94	95.95	54.22	68.19	60.21	106.24
稻谷	21.50	24.86	24.20	16.03	22.53	14.57	31.09
玉米	2.44	2.67	3.92	2.72	3.62	2.05	2.31
其他谷物	6.07	4.83	6.89	5.03	6.11	5.27	7.17
薯类消费量	**3.21**	**3.16**	**4.66**	**3.26**	**3.22**	**2.68**	**3.94**
红薯	1.13	1.00	1.76	1.02	1.03	1.11	1.66
马铃薯	1.57	1.76	2.24	1.91	1.70	1.17	1.89
其他薯类	0.51	0.40	0.66	0.32	0.48	0.39	0.40
豆类消费量	**11.52**	**9.60**	**12.63**	**8.69**	**9.13**	**10.35**	**16.45**
大豆	0.42	0.26	0.62	0.24	0.50	0.46	0.28
其他豆类	11.10	9.34	12.02	8.45	8.63	9.89	16.17
油脂类消费量	**8.21**	**6.90**	**8.86**	**5.78**	**8.61**	**4.78**	**4.83**
植物油	8.13	6.88	8.72	5.77	8.43	4.76	4.80
动物油	0.07	0.02	0.14	0.01	0.18	0.02	0.02
蔬菜及菜制品消费量	**108.54**	**128.19**	**145.48**	**96.25**	**104.56**	**98.43**	**136.62**
鲜菜	103.58	122.50	139.69	92.09	99.94	93.27	130.24
干菜及菜制品	1.30	0.81	1.45	1.15	1.17	1.28	1.03
鲜菌	3.38	4.60	4.10	2.87	3.13	3.72	4.97
干菌及菌制品	0.27	0.28	0.25	0.14	0.32	0.16	0.38
肉类	**19.96**	**19.99**	**25.25**	**20.12**	**19.77**	**17.98**	**19.92**
猪肉	11.41	11.35	15.01	11.71	10.17	12.19	11.07
牛肉	2.32	2.41	4.26	2.64	2.20	1.27	1.75
羊肉	1.82	2.47	2.28	1.59	1.65	1.02	2.43
其他肉类及制品	4.41	3.76	3.69	4.19	5.75	3.50	4.67
禽类	**8.08**	**10.01**	**9.66**	**8.61**	**9.43**	**6.63**	**9.66**
鸡	5.26	6.37	6.16	5.65	5.04	4.27	6.54

人均食品消费量

单位:公斤

中牟县	巩义市	荥阳市	新密市	新郑市	登封市	经开区	高新区	郑东新区	航空港实验区
98.71	**134.35**	**139.82**	**127.02**	**237.95**	**153.58**	**64.88**	**96.30**	**114.61**	**104.35**
88.22	**119.77**	**123.37**	**111.26**	**201.23**	**133.37**	**56.82**	**85.00**	**103.71**	**94.64**
66.95	94.37	92.68	84.68	148.92	103.38	37.02	58.08	69.60	78.88
14.42	18.06	21.07	17.66	38.77	19.63	16.76	17.06	27.20	12.21
2.19	1.13	1.76	1.96	2.12	2.23	1.29	2.60	2.29	0.24
4.67	6.20	7.85	6.96	11.43	8.13	1.76	7.26	4.63	3.32
2.43	**2.50**	**3.58**	**3.07**	**3.55**	**3.35**	**2.20**	**2.94**	**3.13**	**2.22**
0.72	0.66	1.33	1.18	1.34	1.32	0.28	1.26	1.07	1.09
1.35	1.47	1.88	1.32	0.39	1.59	1.66	1.43	1.56	0.71
0.36	0.37	0.38	0.57	1.82	0.44	0.27	0.25	0.50	0.41
8.05	**12.07**	**12.87**	**12.70**	**33.17**	**16.85**	**5.86**	**8.36**	**7.76**	**7.49**
0.17	0.21	0.32	0.58	1.09	0.76	0.27	0.45	0.15	0.25
7.89	11.87	12.55	12.12	32.08	16.09	5.59	7.91	7.62	7.23
6.73	**8.69**	**7.40**	**11.46**	**9.05**	**9.48**	**8.73**	**4.22**	**7.43**	**11.98**
6.68	8.69	7.40	11.36	9.05	9.48	8.72	4.21	7.40	11.77
0.06		0.01	0.10			0.02		0.03	0.21
92.69	**89.46**	**111.57**	**94.79**	**173.32**	**123.67**	**74.62**	**94.24**	**96.36**	**52.44**
89.67	85.29	105.96	91.83	160.69	118.24	72.64	89.27	91.52	50.03
0.85	1.02	1.35	0.78	4.81	1.15	0.60	1.56	1.76	0.68
2.01	2.90	4.04	1.77	7.57	3.63	1.27	3.22	2.97	1.47
0.16	0.25	0.21	0.41	0.25	0.66	0.11	0.18	0.11	0.26
18.17	**12.89**	**17.83**	**15.15**	**36.67**	**21.10**	**17.77**	**16.23**	**19.82**	**16.49**
12.89	7.11	11.37	8.81	21.50	12.01	7.70	8.92	10.76	10.53
0.61	1.11	1.25	0.77	4.95	2.40	4.31	2.00	2.31	1.18
1.16	0.89	1.11	1.12	2.26	3.01	2.84	2.34	1.97	0.78
3.51	3.77	4.10	4.45	7.96	3.67	2.92	2.97	4.78	3.99
8.44	**3.98**	**5.31**	**6.28**	**11.98**	**6.15**	**5.97**	**6.97**	**9.09**	**5.40**
6.00	3.02	3.45	4.17	10.71	4.16	4.19	4.12	5.51	3.92

5-9 续表 （2020 年）

指标名称	郑州市	中原区	二七区	管城区	金水区	上街区	惠济区
鸭	0.26	0.46	0.35	0.36	0.29	0.45	0.39
鹅	0.03						0.02
其他禽类及制品	2.54	3.17	3.15	2.60	4.10	1.90	2.71
水产品	**6.65**	**9.87**	**8.64**	**8.00**	**7.94**	**7.10**	**9.59**
鱼类	4.22	6.24	5.99	4.84	4.86	4.80	5.64
虾贝蟹类	1.35	2.31	1.59	2.13	1.81	1.49	1.79
藻类	0.30	0.28	0.38	0.18	0.39	0.24	0.66
其他	0.79	1.05	0.69	0.84	0.89	0.57	1.51
蛋类及蛋制品	**18.85**	**19.09**	**21.01**	**19.06**	**18.64**	**19.72**	**24.49**
鲜蛋	17.96	18.33	19.91	18.60	17.54	18.84	23.09
蛋制品	0.89	0.76	1.10	0.47	1.10	0.88	1.41
奶和奶制品	**23.37**	**21.70**	**28.11**	**23.28**	**38.75**	**28.39**	**28.74**
鲜奶	13.42	11.87	17.12	13.33	18.75	18.49	20.86
酸奶	8.51	8.48	9.37	8.75	18.20	8.78	5.67
奶粉	0.70	0.76	1.21	0.80	0.76	0.37	0.33
其他奶制品	0.75	0.59	0.40	0.40	1.03	0.75	1.87
干鲜瓜果类	**80.88**	**81.67**	**85.63**	**83.98**	**77.92**	**81.14**	**84.20**
鲜瓜果	73.56	76.35	76.81	77.96	71.68	73.90	76.95
瓜果制品	1.77	1.18	2.04	1.66	1.71	1.64	1.90
坚果类	5.55	4.13	6.79	4.36	4.53	5.60	5.34
糖果糕点类	**8.11**	**8.59**	**9.96**	**7.14**	**7.37**	**5.81**	**10.11**
食糖	1.49	0.73	1.70	0.60	1.05	0.45	2.58
糖果	0.72	0.68	0.71	0.66	0.87	0.45	0.97
糕点	5.41	6.82	6.99	5.51	5.15	4.46	6.18
其他糖果糕点	0.50	0.36	0.55	0.36	0.30	0.46	0.36
饮料	**0.17**	**0.12**	**0.18**	**0.16**	**0.31**	**0.16**	**0.11**
茶叶	0.17	0.12	0.18	0.16	0.31	0.16	0.11
烟叶消费量	**18.50**	**19.21**	**17.82**	**17.16**	**7.01**	**9.36**	**16.70**
酒	**4.85**	**5.35**	**4.76**	**5.03**	**4.62**	**5.38**	**5.62**
白酒	1.79	1.96	1.49	2.55	1.63	2.08	2.91
啤酒	2.90	3.25	3.17	2.30	2.78	3.26	2.57
果酒	0.17	0.14	0.10	0.19	0.21	0.04	0.14

中牟县	巩义市	荥阳市	新密市	新郑市	登封市	经开区	高新区	郑东新区	航空港实验区
0.12	0.08	0.04	0.04	0.39	0.11	0.29	0.27	0.39	0.05
0.06					0.01		0.07	0.29	0
2.26	0.88	1.82	2.07	0.88	1.87	1.49	2.52	2.90	1.43
5.13	2.59	4.70	3.66	8.11	3.32	4.77	6.55	7.05	3.97
3.08	**1.43**	**2.82**	**1.76**	**7.19**	**1.55**	**2.64**	**4.63**	**4.01**	**2.79**
1.09	0.18	0.83	0.84	0.55	0.94	1.12	0.98	1.35	0.72
0.14	0.25	0.64	0.30	0.21	0.35	0.14	0.22	0.15	0.21
0.81	0.73	0.42	0.76	0.17	0.49	0.86	0.72	1.54	0.24
16.15	16.42	20.57	16.60	24.19	19.61	18.17	16.04	20.77	12.86
15.78	**16.19**	**20.13**	**16.20**	**20.12**	**19.06**	**17.97**	**15.09**	**19.94**	**12.45**
0.37	0.23	0.44	0.39	4.06	0.54	0.19	0.96	0.82	0.41
13.35	**17.36**	**16.02**	**20.17**	**18.96**	**21.28**	**16.15**	**16.58**	**22.73**	**9.21**
8.05	11.71	8.82	12.55	13.55	13.21	9.10	10.46	13.63	4.59
4.59	5.04	6.46	6.60	4.07	6.08	6.03	4.81	7.31	2.64
0.45	0.49	0.40	0.44	0.20	0.85	0.85	0.57	1.05	0.43
0.27	0.11	0.35	0.58	1.13	1.14	0.18	0.75	0.74	1.55
85.46	**76.02**	**78.87**	**79.59**	**119.77**	**99.02**	**57.75**	**81.69**	**82.67**	**47.70**
77.24	69.24	71.54	71.34	112.36	87.83	53.60	69.66	75.65	40.69
2.76	1.54	2.04	1.37	0.45	1.61	1.45	6.19	1.86	0.90
5.46	5.24	5.30	6.88	6.97	9.58	2.70	5.85	5.16	6.11
6.59	**7.94**	**7.77**	**8.04**	**7.56**	**14.61**	**3.78**	**8.41**	**5.87**	**7.74**
0.96	1.32	0.60	1.73	5.11	1.98	0.34	0.93	0.87	3.27
0.68	0.38	1.05	0.94	0.46	1.17	0.37	0.73	0.65	0.36
4.25	5.41	5.61	4.84	1.75	10.29	2.76	5.48	4.06	3.66
0.70	0.83	0.52	0.53	0.24	1.18	0.31	1.27	0.28	0.45
0.05	**0.09**	**0.09**	**0.14**	**0.19**	**0.34**	**0.08**	**0.18**	**0.13**	**0.06**
0.05	0.09	0.09	0.14	0.19	0.34	0.08	0.18	0.13	0.06
14.42	**19.31**	**23.99**	**33.10**	**31.09**	**29.86**	**4.52**	**8.19**	**14.37**	**34.18**
4.19	**3.33**	**6.75**	**4.51**	**2.35**	**6.15**	**3.24**	**6.14**	**4.55**	**5.98**
1.18	0.98	3.01	1.67	1.30	1.90	0.43	1.23	1.21	3.16
2.98	2.00	3.57	2.62	1.04	3.95	2.79	4.83	2.97	2.82
0.03	0.36	0.17	0.22	0.01	0.30	0.03	0.08	0.37	0.01

5-10 城镇居民按五等份分组人均可支配收入

（2020 年） 单位：元

指　　标	城镇低收入户	城镇中低收入户	城镇中等收入户	城镇中高收入户	城镇高收入户
可支配收入	**18994.35**	**29170.73**	**39993.25**	**53551.48**	**91188.98**
工资性收入	13426.60	20531.43	26585.29	27360.18	57083.18
工资	12952.46	19548.28	25758.49	25460.09	53159.76
实物福利	17.33	58.06	78.19	62.29	241.82
其他	456.81	925.08	748.61	1837.80	3681.60
经营净收入	**909.11**	**1462.56**	**1182.86**	**7747.90**	**10400.42**
第一产业经营净收入	125.19	0.87	3.38	-0.18	356.78
第二产业经营净收入	9.57	132.23	39.50	1954.58	1083.83
第三产业经营净收入	774.34	1329.46	1139.98	5793.50	8959.81
财产净收入	**3518.46**	**5635.34**	**6612.45**	**7669.79**	**15256.03**
利息净收入	-142.22	-153.87	-301.85	-119.01	148.90
红利收入	10.77	224.63	256.29	206.90	639.72
储蓄性保险净收益			1.15	13.20	13.75
转让承包土地经营权租金净收入	111.33	30.87	70.20	19.43	14.12
出租房屋财产性收入	1279.55	2536.24	1694.78	1785.58	5955.86
出租机械专利版权等资产的收入					740.93
其他财产净收入	46.75	17.63	8.92	-9.35	-28.09
房屋虚拟租金	2212.29	2979.84	4882.97	5773.05	7770.83
转移净收入	1140.18	1541.40	5612.65	10773.62	8449.36
转移性收入	**1762.25**	**2764.18**	**7166.00**	**12786.33**	**12568.32**
养老金或离退休金	1194.94	2223.53	5988.61	11387.50	8906.81
社会救济和补助	68.35	32.18	24.43	21.27	6.24
政策性生活补贴	91.02	99.96	95.97	173.52	520.75
报销医疗费	57.33	162.31	264.06	464.17	1680.82
家庭外出从业人员寄回带回收入	26.75	73.15	242.20	341.39	11.61
从政府和组织得到的实物产品和服务折价	2.73	12.88	49.95	11.08	18.99
转移性支出	**622.07**	**1222.78**	**1553.35**	**2012.71**	**4118.97**
个人所得税	10.65	56.67	91.99	116.99	702.89
社会保障支出	539.84	1062.61	1363.84	1704.02	3088.74
外来从业人员寄给家人的支出	0.09	57.05	7.97	48.44	38.89
赡养支出	53.98	22.04	50.16	78.16	161.61
其他转移性支出	17.52	24.42	39.39	65.10	126.84

5-11 城镇居民按五等份分组人均消费支出

（2020 年）

单位：元

指 标	城镇低收入户	城镇中低收入户	城镇中等收入户	城镇中高收入户	城镇高收入户
消费支出	**14717.35**	**21997.91**	**24770.45**	**31857.79**	**41281.21**
食品烟酒	**4119.45**	**5261.26**	**6723.94**	**8298.91**	**8911.04**
食品	**3045.97**	**3707.84**	**4565.45**	**5478.80**	**5132.21**
谷物	421.26	467.62	536.25	629.30	833.54
薯类	67.81	70.52	86.34	93.95	77.29
豆类	58.37	63.12	75.55	92.00	66.61
食用油	107.68	107.38	154.86	159.00	160.93
蔬菜和食用菌	383.52	497.85	574.35	676.25	530.42
肉类	662.82	808.64	1029.37	1359.45	1135.19
禽类	130.55	181.69	229.26	259.09	224.43
水产品	93.84	129.11	205.84	258.09	239.83
蛋类	134.26	140.76	164.26	190.95	145.56
奶类	288.86	417.82	368.65	550.79	547.43
干鲜瓜果类	404.09	490.67	708.26	769.90	729.86
糖果糕点类	123.03	128.65	220.62	220.87	217.42
其他食品	169.88	204.00	211.84	219.16	223.69
烟酒	**293.57**	**442.40**	**543.82**	**730.76**	**1035.17**
烟草	195.28	304.59	329.67	297.68	496.44
酒类	98.29	137.81	214.15	433.07	538.73
饮料	**86.53**	**99.09**	**177.08**	**153.20**	**179.73**
饮食服务	693.38	1011.92	1437.59	1936.15	2563.93
食堂用餐	62.36	112.90	108.12	46.51	115.73
其他在外饮食	630.28	898.70	1329.17	1889.32	2440.28
食品加工服务费	0.74	0.32	0.31	0.31	7.92
衣着	**1096.43**	**1391.04**	**1750.14**	**2035.20**	**2411.61**
衣类	844.70	1074.35	1365.81	1596.57	1951.50
鞋类	251.73	316.69	384.32	438.62	460.11
居住	**4469.08**	**7199.34**	**8128.63**	**10128.15**	**13681.01**
租赁房房租	128.93	172.39	143.46	142.64	484.03
住房维修及管理	174.92	1516.82	236.54	562.03	776.77
水电燃料及其他	791.21	966.42	1194.36	1267.42	1479.23
自有住房折算租金	3374.02	4543.71	6554.27	8156.06	10940.99
租赁房房租中租赁公房房租	14.18	11.39	33.09	0.37	0.22
租赁房房租中租赁私房房租	114.76	161.00	110.37	142.27	483.80
住房维修及管理中物业管理费	73.72	90.06	145.88	257.04	539.79
生活用品及服务	**810.80**	**990.97**	**1568.99**	**1888.56**	**2672.11**

5-11　续表　　（2020 年）

指　　标	城镇低收入户	城镇中低收入户	城镇中等收入户	城镇中高收入户	城镇高收入户
家具及室内装饰品	45.71	97.94	120.90	328.17	269.97
家用器具	217.38	202.56	361.98	501.97	1003.21
家用纺织品	67.33	81.70	232.80	135.49	138.40
家庭日用杂品	215.67	270.16	347.73	375.95	479.32
个人用品	240.06	311.58	471.24	448.96	637.25
家庭服务	24.65	27.03	34.33	98.02	143.95
#家政服务	3.32	2.93	6.49	55.70	92.01
交通通信	**1385.09**	**3101.37**	**2434.62**	**3331.10**	**3581.88**
交通	**845.91**	**2398.43**	**1655.61**	**2274.74**	**2446.39**
交通工具	309.28	1489.91	484.99	974.13	77.90
交通费	48.75	122.54	129.97	142.12	483.26
交通工具用燃料	321.75	527.19	659.25	638.74	1031.40
交通工具使用及维修	166.13	258.80	381.38	519.75	853.83
#车辆保险支出	45.17	85.15	157.41	247.68	288.71
通信	**539.19**	**702.94**	**779.01**	**1056.36**	**1135.49**
通信工具	160.34	217.73	242.01	444.57	389.84
通信服务	378.85	485.21	537.00	611.79	745.65
教育文化娱乐	**1619.84**	**2219.60**	**2429.01**	**2888.73**	**3174.13**
教育	**1377.43**	**1867.88**	**1873.57**	**1784.01**	**1754.78**
学前教育	373.01	352.93	417.35	441.35	427.38
小学教育	228.57	604.16	378.69	689.30	248.29
初中教育	186.08	340.66	378.45	227.41	135.53
高中教育	174.46	336.80	341.45	130.79	321.62
中专职高教育	4.14	18.23	2.26	2.02	15.95
大专及以上教育	363.24	167.21	288.11	226.85	380.03
成人教育	47.94	47.88	67.26	66.29	225.98
文化娱乐	**242.41**	**351.72**	**555.44**	**1104.72**	**1419.35**
文娱耐用消费品	73.37	68.36	70.37	435.12	501.76
其他文娱用品	106.93	147.70	217.15	262.18	322.29
文化娱乐服务	62.12	135.66	267.92	407.42	595.30
医疗保健	**915.70**	**1206.85**	**1330.08**	**2779.49**	**5741.06**
医疗器具及药品	309.20	413.38	465.24	899.34	1260.72
医疗服务	606.50	793.47	864.84	1880.15	4480.34
门诊总费用	253.15	343.77	353.78	731.80	957.16
住院总费用	353.34	449.69	511.06	1148.35	3523.18
其他用品和服务	**300.97**	**627.49**	**405.05**	**507.65**	**1108.36**
其他用品	89.77	394.65	173.40	194.93	434.70
其他服务	211.20	232.84	231.65	312.72	673.66

5-12 农村居民家庭基本情况

（2020 年）

指　　标	单位	郑州市	中原区	二七区	管城区	金水区	上街区	惠济区	中牟县
调查户数	户	790	30	40	30	30	20	30	80
期内住户常住成员数	人	3287	110	177	140	131	62	122	354
劳动力人数	人	2268	85	130	93	88	43	85	217
6 周岁及以上住户成员受教育程度	人	2268	85	130	93	88	43	85	217
未上过学	人	41	2	3	2	1		1	6
小学	人	298	8	4	6	12	8	13	36
初中	人	1099	30	54	46	26	22	32	118
高中	人	528	28	46	21	13	6	21	35
大学专科	人	236	12	19	18	33	5	12	15
大学本科	人	60	4	3		3	2	6	6
研究生	人	6	1	1					1
从事主要行业	人	1674	36	87	72	64	27	64	198
第一产业	人	408		12	2	2	1	3	82
第二产业	人	439	6	11	15	11	12	6	46
第三产业	人	828	30	64	55	51	14	55	71
可支配收入	元/人	**24782.90**	**26458.99**	**27777.76**	**29880.17**	**29719.66**	**25296.01**	**29004.25**	**22332.36**
总收入	元/人	**30144.74**	**27537.97**	**29261.94**	**30863.44**	**30128.89**	**25883.16**	**31994.25**	**29460.90**
总支出	元/人	**25706.09**	**23732.44**	**24214.58**	**29186.82**	**26065.74**	**19372.58**	**32120.73**	**27787.41**
消费支出	元/人	**17515.71**	**21860.85**	**22198.11**	**25228.40**	**23382.64**	**16928.46**	**23621.75**	**13891.72**
年末人均居住面积	**平方米/人**	**72.05**	**35.23**	**118.62**	**196.25**	**38.31**	**43.16**	**172.12**	**63.60**

5-12　续表

指　　标	单位	巩义市	荥阳市	新密市	新郑市	登封市	经开区	高新区	郑东新区	航空港实验区
调查户数	户	80	80	80	80	80	30	30	30	40
期内住户常住成员数	人	334	275	308	342	361	157	116	138	162
劳动力人数	人	247	201	225	252	233	101	77	80	111
6 周岁及以上住户成员受教育程度	人	247	201	225	252	233	101	77	80	111
未上过学	人	7	2	3	3	4	1		2	4
小学	人	39	16	39	35	33	19	8	8	14
初中	人	118	108	113	127	120	50	28	33	74
高中	人	54	59	52	52	56	17	31	26	11
大学专科	人	24	10	13	25	18	14	6	6	6
大学本科	人	5	5	5	10	2		3	5	1
研究生	人		1					1		1
从事主要行业	人	169	166	157	205	178	60	48	59	84
第一产业	人	20	54	19	72	77			37	27
第二产业	人	96	43	53	51	30	7	16	4	32
第三产业	人	53	69	85	82	71	53	32	18	25
可支配收入	元/人	**26605.30**	**23634.45**	**23623.35**	**24818.93**	**21328.65**	**27683.32**	**26246.97**	**28587.76**	**24709.94**
总收入	元/人	**29552.25**	**26366.56**	**26438.29**	**31235.11**	**31367.25**	**28676.58**	**26441.89**	**43219.89**	**27221.89**
总支出	元/人	**15564.21**	**19285.15**	**24389.58**	**32374.79**	**26362.99**	**39051.97**	**20811.63**	**36832.11**	**25668.74**
消费支出	元/人	**11380.81**	**14021.69**	**16977.25**	**23472.30**	**15177.09**	**34202.11**	**19317.79**	**16717.13**	**20654.54**
年末人均居住面积	**平方米/人**	**39.02**	**81.43**	**57.95**	**54.73**	**95.70**	**111.88**	**32.53**	**97.78**	**35.17**

5-13 农村居民

（2020 年）

指　　标	郑州市	中原区	二七区	管城区	金水区	上街区	惠济区
可支配收入	**24782.90**	**26458.99**	**27777.76**	**29880.17**	**29719.66**	**25296.01**	**29004.25**
工资性收入	**15502.98**	**12977.44**	**19380.89**	**23724.58**	**23146.10**	**12358.15**	**18421.07**
工资	14953.74	12813.58	19372.60	23345.02	22929.41	12109.44	17983.47
实物福利	47.46	22.32	2.95	41.36	0.10	3.79	102.58
其他	501.78	141.53	5.34	338.19	216.59	244.92	335.01
经营净收入	**5758.82**	**436.12**	**6663.57**	**-87.36**	**5.52**	**2242.17**	**3730.46**
第一产业经营净收入	3000.27		-8.42	-45.72	-0.04	-0.19	27.00
第二产业经营净收入	246.32		4839.91	11.41	5.75		111.09
第三产业经营净收入	2512.23	436.12	1832.08	-53.05	-0.19	2242.36	3592.38
财产净收入	**1423.62**	**4822.05**	**1628.57**	**6439.75**	**4861.94**	**5090.06**	**6228.53**
利息净收入	-14.42	789.87	-8.71	-28.52			-1604.07
红利收入	330.64	848.11		1980.65	3250.19	4063.84	96.00
储蓄性保险净收益	0.19						
转让承包土地经营权租金净收入	273.76			5.93	13.38	900.02	134.49
出租房屋财产性收入	822.36	3184.07	1645.32	4463.43	1597.51	126.20	7731.76
出租机械专利版权等资产的收入	4.54			18.26			
其他财产净收入	6.55		-8.04		0.86		-129.64
转移净收入	**2097.48**	**8223.37**	**104.72**	**-196.79**	**1706.10**	**5605.62**	**624.19**
转移性收入	2522.76	9241.57	351.62	653.47	2114.66	6142.57	1726.52
养老金或离退休金	997.21	6613.96	143.25	310.18	8.07	5548.80	556.75
社会救济和补助	48.33		23.82				147.08
政策性生活补贴	393.54	2310.95	0.47		2103.01	17.63	24.26
报销医疗费	296.75	46.91	2.56	278.63	3.39	215.76	553.84
家庭外出从业人员寄回带回收入	383.04		93.03		0.15		271.10
赡养收入	267.98	256.43	4.35	54.20		303.98	102.54
其他经常转移收入	45.19						
从政府和组织得到的实物产品和服务折价	6.64	13.33	1.13	10.46	0.03	38.97	57.75
现金政策性惠农补贴	84.08		83.01			17.43	13.20
转移性支出	**425.28**	**1018.20**	**246.90**	**850.27**	**408.55**	**536.95**	**1102.33**
个人所得税	14.98		41.71		244.87		
社会保障支出	368.87	1013.15	142.58	780.10	150.45	527.26	1012.10
赡养支出	25.50			38.17	0.23	9.32	37.22
其他转移性支出	15.93	5.05	62.62	32.00	13.00	0.37	53.02

人均可支配收入

单位:元

中牟县	巩义市	荥阳市	新密市	新郑市	登封市	经开区	高新区	郑东新区	航空港实验区
22332.36	**26605.30**	**23634.45**	**23623.35**	**24818.93**	**21328.65**	**27683.32**	**26246.97**	**28587.76**	**24709.94**
11540.35	**15284.58**	**11861.22**	**16168.76**	**16762.45**	**13797.35**	**17877.13**	**17224.26**	**13036.33**	**21701.86**
11451.48	15126.07	11609.78	15949.53	16137.88	12887.15	17874.73	17173.02	12939.32	18267.19
16.38	16.56	162.41	153.81	14.10	0.06	0.04	32.17	8.60	22.98
72.48	141.95	89.03	65.42	610.46	910.15	2.36	19.07	88.41	3411.69
9423.24	**9245.26**	**6951.83**	**3476.96**	**4823.68**	**5055.71**	**256.41**	**−0.61**	**13255.92**	**1796.06**
6665.85	4188.88	4823.67	468.60	253.71	1404.13	3.13	0.08	12777.92	1090.18
	2445.03	110.91	141.22	−2360.68	−0.12				
2757.39	2611.35	2017.25	2867.13	6930.65	3651.70	253.27	−0.69	477.99	705.87
276.28	**58.22**	**970.97**	**533.50**	**1813.58**	**577.91**	**9299.25**	**8097.21**	**325.43**	**91.86**
48.71	52.20	3.17	−35.13	−5.81	−0.19	311.51			0.37
		14.60	18.87			1885.48	6084.79		
									2.51
67.67	7.69	816.36	286.92	390.31	577.49	202.57		325.43	40.71
149.57		96.13	227.88	1375.47		6899.69	2012.42		48.26
		31.21	7.13						
10.33	−1.67	9.50	27.82	53.61	0.61				
1092.49	**2017.23**	**3850.42**	**3444.13**	**1419.21**	**1897.68**	**250.53**	**926.11**	**1970.09**	**1120.17**
1427.27	2425.11	4273.89	3872.47	1631.73	2325.24	292.26	1120.34	2106.09	1901.88
271.36	657.56	1227.93	1661.26	823.77	1843.54	44.27		367.09	134.89
82.91	47.10	126.95	19.12	15.28	11.10		71.29	135.04	
172.21	149.37	346.01	49.13	420.21	1.57	3.15	972.20		1694.66
224.08	105.78	524.42	339.74	17.47	175.24	191.43	24.87	1398.82	71.39
163.05	1177.20	799.85	930.97	89.43	77.20		47.24		
42.26	221.32	1040.31	753.01	231.84	32.98	18.28	2.50	12.77	
353.44		39.31	41.48		2.89		2.25	24.51	
19.87	1.44	11.77	2.01	0.24	1.09	0.47		6.22	0.53
98.09	65.34	157.33	75.75	33.50	179.63	34.67		161.64	0.41
334.78	**407.87**	**423.47**	**428.34**	**212.52**	**427.56**	**41.73**	**194.23**	**136.00**	**781.71**
1.03	11.37			5.34	9.85	34.92	12.59		9.35
306.73	346.06	385.24	284.15	189.27	413.11	6.50	163.20	110.13	772.36
22.17	28.00	21.69	125.90	4.00			9.82		
4.85	22.44	16.54	18.29	13.91	4.59	0.31	8.63	25.87	

5-14 农村居民

（2020 年）

指　　标	郑州市	中原区	二七区	管城区	金水区	上街区	惠济区
总收入	**30144.74**	**27537.97**	**29261.94**	**30863.44**	**30128.89**	**25883.16**	**31994.25**
工资性收入	**15653.14**	**12977.44**	**19380.89**	**23724.58**	**23146.10**	**12358.15**	**18421.07**
工资	15098.57	12813.58	19372.60	23345.02	22929.41	12109.44	17983.47
实物福利	47.92	22.32	2.95	41.36	0.10	3.79	102.58
其他	506.64	141.53	5.34	338.19	216.59	244.92	335.01
经营性收入	**10442.44**	**496.91**	**7884.11**	**11.41**	**6.19**	**2292.72**	**3863.52**
第一产业经营收入	5789.74		6.15		0.44		125.51
第二产业经营收入	575.40		5927.64	11.41	5.75		111.09
第三产业经营收入	4077.31	496.91	1950.32			2292.72	3626.93
财产性收入	**1501.93**	**4822.05**	**1645.32**	**6473.98**	**4861.95**	**5090.06**	**7983.14**
利息收入	45.40	789.87		5.70			2.85
红利收入	333.84	848.11		1980.65	3250.19	4063.84	96.00
储蓄性保险净收益	0.19						
转让承包土地经营权租金净收入	276.41			5.93	13.38	900.02	134.49
出租房屋财产性净收入	830.33	3184.07	1645.32	4463.43	1597.51	126.20	7731.76
出租机械专利版权等资产的净收入	4.59			18.26			
其他财产净收入	11.17				0.86		18.05
转移性收入	**2547.23**	**9241.57**	**351.62**	**653.47**	**2114.66**	**6142.22**	**1726.52**
养老金或离退休金	1006.87	6613.96	143.25	310.18	8.07	5548.80	556.75
社会救济和补助	48.80		23.82				147.08
政策性生活补贴	397.35	2310.95	0.47		2103.01	17.63	24.26
家庭外出从业人员寄回带回收入	386.75		93.03		0.15		271.10
赡养收入	270.57	256.43	4.35	54.20		303.98	102.54
报销医疗费	299.62	46.91	2.56	278.63	3.39	215.76	553.84
从政府和组织得到的实物产品和服务折价	6.74	13.33	1.13	10.46	0.03	38.62	57.75
现金政策性惠农补贴	84.90		83.01			17.43	13.20
其他转移性收入	45.63						

人均总收入

单位:元

中牟县	巩义市	荥阳市	新密市	新郑市	登封市	经开区	高新区	郑东新区	航空港实验区
29460.90	**29552.25**	**26366.56**	**26438.29**	**31235.11**	**31367.25**	**28676.58**	**26441.89**	**43219.89**	**27221.89**
11540.35	**15284.58**	**11861.22**	**16168.76**	**16762.45**	**13797.35**	**17877.13**	**17224.26**	**13036.33**	**21701.86**
11451.48	15126.07	11609.78	15949.53	16137.88	12887.15	17874.73	17173.02	12939.32	18267.19
16.38	16.56	162.41	153.81	14.10	0.06	0.04	32.17	8.60	22.98
72.48	141.95	89.03	65.42	610.46	910.15	2.36	19.07	88.41	3411.69
16213.20	**11782.38**	**9214.28**	**5803.80**	**11011.32**	**14666.56**	**1206.24**	**0.08**	**27752.05**	**3520.71**
12267.85	6541.11	6413.20	1204.21	309.95	5685.76	7.91	0.08	26443.76	1520.33
	2490.37	140.16	171.73	564.44					
3945.35	2750.90	2660.92	4427.86	10136.93	8980.81	1198.33		1308.29	2000.38
279.71	**60.18**	**1017.17**	**593.24**	**1829.61**	**578.10**	**9300.96**	**8097.21**	**325.43**	**97.44**
52.13	52.49	49.03	24.62	10.21		313.22			5.95
		14.60	18.87			1885.48	6084.79		
									2.51
67.67	7.69	816.36	286.92	390.31	577.49	202.57		325.43	40.71
149.57		96.13	227.88	1375.47		6899.69	2012.42		48.26
		31.21	7.13						
10.33		9.83	27.82	53.61	0.61				
1427.64	**2425.11**	**4273.89**	**3872.47**	**1631.73**	**2325.24**	**292.26**	**1120.34**	**2106.09**	**1901.88**
271.36	657.56	1227.93	1661.26	823.77	1843.54	44.27		367.09	134.89
82.91	47.10	126.95	19.12	15.28	11.10		71.29	135.04	
172.21	149.37	346.01	49.13	420.21	1.57	3.15	972.20		1694.66
163.05	1177.20	799.85	930.97	89.43	77.20		47.24		
42.26	221.32	1040.31	753.01	231.84	32.98	18.28	2.50	12.77	
224.08	105.78	524.42	339.74	17.47	175.24	191.43	24.87	1398.82	71.39
20.24	1.44	11.77	2.01	0.24	1.09	0.47		6.22	0.53
98.09	65.34	157.33	75.75	33.50	179.63	34.67		161.64	0.41
353.44		39.31	41.48		2.89		2.25	24.51	

5-15 农村居民

（2020 年）

指　　标	郑州市	中原区	二七区	管城区	金水区	上街区	惠济区
总支出	**25706.09**	**23732.44**	**24214.58**	**29186.82**	**26065.74**	**19372.58**	**32120.73**
消费支出	**17515.71**	**21860.85**	**22198.11**	**25228.40**	**23382.64**	**16928.46**	**23621.75**
生产经营费用支出	**4212.23**		**14.57**	**98.77**	**0.67**	**50.56**	**94.47**
第一产业经营费用支出	2685.35		14.57	45.72	0.48	0.19	94.47
第二产业经营费用支出	290.49						
第三产业经营费用支出	1236.39			53.05	0.19	50.36	
财产性支出	**64.52**		**16.75**	**34.23**			**1754.61**
生活贷款利息支出	59.97		8.71	34.23			1606.92
转移性支出	**429.40**	**1018.20**	**246.90**	**850.27**	**408.55**	**536.95**	**1102.33**
个人所得税	15.12		41.71		244.87		
社会保障支出	372.44	1013.15	142.58	780.10	150.45	527.26	1012.10
赡养支出	25.75			38.17	0.23	9.32	37.22
其他转移性支出	16.08	5.05	62.62	32.00	13.00	0.37	53.02
部分商业保险支出	**128.41**	**14.46**	**369.75**	**609.84**	**3.09**	**44.99**	**237.90**
意外伤害保险	9.28		6.40		0.16	31.22	56.00
商业医疗保险（含大病保险）	102.69	5.07	287.28	609.84	2.93	13.77	116.77
其他非储蓄性商业保险	6.64	9.38					65.13
其他储蓄性商业保险	9.80		76.07				
购置资产及非经常性转移支出	**2379.23**	**595.93**	**1216.59**	**1010.99**	**1339.10**	**1811.62**	**4856.57**
购置资产支出	865.76		3.43	0.72	4.10		815.49
非经常性转移支出	1513.46	595.93	1213.16	1010.27	1335.00	1811.62	4041.08
借贷性支出	**976.58**	**243.00**	**151.91**	**1354.32**	**931.69**		**453.10**

人均总支出

单位：元

中牟县	巩义市	荥阳市	新密市	新郑市	登封市	经开区	高新区	郑东新区	航空港实验区
27787.41	**15564.21**	**19285.15**	**24389.58**	**32374.79**	**26362.99**	**39051.97**	**20811.63**	**36832.11**	**25668.74**
13891.72	**11380.81**	**14021.69**	**16977.25**	**23472.30**	**15177.09**	**34202.11**	**19317.79**	**16717.13**	**20654.54**
6324.96	**2253.52**	**2008.83**	**2098.91**	**6041.84**	**8006.27**	**946.12**	**0.69**	**14220.44**	**1606.03**
5348.82	2151.51	1462.35	728.06	56.24	4268.32	4.77		13544.56	430.15
	12.98	29.25	25.69	2925.12					
976.14	89.04	517.23	1345.17	3060.48	3737.95	941.35	0.69	675.88	1175.88
3.43	**1.96**	**46.20**	**59.74**	**16.02**	**0.19**	**1.71**			**5.58**
3.43	0.29	45.87	59.74	16.02	0.19	1.71			5.58
334.78	**407.87**	**423.47**	**428.34**	**212.52**	**427.56**	**41.73**	**194.23**	**136.00**	**781.71**
1.03	11.37			5.34	9.85	34.92	12.59		9.35
306.73	346.06	385.24	284.15	189.27	413.11	6.50	163.20	110.13	772.36
22.17	28.00	21.69	125.90	4.00			9.82		
4.85	22.44	16.54	18.29	13.91	4.59	0.31	8.63	25.87	
528.27	**86.43**	**144.34**	**90.52**	**1.06**	**31.13**	**0.38**	**97.26**	**6.96**	**3.40**
35.08	8.50	2.92	17.08	0.11		0.12		6.96	
435.19	70.09	119.13	70.33	0.47	13.09		69.42		
		22.29		0.47	18.04	0.26	0.87		
58.00	7.83		3.10				26.97		3.40
5795.07	**978.69**	**1970.32**	**3641.47**	**2167.56**	**1288.45**	**1274.94**	**1201.66**	**2279.09**	**2617.48**
3233.74	382.03	254.94	1714.84	1420.00	790.06	3.97		168.11	0.60
2561.33	596.66	1715.38	1926.63	747.56	498.40	1270.97	1201.66	2110.98	2616.88
909.18	**454.93**	**670.30**	**1093.34**	**463.48**	**1432.31**	**2584.99**		**3472.49**	

5-16 农村居民

（2020 年）

指　　标	郑州市	中原区	二七区	管城区	金水区	上街区	惠济区
消费支出	**17515.71**	**21860.85**	**22198.11**	**25228.40**	**23382.64**	**16928.46**	**23621.75**
食品烟酒	**4217.33**	**4232.50**	**4431.98**	**4118.08**	**3014.51**	**4701.49**	**5941.11**
食品	2954.10	3029.08	2649.07	3009.18	2171.62	3645.55	3600.62
谷物	679.29	313.45	308.63	420.30	149.18	542.70	520.91
薯类	68.50	72.13	59.01	73.91	40.98	57.92	57.83
豆类	65.42	43.53	41.08	39.99	11.69	88.11	43.74
食用油	113.75	96.15	73.35	110.81	50.07	156.06	84.19
蔬菜和食用菌	315.07	412.80	307.93	280.79	153.83	455.86	478.48
肉类	573.36	900.92	689.69	790.40	513.17	690.64	830.76
禽类	96.07	146.94	72.87	143.30	179.83	72.62	205.84
水产品	77.49	179.50	89.36	125.34	175.63	94.66	105.75
蛋类	117.26	116.16	102.72	123.93	104.37	145.62	123.37
奶类	223.88	154.41	235.05	230.46	207.86	669.06	319.05
干鲜瓜果类	352.80	391.71	423.09	421.37	286.31	399.87	519.88
糖果糕点类	114.31	98.15	130.69	97.76	208.24	85.76	139.59
其他食品	156.92	103.23	115.58	150.81	90.46	186.67	171.23
烟酒	424.98	394.60	712.29	388.46	168.58	405.88	789.42
烟草	318.78	260.92	444.21	284.43	53.76	300.42	553.96
酒类	106.20	133.68	268.08	104.03	114.83	105.46	235.46
饮料	98.74	90.78	108.44	97.70	132.43	65.12	139.86
饮食服务	739.51	718.04	962.18	622.74	541.88	584.94	1411.22
食堂用餐	98.53	64.41	53.95	28.38	2.24	5.07	125.78
其他在外饮食	637.18	653.63	908.23	593.75	539.34	579.62	1285.26
食品加工服务费	3.80			0.61	0.30	0.24	0.18

人均消费支出

单位:元

中牟县	巩义市	荥阳市	新密市	新郑市	登封市	经开区	高新区	郑东新区	航空港实验区
13891.72	**11380.81**	**14021.69**	**16977.25**	**23472.30**	**15177.09**	**34202.11**	**19317.79**	**16717.13**	**20654.54**
3530.69	**3258.12**	**4091.06**	**4912.12**	**3718.43**	**4030.91**	**4226.54**	**6584.12**	**4436.56**	**5927.14**
2126.34	2293.10	2760.60	3222.78	2910.89	2972.69	2545.78	4996.37	2864.28	4966.68
357.15	368.64	532.85	518.26	422.05	616.90	240.98	405.18	526.97	3513.67
54.46	50.36	88.61	103.32	76.92	82.26	38.77	103.88	47.84	38.75
20.58	63.53	79.12	103.35	55.94	142.95	21.87	53.43	31.88	35.82
86.40	92.23	128.99	153.02	81.75	236.16	4.77	112.30	80.65	56.82
195.57	246.94	361.33	386.90	400.72	381.49	264.12	573.24	266.95	188.84
476.74	432.61	504.32	698.68	541.54	506.76	705.60	1394.82	650.35	410.28
120.61	65.75	83.22	94.70	87.24	58.17	151.81	144.20	137.54	38.23
60.41	121.40	92.46	49.82	47.05	42.87	24.79	221.94	66.12	23.14
103.56	97.24	150.03	151.00	125.10	121.53	80.95	158.25	110.87	62.53
195.11	242.65	162.25	173.84	393.61	130.28	136.31	521.55	333.27	135.09
246.97	289.56	334.68	456.91	419.81	309.09	671.96	844.41	331.96	216.44
109.20	110.49	107.63	137.12	115.19	89.25	107.87	146.68	137.91	59.02
99.58	111.70	135.11	195.86	143.97	254.98	96.00	316.47	141.97	188.04
495.43	275.62	437.79	460.99	294.75	340.32	789.62	681.69	494.19	539.73
313.04	237.09	365.27	370.67	229.79	278.54	656.77	474.31	346.51	411.85
182.39	38.53	72.51	90.31	64.96	61.78	132.85	207.38	147.68	127.88
71.62	96.12	53.85	122.01	57.21	132.87	125.25	90.38	150.57	69.91
837.31	593.28	838.83	1106.34	455.58	585.03	765.90	815.67	927.53	350.83
38.70	92.84	199.87	110.55	9	107.66	336.38	60.68	177.76	1.38
791.34	497.07	634.27	986.88	365.17	471.96	429.51	754.99	747.50	346.88
7.27	3.38	4.69	8.91	0.42	5.41			2.27	2.57

5-16 续表1 （2020年）

指 标	郑州市	中原区	二七区	管城区	金水区	上街区	惠济区
衣着	**1099.29**	**860.11**	**1326.48**	**1403.83**	**1060.89**	**1197.11**	**1566.78**
衣类	854.45	701.69	1063.24	1026.02	820.39	908.46	1218.60
鞋类	244.84	158.41	263.24	377.81	240.51	288.66	348.18
居住	**5016.50**	**10174.60**	**10729.07**	**9924.33**	**11520.72**	**5782.55**	**9264.60**
租赁房房租	117.45		134.06	34.23	400.85		434.45
住房维修及管理	976.95	77.18	151.88	3353.27	1823.85	353.84	115.98
水电燃料及其他	898.68	772.43	871.15	1062.67	883.92	939.63	1425.92
自有住房折算租金	3023.41	9324.99	9571.98	5474.16	8412.10	4489.07	7288.24
#租赁房房租中租赁公房房租	5.83			5.70	19.41		31.01
租赁房房租中租赁私房房租	111.63		134.06	28.52	381.44		403.44
住房维修及管理中物业管理费	34.65	69.46	20.47	37.06	114.92	351.90	28.54
生活用品及服务	**1064.51**	**629.49**	**1299.25**	**3092.41**	**1706.95**	**833.59**	**1259.41**
家具及室内装饰品	124.62	19.12	70.44	1172.39	172.75	11.61	49.88
家用器具	344.62	170.21	582.97	759.51	988.69	125.23	413.68
家用纺织品	82.35	30.21	82.73	310.82	45.61	64.33	117.96
家庭日用杂品	286.19	163.60	252.53	335.37	311.37	258.78	392.50
个人用品	184.80	208.25	228.90	484.63	176.06	360.13	216.91
家庭服务	41.94	38.10	81.69	29.69	12.46	13.51	68.50
#家政服务	4.08	1.90	32.91	2.28	0.28	9.09	4.06
交通通信	**2748.23**	**1888.56**	**1883.27**	**2328.78**	**2204.53**	**2090.28**	**2508.02**
交通	2079.47	1173.58	1441.64	1623.99	1610.03	1469.04	1730.49
交通工具	1114.91	103.86	172.48	115.41	156.84	65.85	197.55
交通费	71.83	94.25	25.76	15.35	12.65	22.37	41.55
交通工具用燃料	575.70	493.71	909.71	917.21	861.77	830.39	792.55
交通工具使用及维修	317.03	481.75	333.68	576.03	578.77	550.43	698.84

单位:元

中牟县	巩义市	荥阳市	新密市	新郑市	登封市	经开区	高新区	郑东新区	航空港实验区
1078.93	**992.20**	**925.86**	**1444.60**	**961.52**	**755.98**	**1064.24**	**1675.97**	**958.67**	**1506.53**
858.43	767.99	695.67	1069.97	752.50	525.66	803.18	1453.72	754.62	1334.99
220.49	224.20	230.19	374.63	209.02	230.31	261.05	222.25	204.06	171.54
2658.86	**2008.56**	**3255.25**	**3049.05**	**7369.68**	**6323.42**	**4589.98**	**6183.02**	**3630.51**	**4142.18**
40.43	46.72	19.11	247.83	14.62	310.53	0.30	84.85		34.57
317.26	190.35	167.41	359.61	5084.46	274.81	300.48	56.72	64.92	2076.00
504.45	416.82	838.37	867.79	598.18	1535.79	1349.52	498.33	1380.99	959.26
1796.72	1354.68	2230.36	1573.82	1672.43	4202.29	2939.68	5543.13	2184.61	1072.34
22.44			15.27	0.11	0.37				
17.99	46.72	19.11	232.57	14.50	310.16	0.30	84.85		34.57
48.45	12.73	39.18	22.23	20.41	70.44	2.68	11.18	1.28	6.10
732.78	**975.37**	**787.11**	**1272.31**	**1024.87**	**786.03**	**2141.97**	**1039.67**	**634.98**	**1421.40**
74.08	183.47	102.75	159.97	69.89	10.96	62.68	143.78	50.20	98.37
194.48	281.94	241.56	342.75	253.60	277.95	1023.10	317.67	208.44	528.54
51.23	100.18	86.42	115.11	97.71	55.06	29.19	62.71	30.10	70.11
159.52	207.61	193.18	325.47	417.54	268.82	339.12	270.03	146.08	637.52
192.21	178.00	144.71	289.43	153.24	100.17	529.37	232.10	141.30	79.73
61.26	24.16	18.50	39.59	32.89	73.08	158.51	13.38	58.85	7.13
19.50	4.93	1.11	0.82	0.21	0.08		0.95	1.11	
2578.65	**1677.84**	**2231.00**	**2490.27**	**6398.76**	**1290.52**	**16412.19**	**1290.95**	**2213.61**	**3265.92**
2024.17	1181.22	1545.48	1561.36	5760.16	404.19	16160.63	1008.88	1772.21	2479.49
1116.30	464.22	692.79	468.32	4763.48	14.33	12811.91	18.18	675.32	1568.08
35.24	111.09	21.72	108.77	24.27	47.53	9.97	28.49	6.13	330.81
512.50	411.04	550.14	677.01	618.38	284.66	2451.85	709.73	713.29	265.07
360.12	194.87	280.83	307.26	354.03	57.67	886.90	252.49	377.46	315.53

5-16 续表 2 （2020 年）

指　　标	郑州市	中原区	二七区	管城区	金水区	上街区	惠济区
#车辆保险支出	111.62	207.24	90.64	243.65	342.56	88.72	274.92
通信	668.76	714.99	441.64	704.78	594.49	621.24	777.53
通信工具	210.45	284.40	69.06	312.96	21.23	191.97	230.24
通信服务	458.31	430.58	372.58	391.82	573.26	429.27	547.29
教育文化娱乐	**1284.39**	**2750.83**	**877.96**	**2034.31**	**2393.86**	**976.17**	**1394.18**
教育	999.70	1891.73	604.14	1623.48	1823.55	665.82	791.03
学前教育	216.97	528.38	92.99	299.72	1381.26	94.66	319.54
小学教育	186.87	346.16	377.18	163.60	265.02	107.99	159.76
初中教育	135.06	671.44	50.30	181.53	3.23	86.42	77.24
高中教育	144.87	130.58	19.26	822.92	16.47		41.49
中专职高教育	17.06			113.62			42.28
大专及以上教育	245.74	192.67	13.67	36.38	5.10	372.88	73.65
成人教育	53.13	22.51	50.74	5.70	152.47	3.87	77.08
文化娱乐	284.69	859.10	273.82	410.83	570.32	310.36	603.15
文娱耐用消费品	69.00	448.38	54.06	174.91	11.26	7.89	141.35
其他文娱用品	112.19	145.60	142.90	120.61	133.31	115.04	174.51
文化娱乐服务	103.50	265.11	76.86	115.31	425.74	187.43	287.28
医疗保健	**1664.20**	**1095.89**	**1126.06**	**1962.42**	**1288.66**	**1009.00**	**1200.86**
医疗器具及药品	351.70	291.61	270.55	398.18	408.26	374.43	297.40
医疗服务	1312.50	804.27	855.52	1564.24	880.40	634.57	903.46
门诊总费用	388.47	137.22	355.03	410.91	849.31	200.50	316.21
住院总费用	924.03	667.05	500.49	1153.34	31.09	434.07	587.26
其他用品和服务	**421.27**	**228.88**	**524.04**	**364.25**	**192.50**	**338.27**	**486.79**
其他用品	213.85	115.30	171.33	87.74	61.05	21.86	200.35
其他服务	207.42	113.58	352.71	276.51	131.45	316.41	286.44

单位:元

中牟县	巩义市	荥阳市	新密市	新郑市	登封市	经开区	高新区	郑东新区	航空港实验区
121.44	55.93	83.58	101.50	229.37	4.13	149.05	46.48	105.24	35.85
554.48	496.62	685.52	928.90	638.59	886.33	251.57	282.07	441.41	786.43
214.89	176.43	198.17	331.20	221.49	264.50	26.30	52.38	60.07	285.37
339.59	320.19	487.36	597.70	417.10	621.83	225.27	229.68	381.34	501.07
1549.50	**1210.20**	**1243.52**	**1346.20**	**865.74**	**617.13**	**1845.01**	**1113.78**	**995.80**	**1715.70**
1282.08	993.16	991.36	1091.66	595.85	490.24	1192.01	964.61	680.70	1494.81
108.51	214.92	164.91	93.36	325.84	23.95	599.65	316.92	127.42	111.35
321.35	92.93	107.91	227.59	64.16	38.42	164.20	159.93	260.62	403.05
183.73	77.11	193.28	157.83	117.86	101.13	150.34	374.49	87.82	58.25
237.38	139.24	143.08	104.29	54.52	39.32	53.69	53.23	77.51	421.29
5.36	48.39	2.84	17.87	1.30	4.52			5.56	35.98
384.23	381.81	319.67	446.76	12.07	213.43	221.07	60.04	55.56	374.69
41.53	38.75	59.66	43.96	20.10	69.48	3.05		66.20	90.21
267.42	217.05	252.17	254.53	269.89	126.89	653.01	149.17	315.10	220.89
118.72	33.08	124.01	30.83	38.08	11.82	30.44	40.68	83.45	25.94
88.01	128.24	96.45	127.05	120.29	75.92	94.68	48.89	160.74	66.03
60.69	55.73	31.70	96.66	111.52	39.15	527.88	59.60	70.91	128.92
1345.41	**1122.16**	**1186.50**	**2063.45**	**2997.93**	**867.09**	**2274.64**	**1220.55**	**3661.70**	**1112.68**
119.60	235.66	422.78	812.28	330.48	254.15	1199.91	205.41	232.91	223.82
1225.82	886.50	763.72	1251.18	2667.45	612.94	1074.73	1015.14	3428.79	888.85
557.89	402.93	232.74	470.73	519.37	29.84	597.08	444.26	648.62	219.15
667.93	483.57	530.98	780.44	2148.08	583.10	477.65	570.89	2780.17	669.70
416.90	**136.36**	**301.38**	**399.26**	**135.37**	**506.00**	**1647.53**	**209.73**	**185.28**	**1562.98**
281.37	39.43	124.62	178.50	59.83	434.56	1320.46	85.70	85.68	594.88
135.53	96.93	176.76	220.75	75.54	71.44	327.07	124.04	99.60	968.11

5-17 农村居民人均

（2020 年）

指标名称	单位	郑州市	中原区	二七区	管城区	金水区	上街区	惠济区
购买生活消费品	元	**13678.03**	**12292.96**	**12537.79**	**19458.77**	**14627.84**	**12308.26**	**15891.78**
食品烟酒	元	**3844.09**	**4198.93**	**4428.41**	**4066.26**	**3014.38**	**4661.35**	**5777.23**
食品	元	**2613.50**	**2995.52**	**2648.36**	**2957.36**	**2171.49**	**3605.42**	**3446.26**
谷物	元	385.92	297.52	308.63	373.87	149.18	521.79	474.00
小麦	公斤	1.00	0.01	0.01	0.09	0.93		3.19
金额	元	2.44	0.08	0.01	0.52	1.32		7.67
面粉	公斤	17.90	11.86	15.20	12.32	5.19	19.76	14.62
金额	元	58.71	45.09	55.07	46.35	23.43	79.07	50.29
稻谷		0.04			0.29			
金额	元	0.14		0.01	0.66			
大米	公斤	11.99	13.69	9.67	16.28	10.08	9.31	8.56
金额	元	68.71	94.84	58.48	112.21	46.74	63.80	40.58
玉米	公斤	1.95	1.29	1.45	1.56	1.32	0.88	1.61
金额	元	5.95	5.46	6.30	5.18	4.81	3.47	5.60
小米	公斤	2.59	0.51	1.81	1.75	0.76	4.67	2.35
金额	元	25.75	5.73	16.72	17.59	9.75	53.64	25.09
其他谷物	公斤	0.47	0.09	0.13	0.24	0.64	0.81	0.29
金额	元	3.89	1.10	1.22	2.29	7.74	6.60	1.57
面粉制品	公斤	41.61	23.58	35.26	34.88	11.62	38.67	102.64
金额	元	204.26	122.10	153.56	176.60	47.50	262.17	320.88
其他谷物制品	公斤	2.00	1.86	1.62	1.14	0.53	5.01	4.49
金额	元	16.08	23.12	17.26	12.48	7.88	53.03	22.31
薯类	**公斤**	**13.54**	**14.70**	**10.66**	**14.41**	**7.58**	**11.05**	**13.17**
金额	元	63.85	72.13	59.01	73.91	40.98	57.92	57.83
红薯	公斤	4.37	4.96	3.26	5.45	3.10	4.72	5.70
金额	元	12.73	19.89	13.56	18.43	10.14	15.72	18.10
马铃薯	公斤	6.95	8.21	5.22	7.28	3.21	5.20	5.30
金额	元	24.75	32.56	22.07	27.09	15.60	20.81	18.33
其他薯类及制品	公斤	2.22	1.54	2.18	1.68	1.27	1.13	2.17
金额	元	26.36	19.69	23.37	28.39	15.24	21.39	21.40
豆类	**公斤**	**13.89**	**7.65**	**7.56**	**6.88**	**1.95**	**14.76**	**8.88**
金额	元	65.33	43.53	41.08	39.99	11.69	88.11	43.74
大豆	公斤	0.32	0.20	0.06	0.33	0.44	0.24	0.67

购买生活消费品

中牟县	巩义市	荥阳市	新密市	新郑市	登封市	经开区	高新区	郑东新区	航空港实验区
11806.38	**9920.78**	**11368.44**	**15050.42**	**21537.66**	**10936.06**	**31112.87**	**13696.01**	**14218.81**	**11717.78**
3371.60	**3208.97**	**3755.38**	**4662.93**	**3686.90**	**3996.31**	**4226.51**	**6551.94**	**4229.69**	**2498.71**
1967.73	**2243.99**	**2543.39**	**3064.72**	**2880.84**	**2938.09**	**2545.75**	**4964.19**	**2657.40**	**1656.67**
305.52	339.63	466.83	416.45	418.78	601.75	240.97	391.98	335.74	226.84
4.11	0.11	2.43		0.50	0.02	0.16		0.71	1.32
9.38	0.43	6.47	0.02	1.16	0.06	4.35		1.71	2.94
20.30	19.92	16.71	12.16	24.12	30.71	3.28	12.35	14.02	13.54
69.88	61.50	56.56	40.22	71.46	101.33	13.14	47.13	43.80	41.74
				0.06	0.13				0.13
				0.25	0.64				0.31
5.86	8.05	12.06	12.59	11.97	23.54	6.11	6.76	14.83	6.35
30.09	44.04	62.81	72.86	64.45	159.31	39.95	50.51	66.99	27.84
0.71	2.00	1.85	1.03	1.20	4.64	1.22	3.40	0.77	3.81
2.63	5.70	5.46	3.41	4.66	11.70	7.56	11.91	2.44	11.12
0.36	3.23	2.72	3.10	2.78	7.17	0.20	1.23	0.80	0.41
3.37	30.86	27.78	31.65	24.95	71.63	2.14	11.68	8.59	3.84
0.04	0.07	0.30	0.60	0.35	1.96	0.02	0.19	0.12	0.14
0.34	0.77	2.57	5.54	1.89	16.30	0.27	1.87	0.66	0.55
35.00	36.73	58.17	39.47	51.96	48.45	23.89	47.71	26.80	35.86
182.41	177.43	288.62	238.17	229.86	225.70	167.48	237.90	200.02	132.07
0.76	2.04	2.09	3.41	2.24	2.58	0.53	2.25	1.05	1.24
7.42	18.89	16.57	24.58	20.10	15.08	6.07	30.98	11.54	6.43
7.62	**10.23**	**18.27**	**19.45**	**17.23**	**13.60**	**8.90**	**22.17**	**13.11**	**9.13**
34.29	46.71	74.77	103.32	68.85	81.99	38.77	103.88	47.84	38.75
1.69	1.79	7.93	7.87	6.28	3.37	1.98	10.84	1.42	3.04
4.26	5.30	20.07	23.37	18.00	9.14	6.45	42.58	4.35	6.69
4.36	6.80	7.91	8.12	8.24	7.27	6.79	9.66	10.26	3.88
13.38	21.36	25.55	33.53	24.60	32.22	30.45	37.83	31.27	12.00
1.57	1.64	2.43	3.46	2.72	2.96	0.13	1.67	1.43	2.21
16.65	20.04	29.16	46.43	26.25	40.63	1.87	23.46	12.22	20.07
4.28	**12.38**	**13.79**	**16.87**	**10.58**	**41.33**	**3.87**	**9.44**	**5.89**	**9.07**
20.58	63.53	78.35	103.35	55.94	142.90	21.87	53.43	31.88	35.82
0.05	0.16	0.19	0.33	0.38	0.87	0.02	0.25	0.10	0.29

5-17 续表 1 （2020 年）

指标名称	单位	郑州市	中原区	二七区	管城区	金水区	上街区	惠济区
金额	元	1.95	1.71	0.39	2.96	2.34	1.69	4.60
其他豆类及制品	公斤	13.57	7.45	7.51	6.56	1.51	14.52	8.22
金额	元	63.38	41.82	40.69	37.03	9.35	86.42	39.14
食用油	**公斤**	**8.36**	**6.38**	**4.35**	**8.44**	**2.70**	**8.54**	**5.45**
金额	元	101.04	84.53	73.35	107.58	50.07	139.26	61.34
食用植物油	公斤	8.35	6.37	4.33	8.44	2.70	8.54	5.44
金额	元	100.83	84.34	72.97	107.58	50.01	139.26	61.11
食用动物油	公斤	0.01	0.01	0.01				0.01
金额	元	0.22	0.18	0.38		0.06		0.24
蔬菜和食用菌	公斤	75.41	86.45	62.62	55.00	26.34	104.76	94.02
金额	元	299.70	412.80	307.32	280.56	153.83	455.86	470.16
鲜菜	公斤	72.45	81.59	59.79	51.94	24.86	101.07	88.97
金额	元	259.13	353.70	275.76	244.08	135.28	384.57	421.77
干菜及菜制品	公斤	1.00	0.99	0.72	0.56	0.29	0.85	3.23
金额	元	16.49	13.21	7.98	7.58	3.05	15.93	25.45
鲜菌	公斤	1.78	3.69	2.04	2.31	1.05	2.63	1.75
金额	元	17.60	38.88	20.63	22.82	13.62	40.49	20.49
干菌及制品	公斤	0.19	0.18	0.07	0.19	0.14	0.22	0.07
金额	元	6.48	7.02	2.96	6.08	1.87	14.88	2.45
肉类	**公斤**	**12.46**	**18.46**	**14.71**	**17.10**	**11.20**	**12.49**	**19.11**
金额	元	570.16	900.92	689.69	789.39	513.17	690.64	774.98
猪肉	公斤	8.25	12.16	10.06	12.12	5.96	8.29	9.89
金额	元	363.28	544.11	431.37	584.25	254.79	421.50	439.81
牛肉	公斤	0.87	1.71	1.54	0.92	1.10	0.58	1.18
金额	元	56.26	114.76	91.41	58.17	60.84	37.47	52.57
羊肉	公斤	0.66	1.88	1.00	0.99	1.65	2.00	0.54
金额	元	38.61	113.41	60.82	55.60	97.19	147.67	35.87
其他肉类及制品	公斤	2.68	2.72	2.12	3.07	2.49	1.62	7.49
金额	元	112.00	128.64	106.09	91.37	100.36	84.00	246.72
禽类	**公斤**	**4.94**	**5.79**	**3.58**	**6.96**	**6.59**	**3.22**	**14.18**
金额	元	95.42	146.94	72.87	143.30	179.83	72.62	205.84
鸡	公斤	3.48	4.10	2.38	5.65	4.43	2.10	5.90
金额	元	60.81	91.47	43.55	101.51	92.27	44.05	100.82
鸭	公斤	0.08	0.18	0.06	0.15	0.08		0.21

中牟县	巩义市	荥阳市	新密市	新郑市	登封市	经开区	高新区	郑东新区	航空港实验区
0.34	1.17	1.18	1.99	2.52	4.85	0.08	1.98	0.71	1.63
4.23	12.22	13.60	16.54	10.20	40.46	3.86	9.19	5.79	8.77
20.25	62.36	77.16	101.36	53.42	138.04	21.78	51.45	31.17	34.19
4.65	**7.68**	**8.20**	**11.09**	**7.05**	**19.06**	**0.40**	**7.82**	**5.58**	**4.63**
48.35	86.10	94.96	148.44	75.33	226.97	4.76	102.50	71.91	50.10
4.65	7.64	8.19	11.07	7.05	19.06	0.40	7.82	5.58	4.62
48.23	85.58	94.75	147.90	75.33	226.89	4.76	102.50	71.91	49.87
0.01	0.05	0.01	0.03		0.01				0.01
0.12	0.52	0.21	0.54		0.08				0.23
44.71	71.07	80.45	82.24	112.66	95.77	56.27	125.03	55.88	62.33
167.75	243.25	295.85	351.50	399.61	378.28	264.12	573.24	262.07	188.76
43.49	68.01	78.13	79.72	109.35	91.30	54.50	115.11	52.05	61.34
152.18	202.70	265.82	306.24	354.70	318.04	238.85	491.25	195.47	175.13
0.42	1.14	0.66	0.74	1.49	1.42	0.39	0.85	1.75	0.20
5.68	15.55	8.35	14.92	22.92	28.43	10.30	10.78	41.82	3.81
0.72	1.79	1.51	1.55	1.63	2.55	1.26	9.04	2.00	0.65
7.13	16.63	15.71	16.67	16.01	25.42	11.92	69.73	21.29	2.46
0.08	0.13	0.14	0.22	0.19	0.50	0.12	0.04	0.08	0.14
2.76	8.37	5.98	13.68	5.98	6.39	3.06	1.48	3.49	7.37
11.38	**9.68**	**10.26**	**13.85**	**12.95**	**10.18**	**13.19**	**26.06**	**14.38**	**11.30**
468.25	431.65	502.66	698.68	540.69	506.76	705.60	1394.12	649.70	405.19
8.56	5.84	7.46	8.98	8.74	6.21	9.08	15.63	9.36	8.86
343.08	251.25	359.29	432.93	376.37	276.39	416.15	789.83	396.68	326.33
0.30	0.56	0.29	0.47	0.63	1.69	0.61	5.81	0.98	0.81
17.07	37.54	20.77	33.79	41.57	128.48	44.17	344.49	51.97	41.85
0.35	0.58	0.31	0.61	0.27	0.67	0.11	1.19	0.77	0.96
22.01	37.65	22.04	40.98	14.65	42.19	5.85	78.05	48.02	17.91
2.16	2.70	2.19	3.79	3.31	1.61	3.38	3.43	3.27	0.66
86.08	105.21	100.56	190.97	108.10	59.70	239.43	181.75	153.04	19.10
7.15	**3.21**	**3.82**	**4.24**	**5.61**	**2.86**	**5.74**	**6.55**	**7.14**	**2.72**
119.47	65.75	83.22	94.03	86.08	55.68	151.81	144.20	137.16	38.23
6.15	2.32	2.63	2.45	3.74	2.49	3.82	4.06	5.32	2.05
91.09	41.40	47.29	43.64	58.37	49.10	83.92	95.81	92.51	30.02
0.05	0.04	0.03	0.01	0.11	0.03	0.29	0.81	0.05	0.18

5-17 续表 2 （2020 年）

指标名称	单位	郑州市	中原区	二七区	管城区	金水区	上街区	惠济区
金额	元	1.12	3.16	0.33	2.96	3.13	0.17	5.41
鹅	公斤	0.05		0.01	0.01	0.01		0.01
金额	元	1.17	0.28	0.13	0.14	0.35		0.18
其他禽类及制品	公斤	1.33	1.50	1.13	1.15	2.08	1.11	8.06
金额	元	32.32	52.01	28.87	38.69	84.07	28.39	99.42
水产品	**公斤**	**5.52**	**7.04**	**4.38**	**5.50**	**5.90**	**3.43**	**4.49**
金额	元	77.38	179.50	89.36	125.34	175.61	94.66	105.75
鱼类	公斤	4.44	4.85	2.69	3.01	3.71	2.03	2.86
金额	元	47.85	95.34	51.13	54.46	72.97	42.01	52.05
虾类	公斤	0.38	0.84	1.13	1.42	1.40	0.42	0.67
金额	元	17.19	45.67	28.03	52.38	84.05	30.87	31.07
蟹类	公斤	0.03	0.03		0.01	0.12	0.03	0.06
金额	元	1.58	2.89		1.00	8.16	2.07	5.30
贝类	公斤	0.05	0.21	0.02	0.30	0.24	0.06	0.30
金额	元	0.67	2.26	0.53	3.75	2.16	1.21	6.31
藻类	公斤	0.23	0.15	0.23	0.17		0.44	0.28
金额	元	2.73	1.78	4.15	1.41	0.05	4.36	2.62
其他水产品及制品	公斤	0.40	0.97	0.31	0.58	0.43	0.44	0.32
金额	元	7.35	31.57	5.51	12.34	8.20	14.14	8.40
蛋类	**公斤**	**16.15**	**14.50**	**12.18**	**15.71**	**12.42**	**16.86**	**15.00**
金额	元	114.81	116.16	102.72	123.93	104.37	145.62	123.37
鲜蛋	公斤	15.75	14.22	11.97	15.14	12.02	16.50	13.75
金额	元	110.77	113.19	100.70	116.94	102.08	139.45	110.10
蛋制品	公斤	0.40	0.28	0.22	0.57	0.40	0.35	1.25
金额	元	4.04	2.97	2.02	7.00	2.29	6.17	13.27
奶类	**公斤**	**13.01**	**14.42**	**14.40**	**14.45**	**34.98**	**17.99**	**28.31**
金额	元	223.88	154.41	235.05	230.46	207.86	669.06	319.05
鲜奶	公斤	7.28	9.86	8.75	8.70	25.17	7.09	16.78
金额	元	78.75	102.65	95.41	83.87	117.63	61.53	87.95
酸奶	公斤	4.65	4.31	5.10	5.16	9.22	4.63	7.85
金额	元	51.59	35.40	61.17	57.02	42.43	67.28	73.15
奶粉	公斤	0.46	0.07	0.30	0.39	0.10	1.29	1.11
金额	元	82.33	10.66	68.52	86.71	16.17	409.32	108.48
其他奶制品	公斤	0.62	0.18	0.25	0.21	0.49	4.98	2.56

中牟县	巩义市	荥阳市	新密市	新郑市	登封市	经开区	高新区	郑东新区	航空港实验区
0.86	0.55	0.48	0.06	0.80	0.78	4.59	2.06	0.65	2.06
0.05		0.02						0.50	
0.86		0.44			0.04	0.03		12.48	
0.89	0.85	1.14	1.78	1.75	0.34	1.62	1.67	1.27	0.49
26.66	23.79	35.01	50.32	26.91	5.76	63.27	46.33	31.52	6.16
3.55	**20.39**	**4.44**	**2.60**	**2.54**	**2.73**	**2.31**	**8.31**	**2.37**	**1.68**
59.74	121.19	92.46	49.82	46.94	42.87	24.79	221.94	66.12	23.14
3.01	19.67	3.61	1.80	1.37	1.85	0.84	5.00	0.97	1.08
42.96	106.58	73.43	28.61	23.47	29.90	10.67	100.23	12.59	14.12
0.18	0.16	0.24	0.19	0.30	0.05	0.17	1.91	0.62	0.20
8.55	5.06	9.53	8.81	12.60	2.25	7.73	91.66	34.93	5.23
0.12		0.01	0.01				0.11	0.06	
4.80		0.28	0.45	0.09	0.14	0.12	10.33	3.01	0.67
0.02	0.02	0.01	0.01	0.05	0.03	0.01	0.05	0.03	0.01
0.17	0.30	0.29	0.22	0.20	0.41	0.08	0.41	0.19	0.47
0.05	0.18	0.39	0.18	0.32	0.45	0.20	0.51	0.05	0.15
0.41	2.35	5.03	2.37	3.42	6.15	1.25	6.06	0.53	0.82
0.17	0.37	0.18	0.41	0.50	0.35	1.09	0.73	0.65	0.25
2.85	6.89	3.90	9.36	7.16	4.01	4.93	13.24	14.87	1.83
14.26	**12.76**	**20.04**	**19.03**	**17.19**	**14.00**	**10.08**	**91.95**	**14.89**	**9.18**
102.28	93.73	148.45	141.25	124.65	117.49	80.95	158.25	110.87	62.53
13.99	12.63	19.69	18.60	16.48	13.78	8.66	91.37	14.28	8.97
99.36	92.73	143.98	136.23	118.42	115.59	68.21	154.91	103.37	61.12
0.27	0.13	0.35	0.43	0.72	0.21	1.43	0.58	0.61	0.22
2.92	1.00	4.47	5.02	6.23	1.90	12.73	3.34	7.50	1.41
6.86	**11.92**	**9.84**	**10.66**	**22.96**	**8.03**	**5.10**	**19.57**	**11.16**	**9.71**
195.11	242.65	162.25	173.84	393.61	130.28	136.31	521.55	333.27	135.09
4.12	7.74	7.07	6.38	7.95	4.94	0.39	12.62	4.43	4.06
60.53	69.02	84.76	93.00	71.79	66.92	8.12	308.23	80.84	44.04
2.18	3.45	2.30	3.58	13.57	2.04	4.47	6.43	5.15	2.99
34.91	39.29	29.71	49.23	112.76	20.35	106.28	118.14	102.46	19.25
0.44	0.57	0.28	0.18	1.30	0.16	0.08	0.32	0.81	0.23
97.78	131.71	44.19	22.22	204.66	23.66	16.99	92.20	134.98	53.58
0.10	0.17	0.18	0.52	0.14	0.89	0.16	0.21	0.77	2.44

5-17 续表3 (2020 年)

指标名称	单位	郑州市	中原区	二七区	管城区	金水区	上街区	惠济区
金额	元	11.21	5.70	9.95	2.86	31.63	130.92	49.47
干鲜瓜果类	**公斤**	**64.75**	**52.66**	**47.90**	**64.72**	**33.64**	**50.77**	**73.52**
金额	元	348.38	391.45	423.09	420.44	286.29	398.15	516.57
鲜瓜果	公斤	60.05	48.48	43.86	60.16	31.46	45.84	68.77
金额	元	278.87	321.47	344.05	344.37	252.73	288.97	434.35
瓜果制品	公斤	1.23	1.42	0.87	1.85	0.81	1.07	1.98
金额	元	17.79	23.35	20.04	29.34	7.32	17.68	31.82
坚果类	公斤	3.48	2.76	3.17	2.71	1.37	3.86	2.76
金额	元	51.72	46.63	59.00	46.74	26.24	91.50	50.40
糖果糕点类	**公斤**	**6.69**	**4.84**	**6.47**	**4.90**	**7.39**	**3.98**	**9.26**
金额	元	112.48	95.01	130.60	97.76	208.20	85.07	135.79
食糖	公斤	1.19	0.67	0.68	0.91	0.09	1.04	0.87
金额	元	9.03	6.31	5.43	7.18	0.72	13.18	6.33
糖果	公斤	0.63	0.66	1.14	0.41	0.48	0.54	1.49
金额	元	11.62	11.56	14.13	6.40	14.18	12.73	16.02
糕点	公斤	4.24	3.31	4.38	3.13	3.65	2.01	5.06
金额	元	81.22	72.26	105.34	76.37	148.21	51.01	88.20
其他糖果糕点	公斤	0.63	0.19	0.27	0.46	3.17	0.40	1.85
金额	元	10.61	4.89	5.69	7.82	45.09	8.15	25.23
其他食品	**元**	**155.15**	**100.61**	**115.58**	**150.81**	**90.40**	**186.67**	**157.84**
调味品	元	92.55	84.13	71.57	73.76	46.92	149.45	100.16
其他食品	元	62.60	16.49	44.01	77.05	43.49	37.21	57.68
饮料	**元**	**98.74**	**90.78**	**108.44**	**97.70**	**132.43**	**65.12**	**139.86**
茶叶	公斤	0.09	1.02	0.08	0.07	0.31	0.05	0.14
金额	元	10.54	28.04	33.96	16.70	76.42	10.40	25.75
咖啡	元	1.40	4.23		0.79	23.20	0.76	0.92
其他固体饮料	元	8.11	11.21	4.31	2.49	7.42	4.85	10.43
瓶装饮用水	元	20.68	2.79	24.94	31.03	5.76	14.36	22.73
果汁饮料	元	7.86	2.25	2.42	13.88	13.68	6.72	47.82
其他液体饮料	元	50.14	42.25	42.81	32.81	5.95	28.04	32.22
烟酒	**元**	**416.16**	**394.60**	**712.29**	**388.46**	**168.58**	**405.88**	**789.42**
烟草	元	309.96	260.92	444.21	284.43	53.76	300.42	553.96
卷烟	盒	25.61	17.07	24.57	19.73	1.63	25.95	47.15
金额	元	309.91	260.92	444.21	284.43	53.65	300.42	553.96

中牟县	巩义市	荥阳市	新密市	新郑市	登封市	经开区	高新区	郑东新区	航空港实验区
1.89	2.62	3.59	9.40	4.40	19.35	4.91	2.98	14.99	18.21
51.63	**66.48**	**61.99**	**76.88**	**78.19**	**59.84**	**75.30**	**119.58**	**58.84**	**72.36**
238.92	288.65	308.56	454.67	419.01	308.94	671.96	836.20	331.12	214.51
48.15	61.62	56.45	70.12	73.69	56.21	70.77	114.84	53.79	67.40
187.65	220.90	228.98	349.21	357.09	256.17	556.90	755.94	249.23	171.45
0.81	1.40	1.68	1.48	1.40	0.68	1.25	1.02	1.18	0.99
12.02	18.95	26.65	22.63	17.87	8.22	27.18	13.90	20.28	8.56
2.67	3.46	3.86	5.28	3.11	2.95	3.28	3.72	3.87	3.97
39.24	48.80	52.94	82.83	44.05	44.55	87.88	66.35	61.61	34.50
5.85	**7.37**	**6.42**	**7.79**	**7.46**	**6.21**	**3.96**	**8.68**	**7.40**	**4.52**
108.91	109.51	105.44	133.65	112.96	89.19	107.87	146.43	137.76	50.99
1.10	1.54	1.10	1.50	1.82	1.25	0.51	0.24	1.10	1.05
7.27	11.34	9.22	12.17	12.90	10.18	5.93	2.21	8.27	5.77
0.30	0.44	0.22	0.97	0.42	1.02	0.08	1.95	0.55	0.54
5.52	10.14	5.52	22.11	9.20	17.87	3.01	35.96	6.48	6.66
4.33	4.98	4.52	4.89	4.88	3.41	3.22	4.90	4.89	2.10
92.88	81.73	78.69	89.36	86.23	52.21	95.53	89.95	107.80	24.81
0.12	0.42	0.58	0.44	0.34	0.53	0.15	1.59	0.87	0.83
3.25	6.30	12.02	10.00	4.63	8.93	3.40	18.30	15.21	13.76
98.57	**111.64**	**129.57**	**195.73**	**138.39**	**254.98**	**96.00**	**316.47**	**141.97**	**186.72**
53.90	80.38	84.61	123.17	87.86	160.91	55.16	180.78	80.54	54.56
44.67	31.26	44.96	72.57	50.53	94.07	40.84	135.70	61.43	132.16
71.62	**96.12**	**53.85**	**122.01**	**57.21**	**132.87**	**125.25**	**90.38**	**150.57**	**69.91**
0.01	0.02	0.03	0.09	0.07	0.03	0.24	0.02	0.04	0.12
3.06	1.87	2.90	13.96	5.85	4.31	9.47	0.62	3.83	8.87
	0.15	2.25		0.09	0.01	0.03	0.05		1.32
7.23	8.23	5.56	7.13	12.93	0.78	1.29	4.03	27.97	2.78
22.09	16.50	10.97	32.49	11.34	24.42	15.95	39.84	27.32	24.03
1.97	3.82	5.28	5.16	9.11	12.11	30.47	20.40	1.40	6.42
37.27	65.56	26.89	63.27	17.89	91.24	68.03	25.44	90.07	26.48
495.43	**275.58**	**437.79**	**460.99**	**294.75**	**340.32**	**789.62**	**681.69**	**494.19**	**421.31**
313.04	237.05	365.27	370.67	229.79	278.54	656.77	474.31	346.51	293.43
25.46	20.59	37.41	31.34	17.71	27.57	26.35	24.54	27.89	22.84
313.04	237.05	365.15	370.67	229.43	278.54	656.77	474.31	346.51	293.43

5-17 续表 4 （2020 年）

指标名称	单位	郑州市	中原区	二七区	管城区	金水区	上街区	惠济区
烟丝烟叶	公斤							
金额	元	0.05				0.11		
酒类	元	**106.20**	**133.68**	**268.08**	**104.03**	**114.83**	**105.46**	**235.46**
啤酒	公斤	3.35	1.17	3.04	3.50	4.74	1.08	6.26
金额	元	19.27	9.24	19.56	16.96	31.34	10.29	25.33
白酒	公斤	1.13	2.15	1.47	1.19	0.92	0.47	3.05
金额	元	83.31	122.98	229.68	86.04	81.39	85.47	192.03
果酒	公斤	0.06	0.01	0.08	0.02		0.18	0.05
金额	元	2.13	0.92	18.69	1.03	0.54	4.88	9.68
其他酒	元	1.49	0.54	0.15		1.56	4.82	8.42
饮食服务	元	**715.69**	**718.04**	**959.32**	**622.74**	**541.88**	**584.94**	**1401.70**
食堂用餐	元	74.71	64.41	51.10	28.38	2.24	5.07	116.26
其他在外饮食	元	637.18	653.63	908.23	593.75	539.34	579.62	1285.26
食品加工服务费	元	3.80			0.61	0.30	0.24	0.18
衣着	元	**1033.81**	**859.06**	**1326.48**	**1403.83**	**1060.89**	**1197.11**	**1566.78**
衣类	元	788.97	700.65	1063.24	1026.02	820.39	908.46	1218.60
服装	元	754.13	649.54	1023.13	962.63	745.95	857.61	1121.48
服装材料	元	0.92	1.33	0.16	0.52			10.37
其他衣类及配件	元	32.34	44.61	38.54	47.82	74.39	49.63	85.78
衣类加工服务费	元	1.58	5.16	1.40	15.04	0.05	1.22	0.96
鞋类	元	**244.84**	**158.41**	**263.24**	**377.81**	**240.51**	**288.66**	**348.18**
鞋	双	3.15	1.49	1.99	4.42	2.84	3.05	3.59
金额	元	242.66	157.43	261.99	377.53	240.40	278.66	347.24
鞋类配件及加工服务费	元	2.18	0.98	1.25	0.28	0.10	1	0.94
居住	元	**1956.52**	**849.61**	**1157.09**	**4450.16**	**3108.63**	**1293.47**	**1976.36**
租赁房房租	元	117.45		134.06	34.23	400.85		434.45
租赁公房房租	元	5.83			5.70	19.41		31.01
租赁私房房租	元	111.63		134.06	28.52	381.44		403.44
住房维修及管理	元	**976.95**	**77.18**	**151.88**	**3353.27**	**1823.85**	**353.84**	**115.98**
住房装潢	元	869.25		130.78	3294.53	1708.84		24.56
住房维修	元	66.83	1.83	0.55	21.68	0.07		39.90
物业管理费	元	34.65	69.46	20.47	37.06	114.92	351.90	28.54
其他	元	6.22	5.89	0.08		0.02	1.94	22.99
水电燃料及其他	元	**862.12**	**772.43**	**871.15**	**1062.67**	**883.92**	**939.63**	**1425.92**

中牟县	巩义市	荥阳市	新密市	新郑市	登封市	经开区	高新区	郑东新区	航空港实验区
		0.01		0.01					
		0.13		0.36					
182.39	**38.53**	**72.51**	**90.31**	**64.96**	**61.78**	**132.85**	**207.38**	**147.68**	**127.88**
2.87	2.62	3.07	3.39	1.99	5.59	0.45	7.02	3.73	2.08
15.47	13.43	15.68	19.31	12.47	39.90	3.71	36.31	18.88	9.56
1.84	0.47	0.85	1.23	1.10	0.60	0.73	1.16	1.04	1.48
166.23	24.15	42.86	67.44	52.29	21.25	116.41	170.04	128.48	118.12
0.01	0.06	0.19	0.16	0.01	0.04		0.03		0.01
0.60	0.71	5.85	3.14	0.05	0.60		0.96		0.03
0.10	0.24	8.13	0.42	0.15	0.02	12.72	0.07	0.32	0.18
836.83	**593.28**	**720.35**	**1015.21**	**454.10**	**585.03**	**765.90**	**815.67**	**927.53**	**350.83**
38.22	92.84	81.40	19.43	88.52	107.66	336.38	60.68	177.76	1.38
791.34	497.07	634.27	986.88	365.17	471.96	429.51	754.99	747.50	346.88
7.27	3.38	4.69	8.91	0.42	5.41			2.27	2.57
1076.85	**991.92**	**925.86**	**1444.60**	**961.52**	**755.98**	**1064.24**	**1675.97**	**957.60**	**632.03**
856.35	767.72	695.67	1069.97	752.50	525.66	803.18	1453.72	753.54	460.48
840.15	736.45	666.37	1021.60	739.06	497.84	738.54	1412.15	710.84	447.61
0.69	1.12	1.36	0.77	0.28	0.64		1.37	0.10	0.10
15.17	28.29	26.84	45.17	12.85	25.98	64.64	39.05	41.46	12.69
0.35	1.86	1.10	2.44	0.31	1.20	0.01	1.15	1.14	0.09
220.49	**224.20**	**230.19**	**374.63**	**209.02**	**230.31**	**261.05**	**222.25**	**204.06**	**171.54**
3.07	2.88	3.43	4.46	3.06	3.23	2.83	1.67	2.78	2.52
219.60	223.03	228.63	372.60	208.41	222.55	260.93	222.11	202.82	167.88
0.89	1.17	1.56	2.03	0.61	7.76	0.13	0.14	1.24	3.66
862.02	**653.88**	**1024.89**	**1475.01**	**5697.13**	**2121.13**	**1650.30**	**639.90**	**1445.91**	**2579.50**
40.43	46.72	19.11	247.83	14.62	310.53	0.30	84.85		34.57
22.44			15.27	0.11	0.37				
17.99	46.72	19.11	232.57	14.50	310.16	0.30	84.85		34.57
317.26	**190.35**	**167.41**	**359.61**	**5084.46**	**274.81**	**300.48**	**56.72**	**64.92**	**2076.00**
74.47	138.10	34.42	259.17	4933.52	121.38	297.80	3.96	13.49	2068.63
194.33	34.54	89.01	74.52	104.30	76.80		9.15	50.07	
48.45	12.73	39.18	22.23	20.41	70.44	2.68	11.18	1.28	6.10
	4.97	4.80	3.68	26.23	6.20		32.43	0.08	1.27
504.33	**416.82**	**838.37**	**867.57**	**598.04**	**1535.79**	**1349.52**	**498.33**	**1380.99**	**468.93**

5-17　续表 5　　（2020 年）

指标名称	单位	郑州市	中原区	二七区	管城区	金水区	上街区	惠济区
水	吨	25.79	28.63	21.66	0.91	10.51	48.88	8.93
金额	元	62.15	125.06	76.21	2.94	44.11	136.55	21.65
电	度	857.21	718.79	927.62	1246.12	621.94	879.57	1818.76
金额	元	545.02	410.59	695.69	800.74	390.38	518.73	1221.77
燃料	元	200.69	172.45	75.59	162.35	206.71	192.57	180.03
煤炭	公斤	12.02		1.09				
金额	元	10.40		0.71				
管道天然气	立方米	17.43	53.35	0.93	0.22	111.19	76.02	6.84
金额	元	43.09	124.83	2.03	1.23	188.39	187.83	25.03
管道煤气	立方米	0.16		0.94	2.09	0.01		0.04
金额	元	1.01		8.36	14.98	0.01		0.42
管道液化石油气	立方米	0.26		1.69	0.05			0.32
金额	元	1.46		11.10	0.22			1.73
罐装液化石油气	公斤	17.98	5.37	9.24	19.91	1.20	0.25	26.38
金额	元	113.95	43.99	53.08	144.03	4.88	0.57	148.40
汽油	升	4.84	0.31		0.15	1.94	0.67	0.39
金额	元	30.39	1.90		1.14	13.42	3.99	3.60
柴油	升							
金额	元	0.02						
其他油	升	0.01						
金额	元	0.03						
取暖费	元	20.77	64.33			242.73		
其他	元	33.48		23.67	96.63		91.78	2.47
生活用品及服务	**元**	**1013.11**	**628.44**	**1298.73**	**3092.41**	**1706.95**	**833.59**	**1257.42**
家具及室内装饰品	元	124.62	19.12	70.44	1172.39	172.75	11.61	49.88
家具	元	103.24	10.34	64.18	1048.01	170.89	4.37	45.43
家具材料	元	2.68	2.09	0.10	5.70			0.86
室内装饰品	元	18.70	6.70	6.15	118.68	1.86	7.24	3.59
家用器具	**元**	**325.50**	**170.21**	**582.97**	**759.51**	**988.69**	**125.23**	**413.68**
耐用消费品	元	284.28	156.01	527.43	692.16	979.63	106.77	354.36
洗衣机	台	0.02	0.01	0.04	0.05	0.02		0.08
金额	元	40.40	4.55	80.68	211.98	68.72		188.57
电冰箱(柜)	台	0.43	0.01	0.05	15.33	0.02	0.01	0.02

中牟县	巩义市	荥阳市	新密市	新郑市	登封市	经开区	高新区	郑东新区	航空港实验区
15.47	12.11	33.88	43.57	31.58	44.25	0.08	19.12	30.51	6.58
30.34	28.49	66.14	121.43	54.27	122.18	0.18	47.60	43.47	15.99
579.78	483.02	735.19	839.49	632.19	1193.12	2089.91	457.09	1497.39	584.84
344.16	276.45	410.08	493.86	392.06	761.70	1203.58	265.71	1190.15	328.27
121.27	101.66	147.94	184.71	138.61	632.54	141.69	115.28	132.57	108.14
	39.39		10.49	3.63	43.59			0.84	
	22.79		9.70	4.91	46.54			1.67	
22.76	8.07	23.43	15.95	16.91	7.23	10.08	42.87	0.43	5.43
58.66	21.88	59.53	41.62	44.69	31.36	55.14	111.79	1.32	12.01
0.03	0.05	0.31	0.01	0.17		0.69			0.06
0.25	0.25	1.73	0.23	0.37		1.96			0.38
0.18	0.07	0.76	0.07	0.86	0.01	0.03		0.06	
1.42	0.39	4.22	0.49	3.73	0.07	0.20		0.42	
9.88	9.68	12.38	18.79	12.32	52.38	8.67		20.91	14.45
60.86	56.11	82.41	130.95	83.12	318.45	84.37		129.16	92.53
			0.24	0.28	37.51				0.49
			1.57	1.74	234.84	0.02			3.22
					0.02				
					0.13				
	0.04				0.01				
	0.17				0.04				
8.12	9.23	4.70	37.06	0.04	0.11		69.74	14.80	10.58
0.44	0.99	209.50	30.52	13.05	19.26	4.08			5.94
732.33	**975.37**	**784.02**	**1271.61**	**1024.43**	**786.03**	**2141.49**	**1039.67**	**634.47**	**739.69**
74.08	183.47	102.75	159.97	69.89	10.96	62.68	143.78	50.20	98.37
61.84	127.50	95.16	120.26	55.92	10.86	62.41	102.54	48.64	77.31
0.58	0.92	2.53	15.94	0.17					0.87
11.66	55.06	5.06	23.76	13.79	0.10	0.28	41.25	1.56	20.19
194.48	**281.94**	**241.56**	**342.75**	**253.60**	**277.95**	**1023.10**	**317.67**	**208.44**	**271.86**
171.45	238.32	214.53	305.19	175.66	192.93	1009.48	313.58	201.24	252.05
0.02	0.02	0.01	0.02	0.02			0.01		0.03
25.86	33.66	5.19	24.94	58.09	7.62	4.57	29.76		95.11
0.02	0.02	0.02	0.03	0.01		0.15	0.01		0.01

5-17 续表 6 （2020 年）

指标名称	单位	郑州市	中原区	二七区	管城区	金水区	上街区	惠济区
金额	元	55.23	39.73	177.25	195.45	147.52	20.65	25.05
空调器	台	0.02	0.02	0.03	0.06	0.06		0.02
金额	元	83.24	54.14	82.28	137.54	308.55		52.08
吸尘器				0.01				0.01
金额	元	2.83		68.13		0.08		1.74
抽油烟机	台	0.01	0.01	0.02	0.01	0.04	0.02	0.01
金额	元	18.42	2.89	7.42	7.42	126.17	21.31	1.93
微波炉	台	0.01			0.01		0.01	
金额	元	8.23			4.81	0.10	2.91	
非太阳能热水器	台	0.02	0.02		0.03		0.03	
金额	元	22.01	13.93	0.69	62.13	0.89	32.43	
太阳能热水器	台		0.01		0.01			
金额	元	5.70	37.64		16.54			
燃气炉具	套	0.02	0.01	0.02	0.01	0.01		0.05
金额	元	12.29	3.14	80.17	3.88	50.47		4.86
其他	元	33.36		30.81	52.42	223.65	29.48	80.13
小家电	元	41.22	14.19	55.53	67.35	9.06	18.46	59.31
家用纺织品	**元**	**82.35**	**30.21**	**82.73**	**310.82**	**45.61**	**64.33**	**117.96**
床上用品	元	63.11	19.77	68.19	291.22	12.54	52.69	102.21
窗帘门帘	元	13.08		4.54	4.99	33.01		11.55
其他家用纺织品	元	6.16	10.44	10.00	14.62	0.06	11.65	4.19
家庭日用杂品	**元**	**253.90**	**162.56**	**252.01**	**335.37**	**311.37**	**258.78**	**390.50**
洗涤及卫生用品	元	100.88	54.45	61.63	79.92	277.49	85.68	106.67
厨具餐具茶具	元	31.43	18.33	45.70	53.95	8.64	16.77	40.47
家用手工工具	元	3.44	1.05	3.88	7.84	1.86	0.64	9.63
其他	元	118.15	88.73	140.80	193.65	23.39	155.68	233.74
个人用品	元	184.80	208.25	228.90	484.63	176.06	360.13	216.91
化妆品	元	102.35	79.35	115.33	335.90	163.91	102.69	127.38
其他个人用品	元	82.45	128.90	113.56	148.72	12.15	257.43	89.53
家庭服务	**元**	**41.94**	**38.10**	**81.69**	**29.69**	**12.46**	**13.51**	**68.50**
家政服务	元	4.08	1.90	32.91	2.28	0.28	9.09	4.06

中牟县	巩义市	荥阳市	新密市	新郑市	登封市	经开区	高新区	郑东新区	航空港实验区
42.00	50.06	33.18	68.00	26.19		938.53	11.69		8.67
0.03	0.02	0.01	0.02	0.01	0.02	0.02	0.06	0.04	0.01
73.56	62.52	46.96	99.80	42.13	89.96	61.89	233.75	125.52	17.84
	0.01			0.01					
0.38	2.03		0.43	4.65	0.07				
0.01	0.01	0.02	0.02						0.03
4.12	19.38	46.45	14.33	1.23	0.72				45.75
					0.02			0.04	
	2.16	2.23	1.36		16.40			66.93	
0.01	0.01	0.02	0.02	0.02	0.02		0.01		0.05
3.23	13.14	32.06	26.38	16.72	41.21		10.37	2.33	57.14
0.01	0.01			0.01					
3.08	21.13		6.41	3.83	1.59	2.02			
0.02	0.02		0.02		0.03			0.04	0.03
6.45	3.40	16.74	7.18	1.61	18.29	0.23		4.70	17.03
12.77	29.78	28.22	56.36	20.90	17.07	2.24	28.01	1.77	10.51
23.03	43.62	27.03	37.56	77.94	85.03	13.62	4.09	7.20	19.82
51.23	**100.18**	**86.42**	**115.11**	**97.71**	**55.06**	**29.19**	**62.71**	**30.10**	**70.11**
35.46	66.15	81.25	90.54	59.30	36.03	23.57	59.23	27.15	62.44
11.33	21.55	2.02	16.54	28.41	16.88	0.05	1.24	1.47	3.62
4.43	12.48	3.15	8.04	1	2.16	5.57	2.23	1.48	4.05
159.07	**207.61**	**190.09**	**324.77**	**417.10**	**268.82**	**338.63**	**270.03**	**145.57**	**212.49**
37.99	54.92	60.76	114.70	193.61	141.80	121.46	123.32	32.10	117.95
20.29	38.55	29.25	59.77	47.13	23.82	7.13	11.65	15.80	8.06
0.47	8.67	2.08	1.85	1.70	4.94	0.22	0.48	0.28	5.01
100.31	105.47	98.01	148.46	174.65	98.26	209.83	134.57	97.39	81.46
192.21	178.00	144.71	289.43	153.24	100.17	529.37	232.10	141.30	79.73
112.75	88.95	54.60	169.21	99.44	62.34	325.51	138.58	52.65	24.57
79.46	89.05	90.11	120.22	53.80	37.82	203.86	93.52	88.66	55.16
61.26	**24.16**	**18.50**	**39.59**	**32.89**	**73.08**	**158.51**	**13.38**	**58.85**	**7.13**
19.50	4.93	1.11	0.82	0.21	0.08		0.95	1.11	

5-17 续表 7 （2020 年）

指标名称	单位	郑州市	中原区	二七区	管城区	金水区	上街区	惠济区
家庭设备修理费	元	37.86	36.20	48.78	27.41	12.18	4.42	64.43
交通通信	元	**2580.13**	**1681.32**	**1792.63**	**2085.13**	**1861.96**	**2001.56**	**2233.10**
交通	元	**1941.72**	**966.33**	**1351.00**	**1380.35**	**1267.47**	**1380.32**	**1455.57**
交通工具	元	1111.51	103.86	172.48	115.41	156.84	65.85	197.55
汽车	辆	0.01						
金额	元	1011.61				147.19		
摩托车	辆				0.01			
金额	元	13.04			29.67			
自行车	辆	0.01	0.03	0.04	0.02	0.01		
金额	元	4.30	32.94	25.45	6.11	6.59		
电动自行车	辆	0.02	0.02	0.06	0.04		0.01	0.11
金额	元	60.21	70.92	147.03	77.47	2.87	16.45	140.24
其他交通工具	元	22.36			2.17	0.19	49.39	57.31
交通费	元	**49.09**	**94.25**	**25.76**	**15.35**	**12.65**	**22.37**	**41.55**
飞机	元	9.18	23.57	0.34		0.07	9.69	14.49
火车	元	12.21	38.74	0.29	7.32	0.59	1.12	
长途汽车	元	2.87		0.90		0.01	0.11	
市内公共交通	元	9.36	13.74	8.08	0.61	7.05	4.36	18.36
出租汽车费	元	13.75	17.96	2.47	4.25	4.86	6.57	6.83
其他交通费	元	1.72	0.24	13.68	3.16	0.07	0.53	1.86
交通工具用燃料	元	**575.70**	**493.71**	**909.71**	**917.21**	**861.77**	**830.39**	**792.55**
汽油	升	90.52	84.43	151.35	160.78	133.91	141.64	137.82
金额	元	521.84	493.50	891.37	910.88	861.75	830.22	783.89
柴油	升	7.95						1.00
金额	元	45.77						6.22
其他燃料和润滑剂	元	8.09	0.21	18.34	6.33	0.02	0.17	2.43
交通工具使用及维修	元	**205.42**	**274.51**	**243.05**	**332.38**	**236.20**	**461.70**	**423.92**
交通工具零配件和维修	元	164.84	233.02	196.01	305.04	181.46	198.64	187.70
停车费	元	3.10	6.80	13.18	12.26	15.26	1.97	12.06
车辆使用税费（含过桥过路费）	元	28.82	19.27	29.53	13.88	35.51	219.38	189.72
其他	元	8.66	15.42	4.33	1.20	3.96	41.71	34.44
通信	元	**638.41**	**714.99**	**441.64**	**704.78**	**594.49**	**621.24**	**777.53**
通信工具	元	**198.20**	**284.40**	**69.06**	**312.96**	**21.23**	**191.97**	**230.24**
电话机	部							

中牟县	巩义市	荥阳市	新密市	新郑市	登封市	经开区	高新区	郑东新区	航空港实验区
41.76	19.23	17.39	38.77	32.68	72.99	158.51	12.43	57.74	7.13
2457.20	**1621.91**	**2147.43**	**2388.77**	**6169.39**	**1286.39**	**16263.14**	**1244.47**	**2108.37**	**2471.59**
1902.72	**1125.29**	**1461.90**	**1459.86**	**5530.79**	**400.06**	**16011.58**	**962.40**	**1666.96**	**2092.73**
1116.30	464.22	692.79	468.32	4763.48	14.33	12811.91	18.18	675.32	1522.48
0.01	0.01	0.01		0.05		0.16			0.01
915.05	412.95	593.07	358.18	4728.79		12789.10		511.61	1325.86
0.01	0.01								
44.58	33.20	17.52	13.55		2.71				
0.01		0.01	0.01						0.02
3.24	1.24	2.88	7.47	1.03	0.25	0.61			6.75
0.03	0.01	0.02	0.02	0.03			0.01	0.05	0.03
93.54	16.83	44.77	66.01	33.66	11.37		18.18	140.04	107.73
59.90		34.55	23.11			22.20		23.66	82.14
35.24	**111.09**	**21.72**	**108.77**	**24.27**	**47.53**	**9.97**	**28.49**	**6.13**	**25.50**
	25.91		28.51	3.48			4.84		14.00
23.76	17.91	5.97	15.77	15.06	18.51		3.06		2.01
3.61	3.73	0.47	6.50	0.94	8.58		0.27	0.02	0.48
3.63	18.92	7.47	14.44	2.99	15.00	0.54	16.54	3.67	0.74
3.95	41.73	7.81	42.52	1.39	3.61	9.16	3.78	2.44	3.00
0.29	2.89		1.03	0.43	1.84	0.27			5.28
512.50	**411.04**	**550.14**	**677.01**	**618.38**	**284.66**	**2451.85**	**709.73**	**713.29**	**265.07**
89.09	71.28	99.60	118.68	76.19	38.96	198.99	115.21	102.04	44.40
507.00	398.43	537.94	664.87	443.27	227.57	1236.91	709.04	615.03	257.81
0.44	0.35	1.70	0.96	32.25	10.32	224.11		3.32	
2.45	1.98	9.13	5.14	166.53	54.89	1210.93		63.23	
3.05	10.63	3.07	7.01	8.58	2.20	4.01	0.69	35.04	7.26
238.68	**138.94**	**197.25**	**205.76**	**124.66**	**53.54**	**737.85**	**206.01**	**272.22**	**279.67**
212.46	96.71	179.08	162.15	110.10	47.58	702.25	188.13	183.22	244.89
2.05	2.04	2.09	3.93	0.17	0.12	0.16	0.63	0.42	0.84
22.00	30.68	13.12	22.37	4.74	2.73	35.26	17.19	83.82	16.35
2.17	9.51	2.96	17.32	9.65	3.12	0.18	0.05	4.76	17.60
554.48	**496.62**	**685.52**	**928.90**	**638.59**	**886.33**	**251.57**	**282.07**	**441.41**	**378.86**
214.89	**176.43**	**198.17**	**331.20**	**221.49**	**264.50**	**26.30**	**52.38**	**60.07**	**120.79**

5-17 续表 8 （2020 年）

指标名称	单位	郑州市	中原区	二七区	管城区	金水区	上街区	惠济区
金额	元	0. 14						
移动电话机	部	0. 34	0. 08	0. 03	8. 70	0. 01	0. 15	0. 11
金额	元	188. 64	275. 19	64. 47	302. 38	17. 09	181. 89	167. 33
其他通信工具及零配件	元	9. 41	9. 21	4. 59	10. 58	4. 14	10. 08	62. 91
通信服务	**元**	**440. 21**	**430. 58**	**372. 58**	**391. 82**	**573. 26**	**429. 27**	**547. 29**
固定电话费	元	11. 88	0. 76	4. 36	1. 50	17. 14		7. 80
移动电话费	元	383. 90	325. 63	341. 09	357. 71	474. 97	379. 51	486. 66
上网费	元	37. 09	91. 06	22. 59	11. 98	80. 94	43. 71	51. 72
邮费	元	2. 39	4. 81	0. 25	1. 89	0. 18	0. 68	0. 91
其他通信服务费	元	4. 96	8. 33	4. 29	18. 74	0. 03	5. 36	0. 19
教育文化娱乐	**元**	**1259. 84**	**2750. 83**	**877. 96**	**2034. 31**	**2393. 86**	**976. 17**	**1394. 18**
教育	元	983. 93	1891. 73	604. 14	1623. 48	1823. 55	665. 82	791. 03
学前教育	元	216. 97	528. 38	92. 99	299. 72	1381. 26	94. 66	319. 54
教育用品	元	2. 12	6. 54	0. 25	3. 16	0. 44	0. 96	19. 06
学杂费	元	130. 79	160. 92	81. 43	174. 17	1303. 18	17. 21	222. 94
培训费	元	20. 09	1. 92	11. 31	37. 83	75. 32		44. 96
赞助费	元	0. 06						
一揽子教育服务（含食宿）	元	58. 66	358. 99		84. 57	2. 20	76. 49	27. 80
其他费用	元	5. 25				0. 11		4. 77
小学教育	**元**	**186. 87**	**346. 16**	**377. 18**	**163. 60**	**265. 02**	**107. 99**	**159. 76**
教育用品	元	14. 17	6. 87	2. 58	3. 67	5. 63	16. 97	20. 92
学杂费	元	29. 15	16. 94	4. 78	5. 91	1. 87		64. 37
培训费	元	75. 95	228. 10	360. 28	145. 66	133. 17	63. 17	63. 92
赞助费	元	1. 23				14. 56		
一揽子教育服务（含食宿）	元	52. 27	94. 26		3. 79	92. 75	27. 82	2. 29
其他费用	**元**	**14. 11**		**9. 53**	**4. 56**	**17. 05**	**0. 03**	**8. 26**
初中教育	元	135. 06	671. 44	50. 30	181. 53	3. 23	86. 42	77. 24
教育用品	元	16. 30	6. 26	1. 79	12. 16	0. 18	7. 80	11. 15
学杂费	元	13. 93	1. 05		16. 40			
培训费	元	35. 74	518. 02	39. 35	12. 39	1. 55	31. 89	0. 31
赞助费	元	0. 17						
一揽子教育服务（含食宿）	元	57. 79	145. 37	9. 16	134. 85	1. 50	7. 26	64. 21
其他费用	元	11. 12	0. 74		5. 73		39. 47	1. 57
高中教育	**元**	**144. 87**	**130. 58**	**19. 26**	**822. 92**	**16. 47**		**41. 49**

中牟县	巩义市	荥阳市	新密市	新郑市	登封市	经开区	高新区	郑东新区	航空港实验区
			0.43		0.36			0.60	
0.13	0.09	0.13	0.17	0.12	0.17	0.01	0.02	0.03	0.07
202.95	169.74	195.47	317.85	207.72	257.40	22.28	45.39	56.96	114.58
11.94	6.69	2.70	12.93	13.77	6.75	4.02	6.99	2.50	6.21
339.59	**320.19**	**487.36**	**597.70**	**417.10**	**621.83**	**225.27**	**229.68**	**381.34**	**258.07**
4.35	1.61	2.68	5.38	20.44	56.11		3.20	0.12	3.88
308.85	284.41	442.34	525.09	355.69	507.43	163.86	151.69	361.71	235.08
15.47	28.63	30.01	48.01	37.27	58.02	60.06	72.18	16.55	16.02
0.86	1.99	8.51	5.42	1.88	0.12	0.98	2.61	0.19	0.60
10.07	3.55	3.81	13.80	1.82	0.15	0.37		2.77	2.49
1549.50	1210.20	1243.52	1346.20	865.74	617.13	1845.01	1113.78	995.80	1386.11
1282.08	993.16	991.36	1091.66	595.85	490.24	1192.01	964.61	680.70	1283.12
108.51	214.92	164.91	93.36	325.84	23.95	599.65	316.92	127.42	111.35
0.78	1.12	2.30	1.21	5.80		0.50	6.98		0.71
105.75	87.33	119.86	41.09	102.45	5.44	149.84	72.33	124.23	22.45
1.98	29.93	6.10	10.61	79.14		2.38	57.68	3.19	
				0.65					
	96.52	36.59	26.48	129.06	13.64	446.93	83.38		79.93
	0.02	0.07	13.97	8.75	4.86		96.55		8.26
321.35	**92.93**	**107.91**	**227.59**	**64.16**	**38.42**	**164.20**	**159.93**	**260.62**	**403.05**
15.13	11.94	15.93	35.06	11.83	0.57	4.27	6.46	31.49	2.84
212.21	4.23	21.08	13.50	12.40	0.04	2.22		5.55	0.32
73.02	61.44	20.84	106.43	23.04	5.02	15.26	152.84	151.46	19.91
						52.52			
20.98	10.53	30.50	63.64	7.74	23.02	89.93		60.92	297.83
	4.80	**19.56**	**8.97**	**9.15**	**9.77**		**0.64**	**11.19**	**82.15**
183.73	77.11	193.28	157.83	117.86	101.13	150.34	374.49	87.82	58.25
25.46	12.31	15.30	16.62	43.55	1.52	0.37	18.27	36.18	3.37
20.71		49.43	16.41	29.93	2.01	5.26	82.50		
61.68	31.21	57.33	7.54	0.39	0.63		257.45	5.87	
			1.43						
74.78	31.05	65.78	93.33	18.23	72.92	144.72	0.96	45.77	37.01
1.10	2.54	5.43	22.49	25.77	24.05		15.30		17.87
237.38	**139.24**	**143.08**	**104.29**	**54.52**	**39.32**	**53.69**	**53.23**	**77.51**	**421.29**

5-17 续表 9 （2020 年）

指标名称	单位	郑州市	中原区	二七区	管城区	金水区	上街区	惠济区
教育用品	元	10.77	0.68	2.19	5.40	0.34		17.52
学杂费	元	8.30	11.29	4.43	6.01	1.72		4.82
培训费	元	9.83	81.21			7.85		7.82
赞助费	元	19.79			721.62			
一揽子教育服务(含食宿)	元	88.15	33.66	10.93	89.89	4.89		3.85
其他费用	元	8.03	3.74	1.71		1.67		7.49
中专职高教育	**元**	**17.06**			**113.62**			**42.28**
教育用品	元	0.44			6.86			0.16
学杂费	元	10.12			66.63			
一揽子教育服务(含食宿)	元	5.33			40.13			42.12
大专及以上教育	**元**	**229.98**	**192.67**	**13.67**	**36.38**	**5.10**	**372.88**	**73.65**
教育用品	元	1.87	2.94					1.74
学杂费	元	100.22	178.65				178.21	44.95
培训费	元	3.58	7.84					
一揽子教育服务(含食宿)	元	116.46		13.67	33.68	5.10	194.67	19.26
其他费用	元	7.84	3.25		2.71			7.71
成人教育	**元**	**53.13**	**22.51**	**50.74**	**5.70**	**152.47**	**3.87**	**77.08**
教育用品	元	0.07				0.03		0.07
培训费	元	32.94		50.07		148.63	3.87	38.31
其他费用	元	20.12	22.51	0.67	5.70	3.81		38.70
文化娱乐	**元**	**275.91**	**859.10**	**273.82**	**410.83**	**570.32**	**310.36**	**603.15**
文娱耐用消费品	**元**	**69.00**	**448.38**	**54.06**	**174.91**	**11.26**	**7.89**	**141.35**
彩色电视机	台	0.35	0.02	0.01	12.58			0.02
金额	元	29.34	109.77	10.65	163.73	2.78		34.38
家用台式电脑	台		0.04					
金额	元	7.28	195.13					
家用笔记本电脑	台		0.02					0.01
金额	元	12.76	118.49			0.04		59.67
中高档乐器	元	1.42		31.47				0.84
健身器材	元	5.54		1.50	0.12	8.17		

中牟县	巩义市	荥阳市	新密市	新郑市	登封市	经开区	高新区	郑东新区	航空港实验区
41.19	11.72	6.63	8.39	11.16	0.25	2.37	5.45	2.93	19.42
9.93	13.97	4.17	1.52	10.21	0.59	0.69	20.16	35.49	
35.52	18.19		8.06		0.72	18.04	18.32		
						17.07			
150.03	95.36	120.64	76.42	19.12	9.88	15.51	6.00	39.10	397.94
0.72		11.64	9.90	14.02	27.87		3.31		3.93
5.36	**48.39**	**2.84**	**17.87**	**1.30**	**4.52**			**5.56**	**35.98**
				0.14	0.58				2.21
	47.72		1.97	1.16					27.16
5.36		2.84	8.46		3.00			5.56	5.59
384.23	**381.81**	**319.67**	**446.76**	**12.07**	**213.43**	**221.07**	**60.04**	**55.56**	**163.00**
3.69	3.36	1.62	5.10	0.01	1.50				
54.51	245.37	114.78	183.90		190.21		3.15		0.80
		26.46	2.87						4.02
322.84	132.05	176.18	215.24	12.06	14.97	221.07	56.89	55.56	140.34
3.18	1.03	0.64	39.66		6.76				17.83
41.53	**38.75**	**59.66**	**43.96**	**20.10**	**69.48**	**3.05**		**66.20**	**90.21**
0.36	0.12								0.23
40.86	38.63	58.78	41.14		24.56			14.07	10.05
0.31		0.88	2.82	20.10	44.92	3.05		52.13	79.92
267.42	**217.05**	**252.17**	**254.53**	**269.89**	**126.89**	**653.01**	**149.17**	**315.10**	**102.98**
118.72	**33.08**	**124.01**	**30.83**	**38.08**	**11.82**	**30.44**	**40.68**	**83.45**	**25.94**
0.02	0.02	0.02	0.02	0.01			0.01		
37.32	28.18	80.03	21.33	16.10	6.22		31.39		
									0.01
		13.69		1.39	1.78				7.32
0.01		0.01							0.01
45.73		26.04		3.44					8.64
4.55							0.18		0.54
				0.11				64.18	

5-17 续表 10 （2020 年）

指标名称	单位	郑州市	中原区	二七区	管城区	金水区	上街区	惠济区
其他文娱耐用消费品	元	5.81	3.64		0.20	0.04	0.96	16.33
文娱耐用消费品的零配件及维修	元	6.61	21.36	10.44	10.86	0.23	6.93	27.41
其他文娱用品	**元**	**112.19**	**145.60**	**142.90**	**120.61**	**133.31**	**115.04**	**174.51**
书报杂志及音像制品	元	20.24	26.17	30.33	22.36	34.79	15.16	26.71
文具纸张	元	23.94	26.69	12.59	16.33	16.78	15.71	24.88
体育户外用品	元	5.72	1.97	3.52	1.92	2.35	4.33	21.87
游戏用品和玩具	元	37.59	50.84	58.27	58.71	70.71	50.07	51.14
园艺花卉及有关产品	元	6.33	9.05	6.09	7.95	1.95	19.06	16.47
宠物及有关产品	元	9.09	7.51	8.30	2.05	1.15	0.31	1.42
其他文娱用品及维修	元	9.28	23.37	23.80	11.29	5.58	10.39	32.02
文化娱乐服务	**元**	**94.72**	**265.11**	**76.86**	**115.31**	**425.74**	**187.43**	**287.28**
团体旅游	元	53.05	155.69	13.25	16.48	298.30	60.73	229.56
景点门票	元	14.85	39.41	37.62	34.74	0.79	39.91	29.29
体育健身活动	元	1.33	0.36	0.14	2.30	0.63	46.33	2.53
电影话剧演出票	元	1.96	11.65	17.02	6.26	5.42	8.56	3.53
有线电视费	元	7.66	12.54	0.03	3.14	28.15	3.20	12.09
其他文化娱乐服务	元	15.86	45.46	8.81	52.39	92.46	28.72	10.28
医疗保健	**元**	**1632.78**	**1095.89**	**1132.44**	**1962.42**	**1288.66**	**1006.72**	**1200.86**
医疗器具及药品	元	346.49	291.61	270.55	398.18	408.26	372.15	297.40
药品	元	300.66	232.37	257.67	223.98	317.08	266.42	220.64
滋补保健品	元	20.61	40.44	0.94	59.11	54.94	64.74	30.12
医疗卫生器具	元	23.02	18.61	9.91	104.70	28.30	39.53	41.37
保健器具	元	2.19	0.19	2.03	10.39	7.95	1.46	5.27
医疗服务	**元**	**1286.30**	**804.27**	**861.90**	**1564.24**	**880.40**	**634.57**	**903.46**
门诊医疗总费用	元	388.36	137.22	355.03	410.91	849.31	200.50	316.21
住院医疗总费用	元	897.94	667.05	506.87	1153.34	31.09	434.07	587.26
其他用品和服务	**元**	**357.76**	**228.88**	**524.04**	**364.25**	**192.50**	**338.27**	**485.86**
其他用品	元	186.99	115.30	171.33	87.74	61.05	21.86	199.42
首饰及手表	元	94.92	87.69	137.18	48.21	59.98	0.05	122.71
其他杂项用品	元	92.07	27.61	34.16	39.53	1.07	21.81	76.71
其他服务	**元**	**170.77**	**113.58**	**352.71**	**276.51**	**131.45**	**316.41**	**286.44**
旅馆住宿费	元	6.31	14.64	15.70	10.29	5.88	8.48	18.31
美容美发洗浴	元	94.86	71.13	66.89	173.49	121.61	271.56	161.60
其他杂项服务	元	69.60	27.81	270.13	92.73	3.96	36.37	106.53

中牟县	巩义市	荥阳市	新密市	新郑市	登封市	经开区	高新区	郑东新区	航空港实验区
21.71	1.89	0.23	1.83	13.32	3.49	30.33	7.91		6.10
9.41	3.01	4.02	6.25	3.72	0.33	0.12	1.20	19.26	3.34
88.01	**128.24**	**96.45**	**127.05**	**120.29**	**75.92**	**94.68**	**48.89**	**160.74**	**66.03**
26.90	12.61	9.30	26.63	25.55	22.69	7.10	6.66	16.39	10.91
16.10	14.20	39.46	29.67	25.10	16.49	16.84	20.65	37.97	27.12
6.42	8.19	4.11	3.90	3.97	2.01	0.50	0.88	15.86	4.49
25.94	42.42	18.25	39.34	50.13	8.19	66.21	13.32	76.76	15.51
6.09	8.70	6.14	9.13	5.81	1.61	2.38	1.41	6.52	4.48
1.05	28.87	7.15	6.22	5.11	21.83	0.04	3.71	0.91	0.15
5.50	13.25	12.05	12.16	4.62	3.10	1.62	2.27	6.34	3.36
60.69	**55.73**	**31.70**	**96.66**	**111.52**	**39.15**	**527.88**	**59.60**	**70.91**	**11.01**
32.62	29.57	16.63	37.86	92.20	5.02	517.82	19.50	2.52	5.94
5.56	13.25	7.79	39.65	9.96	1.14	4.75	7.30	21.31	0.20
8.41	0.07	0.08	0.93			0.06	0.25		
0.20	1.48	1.17	1.41	0.40		0.30	2.07		1.21
3.65	0.92	1.02	8.00	0.47	32.37		1.80	1.12	1.65
10.25	10.44	5.01	8.80	8.50	0.61	4.95	28.68	45.97	2.02
1342.50	**1122.16**	**1186.43**	**2062.04**	**2997.35**	**867.09**	**2274.64**	**1220.55**	**3661.70**	**695.45**
119.11	235.66	422.71	810.87	329.90	254.15	1199.91	205.41	232.91	157.79
66.62	213.30	377.13	742.57	301.88	225.91	1168.33	184.11	183.00	139.65
19.64	13.06	26.53	27.68	21.59	5.99	0.75	6.20	20.96	6.47
31.28	5.12	18.01	39.92	6.30	19.47	30.68	13.73	28.94	9.66
1.58	4.19	1.04	0.69	0.14	2.79	0.14	1.36		2.00
1223.39	**886.50**	**763.72**	**1251.18**	**2667.45**	**612.94**	**1074.73**	**1015.14**	**3428.79**	**537.66**
556.73	402.93	232.74	470.73	519.37	29.84	597.08	444.26	648.62	219.15
666.66	483.57	530.98	780.44	2148.08	583.10	477.65	570.89	2780.17	318.51
414.38	**136.36**	**300.90**	**399.26**	**135.21**	**506.00**	**1647.53**	**209.73**	**185.28**	**714.70**
280.05	39.43	124.46	178.50	59.66	434.56	1320.46	85.70	85.68	236.72
239.62	11.98	74.44	71.82	38.50	3.67	1298.39	10.30	41.02	219.57
40.43	27.45	50.03	106.68	21.16	430.88	22.07	75.39	44.66	17.15
134.32	**96.93**	**176.44**	**220.75**	**75.54**	**71.44**	**327.07**	**124.04**	**99.60**	**477.98**
4.15	2.89	8.13	4.60	2.85	0.27	0.79	24.10	18.41	1.84
59.98	85.02	110.68	171.39	68.10	66.06	247.25	73.92	78.84	28.56
70.20	9.02	57.63	44.76	4.59	5.11	79.03	26.02	2.36	447.59

5-18 农村居民

（2020 年）

指标名称	单位	郑州市	中原区	二七区	管城区	金水区	上街区	惠济区
住户居住空间样式								
单栋楼房	%	59.5	7.6	100.0	97.4	59.0		97.6
单栋平房	%	25.7			2.6			2.4
四居室及以上单元房	%	0.3						
三居室单元房	%	11.1	50.6			35.0	81.2	
二居室单元房	%	3.2	41.8			6.0	18.8	
一居室单元房	%							
其他	%	0.1						
主要建筑材料								
钢筋混凝土	%	35.8	96.5	11.2	63.1	43.0	72.8	65.7
砖混材料	%	61.7	3.5	88.8	36.9	57.0	27.2	34.3
砖瓦砖木	%	2.4						
其他	%	0.1						
现住房房屋来源								
租赁公房		6.6						
租赁私房	%	0.6				10.4		
自建住房	%	74.3		100.0	100.0			100.0
购买商品房	%	4.3	17.3			35.2	2.7	
拆迁安置房	%	12.1	75.0			54.5	97.3	
其他来源	%	1.8						
现住房建筑面积	**平方米/人**	**72.1**	**35.2**	**118.6**	**196.2**	**38.3**	**43.2**	**172.1**

家庭现住房情况

中牟县	巩义市	荥阳市	新密市	新郑市	登封市	经开区	高新区	郑东新区	航空港实验区
86.2	39.9	61.2	22.6	47.4	60.4	100.0		100.0	78.8
	54.7	26.3	66.6	32.9	21.1				19.9
					0.6		13.9		
9.7	5.4	5.7	10.7	19.6	17.5		40.4		1.3
4.1		5.7			0.3		45.7		
		1.1		0.1					
18.9	23.3	89.8	1.2	11.0	21.0	1.3	100.0	23.1	54.8
81.1	74.5	9.2	86.4	86.2	79.0	98.7		76.9	41.8
	2.1		12.4	2.8					3.4
									59.4
				2.7	0.9				
86.2	89.5	87.5	89.3	77.7	80.6	100.0		100.0	23.6
	1.8				18.5				1.3
13.8	8.7	11.4	10.7	19.6			100.0		
									15.8
63.6	**39.0**	**81.4**	**57.9**	**54.7**	**95.7**	**111.9**	**32.5**	**97.8**	**35.2**

5-19 农村居民家庭

（2020 年）

指标名称	单位	郑州市	中原区	二七区	管城区	金水区	上街区	惠济区
家用汽车	辆	71	70	75	107	97	40	80
摩托车	辆	38	7	10	10	3	20	13
助力车	台	115	143	152	133	130	125	163
洗衣机	台	106	103	103	100	103	100	117
电冰箱（柜）	台	104	100	100	100	110	100	117
微波炉	台	30	77	50	50	33	15	57
彩色电视机	台	133	120	135	133	147	110	147
空调	台	177	247	135	157	203	190	197
热水器	台	94	113	100	97	100	100	87
洗碗机	台	2	10			7		0
排油烟机	台	54	103	80	57	77	100	83
固定电话	线	5		3	7			7
移动电话	部	295	283	282	290	287	235	313
#接入互联网	部	261	280	237	193	260	170	313
计算机	台	49	90	62	63	53	35	80
#接入互联网	台	42	87	60	57	53	30	63
照相机	台	5	13	10	7	17	5	10
中高档乐器	架	3	7			7	5	10
健身器材	台	4	7		3	23		13

注：航空港实验区样本包含集体宿舍。

每百户耐用消费品用有量

中牟县	巩义市	荥阳市	新密市	新郑市	登封市	经开区	高新区	郑东新区	航空港实验区
84	49	54	61	62	71	117	87	97	55
51	85	31	79	20	79	3		7	8
171	50	189	48	120	45	183	97	117	92
108	104	108	111	106	107	143	100	103	82
106	103	105	100	100	117	137	90	103	80
19	21	34	23	26	33	30	23	10	20
135	128	138	142	116	165	147	120	123	87
166	141	258	183	150	184	220	167	143	100
103	70	99	90	95	85	133	100	97	82
3	1		3		4				2
39	29	78	58	29	38	30	100	13	45
1	10	2	16		2		3	3	12
301	324	301	303	296	314	350	240	283	207
301	295	270	256	280	230	317	223	283	167
40	46	54	56	30	31	70	23	47	50
34	44	47	38	28	24	63	23	40	45
	5	1	5	4	2		3	3	5
	1	5	6	3	4	3		3	
	1	2	3	4	4	13	3		

5-20 农村居民

（2020 年）

指标名称	郑州市	中原区	二七区	管城区	金水区	上街区	惠济区
粮食消费量	**138.07**	**81.15**	**95.95**	**101.02**	**44.45**	**119.15**	**192.05**
谷物消费量	**121.31**	**70.57**	**86.24**	**91.25**	**40.99**	**102.17**	**180.54**
小麦	96.09	47.25	67.40	63.02	23.34	77.58	159.54
稻谷	17.19	19.56	13.84	23.55	14.40	13.26	12.23
玉米	2.94	1.29	1.45	1.56	1.32	0.88	1.64
其他谷物	5.08	2.45	3.56	3.13	1.93	10.44	7.13
薯类消费量	**2.85**	**2.94**	**2.13**	**2.88**	**1.52**	**2.20**	**2.63**
红薯	1.00	0.99	0.65	1.09	0.62	0.93	1.14
马铃薯	1.41	1.64	1.04	1.46	0.64	1.05	1.06
其他薯类	0.44	0.31	0.44	0.34	0.25	0.23	0.43
豆类消费量	**13.91**	**7.65**	**7.57**	**6.88**	**1.95**	**14.78**	**8.88**
大豆	0.34	0.20	0.06	0.33	0.44	0.24	0.67
其他豆类	13.57	7.45	7.51	6.56	1.51	14.54	8.22
油脂类消费量	**8.94**	**6.38**	**4.36**	**8.44**	**2.70**	**8.54**	**5.45**
植物油	8.93	6.37	4.35	8.44	2.70	8.54	5.44
动物油	0.01	0.01	0.01				0.01
蔬菜及菜制品消费量	**83.37**	**86.45**	**62.70**	**55.00**	**26.34**	**104.58**	**96.79**
鲜菜	80.41	81.59	59.87	51.94	24.86	100.87	91.73
干菜及菜制品	1.00	0.99	0.72	0.56	0.29	0.85	3.23
鲜菌	1.78	3.69	2.05	2.31	1.05	2.64	1.75
干菌及菌制品	0.19	0.18	0.07	0.19	0.14	0.22	0.07
肉类	**12.46**	**18.46**	**14.72**	**17.10**	**11.20**	**12.49**	**19.11**
猪肉	8.25	12.16	10.07	12.12	5.96	8.28	9.89
牛肉	0.87	1.71	1.54	0.92	1.10	0.58	1.18
羊肉	0.66	1.88	1.00	0.99	1.65	2.00	0.54
其他肉类及制品	2.68	2.72	2.12	3.07	2.49	1.62	7.49
禽类	**5.01**	**5.79**	**3.58**	**6.96**	**6.59**	**3.23**	**14.18**
鸡	3.55	4.10	2.38	5.65	4.43	2.11	5.90
鸭	0.08	0.18	0.06	0.15	0.08		0.21
鹅	0.05		0.01	0.01	0.01		0.01

人均食品消费量

单位：公斤

中牟县	巩义市	荥阳市	新密市	新郑市	登封市	经开区	高新区	郑东新区	航空港实验区
114.15	**117.68**	**168.77**	**139.36**	**140.94**	**207.40**	**52.73**	**110.68**	**179.47**	**92.95**
107.70	**103.13**	**150.71**	**118.60**	**126.66**	**163.32**	**47.08**	**96.80**	**170.96**	**82.06**
97.21	81.25	124.65	90.31	102.74	111.91	36.39	80.09	147.03	67.25
8.38	11.50	17.26	18.12	17.16	33.79	8.72	9.65	21.19	9.21
0.95	5.03	3.53	3.05	1.38	5.92	1.22	3.40	0.77	3.81
1.16	5.35	5.27	7.12	5.38	11.71	0.75	3.66	1.98	1.79
2.17	**2.16**	**4.05**	**3.89**	**3.70**	**2.73**	**1.78**	**4.43**	**2.62**	**1.83**
0.97	0.46	1.87	1.57	1.49	0.68	0.40	2.17	0.28	0.61
0.89	1.37	1.69	1.62	1.67	1.45	1.36	1.93	2.05	0.78
0.32	0.33	0.49	0.69	0.54	0.59	0.03	0.33	0.29	0.44
4.28	**12.38**	**14.01**	**16.87**	**10.58**	**41.35**	**3.87**	**9.44**	**5.89**	**9.07**
0.05	0.16	0.40	0.33	0.38	0.89	0.02	0.25	0.10	0.29
4.23	12.22	13.60	16.54	10.20	40.46	3.86	9.19	5.79	8.77
7.20	**7.97**	**9.14**	**11.35**	**7.68**	**19.86**	**0.40**	**7.82**	**5.65**	**4.71**
7.19	7.93	9.12	11.32	7.68	19.85	0.40	7.82	5.65	4.70
0.01	0.05	0.01	0.03		0.01				0.01
58.52	**73.02**	**114.96**	**100.97**	**113.15**	**97.46**	**56.27**	**125.03**	**58.46**	**62.37**
57.30	69.96	112.65	98.45	109.85	92.99	54.50	115.11	54.63	61.38
0.41	1.14	0.66	0.74	1.49	1.42	0.39	0.85	1.75	0.20
0.73	1.79	1.51	1.55	1.63	2.55	1.26	9.04	2.00	0.65
0.08	0.13	0.14	0.22	0.19	0.50	0.12	0.04	0.08	0.14
11.39	**9.68**	**10.26**	**13.85**	**12.95**	**10.18**	**13.19**	**26.06**	**14.38**	**11.30**
8.56	5.84	7.46	8.98	8.74	6.21	9.08	15.63	9.36	8.86
0.31	0.56	0.29	0.47	0.63	1.69	0.61	5.81	0.98	0.81
0.35	0.58	0.31	0.61	0.27	0.67	0.11	1.19	0.77	0.96
2.16	2.70	2.19	3.79	3.31	1.61	3.38	3.43	3.27	0.66
7.28	**3.21**	**3.82**	**4.31**	**5.73**	**3.13**	**5.74**	**6.55**	**7.18**	**2.72**
6.27	2.32	2.63	2.52	3.86	2.75	3.82	4.06	5.36	2.05
0.06	0.04	0.03	0.01	0.12	0.03	0.29	0.81	0.05	0.18
0.05		0.02						0.50	

5-20 续表 （2020 年）

指标名称	郑州市	中原区	二七区	管城区	金水区	上街区	惠济区
其他禽类及制品	1.33	1.50	1.14	1.15	2.08	1.11	8.06
水产品	**5.52**	**7.04**	**4.39**	**5.50**	**5.90**	**3.43**	**4.49**
鱼类	4.44	4.85	2.69	3.01	3.71	2.03	2.86
虾贝蟹类	0.46	1.07	1.15	1.73	1.76	0.52	1.03
藻类	0.23	0.15	0.24	0.17		0.44	0.28
其他	0.40	0.97	0.31	0.58	0.43	0.44	0.32
蛋类及蛋制品	**16.48**	**14.50**	**12.20**	**15.71**	**12.42**	**16.84**	**15.00**
鲜蛋	16.08	14.22	11.98	15.14	12.02	16.48	13.75
蛋制品	0.40	0.28	0.22	0.57	0.40	0.35	1.25
奶和奶制品	**13.01**	**14.42**	**14.39**	**14.45**	**34.98**	**18.03**	**28.31**
鲜奶	7.28	9.86	8.75	8.70	25.17	7.11	16.78
酸奶	4.65	4.31	5.09	5.16	9.22	4.65	7.85
奶粉	0.46	0.07	0.30	0.39	0.10	1.29	1.11
其他奶制品	0.62	0.18	0.25	0.21	0.49	4.98	2.56
干鲜瓜果类	**65.01**	**52.66**	**47.91**	**64.72**	**33.64**	**50.79**	**74.12**
鲜瓜果	60.28	48.48	43.87	60.16	31.46	45.86	69.38
瓜果制品	1.23	1.42	0.87	1.85	0.81	1.07	1.98
坚果类	3.50	2.76	3.17	2.71	1.37	3.87	2.76
糖果糕点类	**6.69**	**4.84**	**6.46**	**4.90**	**7.39**	**3.99**	**9.26**
食糖	1.19	0.67	0.68	0.91	0.09	1.04	0.87
糖果	0.63	0.66	1.14	0.41	0.48	0.54	1.49
糕点	4.24	3.31	4.37	3.13	3.65	2.02	5.06
其他糖果糕点	0.63	0.19	0.27	0.46	3.17	0.40	1.85
饮料	**0.09**	**1.02**	**0.08**	**0.07**	**0.31**	**0.05**	**0.14**
茶叶	0.09	1.02	0.08	0.07	0.31	0.05	0.14
烟叶消费量	**25.61**	**17.07**	**24.57**	**19.73**	**1.63**	**25.92**	**47.15**
酒	**4.53**	**3.32**	**4.59**	**4.71**	**5.66**	**1.75**	**9.36**
白酒	1.13	2.15	1.47	1.19	0.92	0.47	3.05
啤酒	3.35	1.17	3.04	3.50	4.74	1.09	6.26
果酒	0.06	0.01	0.08	0.02		0.18	0.05

单位:公斤

中牟县	巩义市	荥阳市	新密市	新郑市	登封市	经开区	高新区	郑东新区	航空港实验区
0.90	0.85	1.14	1.78	1.75	0.34	1.62	1.67	1.27	0.49
3.56	20.39	4.44	2.60	2.54	2.73	2.31	8.31	2.37	1.68
3.01	19.67	3.61	1.80	1.37	1.85	0.84	5.00	0.97	1.08
0.32	0.17	0.26	0.21	0.35	0.08	0.18	2.07	0.71	0.20
0.05	0.18	0.39	0.18	0.32	0.45	0.20	0.51	0.05	0.15
0.17	0.37	0.18	0.41	0.50	0.35	1.09	0.73	0.65	0.25
14.42	**13.24**	**20.26**	**20.36**	**17.26**	**14.55**	**10.08**	**91.95**	**14.89**	**9.18**
14.15	13.11	19.90	19.93	16.54	14.34	8.66	91.37	14.28	8.97
0.27	0.13	0.35	0.43	0.72	0.21	1.43	0.58	0.61	0.22
6.86	**11.92**	**9.84**	**10.66**	**22.96**	**8.03**	**5.10**	**19.57**	**11.16**	**9.71**
4.12	7.74	7.07	6.38	7.95	4.94	0.39	12.62	4.43	4.06
2.19	3.45	2.30	3.58	13.57	2.04	4.47	6.43	5.15	2.99
0.44	0.57	0.28	0.18	1.30	0.16	0.08	0.32	0.81	0.23
0.11	0.17	0.18	0.52	0.14	0.89	0.16	0.21	0.77	2.44
53.72	**66.52**	**62.23**	**76.88**	**78.19**	**59.89**	**75.30**	**119.58**	**58.84**	**72.36**
50.23	61.62	56.53	70.12	73.69	56.26	70.77	114.84	53.79	67.40
0.81	1.40	1.68	1.48	1.40	0.68	1.25	1.02	1.18	0.99
2.67	3.50	4.02	5.28	3.11	2.95	3.28	3.72	3.87	3.97
5.87	**7.37**	**6.42**	**7.79**	**7.46**	**6.21**	**3.96**	**8.68**	**7.40**	**4.52**
1.11	1.54	1.10	1.50	1.82	1.25	0.51	0.24	1.10	1.05
0.30	0.44	0.22	0.97	0.42	1.02	0.08	1.95	0.55	0.54
4.33	4.98	4.52	4.89	4.88	3.41	3.22	4.90	4.89	2.10
0.13	0.42	0.58	0.44	0.34	0.53	0.15	1.59	0.87	0.83
0.01	0.02	0.03	0.09	0.07	0.03	0.24	0.02	0.04	0.12
0.01	0.02	0.03	0.09	0.07	0.03	0.24	0.02	0.04	0.12
25.40	**20.60**	**37.42**	**31.34**	**17.72**	**27.57**	**26.35**	**24.54**	**27.89**	**22.84**
4.73	**3.14**	**4.11**	**4.78**	**3.10**	**6.23**	**1.18**	**8.21**	**4.77**	**3.57**
1.84	0.47	0.85	1.23	1.10	0.60	0.73	1.16	1.04	1.48
2.87	2.62	3.07	3.39	1.99	5.59	0.45	7.02	3.73	2.08
0.01	0.06	0.19	0.16	0.01	0.04		0.03		0.01

5-21 农村居民按五等份分组人均可支配收入

（2020 年）

单位:元

指标名称	农村低收入户	农村中低收入户	农村中等收入户	农村中高收入户	农村高收入户
可支配收入	**10745.02**	**17326.32**	**23072.44**	**31814.07**	**55373.72**
工资性收入	**7845.21**	**11285.23**	**15691.04**	**20967.39**	**28529.48**
工资	7256.94	10649.49	15283.17	20322.77	28077.20
实物福利	13.24	41.19	41.42	102.84	49.09
其他	575.02	594.55	366.44	541.77	403.20
经营净收入	**1444.67**	**3590.08**	**3487.39**	**5731.32**	**20618.00**
第一产业经营净收入	827.43	1131.73	2038.29	2561.82	12082.22
第二产业经营净收入	-708.63	279.27	1.52	-267.81	2999.00
第三产业经营净收入	1325.86	2179.09	1447.59	3437.31	5536.78
财产净收入	**417.32**	**1178.43**	**1131.53**	**2371.76**	**2732.75**
利息净收入	23.95	-194.36	-2.58	32.16	119.73
红利收入	80.75	510.82	66.10	290.71	955.23
储蓄性保险净收益	0.78				
转让承包土地经营权租金净收入	240.48	164.21	355.16	385.58	242.73
出租房屋财产性收入	65.41	692.92	663.92	1670.41	1413.86
出租机械专利版权等资产的收入			15.86	6.80	
其他财产净收入	5.95	4.84	33.08	-13.90	1.19
转移净收入	**1037.82**	**1272.58**	**2762.48**	**2743.61**	**3493.49**
转移性收入	**1248.75**	**1546.31**	**3116.06**	**3409.68**	**4322.70**
养老金或离退休金	531.80	657.82	1432.70	1308.94	1325.11
社会救济和补助	41.45	39.71	65.24	35.92	70.59
政策性生活补贴	125.31	97.29	208.49	715.95	1170.75
报销医疗费	117.22	207.16	363.83	235.30	765.79
家庭外出从业人员寄回带回收入	209.95	206.61	509.59	631.22	446.00
赡养收入	148.12	233.37	280.45	405.69	333.13
其他经常转移收入	29.80	25.33	148.28	7.48	8.95
从政府和组织得到的实物产品和服务折价	1.61	6.70	7.84	7.91	12.20
现金政策性惠农补贴	43.48	72.32	99.64	61.28	190.18
转移性支出	**210.93**	**273.73**	**353.59**	**666.07**	**829.21**
个人所得税	4.60	1.27		5.72	91.95
社会保障支出	173.55	230.45	318.76	595.40	703.14
赡养支出	29.58	11.06	17.79	55.47	11.05
其他转移性支出	3.20	30.95	17.04	9.49	23.07

5-22 农村居民按五等份分组人均消费支出

（2020 年）

单位：元

指　　标	农村低收入户	农村中低收入户	农村中等收入户	农村中高收入户	农村高收入户
消费支出	**12713.91**	**13891.30**	**15639.58**	**20037.06**	**30848.50**
食品烟酒	**2829.17**	**3433.77**	**4281.09**	**4590.33**	**7266.85**
食品	**2114.98**	**2489.30**	**2911.93**	**2985.45**	**5186.37**
谷物	365.87	451.09	451.37	493.09	2204.37
薯类	51.03	64.51	79.90	74.40	79.97
豆类	56.19	52.42	99.04	58.62	62.32
食用油	74.77	128.67	125.55	122.50	127.95
蔬菜和食用菌	245.81	302.46	345.12	345.38	367.80
肉类	421.30	525.29	625.40	633.08	752.49
禽类	61.41	92.40	105.40	97.22	147.13
水产品	50.26	67.50	71.32	64.08	169.93
蛋类	10	111.31	119.60	130.03	134.94
奶类	199.77	177.17	215.50	285.52	263.50
干鲜瓜果类	263.65	263.46	391.74	400.69	524.38
糖果糕点类	95.54	94.82	115.04	111.26	181.76
其他食品	129.38	158.20	166.94	169.58	169.83
烟酒	**260.49**	**327.14**	**480.54**	**528.50**	**636.48**
烟草	182.85	238.90	368.00	418.02	467.15
酒类	77.64	88.24	112.54	110.47	169.33
饮料	**65.15**	**99.36**	**95.03**	**117.34**	**135.05**
饮食服务	**388.56**	**517.97**	**793.60**	**959.05**	**1308.96**
食堂用餐	69.18	70.68	89.67	121.06	174.88
其他在外饮食	315.14	444.76	697.08	835.98	1130.87
食品加工服务费	4.23	2.52	6.85	2.01	3.20

5-22 续表 1

单位:元

指 标	农村低收入户	农村中低收入户	农村中等收入户	农村中高收入户	农村高收入户
衣着	**799.86**	**922.14**	**1129.96**	**1197.99**	**1718.33**
衣类	595.06	691.95	874.18	911.50	1456.82
鞋类	204.80	230.19	255.78	286.49	261.51
居住	**2859.02**	**5619.11**	**3740.97**	**5079.98**	**9638.39**
租赁房房租	163.95	32.89	107.05	153.16	134.68
住房维修及管理	314.48	381.33	395.45	868.14	4114.85
水电燃料及其他	515.39	999.95	856.89	842.60	1552.59
自有住房折算租金	1865.20	4204.94	2381.59	3216.08	3836.28
租赁房房租中租赁公房房租			5.94	8.54	21.25
租赁房房租中租赁私房房租	163.95	32.89	101.10	144.62	113.43
住房维修及管理中物业管理费	20.77	22.63	24.80	54.09	64.53
生活用品及服务	**613.76**	**679.18**	**1000.90**	**1572.10**	**1826.01**
家具及室内装饰品	83.75	45.38	68.26	293.74	160.27
家用器具	117.67	167.24	328.46	522.44	791.16
家用纺织品	50.08	43.93	91.88	146.29	93.06
家庭日用杂品	195.40	215.64	259.65	334.88	526.73
个人用品	141.83	151.49	223.94	227.78	192.59
家庭服务	25.03	55.50	28.70	46.97	62.20
#家政服务	0.91	0.43	5.90	12.49	0.49
交通通信	**2352.61**	**1334.86**	**2289.68**	**3927.53**	**4666.02**
交通	**1863.47**	**737.45**	**1630.90**	**3158.94**	**3698.85**
交通工具	1153.37	123.00	680.02	1842.79	2220.08
交通费	36.05	51.32	49.71	55.60	223.93
交通工具用燃料	404.63	356.20	528.46	857.49	886.28
交通工具使用及维修	269.41	206.93	372.71	403.06	368.56

5-22 续表 2

单位:元

指　　标	农村低收入户	农村中低收入户	农村中等收入户	农村中高收入户	农村高收入户
#车辆保险支出	109.47	65.64	102.42	120.56	189.61
通信	**489.14**	**597.41**	**658.78**	**768.59**	**967.17**
通信工具	180.11	144.52	201.17	268.49	298.35
通信服务	309.04	452.89	457.61	500.10	668.82
教育文化娱乐	**1205.20**	**805.90**	**1248.88**	**1531.33**	**1881.76**
教育	**1050.21**	**652.15**	**978.80**	**1123.28**	**1318.26**
学前教育	180.39	156.05	100.15	231.84	530.58
小学教育	180.17	118.61	206.18	248.75	188.93
初中教育	180.65	80.17	159.61	127.28	117.84
高中教育	122.12	72.16	145.63	302.99	69.41
中专职高教育	37.68	9.56	4.14	20.11	7.64
大专及以上教育	310.08	174.20	329.40	140.26	276.90
成人教育	39.12	41.40	33.69	52.06	126.95
文化娱乐	**154.99**	**153.75**	**270.08**	**408.05**	**563.51**
文娱耐用消费品	30.31	26.37	90.18	120.56	98.40
其他文娱用品	84.30	78.47	131.34	143.30	141.21
文化娱乐服务	40.38	48.90	48.56	144.19	323.90
医疗保健	**1731.90**	**899.56**	**1557.89**	**1586.92**	**3040.02**
医疗器具及药品	217.19	252.69	493.91	407.16	453.76
医疗服务	1514.71	646.87	1063.98	1179.76	2586.26
门诊总费用	317.66	322.55	331.44	385.83	706.74
住院总费用	1197.05	324.32	732.54	793.93	1879.52
其他用品和服务	**322.40**	**196.79**	**390.20**	**550.86**	**811.11**
其他用品	149.66	51.31	219.60	353.27	374.69
其他服务	172.74	145.48	170.60	197.59	436.42

主要统计指标解释

住户 指居住在一个住宅内，共同分享生活开支或收入的一群人。居住在同一房间内、不共同分享生活开支的人群，每个人都视为一个住户。住家保姆、住家家庭帮工视为单独的住户。

常住成员 指住户成员中，经常在家居住、或者调查期内居住时间超过一半的人员，以及本住户供养的学生。

可支配收入 指调查户在调查期内获得的、可用于最终消费支出和储蓄的总和，即调查户可以用来自由支配的收入。可支配收入既包括现金，也包括实物收入。按照收入的来源，可支配收入包含四项，分别为：工资性收入、经营净收入、财产净收入和转移净收入。可支配收入＝工资性收入+经营净收入+财产净收入+转移净收入

工资性收入 指就业人员通过各种途径得到的全部劳动报酬和各种福利，包括受雇于单位或个人、从事各种自由职业、兼职和零星劳动得到的全部劳动报酬和福利。

经营净收入 指住户或住户成员从事生产经营活动所获得的净收入，是全部经营收入中扣除经营费用、生产性固定资产折旧和生产税之后得到的净收入。经营净收入＝经营收入－经营费用－生产性固定资产折旧－生产税

财产净收入 指住户或住户成员将其所拥有的金融资产、住房等非金融资产和自然资源交由其他机构单位、住户或个人支配而获得的回报并扣除相关的费用之后得到的净收入。财产净收入包括利息净收入、红利收入、储蓄性保险净收益、转让承包土地经营权租金净收入、出租房屋净收入、出租其他资产净收入和自有住房折算净租金等。财产净收入＝财产性收入－财产性支出

转移性收入 指国家、单位、社会团体对住户的各种经营性转移支付和住户之间的经常性收入转移。包括养老金或退休金、社会救济和补助、政策性生产补贴、政策性生活补贴、救灾款、经营性捐赠和赔偿、报销医疗费、住户之间的赡养收入，以及本住户非常住成员寄回带回的收入等。转移净收入＝转移性收入－转移性支出

消费支出 指出户用于满足家庭日常生活消费需要的全部支出，包括用于消费品的支出和用于服务性消费的支出。根据用途不同，消费支出可划分为食品烟酒、衣着、居住、生活用品及服务、交通通信、教育文化娱乐、医疗保健、其他用品及服务八大类。根据来源不同，消费支出可划分为现金消费支出、实物消费支出（含自产自用、来自单位、来自政府和其他社会组织）。

六、城市公用事业和环保

6-1 城市设施水平

指 标	单位	2019 年	2020 年
人口密度	人/平方公里	8793	9417
人均日生活用水量	升	147.91	128.95
用水普及率	%	100	100
燃气普及率	%	95.5	93.8
污水处理率	%	98.05	98.51
人均公园绿地面积	平方米	14.47	14.7
建成区绿地率	%	36.07	34.45
建成区绿化覆盖率	%	41.05	41.5
垃圾粪便无害化处理率	%	100	100

6-2 城市建设用地情况

指 标	单位	2019 年	2020 年
城市市区面积	平方公里	1092.1	1092.1
建成区面积	平方公里	773.87	836.18
#城市建设用地面积	平方公里	562.56	793.28
#工业	平方公里	67.72	71.67
物流仓储	平方公里	26.21	28.57
交通设施	平方公里	125.21	138.88
居住	平方公里	193.69	210.24
公共管理与公共服务	平方公里	98.84	107.28
公用设施	平方公里	30.16	31.84
绿地	平方公里	157.15	171.79
商业服务业设施	平方公里	31.02	33.01
本年征用土地面积	平方公里	20.42	3.82

6-3 城市供水、供电、燃气及供热

指　　标	单位	2019 年	2020 年
供　水			
水厂数	个	10	8
自来水综合生产能力	万立方米/日	207	194
地下水	万立方米/日	48	14
供水管道长度	公里	5258	5438
全年供水总量	万立方米	45647	41980
生产用水	万立方米	3338	3038
生活用水	万立方米	24331	23769
家庭用量	万立方米	24195	23729
用水人口	万人	670	701
节约用水			
取水量	万立方米	11074	11504
生产用水重复利用量	万立方米	35891	831
节约用水量	万立方米	2654	3098
供电			
公用配电线路长度	公里	21627	21800
全年销售总量	亿千瓦时	445	440
生活用电	亿千瓦时	114.27	108.65
售给居民每千度电售价	元	545.15	545.78
天然气			
储气能力	万立方米	243	243
供气总量	万立方米	163175	154021
家庭用量	万立方米	43206	44379
用气家庭户数	户	2551641	2727309
输送管道长度	公里	6183	6183
供热能力			
蒸汽	吨/小时	390	390
热水	兆瓦	4389	4581
供热总量			
蒸汽	万吉焦	66	18
热水	万吉焦	3087	4581
管道长度	**公里**	**1549**	**1549**
集中供热面积	**万平方米**	**15200**	**16000**
住宅	万平方米	12312	13020

6-4 市政设施及公共交通

指　　标	单位	2019 年	2020 年
实有铺装道路长度	公里	3193	3362
实有铺装道路面积	万平方米	8621.12	9303.97
人行道面积	万平方米	2017.01	2053.79
实有桥梁数	座	254	393
立交桥	座	82	116
路灯盏数	盏	185463	192787
排水管道长度	公里	6447.54	6886.55
污水年排放量	万立方米	52608.4	47190.63
污水处理厂	座	9	17
处理能力	万立方米/日	196.5	196.5
污水年处理量	万立方米	43447	36240
公共汽、电车运营车数	辆	6316	6316
标准运营车数	标台	8184.7	8166.7
运营线路网长度	公里	2021.87	2256.56
全年客运总量	万人次	92807	55480.17
实有出租汽车数	辆	10908	10908
轨道交通全年客运量	万人次	41126	34101
快速公交运营线路网长度	公里	539	539
公交运营线路条数	条	347	355

6-5 园林绿化及环境卫生

名　　称	单位	2019 年	2020 年
绿化覆盖面积	公顷	26794.65	37417
建成区	公顷	23838.65	34098
园林绿地面积	公顷	23194.41	32594
建成区	公顷	20945.73	28844
公园绿地面积	公顷	9703.66	12509
公园个数	个	181	223
公园面积	公顷	4627.56	6063
实际清扫面积	万平方米	6297.09	10854
生活垃圾清运量	万吨	268.8974	334.6
公厕数量	座	1903	2415
市容环卫专用车辆总数	台	7694	8539

6-6 全市工业污染排放及处理利用情况

（2020 年）

指　　标	单位	数量
工业废水		
废水治理设施数	套	371
废水治理处理能力	万吨/日	73.6
废水治理设施运行费用	万元	28859.8
工业废水处理量	万吨	7742.2
工业废水排放量	万吨	4660.1
化学需氧量产生量	吨	39659.3
化学需氧量排放量	吨	987.7
氨氮产生量	吨	538.7
氨氮排放量	吨	34.9
工业废气		
工业废气排放量	亿立方米	5064.9
废气治理设施数	套	2529
废气治理设施处理能力	万立方米/时	21394.0
废气治理设施运行费用	万元	226423.2
二氧化硫产生量	吨	219485.6
二氧化硫排放量	吨	5465.3
烟(粉)尘产生量	吨	5015690.7
烟(粉)尘排放量	吨	7690.4
工业固体废物		
一般工业固体废物产生量	万吨	1295.4
一般工业固体废物综合利用量	万吨	1061.0
一般工业固体废物处置量	万吨	192.2
危险废物产生量	万吨	9.3
危险废物利用处置量	万吨	9.7
企业基本情况		
工业企业数	个	1128
工业企业工业总产值	万元	64947212.9
工业锅炉	台/蒸吨	534/32495.2
工业炉窑数	座	1593

6-7 全市工业污染防治投资情况

（2020 年）

指　标	单位	数量	指　标	单位	数量
工业企业数	**个**	**35**	其他治理项目	万元	351
施工项目总数	**个**	**36**	**施工项目本年投资来源**		
废气治理项目	个	30	企业自筹	万元	4593
固体废物治理项目	个	1	**竣工项目数**	**个**	**29**
其他治理项目	个	5	废气治理项目	个	26
施工项目本年完成投资	**万元**		其他治理项目	个	3
废气治理项目	万元	4236	**竣工项目新增设计处理能力**		
固体废物治理项目	万元	6	治理废气	万标立方米/时	125.8

6-8 城镇生活污染排放情况及污水处理厂运行情况

（2020 年）

指　　标	单位	数量
污染排放		
城镇生活污水排放量	万吨	44361.6
生活化学需氧量产生量	吨	255046.2
生活化学需氧量排放量	吨	39631.4
生活氨氮产生量	吨	27004.2
生活氨氮排放量	吨	1480.2
二氧化硫排放量	吨	110.7
烟尘排放量	吨	349.3
污水处理厂运行情况		
污水处理厂数	个	50
本年运行费用	万元	95064.7
污水设计处理能力	万吨/日	351.4
污水实际处理量	万吨	102053.2
生活污水处理量	万吨	97898.6
工业废水处理量	万吨	4154.7

主要统计指标解释

建成区面积 城市行政区内实际已成片开发建设、市政公用设施和公共设施基本具备的区域。对核心城市,它包括集中连片的部分以及分散的若干个已经成片建设起来,市政公用设施和公共设施基本具备的地区;对一城多镇来说,它包括由几个连片开发建设起来的,市政公用设施和公共设施基本具备的地区组成。因此建成区范围,一般是指建成区外轮廓线所能包括的地区,也就是这个城市实际建设用地所达到的范围。

供水综合生产能力 指按供水设施取水、净化、送水、出厂输水干管等环节设计能力计算的综合生产能力。包括在原设计能力的基础上,经挖、革、改增加的生产能力。计算时,以四个环节中最薄弱的环节为主确定能力。原则上按设计能力填报,对于经过更新改造后,实际生产能力与设计能力相差很大的,按实际能力填报。

年底供水管道长度 指从送水泵至用户水表之间所有管道的长度。不包括新安装尚未使用、水厂内以及用户建筑物内的管道。在同一条街道埋设两条或两条以上管道时,应按每条管道的长度计算。

供水总量 指各种水源为用水户提供的包括输水损失在内的毛水量。

生活用水 指城镇生活用水。城镇生活用水由居民用水和公共用水(含第三产业及建筑业等用水)组成。

城市人口用水普及率 指报告期末城市用水人口数与城区人口总数的比率。计算公式:

$$用水普及率=\frac{城区用水人口(含暂住人口)}{城区人口+城区暂住人口}\times100\%$$

全年供气总量 指报告期燃气企业(单位)向用户供应的燃气数量。包括销售量和损失量。

城市供热管道长度 指从各类热源到热用户建筑物接入口之间的全部蒸汽和热水的管道长度。不包括各类热源厂内部的管道长度。可按管沟敷设方式(管沟、直埋、架空等)分类统计。

集中供热面积 指从一个或多个热源通过热网向城市的热用户供给生产和生活热能,供热企业(单位)向城市各类房屋建筑物、构筑物及其附属设施供热的全部建筑面积。

道路长度 指道路长度和与道路相通的桥梁、隧道的长度,按车行道中心线计算。

桥梁 指为跨越天然或人工障碍物而修建的构筑物。包括跨河桥、立交桥、人行天桥以及人行地下通道等。

排水管道长度 指所有排水总管、干管、支管、检查井及连接井进出口等长度之和。计算时应按单管计算,即在同一条街道上如有两条或两条以上并排的排水管道时,应按每条排水管道的长度相加计算。

无营运线路长度 指设置的固定营运线路长度,包括郊区营运线路长度。不包括临时行驶的线路长度。

绿地面积 指报告期末用作园林和绿化的各种绿地面积。包括公园绿地、生产绿地、防护绿地、附属绿地和其他绿地的面积。

公园绿地 城市中向公众开放的、以游憩为主要功能,有一定的游憩设施和服务设施,同时兼有健全生态、美化景观、防灾减灾等综合作用的绿化用地。

污水排放总量 指生活污水、工业废水的排放总量,包括从排水管道和排水沟(渠)排出的污水量。

污水处理量 指污水处理厂(或污水处理装置)实际处理的污水量。包括物理处理、生物处理量和化学处理量。

其中处理本市(县)外,指污水处理厂作用区域设施,不仅处理本市(县)的污水,还处理本市(县)以外其他市、县或乡镇等的污水。这部分污水处理单独统计,并在计算本市(县)的污水处理率时扣除。

工业废气排放量 指报告期内企业厂区内燃料燃烧和生产工艺过程中产生的各种排入空气中含有污染物的气体的总量,以标准状态(273K,101325Pa)计算。

工业固体废物产生量 指未被列入《国家危险废物名录》或者根据国家规定的危险废物鉴别标准(GB5085)、固体废物浸出毒性浸出方法(GB5086)及固体废物浸出毒性测定方法(GB/T 15555)鉴别方法判定不具有危险特性的工业固体废物。计算公式是:

一般工业固体废物产生量=(一般工业固体废物综合利用量-其中:综合利用往年贮存量)+一般工

业固体废物贮存量+(一般工业固体废物处置量-其中:处置往年贮存量)+一般工业固体废物倾倒丢弃量

工业固体废物处置量 指报告期内企业将工业固体废物焚烧和用其他改变工业固体废物的物理、化学、生物特性的方法,达到减少或者消除其危险成分的活动,或者将工业固体废物最终置于符合环境保护规定要求的填埋场的活动中,所消纳固体废物的量。

工业废水排放量 指报告期内经过企业厂区所有排放口排到企业外部的工业废水量。包括生产废水、外排的直接冷却水、废气治理设施废水、超标排放的矿井地下水和与工业废水混排的厂区生活污水,不包括独立外排的间接冷却水(清浊不分流的间接冷却水应计算在内)。

生活垃圾清运量 指报告期内收集和运送到各生活垃圾处理厂(场)和生活垃圾最终消纳点的生活垃圾数量。生活垃圾指城市日常生活或为城市日常生活提供服务的活动中产生的固体废物以及法律行政规定的视为城市生活垃圾的固体废物。包括:居民生活垃圾、商业垃圾、集市贸易市场垃圾、街道清扫垃圾、公共场所垃圾和机关、学校、厂矿等单位的生活垃圾。

七、农　业

7-1 农村基本情况及从业人员

（2020 年）

指　标	单位	总计	中原区	二七区	管城区	金水区	上街区	惠济区	中牟县
乡村人口从业人员									
乡村户数	万户	105.19	2.24	1.23	0.77	0.37	1.06	3.90	10.89
乡村人口数	万人	433.77	7.42	5.56	3.53	1.84	4.21	16.25	46.34
乡村从业人员数	万人	228.02	3.15	2.82	1.63	0.49	1.48	8.25	25.60
按性别分									
#男劳动力	万人	125.85	1.65	1.40	0.86	0.35	0.80	4.58	13.62
女劳动力	万人	102.17	1.50	1.42	0.77	0.14	0.68	3.68	11.97
按行业分									
农业从业人员	万人	84.43		0.72	0.45	0.12	0.30	2.77	15.71

7-1 续表 （2020 年）

指　标	单位	巩义市	荥阳市	新密市	新郑市	登封市	经开区	高新区	郑东新区	航空港实验区
乡村人口从业人员										
乡村户数	万户	16.82	13.69	16.93	10.74	14.36	2.34	1.05	2.09	6.69
乡村人口数	万人	66.17	54.83	65.99	41.35	61.08	10.21	4.44	11.06	33.48
乡村从业人员数	万人	28.80	30.79	36.52	24.82	34.08	4.58	1.53	4.33	19.15
按性别分										
#男劳动力	万人	16.53	16.85	20.26	13.29	19.36	2.59	0.92	2.46	10.34
女劳动力	万人	12.27	13.94	16.27	11.53	14.72	2.00	0.61	1.87	8.81
按行业分										
农业从业人员	万人	10.74	8.83	9.63	8.11	14.05	1.23	0.44	2.03	9.29

注：乡镇数不包括县（市）所在地的城关镇。

7-2 农业机械、电气、化学、水利情况

(2020 年)

指　　标	单位	合计	中原区	二七区	管城区	金水区	上街区	惠济区	中牟县
农业机械化情况									
实际机耕面积	千公顷	212.30		0.07	0.69	0.17	0.16	5.84	44.07
当年机播面积	千公顷	325.33		0.02	0.77	0.28	0.44	5.19	53.92
当年机收面积	千公顷	305.62		0.05	0.68	0.26	0.43	4.39	48.43
农村用电量	**万千瓦时**	**569285**	**9992**	**146**	**202**	**70**	**3025**	**6551**	**35422**
农用化肥施用量									
按折纯量计算	吨	179886		17	80	181	28	1944	33305
氮肥	吨	45823		2	5	23		538	8051
磷肥	吨	24241			10			288	5024
钾肥	吨	13878			5			220	3030
复合肥	吨	95944		14	61	158	28	899	17200
农田水利化情况									
耕地有效灌溉面积	千公顷	179.43	3.10	0.10	5.51	0.06	0.20	7.16	58.70

7-2 续表 (2020 年)

指　　标	单位	巩义市	荥阳市	新密市	新郑市	登封市	经开区	高新区	郑东新区	航空港实验区
农业机械化情况										
实际机耕面积	千公顷	24.42	31.76	31.70	27.51	23.41	1.47	0.52	4.61	15.92
当年机播面积	千公顷	41.72	43.79	53.67	45.45	50.01	2.51	1.10	6.96	19.52
当年机收面积	千公顷	39.41	42.99	50.29	44.07	45.26	2.47	1.08	6.71	19.11
农村用电量	**万千瓦时**	**321549**	**32103**	**48443**	**43135**	**48746**	**1243**	**244**	**5344**	**13070**
农用化肥施用量										
按折纯量计算	吨	22985	26817	25509	29003	23227	1976	398	2229	12186
氮肥	吨	6234	8281	5578	7633	6428	132	9	208	2701
磷肥	吨	2377	4596	2936	2094	4537	381	8	205	1786
钾肥	吨	1148	1873	720	1890	2847	393	3	153	1597
复合肥	吨	13226	12067	16275	17386	9415	1070	378	1663	6103
农田水利化情况										
耕地有效灌溉面积	千公顷	1.79	37.23	15.79	36.91	12.88				

7-3 水果产量

（2020年） 单位：吨

指　　标	总计	二七区	管城区	金水区	上街区	惠济区	中牟县
水果产量	**273436**	**5449**	**594**	**114**	**116**	**5151**	**21218**
苹果	27248				8	780	9777
红富士	17380					780	9144
国光	1169						633
梨	21532	82	6	69	25	667	1504
雪花梨	3293	25	6				290
鸭梨	4960			69		235	269
其它	224656	5367	588	45	83	3704	9937
桃子	38039	484	491	36	13	974	7233
猕猴桃	394						15
葡萄	46403	810	23	9	47	1810	2438
红枣	37884		70			182	15
柿子	6563		5			8	149

7-3 续表 （2020年） 单位：吨

指　　标	巩义市	荥阳市	新密市	新郑市	登封市	经开区	高新区	郑东新区	航空港实验区
水果产量	**31958**	**87068**	**19920**	**74630**	**20416**	**415**	**20**	**338**	**6030**
苹果	3551	3884	1978	3239	3908			70	53
红富士	3323	1097	322	666	1965			55	27
国光	10	312	192		20				2
梨	5943	6690	1088	1695	1582			25	2156
雪花梨	99	569	153	280	345			10	1516
鸭梨	3	3809	90	483	2				
其它	22464	76494	16853	69696	14926	415	20	243	3821
桃子	2649	8858	3043	7421	3798	192		58	2791
猕猴桃	46	235		39	59				
葡萄	6871	5127	9186	14191	4867	215	20	155	637
红枣	68	548	303	36590	37	4			68
柿子	1428	3763	447	22	741				

7-4 农业机械主要

（2020 年）

指　　标	单位	总计	中原区	二七区	管城区	金水区	上街区	惠济区	中牟县
农业机械总动力	**千瓦**	**4355305.95**	**6257.00**	**10216.50**	**33607.00**	**15345.00**	**6474.80**	**46862.90**	**676102.90**
拖拉机及配套机械									
拖拉机	台	108577	37	126	229	52	115	190	38150
	千瓦	1843338.19	1598.00	2330.00	4924.80	1114.00	6292.70	6137.00	544214.60
大中型拖拉机	台	14684	15	26	39	25	43	118	3490
	千瓦	884999.00	1048.00	1140.00	2470.00	931.00	2381.00	5340.00	215162.00
小型拖拉机	台	93911	22	100	190	27	72	72	34660
	千瓦	958339.68	550.00	1190.00	2454.80	183.00	3912.00	797.00	329052.20
拖拉机配套农具	部	174822	91	230	432	65	110	700	53169
种植业机械									
耕整地及种植业机械									
机引犁	台	71183	23	293	177	8	99	170	26102
机引耙	台	60823	14	66	112	13	94	0	25807
秸杆粉碎还田机	台	10141	0	0	38	21	75	110	2022
农用水泵	台	95847	92	0	1422	710	267	1580	31680
节水喷灌机械	套	11718	0	0	0	0	68	20	730

生产情况

巩义市	荥阳市	新密市	新郑市	登封市	经开区	高新区	郑东新区	航空港实验区
503707.20	**421120.00**	**949819.25**	**645470.00**	**700282.20**	**71577.00**	**11013.00**	**107699.20**	**149752.00**
11957	678	10776	8303	19421	5142	64	6017	7320
171408.00	34016.00	288894.73	242161.00	297504.26	81232.00	2209.00	69867.10	89435.00
1348	568	3332	2669	1270	639	59	342	701
64488.00	32399.00	193987.00	172555.00	97836.00	39274.00	2144.00	18105.00	35738.00
10627	110	7444	5634	18151	4503	5	5675	6619
106920.00	1617.00	94907.68	69606.00	199668.00	41958.00	65.00	51762.00	53697.00
19786	2290	14077	13376	45241	7000	212	8656	9387
8620	840	2870	5155	15263	3146	48	4768	3601
4293	858	2001	3079	13949	3032	28	4291	3186
748	840	2315	2139	984	120	51	213	465
4412	5510	15051	10718	13569	980	310	6815	2731
149	950	382	5094	3806	3	1		515

7-4 续表

指　　标	单位	总计	中原区	二七区	管城区	金水区	上街区	惠济区	中牟县
收获机械									
联合收获机	台	9227		10	34	24	41	79	1340
	千瓦	687819.49		643.00	2210.00	1247.00	2573.00	6251.70	82878.00
脱粒烘干机械									
机动脱粒机	台	26523		108		50	75	9	780
农副产品加工机械									
动力机械	台	45317		114	329		279	130	6113
	千瓦	414067.78		1178.00	2572.78		1740.00	1143.00	23280.00
柴油机	台	864							
	千瓦	12480							
电动机	台	44453		114	329		279	130	6113
	千瓦	401587.78		1178.00	2572.78		1740.00	1143.00	23280.00
加工作业机械									
粮食加工机械	台	22062		75	322		207	80	2111
棉花加工机械	台	1812					131		186
油料加工机械	台	3319		37			70	10	331

（2020 年）

巩义市	荥阳市	新密市	新郑市	登封市	经开区	高新区	郑东新区	航空港实验区
954	256	2679	1800	1412	70	51	162	315
44728.00	20480.00	211323.79	161832.00	105139.00	6160.00	3751.00	12018.00	26585.00
9079	2790	4336	675	7828	97	48	327	321
10467	8850	10005	2513	4040	323	70	1011	1073
60745.00	108900.00	150550.00	22000.00	28904.00	2470.00	151.00	4823.00	5611.00
9	580	275						
80	6900	5500						
10458	8270	9730	2513	4040	323	70	1011	1073
60665.00	102000.00	145050.00	22000.00	28904.00	2470.00	151.00	4823.00	5611.00
4730	2958	5136	1962	3000	260	42	670	509
113	339	411	90	410	20		63	49
110	428	688	354	920	50	14	155	152

7-5　果园面积

（2020 年）　　　　单位:公顷

指　　标	总　计	二七区	管城区	金水区	上街区	惠济区	中牟县	巩义市
果园面积	**18282**	**76**	**225**	**5**	**51**	**967**	**1125**	**1802**
苹果园	1732				3	37	617	229
梨园	948	6	1	2	4	37	74	149
桃园	2339	11	187	2		68	310	185
猕猴桃园	47							4
葡萄园	2198	37	6	1	33	89	103	275
枣园	4594		31			21	2	14
柿园	414		1			1	10	73

7-5　续表　　　　（2020 年）　　　　单位:公顷

指　　标	荥阳市	新密市	新郑市	登封市	经开区	高新区	郑东新区	航空港实验区
果园面积	**3919**	**1254**	**6466**	**1940**	**25**	**5**	**22**	**402**
苹果园	186	193	153	305			3	6
梨园	222	86	64	167			2	135
桃园	477	251	303	386	13		4	142
猕猴桃园	12	13	10	8				
葡萄园	330	370	652	221	11	5	14	53
枣园	37	69	4399	17	1			5
柿园	143	62	6	120				

7-6 林业生产情况

（2020 年）

单位：公顷

区县(市)	当年造林面积	用材林	经济林	木材产量（立方米）	防护林	森林抚育实际面积
总计	**13256**	**836**	**5298**	**134035**	**7122**	**7993**
市辖区	496		496			166
中原区	7	7		1200		34
二七区	10			1464	10	33
管城区	13	13		832		33
金水区	57			829	57	33
上街区	8	8				42
惠济区	69	69		4213		147
中牟县	2976	683	1182	12921	1111	338
巩义市	3593	5	2202	2708	1386	1,756
荥阳市	696	51	369	13000	276	560
新密市	1925		536	8151	1389	1,232
新郑市	997		305	71377	692	2000
登封市	2409		208	17340	2201	1,619

7-7 渔业生产情况

（2020 年）

单位：吨、公顷

区县（市）	水产品总产量			养殖面积
		鱼类产量	虾蟹类产量	
总计	**95305**	**95037**	**43**	**6110**
金水区	2850	2850		101
惠济区	12226	12226		425
中牟县	36200	35940	40	2263
荥阳市	17000	16997	3	1100
新密市	600	600		386
新郑市	513	508		220
登封市	716	716		415
郑东新区	25200	25200		1200

7-8 牧业主要产品产量

（2020 年）

指 标	单位	合计	中牟县	巩义市	荥阳市
猪当年出栏头数	万头	75.61	1.46	18.89	8.53
牛当年出栏头数	万头	4.51	0.19	0.44	0.86
羊当年出栏只数	万只	29.87	1.49	3.55	3.98
禽当年出栏只数	万只	1602.10	108.94	108.25	250.41
肉类总产量	吨	87724	2947	16879	11051
猪肉产量	吨	56847	1105	14491	6393
牛肉产量	吨	6699	274	650	1278
羊肉产量	吨	3837	182	489	460
禽肉产量	吨	19449	1386	1219	2914
兔肉产量	吨	860		26	6
奶类总产量	吨	107655	49755	4791	46455
生牛奶产量	吨	106939	49755	4790	46358
山羊毛产量	公斤	1216		10	
绵羊毛产量	公斤	17119			
蜂蜜产量	公斤	182820		86174	32875
禽蛋产量	吨	118491	1937	11701	24052

7-8 续表 （2020 年）

指 标	单位	新密市	新郑市	登封市	航空港实验区
猪当年出栏头数	万头	14.56	12.62	18.31	1.23
牛当年出栏头数	万头	0.35	0.48	1.12	1.07
羊当年出栏只数	万只	5.02	5.55	6.10	4.19
禽当年出栏只数	万只	259.64	418.97	310.96	144.92
肉类总产量	吨	15588	16016	20413	4830
猪肉产量	吨	10808	9400	13750	900
牛肉产量	吨	527	709	1672	1589
羊肉产量	吨	674	699	788	545
禽肉产量	吨	3048	5079	4013	1790
兔肉产量	吨	509	123	190	6
奶类总产量	吨	674	5903	7	70
生牛奶产量	吨	56	5903	7	70
山羊毛产量	公斤	147	268	791	
绵羊毛产量	公斤	383	8440	6644	1652
蜂蜜产量	公斤	7617	9665	45424	1065
禽蛋产量	吨	26606	24559	25483	4153

7-9 农作物主要

（2020 年）

指　　标	总计	二七区	管城区	金水区	上街区	惠济区	中牟县
农作物总播种面积	**97409.28**	**17.24**	**444.26**	**20.78**	**20.53**	**5461.96**	**38266.19**
粮食作物播种面积	**288.83**	**0.07**	**0.50**	**0.27**	**0.47**	**0.86**	**29.89**
总产量	1464096	372	2711	1520	2378	5443	192375
夏收粮食播种面积	**140.49**	**0.01**	**0.25**	**0.13**	**0.17**	**0.37**	**11.86**
总产量	711800	44	1215	752	966	2326	76189
秋收粮食播种面积	**148.35**	**0.06**	**0.25**	**0.13**	**0.30**	**0.49**	**18.03**
总产量	752296	328	1496	768	1412	3118	116186
谷物合计播种面积	**273.89**	**0.01**	**0.49**	**0.22**	**0.45**	**0.80**	**28.10**
总产量	1380842	57	2666	1420	2344	5059	180055
小麦播种面积	140.49	0.01	0.25	0.13	0.17	0.37	11.86
总产量	711797	44	1215	752	966	2326	76189
玉米播种面积	131.35		0.25	0.09	0.28	0.43	16.24
总产量	661524	13	1451	668	1378	2733	103866
谷子播种面积	1.90						
总产量	6338						
高粱播种面积	0.01						
总产量	17						
豆类合计播种面积	**5.09**			**0.04**	**0.01**	**0.01**	**0.47**
总产量	10215			100	8	24	1283

产品生产情况

单位：千公顷、吨

巩义市	荥阳市	新密市	新郑市	登封市	经开区	高新区	郑东新区	航空港实验区
4435.84	**11388.66**	**8825.64**	**10704.60**	**6064.42**	**666.13**	**6.33**	**817.15**	**10269.56**
36.66	**44.33**	**56.42**	**43.27**	**51.22**	**2.20**	**1.13**	**7.11**	**14.44**
153906	275384	222425	255150	202378	12951	5526	41134	90439
18.86	**22.82**	**26.60**	**21.84**	**24.23**	**1.25**	**0.59**	**3.62**	**7.91**
80789	143699	113477	129880	83805	7280	3132	19902	48345
17.80	**21.51**	**29.82**	**21.44**	**27.00**	**0.95**	**0.54**	**3.49**	**6.53**
73118	131685	108948	125270	118573	5670	2395	21232	42095
35.29	**43.14**	**52.27**	**41.53**	**48.43**	**2.09**	**1.13**	**6.46**	**13.49**
148558	268998	204781	247030	178915	11763	5526	39469	84200
18.85	22.82	26.60	21.84	24.23	1.25	0.59	3.62	7.91
80786	143699	113477	129880	83805	7280	3132	19902	48345
15.88	19.52	25.33	19.45	24.08	0.83	0.54	2.84	5.57
65580	122760	89895	116291	94588	4483	2395	19567	35855
0.40	0.81	0.34	0.24	0.11				
1027	2539	1409	854	509				
			5	13				
0.46	**0.31**	**1.60**	**0.80**	**0.70**	**0.01**		**0.64**	**0.04**
798	507	2349	2147	1275	15		1598	111

7-9 续表 （2020 年）

指 标	总计	二七区	管城区	金水区	上街区	惠济区	中牟县
大豆播种面积	4.04			0.04		0.01	0.47
总产量	8769			100	2	14	1283
绿豆播种面积	1.01					0.01	
总产量	1397				5	10	
红小豆播种面积	0.03						
总产量	32				1		
红薯播种面积	9.85	0.05	0.01		0.009	0.05	1.31
总产量	73039	315	45		26	361	11037
油料合计播种面积	**32.26**	**0.01**	**0.25**	**0.02**	**0.01**	**0.10**	**9.50**
总产量	122906.08	10.90	682.00	24.00	6.70	255.10	47068.45
花生播种面积	26.24	0.01	0.22	0.01		0.06	9.31
总产量	113254.25	9.80	642.00	12.10		204.30	46731.45
油菜籽播种面积	4.75		0.03	0.01	0.01	0.04	0.13
总产量	7818.33		40.00	11.90	6.70	46.40	244.00
芝麻播种面积	1.15						0.06
总产量	1521.55	1.10				4.40	93.00
葵花籽播种面积	0.06						
总产量	118.08						
棉花播种面积	**0.65**						**0.36**
总产量	609.20					0.20	310.50
烟叶播种面积	**0.02**						
总产量	50.00						
中草药材播种面积	**0.67**						**0.03**
蔬菜（含菜用瓜）播种面积	**56.80**	**0.01**	**0.17**	**0.01**	**0.01**	**5.13**	**23.72**
总产量	2198438.49	240.50	4829.49	162.15	663.61	246394.25	851228.00
瓜类（果用瓜）播种面积	**6.14**		**0.03**			**0.05**	**4.66**
总产量	242182.03		691.30			1678.70	191062.40
西瓜播种面积	5.03		0.02			0.02	3.91
总产量	208313.53		589.50			799.00	166991.00

单位:千公顷、吨

巩义市	荥阳市	新密市	新郑市	登封市	经开区	高新区	郑东新区	航空港实验区
0.29	0.25	1.25	0.70	0.35			0.64	0.04
566	412	1968	1994	719	13		1598	100
0.17	0.07	0.34	0.09	0.33				
223	96	374	150	527	2			11
		0.01		0.01				
4		6	3	18				
1	0.87	2.55	0.95	2.10	0.11		0.01	0.91
4550	5879	15296	5974	22189	1173		67	6128
2.55	**1.87**	**2.95**	**5.57**	**2.81**	**0.51**		**0.12**	**5.99**
5661.59	5549.97	7836.64	19481.06	6239.74	2217.35		323.63	27548.95
1.14	1.49	1.24	4.79	1.59	0.50		0.05	5.84
3411.44	4906.55	4704.04	18257.00	4707.70	2208.45		177.50	27281.92
1.00	0.25	1.50	0.73	0.90			0.04	0.11
1580.40	475.76	2839.80	1160.80	1116.99			98.00	197.58
0.33	0.13	0.21	0.05	0.29	0.01		0.03	0.05
407.00	163.02	292.80	63.26	370.49	8.90		48.13	69.45
0.04				0.02				
86.52				31.56				
0.18		**0.01**		**0.09**				
207.21		5.10		86.19				
				0.02				
				50.00				
0.08	**0.01**	**0.25**	**0.11**	**0.19**				
1.48	**8.82**	**5.61**	**4.48**	**2.67**	**0.14**	**0.01**	**0.65**	**3.89**
45825.58	363522.27	234371.24	181158.40	100392.18	3610.15	118.90	14536.13	151385.64
0.15	**0.08**	**0.13**	**0.23**	**0.43**	**0.01**			**0.37**
4892.90	3289.50	4992.60	8446.30	11518.95	323.90		34.25	15251.23
0.14	0.05	0.09	0.13	0.33				0.33
4565.50	2710.00	3956.90	5151.80	9462.10	177.00		22.50	13888.23

7-10　农林牧

（2020 年）

指　　标	全市	二七区	管城区	金水区	上街区	惠济区	中牟县
农林牧渔业总产值	**2613103**	**779**	**10446**	**5279**	**605**	**101532**	**482355**
农业	**1767713**	**779**	**6538**	**554**	**605**	**82215**	**375092**
谷物及其他作物	529077	86	1889	397	570	1622	59687
谷物	367124	17	986	333	567	1087	32376
#小麦	216561	15	667	186	405	535	15238
玉米	144518	3	319	147	162	552	17138
薯类	12522	60	6			280	1324
油料	81827	8	500	17	3	169	22203
#花生	73751	6	485	8		128	21973
油菜籽	6164		15	9	3	36	176
豆类	5172			47		21	321
棉花	630						158
其他农作物	56155		397			65	3305
蔬菜园艺作物	761639	25	3547	40	35	76455	210606
蔬菜（含菜用瓜）	731131	25	3547	40	35	60908	198709
花卉	18071					15536	11800
水果、坚果、饮料和香料作物	467717	668	1102	117		4138	104643
水果（含果用瓜）	412235	641	1011	117		4138	104610
#苹果	16918					452	1949
梨	9284	41	4			335	369
坚果	55109	26	91				33
林业	**48002**		**2761**	**545**		**1636**	**5783**
林木的培育和种植	47492		2761	517		1388	4024
牧业	**566872**						**34524**
牲畜饲养	143251						18517
牛的饲养	59050						978
羊的饲养	41965						2199
奶产品	38217						15340
猪的饲养	220022						6964
家禽饲养	155803						6623
肉禽	68629						5449
禽蛋	87174						1174
其他畜牧业	47796						2420
渔业	**104161**			**4180**		**13501**	**44800**
鱼类	102033			4180		13501	44800
虾蟹类	322						0
农林牧渔服务业	**126355**		**1147**			**4180**	**22156**

渔业总产值

单位:万元

巩义市	荥阳市	新密市	新郑市	登封市	经开区	高新区	郑东新区	航空港实验区
245846	**504503**	**338470**	**382104**	**335248**	**24585**	**1363**	**31076**	**148923**
93464	**322581**	**174489**	**258571**	**198889**	**5915**	**671**	**30482**	**85609**
43754	81354	76986	85620	66213	4144	671	11064	37553
33531	65196	47314	61036	57668	2568	671	9897	18038
19643	38080	26100	35068	24722	1609		5274	10970
13410	24798	19777	25584	32667	959		4623	7068
3550	5597	11831	872	2671	152		10	757
3506	6276	5505	19076	5309	1419			17654
1914	5152	2949	18093	4665	1409			17472
1174	671	2215	905	185				99
470	417	832	1034	565	5		676	42
1								
2696	3868	11504	3602				481	1062
12570	112482	65270	102474	70396	1399		4365	41803
10961	100677	60228	55523	65146	1398		4365	39385
600	10063	4635	335					2418
36151	128587	31863	69340	50600	372		15053	6253
27212	117190	15142	68482	24983	372		15053	5975
3298	2666	1086	1850	8053				1203
1508	3141	483	849	596				726
8738	6942	16687	858	16947				278
11681	**12373**	**9023**	**22183**	**12352**	**14320**	**692**	**594**	**2533**
11171	1423	7752	2297	12143	14320	692	594	
93346	**103951**	**139024**	**91258**	**111637**				**59154**
10794	29550	26112	16113	18742				35602
3401	7414	2204	6975	11830				26925
6151	4746	5871	7101	6912				8666
1163	17225	50	2030					11
51571	37448	66018	45713	68323				15896
9241	36487	22991	29348	24572				7656
1869	3539	4191	8061	5006				1946
7372	32948	18800	21287	19566				5710
21740	466	11348	84					
6265	**41270**	**2024**	**1098**	**334**				
6265	41260	1009	1091	249				
	10			85				
41090	**24328**	**13910**	**8994**	**12036**	**4350**			**1627**

7-11 主要牲畜年末存栏情况

（2020 年）

单位:头(只)

指　标	合计	中牟县	巩义市	荥阳市	新密市	新郑市	登封市	航空港实验区
大牲畜年末总头数	**49376**	**12188**	**4209**	**12019**	**3335**	**5540**	**9571**	**2514**
牛年末总头数	48604	12188	3898	12013	3162	5260	9569	2514
马年末存栏数	15		8	4	3			
驴年末存栏数	746		298		170	276	2	
骡年末存栏数	11		5	2		4		
猪年末总头数	**718600**	**16429**	**176508**	**63989**	**129740**	**147896**	**174972**	**9066**
能繁殖母猪	75356	1512	17904	6032	11500	18000	19408	1000
羊年末总只数	**303205**	**28394**	**39190**	**28651**	**48677**	**42619**	**86996**	**28678**
家禽期末存栏数	**12744568**	**617122**	**1001594**	**2247183**	**2930844**	**2603316**	**2535850**	**808659**
兔期末总只数	**194982**		**15919**	**2416**	**100766**	**24676**	**50622**	**583**

主要统计指标解释

农林牧渔业总产值 是以货币表现的农林牧渔业全部产品的总量和对农林牧渔业生产活动进行的各种支持性服务活动的价值，它反映一定时期内农业生产的总规模和总成果。

农林牧渔五业统计范围是：1. 种植业：包括粮、棉、油、糖料、麻类、烟叶、蔬菜、药材、瓜类、采集野生植物和其他农作物的种植以及茶园、桑园、果园的生产经营。

2. 林业：包括林木的栽培、林产品的采集和竹木采伐。

3. 牧业：包括除渔业以外的一切动物饲养和放牧及捕猎野兽。

4. 渔业：包括水生动物和海藻类植物养殖和捕捞。

5. 农林牧渔服务业：包括农林牧渔服务业营业收入。

农业总产值的计算方法通常是以农林牧渔业产品的产量乘以该项单位价格而得该项产品产值。少数生产周期较长，当年没有产品或产品不易统计的则采用间接方法匡算产值。五业产品产值之和即为农业总产值。

农业增加值 指各单位生产经营或劳务活动提供最终产品的货币表现，即本单位或本行业对社会所做的贡献。农业增加值是社会各经济单位，即企业、事业单位和行政单位及个体经营户在报告期内生产经营和业务活动最终成果的货币表现。

农业增加值主要采用生产法和分配法（收入法）两种方法计算。

农作物种植业 包括谷物、豆类、薯类、棉、油料、糖料、麻类、烟叶、蔬菜、药材、瓜类和其他农作物的种植，以及茶园、桑园、果园的生产经营。

其他农业 包括采集野生植物的果实、纤维、树胶、树脂、油料以及柴草、野生药材、菌类等。

粮食产量 指全社会的产量。包括国有经济经营的、集体统一经营的和农民家庭经营的粮食产量，还包括工矿企业家属办的农场和其他生产单位的产量。粮食除包括稻谷、小麦、玉米、高粱、谷子及其他杂粮外，还包括薯类和大豆。其产量计算方法，豆类按去豆荚后的干豆计算；薯类（包括甘薯和马铃薯，不包括芋头和木薯）1963 年以前按每 4 公斤鲜薯折 1 公斤粮食计算，从 1964 年开始及以后改为按 5 公斤鲜薯折 1 公斤粮食计算。郑州辖区作为蔬菜的薯类（如：马铃薯等）按鲜品计算，并且不做为粮食统计。其他粮食一律按脱粒后的原粮计算。

油料产量 指全部油料作物的生产量。包括花生、油菜籽、芝麻、向日葵籽、胡麻籽（亚麻籽）和其他油料。不包括大豆，也不包括木本油料和野生油料。花生以带壳干花生计算。

水产品产量 指人工养殖的水产品和天然生长的水产品的捕捞量。包括海水的鱼类、虾蟹类、贝类和藻类以及内陆水域的鱼类、虾蟹类和贝类，不包括淡水生植物。

猪、牛、羊肉产量 指当年出栏并已屠宰后除去头蹄下水 后带骨肉（即胴体重）的重量。

耕地面积 指年初可以用来种植农作物、经常进行耕锄的田地，除包括熟地、当年新开荒地、连续撩荒未满三年的耕地和当年的休闲地（轮歇地）外，还包括以种植农作物为主并附带种植桑树、茶树、果树和其他林木的土地，以及沿海、沿湖地区已围垦利用的“海涂”、“湖田”等面积。但不包括属于专业性的桑园、茶园、果园、果木苗圃、林地、芦苇地、天然或人工草地面积。

农作物播种面积 指实际播种或移植有农作物的面积，凡是实际种植有农作物的面积，不论种植在耕地上还是种植在非耕地上，均包括在农作物播种面积中，同时还包括因遭灾而重新改种和补种的农作物面积，种一公顷算一公顷。

农用化肥施用量 指本年内实际用于农业生产的化肥数量。包括氮肥、磷肥、钾肥和复合肥。化肥施用量要求按折纯量计算数量。折纯法化肥施用量是把氮肥、磷肥和钾肥分别按含氮、含五氧化二磷、含氧化钾的百分之百有效成份计算。复合肥按其所含主要成分折算。

农业机械总动力 指主要用于农、林、牧、渔业的各种动力机械的动力总和。包括耕作机械、排灌机械、收获机械、农产品加工机械、运输机械、植物保护机械、牧业机械、林业机械、渔业机械和其他农业机械〔内燃机按引擎马力折成瓦(特)计算,电动机按功率折成瓦(特)计算〕。不包括专门用于乡、镇、村、组办工业、基本建设、非农业运输、科学试验和教学等非农业生产方面用的动力机械与作业机械。

八、工　业

业　工八

8-1 规模以上工业总产值、增加值及销售产值指数

（2020 年）

上年＝100

项目	单位数(个)	工业总产值指数	工业增加值指数	工业销售产值指数
总计	**2295**	**106.3**	**106.1**	**108.1**
按轻重工业分				
轻工业	415	110.0	108.9	113.7
重工业	1880	102.6	103.9	102.7
按三大门类分				
采矿业	58	144.3	141.2	146.3
制造业	2142	106.4	105.8	108.6
电力燃气及水的生产和供应业	95	100.4	100.3	98.2
按登记注册类型分				
国有企业	18	102.2	102.5	101.9
集体企业	14	103.6	105.7	109.0
股份合作企业	4	97.4	123.6	98.2
股份制企业	121	104.1	105.2	103.6
外商和港澳台商投资企业	88	108.9	107.9	113.6
其他	1	110.2	127.7	107.5
按所有制类型分				
公有制	189	111.3	110.5	112.1
非公有制	2106	105.4	104.8	107.5
按企业规模分				
大型企业	54	103.1	102.0	105.8
中型企业	213	117.3	118.8	117.8
小型企业	1712	110.9	113.1	111.0
微型企业	316	98.7	97.7	97.3

8-2 各种分组的规模以上工业增加值指数

上年=100

项　目	2012 年	2013 年	2014 年	2015 年	2016 年	2017 年	2018 年	2019 年	2020 年
指　数	**117.2**	**111.3**	**111.2**	**110.2**	**106.0**	**107.8**	**106.8**	**106.1**	**106.1**
按注册类型分									
内资企业	112.4	108.8	109.5	108.6	105.9	107.7	107.2	104.4	105.2
国有	108.8	107.8	101.9	102.3	108.4	114.2	103.8	112.8	102.5
集体	124.4	101.0	111.7	104.2	111.4	109.8	67.7	100.6	105.7
股份合作	115.1	112.2	96.8	121.4	97.9	109.7	90.4	112.2	123.6
联营	92.1	116.5	96.6	7.0	114.5	108.8	120.4	88.4	29.6
有限责任公司	115.1	112.7	112.8	108.5	105.6	110.2	104.8	101.5	110.2
股份有限公司	114.1	105.4	104.1	113.1	109.3	103.4	117.5	112.0	95.9
私营	112.3	106.4	110.3	108.1	104.8	103.2	108.6	103.3	102.3
其他	94.4	144.5	117.2	122.3	125.2	104.6	202.1	134.5	214.1
港澳台商投资	213.8	134.6	122.2	122.4	105.6	107.5	107.0	114.4	117.7
外商投资	100.4	105.6	109.3	99.6	109.4	110.6	104.0	98.8	78.8
按控股类型分									
国有控股	107.0	105.6	102.1	100.1	97.4	110.6	110.2	104.6	111.2
集体控股	129.0	104.0	111.6	109.2	108.8	104.8	90.5	101.1	92.4
私人控股	112.7	109.4	111.8	110.3	106.2	104.5	95.0	106.0	104.5
港澳台控股	212.1	137.0	122.7	121.7	106.3	108.0	107.1	114.4	116.5
外商控股	105.5	100.7	102.5	101.5	111.7	113.8	94.0	100.3	75.7
按所有制分									
公有制	109.1	105.4	103.1	101.2	98.9	109.9	109.7	104.4	110.5
非公有制	119.6	112.7	113.0	111.7	107.1	107.5	105.9	106.6	104.8
按轻重工业分									
轻工业	108.4	105.5	106.6	106.4	102.8	111.3	104.0	109.2	108.9
重工业	119.5	112.7	112.3	111.1	106.8	106.9	108.8	104.1	103.9
按企业规模分									
大型企业	125.4	116.3	110.9	110.5	101.8	108.8	111.7	103.6	102.0
中型企业	109.7	109.8	109.3	107.5	102.9	101.8	104.0	99.4	118.8
小型企业	117.7	109.1	113.1	112.0	112.9	111.3	94.4	115.5	113.1
微型企业	161.1	71.9	142.5	100.7	121.7	109.1	115.5	96.3	97.7

8-3 分行业规模以上工业增加值指数

上年=100

行业	2012年	2013年	2014年	2015年	2016年	2017年	2018年	2019年	2020年
总计	**117.2**	**111.3**	**111.2**	**110.2**	**106.0**	**107.8**	**106.8**	**106.1**	**106.1**
煤炭开采和洗选业	100.0	102.1	102.0	93.3	90.9	94.7	118.1	91.2	142.1
黑色金属矿采选业	85.8	81.2	154.2	199.3	119.5	95.4	84.4		
有色金属矿采选业	115.1	84.7	117.8	119.0	100.5	97.4	95.3	13.4	132.6
非金属矿采选业	111.3	120.0	111.0	114.5	107.9	79.1	51.1	118.1	122.9
农副食品加工业	123.6	100.8	110.3	110.1	107.6	108.7	93.0	85.2	90.3
食品制造业	101.8	112.1	107.0	105.1	105.2	113.5	99.7	108.0	106.6
酒、饮料和精制茶制造业	109.2	124.2	102.0	111.0	111.8	104.5	99.0	111.0	93.5
烟草制品业	118.5	107.4	100.6	99.8	85.9	110.9	105.5	101.7	108.4
纺织业	108.2	97.6	77.9	80.9	96.2	93.9	88.1	141.9	113.2
纺织服装、服饰业	100.3	105.6	124.8	112.9	111.2	115.3	107.0	88.8	106.1
皮革、毛皮、羽毛及其制品和制鞋业	113.9	67.0	98.9	67.7	103.1	67.9	63.3	88.0	106.4
木材加工和木、竹、藤、棕、草制品业	113.1	99.0	104.3	67.7	89.2	83.9	49.1	96.1	79.6
家具制造业	132.3	77.3	98.7	112.7	116.7	95.5	72.2	151.2	84.9
造纸和纸制品业	94.9	111.3	103.2	106.3	97.0	106.0	102.8	112.7	95.6
印刷和记录媒介复制业	104.7	94.7	101.9	93.4	85.8	109.7	103.6	97.9	107.7
文教、工美、体育和娱乐用品制造业	106.4	100.3	111.8	115.3	106.9	99.6	88.9	80.2	80.8
石油加工、炼焦和核燃料加工业	98.8	78.8	100.5	107.1	107.8	73.9	97.5	115.1	107.4
化学原料和化学制品制造业	125.1	109.4	108.7	111.4	100.1	96.2	99.0	110.6	112.7
医药制造业	89.0	92.9	117.5	113.5	106.2	114.6	116.2	114.3	107.6
化学纤维制造业	115.0	105.2	135.8	100.2	115.2	120.7	95.9	71.8	71.3
橡胶和塑料制品业	112.4	112.3	121.1	107.2	114.8	92.9	90.1	101.0	109.7
非金属矿物制品业	114.2	109.8	110.4	107.9	104.6	106.9	108.4	93.8	100.3
黑色金属冶炼和压延加工业	118.3	114.1	115.8	107.1	81.8	75.9	110.1	106.8	89.5
有色金属冶炼和压延加工业	112.3	109.9	107.1	115.3	107.8	103.8	112.9	108.2	111.1
金属制品业	102.6	111.0	116.6	105.0	114.0	107.6	85.5	111.3	105.5
通用设备制造业	132.8	115.7	113.1	108.3	108.5	113.1	97.1	114.1	103.1
专用设备制造业	110.7	103.9	109.8	110.6	106.7	113.2	123.2	124.1	104.5
汽车制造业	106.1	115.1	116.6	113.1	113.3	103.2	104.3	101.5	86.9
铁路、船舶、航空航天和其他运输设备制造业	119.3	99.1	134.6	150.3	105.8	105.5	140.1	161.0	310.1
电气机械和器材制造业	112.9	111.6	116.8	110.1	116.2	142.3	134.9	103.3	102.4
计算机、通信和其他电子设备制造业	273.4	137.9	124.5	126.3	113.5	117.5	110.8	110.5	113.2
仪器仪表制造业	118.5	147.7	118.1	119.2	110.7	106.3	92.7	120.9	114.1
废弃资源综合利用业			213.7	118.0	120.7	379.4	132.2	94.7	234.7
金属制品、机械和设备修理业	64.9	70.9	32.0	60.1	264.6	171.1	177.6	116.2	94.2
电力、热力生产和供应业	103.6	108.2	94.9	96.3	104.3	107.7	97.6	107.0	101.0
燃气生产和供应业	115.3	113.0	123.7	98.1	106.7	116.9	118.4	110.2	96.2
水的生产和供应业	103.0	108.9	111.5	97.8	150.1	109.8	104.4	100.5	102.7

8-4 各区县(市)规模以上工业企业单位数

(2020 年底)

单位:个

区县(市)	合计	国有控股	集体	港澳台投资	外商投资	轻工业	重工业	大型	中型
全 市	**2295**	**161**	**14**	**37**	**51**	**415**	**1880**	**54**	**213**
中原区	26	5		1	2	7	19	3	4
二七区	82	5	1		4	30	52	6	8
管城区	18	2	1	2		7	11	1	4
金水区	16	4	1			9	7	1	3
上街区	98	10		1	2	7	91	1	4
惠济区	22	2	1		3	9	13	3	2
中牟县	105	7		1	5	23	82	2	9
巩义市	424	5	3		3	16	408	4	40
荥阳市	238	12	2	2	1	41	197		14
新密市	253	15	1	3	2	32	221	1	16
新郑市	222	13	4	4	3	92	130	4	17
登封市	200	24		3	3	8	192		32
经开区	182	18		10	16	48	134	11	28
高新区	274	19		7	5	60	214	6	27
郑东新区	39	6			2	2	37	3	1
航空港实验区	93	11		3		24	69	5	4

8-5 各区县(市)规模以上工业总产值指数

(2020 年)

上年=100

区县(市)	合计	国有控股	集体	港澳台投资	外商投资	轻工业	重工业	大型	中型
全 市	**106.3**	**112.4**	**103.6**	**116.7**	**78.8**	**110.0**	**102.6**	**103.1**	**117.3**
中原区	97.1	95.5		88.1	65.4	101.3	95.7	94.9	119.8
二七区	104.4	116.8	152.4		119.3	104.6	104.1	98.6	117.8
管城区	77.2	87.8	118.5	78.6		80.8	77.0	76.3	85.7
金水区	88.4	80.7	110.7			90.9	83.9	89.7	102.8
上街区	102.9	100.3			100.0	118.9	102.4	98.7	102.0
惠济区	99.2	100.6	94.7		107.0	109.3	59.1	109.8	100.6
中牟县	110.2	246.1		147.8	104.0	101.0	117.2	104.9	88.8
巩义市	107.0	75.0	96.4		2.8	96.2	107.2	74.1	163.3
荥阳市	106.4	133.0	87.0	102.0		108.9	106.1	48.1	105.7
新密市	106.6	154.0	103.9	315.9	87.9	108.9	106.3	132.5	105.7
新郑市	98.4	132.2	83.9	81.5	96.8	90.2	107.0	130.9	82.9
登封市	106.5	99.3			381.1	106.7	106.4	24.3	159.3
经开区	102.5	120.3		133.3	79.7	109.6	100.0	95.2	116.3
高新区	101.9	101.9		107.0	119.3	91.2	107.3	85.7	112.6
郑东新区	99.2	105.5			103.8	85.1	99.5	104.7	115.6
航空港实验区	112.3	92.6		115.7		113.2	101.8	114.9	67.8

8-6 各区县(市)规模以上工业销售产值指数

(2020年)

上年=100

区县(市)	合计	国有控股	集体	港澳台投资	外商投资	轻工业	重工业	大型	中型
全　市	**108.1**	**113.1**	**109.0**	**122.7**	**78.6**	**113.7**	**102.7**	**105.8**	**117.8**
中原区	96.7	95.4		88.1	64.6	108.0	95.6	94.9	116.5
二七区	99.2	111.0	167.4		113.9	105.4	93.9	97.0	102.7
管城区	75.1	84.8	142.7	73.7	100.0	85.7	74.4	73.6	84.6
金水区	88.1	80.9	110.7		100.0	90.2	84.2	89.7	106.0
上街区	101.1	101.0			97.3	119.6	100.5	99.6	82.9
惠济区	95.4	100.6	98.1		101.4	104.2	59.3	104.5	100.6
中牟县	101.7	244.1		154.4	97.2	85.4	113.5	90.3	94.9
巩义市	108.0	88.2	94.4		1.6	108.3	108.0	76.8	163.2
荥阳市	106.9	133.7	82.2	101.1	100.0	107.5	106.8	29.1	106.6
新密市	105.0	155.5	96.8	266.4	89.8	105.9	104.9	134.9	104.1
新郑市	100.4	140.0	82.7	90.9	103.1	92.4	108.7	132.3	86.0
登封市	108.6	103.2			349.6	99.2	108.9	25.2	162.0
经开区	103.3	119.8		157.1	80.1	109.9	100.7	95.0	121.4
高新区	97.4	114.3		103.0	115.9	84.9	104.3	79.8	110.1
郑东新区	99.7	105.4			103.1	87.2	100.0	104.5	135.6
航空港实验区	118.3	92.5		121.4	100.0	119.1	107.7	120.7	68.8

8-7 各区县(市)规模以上工业增加值指数

(2020年)

上年=100

区县(市)	合计	国有控股	集体	港澳台投资	外商投资	轻工业	重工业	大型	中型
全　市	**106.1**	**111.2**	**105.7**	**117.7**	**78.8**	**108.9**	**103.9**	**102.0**	**118.8**
中原区	97.6	96.3		90.3	65.4	99.8	96.5	95.0	118.8
二七区	104.7	116.4	152.4		112.4	103.5	106.0	102.8	115.9
管城区	79.2	93.7	118.5	103.5		93.9	77.8	77.3	85.8
金水区	86.2	79.9	110.7			91.2	75.5	89.7	102.8
上街区	103.2	99.8			99.3	115.7	102.8	99.1	90.8
惠济区	98.7	100.7	94.7		106.9	108.9	72.8	109.8	100.7
中牟县	110.7	215.0		147.8	105.9	102.8	114.7	105.2	90.2
巩义市	107.2	65.0	96.2		1.6	90.7	107.5	72.7	155.8
荥阳市	109.9	145.3	87.4	101.9		101.7	110.8	48.7	110.5
新密市	109.0	164.6	105.2	315.9	90.0	104.4	109.6	146.7	105.9
新郑市	110.0	163.1	90.2	78.6	97.4	92.1	132.8	157.2	87.8
登封市	108.0	106.4			365.7	111.1	107.9	42.5	142.8
经开区	104.2	111.8		139.9	78.1	109.8	99.6	100.0	123.0
高新区	102.7	107.3		107.2	111.5	92.0	108.1	87.7	112.1
郑东新区	102.0	106.8			103.8	85.4	102.5	104.8	118.9
航空港实验区	110.8	80.9		115.7		113.0	102.1	112.6	71.5

8-8 历年主要

（2020 年）

产品名称	计量单位	1978 年	1980 年	1985 年	1990 年	1995 年	1998 年	1999 年	2000 年	2001 年	2002 年	2003 年	2004 年
原煤	万吨	868	897	1352	1628	2220	2613	1724	1830	2039	2581	3297	4096
饲料	万吨		0.5	3.3	5.3	6.6	11.5	16.3	21.6	27.3	38.8	57.4	62.8
速冻米面食品	万吨											21.5	23.8
方便面	万吨							5.5	6.9	14.7	18.7	22.3	17.9
啤酒	万千升			0.7	6.9	14.2	34.4	36.7	38.1	37.2	36.0	32.0	39.1
饮料	万吨		0.2	1.4	1.6	4.5	2.0	6.8	6.4	8.2	21.1	19.2	22.1
卷烟	亿支	243.0	350.4	443.2	456.1	476.3	412.2	423.0	428.7	393.1	403.7	404.6	419.0
纱	万吨	7.7	8.5	7.9	8.8	8.8	7.6	8.4	6.9	7.3	7.4	7.5	7.7
布	万米	41876	44804	38904	40510	40981	32762	30530	23391	21735	21239	20442	24063
印染布	万米	15086	19188	13210	8758	20321	10321	9884	14620	14833	16258	23138	22574
服装	万件		1529	1730	2260	1619	939	912	1132	1240	1306	1483	1784
人造板	立方米		1548	5622	3788	196849	46744	75312	51276	47750	34895	46920	99406
家具	万件		23.2	66.0	72.1	49.4	8.6	8.2	9.9	6.0	4.7	5.4	5.5
机制纸机制纸板	万吨	2.7	3.6	9.2	6.7	35.4	59.9	90.9	92.3	101.3	101.9	123.3	143.2
硫酸	万吨	0.5	0.9	1.3	2.8	13.3	11.5	9.7	9.4	7.3	6.2	8.8	8.5
化学农药原药	吨			435	768	1976	3264	4772	2684	5390	5126	2770	3861
中成药	吨	422	895	1851	1322	1763	2774	2634	3276	4618	2822	3664	2208
化学肥料	万吨	8.9	3.8	3.4	8.0	11.7	18.2	15.9	15.7	15.1	13.8	13.4	13.8
塑料制品	万吨			1.5	1.9	5.6	4.2	5.0	5.8	6.3	6.4	5.9	5.7
水泥	万吨	38	55	119	227	737	881	966	932	1006	1030	1134	1278
工业陶瓷	万件												7397
耐火材料制品	万吨											265.5	406.3
日用玻璃制品	万吨		1.7	3.2	2.6	7.3	4.3	3.5	2.1	1.1	0.8	1.1	1.0
石墨及炭素制品	万吨												
磨具	万吨	1.3	1.6	1.8	1.9	4.2	9.4	7.1	5.2	4.1	3.8	3.7	4.8
粗钢	万吨	2.2	3.7	4.5	5.9	13.0	16.3	11.8	1.6	1.1	1.2	1.3	7.6
钢材	万吨		1.9	4.5	7.4	15.5	25.1	27.6	14.1	14.7	17.6	46.1	103.8
原铝(电解铝)	万吨	1.8	2.9	3.4	4.0	5.9	13.0	15.5	15.8	26.5	35.5	37.3	42.2
氧化铝	万吨	40.0	40.6	53.3	60.1	66.6	73.1	87.5	96.6	107.1	127.1	138.3	148.1
阀门	万吨		0.1	0.2	1.0	3.9	3.5	3.0	3.2	3.7	3.9	5.6	7.4
汽车	辆	695	1577	1625	1043	16187	10118	7698	7689	9129	15650	27327	29806
新能源汽车	辆												
变压器	万千伏安	54.9	36.9	62.5	50.1	94.2	98.3	128.7	169.9	168.4	177.1	174.7	112.4
电力电缆	千米	2513	3533	6318	7853	5732	4633	11810	7801	6970	5823	9062	3103
移动通信手持机(手机)	万台												
发电量	亿千瓦小时	13.3	11.1	10.6	18.3	65.7	87.8	77.0	85.1	95.1	108.0	119.0	159.8
供热量	万百万千焦		451	468	464	1901	2297	2040	2862	1166	3060	3440	3369
自来水生产量	万立方米		13127	17570	19435	30119	26427	27766	26079	25465	31013	31622	32772

注：2010 年始卷烟产量含河南中烟工业有限责任公司。从 2010 年至 2018 年郑州地区卷烟产量分别为 572.4 亿支，581.3 亿支，586.4 亿支，594.1 亿支，601.09 亿支，514.7 亿支，469.7 亿支，466.3 亿支，468.9 亿支。2019 年开始卷烟产量不包括河南中烟工业有限责任公司，仅为郑州地区。

工业产品产量

2005年	2006年	2007年	2008年	2009年	2010年	2011年	2012年	2013年	2014年	2015年	2016年	2017年	2018年	2019年	2020年
6217	6699	6707	6629	6660	5963	6914	4568	4084	3554	3223	2512	2129	2313	2086	1821
65.1	114.1	126.5	150.8	106.2	148.1	178.4	210.7	266.5	239.3	192.9	176.0	182.8	126.8	68.1	76.2
32.3	59.6	70.2	87.1	90.9	100.6	125.3	100.6	109.5	125.0	122.4	128.1	125.5	125.3	117.1	129.2
20.5	25.5	32.8	24.0	30.4	44.5	28.2	26.4	29.0	30.2	37.9	38.5	33.4	18.1	20.7	25.1
41.6	25.1	28.7	45.3	49.0	56.0	48.4	58.6	63.6	54.3	60.6	83.1	102.1	63.4	66.3	53.7
25.5	46.0	70.2	108.1	163.4	216.6	236.3	251.1	344.7	300.4	328.5	367.3	306.6	197.2	213.9	198.2
408.4	436.7	477.1	487.6	559.6	1650.4	1676.1	1691.0	1713.0	1733.25	1674.3	1528.1	1517.0	1525.4	473.7	793.8
8.4	7.8	11.1	11.4	3.3	4.1	4.5	6.7	5.3	4.7	4.8	5.2	3.6	0.5	0.4	0.3
24647	22513	26034	27388	86063	81715	75968	87995	96156	6053	3505	3323	3496	3333	3216	2268
23949	36615	59217	67429	67446	62277	53171	60895	66909	64582	12557	6804	3862	2418	574	2486
2974	4804	5681	7377	10117	10950	11708	12987	15590	20820	20410	21743	16691	3132	2126	2435
104698	111770	101649	76398	118077	155128	170786	200844	259772	200494	152393	146812	148294	6303	9993	8556
7.2	26.2	97.1	81.9	249.6	196.6	233.5	284.7	223.4	236.8	283	227.0	154.6	42.5	61.3	61.0
183.4	237.5	273.4	280.8	266.9	260.2	275.1	209.4	218.3	206.8	216.9	212.8	243.2	79.1	33.1	25.7
9.0	10.2	10.3	10.7	10.0	17.1	29.4	33.4	41.6	13.5	19.2	33.3	0.8	1.5		
5016	4615	12361	3097	18255	14048	20244	22171	13881	37476	42505	49373	53357	3125	2848	7169
3972	11334	13973	65055	106412	3941	3290	5957	7772	8773	9003	9810	12272	6797	3496	3845
13.8	13.4	18.7	40.3	25.6	8.3	1.5	5.8	10.6	1.6	6.1	4.5	6.8	1.7	0.8	
7.5	8.0	11.7	14.3	16.6	112.6	17.6	20.7	20.8	28.7	33.1	40.0	45.4	11.5	10.1	13.7
1538	1592	2109	1898	2198	2096	2153	2322	2518	2428	2184	2168	2311	1437	1438	1559
8844	10100	11211	42277	37670	47209	36348	49585	192593	524363	555763	632299	672139	17026		
544.1	810.4	1267.7	1368.3	1533.4	1807.7	2080.6	2417.1	2897.6	3235.8	3375.5	3249.5	3409.2	868.5	485.8	445.8
0.6			4.3	3.2	3.6	4.3				3	3.4	89.7	0.9	0.7	
				280.5	311.6	439.7	514.2	581.4	590.4	601.2	617.0	577.1	147.9	42.6	35.8
4.8	4.4	6.1	8.0	20.4	9.4	14.6	45.4	69.4	75.8	73	68.6	63.3	12.4		
9.8	13.0	12.2	24.1	19.5	17.3	4.8	4.8	2.2	2.95	0.2	20.9	9.9	70.5	116.5	70.9
159.7	215.8	326.1	358.7	339.7	377.0	424.7	481.1	525.6	657.2	627.4	536.1	305.8	189.2	162.0	168.8
49.3	49.1	67.0	66.4	60.1	58.4	56.8	69.7	65.2	53.2	55.7	57.2	55.8	42.8	22.3	23.0
171.4	234.3	237.8	219.7	167.3	221.8	246.0	253.0	264.9	238.3	260.6	174.4	248.9	218.9	181.6	161.0
9.9	18.3	29.0	52.4	65.3	79.9	102.5	126.7	144.4	156.3	160.5	172.0	157.8	8.6	5.2	4.0
35855	47688	62261	74044	112874	225196	354985	367597	461479	507047	513908	584702	471084	582801	606878	462735
										20569	26554	31085	39184	54177	38624
126.3	202.2	168.9	138.9	218.9	247.3	357.9	377.9	350.6	240.2	241.7	192.9	123.5	235.1	432.8	300.4
5758	6855	41031	60818	91775	83450	296201	321918.7	401496	401579	313043	222943	140054	399525	388401	397765
						2445	6846	9645	11890	19672	25754	29506	21304	21370	13549
204.6	206.1	254.3	285.2	266.8	292.8	386.3	447.4	518.0	494.98	444.2	445.6	432.3	411.1	372.1	373.6
3355	3186	3050	2982	2229	2851	3464	4015	3928	3604	3867	3850	4334	5488	5228	
24936	25754	26044	27595	27744	29368	26900	29265	44281	58599	61722	71471	59182	67403	72764	72354

8-9 各区县(市)

（2020 年）

产 品 名 称	计量单位	全 市	市直	中原区	二七区	管城区	金水区	上街区	惠济区
小麦粉	吨	1467675				649			
饲料	吨	761991					9716		
精制食用植物油	吨	195604					17325		
速冻米面食品	吨	1292148					83997		1137255
方便面	吨	250615			145015				
饮料酒	千升	537134				122065			
白酒	千升								
啤酒	千升	537134				122065			
饮料	吨	1981893			369113				
卷烟	万支	7938190							
纱	吨	3312							
布	万米	2268		501					
印染布	万米	2486							
服装	万件	2435		900		12		6	
人造板	立方米	8556							
家具	件	609456			102183	35286			
机制纸及机制纸板	吨	256976							
农用氮、磷、钾化学肥料总计	吨								
化学农药原药	吨	7169				894	4996		
涂料	吨	142613					33504		
中成药	吨	3845							524
塑料制品	吨	137389			10360				1356

主要工业产品产量

中牟县	巩义市	荥阳市	新密市	新郑市	登封市	经开区	高新区	郑东新区	航空港实验区
		66251		192819	6564	1018299	183093		
169592		222033		75806		35753	161245		87845
674		15385		159850					2370
							70896		
				84848					20752
				415069					
				415069					
11018	615443			99296		253157	464544		169322
						7938190			
								3312	
								1767	
		2486							
6		838	475			25	174		
							8556		
				19179		413735			39073
			245371		11605				
76					727	323			153
1071		423	88947	251		15751	2666		
		276		51			2993		
10038	5445	2691	8611	71529		16366	9594		1399

8-9 续表 （2020 年）

产 品 名 称	计量单位	全 市	市直	中原区	二七区	管城区	金水区	上街区	惠济区
水泥	万吨	1559						67	
耐火材料制品	万吨	446			4			11	
钢材	吨	1688188			681541				
焊接钢管	吨	736282			681541				
铁合金	吨	18571							
氧化铝	吨	1609566						1360566	
原铝（电解铝）	吨	230335							
铝材	吨	5439164						48456	
工业锅炉	蒸发量吨	46569							
泵	台	50187				252		19055	
阀门	吨	39606						14772	
矿山专用设备	吨	718913		936	2129			16499	
水泥专用设备	吨	1221							
汽车	辆	462735				19692			
基本型乘用车（轿车）	辆	178380							
客车	辆	41979				19692			
载货汽车	辆	44499							
改装汽车	辆	10194							
电动自行车	辆	26620							
变压器	千伏安	3003808							
电力电缆	千米	397765			8714			300	
太阳能电池	千瓦	4992							
移动通信手持机（手机）	台	135489029							
发电量	万千瓦时	3736433	4924					34187	
自来水生产量	万立方米	72354		36212				854	8360

中牟县	巩义市	荥阳市	新密市	新郑市	登封市	经开区	高新区	郑东新区	航空港实验区
	167	298	42	51	866			68	
	176	9	204	10	29		1		
	13085			649322		314231	30009		
				54741					
	13064		189		5318				
					249000				
	230335								
	4116876	152736		9530	581853		528747		967
							1679		44890
		26064				4725	91		
		23144					1690		
	3023	80144	9122		6950	487197	112913		
	581						640		
61040						382003			
						178380			
						22287			
44499									
4583				213		5308	90		
							26620		
		108860		190000		35763			2669185
	261199	180		42136			85237		
							4992		
									135489029
65197	808952	677095	983357	15524	916845		74808	155545	
2401	1244		1789	5419	1029	3614	3381	709	7343

8-10 规模以上工业

(2020 年)

指　　标	合　计	国有控股	集体	股份制工　业
企业单位数(个)	2295	161	14	2121
亏损企业	346	30	1	323
资产总计	111128442	30162549	133909	67444963
应收帐款	24453811	2073119	18592	10462741
存货	9673422	2971622	36726	5680086
产成品	3200417	733613	18449	2277194
负债合计	74680652	18764940	56471	39915239
营业收入	91801439	14390370	111425	45587092
营业成本	79114799	10504120	87258	36963652
营业费用	1868091	227416	1983	1329338
税金及附加	1845112	1504257	866	333512
管理费用	2051609	692338	11238	1475240
研发费用	1566493	276988	2984	1315572
财务费用	640425	285513	-41	580333
利息支出	1069422	311980	34	535962
利润总额	5306390	989847	6247	4098639
亏损企业亏损额	799891	268383	112	744598
利税总额	8623180	3014959	11908	5264132
本年应交增值税	1471678	520855	4795	831981
全部从业人员年平均人数(人)	695162	101617	1618	401796

企业主要经济指标

单位:万元

外商及港澳台投资	按轻重工业分		按企业规模分			
	轻工业	重工业	大型企业	中型企业	小型企业	微型企业
88	415	1880	54	213	1712	316
15	75	271	5	38	241	62
34469891	13344111	97784330	65372251	21527024	21291031	2938136
13615261	1550582	22903229	17547681	1918087	4643142	344900
2533269	2508406	7165016	5727415	1585895	2163077	197035
865152	685503	2514914	1572581	702076	841663	84098
29302636	6844748	67835904	45684907	13211741	13485161	2298843
39813175	12977841	78823598	59055130	14187562	17392255	1166493
37982383	9087101	70027699	52425721	11343554	14336589	1008936
475112	783525	1084567	795764	512501	541659	18167
122346	1436937	408175	1626014	122250	91319	5530
237770	597928	1453682	869403	488570	653806	39831
196487	212881	1353611	743608	361988	450484	10413
-40598	58011	582414	194187	226763	206555	12921
427887	79891	989531	667722	229787	163499	8414
956991	1119783	4186607	3089569	875558	1274612	66651
9919	91187	708704	189417	456090	129187	25198
1377829	2998766	5624415	5510758	1287643	1727052	97728
298491	442046	1029632	795175	289835	361121	25547
258395	102286	592876	424297	117932	146076	6857

8-11 规模以上工业企业

（2020 年）

项目	企业单位数（个）	资产总计	应收帐款	存货	产成品
总计	**2295**	**111128442**	**24453811**	**9673422**	**3200417**
按轻重工业分					
轻工业	415	13344111	1550582	2508406	685503
重工业	1880	97784330	22903229	7165016	2514914
按企业规模分					
大型企业	54	65372251	17547681	5727415	1572581
中型企业	213	21527024	1918087	1585895	702076
小型企业	1712	21291031	4643142	2163077	841663
微型企业	316	2938136	344900	197035	84098
按行业分					
煤炭开采和洗选业	46	5554739	272295	58050	39294
有色金属矿采选业	2	26475	7350	2157	132
非金属矿采选业	9	107770	1639	1720	1316
开采专业及辅助性活动	1	4434	2999	299	299
农副食品加工业	57	2242198	95656	236128	100455
食品制造业	51	3132019	304402	330885	163926
酒、饮料和精制茶制造业	14	766346	121108	63284	27637
烟草制品业	3	1979288	39072	1059134	19688
纺织业	11	220124	9927	19494	7659
纺织服装、服饰业	16	246556	22884	70812	28756
皮革、毛皮、羽毛及其制品和制鞋业	1	31637	61	19602	19017
木材加工和木、竹、藤、棕、草制品业	7	27118	10402	3892	2177

分行业主要经济指标

单位:万元

负债合计	营业收入	营业费用	税金及附加	利润总额	利税总额	全部从业人员年平均人数(人)
74680652	**91801439**	**1868091**	**1845112**	**5306390**	**8623180**	**695162**
6844748	12977841	783525	1436937	1119783	2998766	102286
67835904	78823598	1084567	408175	4186607	5624415	592876
45684907	59055130	795764	1626014	3089569	5510758	424297
13211741	14187562	512501	122250	875558	1287643	117932
13485161	17392255	541659	91319	1274612	1727052	146076
2298843	1166493	18167	5530	66651	97728	6857
4486583	1059061	18466	30402	-177802	-93616	38975
16704	11330	331	33	-895	-601	140
80273	69512	1376	3489	12125	18056	594
3390	4515		2	85	120	12
1708648	2017309	45111	4919	85485	95275	8831
1765408	2682556	191902	11304	377271	436421	26029
459902	1174251	215034	19675	120451	184563	12000
513509	2651716	45047	1372060	197111	1819890	6078
126892	137091	3097	1671	23860	29944	2475
163770	170749	24809	1391	2859	10412	5685
26064	11866	1754	31	-111	183	436
15026	37403	49	90	4275	4536	907

8-11 续表 （2020 年）

项 目	企 业 单位数 （个）	资产总计	应收帐款	存货	产成品
家具制造业	9	113150	10716	9253	5765
造纸和纸制品业	42	297778	59637	48704	17714
印刷和记录媒介复制业	40	329953	44817	53895	27585
文教、工美、体育和娱乐用品制造业	17	92774	17006	31623	20983
石油、煤炭及其他燃料加工业	7	35660	5969	6854	1718
化学原料和化学制品制造业	108	906781	128520	115457	52036
医药制造业	47	1707533	138389	142914	62306
化学纤维制造业	1	5142	438	1461	72
橡胶和塑料制品业	48	287014	85109	33812	14869
非金属矿物制品业	704	8456294	2514904	832365	454550
黑色金属冶炼和压延加工业	23	747726	56781	106587	37475
有色金属冶炼和压延加工业	145	7301672	375161	882637	170589
金属制品业	98	1509391	327012	156891	43995
通用设备制造业	113	2679493	664669	511322	145912
专用设备制造业	185	5946877	851198	1109978	535213
汽车制造业	110	8334605	2159980	441215	160317
铁路、船舶、航空航天和其他运输设备制造业	22	1291173	240337	128487	58102
电气机械和器材制造业	136	2566746	819628	521948	209774
计算机、通信和其他电子设备制造业	58	33092972	14041564	2387432	724358
仪器仪表制造业	54	1514838	293568	108343	35064
其他制造业	2	29148	15451	73	
废弃资源综合利用业	5	53805	31951	8795	7271
金属制品、机械和设备修理业	8	148754	61798	11428	190
电力、热力生产和供应业	43	13796074	358291	112448	601
燃气生产和供应业	24	2188138	116751	29617	2642
水的生产和供应业	28	3356248	146373	14429	962

单位:万元

负债合计	营业收入	营业费用	税金及附加	利润总额	利税总额	全部从业人员年平均人数(人)
67059	70218	2915	305	2148	3462	1247
178422	393258	19409	1525	38377	48929	4178
113785	287783	4907	2218	16114	27079	3629
53571	91712	5799	781	3436	6185	3194
27436	34774	977	90	448	751	195
542863	788300	37073	3789	44706	64997	7792
551749	697827	152985	5802	103688	137492	9665
1191	2283	51	4	369	409	46
162027	298711	11345	1506	20832	28137	3682
5407177	6217739	288986	44679	351062	621132	59839
626727	868285	5250	2009	32795	43125	2810
4294404	9230019	86395	38367	879008	956285	36734
859104	1139273	32478	7262	71534	103350	12742
1605205	1873425	48085	9405	151454	206502	17457
3103985	3440667	147632	22085	599326	721619	27899
5669050	9416484	229624	114582	720173	976743	42963
418395	558301	10578	3676	80603	92013	5671
1275932	3629012	53622	19690	295783	385754	22039
26978926	35576199	45516	57741	584516	794268	284232
524512	649547	50859	5789	148386	184849	8387
27238	21158	14	84	2320	3639	61
43454	102610	101	1109	13514	23156	208
56732	145141	3579	708	15380	21078	2152
9737899	4641626	1736	29511	233923	359508	25667
1473378	1054807	63991	3306	168202	186567	4249
1514262	544922	17212	24026	83581	120972	6262

8-12 国有控股工业

（2020 年）

项目	企业单位数（个）	资产总计	应收帐款	存货	产成品
总计	**161**	**30162549**	**2073119**	**2971622**	**733613**
按轻重工业分					
轻工业	16	2618633	90890	1136201	56026
重工业	145	27543916	1982229	1835421	677587
按企业规模分					
大型企业	18	20399873	1131943	2382888	518186
中型企业	43	4253544	399540	302923	117605
小型企业	90	5381814	528344	279533	97787
微型企业	10	127318	13292	6277	35
按行业分					
煤炭开采和洗选业	19	4722178	241855	37667	27008
农副食品加工业	3	114033	1653	30020	13117
食品制造业	3	132060	24906	17759	14015
烟草制品业	2	1960358	37939	1051733	14124
纺织服装、服饰业	1	7149	81		
印刷和记录媒介复制业	4	119456	17122	18797	8651
化学原料和化学制品制造业	5	207254	5856	13554	7435

企业主要经济指标

单位:万元

负债合计	营业收入	营业费用	税金及附加	利润总额	利税总额	全部从业人员年平均人数(人)
18764940	**14390370**	**227416**	**1504257**	**989847**	**3014959**	**101617**
837747	3245172	68837	1374960	187656	1820866	10207
17927193	11145198	158579	129297	802190	1194093	91410
12643439	9715624	136439	1466240	567188	2470649	62929
2206813	1889646	63032	22066	123063	196092	26144
3831621	2737611	27878	15519	291918	339172	12244
83067	47488	67	432	7677	9046	300
3638000	816018	13249	23272	-113305	-53483	25363
82531	323673	5388	479	8661	8702	613
87014	119761	5974	663	-32388	-29991	1369
506296	2625918	44759	1371812	195763	1816850	5841
1664	3607	2	60	1	498	298
20230	97196	2042	1209	8224	13282	1268
211034	57228	640	333	5404	7051	575

8-12　续表　（2020 年）

项　　目	企　业单位数（个）	资产总计	应收帐款	存货	产成品
医药制造业	1	260523	5834	9544	4006
橡胶和塑料制品业	2	12502	1141	3540	1169
非金属矿物制品业	23	999062	157757	102415	62388
黑色金属冶炼和压延加工业	1	48056	3132	14257	8692
有色金属冶炼和压延加工业	5	1189252	20504	229837	17536
金属制品业	5	206422	48470	16269	3870
通用设备制造业	8	1093960	230744	217912	19227
专用设备制造业	15	4398431	542140	870416	460775
汽车制造业	9	903666	185386	66669	27087
铁路、船舶、航空航天和其他运输设备制造业	3	433472	157685	59892	22746
电气机械和器材制造业	2	94789	16286	18502	5011
计算机、通信和其他电子设备制造业	3	482572	105536	119311	12691
仪器仪表制造业	3	35523	9368	6404	2619
电力、热力生产和供应业	19	9087853	150994	54727	16
燃气生产和供应业	7	712329	7830	7747	1349
水的生产和供应业	18	2941651	100903	4648	81

单位：万元

负债合计	营业收入	营业费用	税金及附加	利润总额	利税总额	全部从业人员年平均人数(人)
121189	48103	10312	432	4583	7364	614
12314	5813	435	149	-2185	-1698	322
643836	486770	23894	6299	41470	64315	6288
29544	105404	852	286	2043	3160	60
598263	485895	10010	9923	6150	31250	5371
171050	168853	2223	1224	19366	23867	1459
692686	672490	9704	3430	85956	104185	3610
2254337	2078526	49076	13656	460035	537522	9708
844944	1615928	20260	27536	97560	144200	4111
252026	240169	3064	1169	30099	34591	3168
37687	36447	1177	366	-414	845	584
375604	214053	2746	575	-39289	-36417	2556
20220	23395	2366	117	1834	2793	189
6356232	3516015	847	17307	133024	222156	22165
594497	198170	2420	418	10731	12717	698
1213746	450942	15979	23541	66523	101203	5387

8-13 规模以上公有制

（2020 年）

项　目	企业单位数（个）	资产总计	应收帐款	存货	产成品
总　计	**189**	**30777316**	**2158885**	**3087147**	**783177**
按轻重工业分					
轻工业	25	2907268	101193	1230850	98983
重工业	164	27870048	2057691	1856298	684194
按企业规模分					
大型企业	19	20556121	1132067	2445992	546021
中型企业	46	4325080	400923	304259	118234
小型企业	109	5726228	612238	330443	118775
微型企业	15	169887	13656	6453	147
按行业分					
煤炭开采和洗选业	21	4788122	243193	38375	27093
农副食品加工业	4	270280	1778	93124	40952
食品制造业	3	132060	24906	17759	14015
烟草制品业	3	1979288	39072	1059134	19688
纺织业	1	38754	29		
纺织服装、服饰业	1	7149	81		

工业企业主要经济指标

单位:万元

负债合计	营业收入	营业费用	税金及附加	利润总额	利税总额	全部从业人员年平均人数(人)
19113049	**15250113**	**243435**	**1508773**	**1060243**	**3109009**	**109217**
951441	3940832	77532	1377867	251474	1901444	14358
18161608	11309282	165904	130906	808769	1207565	94859
12688881	10325643	143387	1468406	628786	2544141	65884
2278866	1916077	63767	22797	117839	193636	28346
4032705	2953450	35872	17012	306435	362443	14298
112597	54944	411	558	7184	8788	689
3708757	836770	13836	23970	-119319	-56804	27191
127972	933693	12336	2646	70259	82194	3568
87014	119761	5974	663	-32388	-29991	1369
513509	2651716	45047	1372060	197111	1819890	6078
26406	2476	37	97	-672	-514	327
1664	3607	2	60	1	498	298

8-13 续表 （2020 年）

项目	企业单位数（个）	资产总计	应收帐款	存货	产成品
印刷和记录媒介复制业	7	174056	22132	32688	17804
化学原料和化学制品制造业	7	212770	6266	13708	7458
医药制造业	3	278140	8505	19427	4390
橡胶和塑料制品业	3	14987	2476	3910	1190
非金属矿物制品业	27	1002345	158080	103408	62501
黑色金属冶炼和压延加工业	1	48056	3132	14257	8692
有色金属冶炼和压延加工业	5	1189252	20504	229837	17536
金属制品业	8	236142	56908	17844	4076
通用设备制造业	10	1132188	243474	221415	22258
专用设备制造业	16	4404024	542185	871044	461319
汽车制造业	9	903666	185386	66669	27087
铁路、船舶、航空航天和其他运输设备制造业	3	433472	157685	59892	22746
电气机械和器材制造业	4	186886	64941	31452	7397
计算机、通信和其他电子设备制造业	3	482572	105536	119311	12691
仪器仪表制造业	3	35523	9368	6404	2619
电力、热力生产和供应业	19	9087853	150994	54727	16
燃气生产和供应业	7	712329	7830	7747	1349
水的生产和供应业	21	3027404	104427	5014	301

单位：万元

负债合计	营业收入	营业费用	税金及附加	利润总额	利税总额	全部从业人员年平均人数(人)
44873	144319	2163	1529	9724	17272	1724
214549	60948	863	381	5618	7379	676
128849	55480	11613	501	4597	7895	757
14643	8678	436	156	-2155	-1660	355
646220	491507	24151	6326	41659	64637	6385
29544	105404	852	286	2043	3160	60
598263	485895	10010	9923	6150	31250	5371
177444	188816	4184	1400	21722	27071	1680
716953	688830	10532	3500	86699	105301	3779
2255633	2084203	49223	13689	460824	538388	10082
844944	1615928	20260	27536	97560	144200	4111
252026	240169	3064	1169	30099	34591	3168
102156	110841	4497	813	7611	11085	1027
375604	214053	2746	575	-39289	-36417	2556
20220	23395	2366	117	1834	2793	189
6356232	3516015	847	17307	133024	222156	22165
594497	198170	2420	418	10731	12717	698
1275079	469441	15979	23651	66800	101920	5603

8-14 规模以上非公有制

（2020 年）

项 目	企 业 单位数 （个）	资产总计	应收帐款	存货	产成品
总 计	**2106**	**80351126**	**22294926**	**6586275**	**2417240**
按轻重工业分					
轻工业	390	10436844	1449388	1277557	586520
重工业	1716	69914282	20845538	5308719	1830720
按企业规模分					
大型企业	35	44816130	16415614	3281423	1026560
中型企业	167	17201944	1517164	1281636	583842
小型企业	1603	15564803	4030904	1832634	722887
微型企业	301	2768249	331244	190583	83951
按行业分					
煤炭开采和洗选业	25	766617	29102	19675	12200
有色金属矿采选业	2	26475	7350	2157	132
非金属矿采选业	9	107770	1639	1720	1316
开采专业及辅助性活动	1	4434	2999	299	299
农副食品加工业	53	1971917	93879	143005	59502
食品制造业	48	2999959	279496	313126	149911
酒、饮料和精制茶制造业	14	766346	121108	63284	27637
纺织业	10	181371	9897	19494	7659
纺织服装、服饰业	15	239407	22803	70812	28756
皮革、毛皮、羽毛及其制品和制鞋业	1	31637	61	19602	19017
木材加工和木、竹、藤、棕、草制品业	7	27118	10402	3892	2177
家具制造业	9	113150	10716	9253	5765

工业企业主要经济指标

单位:万元

负债合计	营业收入	营业费用	税金及附加	利润总额	利税总额	全部从业人员年平均人数(人)
55567604	**76551326**	**1624656**	**336339**	**4246147**	**5514172**	**585945**
5893307	9037009	705993	59070	868309	1097321	87928
49674296	67514317	918663	277269	3377838	4416850	498017
32996026	48729486	652377	157608	2460783	2966616	358413
10932875	12271486	448735	99452	757720	1094007	89586
9452456	14438805	505787	74308	968177	1364609	131778
2186247	1111549	17757	4971	59467	88940	6168
777826	222291	4630	6431	-58484	-36812	11784
16704	11330	331	33	-895	-601	140
80273	69512	1376	3489	12125	18056	594
3390	4515		2	85	120	12
1580676	1083617	32776	2273	15225	13082	5263
1678394	2562795	185928	10641	409659	466412	24660
459902	1174251	215034	19675	120451	184563	12000
100486	134615	3061	1574	24532	30458	2148
162106	167142	24807	1330	2858	9914	5387
26064	11866	1754	31	-111	183	436
15026	37403	49	90	4275	4536	907
67059	70218	2915	305	2148	3462	1247

8-14　续表　(2020 年)

项　目	企业单位数（个）	资产总计	应收帐款	存货	产成品
造纸和纸制品业	42	297778	59637	48704	17714
印刷和记录媒介复制业	33	155897	22685	21207	9780
文教、工美、体育和娱乐用品制造业	17	92774	17006	31623	20983
石油、煤炭及其他燃料加工业	7	35660	5969	6854	1718
化学原料和化学制品制造业	101	694011	122254	101750	44578
医药制造业	44	1429393	129885	123487	57917
化学纤维制造业	1	5142	438	1461	72
橡胶和塑料制品业	45	272027	82632	29902	13679
非金属矿物制品业	677	7453950	2356824	728957	392050
黑色金属冶炼和压延加工业	22	699670	53650	92329	28783
有色金属冶炼和压延加工业	140	6112420	354657	652800	153052
金属制品业	90	1273249	270104	139047	39919
通用设备制造业	103	1547305	421196	289907	123654
专用设备制造业	169	1542853	309013	238933	73894
汽车制造业	101	7430939	1974594	374546	133230
铁路、船舶、航空航天和其他运输设备制造业	19	857700	82652	68595	35356
电气机械和器材制造业	132	2379861	754687	490496	202377
计算机、通信和其他电子设备制造业	55	32610401	13936029	2268121	711667
仪器仪表制造业	51	1479315	284201	101939	32444
其他制造业	2	29148	15451	73	
废弃资源综合利用业	5	53805	31951	8795	7271
金属制品、机械和设备修理业	8	148754	61798	11428	190
电力、热力生产和供应业	24	4708221	207297	57721	585
燃气生产和供应业	17	1475809	108922	21870	1294
水的生产和供应业	7	328845	41946	9415	662

单位:万元

负债合计	营业收入	营业费用	税金及附加	利润总额	利税总额	全部从业人员年平均人数(人)
178422	393258	19409	1525	38377	48929	4178
68912	143464	2744	689	6390	9807	1905
53571	91712	5799	781	3436	6185	3194
27436	34774	977	90	448	751	195
328314	727352	36210	3407	39088	57618	7116
422900	642347	141372	5301	99090	129598	8908
1191	2283	51	4	369	409	46
147384	290033	10909	1350	22987	29797	3327
4760957	5726232	264835	38353	309403	556496	53454
597183	762880	4399	1723	30752	39965	2750
3696141	8744124	76385	28444	872858	925035	31363
681659	950457	28294	5862	49813	76279	11062
888253	1184596	37553	5906	64755	101201	13678
848353	1356464	98409	8396	138503	183231	17817
4824106	7800556	209364	87046	622614	832543	38852
166370	318132	7515	2507	50504	57422	2503
1173777	3518171	49125	18877	288172	374668	21012
26603323	35362146	42770	57167	623805	830685	281676
504293	626152	48492	5672	146552	182056	8198
27238	21158	14	84	2320	3639	61
43454	102610	101	1109	13514	23156	208
56732	145141	3579	708	15380	21078	2152
3381667	1125611	889	12204	100899	137352	3502
878881	856637	61570	2888	157472	173849	3551
239183	75482	1233	375	16781	19052	659

8-15 各区县(市)规模以上工业企业主要经济指标

(2020 年)

单位:万元

区县(市)	企业单位数(个)	资产总计	应收帐款	存货	产成品	负债合计
全　市	**2295**	**111128442**	**24453811**	**9673422**	**3200417**	**74680652**
中原区	26	5378426	187965	125252	24652	3194991
二七区	82	3335853	536543	322233	57908	2322789
管城区	18	1948847	518277	106805	49171	1171588
金水区	16	503088	112870	42847	12903	249565
上街区	98	2647784	212714	346151	73196	1446470
惠济区	22	2065966	250679	220311	122909	1239998
中牟县	105	2556076	584839	362726	102491	1854095
巩义市	424	9800285	835304	859420	225451	6206563
荥阳市	238	5000103	735686	407020	225126	3280456
新密市	253	6526213	628040	302725	163098	4673992
新郑市	222	5103428	608139	373857	134371	3094103
登封市	200	5302292	393487	222701	89024	3929875
经济技术开发区	182	16857091	3065164	2538916	728478	8501730
高新技术开发区	274	8881817	1748790	1026750	438509	4304873
郑东新区	39	3976006	320464	169102	12558	2709631
航空港区	93	31245165	13714849	2246609	740572	26499933

8-15 续表

单位:万元

区县(市)	营业收入	营业费用	税金及附加	利润总额	利税总额	全部从业人员年平均人数(人)
全　市	**91801439**	**1868091**	**1845112**	**5306390**	**8623180**	**695162**
中原区	2919185	88807	28411	198279	296955	23633
二七区	2136079	103908	9466	149721	191861	19669
管城区	1257808	89047	11983	49948	87515	11062
金水区	306591	10802	1535	12060	20001	3867
上街区	1666441	34497	16500	48203	106817	17254
惠济区	1578347	104514	5631	44210	69154	11437
中牟县	2612231	69019	33585	17521	78217	19225
巩义市	10633397	144608	52092	1059997	1241430	63063
荥阳市	2632044	75529	16889	79711	154844	23877
新密市	2369200	105208	23331	71279	192388	33428
新郑市	3347277	214913	32695	508439	632239	29900
登封市	2176066	44077	28011	90239	179077	36262
经济技术开发区	16368040	354806	1479880	1932157	3886307	77424
高新技术开发区	5828035	321587	35549	583206	764831	48684
郑东新区	1251414	16148	8678	347	34318	10612
航空港区	34719283	90620	60877	461074	687229	265765

8-16 各区县(市)国有控股工业企业主要经济指标

(2020年)

单位:万元

区县(市)	企业单位数(个)	资产总计	应收帐款	存货	产成品	负债合计
全　市	**161**	**30162549**	**2073119**	**2971622**	**733613**	**18764940**
中原区	5	4005037	55661	52480	4	2401906
二七区	5	2202072	250027	227072	10812	1544039
管城区	2	236324	32667	13270	8948	255344
金水区	4	257758	16028	17093	7092	116959
上街区	10	2002016	35030	238496	24036	1085875
惠济区	2	800744	38999	563	47	297260
中牟县	7	959089	151479	54017	25894	860479
巩义市	5	103484	15989	10679	5083	80859
荥阳市	12	1357484	147332	59025	27269	1004087
新密市	15	2573219	134070	40067	24238	2033147
新郑市	13	775293	114128	69813	38275	472727
登封市	24	2942864	110745	51373	20686	2336007
经开区	18	6035498	655438	1828320	472606	2556666
高新区	19	2402411	166715	168129	60680	1554245
郑东新区	6	3083133	108711	129969	3437	1938158
航空港实验区	11	426124	40102	11256	4507	227182

8-16 续表

单位:万元

区县(市)	营业收入	营业费用	税金及附加	利润总额	利税总额	全部从业人员年平均人数(人)
全　市	**14390370**	**227416**	**1504257**	**989847**	**3014959**	**101617**
中原区	2097928	12994	24621	65577	144889	16515
二七区	672232	3631	3308	67501	75185	5492
管城区	31482	1417	290	-181	871	391
金水区	125343	2382	988	5212	9032	1204
上街区	1063744	10703	13470	16586	57501	10507
惠济区	84007		1696	1711	3732	975
中牟县	1026420	20426	27445	35803	72609	3810
巩义市	52691	2485	1005	2639	5417	1020
荥阳市	490498	12305	3931	33732	51872	2875
新密市	453748	15139	10476	-65848	-41995	11545
新郑市	761605	21169	6830	55428	78935	6564
登封市	632743	8968	10994	-35006	-3164	14823
经开区	5403803	86868	1385246	750283	2447936	12982
高新区	668721	26402	6031	41528	71015	7762
郑东新区	685347	1044	5283	391	21815	3903
航空港实验区	140057	1484	2643	14493	19309	1249

8-17 各区县(市)规模以上公有制工业企业主要经济指标

(2020 年)

单位:万元

区县(市)	企业单位数(个)	资产总计	应收帐款	存货	产成品	负债合计
全　市	**189**	**30777316**	**2158885**	**3087147**	**783177**	**19113049**
中原区	6	4043790	55690	52480	4	2428311
二七区	6	2216409	252356	228074	10812	1546476
管城区	3	281873	36265	26746	18102	274403
金水区	5	261238	17019	17245	7092	118272
上街区	12	2054741	74070	243960	26089	1129055
惠济区	3	814390	40617	10064	47	303822
中牟县	7	959089	151479	54017	25894	860479
巩义市	9	153272	16667	12062	5734	120727
荥阳市	14	1378942	155404	62189	30344	1014503
新密市	16	2575687	134393	40884	24238	2034977
新郑市	19	818105	122261	78561	44112	490567
登封市	26	2967547	111524	51526	20710	2369480
经开区	21	6238091	666566	1899293	501156	2627064
高新区	22	2504886	175761	168820	60900	1629573
郑东新区	6	3083133	108711	129969	3437	1938158
航空港实验区	11	426124	40102	11256	4507	227182

8-17 续表

单位:万元

区县(市)	营业收入	营业费用	税金及附加	利润总额	利税总额	全部从业人员年平均人数(人)
全　市	**15250113**	**243435**	**1508773**	**1060243**	**3109009**	**109217**
中原区	2100405	13030	24718	64905	144374	16842
二七区	684143	3631	3412	69762	77620	5595
管城区	69349	1531	573	545	3812	660
金水区	130411	2389	1011	5937	9904	1304
上街区	1108912	12618	13645	22597	64133	10695
惠济区	88529	403	1729	1726	4088	1074
中牟县	1026420	20426	27445	35803	72609	3810
巩义市	75682	3275	1422	4130	8732	2606
荥阳市	499450	13073	4013	33989	52780	3051
新密市	454614	15144	10498	-65846	-41901	11595
新郑市	802701	23193	7168	56743	82589	7097
登封市	642400	9331	11335	-41320	-8439	15544
经开区	6047013	96175	1387745	813886	2525241	16251
高新区	694681	26689	6134	42505	72342	7941
郑东新区	685347	1044	5283	391	21815	3903
航空港实验区	140057	1484	2643	14493	19309	1249

8-18 各区县(市)规模以上非公有制工业企业主要经济指标

(2020年)

单位:万元

区县(市)	企业单位数(个)	资产总计	应收帐款	存货	产成品	负债合计
全市	**2106**	**80351126**	**22294926**	**6586275**	**2417240**	**55567604**
中原区	20	1334636	132276	72773	24648	766680
二七区	76	1119444	284187	94159	47096	776313
管城区	15	1666974	482012	80059	31069	897184
金水区	11	241850	95851	25602	5811	131292
上街区	86	593044	138644	102190	47107	317415
惠济区	19	1251576	210062	210247	122863	936176
中牟县	98	1596988	433360	308708	76597	993616
巩义市	415	9647013	818637	847357	219717	6085836
荥阳市	224	3621162	580282	344831	194782	2265954
新密市	237	3950526	493647	261841	138860	2639015
新郑市	203	4285323	485878	295295	90259	2603536
登封市	174	2334745	281963	171175	68315	1560396
经开区	161	10619001	2398598	639623	227322	5874667
高新区	252	6376932	1573029	857929	377609	2675300
郑东新区	33	892873	211753	39133	9122	771473
航空港实验区	82	30819041	13674746	2235352	736065	26272751

8-18 续表

单位:万元

区县(市)	营业收入	营业费用	税金及附加	利润总额	利税总额	全部从业人员年平均人数(人)
全市	**76551326**	**1624656**	**336339**	**4246147**	**5514172**	**585945**
中原区	818781	75777	3692	133374	152581	6791
二七区	1451936	100277	6055	79959	114242	14074
管城区	1188459	87515	11410	49403	83703	10402
金水区	176180	8414	524	6123	10097	2563
上街区	557529	21879	2855	25606	42684	6559
惠济区	1489819	104112	3902	42484	65065	10363
中牟县	1585811	48593	6140	-18282	5608	15415
巩义市	10557715	141333	50670	1055868	1232698	60457
荥阳市	2132594	62455	12876	45722	102064	20826
新密市	1914586	90064	12833	137126	234288	21833
新郑市	2544576	191720	25527	451696	549649	22803
登封市	1533666	34746	16676	131559	187516	20718
经开区	10321028	258631	92135	1118272	1361066	61173
高新区	5133355	294899	29415	540701	692489	40743
郑东新区	566066	15104	3395	-44	12503	6709
航空港实验区	34579226	89136	58234	446581	667920	264516

8-19 规模以上工业企业主要经济效益指标

（2020 年）

单位：%

项目	总资产贡献率	成本费用利润率	资产负债率	全员劳动生产率（元/人·年）
总计	**8.26**	**6.23**	**67.20**	**293738**
按轻重工业分				
轻工业	22.87	10.43	51.29	882492
重工业	6.27	5.62	69.37	192163
按企业规模分				
大型企业	8.72	5.61	69.88	311795
中型企业	6.97	6.77	61.37	256545
小型企业	8.80	7.87	63.34	275801
微型企业	3.59	6.11	78.24	198229
按行业分				
煤炭开采和洗选业	-0.59	-15.78	80.77	124129
有色金属矿采选业	-2.27	-7.86	63.09	115436
非金属矿采选业	16.79	22.57	74.48	456126
开采专业及辅助性活动	2.74	1.91	76.46	
农副食品加工业	4.61	4.44	76.20	223699
食品制造业	14.63	14.31	56.37	196435
酒、饮料和精制茶制造业	24.49	11.47	60.01	242681
烟草制品业	91.77	19.50	25.94	3474042
纺织业	14.74	20.80	57.65	165702
纺织服装、服饰业	4.99	1.69	66.42	85198
皮革、毛皮、羽毛及其制品和制鞋业	2.00	-0.91	82.38	76716
木材加工和木、竹、藤、棕、草制品业	17.62	12.70	55.41	102385
家具制造业	3.62	3.16	59.27	131572
造纸和纸制品业	17.06	10.68	59.92	241529
印刷和记录媒介复制业	8.31	5.95	34.49	190299
文教、工美、体育和娱乐用品制造业	7.39	3.87	57.74	63530
石油、煤炭及其他燃料加工业	3.57	1.30	76.94	301359
化学原料和化学制品制造业	7.39	6.01	59.87	187474
医药制造业	8.51	16.99	32.31	310935
化学纤维制造业	8.90	16.33	23.16	17370
橡胶和塑料制品业	10.40	7.47	56.45	172836
非金属矿物制品业	8.52	6.04	63.94	238867
黑色金属冶炼和压延加工业	6.05	3.93	83.82	360602
有色金属冶炼和压延加工业	13.73	10.91	58.81	532977
金属制品业	7.94	6.69	56.92	241092
通用设备制造业	8.24	8.85	59.91	201185
专用设备制造业	12.39	20.42	52.20	321593
汽车制造业	11.73	8.30	68.02	470179
铁路、船舶、航空航天和其他运输设备制造业	7.19	16.54	32.40	174039
电气机械和器材制造业	15.18	8.87	49.71	293700
计算机、通信和其他电子设备制造业	2.35	1.67	81.52	214121
仪器仪表制造业	12.37	27.54	34.62	300734
其他制造业	12.64	12.37	93.45	167590
废弃资源综合利用业	43.02	14.85	80.76	850654
金属制品、机械和设备修理业	14.15	11.97	38.14	178992
电力、热力生产和供应业	4.15	5.21	70.58	476202
燃气生产和供应业	9.35	18.89	67.33	678763
水的生产和供应业	4.51	18.14	45.12	404517

8-20 国有控股工业企业主要经济效益指标

（2020年）

单位：%

项目	总资产贡献率	成本费用利润率	资产负债率	全员劳动生产率（元/人·年）
总计	**10.86**	**8.26**	**62.21**	**483591**
按轻重工业分				
轻工业	69.67	11.86	31.99	2298974
重工业	5.27	7.71	65.09	280883
按企业规模分				
大型企业	12.93	7.34	61.98	601636
中型企业	5.36	7.09	51.88	196730
小型企业	7.42	11.76	71.20	500108
微型企业	8.98	18.80	65.24	47057
按行业分				
煤炭开采和洗选业	-0.07	-12.97	77.04	127265
农副食品加工业	8.24	2.78	72.37	1206020
食品制造业	-21.39	-27.02	65.89	147408
烟草制品业	92.50	19.83	25.83	3599714
纺织服装、服饰业	6.97	0.02	23.28	37879
印刷和记录媒介复制业	11.08	9.35	16.93	166741
化学原料和化学制品制造业	3.32	10.48	101.82	154252
医药制造业	4.50	9.41	46.52	237871
橡胶和塑料制品业	-9.43	-29.96	98.49	34674
非金属矿物制品业	7.29	9.19	64.44	215758
黑色金属冶炼和压延加工业	6.41	1.98	61.48	2097467
有色金属冶炼和压延加工业	3.55	1.36	50.31	262565
金属制品业	13.01	13.10	82.86	181283
通用设备制造业	9.81	14.73	63.32	232149
专用设备制造业	12.41	27.13	51.25	578949
汽车制造业	15.95	6.54	93.50	308356
铁路、船舶、航空航天和其他运输设备制造业	8.44	13.97	58.14	87210
电气机械和器材制造业	1.55	-1.12	39.76	155584
计算机、通信和其他电子设备制造业	-7.01	-15.96	77.83	
仪器仪表制造业	7.70	8.72	56.92	290714
电力、热力生产和供应业	3.96	3.82	69.94	430625
燃气生产和供应业	2.48	5.66	83.46	779198
水的生产和供应业	4.34	17.59	41.26	380695

8-21　公有制工业企业主要经济效益指标

（2020 年）

单位：%

项　　目	总资产贡献率	成本费用利润率	资　产负债率	全员劳动生产率（元/人·年）
总　　计	**10.97**	**8.30**	**62.10**	**464798**
按轻重工业分				
轻工业	65.58	11.38	32.73	1164037
重工业	5.28	7.66	65.17	256406
按企业规模分				
大型企业	13.20	7.60	61.73	582843
中型企业	5.25	6.67	52.69	195261
小型企业	7.43	11.42	70.43	476462
微型企业	6.58	14.68	66.28	23974
按行业分				
煤炭开采和洗选业	-0.11	-13.25	77.46	130277
农副食品加工业	31.17	8.19	47.35	358451
食品制造业	-21.39	-27.02	65.89	147408
烟草制品业	91.77	19.50	25.94	3474042
纺织业	-1.33	-20.14	68.14	27847
纺织服装、服饰业	6.97	0.02	23.28	37879
印刷和记录媒介复制业	9.99	7.32	25.78	192583
化学原料和化学制品制造业	3.40	10.19	100.84	140522
医药制造业	4.41	8.18	46.33	216532
橡胶和塑料制品业	-7.60	-21.31	97.71	46118
非金属矿物制品业	7.30	9.14	64.47	216109
黑色金属冶炼和压延加工业	6.41	1.98	61.48	2097467
有色金属冶炼和压延加工业	3.55	1.36	50.31	262565
金属制品业	12.73	13.15	75.14	275389
通用设备制造业	9.58	14.47	63.32	227426
专用设备制造业	12.42	27.10	51.22	561826
汽车制造业	15.95	6.54	93.50	308356
铁路、船舶、航空航天和其他运输设备制造业	8.44	13.97	58.14	87210
电气机械和器材制造业	6.62	7.40	54.66	141876
计算机、通信和其他电子设备制造业	-7.01	-15.96	77.83	21496
仪器仪表制造业	7.70	8.72	56.92	106328
电力、热力生产和供应业	3.96	3.82	69.94	434162
燃气生产和供应业	2.48	5.66	83.46	779198
水的生产和供应业	4.30	16.74	42.12	380085

8-22 非公有制工业企业主要经济效益指标

(2020 年)

单位:%

项　　目	总资产贡献率	成本费用利润率	资　产负债率	全员劳动生产率(元/人·年)
总　计	**7.22**	**5.86**	**69.16**	**261853**
按轻重工业分				
轻工业	10.97	10.18	56.47	748277
重工业	6.66	5.28	71.05	175972
按企业规模分				
大型企业	6.66	5.26	73.63	261970
中型企业	7.41	6.79	63.56	275935
小型企业	9.31	7.17	60.73	254029
微型企业	3.41	5.71	78.98	217695
按行业分				
煤炭开采和洗选业	-3.61	-25.87	101.46	109942
有色金属矿采选业	-2.27	-7.86	63.09	115436
非金属矿采选业	16.79	22.57	74.48	401184
开采专业及辅助性活动	2.74	1.91	76.46	
农副食品加工业	0.96	1.42	80.16	132345
食品制造业	16.22	16.28	55.95	199156
酒、饮料和精制茶制造业	24.49	11.47	60.01	242681
纺织业	18.17	22.03	55.40	186689
纺织服装、服饰业	4.93	1.73	67.71	87815
皮革、毛皮、羽毛及其制品和制鞋业	2.00	-0.91	82.38	76716
木材加工和木、竹、藤、棕、草制品业	17.62	12.70	55.41	102385
家具制造业	3.62	3.16	59.27	131572
造纸和纸制品业	17.06	10.68	59.92	241183

8-22 续表 （2020 年）

项　　目	总资产贡献率	成本费用利润率	资　产负债率	全员劳动生产率（元/人·年）
印刷和记录媒介复制业	6.44	4.63	44.20	188233
文教、工美、体育和娱乐用品制造业	7.39	3.87	57.74	63530
石油、煤炭及其他燃料加工业	3.57	1.30	76.94	301359
化学原料和化学制品制造业	8.62	5.68	47.31	191935
医药制造业	9.31	17.88	29.59	318957
化学纤维制造业	8.90	16.33	23.16	17370
橡胶和塑料制品业	11.40	8.56	54.18	186357
非金属矿物制品业	8.68	5.77	63.87	241586
黑色金属冶炼和压延加工业	6.02	4.21	85.35	322707
有色金属冶炼和压延加工业	15.71	11.48	60.47	579286
金属制品业	7.05	5.51	53.54	235884
通用设备制造业	7.27	5.82	57.41	193935
专用设备制造业	12.32	11.23	54.99	185653
汽车制造业	11.21	8.67	64.92	487302
铁路、船舶、航空航天和其他运输设备制造业	6.56	18.58	19.40	283938
电气机械和器材制造业	15.85	8.92	49.32	301121
计算机、通信和其他电子设备制造业	2.48	1.79	81.58	216064
仪器仪表制造业	12.48	28.31	34.09	300964
其他制造业	12.64	12.37	93.45	167590
废弃资源综合利用业	43.02	14.85	80.76	850654
金属制品、机械和设备修理业	14.15	11.97	38.14	169654
电力、热力生产和供应业	4.53	9.99	71.82	742285
燃气生产和供应业	12.67	22.48	59.55	659021
水的生产和供应业	6.46	27.22	72.73	612244

8-23 各区县(市)规模以上工业企业主要经济效益指标

(2020年)

单位:%

区县(市)	总资产贡献率	成本费用利润率	资 产负债率	全员劳动生产率(元/人·年)
全 市	**8.26**	**6.23**	**67.20**	**293738**
中原区	6.88	7.27	59.40	327448
二七区	6.24	7.44	69.63	176707
管城区	4.68	4.01	60.12	259006
金水区	4.56	4.03	49.61	155797
上街区	5.18	3.03	54.63	255876
惠济区	4.31	2.83	60.02	279542
中牟县	3.58	0.69	72.54	249664
巩义市	13.48	11.48	63.33	367304
荥阳市	4.52	3.19	65.61	212160
新密市	4.32	3.15	71.62	194129
新郑市	12.73	16.07	60.63	260480
登封市	4.40	4.33	74.12	174367
经开区	23.17	14.77	50.43	711665
高新区	8.97	10.96	48.47	282810
郑东新区	2.19	0.03	68.15	246583
航空港实验区	2.14	1.34	84.81	213675

8-24 各区县(市)国有控股工业企业主要经济效益指标

(2020年)

单位:%

区县(市)	总资产贡献率	成本费用利润率	资 产负债率	全员劳动生产率(元/人·年)
全 市	**10.86**	**8.26**	**62.21**	**483591**
中原区	5.09	3.22	59.97	340680
二七区	3.6	10.54	70.12	123048
管城区	0.71	-0.58	108.05	145655
金水区	4.29	4.25	45.38	223700
上街区	4.2	1.63	54.24	260762
惠济区	1.09	2.12	37.12	521771
中牟县	8.16	3.71	89.72	124049
巩义市	5.42	5.45	78.14	134883
荥阳市	5.79	7.36	73.97	454152
新密市	-0.48	-13.3	79.01	103023
新郑市	10.81	7.88	60.97	361781
登封市	0.94	-5.29	79.38	204055
经开区	40.6	22.87	42.36	2130621
高新区	3.67	6.74	64.7	199534
郑东新区	2.13	0.06	62.86	338714
航空港实验区	5.2	11.63	53.31	183281

8-25 各区县(市)公有制工业企业主要经济效益指标

(2020 年)

单位:%

区县(市)	总资产贡献率	成本费用利润率	资产负债率	全员劳动生产率(元/人·年)
全　市	**10.97**	**8.30**	**62.10**	**464798**
中原区	5.03	3.18	60.05	334606
二七区	3.69	10.73	69.77	124439
管城区	1.71	0.80	97.35	258833
金水区	4.54	4.68	45.27	218990
上街区	4.45	2.14	54.95	274599
惠济区	1.11	2.03	37.31	495341
中牟县	8.16	3.71	89.72	125609
巩义市	6.16	5.91	78.77	185203
荥阳市	5.76	7.28	73.57	431800
新密市	-0.48	-13.28	79.01	103350
新郑市	10.70	7.64	59.96	349882
登封市	0.80	-6.10	79.85	194590
经开区	40.54	21.10	42.11	1739119
高新区	3.65	6.60	65.06	215192
郑东新区	2.13	0.06	62.86	338714
航空港实验区	5.20	11.63	53.31	183281

8-26 各区县(市)非公有制工业企业主要经济效益指标

(2020 年)

单位:%

区县(市)	总资产贡献率	成本费用利润率	资产负债率	全员劳动生产率(元/人·年)
全　市	**7.22**	**5.86**	**69.16**	**261853**
中原区	12.48	19.37	57.44	309697
二七区	11.28	5.87	69.35	197486
管城区	5.19	4.19	53.82	259017
金水区	4.59	3.55	54.29	123646
上街区	7.69	4.79	53.52	225347
惠济区	6.39	2.88	74.80	257177
中牟县	0.84	-1.15	62.22	280326
巩义市	13.60	11.52	63.09	375153
荥阳市	4.04	2.25	62.58	179983
新密市	7.44	7.77	66.80	242340
新郑市	13.12	18.66	60.75	232656
登封市	8.98	9.36	66.83	159194
经开区	12.96	12.12	55.32	438715
高新区	11.06	11.56	41.95	295989
郑东新区	2.41	-0.01	86.40	192985
航空港实验区	2.10	1.31	85.25	213818

8-27 各区县(市)规模以上工业企业全员劳动生产率

(2020年)

单位:元/人·年

县(市)区	合计	国有控股	集体	港澳台投资	外商投资	轻工业	重工业	大型	中型	小型
全　市	**293738**	**483591**	**199501**	**229070**	**404275**	**882492**	**192163**	**311795**	**256545**	**275801**
中原区	327448	340680		631743	163684	704828	258920	355149	313247	137634
二七区	176707	123048	198612		325229	194864	161469	172385	202291	159606
管城区	259006	145655	423342	244955		149399	281983	318650	87310	238132
金水区	155797	223700	162290			154606	158927	112769	124989	243231
上街区	255876	260762			346459	197143	258249	335232	39514	242450
惠济区	279542	521771	180424		299914	260062	385580	296723	285641	181094
中牟县	249664	124049		275533	415175	186264	294090	340999	138639	215142
巩义市	367304	134883	77634		38947	105691	380751	400713	307391	423781
荥阳市	212160	454152	66676	61252		135803	225917		201112	210721
新密市	194129	103023	178940	45140	354636	174580	196835	125069	290868	181610
新郑市	260480	361781	241061	129264	9674	226383	302957	172595	277954	315645
登封市	174367	204055		537578	413427	276246	172940	240869	142555	225957
经开区	711665	2130621		2175697	838104	1343681	493585	900001	380573	393602
高新区	282810	199534		490476	431610	299530	276384	334189	302805	237801
郑东新区	246583	338714			117471	102595	254468	238184	183924	274773
航空港实验区	213675	183281		201837		9161741	45563	209085	637907	308520

8-28 规模以上工业企业能源购进、消费与库存情况

（2020 年）

能源名称	计量单位	年初库存量	购进实物量	工业生产消费量			年末库存量
					用于原材料	运输工具消费	
原煤	吨	1623629	20143195	20563702	8439		1190714
无烟煤	吨	17658	194139	199328			12425
一般烟煤	吨	1605970	19949056	20364374	8439		1178290
焦炭	吨	3265	37473	36917	3268		1620
其它焦化产品	吨		2834	2781			53
天然气	万立方米	730	132536	132137	1487	20	451
液化天然气	吨	254	25562	26041			83
汽油	吨	224	14297	14926	348	10642	77
煤油	吨	6	32	32			
柴油	吨	2447	31238	32502	613	13287	1818
燃料油	吨	931	4610	4548			778
液化石油气	吨	5	350	354	147		
润滑油	吨	15	2738	2768	670		4
石蜡	吨		534	584			
石油焦	吨	22931	273210	269829	128090		15376
石油沥青	吨	1767	59777	59299	28753		1115
其它石油制品	吨	106	2996	2719	1935		366
热力	百万千焦		10057833	14468217			
电力	万千瓦时		2257357	2284343		6061	
城市生活垃圾（用于燃料）	吨	18584	3127368	2259349			44000
生物燃料	吨标准煤	3701	56945	56946			3700
余热余压	百万千焦		497121	3136244			
其他燃料	吨标准煤		127	127	127		
能源合计	吨标准煤			20906773	211442		

8-29 规模以上工业企业分行业综合能源消费量

（2020年）

行业	综合能源消费量（吨标准煤）	比上年±%
总计	13440921	-0.9
煤炭开采和洗选业	184815	-10.2
有色金属矿采选业	859	11.8
非金属矿采选业	6087	-11.2
开采辅助活动	26374	-28.6
农副食品加工业	83570	-0.1
食品制造业	189679	0.9
酒、饮料和精制茶制造业	64555	-1.2
烟草制品业	11828	-10.7
纺织业	9540	-15.6
纺织服装、服饰业	9815	-44.7
皮革、毛皮、羽毛及其制品和制鞋业	166	7.5
木材加工和木、竹、藤、棕、草制品业	1282	-18.9
家具制造业	1532	-30.2
造纸和纸制品业	151421	-15.3
印刷和记录媒介复制业	9820	-6.0
文教、工美、体育和娱乐用品制造业	3922	-23.9
石油加工、炼焦和核燃料加工业	4836	27.3
化学原料和化学制品制造业	122345	-14.5
医药制造业	28191	-0.2
化学纤维制造业	231	-29.8
橡胶和塑料制品业	40322	5.2
非金属矿物制品业	2347381	27.1
黑色金属冶炼和压延加工业	95058	-72.6
有色金属冶炼和压延加工业	1631540	-41.9
金属制品业	186153	74.0
通用设备制造业	38619	24.6
专用设备制造业	46046	-9.0
汽车制造业	139643	-14.0
铁路、船舶、航空航天和其他运输设备制造业	5850	5.8
电气机械和器材制造业	42664	-0.2
计算机、通信和其他电子设备制造业	176634	2.8
仪器仪表制造业	3204	-11.2
其他制造业	790	0.8
废弃资源综合利用业	496	-10.9
金属制品、机械和设备修理业	826	-29.5
电力、热力生产和供应业	7711501	12.2
燃气生产和供应业	6267	-13.1
水的生产和供应业	56208	-4.3

8-30 规模以上工业企业分行业

（2020 年）

行业名称	原煤（吨）	无烟煤（吨）	一般烟煤（吨）	焦炭（吨）	其它焦化产品（吨）	天然气（万立方米）	液化天然气（吨）	汽油（吨）	煤油（吨）
总　计	**20563702**	**199328**	**20364374**	**36917**	**2781**	**132137**	**26041**	**14926**	**32**
煤炭开采和洗选业	939785		939785			503		199	
有色金属矿采选业								3	
非金属矿采选业								7	
开采专业及辅助性活动	123622		123622						
农副食品加工业						3484	368	37	
食品制造业	57425		57425			4611	823	163	
酒、饮料及精制茶制造业						2427		166	
烟草制品业						465			
纺织业						98		57	
纺织服装、服饰业						248	310	218	
皮革、毛皮、羽毛及其制品和制鞋业								41	
木材加工和木、竹、藤、棕、草制品业								4	
家具制造业						3	20	77	
造纸和纸制品业						3012	1140	172	
印刷和记录媒介复制业						91		73	
文教、工美、体育和娱乐用品制造业						63		157	
石油、煤炭及其他燃料加工业						79			
化学原料和化学制品制造业	13437		13437			5984	1446	243	
医药制造业						1291		406	
化学纤维制造业									
橡胶和塑料制品业						1609		89	
非金属矿物制品业	1305017	193790	1111227	25092	2781	29814	13261	2704	
黑色金属冶炼和压延加工业	5538	5538		11825		698			
有色金属冶炼和压延加工业	808225		808225			34633	2339	811	
金属制品业						2380	5006	821	
通用设备制造业						696	338	399	29
专用设备制造业						879	53	1480	1
汽车制造业						3978	297	3326	1
铁路、船舶、航空航天和其他运输设备制造业						28		65	
电气机械和器材制造业						642	18	554	
计算机、通信和其他电子设备制造业						248		344	
仪器仪表制造业						5		410	
其他制造业									
废弃资源综合利用业									
金属制品、机械和设备修理业								58	
电力、热力生产和供应业	17310653		17310653			34159		1186	
燃气生产和供应业						2	621	529	
水的生产和供应业						7		129	

主要能源品种消费量

柴油（吨）	燃料油（吨）	液化石油气（吨）	润滑油（吨）	石蜡（吨）	石油焦（吨）	石油沥青（吨）	其它石油制品（吨）	热力（百万千焦）	电力（万千瓦时）	城市生活垃圾（用于燃料）（吨）	生物燃料（吨标准煤）	余热余压（百万千焦）	其他燃料（吨标准煤）
32502	**4548**	**353**	**2768**	**584**	**269829**	**59299**	**2719**	**14468216**	**2284343**	**2259349**	**56946**	**3136244**	**127**
1395								122301	83991				
443									170				
1863									2737				
									130				
41								22527	29117				
51								1346052	47142		1040		
427								242008	19198				
4									4590				
4								4420	6587				
29								50073	3364				
									86				
5									1032				
43									1038				
688		12						2312019	26290				
110									6811				
									2325				
7			670				1935		163				
530		4						383067	17028				
32								10077	8334				
									188				
45								8045	15691				
10633	3494	62	40		269829	59299	18	99433	387656			3136244	
14									56185				
3506			54				378	9552499	539296				
382			46						119449				
128		15	1					375	22712				
591		215					388	18832	24185				127
3233		41	61					26525	61942				
2									4373				
570			1896	584					24099		11		
								119459	137339				
17		4							2044				
462									94				
38									359				
									603				
6751	1054							143447	579662	2259349	55895		
79									3472				
379								7058	44863				

8-31　各区县(市)规模以上工业企业能源消费量

(2020 年)

区县(市)	综合能源消费量(吨标准煤)	比上年±%
郑州市	13440921	-0.9
中原区	327189	-40.5
二七区	132036	6.3
管城区	37922	-11.3
金水区	5989	9.0
上街区	851682	-1.9
惠济区	69032	3.1
中牟县	298222	470.9
巩义市	3131921	-1.8
荥阳市	1704025	9.1
新密市	2421199	-0.04
新郑市	436956	10.7
登封市	3003884	-0.9
经开区	266000	-6.3
高新区	273538	-40.8
郑东新区	327261	-7.9
航空港实验区	154065	3.0

8-32 全社会用电量

（2020 年）

行　　业	用电量本年(万千瓦时)	比上年±%
全社会用电总计	**5541099**	**-1.9**
全行业用电合计	4454631	-1.1
第一产业	47900	-12.8
第二产业	2796928	-2.3
第三产业	1609804	1.6
城乡居民生活用电合计	1086468	-4.9
城镇居民	791776	-4.3
乡村居民	294692	-6.5
全行业用电分类	**4454631**	**-1.1**
农、林、牧、渔业	78892	-14.1
工业	2657490	-2.2
采矿业	121533	-9.2
制造业	1830399	-0.3
电力、热力、燃气及水生产和供应业	705558	-5.8
建筑业	140087	-4.2
交通运输、仓储和邮政业	246250	-4.6
信息传输、软件和信息技术服务业	86735	26.2
批发和零售业	304066	7.1
住宿和餐饮业	59507	-9.9
金融业	14456	-6.3
房地产业	407311	9.8
租赁和商务服务业	40827	-0.9
公共服务及管理组织	419010	-5.4
科学研究和技术服务业	26455	-10.3
水利、环境和公共设施管理业	59835	-15.0
居民服务、修理和其他服务业	28570	-3.7
教育、文化、体育和娱乐业	136519	-11.5
卫生和社会工作	81968	4.2
公共管理和社会组织、国际组织	85663	6.5

主要统计指标解释

因统计制度规定的口径调整、剔除重复数据、企业改革剥离、四经普单位清查等因素影响，规模以上工业企业利润总额、营业收入等财务指标和工业产品产量报告期数据与上年所公布的同指标数据不可比。

按照国家统计方法制度规定，1998 年独立核算工业统计范围由原乡及乡以上调整为全部国有及年销售收入 500 万元及以上非国有工业企业（即新口径）。2007 年起为规模以上工业企业，即年主营业务收入为 500 万元及以上的法人工业企业。2011 年起为年主营业务收入为 2000 万元及以上的法人工业企业。同时，统计分类中的原经济组织类型分组相应地调整为按企业登记注册类型分组。

工业 指从事自然资源的开采，对采掘品和农产品进行加工和再加工的物质生产部门。具体包括：1. 对自然资源的开采，如采矿、晒盐、森林采伐等（但不包括禽兽捕猎和水产捕捞）；2. 对农副产品的加工、再加工，如粮油加工、食品加工、轧花、缫丝、纺织、制革等；3. 对采掘品的加工、再加工，如炼铁、炼钢、化工生产、石油加工、机器制造、木材加工等，以及电力、自来水、煤气的生产和供应等；4. 对工业品的修理、翻新，如机器设备的修理，交通运输工具（包括小卧车）的修理等。1984 年以前农村的村及村以下办工业归属农业，1984 年以后划归工业。

工业统计调查单位工业统计调查单位分为两类：独立核算法人工业企业和工业活动单位。

1. 独立核算法人工业企业是指从事工业生产经营活动的单位。独立核算法人工业企业应同时具备以下条件：（1）依法成立，有自己的名称、组织机构和场所，能够承担民事责任；（2）独立拥有和使用资产，承担负债，有权与其他单位签订合同；（3）独立核算盈亏，并能够编制资产负债表。

2. 工业活动单位是指在一个场所从事一种或主要从事一种工业生产活动的经济单位。它包括独立核算工业企业按主营业务活动（即工业生产活动）划分的主营业务活动单位和非工业企业所属的工业生产活动单位（即原非独立核算工业生产单位）。工业活动单位，一般应同时具备以下三个条件：（1）具有一个场所，从事一种或主要从事一种工业活动；（2）单独组织工业生产、经营或业务活动；（3）单独核算收入和支出。

轻工业 主要是指生产消费资料的工业部门。如：食品、纺织、皮革、造纸、日用化工、文教艺术体育用品工业等。

轻工业主要指提供生活消费品的工业部门，包括：①以农产品为原料的。如棉、毛、麻、丝的纺织及缝纫，皮革及其制品，纸浆及造纸，食品制造等工业；②以非农产品为原料的。如日用金属、日用化工、日用玻璃、日用陶瓷、化学纤维及其织品、火柴、生活用木制品等工业。轻工业产品大部门是生产消费品，一部分作为原料和半成品用于生产，如化学纤维、工业用布、纸张、盐等。

重工业 指为国民经济各部门提供物质技术基础的主要生产资料的工业。按其生产性质和产品用途，可以分为下列三类：1. 采掘（伐）工业，是指对自然资源的开采，包括石油开采、煤炭开采、金属矿开采、非金属矿开采和木材采伐等工业；2. 原材料工业，指向国民经济各部门提供基本材料、动力和燃料的工业。包括金属冶炼及加工、炼焦及焦炭化学、化工原料、水泥、人造板以及电力、石油和煤炭加工业等工业；3. 加工工业，是指对工业原材料进行再加工制造的工业。包括装备国民经济各部门的机械设备制造工业、金属结构、水泥制品等工业，以及为农业提供的生产资料如化肥、农药等工业。

根据上述划分原则，修理业中以重工业产品为修理作业对象的划为重工业，反之划为轻工业。

工业增加值 指工业行业在报告期内以货币表现的工业生产活动的最终成果。

成本费用利润率 指在一定时期内实现的利润与成本费用之比，是反映工业生产成本及费用投入的经济效益指标，同时也是反映降低成本的经济效益的指标。计算公式：工业成本费用

$$\text{利润率}(\%)=\frac{\text{利润总额}}{\text{成本费用总额}}\times 100\%$$

全员劳动生产率 指根据产品的价值量指标计算的平均每个职工在单位时间内的产品生产量。是考核企业经济活动的重要指标，是企业生产技术水平、经营管理水平、职工技术熟练程度和劳动积极性的综合表现。目前我国的全员劳动生产率是将工业企业的工业增加值除以同一时期全部职工的平均人数来计算的。计算公式：

$$全员劳动生产率=\frac{工业增加值}{全部职工平均人数}\times 100\%$$

总资产贡献率　该指标反映企业全部资产的获利能力，是企业经营业绩和管理水平的集中体现，是评价和考核企业盈利能力的核心指标。计算公式为：

$$总资产贡献率=(利润总额+税金总额+利息支出)/平均资产总额\times\frac{12}{累计月数}$$

税金总额为产品销售税金及附加与应交增值税之和；平均资产总额为期初期末资产总计的算术平均值。

资产负债率　该指标既反映企业经营风险的大小，也反映企业利用债权人提供的资金从事经营活动的能力。计算公式为：

资产负债率=负债总额/资产总额

产品销售率　该指标反映工业产品已实现销售的程度，是分析工业产销衔接情况、研究工业产品满足社会需求的指标。计算公式为：

产品销售率=工业销售产值/工业总产值(现价)

主营业务收入　指企业销售产品的销售收入和提供劳务等主要经营业务取得的业务收入总额。

主营业务成本　指企业销售产品和提供劳务等主要经营业务的实际成本。

营业费用　指企业在报告期内在产品销售和提供工业性劳务等主要经营业务过程中所发生的各项费用，包括运输费、装卸费、包装费、保险费、展览费、广告费，以及为销售本企业产品而专设的销售机构的职工工资、福利费、业务费等经常费用。

主营业务税金及附加指企业在报告期销售产品和提供工业性劳务等应负担的销售税金及附加，包括产品税、增值税、营业税、城市维护建设税、资源税和教育费附加。

利润总额　指企业在报告期内实现的利润，反映企业最终的财务成果。亏损以“—”表示，计算公式为：

利润总额=营业利润+投资收益+补贴收入+营业外收入-营业外支出+以前年度损益调整

利税总额　指企业产品销售税金及附加和利润总额之和。

总资产　指企业拥有或控制的全部资产。包括流动资产、长期投资、固定资产、无形及递延资产、其他资产等，即为企业资产负债表的资产总计项。

1. 流动资产指企业可以在一年内或者超过一年的一个生产周期内变现或耗用的资产合计。包括现金及各种存款、短期投资、应收及预付款项、存货等。

2. 固定资产指企业固定资产净值、固定资产清理、在建工程、待处理固定资产损失所占用的资金合计。

3. 无形资产指企业长期使用而没有实物形态的资产。包括专利权、非专利技术、商标权、著作权、土地使用权、商誉等。

总负债　指企业承担并需要偿还的全部债务。包括流动负债和长期负债等。即为企业资产负债表的负债合计项。

1. 流动负债指企业在一年内或者超过一年的一个营业周期内需要偿还的债务合计，其中包括短期借款、应付及预收款项、应付工资、应交税金和应交利润等。

2. 长期负债指企业在一年以上或者超过一年的一个生产周期以上需要偿还的债务合计，其中包括长期借款、应付债务、长期应付款项等。

所有者权益　指企业投资人对企业净资产的所有权。企业净资产等于企业全部资产减去全部负债后的余额，其中包括投资者对企业的最初投入，以及公积金、盈余公积金和未分配利润，对股份制企业即为股东权益。

从业人员平均人数　是指报告期内平均拥有的从业人员人数。

成本费用利润率　反映企业投入的生产成本及费用的经济效益，同时也反映企业降低成本所取得的经济效益。

流动资产周转次数　指一定时期内流动资产完成的周转次数，反映投入工业企业流动资金的周转速度。

应交增值税　指企业按税法规定，从事货物销售或提供加工、修理修配劳务等增加货物价值的活动本期应交纳的税金。计算公式为：

应交增值税＝销项税额－（进项税额－进项税额转出）－出口抵减内销产品应纳税额－减免税款＋出口退税

进项税额指工业企业在报告期内购入货物或接受应税劳务而支付的、准予从销项税额中抵扣的增值税额。

销项税额指工业企业在报告期内销售货物或提供应税劳务应收取的增值税额。

能源生产总量 指一定时期内，全国一次能源生产量的总和。该指标是观察全国能源生产水平、规模、构成和发展速度的总量指标。一次能源生产量包括原煤、原油、天然气、水电、核能及其他动力能（如风能、地热能等）发电量，不包括低热值燃料生产量、生物质能、太阳能等的利用和由一次能源加工转换而成的二次能源产量。

能源消费总量 指一定时期内，全国各行业和居民生活消费的各种能源的总和。该指标是观察能源消费水平、构成和增长速度的总量指标。能源消费总量包括原煤和原油及其制品、天然气、电力，不包括低热值燃料、生物质能和太阳能等的利用。能源消费总量分为终端能源消费量、能源加工转换损失量和能源损失量三部分。

九、建　筑　业

9-1 建筑业生产情况

（2020 年）

指标	合计	内资企业			港、澳、台商投资企业	外商投资企业
			国有企业	集体企业		
全部建筑业企业个数(个)	1902	1899	9	10	1	2
有工作量的建筑业企业个数(个)	1764	1761	9	10	1	2
签订的合同额(千元)	1415330886	1406155342	20311137	323119	425451	8750093
上年结转合同额	636209183	630665290	12307886	174860	425451	5118442
本年新签合同额	779121703	775490052	8003251	148259		3631651
承包工程完成情况(千元)						
直接从建设单位承揽工程完成的产值	483995344	483759939	8597402	230359	68556	166849
自行完成施工产值	478761955	478526550	8597402	230359	68556	166849
分包出去工程的产值	5233389	5233389				
从建设单位以外承揽工程完成的产值	16624393	14275441	517620			2348952
建筑业总产值(千元)	495386348	492801991	9115022	230359	68556	2515801
装配式建筑工程产值	12050292	12050292				
装饰装修产值	21978590	21959658				18932
在外省完成的产值	177770871	175274002	1007068			2496869
建筑工程产值	430133028	427671897	8487505	196093	68556	2392575
安装工程产值	42776545	42737613	570202	27386		38932
其他产值	22476775	22392481	57315	6880		84294
建筑业竣工产值(千元)	184601543	184510561	640458	145043		90982
从事生产建筑业活动的从业人员平均人数(人)	868483	867207	17044	946	180	1096
年末从业人数	814199	812915	13930	1077	175	1109
工程技术人员	147167	146979	2389	142	5	183
房屋建筑施工面积(平方米)	344137028	344137028	198461	20200		
本年新开工面积	77823353	77823353		14300		
房屋建筑竣工面积(平方米)	58009665	58009665		15410		

9-1 续表 （2020 年）

指　标	合　计	房屋建筑业	土木工程建筑业	建筑安装业	建筑装饰、装修和其他建筑业	建筑装饰和装修业
全部建筑业企业个数(个)	1902	487	500	345	570	456
有工作量的建筑业企业个数(个)	1764	451	464	330	519	418
签订的合同额(千元)	1415330886	836439760	469039931	79796651	30054544	22999346
上年结转合同额	636209183	414833716	183054697	31124092	7196678	5045300
本年新签合同额	779121703	421606044	285985234	48672559	22857866	17954046
承包工程完成情况(千元)						
直接从建设单位承揽工程完成的产值	483995344	260270510	171547031	33268592	18909211	14080669
自行完成施工产值	478761955	257984028	170390639	31784609	18602679	13820490
分包出去工程的产值	5233389	2286482	1156392	1483983	306532	260179
从建设单位以外承揽工程完成的产值	16624393	3581674	5009347	6158679	1874693	1655091
建筑业总产值(千元)	495386348	261565702	175399986	37943288	20477372	15475581
装配式建筑工程产值	12050292	10933750	156925	822930	136687	117848
装饰装修产值	21978590	9169506	245304	1300002	11263778	11153775
在外省完成的产值	177770871	78549774	84628261	11138897	3453939	2584243
建筑工程产值	430133028	241256279	157380744	15352101	16143904	12265119
安装工程产值	42776545	11612397	14364240	14524593	2275315	1624421
其他产值	22476775	8697026	3655002	8066594	2058153	1586041
建筑业竣工产值(千元)	184601543	128185618	36241045	12750975	7423905	6346501
从事生产建筑业活动的从业人员平均人数(人)	868483	517087	251490	54601	45305	35459
年末从业人数	814199	482088	240035	53804	38272	28869
工程技术人员	147167	87216	39027	13057	7867	6399
房屋建筑施工面积(平方米)	344137028	324886432	9825115	8240351	1185130	445850
本年新开工面积	77823353	71074755	2746809	3127642	874147	183594
房屋建筑竣工面积(平方米)	58009665	54025108	1863107	1407862	713588	316229

9-2 建筑业主要经济指标

（2020 年）

单位：千元

指标	合计	内资企业			港澳台投资企业	外商投资企业
			国有	集体		
年初存货	**65456115**	**64178891**	**2531671**	**39549**	**471809**	**805415**
流动资产合计	424591401	420212931	20741764	424928	1753036	2625434
应收工程款	109295991	107759240	5242941	97398		1536751
#存货	65507338	64454574	2701908	38721	525076	527688
固定资产减值准备	21544	21544				
固定资产原价	36475111	36453941	1722322	139901	13141	8029
房屋和构筑物	8631621	8631621	444265	5432		
机器设备	11400453	11400453	410306	13990		
累计折旧	18973325	18965370	955472	57942	490	7465
#本年折旧	2578493	2578343	67523	15962	67	83
在建工程	9225485	9218921	747344	39867		6564
无形资产	4871167	4871134	306262	8278	33	
土地使用权	2367988	2367988	236622			
资产总计	517108650	512698095	23545147	552606	1767721	2642834
流动负债合计	344805439	341380183	20800447	219118	1668460	1756796
应付账款	130523034	128581761	7217185	139877	504033	1437240
非流动负债合计	15680386	15536986	850817	899	900	142500
负债合计	373455387	369880018	21651265	246357	1669360	1906009
所有者权益合计	143653263	142818077	1893882	306249	98361	736825
实收资本	76373527	76282253	1022059	168149	21880	69394
个人资本	17903139	17843745				59394

9-2 续表 1 （2020 年） 单位：千元

指标	合计	内资企业	国有	集体	港澳台投资企业	外商投资企业
损益及分配						
营业收入	458989141	457826287	17372563	252594	67259	1095595
主营业务收入	454273053	453110199	17098939	250014	67259	1095595
营业成本	423139802	422268640	16556326	223431	67401	803761
主营业务成本	416936250	416065088	15871400	222474	67401	803761
营业税金及附加	1872118	1867997	66202	1101	39	4082
主营业务税金及附加	1735429	1731308	61608	1056	39	4082
其他业务利润	651097	651097	203814	774		
销售费用	933848	933848	61	102		
管理费用	12385387	12373806	697496	19902	1965	9616
研发费用	6352425	6316367	246482			36058
财务费用	3621782	3618512	327174	5026	−27	3297
利息收入	1066126	1066980	45136	14	−30	−824
利息支出	2827738	2827619	205615	2		119
资产减值损失	480167	480167	23			
公允价值变动收益	−2976	−2976				
投资收益	−153941	−153941	1320			
其他收益	153017	152968	4062	156		49
营业利润	13251887	13015176	84757	6892	−2118	238829
营业外收入	543617	534817	50020	518		8800
营业外支出	664956	664942	11143	471	9	5
利润总额	13360469	13114972	123633	6939	−2127	247624
所得税费用	2994419	2956967	60825	728	1005	36447
应付职工薪酬（本年贷方累计发生额）	95609863	95247491	1846733	63693	5033	357339
应交增值税	9045603	9017344	212810	4603	1977	26282
建筑业企业在境外完成的营业收入	11875067	11875067	597684			

9-2 续表 2 （2020 年） 单位：千元

指　　标	合　计	房屋建筑业	土木工程建筑业	建筑安装业	建筑装饰、装修和其他建筑业	建筑装饰和装修业
年初存货	**65456115**	**41021249**	**17972981**	**3997290**	**2464595**	**1901714**
流动资产合计	424591401	215754465	151416381	30844010	26576545	19862930
应收工程款	109295991	54086134	36929023	9207839	9072995	5822012
存货	65507338	39865454	20108099	2906597	2627188	1974184
固定资产减值准备	21544	14259	2040	51	5194	1563
固定资产原价	36475111	15947857	16210809	2184328	2132117	874227
房屋和构筑物	8631621	6019727	1951597	394671	265626	170927
机器设备	11400453	5093792	4852035	573756	880870	132093
累计折旧	18973325	6661095	10234932	1075007	1002291	364130
本年折旧	2578493	1192669	919836	224488	241500	84699
在建工程	9225485	5978730	2463089	336028	447638	421341
无形资产	4871167	2775015	1596676	378721	120755	83712
土地使用权	2367988	1430868	821890	69479	45751	45751
资产总计	517108650	273989702	175660124	37231760	30227064	22480740
流动负债合计	344805439	183246186	125970110	16921936	18667207	13690137
应付账款	130523034	70910884	46870905	7238608	5502637	3451534
非流动负债合计	15680386	8934546	6340457	200347	205036	100534
负债合计	373455387	197457317	132621757	24170053	19206260	14036425
所有者权益合计	143653263	76532385	43038367	13061707	11020804	8444315
实收资本	76373527	36215470	24858079	7390726	7909252	5856386
个人资本	17903139	8326325	4623688	2207785	2745341	1827245

9-2 续表 3 （2020 年） 单位:千元

指　　标	合　计	房屋建筑业	土木工程建筑业	建筑安装业	建筑装饰、装修和其他建筑业	建筑装饰和装修业
损益及分配						
营业收入	458989141	245193659	161554145	33507259	18734078	13420611
主营业务收入	454273053	242181227	160478941	33260998	18351887	13183394
营业成本	423139802	226642217	149497564	30433523	16566498	11777190
主营业务成本	416936250	223600279	147161773	30019010	16155188	11558850
营业税金及附加	1872118	1000946	644323	120930	105919	80131
主营业务税金及附加	1735429	951002	584936	100356	99135	74024
其他业务利润	651097	319481	305753	13807	12056	4798
销售费用	933848	223830	305383	247404	157231	105271
管理费用	12385387	4888641	4802956	1336098	1357692	1050842
研发费用	6352425	3379402	2304920	519073	149030	122107
财务费用	3621782	2170466	1202398	117116	131802	94071
利息收入	1066126	829063	227010	8676	1377	-2533
利息支出	2827738	1918430	773207	56401	79700	60621
资产减值损失	480167	362207	63271	22720	31969	25108
公允价值变动收益	-2976	-3226		248	2	2
投资收益	-153941	-6259	-162369	10842	3845	3845
其他收益	153017	68091	59171	8152	17603	14900
营业利润	13251887	6631515	4712882	1265068	642422	488190
营业外收入	543617	140141	211910	156270	35296	20007
营业外支出	664956	460815	108400	62158	33583	22722
利润总额	13360469	6580339	4790171	1358962	630997	472339
所得税费用	2994419	1490293	1119361	262588	122177	96915
应付职工薪酬（本年贷方累计发生额）	95609863	61483667	26082739	5210390	2833067	2264406
应交增值税	9045603	5757916	2398909	518470	370308	263277
建筑业企业在境外完成的营业收入	11875067	2752318	8621877	448785	52087	29895

9-3 建筑业企业房屋建筑工程完成情况

单位:万平方米

指标	房屋建筑竣工面积	
	2019 年	2020 年
合计	**5724.33**	**5800.97**
住宅房屋	3573.09	3993.68
商业及服务用房屋	739.32	668.18
商厦房屋(批发和零售用房)	136.04	74.07
宾馆用房屋(住宿用房)	41.46	56.07
餐饮用房屋(餐饮用房)	4.85	4.09
商务会展用房屋	40.89	85.24
其他商业及服务用房屋(居民服务业用房)	516.09	448.71
办公用房屋	324.17	218.02
科研、教育、医疗用房屋	399.20	323.81
科学研究用房屋	47.48	31.66
教育用房屋	205.72	189.27
医疗用房屋(卫生医疗用房)	146.01	102.88
文化、体育、娱乐用房屋	103.56	42.00
厂房及建筑物	445.52	358.83
厂房	295.10	204.95
仓库	80.94	63.25
其他未列明的房屋建筑物	58.52	133.19

9-4 各区县(市)建筑业企业个数

(2020 年)

区县(市)	企业个数(个)	国有控股	集体控股	年末从业人数(人)	从事建筑业活动的平均人数	国有控股	集体控股
郑州市	**1902**	**90**	**23**	**868483**	**814199**	**342624**	**7150**
中原区	126	16	6	110592	103627	45555	3791
二七区	141	14	3	50610	45444	22756	522
管城区	160	5		46903	37694	7290	
金水区	559	20	3	168100	169217	33142	258
上街区	24	5	1	9031	5653	2631	50
惠济区	66	1		51897	38778	169	
中牟县	36	3	1	21329	20056	1922	1014
巩义市	53		3	7224	5300		806
荥阳市	35	2		23807	24293	157	
新密市	59	2	1	20801	19399	4193	247
新郑市	48	1	2	8190	8517	1390	90
登封市	23		2	2727	2524		225
经开区	98	7	1	222925	220518	206884	147
高新区	162	6		42873	36399	13679	
郑东新区	294	8		77665	74150	2856	
航空港实验区	18			3809	2630		

9-5 各区县(市)建筑业合同及承包工程完成情况

(2020 年)

单位:千元

区县(市)	签订的合同额	上年结转合同额	本年新签合同额	直接从建设单位承揽工程完成的产值	自行完成施工产值	分包出去工程的产值	从建设单位以外承揽工程完成的产值
郑州市	**1415330886**	**636209183**	**779121703**	**483995344**	**478761955**	**5233389**	**16624393**
中原区	128677232	68499149	60178083	53466827	53190421	276406	1424342
二七区	83575576	35152951	48422625	36312738	36118279	194459	327634
管城区	48297273	21690370	26606903	27020003	26952020	67983	189789
金水区	201040249	84943968	116096281	90829698	87860897	2968801	6413337
上街区	6316334	3486158	2830176	3476221	3457868	18353	45625
惠济区	32326875	15169119	17157756	21198887	21124371	74516	170152
中牟县	21778032	8277211	13500821	9781279	9686770	94509	594890
巩义市	3355718	1074981	2280737	2800444	2752350	48094	91712
荥阳市	18725854	13491345	5234509	10048499	9778177	270322	478671
新密市	8959529	3492862	5466667	4856917	4728476	128441	144429
新郑市	28260523	16890345	11370178	5501133	5501133		
登封市	1458647	662104	796543	1016254	1007678	8576	8476
经开区	634529504	263209005	371320499	150264590	150231387	33203	1855935
高新区	108244168	56411196	51832972	30506380	30372962	133418	3710818
郑东新区	86210750	42252464	43958286	35624061	34821327	802734	1023562
航空港实验区	3574622	1505955	2068667	1291413	1177839	113574	145021

9-6 各区县(市)企业总产值

(2020 年)

单位:千元

区县(市)	建筑业总产值	国有控股	集体控股	建筑工程产值	国有控股	集体控股
郑州市	**495386348**	**256809272**	**4384228**	**430133028**	**232193662**	**2042517**
中原区	54614763	26424110	3442753	39215161	15969874	1226707
二七区	36445913	20220609	102293	32939570	18433578	96693
管城区	27141809	4838197		25350777	4773653	
金水区	94274234	28258964	25057	72232669	23246276	10361
上街区	3503493	882586	26015	3108609	757211	
惠济区	21294523	341054		17820755		
中牟县	10281660	5966998	298200	9348801	5911028	298200
巩义市	2844062		322617	2514896		251549
荥阳市	10256848	59798		9342779		
新密市	4872905	1253169	540	4583706	1247740	
新郑市	5501133	3476610	23275	5260715	3476610	16545
登封市	1016154		78080	706933		77064
经开区	152087322	146400119	65398	144691746	140106295	65398
高新区	34083780	17272804		30334736	17031235	
郑东新区	35844889	1414254		31612687	1240162	
航空港实验区	1322860			1068488		

9-7 各区县(市)建筑业竣工产值

(2020 年)

单位:千元

区县(市)	竣工产值	国有控股	集体控股
郑州市	**184601543**	**79721812**	**585281**
中原区	19160541	6676823	203102
二七区	7932646	5190578	49375
管城区	7286912	88264	
金水区	43478670	7023688	7185
上街区	1251341	52772	26015
惠济区	8141751	323104	
中牟县	4157886	2036000	192500
巩义市	1167020		18652
荥阳市	5505179	57315	
新密市	2195702	756458	320
新郑市	908744	304640	
登封市	632184		57068
经开区	57265654	54714183	31064
高新区	6646389	1514776	
郑东新区	18339942	983211	
航空港实验区	530982		

9-8 各区县(市)建筑业全员劳动生产率

(2020 年)

单位:元/人

区县(市)	劳动生产率	国有控股	集体控股
郑州市	**608434**	**749537**	**613179**
中原区	527032	580049	908138
二七区	801996	888584	195964
管城区	720056	663676	
金水区	557120	852663	97120
上街区	619758	335456	520300
惠济区	549139	2018071	
中牟县	512648	3104578	294083
巩义市	536615		400269
荥阳市	422214	380879	
新密市	251194	298872	2186
新郑市	645900	2501158	258611
登封市	402597		347022
经开区	689682	707644	444884
高新区	936393	1262724	
郑东新区	483411	495187	
航空港实验区	502989		

9-9 各区县(市)建筑业施工、竣工面积

(2020年)

单位:平方米

区县(市)	施工面积	国有控股	集体控股	竣工面积	国有控股	集体控股
郑州市	**344137028**	**185876299**	**296807**	**58009665**	**18705206**	**125641**
中原区	25948048	4357588	8000	11113956	1450051	8000
二七区	5628009	1524228		1931792	530898	
管城区	27570503	23916		3382170	20621	
金水区	52582688	7443573	6500	10005507	996416	4510
上街区	1040125	61230		252824		
惠济区	14824112			3935015		
中牟县	1495925	771288	180230	1197205	737169	110231
巩义市	836800		96377	301073		
荥阳市	8766846			3386096		
新密市	2907798	354134		579810	201870	
新郑市	1588099			314162		
登封市	728106		5700	236388		2900
经开区	169667606	168571642		15352611	14653095	
高新区	6046390	859770		490569	105976	
郑东新区	24101935	1908930		5215919	9110	
航空港实验区	404038			314568		

9-10 各区县(市)建筑业自有机械设备情况

(2020年)

单位:千瓦、千元

区县(市)	总功率	国有控股	集体控股	设备净值	国有控股	集体控股
郑州市	**5154320**	**2551645**	**16259**	**7667667**	**3081865**	**105099**
中原区	395462	175502	5174	637277	222553	56644
二七区	200525	127820	186	460754	233204	105
管城区	802729	674118		1072371	612180	
金水区	1622985	179930	1958	2188818	339489	1422
上街区	14389	13451	2	18347	12135	70
惠济区	106706	577		271720	2236	
中牟县	319119	277422	113	120751	2593	611
巩义市	24898		3172	92942		27601
荥阳市	28370	570		119056	734	
新密市	43487	12210		140244	10450	
新郑市	82097	60817	3049	116077	69889	12359
登封市	19044		900	18720		5500
经开区	1006714	989337	1705	1619733	1476687	787
高新区	69423	13105		228355	21073	
郑东新区	416511	26786		543066	78642	
航空港实验区	1861			19436		

9-11 各区县(市)建筑业实收资本及资产合计

(2020年)

单位:千元

区县(市)	实收资本	国有控股	集体控股	资产合计	国有控股	集体控股
郑州市	**76373527**	**22741671**	**848744**	**517108650**	**245610532**	**6487270**
中原区	7720515	3692922	407188	55683187	34075326	4650678
二七区	5309225	2084817	51719	39011033	20447555	123680
管城区	3940569	437600		51330198	6030745	
金水区	17230215	3512363	40400	82016192	24030506	246064
上街区	1000766	474524	4000	6015815	2406771	24862
惠济区	3244767	23800		15307139	1490059	
中牟县	1949223	569180	160000	9789316	5941148	405055
巩义市	665556		30940	1914194		564463
荥阳市	2014425	17407		7759353	69795	
新密市	1564074	111500	17000	6521313	1622903	51830
新郑市	1882554	340304	53000	10359133	3887015	108793
登封市	735347		38000	1860232		230612
经开区	11922011	9308143	46497	135420183	127121810	81233
高新区	5424916	1222692		38932299	13085883	
郑东新区	11175695	946419		53119681	5401016	
航空港实验区	593669			2069382		

9-12 各区县(市)建筑业流动资产及固定资产原价

(2020年)

单位:千元

区县(市)	流动资产合计	国有控股	集体控股	固定资产原价	国有控股	集体控股
郑州市	**424591401**	**192975924**	**5509573**	**36475111**	**17228821**	**1406698**
中原区	47263698	29183735	4250589	4036509	2034246	721896
二七区	35789789	19453557	88798	2589841	1410076	31195
管城区	45068303	5126345		3182470	772151	
金水区	74074109	22107906	229957	6092684	1742903	23015
上街区	4637864	1142735	23518	374768	203837	946
惠济区	13201419	1488942		864631	4338	
中牟县	8489428	5124510	288361	671407	190279	116727
巩义市	1265989		244666	663514		390105
荥阳市	6813455	41232		846451	52339	
新密市	5907425	1545647	40039	626113	122919	21903
新郑市	6376485	3696325	68895	780381	286960	54462
登封市	1421486		195024	314423		35767
经开区	96328659	89213974	79726	8531124	7872460	10682
高新区	33659298	9747776		3600598	2248080	
郑东新区	42555981	5103240		3058433	288233	
航空港实验区	1738013			241764		

9-13 各区县(市)建筑业负债合计及主营业务收入

(2020 年)

单位:千元

区县(市)	负债合计	国有控股	集体控股	主营业务收入	国有控股	集体控股
郑州市	**373455387**	**193983637**	**4713244**	**454273053**	**259766000**	**4565097**
中原区	41527696	27342707	3616653	51257308	26056250	3428606
二七区	31974398	18042805	66336	32487555	18919656	92725
管城区	43628649	5191672		23832331	5051631	
金水区	52802393	19030345	157642	71838972	22596010	202036
上街区	4806411	2049240	19157	1905575	250946	27243
惠济区	8903987	986763		14415168	587439	
中牟县	7154568	5176956	202159	9837170	5764120	298790
巩义市	943657		434743	2276315		277267
荥阳市	4801477	19484		6595500	22323	
新密市	3764472	1368400	37321	4836053	1267668	31745
新郑市	7959732	3493281	10784	5028492	3014693	26763
登封市	788866		138072	1102413		120730
经开区	100212831	95791022	30377	166451889	160681326	59192
高新区	29354574	11287617		26032625	12893502	
郑东新区	33780345	4203345		35069028	2660436	
航空港实验区	1051331			1306659		

9-14 各区县(市)建筑业利润、利税总额

(2020 年)

单位:千元

区县(市)	利润总额	国有控股	集体控股	利税总额	国有控股	集体控股
郑州市	**13360469**	**5965149**	**204384**	**24141501**	**10120584**	**363054**
中原区	986486	396587	148369	2342903	727241	258264
二七区	1002212	504155	-765	1934611	813605	2567
管城区	759744	78888		1522544	243906	
金水区	2634229	604810	2977	4205416	910677	8434
上街区	-49307	-81298	129	-12372	-78216	1381
惠济区	546040	152988		1067821	164347	
中牟县	262779	162727	22481	433884	182767	36599
巩义市	255516		24778	392227		45977
荥阳市	253259	-2729		517706	-1957	
新密市	278974	29341	123	473664	66358	887
新郑市	73095	25906	967	156741	32078	1165
登封市	73852		4747	121375		5002
经开区	4216968	3882805	578	7246074	6678570	2778
高新区	983978	208100		1587724	306993	
郑东新区	1018182	2869		2034510	74215	
航空港实验区	64462			116673		

主要统计指标解释

签订合同额 指建筑业企业在报告期直接同建设单位签订的各种国内工程合同的总价款和以前年度同建设单位签订的各种国内工程合同的未完工程跨入本年度继续施工工程合同的总价款余额。

上年结转合同额 指以前年度同建设单位签订合同的未完工程跨入本年度继续施工工程合同的总价款余额。

本年新签合同额 指建筑业企业在报告期内同建设单位直接新签订的各种国内工程合同的总价款，不包括与其他建筑业企业新签的分包合同额。

建筑业总产值 指以货币表现的建筑业企业在一定时期内生产的建筑业产品和服务的总和。建筑业总产值包括建筑工程产值、安装工程产值和其他产值三部分内容。

装配式建筑工程产值 指用货币表现的用预制部品部件在工地装配而成的建筑产品产值。目前，装配式建筑工程类型主要包括装配式混凝土建筑、装配式钢结构建筑、装配式木结构建筑等。

房屋施工面积 指报告期内施工的全部房屋建筑面积。包括本期新开工的房屋建筑面积、上期跨入本期继续施工的房屋建筑面积、上期停缓建在本期恢复施工的房屋建筑面积、本期竣工的房屋建筑面积以及本期施工后又停缓建的房屋建筑面积。多层建筑应填各层建筑面积之和。

房屋新开工面积 指报告期内新开工建设的房屋建筑面积，以单位工程为核算对象，即整栋房屋的全部建筑面积，不能分割计算。不包括在上期开工跨入报告期继续施工的房屋建筑面积和上期停缓建而在本期恢复施工的房屋建筑面积。房屋的开工应以房屋正式开始破土刨槽（地基处理或打永久桩）的日期为准。

房屋竣工面积 指报告期内房屋建筑按照设计要求已全部完工，达到住人和使用条件，经验收鉴定合格或达到竣工验收标准，可正式移交使用的各栋房屋建筑面积的总和。竣工面积以房屋单位工程（栋）为核算对象，在整栋房屋符合竣工条件后按其全部建筑面积一次性计算，而不是按各栋施工房屋中已完成的部分或层次分割计算。

从事建筑业活动的平均人数 指建筑业企业（或单位）报告期实际拥有的、与建筑施工活动有关的人员的平均人数，包括参加本企业（或单位）建筑施工活动的非本企业（或单位）人员，但不包括企业内部社会服务性机构的人员以及由本企业支付工资但所从事的工作与本企业生产基本无关的人员。

资产总计 指企业过去的交易或者事项形成的、由企业拥有或者控制的、预期会给企业带来经济利益的资源。包括企业拥有的土地、办公楼、厂房、机器、运输工具、存货等实物资产和现金、存款、应收账款和预付账款等金融资产。资产一般按流动性（资产的变现或耗用时间长短）分为流动资产和非流动资产。其中流动资产可分为货币资金、交易性金融资产、应收票据、应收账款、预付款项、其他应收款、存货等；非流动资产可分为长期股权投资、固定资产、无形资产及其他非流动资产等。根据会计“资产负债表”中“资产总计”项目的期末余额数填报。

流动资产合计 资产满足以下条件之一应归为流动资产：（1）预计在一个正常营业周期中变现、出售或耗用，主要包括存货、应收账款等；（2）主要为交易目的而持有；（3）预计在资产负债表日起一年内（含一年）变现；（4）自资产负债表日起一年内，交换其他资产或清偿负债的能力不受限制的现金或现金等价物。包括货币资金、应收票据、应收账款、存货等项目。根据会计“资产负债表”中“流动资产合计”项目的期末余额数填报。

固定资产原价 指固定资产的成本，包括企业在购置、自行建造、安装、改建、扩建、技术改造某项固定资产时所发生的全部支出总额。根据会计“固定资产”科目的期末借方余额填报。

负债合计 指企业过去的交易或者事项形成的，预期会导致经济利益流出企业的现时义务。包括银行贷款、借款、应付账款、应付职工工资、应付职工福利费、应交税金等企业负有偿还责任的债务。根据会计“资产负债表”中“负债合计”项目的期末余额数填报。包括银行贷款、借款、应付账款、应付职工工资、应付职工福利费、应交税金等企业负有偿还责任的债务。

实收资本 指企业各投资者实际投入的资本（或股本）总额，包括货币、实物、无形资产等各种形式的投入。实收资本按投资主体可分为国家资本、集体资本、法人资本、个人资本、港澳台资本和外商资本。根据会计资产负债表中“所有者权益”项下“实收资本”的期末余额数填报。

主营业务收入 指企业经营主要业务所实现的收入。如果会计“利润表”列示“主营业务收入”项目，则根据其本年累计数填报；或者，根据会计“主营业务收入”科目的本年各月贷方余额（结转前）之和填报，如未设置该科目，以“营业收入”代替填报。

利润总额 指企业在一定会计期间的经营成果，是生产经营过程中各种收入扣除各种耗费后的盈余，反映企业在报告期内实现的盈亏总额。利润总额为营业利润加上营业外收入，减去营业外支出后的金额，根据会计“利润表”中“利润总额”项目的本年累计数填报。

应付职工薪酬（本年贷方累计发生额） 指企业为获得职工提供的服务或解除劳动关系而给予的各种形式的报酬或补偿。包括职工工资、奖金、津贴和补贴，职工福利费，医疗保险费、养老保险费、失业保险费、工伤保险费和生育保险费等社会保险费，住房公积金，工会经费和职工教育经费，带薪缺勤，利润分享计划，非货币性福利，辞退福利和其他为获得职工提供的服务而给予的报酬或补偿。如果企业财务报告附注中包含“应付职工薪酬”项目，则根据其“应付职工薪酬列示”部分的合计项的本期增加额填报。或者，执行企业会计准则或《小企业会计准则》的企业，根据会计“应付职工薪酬”科目的本年贷方累计发生额填报；执行其他企业会计制度的企业，应将本年上述职工薪酬包含的项目归并填报。

应交增值税 指按照税法规定，以销售货物、服务、无形资产、不动产或提供加工、修理修配劳务的增值额和货物进口金额为计税依据而课征的一种流转税。填报本指标时，应按权责发生制核算企业本期应负担的增值税，有两种计算方法，可选其一，一旦确定，原则上不得更改。

十、交通运输和邮电通讯

10-1 公路路线年底到达数

（2020 年）

单位：公里

指　　标	合计	干线	国道	省道	农村公路	县道	乡道	村道
总里程	**13722**	**2197**	**799**	**1398**	**11525**	**1556**	**3363**	**6606**
按技术等级分								
等级公路								
高速	631	631	293	338				
一级	662	658	281	377	4	4		
二级	1945	586	165	421	1359	696	430	233
三级	1573	166	26	140	1407	416	734	257
四级	8319	145	30	115	8174	421	2150	5603
等外公路	593	12	5	7	581	20	48	513
按路面等级分								
有铺装路面里程合计	13722	2197	799	1398	11525	1556	3363	6606
沥青混凝土	4756	1936	742	1194	2820	1043	1152	625
水泥混凝土	7642	163	24	139	7479	472	2019	4988
简易铺装路面里程	629	85	28	57	544	18	142	384
未铺装路面里程	695	12	5	7	683	23	51	609

10-2 公路桥梁年底到达数

（2020 年）

序　　号	总计		永久性		特大桥		大桥		中桥		小桥	
	座	延米	座	延米	座	延米	座	延米	座	延米	座	延米
甲	1	2	8	9	14	15	16	17	18	19	20	21
合计	2179	259746	2178	259733	16	39003	648	158639	859	49075	656	13029
高速公路	1146	158057	1146	158057	8	9746	471	114503	537	31049	130	2758
普通干线公路	406	77539	406	77539	7	28207	141	38964	136	8065	122	2304
农村公路	627	24150	626	24137	1	1050	36	5172	186	9961	404	7967

10-3 民用车辆拥有量

（2020 年）

单位：辆

指 标	总 计	营运	非营运	校车	进口	个人	新注册	报废
合 计	**4789262**	**243049**	**4405986**	**1272**	**226855**	**4240877**	**776591**	**569406**
汽车	4097856	195677	3870529	1272	221742	3720776	735136	417383
载客汽车	3840649	36412	3772587	1272	221132	3574132	677941	180126
大型	18851	14786	3246	819	162	105	2220	17872
中型	4346	586	3307	453	223	1156	296	10610
小型	3784907	20836	3733693		219366	3542907	674216	107074
微型	32545	204	32341		1381	29964	1209	44570
轿车	2324516	49062	2275454		79454	2178541	395152	61842
载货汽车	231098	148782	82316		609	122164	57195	151026
重型	52549	49120	3429		39	13337	15140	51312
中型	4015	2403	1612		4	1727	666	24156
轻型	174299	97192	77107		566	106923	41384	52953
微型	235	67	168			177	5	22605
普通载货	83700	32741	50959		479	64282	16936	53741
其它汽车	26109	10483	15626		1	24480		86231
三轮汽车	15536	5121	10415		1	14594		64523
低速货车	10573	5362	5211			9886		21708
摩托车	**512900**	**15**	**512885**		**4193**	**506119**	**21644**	**129281**
普通	496773	15	496758		4180	490099	21468	119175
轻便	16127		16127		13	16020	176	10106
拖拉机	**108577**							
挂车	**26688**	**25381**	**1307**		**32**	**3249**	**6273**	**9408**
其他类型车	**43241**	**21976**	**21265**		**888**	**10733**	**13538**	**13334**

补充资料：机动车驾驶员：4752697 人，其中：汽车驾驶员：4731849 人。

10-4　邮电通信行业基本情况

（2020 年）

指标名称	计量单位	本年实际	指标名称	计量单位	本年实际
邮政业网点及邮递线路			订销报刊期发数	万份	81
营业网点	处	244	期刊数	万份	32
邮政局所	处	244	订销报刊累计数	万份	11021
邮政信筒信箱	个	312	期刊数	万份	540
邮路条数	条	438	固定电话主叫通话时长（含 IP）	万分钟	45509
邮路总长度	公里	145816	移动电话通话时长合计	万分钟	4151932
汽车邮路	公里	60300	去话通话时长	万分钟	2349746
铁路邮路	公里	4874	移动短信业务量	亿条	160
航空邮路	公里	80642	移动电话年末用户	万户	1701
农村投递线路总长度	公里	13816	4G 移动电话用户	万户	1419
城市投递线路总长度	公里	17959	5G 移动电话用户	万户	423
通信业务量			固定电话年末用户	万户	119
邮电业务总量	万元	19171058	住宅电话用户	万户	45
邮政业务总量	万元	2657788	（固定）互联网宽带接入用户	万户	306
电信业务总量	万元	16513270	**电信主要通信能力**		
函件	万件	2807	光缆线路长度	公里	214923
包裹	万件	20	长途光缆线路长度	公里	661
汇票	万笔	14	固定长途电话交换机容量	万门	222
快递	万件	110047	局用电话交换机容量	万门	55
国内同城快递	万件	15613	移动电话交换机容量	万门	1417
国内异地快递	万件	92727	移动电话基站	个	16512
国际及港澳台快递	万件	1707	（固定）互联网宽带接入端口	万个	631
快递业务收入	亿元	103			

10-5 社会客货运输量

（2020 年）

指　标	单位	总　计	铁路	航空	公路	天然气管道
货运量	万吨	25819	1490	23	24305	108
货运周转量	万吨公里	7062428	1555865	205990	5300573	108
客运量	万人	7976	4598	527	2851	
客运周转量	万人公里	1925905	977199	707872	240834	
换算周转量	万吨公里	8114637	2533064	256916	5324657	108

注：1. 天然气管道外购量：153609 万立方；2. 换算货运量周转量 107. 5 万吨；3. 换算比例 0. 7 千克。

10-6 电话用户情况

（2020 年）

区县（市）	计量单位	移动电话用户期末数	本地电话用户期末数
市区	户	11831998	810857
上街区	户	193713	31013
中牟县	户	1081839	45563
巩义市	户	686863	63254
荥阳市	户	706257	71001
新密市	户	777989	49767
新郑市	户	962436	52629
登封市	户	766796	65197

10-7 新郑国际机场运输生产情况

（2020年）

指 标	单位	2020年累计		
		累计	去年同期	增长%
旅客吞吐量	**人次**	**21406709**	**29129328**	**-26.51**
航线				
国内航线	人次	21196509	27295645	-22.34
国际地区航线	人次	210200	1833683	-88.54
货邮吞吐量	**吨**	**639413.3**	**522020.8**	**22.49**
航线				
国内航线	吨	188074.1	216884.5	-13.28
国际地区航线	吨	451339.2	305136.1	47.91
总起降架次	**架次**	**178683**	**216399**	**-17.43**
其中运输飞行架次	**架次**	**177829**	**215702**	**-17.56**
航线				
国内航线	架次	166781	198254	-15.88
国际地区航线	架次	11048	17448	-36.68

主要统计指标解释

公路里程 指在一定时期内实际达到《公路工程技术标准 JTJ01—88》规定的等级公路，并经公路主管部门正式验收交付使用的公路里程数。其计算单位为：km。它包括大中城市的郊区公路以及通过小城镇街道部分的公路里程，也包括桥梁、渡口的长度，但不包括大中城市的街道、厂矿、林区生产用道和农业生产用道的里程。两条或多条公路共同经由同一路段，只计算一次，不得重复计算里程长度。公路里程是反映公路建设发展规模的重要指标，也是计算运输网密度等指标的基础资料。

货（客）运量 指在一定时期内，各运输部门实际运送的货物（旅客）数量。是反映运输业为国民经济和人民生活服务的数量指标，也是制定和检查运输生产计划，研究运输发展规模和速度的重要指标。货运按吨计算，客运按人计算。货物不论运输距离长短，货物类别，均按实际重量统计；旅客不论里程远近或票价多少，均按一人一次作为客运量统计。半价票、小孩票也按一人统计。

货物（旅客）周转量 指在一定时期内，由各种运输工具运送的货物（旅客）数量与其相应运输距离的乘积之总和，是反映运输业生产总成果的重要指标，也是编制和检查运输生产计划，计算运输效率、劳动生产率以及核算运输单位成本的主要基础资料。通常以吨公里和人公里为计算单位。计算货物周转量通常按发出站到达站之间的最短距离，也就是计费距离计算。

邮电业务总量 指以货币表现的邮电部门用于传递信息和提供其他邮电服务的总数量。它综合反映了一定时期邮电工作的总成果，是研究邮电业务量构成和发展趋势的重要指标。根据邮电管理体制不同，分为中央国营业务总量和地方国营业务总量。它用各种邮电分类业务量，如函件件数、电报份数、长话张数、市内电话和农村电话的年均户数、订销报刊累计份数等，分别乘以相应的平均单价（不变价），加总后再加上出租电路和设备的收入、代用户维护电话交换机和线路等设备的收入、其他业务收入求得。

十一、国内贸易

11-1 社会消费品零售总额

（2020 年） 单位：万元

类 别	合 计	限额以上单位	限额以下单位
社会消费品零售总额	**50763047**	**20964534**	**29798513**
按销售单位所在地分			
城镇	45820192	20278821	25541371
乡村	4942855	685713	4257142
按行业分			
批发业	5776952	1174874	4602078
零售业	36216849	18933837	17283012
住宿业	250959	151526	99433
餐饮业	8518287	704297	7813990

11-2 分区县（市）社会消费品零售总额

（2020 年） 单位：万元

区县（市）	合 计	批发零售业	住宿餐饮业
中原区	2572017	1954847	617170
二七区	4797777	4404382	393395
管城区	5172267	4989279	182988
金水区	9794125	7541476	2252649
上街区	381132	338765	42367
惠济区	2197803	1876228	321575
中牟县	1583527	1562620	20907
巩义市	2790460	1984105	806355
荥阳市	1590086	1215401	374685
新密市	1880769	1533889	346880
新郑市	3043068	2693585	349483
登封市	1541722	1309460	232262
经开区	4638331	4550775	87556
高新区	1867878	1835637	32240
郑东新区	5620058	5249246	370812
航空港实验区	1292027	1029556	262471

11-3 限额以上批发和零售业商品

（2020 年）

指标名称	法人企业数（个）	个体（产业）单位数（个）	从业人员期末人数（人）	商品购进额	进口
总计	**2726**	**209**	**140965**	**72209533**	**1299654**
批发业	**1677**	**8**	**54310**	**55805059**	**694195**
按批发行业小类分					
农、林、牧、渔产品批发	**52**		**1469**	**1121724**	**506**
谷物、豆及薯类批发	11		288	278703	506
种子批发	13		644	67891	
畜牧渔业饲料批发	13		164	122338	
棉、麻批发	7		175	592719	
林业产品批发	2		69	13377	
牲畜批发	1		55	4976	
其他农牧产品批发	5		74	41721	
食品、饮料及烟草制品批发	**179**	**8**	**6930**	**2894050**	**68985**
米、面制品及食用油批发	27	1	1140	433984	856
糕点、糖果及糖批发	2		29	7026	
果品、蔬菜批发	20	1	611	105629	5076
肉、禽、蛋、奶及水产品批发	30	3	622	148213	41458
盐及调味品批发	13	2	319	48641	
营养和保健品批发	2		203	45767	
酒、饮料及茶叶批发	41	1	2002	573446	
烟草制品批发	2		593	1136648	11419
其他食品批发	42		1411	394697	10176
纺织、服装及家庭用品批发	**108**		**5312**	**2303437**	**32251**
纺织品、针织品及原料批发	17		290	93247	182
服装批发	25		1212	179344	53
鞋帽批发	2		65	4819	
化妆品及卫生用品批发	14		872	284702	
厨具卫具及日用杂品批发	5		219	19893	
灯具、装饰物品批发	2		143	14442	
日用家电批发	33		1516	1554368	
其他家庭用品批发	10		995	152622	32017
文化、体育用品及器材批发	**66**		**3037**	**1764676**	**79**
文具用品批发	22		329	385888	
体育用品及器材批发	3		354	78100	
图书批发	11		1728	713711	

购进、销售、库存总额

单位：万元

商品销售额	批发额	出口	零售额	期末商品库存额	年末零售营业面积（万平方米）
77530409	**57003182**	**866559**	**20108711**	**4759548**	**579.82**
58072926	**56479596**	**865803**	**1174874**	**3232914**	**34.33**
1201086	**1198090**	**90086**	**2779**	**198262**	**0.87**
302283	302283			76264	
88044	87542		285	17894	0.78
126028	123586	11369	2442	19226	0.03
617872	617872	68608		73840	0.02
15966	15914		52	9743	0.04
4627	4627	4627			
46266	46266	5482		1295	
3610880	**3406421**	**13620**	**184221**	**312022**	**12.67**
442596	411789	300	30807	101692	0.31
6805	6250		555	930	
116276	105519		4997	6349	0.70
163835	157792		6044	21581	0.19
55000	54246		754	5481	0.04
41039	41039			6098	
683362	576782		104951	107005	0.56
1636330	1636330	5963		23093	
465637	416673	7357	36114	39794	10.86
2366600	**2139224**	**124754**	**60256**	**387291**	**3.51**
98214	98214	58391		2514	
186164	183883	48155	2281	49083	0.61
6422	5351		1071	1616	0.24
257722	255304		2418	43798	0.11
22744	22744	13775		2410	
14357	11376		2981	6266	0.04
1614317	1406832		40365	249779	1.19
166662	155521	4433	11141	31824	1.32
1731048	**1670392**	**24307**	**60656**	**120437**	**2.93**
404840	402888	5455	1952	20241	0.49
89172	87262		1910	20750	0.21
624739	582092		42647	32680	1.79

11-3　续表 1　（2020 年）

指标名称	法人企业数（个）	个体（产业）单位数（个）	从业人员期末人数（人）	商品购进额	进口
音像制品、电子和数字出版物批发	2		38	20656	
首饰、工艺品及收藏品批发	13		311	313547	
乐器批发	2		42	7422	
其他文化用品批发	13		235	245352	79
医药及医疗器材批发	**245**		**15230**	**8890226**	**186524**
西药批发	37		6188	4374865	13
中药批发	23		4031	2543165	
动物用药品批发	10		254	194621	3181
医疗用品及器材批发	175		4757	1777576	183330
矿产品、建材及化工产品批发	**607**		**9109**	**27265225**	**374445**
煤炭及制品批发	58		809	6075828	205437
石油及制品批发	29		1169	5291360	2386
非金属矿及制品批发	24		374	408597	2300
金属及金属矿批发	273		3382	12095149	101468
建材批发	121		1705	1810353	10562
化肥批发	13		410	618480	5331
农药批发	2		320	18867	
其他化工产品批发	87		940	946591	46962
机械设备、五金产品及电子产品批发	**384**		**12551**	**11130946**	**31405**
农业机械批发	2		36	9477	
汽车及零配件批发	85		2395	1915017	2
摩托车及零配件批发	3		32	8382	
五金产品批发	17		294	87280	2859
电气设备批发	21		470	171112	
计算机、软件及辅助设备批发	67		1333	290597	
通讯设备批发	38		2004	2790959	5956
广播影视设备批发	1		30	16041	
其他机械设备及电子产品批发	150		5957	5842082	22588
贸易经纪与代理	**8**		**90**	**87233**	
贸易代理	7		85	83613	
其他贸易经纪与代理	1		5	3621	
其他批发业	**28**		**582**	**347541**	
再生物资回收与批发	12		251	57087	

单位:万元

商品销售额	批发额	出口	零售额	期末商品库存额	年末零售营业面积（万平方米）
22474	22457		18	213	0.05
328779	319691	18852	9089	20630	0.21
8522	6589		1933	1981	0.15
252523	249414		3108	23941	0.03
9734448	**9221405**	**12559**	**505169**	**686448**	**3.01**
4728943	4354885	499	368224	323486	2.25
2702460	2616496		85964	198923	0.15
213349	210779		2570	31359	
2089697	2039246	12060	48411	132679	0.60
27280687	**26973019**	**318120**	**97968**	**1206576**	**4.21**
6032993	6004104	143589	4900	148970	0.02
4555122	4522774		14316	136564	1.39
429156	427174	6095	617	25304	0.00
12655519	12447816	115454	60854	245198	0.78
1956719	1945277	21457	10211	37726	1.29
622979	621565		185	572516	0.01
30205	30205			1931	
997994	974103	31524	6884	38366	0.72
11695628	**11432951**	**232217**	**254048**	**309655**	**7.14**
10767	10767			2652	
1955047	1847531	36746	103250	105709	3.64
9330	6864		2466	1587	0.03
90927	85580	23490	5347	10003	0.03
182342	159442	7284	21908	8259	0.06
324738	300977	500	23762	27846	0.82
3027364	2954973	79540	72390	28586	1.89
19406	19406			43	
6075707	6047412	84656	24926	124970	0.66
88700	**88700**	**31377**		**750**	
85379	85379	28057		750	
3320	3320	3320			
363848	**349395**	**18763**	**9776**	**11473**	
61460	61460			7368	

11-3 续表 2 （2020 年）

指标名称	法人企业数（个）	个体（产业）单位数（个）	从业人员期末人数（人）	商品购进额	进口
互联网批发	2		53	22453	
其他未列明批发业	14		278	268002	
按登记注册类型分					
内资企业	**1666**		**53854**	**55632667**	**690946**
国有企业	20		1588	3524833	56573
集体企业	1		26	5287	
股份合作企业	1		135	2805	
有限责任公司	324		19767	30811669	234575
国有独资公司	18		1598	5715567	100175
其他有限责任公司	306		18169	25096102	134400
股份有限公司	16		2738	3617442	
私营企业	1304		29600	17670630	399797
私营独资企业	5		25	28194	
私营合伙企业	1		5	2898	
私营有限责任公司	1291		28761	17555061	399797
私营股份有限公司	7		809	84478	
港、澳、台商投资企业	**5**		**130**	**14173**	**3249**
与港澳台商合资经营企业	1		40	3249	3249
港澳台商独资企业	4		90	10924	
外商投资企业	**6**	**1**	**285**	**139741**	
中外合资经营企业	1	1	32	3229	
中外合作经营企业	1		75	2578	
外资企业	4		178	133934	
按控股情况分					
国有控股	113		9927	25978382	200224
集体控股	11		243	89754	
私人控股	1473		38403	22340004	408428
港澳台商控股	5		130	14173	3249
外商控股	6		253	136512	
其他	69		5281	7224527	82295
按经营形式分					
独立门店	719	8	19352	17325582	209323
连锁总店（总部）	1		248	13109	

单位:万元

商品销售额	批发额	出口	零售额	期末商品库存额	年末零售营业面积(万平方米)
21337	21337			1111	
281051	266598	18763	9776	2994	
57883910	**56290975**	**846933**	**1174479**	**3218268**	**34.15**
4045649	4045502		146	59993	0.02
5460	5425		35	521	0.04
2832	2832			102	
31880257	31186435	356981	514520	1245301	8.24
5624039	5583815	109292	40224	130079	1.31
26256218	25602620	247689	474296	1115222	6.93
2953463	2872957	3413	80506	224774	1.69
18996250	18177824	486539	579273	1687578	24.17
28382	28112		270	1091	0.02
2656	2656			500	
18862110	18053828	486539	569128	1668915	23.92
103102	93227		9874	17072	0.23
15818	**15817**	**8104**	**1**	**410**	**0.12**
4392	4391		1	248	0.09
11426	11426	8104		163	0.03
147515	**147515**	**10767**		**4638**	
3744	3744			21	
2197	2197			3399	
141574	141574	10767		1217	
25987654	25532704	255336	290835	778213	4.72
95779	95745		35	8640	0.05
23930298	22979362	565539	697031	2042709	26.97
15818	15817	8104	1	410	0.12
143771	143771	10767		4617	
7870179	7683164	26058	186578	388706	2.41
18093370	17236889	220300	490137	1019834	14.29
16159	16159			442	

11-3 续表 3 （2020 年）

指标名称	法人企业数（个）	个体（产业）单位数（个）	从业人员期末人数（人）	商品购进额	进口
连锁直营店	2		82	2482	
其他	955		34628	38463885	484871
按单位规模分					
大型	33		12776	12343501	369
中型	413		25757	24924738	267626
小型	911		14414	14752937	405288
微型	320		1290	3762176	20911
零售业	**1049**	**201**	**86655**	**16404474**	**605459**
按零售行业小类分					
综合零售	**75**	**63**	**26538**	**2223755**	**7911**
百货零售	40	16	18784	1734285	7911
超级市场零售	20	16	5962	401385	
便利店零售	3	5	396	12445	
其他综合零售	12	26	1396	75639	
食品、饮料及烟草制品专门零售	**69**	**12**	**3256**	**489376**	**154**
粮油零售	4	1	75	27177	
糕点、面包零售	2	1	121	3274	
果品、蔬菜零售	3	2	43	6799	
肉、禽、蛋、奶及水产品零售	13	1	277	36963	154
营养和保健品零售	4		42	3497	
酒、饮料及茶叶零售	25		1523	350128	
烟草制品零售		1	8	884	
其他食品零售	18	6	1167	60656	
纺织、服装及日用品专门零售	**84**	**60**	**7144**	**589072**	**1027**
纺织品及针织品零售	2	5	222	8947	
服装零售	43	35	2520	370577	346
鞋帽零售	9	3	1741	28689	
化妆品及卫生用品零售	11	4	1629	74935	682
厨具卫具及日用杂品零售	1		6	879	
钟表、眼镜零售	3	2	278	38214	
自行车等代步设备零售	1	7	80	16426	
其他日用品零售	14	4	668	50405	
文化、体育用品及器材专门零售	**49**	**23**	**3405**	**322173**	

单位:万元

商　品 销售额	批发额	出口	零售额	期末商品 库存额	年末零售 营业面积 （万平方米）
26981	23237		3744	1858	0.23
39936416	39203311	645503	680994	2210780	19.81
12502508	11997664		504844	670574	2.52
26278499	25851405	457609	427094	1203791	12.82
15454389	15229975	400359	223087	1225924	18.59
3808102	3371517	7835	19456	123006	0.34
19457482	**523586**	**756**	**18933837**	**1526634**	**545.49**
3483166	**7882**		**3475284**	**172754**	**249.60**
2894442	1563		2892880	104963	211.69
499309	1415		497894	49375	28.45
15459			15459	1949	0.52
73956	4904		69052	16467	8.94
576254	**50026**		**526228**	**80755**	**5.28**
36928			36928	2525	0.41
4635	648		3987	168	0.12
7417			7417	96	0.43
35339	2770		32570	8635	0.37
6275			6275	1252	0.04
409960	46580		363380	61511	2.15
1278			1278	36	
74422	29		74393	6531	1.75
762383	**31715**	**756**	**730668**	**69398**	**37.08**
10345	958	40	9387	3012	0.37
452875	11273		441602	43921	26.43
50509	689		49820	7534	0.93
119923	3865		116058	7018	4.44
1081	360		721	59	0.02
52006			52006	1510	0.39
16994	11417		5577	1222	0.25
58651	3153	717	55497	5124	4.26
389018	**31820**		**357198**	**76181**	**7.07**

11-3　续表 4　　　　(2020 年)

指标名称	法人企业数（个）	个体（产业）单位数（个）	从业人员期末人数（人）	商品购进额	进口
文具用品零售	13	2	157	25764	
体育用品及器材零售	4	3	1748	79451	
图书、报刊零售	13		896	92730	
珠宝首饰零售	6	17	423	99117	
乐器零售	6		62	7465	
照相器材零售	3		33	8375	
其他文化用品零售	4	1	86	9271	
医药及医疗器材专门零售	**46**	**1**	**13376**	**829944**	**10376**
西药零售	29	1	12627	545942	
中药零售	8		484	219188	
动物用药品零售	1		8	1137	1107
医疗用品及器材零售	8		257	63678	9270
汽车、摩托车、零配件和燃料及其他动力销售	**411**	**6**	**24619**	**9490383**	**556829**
汽车新车零售	328		19888	8127953	551680
汽车旧车零售	2		157	40979	
汽车零配件零售	12	1	597	153362	5148
摩托车及零配件零售	2	3	120	14036	
机动车燃油零售	60	2	3699	1126641	
机动车燃气零售	7		158	27412	
家用电器及电子产品专门零售	**232**	**16**	**5372**	**1225366**	**1279**
家用视听设备零售	17	1	223	28874	
日用家电零售	52	10	2948	816422	
计算机、软件及辅助设备零售	112		1181	198685	
通信设备零售	22	5	468	91010	1279
其他电子产品零售	29		552	90376	
五金、家具及室内装饰材料专门零售	**35**	**19**	**1137**	**162803**	**1800**
五金零售	14	4	261	55002	
灯具零售	1	3	32	2372	
家具零售	8	7	681	60092	
涂料零售		1	3	6064	
卫生洁具零售	1		54	3096	
陶瓷、石材装饰材料零售	2	2	37	4381	
其他室内装饰材料零售	9	2	69	31797	1800

单位:万元

商品销售额	批发额	出口	零售额	期末商品库存额	年末零售营业面积（万平方米）
27859	696		27163	2630	0.11
102634	24501		78133	21000	2.34
103723	2640		101084	28135	3.41
128522	453		128069	19342	0.72
8597	2310		6287	1110	0.15
7174	1220		5955	2071	0.05
10509			10509	1894	0.29
1064954	**54378**		**1010576**	**130499**	**38.58**
728083	3451		724632	98926	37.37
239680	40835		198845	20613	0.50
11285	56		11229	503	0.02
85906	10036		75870	10457	0.69
10550680	**240763**		**10309858**	**839810**	**151.73**
8577458	85181		8492218	737402	97.60
40538			40538	5968	0.59
210873	2196		208677	14092	1.68
18266			18266	1645	0.52
1670494	153387		1517107	79178	48.78
33053			33053	1526	2.56
1289655	**95226**		**1194429**	**106964**	**42.25**
31782	1804		29978	6314	0.68
828590	56549		772041	64315	37.68
223916	23140		200775	23791	1.41
100164	10388		89776	5241	1.47
105203	3345		101858	7303	1.01
214689	**8938**		**205750**	**23320**	**9.61**
63080	7250		55831	9956	1.05
14697			14697	474	0.05
81325	45		81280	6141	7.98
6046			6046	18	0.03
4482			4482	394	0.07
4588			4588	647	0.04
40470	1644		38827	5691	0.40

11-3 续表 5 （2020 年）

指标名称	法人企业数（个）	个体（产业）单位数（个）	从业人员期末人数（人）	商品购进额	进口
货摊、无店铺及其他零售业	**48**	**1**	**1808**	**1071602**	**26082**
互联网零售	32		1363	1018582	26082
邮购及电视、电话零售	1				
自动售货机零售	1		31	2877	
生活用燃料零售	10		258	40726	
其他未列明零售业	4	1	156	9417	
按登记注册类型分					
内资企业	**1023**	**3**	**66435**	**13472817**	**588603**
国有企业	2		807	210305	
集体企业	3		59	6011	
有限责任公司	262	1	27719	7417285	398047
国有独资公司	6		241	126963	
其他有限责任公司	256	1	27478	7290322	398047
股份有限公司	7		9666	420479	682
私营企业	748	1	28122	5394875	189875
私营独资企业	19		298	32535	
私营合伙企业	1	1	91	4934	
私营有限责任公司	722		27592	5336657	189875
私营股份有限公司	6		141	20748	
其他企业	1	1	62	23863	
港、澳、台商投资企业	**13**	**1**	**14539**	**1864168**	**16856**
与港澳台商合资经营企业	4		660	353801	
港澳台商独资企业	7		13662	1467222	
港澳台商投资股份有限公司		1	9	1119	
其他港澳台投资企业	2		208	42026	16856
外商投资企业	**13**		**2672**	**805461**	
中外合资经营企业	5		1237	635975	
外资企业	8		1435	169486	
按控股情况分					
国有控股	38		4661	1149115	
集体控股	7		414	56927	5066
私人控股	891		52344	9439954	495168
港澳台商控股	8		13928	1630300	

单位:万元

商品销售额	批发额	出口	零售额	期末商品库存额	年末零售营业面积（万平方米）
1126684	**2837**		**1123847**	**26953**	**4.28**
1059467	1983		1057483	24120	1.74
3978	854		3124	148	0.09
48805			48805	1015	2.19
14435			14435	1670	0.26
15418904	**373578**	**756**	**15045266**	**1300090**	**376.53**
241363			241363	2483	24.26
9433			9433	4079	0.11
8680965	149576	717	8531388	580779	199.85
132180			132180	9420	1.20
8548785	149576	717	8399209	571358	198.65
576703	23479		553224	82001	32.33
5889065	200523	40	5688483	617268	119.66
37078	412		36666	1950	2.67
8605			8605	1101	0.18
5817043	198473	40	5618511	612239	116.61
26339	1638		24702	1978	0.20
21376			21376	13480	0.32
2539861	**741**		**2539121**	**106180**	**134.63**
412554			412554	25853	5.16
2075690	741		2074949	77212	129.04
1120			1120	1	0.40
50498			50498	3114	0.03
1180381	**134933**		**1045448**	**95107**	**20.32**
991571	134933		856639	70115	8.44
188810			188810	24992	11.88
1827487	69853		1757633	97699	49.83
123301			123301	6777	10.33
10415819	271468	756	10144292	1017897	241.81
2271136	741		2270396	90661	130.04

11-3 续表 6 （2020 年）

指标名称	法人企业数（个）	个体（产业）单位数（个）	从业人员期末人数（人）	商品购进额	进口
外商控股	13		2672	805461	
其他	92		9523	3053794	105225
按经营形式分					
独立门店	779	191	55596	12414588	546310
连锁总店（总部）	39	1	19878	1294438	2845
连锁直营店	19	2	1942	308701	25086
连锁加盟店	4	2	188	17333	
其他	208	5	9051	2369416	31218
按单位规模分					
大型	26		36689	3798018	
中型	313		35364	8748380	512671
小型	442		10222	2243845	53044
微型	268		1267	1345309	39744
按零售业态分（汇总口径 1）					
有店铺零售	**928**	**201**	**82944**	**14870768**	**575229**
食杂店	5	3	140	31221	
便利店	13	19	1352	138297	
折扣店	5		99	19394	
超市	35	44	3770	203258	
大型超市	17	1	15981	1436695	2845
仓储会员店	7		71	13151	
百货店	42	18	6739	634852	5412
专业店	462	66	27214	6856141	114872
专卖店	298	44	25359	5121164	450993
家居建材商店	6	3	239	41788	
购物中心	14	2	1322	189035	
厂家直销中心	24	1	658	185772	1107
无店铺零售	**121**		**3711**	**1533706**	**30230**
电视购物	1				
网上商店	26		811	976870	26082
自动售货亭	1		44	24895	
电话购物	2		445	10137	
其他	91		2411	521804	4148

单位:万元

商品销售额	批发额	出口	零售额	期末商品库存额	年末零售营业面积（万平方米）
1180381	134933		1045448	95107	20.32
3310438	32257		3278182	191752	78.45
14981081	396683	475	14584339	1144761	412.55
1560482	12742		1547740	194199	86.63
320289	16433		303856	14633	17.94
23106	1734		21372	5990	0.75
2572525	95994	282	2476531	167052	27.62
5200130	227390		4972739	356504	250.99
9924409	167860		9756549	800697	197.29
2635642	87054	756	2548589	264740	76.14
1368381	26947		1341375	77952	6.35
17775835	**502748**	**717**	**17273027**	**1442144**	**536.75**
41394			41394	1264	0.56
146160	22458	475	123702	17012	3.80
22654			22654	1929	1.69
250122	9096		241026	20231	15.90
2215079	301		2214778	90708	136.40
15602	366		15235	792	0.39
1070843	1854		1068990	62508	86.01
7731633	372690	242	7358943	663385	148.71
5746283	92754		5653469	562734	104.12
48553			48553	3104	2.19
270664	2115		268549	5438	34.57
216849	1114		215735	13041	2.41
1681648	**20837**	**40**	**1660811**	**84490**	**8.74**
1013904	1453		1012451	20814	1.26
23861			23861	1589	0.09
14190			14190	4476	0.01
629693	19384	40	610309	57610	7.38

11-4 分区县(市)限额以上批发和零售业商品购销存总额

(2020 年)

单位:万元

区县(市)	商品购进额	进口	商品销售额	批发额	出口	零售额	期末商品库存额
中原区	1651221	136823	1747455	500188	15981	1247267	117118
二七区	2705767	8745	3076975	1405544	28687	1637632	221485
管城区	5221530	54718	6086025	3204980	43550	2881045	506789
金水区	8779259	375057	10272018	5409458	378234	4715737	851546
上街区	583477		622775	602952	585	14666	8796
惠济区	2726020	92397	2878166	1339407	5836	1371637	411244
中牟县	1099993	6316	1175093	946100	300	223015	38864
巩义市	1917415		2111084	1855987		250418	43484
荥阳市	805173		902810	669762	44	233048	69567
新密市	340973		388269	255725	200	132106	22308
新郑市	5181956	14481	5332148	4619026		713122	161957
登封市	750849	1030	792847	671774		119842	19365
经开区	12626490	106129	13989380	11270098	16013	2702449	731833
高新区	3811857	31276	3371018	2424984	110665	945293	759275
郑东新区	12819077	310440	13429624	10545827	190401	2848083	591442
航空港实验区	11188476	162244	11354721	11281370	76063	73351	204475

11-5 分区县(市)限额以上批发和零售业法人企业财务状况

(2020年)

单位:万元

区县(市)	流动资产合计	存货	固定资产原价	资产总计	所有者权益	实收资本	营业收入
中原区	703342	129537	80745	810933	130561	120904	1568939
二七区	1187361	190917	113084	1376061	226127	1521767	2785550
管城区	2153700	407112	285979	3145469	1038280	386264	5337654
金水区	4300904	768670	785545	5108447	1203976	635509	9136544
上街区	90313	15949	3246	96367	14899	11861	554065
惠济区	1579498	369265	100369	1852087	406323	233496	2563355
中牟县	222413	35427	41492	311058	76710	91416	1059100
巩义市	324274	33296	18040	420388	82324	50359	1981284
荥阳市	575686	59743	98747	729654	59560	63668	757761
新密市	123774	24197	14431	148550	34049	27336	319546
新郑市	623496	117191	63304	681198	62390	74092	4669498
登封市	371867	18674	43554	478090	113079	71970	717602
经开区	6416525	730539	305716	7508935	1491922	1090785	12263702
高新区	1017290	200060	198753	1608191	569003	209398	3051753
郑东新区	3937789	605889	275042	5030650	1250228	1003716	12159465
航空港实验区	5638223	155221	29946	6384367	2537644	1586166	10173812

11-5 续表

(2020年)

单位:万元

区县(市)	营业成本	税金及附加	销售费用	管理费用	营业利润	利润总额	应付职工薪酬	应交增值税
中原区	1441369	2810	67504	35717	8961	10191	33840	11487
二七区	2528738	4171	173517	74870	-4298	-1815	70689	15339
管城区	4704662	8909	296831	95234	192166	198959	132615	45853
金水区	8196903	24737	398035	293751	215992	214976	205866	85012
上街区	525664	251	10340	3512	14174	13955	2019	860
惠济区	2395480	3373	69206	44651	62086	62365	38647	15073
中牟县	1004483	1545	31840	12081	9021	14557	11631	4152
巩义市	1869350	1498	16655	13332	62225	45929	9223	4267
荥阳市	687043	1446	37208	17143	-6275	-6664	17133	5983
新密市	292505	848	12331	7999	4308	4394	9010	5026
新郑市	4589755	2681	33009	23631	9657	10779	25416	6016
登封市	661624	1705	22611	9619	11716	11671	10152	4919
经开区	11085136	213285	371376	171696	352220	349759	189435	140454
高新区	2765670	5733	113245	50443	89739	97842	64186	15886
郑东新区	11599818	14610	272263	142889	101971	113045	122197	53951
航空港实验区	9929087	9089	128336	29307	71756	74310	20413	21359

11-6 限额以上批发和零售业法人企业财务状况

（2020 年）

单位：万元

指标名称	法人企业数（个）	执行《2006年企业会计准则》企业数（个）	一、年初存货			
				流动资产合计	应收帐款	存货
总计	**2726**	**1900**	**3942386**	**29266453**	**6901559**	**3861688**
批发业	**1677**	**1137**	**2573196**	**23198235**	**6205160**	**2520165**
按批发行业小类分						
农、林、牧、渔产品批发	**52**	**36**	**285458**	**787947**	**43961**	**140425**
谷物、豆及薯类批发	11	8	235912	288151	9348	76670
种子批发	13	11	20698	118128	9721	19094
畜牧渔业饲料批发	13	9	6763	39252	7926	11937
棉、麻批发	7	5	13885	269695	4322	21687
林业产品批发	2	1	6142	33586	10836	9743
牲畜批发	1	1		26469		
其他农牧产品批发	5	1	2058	12667	1808	1295
食品、饮料及烟草制品批发	**179**	**112**	**268196**	**1476519**	**84198**	**287551**
米、面制品及食用油批发	27	19	65262	292464	9330	101407
糕点、糖果及糖批发	2	2	515	1538	732	742
果品、蔬菜批发	20	12	4765	36876	13932	6200
肉、禽、蛋、奶及水产品批发	30	16	16961	57192	8718	17042
盐及调味品批发	13	5	1707	20062	4180	2026
营养和保健品批发	2	2	3580	17221	7138	3433
酒、饮料及茶叶批发	41	27	113312	486464	32407	92152
烟草制品批发	2	1	28200	392603	489	20927
其他食品批发	42	28	33895	172099	7271	43622
纺织、服装及家庭用品批发	**108**	**79**	**387424**	**1528274**	**157947**	**361569**
纺织品、针织品及原料批发	17	12	3252	36041	20679	2412
服装批发	25	16	56549	102805	20449	44723
鞋帽批发	2		2351	5475	2912	2116
化妆品及卫生用品批发	14	9	21434	150003	11498	35084
厨具卫具及日用杂品批发	5	4	2694	7932	1797	2318
灯具、装饰物品批发	2	2	4753	29536	1166	6238
日用家电批发	33	28	259427	1068973	42456	231515
其他家庭用品批发	10	8	36964	127509	56990	37163
文化、体育用品及器材批发	**66**	**39**	**96566**	**596111**	**91753**	**116253**
文具用品批发	22	10	16085	98638	24034	23139

11-6 续表 1 （2020 年） 单位:万元

指标名称	法人企业数（个）	执行《2006年企业会计准则》企业数（个）	一、年初存货	流动资产合计	应收帐款	存货
体育用品及器材批发	3	1	18067	34707	2013	23159
图书批发	11	7	29661	319539	31163	26600
音像制品、电子和数字出版物批发	2	2	70	13324	182	213
首饰、工艺品及收藏品批发	13	9	11275	55650	14304	20606
乐器批发	2	1	2003	3657	655	1848
其他文化用品批发	13	9	19405	70597	19402	20689
医药及医疗器材批发	**245**	**168**	**640469**	**6331138**	**2998049**	**721785**
西药批发	37	31	343300	3158748	1538469	407670
中药批发	23	18	144536	1687089	641643	150445
动物用药品批发	10	3	53354	153243	74889	50407
医疗用品及器材批发	175	116	99279	1332058	743049	113264
矿产品、建材及化工产品批发	**607**	**414**	**522675**	**9615336**	**1746060**	**565480**
煤炭及制品批发	58	46	33764	2237923	458275	101945
石油及制品批发	29	18	151690	420240	25050	76673
非金属矿及制品批发	24	13	16426	130738	56392	19310
金属及金属矿批发	273	191	212531	5039019	636279	265131
建材批发	121	73	49770	1388270	498132	49130
化肥批发	13	10	13816	132823	18740	14156
农药批发	2	2	4165	48529	133	1931
其他化工产品批发	87	61	40516	217797	53060	37205
机械设备、五金产品及电子产品批发	**384**	**266**	**357917**	**2775238**	**1067781**	**314341**
农业机械批发	2	1	2837	3879	1127	2652
汽车及零配件批发	85	58	80750	510181	153753	90885
摩托车及零配件批发	3	3	2287	2635	-193	1587
五金产品批发	17	5	7794	56152	18489	9067
电气设备批发	21	14	6609	103627	38809	7875
计算机、软件及辅助设备批发	67	50	27662	167435	43216	30684
通讯设备批发	38	29	72619	473436	204981	27996
广播影视设备批发	1	1	43	10038	8189	43
其他机械设备及电子产品批发	150	105	157317	1447855	599409	143553
贸易经纪与代理	**8**	**4**	**203**	**11970**	**4227**	**704**
贸易代理	7	4	203	10145	2769	704
其他贸易经纪与代理	1			1825	1458	

11-6 续表 2 （2020 年） 单位：万元

指标名称	法人企业数（个）	执行《2006年企业会计准则》企业数（个）	一、年初存货	流动资产合计	应收帐款	存货
其他批发业	**28**	**19**	**14288**	**75702**	**11185**	**12058**
再生物资回收与批发	12	8	7679	15073	778	8028
互联网批发	2	1	3813	21351	3268	1144
其他未列明批发业	14	10	2796	39279	7139	2886
按登记注册类型分						
内资企业	**1666**	**1128**	**2568874**	**23055986**	**6201072**	**2515338**
国有企业	20	17	60522	1466185	109174	57700
集体企业	1	1	495	2296	1426	521
股份合作企业	1	1	119	324	15	93
有限责任公司	324	260	1205845	11196065	3602626	1145779
国有独资公司	18	17	94159	980918	212477	125265
其他有限责任公司	306	243	1111686	10215148	3390150	1020514
股份有限公司	16	14	180558	1491097	373892	172388
私营企业	1304	835	1121335	8900020	2113938	1138856
私营独资企业	5	4	263	3263	1246	335
私营合伙企业	1	1	152	774	-61	500
私营有限责任公司	1291	824	1101660	8830719	2104843	1121145
私营股份有限公司	7	6	19260	65264	7911	16876
港、澳、台商投资企业	**5**	**3**	**965**	**114688**	**1104**	**410**
合资经营企业（港或澳、台资）	1		529	679	66	248
港、澳、台商独资经营企业	4	3	436	114009	1038	163
外商投资企业	**6**	**6**	**3357**	**27561**	**2985**	**4417**
中外合资经营企业	1	1				
中外合作经营企业	1	1	2504	7796	420	3300
外资企业	4	4	853	19766	2564	1117
按控股情况分						
国有控股	113	108	779313	7374915	1742970	587132
集体控股	11	10	7317	70929	19477	11842
私人控股	1473	956	1394204	12000130	3116648	1433864
港澳台商控股	5	3	965	114688	1104	410
外商控股	6	6	3357	27561	2985	4417
其他	69	54	388040	3610012	1321976	482499
按经营形式分						

11-6 续表3 （2020年） 单位：万元

指标名称	法人企业数（个）	执行《2006年企业会计准则》企业数（个）	一、年初存货	流动资产合计	应收帐款	存货
独立门店	719	492	962642	6346039	1438072	941872
连锁总店（总部）	1	1	439	2152	726	461
连锁直营店	2		2977	4843	113	2465
其他	955	644	1607138	16845201	4766249	1575367
按单位规模分						
大型	33	29	587901	5770876	2048745	703515
中型	413	318	1391982	10292393	2290486	1107801
小型	911	573	492374	5505638	1509184	598400
微型	320	217	100939	1629329	356745	110449
按经营地分						
城镇	1545	1042	2266740	20980975	5852345	2213570
城区	1060	729	1480707	8811274	2643058	1207575
乡村	132	95	306456	2217260	352815	306595
按港澳台商投资情况分						
港商投资	4	3	436	114009	1038	163
澳商投资	2	1	913	86616	207	334
零售业	**1049**	**763**	**1369191**	**6068218**	**696399**	**1341523**
按零售行业小类分						
综合零售	**75**	**58**	**131092**	**939368**	**-3205**	**128830**
百货零售	40	30	72685	782450	-25809	71855
超级市场零售	20	17	50521	115621	13427	48038
便利店零售	3	2	2571	11319	5132	2821
其他综合零售	12	9	5315	29978	4045	6117
食品、饮料及烟草制品专门零售	**69**	**39**	**70960**	**244110**	**16496**	**77889**
粮油零售	4	3	2512	6947	1544	4098
糕点、面包零售	2	1	141	912	295	119
果品、蔬菜零售	3	1	3	1538	48	25
肉、禽、蛋、奶及水产品零售	13	6	3628	24645	3741	7781
营养和保健品零售	4	3	1515	5161	421	1324
酒、饮料及茶叶零售	25	15	59163	188448	3761	60132
其他食品零售	18	10	3997	16461	6688	4409
纺织、服装及日用品专门零售	**84**	**58**	**72523**	**239811**	**55492**	**71289**
纺织品及针织品零售	2	2	1237	4450	1265	2523

11-6 续表4　　（2020年）　　单位:万元

指标名称	法人企业数（个）	执行《2006年企业会计准则》企业数（个）	一、年初存货	流动资产合计	应收帐款	存货
服装零售	43	34	41299	157329	37815	41061
鞋帽零售	9	4	6953	15099	3587	7535
化妆品及卫生用品零售	11	7	17210	25150	6038	12598
厨具卫具及日用杂品零售	1	1	56	520		59
钟表、眼镜零售	3	2	903	17275	4233	1163
自行车等代步设备零售	1		88	322	180	122
其他日用品零售	14	8	4777	19669	2375	6228
文化、体育用品及器材专门零售	**49**	**36**	**62457**	**136531**	**28158**	**52636**
文具用品零售	13	11	2443	8976	2818	2690
体育用品及器材零售	4	2	20399	26902	5911	18518
图书、报刊零售	13	9	21367	53501	11965	16733
珠宝首饰零售	6	4	14735	29318	4189	10932
乐器零售	6	5	1570	7677	2304	1345
照相器材零售	3	2	1149	6795	29	1002
其他文化用品零售	4	3	794	3363	943	1417
医药及医疗器材专门零售	**46**	**32**	**109698**	**568601**	**188054**	**122552**
西药零售	29	21	85094	312613	82876	98589
中药零售	8	4	15425	151757	77827	19011
动物用药品零售	1	1	536	6311	5641	503
医疗用品及器材零售	8	6	8643	97919	21710	4449
汽车、摩托车、零配件和燃料及其他动力销售	**411**	**322**	**800083**	**2996562**	**230250**	**751621**
汽车新车零售	328	262	740767	2738376	201889	689632
汽车旧车零售	2	2	968	12063	1021	5489
汽车零配件零售	12	6	15010	45102	13987	10490
摩托车及零配件零售	2	1	820	4024	252	546
机动车燃油零售	60	44	40762	182820	8792	43484
机动车燃气零售	7	7	1756	14178	4309	1980
家用电器及电子产品专门零售	**232**	**161**	**74374**	**641770**	**110079**	**83927**
家用视听设备零售	17	10	6581	14682	1181	4751
日用家电零售	52	33	31248	435736	50148	42931
计算机、软件及辅助设备零售	112	82	26108	113408	37077	25611
通信设备零售	22	12	3745	33060	5087	4846
其他电子产品零售	29	24	6693	44884	16586	5788

11-6 续表 5 （2020 年） 单位：万元

指标名称	法人企业数（个）	执行《2006年企业会计准则》企业数（个）	一、年初存货	流动资产合计	应收帐款	存货
五金、家具及室内装饰材料专门零售	**35**	**24**	**24899**	**88165**	**24398**	**26794**
五金零售	14	9	8775	24373	3982	9773
灯具零售	1		21	2055	1876	104
家具零售	8	6	5187	19882	1472	5248
卫生洁具零售	1		357	889	175	340
陶瓷、石材装饰材料零售	2	1	480	862	204	468
其他室内装饰材料零售	9	8	10080	40104	16690	10861
货摊、无店铺及其他零售业	**48**	**33**	**23106**	**213300**	**46677**	**25985**
互联网零售	32	20	19691	190769	41406	23017
邮购及电视、电话零售	1	1				
自动售货机零售	1	1	232	434	233	176
生活用燃料零售	10	9	941	15291	2974	1251
其他未列明零售业	4	2	2243	6806	2064	1541
按登记注册类型分						
内资企业	**1023**	**739**	**1230230**	**5225794**	**709020**	**1210845**
国有企业	2	2	4214	2291	1180	3640
集体企业	3	2	4853	8615	679	4079
有限责任公司	262	214	505319	2679072	351296	513807
国有独资公司	6	4	6964	51497	1100	7232
其他有限责任公司	256	210	498355	2627575	350196	506574
股份有限公司	7	7	68793	226326	25230	81892
私营企业	748	513	645101	2296430	329579	605181
私营独资企业	19	10	2169	10979	2265	2345
私营合伙企业	1	1	14	34		4
私营有限责任公司	722	496	641474	2270748	324089	600989
私营股份有限公司	6	6	1444	14670	3225	1843
其他企业	1	1	1951	13060	1057	2246
港、澳、台商投资企业	**13**	**12**	**84176**	**690336**	**−15975**	**72536**
合资经营企业（港或澳、台资）	4	4	30279	73024	5234	23141
港、澳、台商独资经营企业	7	7	53865	601461	−24058	47943
其他港澳台投资企业	2	1	31	15852	2849	1452
外商投资企业	**13**	**12**	**54785**	**152088**	**3355**	**58142**

11-6 续表 6 （2020 年） 单位：万元

指标名称	法人企业数（个）	执行《2006年企业会计准则》企业数（个）	一、年初存货	流动资产合计	应收帐款	存货
中外合资经营企业	5	4	33498	83828	2018	37651
外资企业	8	8	21287	68260	1337	20492
按控股情况分						
国有控股	38	33	89276	410183	103974	83510
集体控股	7	6	7235	31400	879	6905
私人控股	891	626	993993	3881344	528312	977445
港澳台商控股	8	8	70319	630627	-21653	60106
外商控股	13	12	54785	152088	3355	58142
其他	92	78	153582	962576	81533	155414
按经营形式分						
独立门店	779	572	1047979	4436299	447172	990542
连锁总店(总部)	39	31	146676	501139	76529	174332
连锁直营店	19	17	11951	193694	27108	12685
连锁加盟店	4	2	5614	13713	4126	5853
其他	208	141	156971	923373	141465	158111
按单位规模分						
大型	26	24	242198	1431413	101104	263914
中型	313	254	789485	3132297	313897	750811
小型	442	303	257533	1070007	203631	247781
微型	268	182	79975	434502	77767	79017
按零售业态分						
有店铺零售	**928**	**684**	**1292376**	**5539508**	**604391**	**1262858**
食杂店	5	5	978	4408	735	2186
便利店	13	8	7987	52619	8862	7080
折扣店	5	4	1837	7693	2049	1929
超市	35	24	13004	80369	7197	17205
大型超市	17	12	97754	506314	-28646	95407
仓储会员店	7	6	1298	6846	3142	1054
百货店	42	32	29625	364596	25062	25242
专业店	462	337	621813	2423601	333428	597328
专卖店	298	225	492409	1907206	195532	496601
家居建材商店	6	2	1166	11556	3146	1442
购物中心	14	13	7779	74768	9775	7408

11-6 续表7 (2020年) 单位:万元

指标名称	法人企业数(个)	执行《2006年企业会计准则》企业数(个)	一、年初存货	流动资产合计	应收帐款	存货
厂家直销中心	24	16	16726	99533	44110	9977
无店铺零售	**121**	**79**	**76815**	**528710**	**92008**	**78665**
电视购物	1	1				
网上商店	26	18	17275	168380	39096	19974
自动售货亭	1	1	651	2322	139	1407
电话购物	2	1	4531	6191	5	4339
其他	91	58	54358	351817	52769	52945
按零售业态分						
有店铺零售	**930**	**685**	**1292721**	**5543618**	**607320**	**1263199**
食杂店	7	7	10061	24316	735	6145
便利店	20	13	11252	72676	10174	14063
折扣店	6	5	1889	40793	2072	1957
超市	37	25	13673	81199	7277	17865
大型超市	17	12	97754	506314	-28646	95407
仓储会员店	7	6	1298	6846	3142	1054
百货店	52	41	37206	397506	32920	33644
专业店	468	341	626344	2437484	337246	600056
专卖店	303	229	501173	1937119	196077	500050
家居建材商店	6	2	1166	11556	3146	1442
购物中心	23	20	11237	95884	12784	10904
厂家直销中心	31	22	27699	151842	45169	15196
无店铺零售	**140**	**92**	**93785**	**684882**	**105090**	**94123**
电视购物	1	1				
网上商店	38	25	21720	294481	50923	27951
自动售货亭	2	2	883	2756	372	1583
电话购物	3	2	4549	7336	460	4608
其他	101	65	67028	388883	57598	61085
按经营地分						
城镇	133	88	82571	615361	102559	87577
城区	99	63	71438	396066	66780	73012
乡村	7	4	11214	69521	2531	6546
按港澳台商投资情况分						
港商投资	2	1	31	15852	2849	1452

11-6 续表 8 （2020 年） 单位:万元

指标名称	固定资产原价	房屋和构筑物	机器设备	累计折旧	本年折旧	固定资产净额	在建工程	无形资产
总计	**2457994**	**809271**	**368413**	**990806**	**162607**	**1055960**	**197449**	**381195**
批发业	**906366**	**367036**	**144245**	**401365**	**64771**	**455917**	**97754**	**119973**
按批发行业小类分								
农、林、牧、渔产品批发	**88560**	**67365**	**10806**	**47252**	**3378**	**41017**	**651**	**13693**
谷物、豆及薯类批发	19395	16676	1674	5487	1107	13900	432	3666
种子批发	35644	22638	8155	14684	1699	20806		10019
畜牧渔业饲料批发	484			426	39	10		2
棉、麻批发	29882	25984	670	25719	424	4116	219	
林业产品批发	1331	1221	109	148	37	1183		
牲畜批发	1025	728	10	502	−21	523		5
其他农牧产品批发	800	118	187	288	94	479		
食品、饮料及烟草制品批发	**145732**	**62047**	**8073**	**65007**	**8010**	**61196**	**1041**	**10937**
米、面制品及食用油批发	23071	9771	1712	8330	1080	12077	195	2287
糕点、糖果及糖批发	153			147	19	6		
果品、蔬菜批发	26689		586	11158	1584	645		13
肉、禽、蛋、奶及水产品批发	3105	1249	601	798	250	784		41
盐及调味品批发	17158	16112	335	2272	578	14879		1921
营养和保健品批发	492		491	366	45	126		
酒、饮料及茶叶批发	12454	26	616	5210	853	6983		2125
烟草制品批发	55869	34794	2829	33217	2867	22652	846	4005
其他食品批发	6742	96	903	3509	734	3045		546
纺织、服装及家庭用品批发	**36447**	**20293**	**3332**	**9700**	**2097**	**26423**	**−202**	**1066**
纺织品、针织品及原料批发	6664	3156	110	1767	230	4886		532
服装批发	16360	14554	1239	2568	956	13693	−205	244
鞋帽批发	83			36	6	47		4
化妆品及卫生用品批发	1650		232	1059	176	584	3	7
厨具卫具及日用杂品批发	300		30	192	94	108		
灯具、装饰物品批发	144		75	70	45	74		3
日用家电批发	3694	1313	1409	1847	473	1677		255
其他家庭用品批发	7553	1270	237	2162	118	5355		22
文化、体育用品及器材批发	**59367**	**12046**	**1915**	**27412**	**2734**	**31085**	**40727**	**36133**
文具用品批发	2630		549	1304	241	831		291

11-6 续表9 （2020年） 单位:万元

指标名称	固定资产原价			累计折旧		固定资产净额	在建工程	无形资产
		房屋和构筑物	机器设备		本年折旧			
体育用品及器材批发	1283		689	1076	147	207		17
图书批发	41462	695	448	20597	1976	20865	40727	32396
音像制品、电子和数字出版物批发	596			413	64	183		
首饰、工艺品及收藏品批发	10090	9081	205	1749	225	7970		36
乐器批发	122			116	3	4		
其他文化用品批发	3183	2271	25	2157	79	1026		3394
医药及医疗器材批发	**176726**	**44359**	**55188**	**69544**	**16035**	**99815**	**14715**	**17043**
西药批发	73599	18035	12505	32194	5122	40104	12199	6850
中药批发	41731	20327	11274	16257	2753	24799	2080	5507
动物用药品批发	6049	2441	3156	2686	600	3351		-25
医疗用品及器材批发	55347	3557	28253	18407	7559	31561	436	4711
矿产品、建材及化工产品批发	**266717**	**110545**	**28705**	**128566**	**18825**	**128508**	**36089**	**27886**
煤炭及制品批发	18045	5503	4608	8751	1737	7449		2228
石油及制品批发	116330	80444	7655	54310	7247	61835	33416	16062
非金属矿及制品批发	4904	67	591	515	118	513		2386
金属及金属矿批发	40622	3214	10286	21939	5351	17634	880	857
建材批发	34685	4854	1662	6248	2442	26073	87	557
化肥批发	6034	2725	1239	2403	373	3628		934
农药批发	7145	5594	635	3895	323	3251		969
其他化工产品批发	38952	8144	2029	30506	1234	8124	1706	3894
机械设备、五金产品及电子产品批发	**122137**	**47348**	**31843**	**48655**	**13106**	**63172**	**2529**	**12156**
农业机械批发	25			13	4	12		
汽车及零配件批发	31081	17352	3501	10182	2387	18649		4156
摩托车及零配件批发	45		4	33	5	12		
五金产品批发	2705	177	528	1624	250	1078		11
电气设备批发	17375	14199	1305	3136	789	14182	120	869
计算机、软件及辅助设备批发	6119	91	2223	3204	466	2281	1103	5
通讯设备批发	3824	1410	463	2018	342	1796	81	530
广播影视设备批发	77			31	7	46		
其他机械设备及电子产品批发	60886	14120	23820	28414	8856	25117	1225	6585
贸易经纪与代理	**773**	**118**	**122**	**453**	**36**	**83**		**1**
贸易代理	745	118	93	425	36	82		1
其他贸易经纪与代理	29		29	28		1		

11-6 续表 10　　（2020 年）　　单位:万元

指标名称	固定资产原价	房屋和构筑物	机器设备	累计折旧	本年折旧	固定资产净额	在建工程	无形资产
其他批发业	**9908**	**2913**	**4261**	**4778**	**550**	**4618**	**2205**	**1060**
再生物资回收与批发	6892	2775	3436	3157	357	3730	5	992
互联网批发	382		136	287	47	95		
其他未列明批发业	2633	139	690	1334	147	793	2200	68
按登记注册类型分								
内资企业	**891196**	**353019**	**143435**	**399344**	**64047**	**442769**	**97959**	**119968**
国有企业	81485	55839	5686	39191	4015	42292	1318	6423
集体企业	158			137	7	21		
股份合作企业	346	282	4	303	−129	43		281
有限责任公司	355591	119956	46185	173344	20487	168880	54644	73339
国有独资公司	63698		246	28512	3740	32684	41407	35337
其他有限责任公司	291893	119956	45939	144832	16747	136196	13237	38002
股份有限公司	145806	94823	13818	60139	6777	70336	35431	17260
私营企业	307810	82119	77741	126230	32890	161197	6567	22665
私营独资企业	36		36	1	1	35		
私营合伙企业	67		67			67		
私营有限责任公司	298290	77098	75655	121959	32509	155948	6567	20540
私营股份有限公司	9418	5021	1983	4270	381	5148		2125
港、澳、台商投资企业	**1300**	**728**	**257**	**698**	**21**	**601**		**5**
合资经营企业(港或澳、台资)	76		49	63	9	13		
港、澳、台商独资经营企业	1223	728	208	635	11	588		5
外商投资企业	**13870**	**13289**	**553**	**1323**	**703**	**12547**	**−205**	
中外合资经营企业								
中外合作经营企业	13289	13289		880	657	12409	−205	
外资企业	581		553	443	46	137		
按控股情况分								
国有控股	353472	178173	27885	153113	18081	195410	88254	68748
集体控股	17453	13414	1080	2837	876	14569	120	1131
私人控股	435744	107502	95346	191300	40999	201398	6842	38545
港澳台商控股	1300	728	257	698	21	601		5
外商控股	13870	13289	553	1323	703	12547	−205	
其他	84527	53930	19124	52093	4090	31392	2743	11544
按经营形式分								

11-6 续表 11　　（2020 年）　　单位:万元

指标名称	固定资产原价	房屋和构筑物	机器设备	累计折旧	本年折旧	固定资产净额	在建工程	无形资产
独立门店	371982	130997	43759	165051	27190	190148	45667	62161
连锁总店(总部)	732		248	405	70	327		38
连锁直营店	94			38	6	56		
其他	533558	236039	100238	235871	37504	265386	52087	57775
按单位规模分								
大型	294640	142429	43637	130100	16575	163048	87168	61726
中型	336173	133108	53020	165493	29064	154376	4691	38211
小型	228231	63437	42729	87722	16872	112307	5647	15582
微型	47322	28063	4858	18050	2259	26185	249	4455
按经营地分								
城镇	848453	360806	138794	380816	60392	436938	96053	116970
城区	404072	147603	56313	182153	31490	202520	4851	36331
乡村	57913	6230	5450	20549	4378	18979	1701	3003
按港澳台商投资情况分								
港商投资	1223	728	208	635	11	588		5
澳商投资	167		139	148	19	18		
零售业	**1551628**	**442235**	**224169**	**589441**	**97837**	**600043**	**99695**	**261222**
按零售行业小类分								
综合零售	**692220**	**92677**	**35691**	**265181**	**35688**	**103745**	**13214**	**12667**
百货零售	639698	81713	20389	236758	32165	82864	11126	4671
超级市场零售	51672	10738	14999	28095	3419	20367	2004	6413
便利店零售	414	91	127	167	24	242	65	1333
其他综合零售	436	136	176	162	81	271	18	251
食品、饮料及烟草制品专门零售	**14117**	**5110**	**4954**	**5172**	**1866**	**7706**	**31**	**1749**
粮油零售	1845	682	849	112	12	762		
糕点、面包零售	74		24	26	6	24		
果品、蔬菜零售	62		46	43	42	5		
肉、禽、蛋、奶及水产品零售	417		281	209	32	172	31	
营养和保健品零售	39		5	18	9	21		4
酒、饮料及茶叶零售	9944	4429	3062	3720	1223	6191		1737
其他食品零售	1735		688	1045	542	531		9
纺织、服装及日用品专门零售	**57058**	**25656**	**4885**	**20084**	**3403**	**35469**	**3173**	**38014**
纺织品及针织品零售	122			102	8	19		

11-6 续表 12 （2020 年） 单位:万元

指标名称	固定资产原价	房屋和构筑物	机器设备	累计折旧	本年折旧	固定资产净额	在建工程	无形资产
服装零售	41810	25519	2496	14036	2059	27190	2523	37952
鞋帽零售	2765		41	307	137	2457	214	
化妆品及卫生用品零售	8183	14	413	3853	930	4373	437	38
厨具卫具及日用杂品零售	1			1				
钟表、眼镜零售	1028		2	640	31	388		22
自行车等代步设备零售								
其他日用品零售	3148	123	1933	1145	239	1043		1
文化、体育用品及器材专门零售	**30573**	**23892**	**1145**	**10993**	**1540**	**19119**	**10395**	**6431**
文具用品零售	483		64	216	40	157		
体育用品及器材零售	841		9	528	145	313		
图书、报刊零售	23249	20384	364	8276	862	14972	10395	6400
珠宝首饰零售	5702	3508	451	1815	470	3554		31
乐器零售	107		96	47	4	60		
照相器材零售	31			29				
其他文化用品零售	161		161	82	17	62		
医药及医疗器材专门零售	**62989**	**31206**	**9821**	**25179**	**5980**	**33009**	**7095**	**1790**
西药零售	60356	31157	8929	24102	5511	31709	7095	1513
中药零售	1476		325	568	294	873		10
动物用药品零售	125		125	12	5			
医疗用品及器材零售	1032	49	442	497	171	428		267
汽车、摩托车、零配件和燃料及其他动力销售	**597074**	**212929**	**157293**	**239181**	**43337**	**328803**	**50858**	**165785**
汽车新车零售	351996	115548	62282	141684	33074	190061	7471	10385
汽车旧车零售	2136	1023	253	1001	181	1135		1
汽车零配件零售	5192	92	71	3968	375	687	41	41
摩托车及零配件零售	131			105	11	26		
机动车燃油零售	229191	94812	92710	89975	9243	130914	42944	152109
机动车燃气零售	8428	1454	1977	2447	454	5981	403	3250
家用电器及电子产品专门零售	**26100**	**10395**	**3197**	**11516**	**1787**	**13888**	**7916**	**5035**
家用视听设备零售	901		138	298	56	352		
日用家电零售	15116	9998	1019	3747	938	11366	7916	4928
计算机、软件及辅助设备零售	7555	334	926	5844	532	1342		21
通信设备零售	654	10	394	385	84	205		
其他电子产品零售	1874	53	720	1242	178	624		86

11-6 续表 13　　(2020 年)　　单位:万元

指标名称	固定资产原价	房屋和构筑物	机器设备	累计折旧	本年折旧	固定资产净额	在建工程	无形资产
五金、家具及室内装饰材料专门零售	**42541**	**38224**	**2509**	**4349**	**2782**	**38171**	**102**	**27285**
五金零售	1587	612	698	795	271	792		173
灯具零售								
家具零售	40786	37612	1651	3411	2490	37369	102	27108
卫生洁具零售	67		67	59	8	8		
陶瓷、石材装饰材料零售	32		32	30				
其他室内装饰材料零售	69		61	53	13	2		4
货摊、无店铺及其他零售业	**28958**	**2146**	**4674**	**7786**	**1453**	**20134**	**6912**	**2466**
互联网零售	3967	943	1843	1035	326	2213	3	633
邮购及电视、电话零售								
自动售货机零售	1323		1296	27	21	1296		100
生活用燃料零售	23294	1203	1436	6676	1084	16299	6909	1734
其他未列明零售业	375		98	48	22	327		
按登记注册类型分								
内资企业	**722081**	**250794**	**125381**	**295761**	**59157**	**386491**	**56357**	**146823**
国有企业	26955		17	13218	1155	12312		16142
集体企业	546		34	398	29	148		22
有限责任公司	409828	151164	74267	164235	36238	233476	46122	89377
国有独资公司	6080	3868	82	2296	580	2789	66	2444
其他有限责任公司	403748	147296	74186	161939	35658	230687	46055	86933
股份有限公司	56135	33330	11013	26452	4088	26265	1345	3678
私营企业	228363	66300	40049	91336	17612	114291	8891	37603
私营独资企业	3448	939	722	731	229	1645		1059
私营合伙企业	79	60	19			79		
私营有限责任公司	224369	65301	38975	90223	17330	112491	8891	36544
私营股份有限公司	468		333	383	53	76		
其他企业	254			122	34			1
港、澳、台商投资企业	**627319**	**94538**	**15603**	**218895**	**30979**	**94002**	**11527**	**3843**
合资经营企业(港或澳、台资)	78819	71091	2304	13948	3731	64871	17	1576
港、澳、台商独资经营企业	548477	23446	13281	204945	27247	29109	11510	2233
其他港澳台投资企业	24		18	1	1	22		33
外商投资企业	**202227**	**96904**	**83186**	**74785**	**7701**	**119551**	**31811**	**110556**

11-6 续表 14 （2020 年） 单位:万元

指标名称	固定资产原价	房屋和构筑物	机器设备	累计折旧	本年折旧	固定资产净额	在建工程	无形资产
中外合资经营企业	145169	56086	78394	61392	4344	78640	31809	83452
外资企业	57058	40818	4791	13394	3356	40911	2	27104
按控股情况分								
国有控股	124811	31734	22388	45592	8891	76146	17282	30468
集体控股	4414		152	3726	264	731		31
私人控股	467017	161423	83311	193356	40041	238651	25045	70922
港澳台商控股	555831	28098	14010	209054	27271	32354	11527	3717
外商控股	202227	96904	83186	74785	7701	119551	31811	110556
其他	197328	124077	21122	62928	13669	132610	14031	45529
按经营形式分								
独立门店	1342183	371877	177667	498365	81034	492326	76656	199141
连锁总店(总部)	107353	40030	21052	46874	8954	56440	17464	11292
连锁直营店	16173	2086	3238	10268	904	2179	123	12167
连锁加盟店	167		66	104	18	63		2
其他	85752	28242	22145	33829	6926	49036	5453	38620
按单位规模分								
大型	858660	162019	111070	320470	45630	214399	64849	143624
中型	534093	223628	75022	202128	40277	307587	22073	97161
小型	137037	50501	35049	59150	10869	69410	12774	18808
微型	21838	6087	3027	7693	1061	8647		1629
按零售业态分								
有店铺零售	**1487870**	**422182**	**199358**	**564596**	**93404**	**564965**	**96071**	**239282**
食杂店	382	20	131	33	19	223		
便利店	6091	227	411	1549	628	4536	84	1583
折扣店	64		6	60	41	4		
超市	12593	2266	2683	6051	1169	4732	466	5691
大型超市	574983	12920	23916	230165	28990	23615	1554	2986
仓储会员店	134	4	56	60	25	60		
百货店	58388	22162	12196	31089	2665	26496	11198	7516
专业店	487352	199842	120424	177016	31390	289721	67023	179994
专卖店	258461	102901	36625	105993	23533	139100	13311	8771
家居建材商店	67		24	47	12	20		
购物中心	86003	81093	1999	10986	4547	74767	2435	32735

11-6 续表 15 （2020 年） 单位：万元

指标名称	固定资产原价	房屋和构筑物	机器设备	累计折旧	本年折旧	固定资产净额	在建工程	无形资产
厂家直销中心	3354	748	886	1547	385	1693		6
无店铺零售	**63758**	**20053**	**24810**	**24845**	**4432**	**35078**	**3625**	**21940**
电视购物								
网上商店	3749	943	1780	957	278	2086	3	599
自动售货亭	900	649	88	157	70	743		
电话购物	2501		29	106	82	2396	214	
其他	56608	18462	22914	23626	4003	29854	3408	21341
按零售业态分								
有店铺零售	**1487893**	**422182**	**199358**	**564613**	**93422**	**564971**	**96071**	**239282**
食杂店	1032	20	131	661	19	223		
便利店	10965	643	495	4187	689	6770	550	5758
折扣店	24812	24398	357	6129	1304	18684	2435	32671
超市	12645	2266	2683	6075	1193	4758	466	5691
大型超市	574983	12920	23916	230165	28990	23615	1554	2986
仓储会员店	134	4	56	60	25	60		
百货店	59241	22162	12337	31835	3227	26602	11260	7557
专业店	487820	199842	120550	177157	31498	290048	67023	179994
专卖店	259993	103576	36839	106356	23679	139641	13311	8776
家居建材商店	67		24	47	12	20		
购物中心	86697	81093	2141	11577	5093	74810	2435	32776
厂家直销中心	5144	748	1689	2337	673	2689	85	6
无店铺零售	**76046**	**28768**	**25061**	**28130**	**4960**	**43428**	**11524**	**27239**
电视购物								
网上商店	15300	9658	1986	3601	824	10362	7902	5897
自动售货亭	2223	649	1384	184	90	2039		100
电话购物	2529		57	120	84	2410	214	
其他	57385	18462	22994	24300	4018	29934	3408	21342
按经营地分								
城镇	73021	27826	23697	27604	4839	41630	11524	27239
城区	54444	17448	19855	23216	3771	28099	3286	19167
乡村	3025	943	1364	526	120	1798		
按港澳台商投资情况分								
港商投资	24		18	1	1	22		33

11-6 续表 16 （2020 年） 单位:万元

指标名称	二、期末资产负债							
	土地使用权	资产总计	流动负债合计	应付账款	负债合计	所有者权益合计	实收资本	个人资本
总计	**277446**	**35690444**	**24892511**	**3816340**	**27099532**	**9297073**	**7178705**	**845589**
批发业	**57326**	**27042607**	**18455139**	**4281727**	**19775145**	**7202376**	**4671711**	**615761**
按批发行业小类分								
农、林、牧、渔产品批发	**7770**	**1183160**	**689738**	**94758**	**759949**	**423240**	**297900**	**58210**
谷物、豆及薯类批发	3053	546306	339004	9840	390849	155457	119653	100
种子批发	4716	181348	53342	19209	61295	120082	62858	26323
畜牧渔业饲料批发		40405	20473	1107	29176	11230	9593	3139
棉、麻批发		316019	250163	53272	251874	64145	51078	25180
林业产品批发		34808	17717	9616	17717	17092	16000	
牲畜批发		51042	325		325	50717	35000	
其他农牧产品批发		13232	8715	1715	8715	4517	3719	3468
食品、饮料及烟草制品批发	**6628**	**1644220**	**878045**	**107101**	**993517**	**636837**	**188603**	**39166**
米、面制品及食用油批发	1444	337313	250441	-1611	281446	55867	84930	1422
糕点、糖果及糖批发		1545	247	2	247	1298	600	
果品、蔬菜批发		53335	21984	4228	28729	23238	18627	15387
肉、禽、蛋、奶及水产品批发		64804	48205	3508	51024	13779	16814	3402
盐及调味品批发	32	37118	7295	3041	9599	27519	10492	1110
营养和保健品批发		17474	9210	9121	9210	8264	4121	
酒、饮料及茶叶批发	1223	508258	368969	59602	434336	62188	18819	10995
烟草制品批发	3909	445162	46123	9522	46698	398464	7917	
其他食品批发	20	179212	125572	19689	132227	46220	26283	6850
纺织、服装及家庭用品批发	**65**	**1590783**	**1368106**	**159233**	**1405433**	**185349**	**106019**	**29342**
纺织品、针织品及原料批发	47	45952	39627	17767	39629	6323	11689	2087
服装批发		121160	100318	42391	100567	20593	23628	6003
鞋帽批发		5569	5099	1519	5123	446	200	100
化妆品及卫生用品批发		153865	133764	9871	138838	15028	10967	2724
厨具卫具及日用杂品批发		8064	5774	3787	5774	2290	1710	1350
灯具、装饰物品批发		29627	36900	2986	36900	-7273	5000	
日用家电批发		1086982	947886	59667	979865	107117	33121	12426
其他家庭用品批发	18	139563	98738	21246	98738	40825	19705	4652
文化、体育用品及器材批发	**3391**	**935130**	**517430**	**283352**	**523511**	**401748**	**99989**	**29031**
文具用品批发		110545	67207	30767	67941	32733	24820	8427

11-6 续表 17 （2020 年） 单位:万元

指标名称	二、期末资产负债							
	土地使用权	资产总计	流动负债合计	应付账款	负债合计	所有者权益合计	实收资本	个人资本
体育用品及器材批发		34933	32670	24710	32670	2263	1600	1600
图书批发		611363	293880	176877	299220	312143	30561	8267
音像制品、电子和数字出版物批发		13508	11510	6902	11510	1997	500	500
首饰、工艺品及收藏品批发		70919	48141	22196	48141	22779	24222	8986
乐器批发		3669	3014	927	3014	655	551	50
其他文化用品批发	3391	90194	61009	20974	61016	29178	17734	1201
医药及医疗器材批发	**9200**	**6981874**	**5537761**	**1636263**	**5812168**	**1151022**	**670613**	**76440**
西药批发	3762	3540606	2821134	682988	3031810	495848	334530	9337
中药批发	3252	1852491	1537443	370529	1566382	284097	168948	40793
动物用药品批发	-25	156654	137738	66866	145805	10849	13678	378
医疗用品及器材批发	2211	1432123	1041446	515879	1068171	360228	153458	25932
矿产品、建材及化工产品批发	**21871**	**11390349**	**7152664**	**1159839**	**7773982**	**3598340**	**2222113**	**278692**
煤炭及制品批发	1888	2805063	1993795	475784	2130156	662956	576460	25777
石油及制品批发	14301	887464	444798	67721	625977	268357	45368	10659
非金属矿及制品批发		154881	123345	40004	129251	25630	18507	3847
金属及金属矿批发		5480646	3036597	296497	3243952	2227405	1210418	68315
建材批发	449	1612798	1196783	183608	1264174	345423	289003	145060
化肥批发	412	143803	122532	32702	137640	6420	15940	822
农药批发	951	53078	47592	9618	48334	4745	1600	320
其他化工产品批发	3870	252617	187223	53906	194499	57404	64817	23892
机械设备、五金产品及电子产品批发	**7430**	**3211425**	**2248658**	**824013**	**2442997**	**763779**	**1056549**	**89889**
农业机械批发		3891	4227	1449	4227	-336		
汽车及零配件批发	2450	568952	513662	148799	596516	-30560	47136	16545
摩托车及零配件批发		2647	2106	1275	2106	541	700	
五金产品批发		88374	41775	20200	41901	46473	39359	1742
电气设备批发	869	122933	79485	32737	80377	42670	26678	3206
计算机、软件及辅助设备批发		385808	90867	37200	112957	272851	209943	22806
通讯设备批发		482714	352697	79509	361194	121520	75948	10056
广播影视设备批发		10084	6505	557	6505	3579	3500	
其他机械设备及电子产品批发	4111	1546023	1157333	502287	1237214	307042	653285	35534
贸易经纪与代理		**12175**	**9106**	**3731**	**9187**	**2988**	**2002**	**991**
贸易代理		10349	7343	2243	7425	2925	1902	891
其他贸易经纪与代理		1826	1763	1488	1763	63	100	100

11-6 续表 18　　　　（2020 年）　　　　单位:万元

指标名称	二、期末资产负债							
	土地使用权	资产总计	流动负债合计	应付账款	负债合计	所有者权益合计	实收资本	个人资本
其他批发业	**972**	**93490**	**53630**	**13437**	**54400**	**39073**	**27923**	**14001**
再生物资回收与批发	972	22364	14600	5557	14600	7764	7969	3961
互联网批发		22804	15678	3817	15678	7127	8004	8004
其他未列明批发业		48323	23353	4062	24122	24183	11951	2037
按登记注册类型分								
内资企业	**57326**	**26863040**	**18361930**	**4263316**	**19681928**	**7116026**	**4589518**	**615761**
国有企业	4364	1575944	765160	91228	810987	764957	342911	
集体企业		2317	1825	1105	1825	491	102	
股份合作企业	281	649	2281	79	2282	−1633	92	20
有限责任公司	23375	13577011	9995716	2136564	10676098	2876147	2061436	46932
国有独资公司	1888	1360897	823939	194005	871532	480076	189169	
其他有限责任公司	21487	12216115	9171777	1942560	9804566	2396071	1872267	46932
股份有限公司	13304	2094517	1512463	342658	1532755	561761	145898	21091
私营企业	16002	9612602	6084485	1691681	6657980	2914302	2039079	547718
私营独资企业		3391	2162	170	2521	870	414	314
私营合伙企业		840	296	−234	296	544	340	
私营有限责任公司	15074	9529894	6057997	1684516	6628772	2860801	2011411	528236
私营股份有限公司	928	78478	24029	7229	26391	52087	26914	19168
港、澳、台商投资企业		**139341**	**68879**	**5467**	**68887**	**70454**	**69690**	
合资经营企业（港或澳、台资）		694	449	21	457	237	690	
港、澳、台商独资经营企业		138647	68430	5447	68430	70218	69000	
外商投资企业		**40226**	**24330**	**12944**	**24330**	**15896**	**12503**	
中外合资经营企业								
中外合作经营企业		20299	10071	8847	10071	10229	10235	
外资企业		19927	14259	4096	14259	5667	2268	
按控股情况分								
国有控股	23616	9482522	6059438	1251035	6498396	2964890	1531962	11255
集体控股	869	90073	68854	53314	69450	20623	12192	222
私人控股	23376	13198125	9042816	2287358	9743878	3409905	2442577	599207
港澳台商控股		139341	68879	5467	68887	70454	69690	
外商控股		40226	24330	12944	24330	15896	12503	
其他	9465	4092320	3190824	671609	3370203	720608	602788	5077
按经营形式分								

11-6 续表 19　　　　(2020 年)　　　　单位:万元

指标名称	二、期末资产负债							
	土地使用权	资产总计	流动负债合计	应付账款	负债合计	所有者权益合计	实收资本	个人资本
独立门店	20508	7536663	5437427	1244008	5882314	1627798	963966	218572
连锁总店(总部)		5255	1092	21	1902	3353	5010	
连锁直营店		5879	5130	1220	5154	725	150	
其他	36819	19494810	13011489	3036478	13885774	5570501	3702585	397189
按单位规模分								
大型	22288	7087977	5172621	1405491	5465448	1622530	433482	19931
中型	21506	11351314	7501639	1579115	7891144	3460170	1968468	212717
小型	9292	6527512	4509874	1081520	4690790	1836723	1993790	325234
微型	4241	2075804	1271005	215600	1727764	282954	275970	57880
按经营地分								
城镇	54504	24569685	16744178	4057167	17986451	6518174	4159181	546685
城区	19147	10319462	7255434	1972964	7871759	2418957	1706465	410516
乡村	2822	2472921	1710961	224560	1788694	684202	512529	69076
按港澳台商投资情况分								
港商投资		138647	68430	5447	68430	70218	69000	
澳商投资		86637	62446	247	62454	24183	30690	
零售业	**220120**	**8647837**	**6437372**	**-465387**	**7324388**	**2094697**	**2506995**	**229828**
按零售行业小类分								
综合零售	**5642**	**1617418**	**925861**	**169147**	**1527888**	**89257**	**105332**	**11777**
百货零售	3410	1393238	687885	83500	1283851	109387	73199	8026
超级市场零售	2233	175035	192714	59966	195908	-20873	26239	928
便利店零售		13875	12911	847	14344	-469	3400	1000
其他综合零售		35271	32352	24835	33785	1212	2494	1823
食品、饮料及烟草制品专门零售		**290577**	**147093**	**32136**	**149170**	**141361**	**50277**	**7201**
粮油零售		9508	5476	721	6361	3147	2080	
糕点、面包零售		1293	522	452	522	771	100	50
果品、蔬菜零售		1621	711	15	867	754	483	204
肉、禽、蛋、奶及水产品零售		25042	13570	5952	13573	11469	5064	264
营养和保健品零售		5191	4153	1088	4258	933	104	4
酒、饮料及茶叶零售		228665	106368	14197	106536	122130	27803	6210
其他食品零售		19255	16293	9711	17052	2157	14644	470
纺织、服装及日用品专门零售	**37731**	**356870**	**210131**	**78051**	**229331**	**132654**	**112154**	**10323**
纺织品及针织品零售		4558	5640	5566	5640	-1083	250	20

11-6 续表 20 （2020 年） 单位:万元

指标名称	二、期末资产负债							
	土地使用权	资产总计	流动负债合计	应付账款	负债合计	所有者权益合计	实收资本	个人资本
服装零售	37731	238520	139260	36763	147645	90865	75793	6876
鞋帽零售		19209	23243	17210	24637	-5429	1353	550
化妆品及卫生用品零售		32645	18115	9132	26928	10936	7521	1619
厨具卫具及日用杂品零售		520	366		366	154	50	50
钟表、眼镜零售		18150	9311	5993	9311	8839	3307	
自行车等代步设备零售		322	196		196	126		
其他日用品零售		42947	14000	3387	14609	28245	23880	1208
文化、体育用品及器材专门零售	**5310**	**182599**	**103129**	**41730**	**110584**	**71858**	**47059**	**12147**
文具用品零售		9445	5889	2495	6008	3437	1927	1251
体育用品及器材零售		29958	18098	8543	18098	11860	1340	300
图书、报刊零售	5310	88156	43046	23823	44376	43780	19204	660
珠宝首饰零售		36646	28146	5319	32061	4428	17001	7001
乐器零售		7890	1671	1044	3761	4129	3317	2006
照相器材零售		6795	5141		5141	1654	1501	500
其他文化用品零售		3709	1138	505	1138	2571	2770	429
医药及医疗器材专门零售	**551**	**670439**	**521090**	**151978**	**548411**	**121011**	**61462**	**15271**
西药零售	551	394002	320345	108241	328005	64980	34504	3481
中药零售		169907	135407	26392	154832	15075	9201	3380
动物用药品零售		6424	5123	4651	5123	1301	1000	
医疗用品及器材零售		100106	60214	12694	60452	39654	16756	8410
汽车、摩托车、零配件和燃料及其他动力销售	**138624**	**4409956**	**3731593**	**-1138058**	**3900728**	**1278165**	**1929870**	**125967**
汽车新车零售	6130	3293924	2459379	183801	2654232	637600	530294	112361
汽车旧车零售		13755	9130	203	9621	4135	4000	
汽车零配件零售		48140	38710	15965	41876	5331	1303780	150
摩托车及零配件零售		4064	2332	1352	2332	1732	1500	1000
机动车燃油零售	129244	1025213	1209680	-1341882	1180305	616869	84438	12456
机动车燃气零售	3250	24860	12362	2502	12362	12497	5858	
家用电器及电子产品专门零售	**4928**	**695116**	**503211**	**114708**	**527300**	**167377**	**125915**	**36472**
家用视听设备零售		15615	10417	1588	10774	4841	6100	3349
日用家电零售	4928	477939	370819	80091	385545	91955	59175	3927
计算机、软件及辅助设备零售		120168	58501	20611	64340	55829	39539	20270
通信设备零售		34309	39112	2474	41720	-7411	3509	460
其他电子产品零售		47085	24362	9944	24922	22163	17592	8466

11-6 续表 21 （2020 年） 单位:万元

指标名称	二、期末资产负债 土地使用权	资产总计	流动负债合计	应付账款	负债合计	所有者权益合计	实收资本	个人资本
五金、家具及室内装饰材料专门零售	**26379**	**161385**	**99068**	**35910**	**127049**	**34336**	**37922**	**4763**
五金零售		26960	22110	8547	22895	4065	3228	1408
灯具零售		2055	1958	1343	1958	97		
家具零售	26379	88444	37199	1667	63233	25211	32540	1591
卫生洁具零售		897	45		45	853	500	500
陶瓷、石材装饰材料零售		863	1035	59	1035	−172	320	220
其他室内装饰材料零售		42165	36721	24294	37884	4282	1334	1044
货摊、无店铺及其他零售业	**954**	**263478**	**196197**	**49012**	**203928**	**58679**	**37004**	**5907**
互联网零售		210653	167235	41427	174360	35421	21401	3920
邮购及电视、电话零售								
自动售货机零售		1951	1575	1155	1575	376	1000	
生活用燃料零售	954	43553	23857	4566	24288	19265	12047	987
其他未列明零售业		7322	3530	1864	3705	3617	2556	1000
按登记注册类型分								
内资企业	**116693**	**6502061**	**5555510**	**824454**	**5885677**	**1388134**	**2424249**	**229193**
国有企业	16142	27432	787571	1614	797698	1695	2000	
集体企业		8785	8417	6151	8417	368	194	
有限责任公司	70332	3453570	2527257	400393	2646488	812143	637912	53253
国有独资公司	892	57971	8962	5901	9383	48588	14000	
其他有限责任公司	69440	3395599	2518295	394492	2637105	763556	623912	53253
股份有限公司	2010	291868	177236	44433	211487	80381	30663	7460
私营企业	28209	2707108	2039674	369502	2206233	495603	1750480	168480
私营独资企业	851	14725	21271	15253	21811	−7086	2143	1171
私营合伙企业		112	98	30	98	14	75	75
私营有限责任公司	27358	2675506	2007436	349632	2172452	497782	1746208	166734
私营股份有限公司		16765	10870	4587	11873	4893	2055	500
其他企业		13299	15355	2361	15355	−2056	3000	
港、澳、台商投资企业	**3164**	**1277947**	**425094**	**53365**	**1007264**	**270682**	**25192**	**500**
合资经营企业(港或澳、台资)	931	144638	106843	31423	129851	14787	9290	
港、澳、台商独资经营企业	2233	1117402	310531	20958	869693	247708	15178	
其他港澳台投资企业		15907	7720	984	7720	8187	724	500
外商投资企业	**100264**	**867830**	**456769**	**−1343206**	**431446**	**435881**	**57554**	**135**

注：表头中“应付账款”为“流动负债合计”的子项，“个人资本”为“实收资本”的子项。

11-6 续表 22 （2020 年） 单位:万元

指标名称	二、期末资产负债							
	土地使用权	资产总计	流动负债合计	应付账款	负债合计	所有者权益合计	实收资本	个人资本
中外合资经营企业	73884	724465	327963	-1356070	278159	446307	11628	135
外资企业	26379	143365	128806	12864	153287	-10426	45926	
按控股情况分								
国有控股	25987	627616	1109878	73833	1154522	245055	116642	3320
集体控股		33549	26725	11861	38052	715	2694	
私人控股	49869	4626176	3505621	601165	3723505	897242	2009037	222928
港澳台商控股	3164	1151990	335147	34706	894309	257682	17178	
外商控股	100264	867830	456769	-1343206	431446	435881	57554	135
其他	40836	1340677	1003233	156254	1082554	258123	303889	3445
按经营形式分								
独立门店	178052	6621401	4868327	-880854	5656177	1732200	2216542	184785
连锁总店(总部)	5479	681025	615762	231812	654495	26530	67668	6661
连锁直营店	5712	229625	219369	35285	219380	9805	51262	1200
连锁加盟店		14147	11998	4434	11998	2149	2238	30
其他	30877	1101640	721917	143937	782338	324013	169285	37152
按单位规模分								
大型	125987	2880985	2175996	-1129112	2713057	939890	191878	7260
中型	75280	3975061	3019845	397681	3224845	750215	1963638	104335
小型	17384	1318951	927213	192093	1004407	314544	279793	87818
微型	1469	472841	314319	73952	382079	90048	71686	30415
按零售业态分								
有店铺零售	**205614**	**7995257**	**5969670**	**-561044**	**6842846**	**1924026**	**2406932**	**217302**
食杂店		5384	2737	1341	3791	1593	1071	51
便利店		63797	40134	23439	41567	22230	9975	1770
折扣店		7713	7591	1093	7591	122	950	600
超市	1400	107157	138758	42719	144100	-37036	29585	5453
大型超市	2233	941211	260502	59490	800227	140985	46390	1110
仓储会员店		8250	6261	4466	6261	1989	2024	1156
百货店	7179	549896	500876	55423	545274	9337	54960	5907
专业店	154379	3703289	3145239	-1026064	3313277	1157358	480921	136517
专卖店	7862	2295897	1695595	232273	1743329	552536	1699941	60019
家居建材商店		12302	13131	6139	13131	-829	230	220
购物中心	32562	196366	104016	26446	129455	66637	66835	1130

11-6 续表 23　　　　　　　　　　（2020 年）　　　　　　　　　　单位:万元

指标名称	二、期末资产负债							
	土地使用权	资产总计	流动负债合计	应付账款	负债合计	所有者权益合计	实收资本	个人资本
厂家直销中心		103995	54830	12192	94843	9105	14049	3370
无店铺零售	**14506**	**652580**	**467703**	**95657**	**481541**	**170671**	**100063**	**12525**
电视购物								
网上商店		188090	155887	39417	163299	24423	17520	2370
自动售货亭		3165	3695	322	3695	-530	500	50
电话购物		9946	13216	9423	13216	-3270	782	690
其他	14506	451380	294905	46495	301332	150048	81261	9415
按零售业态分								
有店铺零售	**205614**	**7999372**	**5973543**	**-560281**	**6846719**	**1924268**	**2407083**	**217302**
食杂店		26174	22695	1405	23749	2424	1071	51
便利店		96051	110914	32655	113195	-17145	18356	2820
折扣店	32562	102159	30676	9856	30953	71206	61450	600
超市	1400	107987	139557	43428	144899	-37006	29636	5453
大型超市	2233	941211	260502	59490	800227	140985	46390	1110
仓储会员店		8250	6261	4466	6261	1989	2024	1156
百货店	7179	586034	534577	57136	580975	9775	58300	8237
专业店	154379	3717817	3157385	-1025435	3325423	1159740	484299	136617
专卖店	7862	2328731	1725273	235226	1773009	555689	1705213	60019
家居建材商店		12302	13131	6139	13131	-829	230	220
购物中心	32562	218763	123438	29669	150878	67611	69035	2430
厂家直销中心		160874	78620	13428	148765	12063	19843	5371
无店铺零售	**19433**	**845444**	**624664**	**125437**	**638661**	**205912**	**134439**	**15176**
电视购物								
网上商店	4928	349684	288655	67230	296224	52588	46689	3971
自动售货亭		5115	5270	1477	5270	-155	1500	50
电话购物		11105	13232	9440	13232	-2128	2093	690
其他	14506	489651	325567	49956	331995	157657	86617	10515
按经营地分								
城镇	19433	756955	582673	120978	594617	161467	126150	13662
城区	12397	489288	365600	85550	370176	119112	82875	8999
乡村		88489	41991	4459	44044	44445	8289	1514
按港澳台商投资情况分								
港商投资		15907	7720	984	7720	8187	724	500

11-6 续表 24 （2020 年） 单位：万元

指标名称	营业收入	主营业务收入	营业成本	税金及附加	其他业务利润	销售费用	管理费用
总计	**69099629**	**68149489**	**64277286**	**296691**	**305500**	**2054309**	**1025874**
批发业	**52247071**	**51850654**	**49486780**	**251481**	**68756**	**998749**	**544513**
按批发行业小类分							
农、林、牧、渔产品批发	**1166227**	**1157222**	**1116059**	**1213**	**3228**	**21960**	**18535**
谷物、豆及薯类批发	293669	288004	281137	244	2386	5656	4956
种子批发	88713	86329	64604	285	676	6241	5766
畜牧渔业饲料批发	118846	118846	115029	25	21	1424	1546
棉、麻批发	601751	600879	596913	474	128	6982	3657
林业产品批发	15967	15966	13388	159		37	1023
牲畜批发	4709	4627	4646	17	17	605	546
其他农牧产品批发	42573	42573	40343	9		1016	1040
食品、饮料及烟草制品批发	**3254554**	**3210462**	**2620806**	**198235**	**6047**	**113913**	**86521**
米、面制品及食用油批发	416376	412634	391327	409	2560	17645	8219
糕点、糖果及糖批发	6036	6036	4932	11		220	677
果品、蔬菜批发	110933	98192	102657	202	45	2178	4638
肉、禽、蛋、奶及水产品批发	147412	146944	137475	135		6257	2734
盐及调味品批发	43478	42273	39656	98	1041	1283	2877
营养和保健品批发	37290	37260	31319	30	1749	2997	2297
酒、饮料及茶叶批发	615726	603849	534334	1019	250	24545	13306
烟草制品批发	1449004	1448189	1014008	195479	187	36277	40387
其他食品批发	428299	415085	365099	852	215	22511	11387
纺织、服装及家庭用品批发	**2149608**	**2109406**	**2022660**	**1904**	**2793**	**70565**	**41268**
纺织品、针织品及原料批发	95487	95132	89258	102	119	2917	2319
服装批发	174460	172652	155323	299		13794	7313
鞋帽批发	5630	5630	4659	13		99	717
化妆品及卫生用品批发	232471	228561	219918	210	2311	7101	3173
厨具卫具及日用杂品批发	21991	21991	18235	19		3236	538
灯具、装饰物品批发	12900	12675	12318	14		2953	636
日用家电批发	1445218	1411631	1376908	1099	363	34567	18241
其他家庭用品批发	161452	161135	146041	148		5900	8330
文化、体育用品及器材批发	**1563441**	**1554041**	**1457524**	**1887**	**2175**	**46167**	**27565**
文具用品批发	366795	363308	354543	290		7649	2636

11-6 续表25 （2020年） 单位:万元

指标名称	营业收入	主营业务收入	营业成本	税金及附加	其他业务利润	销售费用	管理费用
体育用品及器材批发	78856	78856	70366	128	-9	8473	777
图书批发	569323	564674	504345	856		23513	16139
音像制品、电子和数字出版物批发	22576	22474	20514	8		866	461
首饰、工艺品及收藏品批发	292918	292666	286332	230	200	2523	2744
乐器批发	7541	7541	6760	11	17	111	630
其他文化用品批发	225433	224521	214665	365	1967	3033	4178
医药及医疗器材批发	**8693958**	**8646624**	**7939857**	**18652**	**31026**	**299616**	**160054**
西药批发	4141376	4120229	3822169	8251	14578	129453	61725
中药批发	2470481	2458934	2304480	4281	14372	74861	24672
动物用药品批发	199147	197801	185974	288		3568	5622
医疗用品及器材批发	1882954	1869660	1627234	5832	2076	91734	68035
矿产品、建材及化工产品批发	**24551141**	**24377292**	**23909384**	**19624**	**16017**	**195532**	**107596**
煤炭及制品批发	5484346	5452263	5376606	4592	7540	46345	16204
石油及制品批发	4043322	3943767	3958180	2413	1085	18440	13398
非金属矿及制品批发	390053	390053	362820	707		5327	6223
金属及金属矿批发	11431542	11406206	11141407	7744	812	82262	41365
建材批发	1697054	1691675	1615599	3085	4330	17498	16759
化肥批发	578181	576920	569831	444		3762	3089
农药批发	30467	30205	20934	28		6640	1680
其他化工产品批发	896175	886204	864007	612	2250	15259	8880
机械设备、五金产品及电子产品批发	**10450591**	**10383225**	**10026062**	**9379**	**7371**	**240202**	**95662**
农业机械批发	9920	9178	8732	7	741	528	476
汽车及零配件批发	1786035	1746014	1719926	1176	3021	46535	17165
摩托车及零配件批发	8242	7210	7983	9		253	145
五金产品批发	84269	83694	74431	111	1609	5337	3213
电气设备批发	167408	166122	154217	445	307	5573	5743
计算机、软件及辅助设备批发	293086	292396	270030	522	68	6858	11452
通讯设备批发	2725423	2720820	2634314	2166	1100	57512	6643
广播影视设备批发	17248	17248	15346	23		189	589
其他机械设备及电子产品批发	5358962	5340544	5141084	4922	525	117417	50238
贸易经纪与代理	**83636**	**83592**	**79723**	**22**		**1626**	**1764**
贸易代理	80316	80271	76515	22		1546	1719
其他贸易经纪与代理	3320	3320	3208			79	45

11-6 续表 26　　　　（2020 年）　　　　单位：万元

指标名称	营业收入	主营业务收入	营业成本	税金及附加	其他业务利润	销售费用	管理费用
其他批发业	**333915**	**328791**	**314706**	**565**	**99**	**9167**	**5549**
再生物资回收与批发	59607	59227	54861	250		1449	1472
互联网批发	20670	20670	20300	1		279	519
其他未列明批发业	253638	248894	239545	314	99	7439	3558
按登记注册类型分							
内资企业	**52101771**	**51707252**	**49352192**	**251246**	**68739**	**992360**	**539561**
国有企业	3702004	3697241	3202240	197525	3543	46463	49706
集体企业	5460	5460	5218			285	73
股份合作企业	2575	2506	2300	2	69	160	152
有限责任公司	28363125	28238508	27350252	29200	36258	433043	180352
国有独资公司	4936527	4929929	4851411	3429	576	22485	19606
其他有限责任公司	23426598	23308579	22498841	25771	35683	410558	160746
股份有限公司	2687745	2601045	2505911	3770	3246	37650	19489
私营企业	17340863	17162493	16286271	20749	25623	474759	289791
私营独资企业	27031	27031	26029	10		472	371
私营合伙企业	2351	2351	2226	2			55
私营有限责任公司	17215427	17038610	16179767	20642	25117	467305	284661
私营股份有限公司	96053	94501	78249	95	507	6982	4705
港、澳、台商投资企业	**15389**	**15307**	**14091**	**36**	**17**	**1452**	**1523**
合资经营企业（港或澳、台资）	4046	4046	3329	10		508	137
港、澳、台商独资经营企业	11343	11261	10762	26	17	944	1386
外商投资企业	**129910**	**128094**	**120497**	**199**		**4936**	**3429**
中外合资经营企业							
中外合作经营企业	3983	2197	2165	97		781	1005
外资企业	125928	125897	118331	102		4156	2425
按控股情况分							
国有控股	23179085	23022775	22150624	215986	15253	181022	135810
集体控股	137879	131298	129530	251	111	3101	2798
私人控股	21815584	21605066	20441512	26742	41066	656365	366662
港澳台商控股	15389	15307	14091	36	17	1452	1523
外商控股	129910	128094	120497	199		4936	3429
其他	6969223	6948114	6630527	8267	12309	151872	34291
按经营形式分							

11-6 续表 27 （2020 年） 单位:万元

指标名称	营业收入	主营业务收入	营业成本	税金及附加	其他业务利润	销售费用	管理费用
独立门店	16381816	16255283	15667084	17394	16358	318170	178863
连锁总店(总部)	16159	16159	13320	14		2196	517
连锁直营店	23909	23877	21487	42		1726	62
其他	35825187	35555335	33784889	234031	52398	676657	365071
按单位规模分							
大型	11133771	10995223	10020340	210248	21505	275345	137149
中型	23619242	23507312	22636809	23263	27804	458417	228796
小型	14019093	13973944	13429507	15061	15810	239122	153928
微型	3474965	3374175	3400124	2910	3637	25865	24640
按经营地分							
城镇	46672670	46288333	44091726	247088	65438	936093	516054
城区	24028544	23850773	22947219	25156	40527	472486	306251
乡村	5574401	5562321	5395054	4393	3318	62655	28459
按港澳台商投资情况分							
港商投资	11343	11261	10762	26	17	944	1386
澳商投资	4971	4971	4225	15		508	670
零售业	**16852558**	**16298835**	**14790506**	**45210**	**236744**	**1055560**	**481360**
按零售行业小类分							
综合零售	**2674632**	**2457489**	**2151353**	**16239**	**153862**	**217473**	**188813**
百货零售	2157199	1982080	1736841	15021	148857	137843	168246
超级市场零售	460432	427404	372328	1064	2368	71158	13429
便利店零售	14215	11710	8481	47	2506	5187	1478
其他综合零售	42786	36295	33703	107	131	3286	5661
食品、饮料及烟草制品专门零售	**500990**	**498961**	**404930**	**1166**	**819**	**38914**	**13660**
粮油零售	32235	32200	30677	19	35	801	418
糕点、面包零售	3461	3461	2423	2		291	257
果品、蔬菜零售	6274	6274	5634	6		77	367
肉、禽、蛋、奶及水产品零售	27515	27418	24558	50	12	1936	908
营养和保健品零售	5637	5636	3667	18	-1	319	916
酒、饮料及茶叶零售	371146	370475	299739	890	772	19486	8624
其他食品零售	54723	53497	38231	181	1	16005	2169
纺织、服装及日用品专门零售	**577280**	**568673**	**454388**	**1891**	**5033**	**86908**	**24324**
纺织品及针织品零售	3050	3050	2243	5		1390	473

11-6 续表 28 （2020 年） 单位:万元

指标名称	营业收入	主营业务收入	营业成本	税金及附加	其他业务利润	销售费用	管理费用
服装零售	349256	342287	294447	1201	3911	38994	9663
鞋帽零售	43381	43263	27747	121	86	14152	4140
化妆品及卫生用品零售	90957	90137	61100	303	1036	20540	6499
厨具卫具及日用杂品零售	956	956	875	1		42	
钟表、眼镜零售	41623	41607	29663	165		4412	1466
自行车等代步设备零售	682	682	621				6
其他日用品零售	47374	46690	37693	95		7378	2077
文化、体育用品及器材专门零售	**311597**	**308572**	**247059**	**1086**	**2372**	**45441**	**12748**
文具用品零售	22991	22841	21056	26		469	874
体育用品及器材零售	86767	86284	64026	345	476	17792	2613
图书、报刊零售	95191	93433	77228	332	335	7807	5842
珠宝首饰零售	84795	84172	65284	363	1550	17872	2858
乐器零售	7612	7601	6849	8	11	71	362
照相器材零售	6343	6343	5904	4		302	102
其他文化用品零售	7898	7898	6713	8		1129	97
医药及医疗器材专门零售	**953144**	**939256**	**733103**	**3223**	**9646**	**150587**	**30160**
西药零售	651320	637692	477906	2471	9639	131776	23216
中药零售	213930	213869	191396	388		7560	2643
动物用药品零售	9987	9987	9088	19		209	156
医疗用品及器材零售	77908	77708	54712	346	7	11042	4145
汽车、摩托车、零配件和燃料及其他动力销售	**9529910**	**9260263**	**8740864**	**18306**	**56052**	**345345**	**142899**
汽车新车零售	7817211	7613157	7344641	15057	50187	241370	116226
汽车旧车零售	36727	35478	32713	21	607	2745	50
汽车零配件零售	188626	185441	177568	272	3371	3329	5301
摩托车及零配件零售	7145	7145	6742	8		79	75
机动车燃油零售	1448884	1387733	1151060	2916	1887	97432	19436
机动车燃气零售	31317	31309	28141	32		390	1811
家用电器及电子产品专门零售	**1146461**	**1114761**	**1051809**	**1548**	**8551**	**62172**	**37848**
家用视听设备零售	26916	26904	24763	35		666	1154
日用家电零售	732579	708029	673662	983	6914	48803	23252
计算机、软件及辅助设备零售	204629	203928	186442	307		4802	8429
通信设备零售	86816	81474	80741	62	14	3177	2166
其他电子产品零售	95521	94426	86201	160	1622	4725	2848

11-6 续表 29 （2020 年） 单位:万元

指标名称	营业收入	主营业务收入	营业成本	税金及附加	其他业务利润	销售费用	管理费用
五金、家具及室内装饰材料专门零售	**149111**	**143908**	**122850**	**665**	**172**	**9320**	**13867**
五金零售	50424	50381	45541	53		1152	952
灯具零售	893	893	771				67
家具零售	60845	55905	41557	584		7213	12253
卫生洁具零售	3966	3966	3045	6		774	59
陶瓷、石材装饰材料零售	1309	1309	1090	1	172	32	199
其他室内装饰材料零售	31674	31454	30846	20		149	338
货摊、无店铺及其他零售业	**1009432**	**1006953**	**884150**	**1087**	**236**	**99400**	**17042**
互联网零售	949665	948337	835260	967	−22	95285	12289
邮购及电视、电话零售							
自动售货机零售	3763	3763	2206	2		2058	302
生活用燃料零售	46350	45199	39339	78	258	1014	3681
其他未列明零售业	9654	9654	7345	41		1044	771
按登记注册类型分							
内资企业	**13798087**	**13404613**	**12351108**	**28859**	**108195**	**869525**	**319306**
国有企业	215472	201458	187494	175	1330	15524	710
集体企业	9109	9109	7027	29		514	267
有限责任公司	7655855	7451552	6872331	18301	67843	465148	162019
国有独资公司	118353	118131	90232	481	117	3063	2081
其他有限责任公司	7537502	7333421	6782099	17820	67726	462084	159938
股份有限公司	508285	498477	363501	2128	9274	117248	13434
私营企业	5388480	5223131	4900218	8219	29747	270538	142753
私营独资企业	33810	33638	30303	61	127	4862	1483
私营合伙企业	395	395	351	1			39
私营有限责任公司	5330961	5165882	4848599	8125	28807	264186	140893
私营股份有限公司	23314	23216	20964	32	813	1490	339
其他企业	20886	20886	20537	7		555	122
港、澳、台商投资企业	**2065695**	**1933316**	**1670588**	**13909**	**126144**	**127302**	**140979**
合资经营企业(港或澳、台资)	372701	363682	338972	1307	1510	13831	6212
港、澳、台商独资经营企业	1670735	1547379	1318009	12542	124633	106798	133796
其他港澳台投资企业	22259	22256	13606	59		6673	971
外商投资企业	**988776**	**960906**	**768810**	**2442**	**2405**	**58733**	**21076**

11-6 续表 30 （2020 年） 单位：万元

指标名称	营业收入	主营业务收入	营业成本	税金及附加	其他业务利润	销售费用	管理费用
中外合资经营企业	816215	790219	627570	1656	1593	39635	7669
外资企业	172562	170687	141241	786	812	19098	13406
按控股情况分							
国有控股	1513013	1456633	1312974	2983	22347	85672	23507
集体控股	87483	80148	69935	776		4641	12058
私人控股	9545111	9259009	8573372	20201	66559	599603	227626
港澳台商控股	1847218	1720340	1477060	13121	124633	113078	135699
外商控股	988776	960906	768810	2442	2405	58733	21076
其他	2870958	2821799	2588356	5687	20799	193834	61395
按经营形式分							
独立门店	12814483	12358265	11366290	37768	211386	590677	366790
连锁总店（总部）	1371725	1318526	1067555	3686	21841	248408	55565
连锁直营店	304569	282271	283047	212	1879	32798	6951
连锁加盟店	16719	16641	14514	22		1029	905
其他	2345062	2323132	2059100	3522	1637	182648	51150
按单位规模分							
大型	4330966	4094367	3418252	18177	155929	422972	203743
中型	8886628	8655654	8122547	17364	70268	417735	193439
小型	2435441	2379332	2173884	7363	9760	131746	68984
微型	1199523	1169483	1075824	2306	786	83107	15195
按零售业态分							
有店铺零售	**15309355**	**14766377**	**13448813**	**42925**	**236427**	**918061**	**448896**
食杂店	27718	27718	25724	6		775	423
便利店	119605	114281	95942	83	2512	9914	6662
折扣店	20125	20125	18082	22		2109	116
超市	176831	170194	150079	477	1381	20542	14823
大型超市	1740602	1594154	1370165	11751	120917	144102	123122
仓储会员店	14563	14563	13410	7		185	396
百货店	780062	728504	654900	3706	29104	55717	49596
专业店	6832608	6650147	6107262	12786	46347	354340	135240
专卖店	5155550	5024964	4624478	12494	34191	303510	104615
家居建材商店	34019	29079	29781	27	172	1129	2694
购物中心	213967	199295	178147	1289	1591	19064	7037

11-6 续表31　　(2020年)　　单位:万元

指标名称	营业收入	主营业务收入	营业成本	税金及附加	其他业务利润	销售费用	管理费用
厂家直销中心	193704	193353	180844	278	212	6675	4175
无店铺零售	**1543203**	**1532458**	**1341693**	**2285**	**317**	**137499**	**32464**
电视购物							
网上商店	910134	909369	807636	898	-22	87182	9860
自动售货亭	21302	21116	20077	2		686	128
电话购物	12481	12481	8732	40		2979	3461
其他	599286	589493	505248	1345	338	46652	19015
按零售业态分							
有店铺零售	**15311193**	**14768211**	**13449516**	**42925**	**236427**	**919132**	**449044**
食杂店	64212	28176	61387	42		1472	1084
便利店	174932	165205	143280	245	2512	17107	13213
折扣店	118931	114122	102159	673		6843	1134
超市	179281	172644	151882	478	1381	20624	15018
大型超市	1740602	1594154	1370165	11751	120917	144102	123122
仓储会员店	14563	14563	13410	7		185	396
百货店	818069	762307	684369	3765	32962	61159	52596
专业店	6853702	6670902	6125554	12806	46347	356717	135650
专卖店	5221832	5090770	4685735	12548	34523	306449	106363
家居建材商店	34019	29079	29781	27	172	1129	2694
购物中心	264433	238764	213699	1350	2944	23826	9819
厂家直销中心	362006	360819	339995	470	417	11696	5827
无店铺零售	**2071478**	**2011169**	**1828659**	**2897**	**317**	**157099**	**46978**
电视购物							
网上商店	1373469	1368504	1238621	1448	-22	106431	22992
自动售货亭	25065	24879	22282	3		2744	429
电话购物	13361	13361	9588	40		2979	3514
其他	675127	619966	568576	1410	338	49558	21230
按经营地分							
城镇	2019983	1959715	1792471	2708	317	155531	45566
城区	714672	669625	607779	1263	202	63131	29433
乡村	51495	51454	36188	189	-1	1569	1412
按港澳台商投资情况分							
港商投资	22259	22256	13606	59		6673	971

11-6 续表 32 （2020 年） 单位:万元

指标名称	三、损益及分配						
	研发费用	财务费用	利息收入	利息费用	投资收益	营业利润	营业外收入
总计	**26788**	**356681**	**92866**	**267426**	**150754**	**1195418**	**87103**
批发业	**20103**	**259326**	**83381**	**207073**	**138221**	**795247**	**42452**
按批发行业小类分							
农、林、牧、渔产品批发	**5140**	**10889**	**2210**	**12466**	**16698**	**12636**	**3839**
谷物、豆及薯类批发		9611	1994	11501	1409	-3526	2017
种子批发	4774	463	-59	274	4030	10539	745
畜牧渔业饲料批发		366	-17	148	-318	-114	428
棉、麻批发	36	214	139	523	5741	-120	479
林业产品批发	329	242				943	8
牲畜批发		-136	147		5836	4879	2
其他农牧产品批发		129	3	21		35	161
食品、饮料及烟草制品批发	**342**	**-5031**	**12127**	**6618**	**9217**	**248154**	**5889**
米、面制品及食用油批发	270	1741	1087	3525	9015	7359	3848
糕点、糖果及糖批发		8		7		190	
果品、蔬菜批发		360	1	238		867	327
肉、禽、蛋、奶及水产品批发		218	6	87	-847	-1069	139
盐及调味品批发		81	66		15	-376	439
营养和保健品批发		188	1	185		459	5
酒、饮料及茶叶批发		937	1475	2394	250	41897	488
烟草制品批发	72	-9140	9116		196	171980	125
其他食品批发		577	375	182	589	26847	519
纺织、服装及家庭用品批发	**187**	**6621**	**6348**	**9757**	**22431**	**17262**	**7130**
纺织品、针织品及原料批发		372	13	299	145	810	493
服装批发		219	100	66	8	-2477	513
鞋帽批发		1				141	
化妆品及卫生用品批发		624	147	758	3	1506	56
厨具卫具及日用杂品批发		95				-220	162
灯具、装饰物品批发		-1119	1205	44		-1903	100
日用家电批发	187	5436	4884	8485	22124	19990	5473
其他家庭用品批发		995	-1	105	150	-585	333
文化、体育用品及器材批发	**364**	**3035**	**2033**	**3445**	**13054**	**37960**	**2541**
文具用品批发		685	45	310	-28	911	1110

11-6 续表 33 （2020 年） 单位:万元

指标名称	三、损益及分配						
	研发费用	财务费用	利息收入	利息费用	投资收益	营业利润	营业外收入
体育用品及器材批发		1055	57	998		-1841	133
图书批发	364	319	1182	839	12986	35799	953
音像制品、电子和数字出版物批发		2	1		39	765	6
首饰、工艺品及收藏品批发		810	705	1157		247	132
乐器批发		25		21	56	76	4
其他文化用品批发		140	43	120		2003	202
医药及医疗器材批发	**603**	**97138**	**19854**	**79919**	**10477**	**178529**	**5040**
西药批发		64703	12491	45762	10490	59408	1746
中药批发	395	20035	6126	24337	1908	43993	1737
动物用药品批发		332	-278	823		2911	12
医疗用品及器材批发	208	12068	1514	8996	-1922	72217	1544
矿产品、建材及化工产品批发	**8054**	**121509**	**32399**	**80376**	**60017**	**229644**	**9674**
煤炭及制品批发	3	20102	18265	22454	21820	37786	371
石油及制品批发		7830	3090	10154	8350	50656	1537
非金属矿及制品批发	3	2408	119	1629	95	13278	386
金属及金属矿批发	7218	53002	7275	32485	27127	106082	5631
建材批发	658	33801	3300	10764	2554	16767	389
化肥批发	171	2170	284	1770	9	-1381	96
农药批发		264	13	270		922	248
其他化工产品批发		1932	52	849	62	5534	1016
机械设备、五金产品及电子产品批发	**5007**	**23770**	**8267**	**13534**	**6329**	**69850**	**7538**
农业机械批发		31				147	8
汽车及零配件批发	494	3114	7580	1958	-542	-88	1079
摩托车及零配件批发		9	-3	6		-157	176
五金产品批发	80	467	7	197	2703	3613	284
电气设备批发		1697	25	67		452	180
计算机、软件及辅助设备批发	1208	605	5	46	-77	1704	281
通讯设备批发	56	3853	402	1162		28962	975
广播影视设备批发	771	205	7	212		126	6
其他机械设备及电子产品批发	2399	13789	244	9885	4244	35092	4549
贸易经纪与代理		**240**	**14**	**130**		**112**	**209**
贸易代理		242	12	130		122	199
其他贸易经纪与代理		-2	2			-10	10

11-6 续表 34 （2020 年） 单位:万元

指标名称	三、损益及分配						
	研发费用	财务费用	利息收入	利息费用	投资收益	营业利润	营业外收入
其他批发业	**406**	**1155**	**130**	**831**		**1101**	**591**
再生物资回收与批发		209	1	210		169	280
互联网批发	117	262		225		-807	1
其他未列明批发业	289	684	129	396		1740	310
按登记注册类型分							
内资企业	**20103**	**257927**	**83097**	**205522**	**132385**	**791928**	**42421**
国有企业	72	12229	9936	3266	180	195844	2627
集体企业		3				-119	150
股份合作企业		22		22		-61	
有限责任公司	9916	153994	52957	130218	92424	286281	19208
国有独资公司	7031	8563	1117	11449	20881	47423	915
其他有限责任公司	2886	145431	51840	118769	71543	238858	18294
股份有限公司	2671	17906	8197	24818	11726	110319	1745
私营企业	7443	73772	12007	47199	28055	199665	18691
私营独资企业		19	1	9		71	8
私营合伙企业		2		2		67	
私营有限责任公司	5780	73479	12042	47013	28011	195849	17846
私营股份有限公司	1663	273	-36	176	44	3678	836
港、澳、台商投资企业		**1302**	**272**	**1534**	**5836**	**2832**	**22**
合资经营企业(港或澳、台资)		9				53	2
港、澳、台商独资经营企业		1293	272	1534	5836	2779	19
外商投资企业		**97**	**11**	**17**		**487**	**9**
中外合资经营企业							
中外合作经营企业		-4	-4	1		-60	
外资企业		101	15	16		548	9
按控股情况分							
国有控股	10405	97623	27451	100145	60699	436373	10840
集体控股		357	13	359	111	2025	229
私人控股	9661	106963	28811	70296	60420	246114	27981
港澳台商控股		1302	272	1534	5836	2832	22
外商控股		97	11	17		487	9
其他	36	52983	26824	34723	11156	107416	3371
按经营形式分							

11-6 续表 35　　(2020 年)　　单位:万元

指标名称	三、损益及分配						
	研发费用	财务费用	利息收入	利息费用	投资收益	营业利润	营业外收入
独立门店	1350	56840	12725	54034	44721	171627	16358
连锁总店(总部)		65			-850	-795	57
连锁直营店		1	2	3	134	724	8
其他	18753	202420	70655	153037	94217	623691	26029
按单位规模分							
大型	336	79536	30282	76120	35016	441481	4508
中型	17150	101156	24523	67649	58256	195106	22780
小型	2560	57841	25913	42311	29022	143208	10753
微型	58	20793	2664	20993	15928	15452	4411
按经营地分							
城镇	19773	230654	78586	188070	104890	717672	40926
城区	4848	92476	18099	71077	40631	222838	23226
乡村	330	28672	4795	19004	33331	77575	1526
按港澳台商投资情况分							
港商投资		1293	272	1534	5836	2779	19
澳商投资		1370	122	1483		-1817	2
零售业	**6685**	**97355**	**9485**	**60352**	**12533**	**400171**	**44652**
按零售行业小类分							
综合零售	**4265**	**11860**	**2789**	**5639**	**253**	**98594**	**9497**
百货零售	4247	7355	2696	4962	253	94533	5282
超级市场零售	18	3902	58	324		6540	3780
便利店零售		2	2	1		-973	3
其他综合零售		602	33	353		-1506	432
食品、饮料及烟草制品专门零售	**476**	**1063**	**305**	**672**	**496**	**42505**	**1122**
粮油零售		8	1	7		312	66
糕点、面包零售		4				484	3
果品、蔬菜零售		75		75		85	9
肉、禽、蛋、奶及水产品零售	243	95	66			-12	391
营养和保健品零售		27	4	23		690	66
酒、饮料及茶叶零售	233	218	232	543	542	42503	256
其他食品零售		635	2	24	-46	-1558	331
纺织、服装及日用品专门零售	**46**	**1569**	**-322**	**1679**	**1684**	**12304**	**5937**
纺织品及针织品零售		-1	1			-1061	3

11-6 续表 36 （2020 年） 单位:万元

指标名称	三、损益及分配						
	研发费用	财务费用	利息收入	利息费用	投资收益	营业利润	营业外收入
服装零售		1053	-383	1184	1346	6395	5174
鞋帽零售		127	9	94		-2901	384
化妆品及卫生用品零售	45	336	42	364	20	3209	289
厨具卫具及日用杂品零售						38	
钟表、眼镜零售		-7	27	1	319	6243	47
自行车等代步设备零售						37	
其他日用品零售	1	61	-19	36		343	41
文化、体育用品及器材专门零售		**274**	**91**	**161**	**1401**	**6655**	**702**
文具用品零售		23	3	11		383	14
体育用品及器材零售		-125		29		2145	491
图书、报刊零售		8	85	14	27	4364	22
珠宝首饰零售		321	2	104	1373	-532	136
乐器零售		5		3		140	12
照相器材零售		17				14	17
其他文化用品零售		25	1	1		141	10
医药及医疗器材专门零售	**4**	**16535**	**4313**	**12624**	**1628**	**20543**	**6573**
西药零售		8940	2766	3986	1605	9218	6384
中药零售		5968	1456	7213		5449	93
动物用药品零售		108				407	
医疗用品及器材零售	4	1520	91	1426	23	5468	96
汽车、摩托车、零配件和燃料及其他动力销售	**3**	**60737**	**1926**	**36452**	**6334**	**227185**	**17360**
汽车新车零售	2	51535	2017	31196	4389	52465	13596
汽车旧车零售		-26	-1	-20		1238	58
汽车零配件零售		1765	8	24		-161	692
摩托车及零配件零售	1	1				120	
机动车燃油零售		7285	-100	5145	1946	172757	3013
机动车燃气零售		177	2	108		766	2
家用电器及电子产品专门零售	**1209**	**2476**	**235**	**929**	**15**	**-12641**	**1870**
家用视听设备零售	85	118	-1	18		276	16
日用家电零售		1101	161	232		-17522	1333
计算机、软件及辅助设备零售	439	515	8	268	15	3835	170
通信设备零售	276	526	30	327		-343	37
其他电子产品零售	409	216	38	85	1	1113	314

11-6 续表 37　　(2020 年)　　单位:万元

指标名称	三、损益及分配						
	研发费用	财务费用	利息收入	利息费用	投资收益	营业利润	营业外收入
五金、家具及室内装饰材料专门零售		**1894**	**10**	**1603**	**46**	**-1822**	**243**
五金零售		131	2	125	46	364	7
灯具零售						54	
家具零售		1733	6	1472		-2591	214
卫生洁具零售		1				82	
陶瓷、石材装饰材料零售		5				-17	
其他室内装饰材料零售		25	2	6		287	22
货摊、无店铺及其他零售业	**683**	**948**	**140**	**593**	**676**	**6850**	**1349**
互联网零售	226	788	32	573	544	5402	1270
邮购及电视、电话零售							
自动售货机零售		-12		-12		-770	3
生活用燃料零售		180	98	32	118	2201	3
其他未列明零售业	457	-8	10		14	18	72
按登记注册类型分							
内资企业	**2437**	**86725**	**6482**	**51143**	**12027**	**157247**	**39207**
国有企业		799	-7	806		10770	22
集体企业		2	3		319	1589	
有限责任公司	567	48826	5159	29975	6322	119016	24602
国有独资公司		-41	131	4		22437	8
其他有限责任公司	567	48867	5028	29971	6322	96579	24594
股份有限公司	243	4036	465	1717	-435	7531	5304
私营企业	1628	33022	863	18645	5821	18717	9278
私营独资企业		134		21		-3020	27
私营合伙企业						4	
私营有限责任公司	1627	32876	862	18623	5821	21249	9246
私营股份有限公司		11	1	1		484	5
其他企业		40				-375	
港、澳、台商投资企业	**2**	**2057**	**2807**	**2318**	**201**	**111549**	**2869**
合资经营企业(港或澳、台资)		2022	-75	2019	201	9659	755
港、澳、台商独资经营企业	2	38	2862	298		100938	1800
其他港澳台投资企业		-3	20	1		952	315
外商投资企业	**4246**	**8573**	**196**	**6892**	**304**	**131375**	**2576**

11-6 续表 38 （2020 年） 单位:万元

指标名称	三、损益及分配						
	研发费用	财务费用	利息收入	利息费用	投资收益	营业利润	营业外收入
中外合资经营企业	4246	5609	278	4303	237	136707	1956
外资企业		2964	-83	2589	67	-5332	620
按控股情况分							
国有控股		10033	1566	9837	228	78688	2404
集体控股		-29	3	20	319	527	68
私人控股	2118	63329	5124	33569	8767	53491	24068
港澳台商控股	2	-49	2769	305		109695	2386
外商控股	4246	8573	196	6892	304	131375	2576
其他	320	15498	-172	9730	2914	26395	13150
按经营形式分							
独立门店	732	78965	8285	51745	7910	374174	28701
连锁总店(总部)		8220	491	1920	1605	-642	11700
连锁直营店	4489	2727	350	1766	242	-17995	608
连锁加盟店		9		6		-81	87
其他	1465	7434	359	4915	2776	44714	3556
按单位规模分							
大型	233	19407	5639	9705	1170	264798	15957
中型	4632	64046	3078	42661	8957	77697	22206
小型	1799	11983	695	7317	2397	36199	3574
微型	21	1919	72	669	8	21477	2915
按零售业态分							
有店铺零售	**6208**	**90700**	**9182**	**55480**	**9714**	**375701**	**41938**
食杂店		4				363	64
便利店		287	-137	375		6731	317
折扣店		28	5	29		-231	3
超市	1	3524	-79	407		-3179	2572
大型超市	4265	3550	1317	2640	237	89684	5077
仓储会员店		5		4		531	8
百货店		3838	1594	1086	320	14229	1716
专业店	1233	47549	5226	32611	5684	182516	12786
专卖店	433	29683	1540	16431	3473	80017	14153
家居建材商店		12	4	11		377	30
购物中心		1604	-482	1901		3776	5009

11-6 续表 39 （2020 年） 单位:万元

指标名称	三、损益及分配						
	研发费用	财务费用	利息收入	利息费用	投资收益	营业利润	营业外收入
厂家直销中心	277	617	193	-15		887	204
无店铺零售	**477**	**6655**	**303**	**4872**	**2818**	**24470**	**2713**
电视购物							
网上商店	226	664	12	572	544	4219	991
自动售货亭		589	11	16	1	-178	2
电话购物		14				-2746	366
其他	251	5388	280	4285	2274	23175	1354
按零售业态分							
有店铺零售	**6208**	**90717**	**9182**	**55480**	**9714**	**375599**	**42253**
食杂店		540				-38	120
便利店		3087	-135	403		7053	2653
折扣店		-338	-369	29		8460	4579
超市	1	3526	-79	407		-3236	2572
大型超市	4265	3550	1317	2640	237	89684	5077
仓储会员店		5		4		531	8
百货店		4177	1600	1284	320	13743	1769
专业店	1233	47956	5210	32612	5684	182103	13115
专卖店	433	30023	1551	16615	3473	79851	14317
家居建材商店		12	4	11		377	30
购物中心		1813	-476	2092		10908	5033
厂家直销中心	280	1564	242	562		2240	341
无店铺零售	**512**	**8261**	**323**	**4595**	**2818**	**29809**	**4201**
电视购物							
网上商店	261	1681	32	248	544	2343	2371
自动售货亭		576	11	3	1	-948	5
电话购物		15		1		-2774	367
其他	251	6082	280	4332	2274	30449	1802
按经营地分							
城镇	512	8404	84	4557	2818	17517	4128
城区	375	6717	128	4077	2818	8630	1869
乡村		-143	239	39		12293	73
按港澳台商投资情况分							
港商投资		-3	20	1		952	315

11-6 续表 40 （2020 年） 单位:万元

指标名称	营业外支出	利润总额	所得税费用	四、人工成本及增值税 应付职工薪酬(本年贷方累计发生额)	应交增值税	五、从事批发和零售业活动的从业人员平均人数(人)
总计	**59806**	**1214253**	**295015**	**962470**	**435634**	**137399**
批发业	**36557**	**801901**	**179255**	**474862**	**288131**	**54630**
按批发行业小类分						
农、林、牧、渔产品批发	**505**	**15971**	**222**	**15514**	**521**	**1484**
谷物、豆及薯类批发	9	-1518	121	3647	294	293
种子批发	89	11196	-196	6723	94	659
畜牧渔业饲料批发		314	48	789	112	155
棉、麻批发	379	-19	220	2919	94	173
林业产品批发	12	939	6	50	-129	69
牲畜批发	2	4879		901	10	56
其他农牧产品批发	15	181	23	487	48	79
食品、饮料及烟草制品批发	**1603**	**252441**	**65380**	**107178**	**74787**	**7444**
米、面制品及食用油批发	100	11107	3427	11853	2357	1054
糕点、糖果及糖批发		190	24	160	77	29
果品、蔬菜批发	121	1072	94	2579	526	627
肉、禽、蛋、奶及水产品批发	60	-990	41	3570	330	593
盐及调味品批发	12	51	29	1810	157	307
营养和保健品批发	41	424	108	1664	1711	200
酒、饮料及茶叶批发	601	41784	9874	14708	5956	1986
烟草制品批发	454	171651	45858	60568	55814	1257
其他食品批发	214	27152	5926	10267	7858	1391
纺织、服装及家庭用品批发	**619**	**23681**	**4954**	**33330**	**11124**	**5313**
纺织品、针织品及原料批发	37	1266	41	2022	948	293
服装批发	26	-1990	172	7322	1237	1207
鞋帽批发		141	10	110	65	65
化妆品及卫生用品批发	131	1339	441	3993	1039	746
厨具卫具及日用杂品批发		-59	7	1167	136	283
灯具、装饰物品批发	49	-1852		1177	83	144
日用家电批发	212	25251	3952	10340	7365	1612
其他家庭用品批发	163	-414	331	7199	252	963
文化、体育用品及器材批发	**2115**	**38385**	**2912**	**26936**	**2588**	**2994**
文具用品批发	14	2007	413	3074	1392	325

11-6 续表41 （2020年） 单位:万元

指标名称	营业外支出	利润总额	所得税费用	四、人工成本及增值税 应付职工薪酬(本年贷方累计发生额)	应交增值税	五、从事批发和零售业活动的从业人员平均人数(人)
体育用品及器材批发	1	-1709	3	1965	786	334
图书批发	1429	35322	1498	17155	350	1682
音像制品、电子和数字出版物批发	35	736	184	225	1	39
首饰、工艺品及收藏品批发	552	-173	253	1893	-1053	334
乐器批发		80	22	238	91	42
其他文化用品批发	83	2122	538	2388	1021	238
医药及医疗器材批发	**9207**	**174602**	**42631**	**120683**	**108087**	**15569**
西药批发	3140	58013	17468	54702	45849	6098
中药批发	1044	44686	9278	27236	25448	4023
动物用药品批发	2690	234	440	2522	3664	276
医疗用品及器材批发	2333	71669	15445	36223	33126	5172
矿产品、建材及化工产品批发	**18210**	**221709**	**29156**	**73463**	**39772**	**8912**
煤炭及制品批发	301	38374	8192	9405	8018	854
石油及制品批发	238	51955	1816	17517	2422	1152
非金属矿及制品批发	161	13502	1088	2410	1575	474
金属及金属矿批发	17067	94651	13991	25862	17338	3196
建材批发	122	17035	3214	8980	8095	1623
化肥批发	108	-1392	286	1811	146	335
农药批发	90	1079	270	1368	14	315
其他化工产品批发	124	6505	300	6111	2165	963
机械设备、五金产品及电子产品批发	**4110**	**73289**	**33518**	**93485**	**47250**	**12260**
农业机械批发		155	10	173	56	31
汽车及零配件批发	699	292	16975	16922	8925	2434
摩托车及零配件批发	100	-80	3	157	38	33
五金产品批发	16	3881	82	2184	1621	291
电气设备批发	23	609	96	2944	1869	498
计算机、软件及辅助设备批发	127	1858	408	8759	2518	1323
通讯设备批发	-356	30293	7870	13323	10052	1762
广播影视设备批发		132	41	222	180	30
其他机械设备及电子产品批发	3500	36150	8032	48801	21991	5858
贸易经纪与代理	**9**	**312**	**10**	**656**	**85**	**94**
贸易代理	9	311	10	623	85	89
其他贸易经纪与代理		1		33		5

11-6 续表 42 (2020 年) 单位:万元

指标名称	营业外支出	利润总额	所得税费用	四、人工成本及增值税 应付职工薪酬(本年贷方累计发生额)	应交增值税	五、从事批发和零售业活动的从业人员平均人数(人)
其他批发业	**180**	**1511**	**473**	**3618**	**3917**	**560**
再生物资回收与批发	14	433	64	1340	2873	232
互联网批发		-807	5	396	4	57
其他未列明批发业	166	1884	404	1882	1040	271
按登记注册类型分						
内资企业	**36508**	**798600**	**179152**	**470189**	**286236**	**54249**
国有企业	753	197719	52724	68100	60501	2273
集体企业	17	14	1	112		26
股份合作企业	9	-70	3	346	29	139
有限责任公司	6844	299174	83541	186910	105962	19485
国有独资公司	1402	47464	5161	18786	2030	1587
其他有限责任公司	5442	251710	78381	168124	103932	17898
股份有限公司	479	111585	10188	31076	17546	2694
私营企业	28407	190178	32694	183646	102198	29632
私营独资企业		79	18	90	209	22
私营合伙企业		67	3	27	3	5
私营有限责任公司	28233	185692	32061	176416	101839	28840
私营股份有限公司	174	4341	612	7112	147	765
港、澳、台商投资企业	**11**	**2843**		**1786**	**321**	**131**
合资经营企业(港或澳、台资)	1	55		330	71	40
港、澳、台商独资经营企业	10	2788		1456	250	91
外商投资企业	**38**	**459**	**103**	**2888**	**1574**	**250**
中外合资经营企业						
中外合作经营企业		-60	18	509	3	75
外资企业	38	519	85	2379	1571	175
按控股情况分						
国有控股	4358	443384	92832	170679	117353	10422
集体控股	27	2227	584	1960	221	242
私人控股	31207	243118	58977	248633	134553	38246
港澳台商控股	11	2843		1786	321	131
外商控股	38	459	103	2888	1574	250
其他	916	109871	26759	48917	34109	5339
按经营形式分						

11-6 续表43 （2020年） 单位：万元

指标名称	营业外支出	利润总额	所得税费用	四、人工成本及增值税 应付职工薪酬（本年贷方累计发生额）	应交增值税	五、从事批发和零售业活动的从业人员平均人数（人）
独立门店	20189	168318	30819	137762	70363	19108
连锁总店（总部）	1	-739	6	1467	28	248
连锁直营店	3	729	205	673	203	82
其他	16364	633593	148225	334960	217537	35192
按单位规模分						
大型	6619	439371	93204	185081	130287	12685
中型	17425	200701	59314	188453	88873	25165
小型	9330	145156	22542	91882	59956	14193
微型	3184	16673	4195	9446	9015	2587
按经营地分						
城镇	31918	727439	169415	453417	270794	51516
城区	8844	238058	54753	231194	109272	32018
乡村	4639	74462	9840	21445	17336	3114
按港澳台商投资情况分						
港商投资	10	2788		1456	250	91
澳商投资	1	-1816		371	306	47
零售业	**23250**	**412352**	**115760**	**487608**	**147504**	**82769**
按零售行业小类分						
综合零售	**11752**	**87244**	**25739**	**106512**	**42690**	**24441**
百货零售	10570	89245	23694	80173	38522	18103
超级市场零售	863	362	2027	21909	3156	5201
便利店零售	11	-981	7	1341	287	260
其他综合零售	307	-1382	11	3090	726	877
食品、饮料及烟草制品专门零售	**440**	**43185**	**11373**	**15555**	**7621**	**3511**
粮油零售	2	376	1	609	30	83
糕点、面包零售	30	456	32	433	20	91
果品、蔬菜零售		94	3	162	8	50
肉、禽、蛋、奶及水产品零售	-24	403	36	1309	99	364
营养和保健品零售	60	697	106	257	142	42
酒、饮料及茶叶零售	245	42515	10908	7710	6403	1365
其他食品零售	128	-1356	286	5076	920	1516
纺织、服装及日用品专门零售	**924**	**17317**	**6520**	**34244**	**6080**	**6708**
纺织品及针织品零售	1	-1058		651	41	186

11-6 续表 44 （2020 年） 单位:万元

指标名称	营业外支出	利润总额	所得税费用	四、人工成本及增值税 应付职工薪酬(本年贷方累计发生额)	应交增值税	五、从事批发和零售业活动的从业人员平均人数(人)
服装零售	388	11182	3867	11494	2999	2104
鞋帽零售	18	-2535	37	8955	752	1759
化妆品及卫生用品零售	181	3317	1047	7697	380	1806
厨具卫具及日用杂品零售		38	2	25	10	6
钟表、眼镜零售	106	6184	1467	2795	1265	254
自行车等代步设备零售		37	3	14		3
其他日用品零售	231	153	98	2613	633	590
文化、体育用品及器材专门零售	**31**	**7326**	**1100**	**15266**	**4980**	**3259**
文具用品零售	4	393	47	586	153	146
体育用品及器材零售	8	2628	730	2693	2611	1728
图书、报刊零售	6	4379	236	9076	358	886
珠宝首饰零售	12	-409	70	2202	1752	331
乐器零售		152	11	258	51	62
照相器材零售		32	2	141	17	32
其他文化用品零售		151	4	310	38	74
医药及医疗器材专门零售	**1212**	**25903**	**6368**	**79853**	**16692**	**12937**
西药零售	700	14902	3715	73831	11625	12248
中药零售	38	5504	1436	3709	2380	409
动物用药品零售		407		58	102	8
医疗用品及器材零售	474	5090	1217	2256	2586	272
汽车、摩托车、零配件和燃料及其他动力销售	**7334**	**237076**	**63723**	**191542**	**57162**	**23876**
汽车新车零售	5018	61074	21342	154505	34112	19545
汽车旧车零售	9	1287	240	1027	52	136
汽车零配件零售	135	396	164	3905	1792	563
摩托车及零配件零售		120	10	48	55	19
机动车燃油零售	2172	173431	41718	31182	20982	3448
机动车燃气零售		768	249	876	168	165
家用电器及电子产品专门零售	**786**	**-11546**	**216**	**27664**	**5343**	**5203**
家用视听设备零售	45	247	31	859	132	206
日用家电零售	605	-16794	-210	15967	2489	2858
计算机、软件及辅助设备零售	36	3980	266	5594	1216	1127
通信设备零售	10	-316	55	2112	282	425
其他电子产品零售	89	1337	74	3131	1224	587

11-6 续表 45 （2020 年） 单位：万元

指标名称	营业外支出	利润总额	所得税费用	四、人工成本及增值税：应付职工薪酬（本年贷方累计发生额）	应交增值税	五、从事批发和零售业活动的从业人员平均人数（人）
五金、家具及室内装饰材料专门零售	**47**	**-1627**	**-96**	**7141**	**426**	**1235**
五金零售	5	365	27	1123	104	224
灯具零售		54	1	9	116	3
家具零售	45	-2422	-191	5350	83	870
卫生洁具零售		82	20	261	38	53
陶瓷、石材装饰材料零售		-17	1	186	2	32
其他室内装饰材料零售	-3	312	46	212	85	53
货摊、无店铺及其他零售业	**725**	**7474**	**816**	**9831**	**6510**	**1599**
互联网零售	599	6073	249	6809	6469	1169
邮购及电视、电话零售						
自动售货机零售	113	-880		24	1	31
生活用燃料零售	13	2191	562	1478	-284	256
其他未列明零售业	1	90	5	1520	325	143
按登记注册类型分						
内资企业	**11674**	**175558**	**53778**	**396476**	**105351**	**65583**
国有企业	116	10676		5787	146	823
集体企业		1589	317	396	228	58
有限责任公司	5497	128867	40099	177381	61364	27105
国有独资公司	4	22441	5382	2451	2956	237
其他有限责任公司	5493	106426	34717	174930	58409	26868
股份有限公司	421	12414	3163	61120	9340	9438
私营企业	5640	22388	10199	151414	34262	28104
私营独资企业	86	-3079	95	1700	225	329
私营合伙企业		4		28	4	8
私营有限责任公司	5552	24977	10068	148683	33293	27631
私营股份有限公司	3	486	37	1003	740	136
其他企业		-375		378	12	55
港、澳、台商投资企业	**8078**	**106341**	**27024**	**67950**	**36430**	**14122**
合资经营企业（港或澳、台资）	-148	10562	2695	6038	2247	672
港、澳、台商独资经营企业	8226	94512	24000	60859	34112	13341
其他港澳台投资企业		1267	329	1054	71	109
外商投资企业	**3498**	**130453**	**34959**	**23182**	**5723**	**3064**

11-6 续表 46 （2020 年） 单位:万元

指标名称	营业外支出	利润总额	所得税费用	四、人工成本及增值税 应付职工薪酬(本年贷方累计发生额)	应交增值税	五、从事批发和零售业活动的从业人员平均人数(人)
中外合资经营企业	2926	135737	35115	13445	5023	1257
外资企业	572	-5284	-157	9737	701	1807
按控股情况分						
国有控股	846	80246	18496	37550	21550	4430
集体控股	15	414	484	1261	320	471
私人控股	7709	69884	25512	306279	64695	51574
港澳台商控股	8311	103770	26315	63762	34113	13608
外商控股	3498	130453	34959	23182	5723	3064
其他	2871	27586	9995	55575	21103	9622
按经营形式分						
独立门店	16867	386033	98670	320791	109947	52324
连锁总店(总部)	2994	-1198	5843	106015	14874	19257
连锁直营店	1445	-18832	60	6974	796	1895
连锁加盟店	4	2	15	584	109	91
其他	1940	46347	11172	53244	21778	9202
按单位规模分						
大型	11941	259718	67481	195858	59187	35890
中型	7731	92013	34707	226691	53342	34578
小型	3185	36583	8433	57804	23622	10036
微型	393	24038	5139	7255	11353	2265
按零售业态分						
有店铺零售	**22011**	**386396**	**109055**	**461963**	**133673**	**79066**
食杂店	62	366	1	648	45	118
便利店	346	6702	2257	5238	2934	693
折扣店		-228	1	402	118	93
超市	136	-9838	184	7988	918	2757
大型超市	9161	85599	23910	68719	30282	15302
仓储会员店	39	500	2	279	-14	89
百货店	2147	13798	3061	29106	10838	6624
专业店	6408	188731	51707	176922	47458	26306
专卖店	3530	90666	24598	161322	38110	25169
家居建材商店	4	403	34	503	324	109
购物中心	151	8635	2345	6239	1563	1186

11-6 续表 47 （2020 年） 单位：万元

指标名称	营业外支出	利润总额	所得税费用	四、人工成本及增值税 应付职工薪酬（本年贷方累计发生额）	应交增值税	五、从事批发和零售业活动的从业人员平均人数（人）
厂家直销中心	29	1063	955	4599	1098	620
无店铺零售	**1238**	**25956**	**6706**	**25645**	**13831**	**3703**
电视购物						
网上商店	567	4643	-86	4741	6415	806
自动售货亭		-176		309	22	47
电话购物	3	-2382	1	4024	265	477
其他	668	23871	6792	16571	7128	2373
按零售业态分						
有店铺零售	**22011**	**386609**	**109055**	**462040**	**133679**	**79077**
食杂店	63	18	2	1255	181	213
便利店	423	188	2379	5769	3341	1479
折扣店	33	13006	3341	1374	193	156
超市	136	-9895	184	8155	923	2803
大型超市	9161	85599	23910	68719	30282	15302
仓储会员店	39	500	2	279	-14	89
百货店	2163	13349	3079	31120	11162	7318
专业店	6409	188646	51707	177727	47567	26406
专卖店	3642	90552	24607	163406	38430	25420
家居建材商店	4	403	34	503	324	109
购物中心	153	15788	2348	8250	2043	1814
厂家直销中心	40	2541	1319	7283	1238	950
无店铺零售	**1914**	**32108**	**7169**	**33477**	**14735**	**4897**
电视购物						
网上商店	1250	3464	276	11768	6998	1936
自动售货亭	113	-1056		333	23	78
电话购物	3	-2410	1	4063	268	486
其他	671	31591	6897	18167	7449	2597
按经营地分						
城镇	1709	19946	4336	32864	13085	4762
城区	878	9631	3225	22961	5622	3293
乡村	205	12162	2833	614	1650	135
按港澳台商投资情况分						
港商投资		1267	329	1054	71	109

11-7 限额以上住宿和餐饮业法人企业财务状况

（2020 年）

单位:万元

指标名称	法人企业数（个）	执行《2006年企业会计准则》企业数(个)	一、年初存货	流动资产合计	应收帐款	存货
总计	**548**	**336**	**33028**	**911891**	**89473**	**34874**
住宿业	**323**	**217**	**19727**	**647547**	**50500**	**22172**
按住宿业行业小类分						
旅游饭店	136	94	13606	278043	32876	14478
旅游饭店	136	94	13606	278043	32876	14478
一般旅馆	169	110	5599	356400	16778	7129
经济型连锁酒店	47	32	1642	90712	5598	1942
其他一般旅馆	122	78	3957	265688	11180	5187
民宿服务	1	1	58	1140	412	104
民宿服务	1	1	58	1140	412	104
其他住宿业	17	12	464	11965	435	462
其他住宿业	17	12	464	11965	435	462
按登记注册类型分						
内资企业	**318**	**212**	**13458**	**497913**	**49319**	**16072**
国有企业	19	14	2468	44645	3585	2208
集体企业	6	2	776	11162	131	744
有限责任公司	91	70	6149	266411	12422	7405
国有独资公司	5	4	395	9053	530	368
其他有限责任公司	86	66	5754	257358	11892	7038
股份有限公司	2	2	111	37165	732	153
私营企业	200	124	3953	138531	32449	5561
私营有限责任公司	198	122	3848	136565	32305	5444
私营股份有限公司	2	2	106	1966	144	117
港、澳、台商投资企业	**4**	**4**	**1248**	**142108**	**661**	**1152**
与港澳台商合资经营企业	3	3	1103	139753	454	971
与港澳台商合作经营企业	1	1	145	2356	207	181

11-7 续表 1 （2020 年） 单位：万元

指标名称	法人企业数（个）	执行《2006年企业会计准则》企业数（个）	一、年初存货			
				流动资产合计	应收帐款	存货
外商投资企业	**1**	**1**	**5021**	**7526**	**520**	**4949**
中外合资经营企业	1	1	5021	7526	520	4949
按控股情况分						
国有控股	40	31	4052	156788	7330	3584
集体控股	10	5	851	12406	350	860
私人控股	240	153	6042	261524	39491	8865
港澳台商控股	3	3	5767	142415	690	5580
其他	30	25	3014	74414	2641	3284
按经营形式分						
独立门店	253	174	17906	600503	40981	20156
连锁总店（总部）	2	2		781	3	1
连锁直营店	4	3	57	1448	41	48
连锁加盟店	32	17	264	10622	5021	339
其他	32	21	1500	34194	4454	1628
按单位规模分						
大型	2	2	1236	28968	11714	1185
中型	43	35	5624	345326	9712	6796
小型	246	160	12213	257610	27039	13703
微型	32	20	654	15643	2035	488
按星级分						
五星	11	9	2603	236048	11297	2433
四星	22	18	2027	92713	5369	2170
三星	37	31	7974	49106	5062	7565
二星	4	3	209	709	73	228
其他	249	156	6913	268972	28699	9776
按经营地分						
城镇	317	212	18141	626335	49220	20694

11-7 续表 2 （2020 年） 单位：万元

指标名称	法人企业数（个）	执行《2006年企业会计准则》企业数（个）	一、年初存货	流动资产合计	应收帐款	存货
城区	253	174	16314	565897	39945	19222
乡村	6	5	1586	21212	1280	1478
按港澳台商投资情况分						
港商投资	4	4	1248	142108	661	1152
澳商投资	2	2	746	134890	170	631
餐饮业	**225**	**119**	**13301**	**264344**	**38973**	**12702**
按餐饮业行业小类分						
正餐服务	193	100	10689	228141	29240	10161
正餐服务	193	100	10689	228141	29240	10161
快餐服务	17	11	2313	16023	2669	2035
快餐服务	17	11	2313	16023	2669	2035
饮料及冷饮服务	3	1	24	643	85	14
其他饮料及冷饮服务	3	1	24	643	85	14
餐饮配送及外卖送餐服务	11	6	273	18558	6081	492
餐饮配送服务	11	6	273	18558	6081	492
其他餐饮业	1	1	2	979	898	
其他未列明餐饮业	1	1	2	979	898	
按登记注册类型分						
内资企业	**222**	**116**	**11442**	**253075**	**38895**	**11355**
国有企业	3	2	100	1265	-41	245
有限责任公司	49	29	4287	66808	13633	3014
其他有限责任公司	49	29	4287	66808	13633	3014
私营企业	170	85	7055	185001	25303	8095
私营独资企业	1	1				
私营有限责任公司	167	83	6898	153945	25082	7876
私营股份有限公司	2	1	157	31057	221	219
港、澳、台商投资企业	**1**	**1**	**76**	**4568**	**25**	**49**

11-7 续表3 （2020年） 单位:万元

指标名称	法人企业数（个）	执行《2006年企业会计准则》企业数(个)	一、年初存货	流动资产合计	应收帐款	存货
港澳台商独资企业	1	1	76	4568	25	49
外商投资企业	**2**	**2**	**1783**	**6701**	**52**	**1298**
外资企业	2	2	1783	6701	52	1298
按控股情况分						
国有控股	7	6	1709	12995	5001	1201
私人控股	206	105	9258	230552	32292	9845
港澳台商控股	1	1	76	4568	25	49
外商控股	2	2	1783	6701	52	1298
其他	9	5	475	9528	1602	309
按经营形式分						
独立门店	165	90	8032	175312	16812	6161
连锁总店（总部）	4	3	1783	10590	552	1856
连锁直营店	8	3	153	6281	4725	191
连锁加盟店	1	1	5	61	8	6
其他	47	22	3329	72101	16876	4489
按单位规模分						
大型	5	3	2508	20318	643	2585
中型	18	14	3372	122509	15415	2250
小型	174	89	7262	113813	17289	7724
微型	28	13	159	7704	5626	142
按经营地分						
城镇	214	115	12934	237264	33520	12359
城区	167	92	11866	197497	23136	9624
乡村	11	4	367	27081	5452	343
按港澳台商投资情况分						
港商投资	1	1	76	4568	25	49
澳商投资	1	1	76	4568	25	49

11-7　续表 4　（2020 年）　单位：万元

指标名称	固定资产原价	房屋和构筑物	机器设备	累计折旧	本年折旧	固定资产净额	在建工程	无形资产
总计	**999294**	**374539**	**90778**	**481477**	**42960**	**472607**	**33661**	**46959**
住宿业	**817409**	**335245**	**52189**	**394156**	**32174**	**389681**	**27958**	**39436**
按住宿业行业小类分								
旅游饭店	479366	215483	28680	234447	21418	220025	22506	7504
旅游饭店	479366	215483	28680	234447	21418	220025	22506	7504
一般旅馆	305660	117937	23040	143526	9578	153817	3923	28460
经济型连锁酒店	102760	44690	6617	45396	3752	53911	299	17645
其他一般旅馆	202899	73247	16423	98131	5826	99907	3624	10814
民宿服务	139			16	16			
民宿服务	139			16	16			
其他住宿业	32244	1825	468	16167	1162	15839	1529	3472
其他住宿业	32244	1825	468	16167	1162	15839	1529	3472
按登记注册类型分								
内资企业	**706676**	**320901**	**43011**	**329878**	**27954**	**344560**	**14358**	**39270**
国有企业	189434	136575	6454	83627	5627	105413	8491	10993
集体企业	21991	16603	3146	12855	2075	9044	1916	5
有限责任公司	367630	132717	18397	163996	14289	194666	2761	19364
国有独资公司	46573	9522	1619	27680	591	18893	837	6913
其他有限责任公司	321057	123195	16778	136317	13698	175773	1924	12451
股份有限公司	17063	12682	3314	15304	544	470	200	520
私营企业	110558	22324	11701	54096	5420	34965	991	8387
私营有限责任公司	101951	18033	10277	49437	5372	33800	991	7938
私营股份有限公司	8607	4291	1423	4659	48	1165		449
港、澳、台商投资企业	**101562**	**14344**	**9178**	**57265**	**3902**	**42963**	**7**	**166**
与港澳台商合资经营企业	74762	5433	1915	42519	2486	31796	7	29
与港澳台商合作经营企业	26800	8911	7262	14746	1416	11168		137

11-7 续表 5 （2020 年） 单位：万元

指标名称	固定资产原价	房屋和构筑物	机器设备	累计折旧	本年折旧	固定资产净额	在建工程	无形资产
外商投资企业	**9171**			**7013**	**318**	**2158**	**13594**	
中外合资经营企业	9171			7013	318	2158	13594	
按控股情况分								
国有控股	361978	215325	17468	172723	10192	187642	9528	20811
集体控股	25293	17031	3193	15338	2199	9630	1916	5
私人控股	271866	86862	30365	124098	12657	120212	2047	14715
港澳台商控股	66318			38844	1875	27474	13594	
其他	91954	16027	1163	43153	5251	44723	874	3905
按经营形式分								
独立门店	765292	318623	49669	372337	28651	371956	27157	38266
连锁总店（总部）	5		5	1				
连锁直营店	6649			3496	171	3003	14	250
连锁加盟店	6069	1504	639	3886	501	1218	245	
其他	39394	15119	1876	14437	2850	13504	542	920
按单位规模分								
大型	99723	86845	2551	38980	2809	60744	1359	281
中型	400611	144765	25129	196313	15204	198278	3087	24263
小型	291758	90244	23054	146188	13128	127896	20974	14295
微型	25316	13391	1454	12676	1032	2763	2539	597
按星级分								
五星	205928	50760	9182	106070	5786	97991	1802	11534
四星	124903	56878	9565	77510	5543	42325	942	11060
三星	121043	32386	13256	75262	5482	37765	18088	1793
二星	5520	2342	142	3176	116	2339		
其他	360015	192879	20044	132139	15246	209261	7127	15048
按经营地分								
城镇	779661	335245	52189	379379	29354	366711	27361	35458

11-7 续表 6　　　　(2020 年)　　　　单位:万元

指标名称	固定资产原价	房屋和构筑物	机器设备	累计折旧	本年折旧	固定资产净额	在建工程	无形资产
城区	716605	316840	48361	347390	26645	341527	27361	35438
乡村	37748			14778	2820	22970	598	3978
按港澳台商投资情况分								
港商投资	101562	14344	9178	57265	3902	42963	7	166
澳商投资	57147			31831	1557	25316		
餐饮业	**181885**	**39294**	**38590**	**87320**	**10786**	**82926**	**5703**	**7523**
按餐饮业行业小类分								
正餐服务	142297	34678	31280	68873	8520	63286	2279	4927
正餐服务	142297	34678	31280	68873	8520	63286	2279	4927
快餐服务	32147	3176	1558	15690	1687	15032	3409	2595
快餐服务	32147	3176	1558	15690	1687	15032	3409	2595
饮料及冷饮服务	370		370	105	72	264		
其他饮料及冷饮服务	370		370	105	72	264		
餐饮配送及外卖送餐服务	7071	1439	5382	2652	507	4344	16	2
餐饮配送服务	7071	1439	5382	2652	507	4344	16	2
其他餐饮业	1							
其他未列明餐饮业	1							
按登记注册类型分								
内资企业	**150186**	**38237**	**35785**	**70498**	**9153**	**69474**	**2290**	**4929**
国有企业	2496	37	172	2023	93	473		
有限责任公司	45508	21704	7351	19040	4608	21183	160	2056
其他有限责任公司	45508	21704	7351	19040	4608	21183	160	2056
私营企业	102182	16496	28262	49436	4452	47818	2130	2873
私营独资企业								
私营有限责任公司	98825	16080	28154	48286	4213	47095	1988	2873
私营股份有限公司	3356	417	108	1150	239	724	142	
港、澳、台商投资企业	**2206**		**1333**	**1634**	**115**	**571**	**5**	

11-7 续表 7　　（2020 年）　　单位：万元

指标名称	固定资产原价	房屋和构筑物	机器设备	累计折旧	本年折旧	固定资产净额	在建工程	无形资产
港澳台商独资企业	2206		1333	1634	115	571	5	
外商投资企业	**29493**	**1056**	**1472**	**15188**	**1518**	**12881**	**3409**	**2595**
外资企业	29493	1056	1472	15188	1518	12881	3409	2595
按控股情况分								
国有控股	10677	3143	3082	6289	494	4388		5
私人控股	136968	35094	31585	62804	8321	64036	2290	4867
港澳台商控股	2206		1333	1634	115	571	5	
外商控股	29493	1056	1472	15188	1518	12881	3409	2595
其他	2541		1118	1406	338	1050		56
按经营形式分								
独立门店	116039	32902	10545	52925	7214	53672	2261	4865
连锁总店(总部)	47089	1056	19067	25263	1910	20402	3409	2595
连锁直营店	880	37	843	225	117	264	18	
连锁加盟店	16			11	3			
其他	17862	5299	8135	8897	1542	8590	16	63
按单位规模分								
大型	58954	1056	19067	28526	3960	27293	4245	3744
中型	61045	19817	7754	27163	3423	29975	164	2909
小型	57689	15759	11563	30515	3218	23319	1294	869
微型	4197	2661	205	1117	185	2340		
按经营地分								
城镇	177222	38423	38493	85522	10501	81548	5699	7475
城区	155428	29082	28034	78266	9029	67221	4425	6801
乡村	4663	871	97	1799	285	1378	4	48
按港澳台商投资情况分								
港商投资	2206		1333	1634	115	571	5	
澳商投资	2206		1333	1634	115	571	5	

11-7 续表 8 （2020 年） 单位：万元

指标名称	二、期末资产负债							
	土地使用权	资产总计	流动负债合计	应付账款	负债合计	所有者权益	实收资本	个人资本
总计	**23732**	**1863743**	**1178905**	**108049**	**1533912**	**331319**	**465009**	**58394**
住宿业	**20612**	**1360921**	**841806**	**60128**	**1127327**	**237183**	**366552**	**34612**
按住宿业行业小类分								
旅游饭店	599	726341	423232	36602	558720	171609	217079	16318
旅游饭店	599	726341	423232	36602	558720	171609	217079	16318
一般旅馆	20013	596999	379022	21126	527612	68988	140396	17894
经济型连锁酒店	16812	187009	64772	4553	121847	64985	34549	5156
其他一般旅馆	3201	409990	314250	16573	405765	4003	105847	12738
民宿服务		1322	454	393	454	869	100	
民宿服务		1322	454	393	454	869	100	
其他住宿业		36259	39098	2008	40541	−4283	8976	400
其他住宿业		36259	39098	2008	40541	−4283	8976	400
按登记注册类型分								
内资企业	**20612**	**1145895**	**659184**	**52068**	**879074**	**270409**	**291207**	**34612**
国有企业	10187	179261	40926	7614	82754	100495	54197	
集体企业		27639	30845	528	34599	−6960	3310	
有限责任公司	3308	597218	351857	23441	492026	105192	159329	10621
国有独资公司		36628	22976	1003	23229	13399	28460	
其他有限责任公司	3308	560590	328881	22437	468797	91793	130869	10621
股份有限公司		43763	15801	638	15801	27962	5900	
私营企业	7118	298014	219755	19848	253895	43720	68471	23990
私营有限责任公司	7118	288225	217009	19550	246089	41736	66656	22175
私营股份有限公司		9789	2746	298	7805	1984	1815	1815
港、澳、台商投资企业		**191658**	**150729**	**3732**	**204359**	**−12701**	**67706**	
与港澳台商合资经营企业		177134	144005	3316	169404	7730	54339	
与港澳台商合作经营企业		14524	6725	415	34955	−20430	13367	

11-7 续表 9 （2020年） 单位：万元

指标名称	二、期末资产负债							
	土地使用权	资产总计	流动负债合计	应付账款	负债合计	所有者权益	实收资本	个人资本
外商投资企业		**23368**	**31893**	**4328**	**43894**	**−20526**	**7639**	
中外合资经营企业		23368	31893	4328	43894	−20526	7639	
按控股情况分								
国有控股	10187	372935	123566	12742	165997	210927	105909	
集体控股		31550	33504	611	37381	−5832	5661	
私人控股	10425	551440	380213	34397	541584	9457	140043	32696
港澳台商控股		183839	166715	7302	204115	−20276	54916	
其他		221157	137808	5077	178250	42907	60023	1915
按经营形式分								
独立门店	20172	1243356	796618	56467	1054265	192711	317131	29760
连锁总店（总部）		781	49	47	49	732	1001	
连锁直营店		5446	3591	177	3591	1854	3181	1001
连锁加盟店		15406	11310	1869	12894	2481	5078	1250
其他	441	95933	30238	1568	56528	39405	40161	2600
按单位规模分								
大型		91477	27730	6021	8142	83334	34572	
中型	10239	736368	460035	24988	615421	120947	190674	4323
小型	10373	500627	336446	28203	479329	25287	127899	29437
微型		32450	17594	915	24435	7615	13407	852
按星级分								
五星	1009	350704	300732	8359	375554	−24850	111469	
四星	6784	196497	53574	6428	78356	118140	88819	9004
三星	1315	140255	104068	6144	131897	12346	39877	5178
二星		9437	1540	626	4555	4882	3470	250
其他	11505	664028	381893	38571	536965	126664	122917	20180
按经营地分								
城镇	20612	1273717	789190	57301	1057182	220123	331552	34412

11-7 续表 10 （2020 年） 单位:万元

指标名称	二、期末资产负债							
	土地使用权	资产总计	流动负债合计	应付账款	负债合计	所有者权益	实收资本	个人资本
城区	20612	1166218	736043	50762	980224	189982	304510	32296
乡村		87205	52616	2827	70145	17060	35000	200
按港澳台商投资情况分								
港商投资		191658	150729	3732	204359	-12701	67706	
澳商投资		160471	134821	2973	160221	249	47277	
餐饮业	**3119**	**502822**	**337099**	**47921**	**406586**	**94136**	**98458**	**23782**
按餐饮业行业小类分								
正餐服务	3119	413529	271712	36186	333118	78311	77335	19201
正餐服务	3119	413529	271712	36186	333118	78311	77335	19201
快餐服务		57403	44706	5988	52134	5269	7698	3227
快餐服务		57403	44706	5988	52134	5269	7698	3227
饮料及冷饮服务		1203	530	447	530	673	440	
其他饮料及冷饮服务		1203	530	447	530	673	440	
餐饮配送及外卖送餐服务		29708	19294	4524	19948	9760	12854	1354
餐饮配送服务		29708	19294	4524	19948	9760	12854	1354
其他餐饮业		980	856	776	856	124	130	
其他未列明餐饮业		980	856	776	856	124	130	
按登记注册类型分								
内资企业	**3119**	**452903**	**295091**	**41579**	**357172**	**93630**	**94945**	**23782**
国有企业		1912	606	51	606	1306	4168	
有限责任公司	1259	127942	80938	16291	113535	14407	26947	5180
其他有限责任公司	1259	127942	80938	16291	113535	14407	26947	5180
私营企业	1860	323049	213548	25237	243031	77917	63829	18603
私营独资企业								
私营有限责任公司	1860	249851	175476	24454	204005	45379	62829	18594
私营股份有限公司		73198	38072	783	39026	32538	1000	9
港、澳、台商投资企业		**5321**	**3861**	**186**	**3861**	**1460**	**1112**	

11-7 续表 11 （2020 年） 单位:万元

指标名称	二、期末资产负债							
	土地使用权	资产总计	流动负债合计	应付账款	负债合计	所有者权益	实收资本	个人资本
港澳台商独资企业		5321	3861	186	3861	1460	1112	
外商投资企业		**44599**	**38147**	**6156**	**45553**	**−954**	**2402**	
外资企业		44599	38147	6156	45553	−954	2402	
按控股情况分								
国有控股		18937	12551	2391	12551	6386	11098	
私人控股	3119	421714	273868	36283	335844	83769	78874	23262
港澳台商控股		5321	3861	186	3861	1460	1112	
外商控股		44599	38147	6156	45553	−954	2402	
其他		12252	8672	2905	8777	3474	4973	520
按经营形式分								
独立门店	3119	336973	219855	24268	271453	63477	51213	16549
连锁总店(总部)		64841	50900	12326	58512	6329	16638	
连锁直营店		8551	2245	942	6494	2057	790	
连锁加盟店		117	147	16	147	−30		
其他		92340	63952	10370	69979	22304	29816	7234
按单位规模分								
大型	1150	118017	74670	18454	105603	12414	16946	308
中型	1259	210220	151490	10162	170091	40129	23456	2914
小型	711	162510	106772	18292	120712	40164	57070	20560
微型		12075	4166	1013	10180	1429	986	
按经营地分								
城镇	3119	472713	315089	46059	380996	91250	95500	23135
城区	2466	407666	273407	38878	335413	71786	72863	14026
乡村		30109	22010	1861	25590	2886	2958	647
按港澳台商投资情况分								
港商投资		5321	3861	186	3861	1460	1112	
澳商投资		5321	3861	186	3861	1460	1112	

11-7 续表 12 （2020 年） 单位:万元

指标名称	营业收入	主营业务收入	营业成本	税金及附加	其他业务利润	销售费用	管理费用
总计	**837579**	**819302**	**357262**	**6433**	**6403**	**305478**	**200495**
住宿业	**360942**	**348048**	**127105**	**4797**	**5342**	**124188**	**136406**
按住宿业行业小类分							
旅游饭店	227720	220868	76489	2336	3983	78009	90796
旅游饭店	227720	220868	76489	2336	3983	78009	90796
一般旅馆	121753	115954	46185	2039	1309	42188	41812
经济型连锁酒店	43371	39736	14756	964	35	16344	15956
其他一般旅馆	78383	76218	31429	1076	1274	25844	25856
民宿服务	1388	1388	297	10		948	352
民宿服务	1388	1388	297	10		948	352
其他住宿业	10081	9838	4135	412	50	3043	3445
其他住宿业	10081	9838	4135	412	50	3043	3445
按登记注册类型分							
内资企业	**339598**	**328182**	**120384**	**4213**	**4060**	**116133**	**125917**
国有企业	42173	38223	11073	992	1786	16981	17520
集体企业	6201	6201	2114	180		2427	1448
有限责任公司	141204	139052	50338	2112	840	45466	56176
国有独资公司	7126	7126	1776	325	10	3121	3943
其他有限责任公司	134079	131926	48562	1788	830	42345	52234
股份有限公司	3877	3877	535	109		2506	2240
私营企业	146143	140829	56325	820	1435	48754	48532
私营有限责任公司	142708	137394	54905	762	1435	47789	47752
私营股份有限公司	3435	3435	1420	59		966	781
港、澳、台商投资企业	**19658**	**18296**	**6429**	**557**	**1282**	**7031**	**9069**
与港澳台商合资经营企业	15915	14553	5956	489	1282	4589	6736
与港澳台商合作经营企业	3744	3744	473	67		2442	2333

11-7 续表13 （2020年） 单位:万元

指标名称	营业收入	主营业务收入	营业成本	税金及附加	其他业务利润	销售费用	管理费用
外商投资企业	**1686**	**1569**	**292**	**28**		**1024**	**1420**
中外合资经营企业	1686	1569	292	28		1024	1420
按控股情况分							
国有控股	88053	83059	31068	2039	1906	29399	37466
集体控股	8069	8069	2646	249		3153	1988
私人控股	188838	182976	73270	1249	1499	64375	69759
港澳台商控股	15033	13554	5822	418	1282	4264	6639
其他	60950	60390	14300	841	655	22996	20554
按经营形式分							
独立门店	311802	302311	107806	4574	4993	106027	123009
连锁总店(总部)	238	203	118	12		34	138
连锁直营店	2088	2088	954	51		773	801
连锁加盟店	16712	15662	8407	35	12	3839	4901
其他	30101	27784	9820	125	338	13515	7557
按单位规模分							
大型	23143	21060	4226	31	1704	7612	10986
中型	164582	159502	48799	3114	1535	61238	64047
小型	166798	162166	70214	1533	2102	54079	57983
微型	6419	5320	3866	119		1259	3390
按星级分							
五星	46809	45193	12229	1159	1390	16655	19711
四星	44334	43984	13405	702	84	18019	15721
三星	45810	42859	17580	771	575	15335	16193
二星	2107	2107	1021	13		852	1004
其他	221882	213904	82871	2152	3294	73327	83778
按经营地分							
城镇	343147	330477	122535	4472	5309	114912	131367

11-7 续表 14　　（2020 年）　　单位:万元

指标名称	营业收入	主营业务收入	营业成本	税金及附加	其他业务利润	销售费用	管理费用
城区	282844	272183	101886	3907	5220	98704	109144
乡村	17795	17571	4570	325	33	9276	5039
按港澳台商投资情况分							
港商投资	19658	18296	6429	557	1282	7031	9069
澳商投资	13347	11985	5530	391	1282	3240	5219
餐饮业	**476637**	**471254**	**230157**	**1637**	**1061**	**181290**	**64089**
按餐饮业行业小类分							
正餐服务	331283	328313	147951	1478	1060	142838	41129
正餐服务	331283	328313	147951	1478	1060	142838	41129
快餐服务	119167	116858	66931	76		32024	16586
快餐服务	119167	116858	66931	76		32024	16586
饮料及冷饮服务	3756	3748	1180	2	1	2548	
其他饮料及冷饮服务	3756	3748	1180	2	1	2548	
餐饮配送及外卖送餐服务	22001	21904	13700	81		3880	6339
餐饮配送服务	22001	21904	13700	81		3880	6339
其他餐饮业	430	430	394				36
其他未列明餐饮业	430	430	394				36
按登记注册类型分							
内资企业	**368699**	**365644**	**172454**	**1580**	**1048**	**148584**	**49972**
国有企业	777	777	304	9		711	56
有限责任公司	179285	178360	82159	357	328	79659	16148
其他有限责任公司	179285	178360	82159	357	328	79659	16148
私营企业	188637	186507	89991	1214	720	68214	33769
私营独资企业							
私营有限责任公司	184144	182476	89208	1207	612	65067	33111
私营股份有限公司	4492	4031	783	7	109	3147	658
港、澳、台商投资企业	**3820**	**3750**	**1431**		**12**	**1818**	**54**

11-7 续表 15 （2020 年） 单位：万元

指标名称	营业收入	主营业务收入	营业成本	税金及附加	其他业务利润	销售费用	管理费用
港澳台商独资企业	3820	3750	1431		12	1818	54
外商投资企业	**104119**	**101860**	**56272**	**56**		**30889**	**14063**
外资企业	104119	101860	56272	56		30889	14063
按控股情况分							
国有控股	17956	17838	10919	92		3023	4578
私人控股	329774	326837	151435	1349	1049	141411	42422
港澳台商控股	3820	3750	1431		12	1818	54
外商控股	104119	101860	56272	56		30889	14063
其他	20969	20969	10099	140		4149	2972
按经营形式分							
独立门店	246354	244384	109704	1294	1045	107083	31773
连锁总店（总部）	136504	134245	66704	56		53429	14599
连锁直营店	10263	10258	4039	3		5077	395
连锁加盟店	351	351	155			211	3
其他	83166	82017	49555	284	16	15490	17320
按单位规模分							
大型	251268	249009	113522	743		118269	16056
中型	72469	72057	33153	371	192	24838	19922
小型	144636	143206	78674	479	869	35910	27314
微型	8265	6982	4807	43		2273	797
按经营地分							
城镇	468691	463870	226284	1616	1087	178769	62320
城区	411242	406466	192577	1326	1087	170858	49798
乡村	7946	7384	3872	20	-26	2522	1769
按港澳台商投资情况分							
港商投资	3820	3750	1431		12	1818	54
澳商投资	3820	3750	1431		12	1818	54

11-7 续表 16 (2020 年) 单位:万元

指标名称	三、损益及分配						
	研发费用	财务费用	利息收入	利息费用	投资收益	营业利润	营业外收入
总计	**165**	**29637**	**2277**	**15744**	**2974**	**−58544**	**22266**
住宿业	**43**	**24412**	**1253**	**11694**	**1266**	**−46058**	**10377**
按住宿业行业小类分							
旅游饭店	43	11390	1111	8538	216	−28398	6873
旅游饭店	43	11390	1111	8538	216	−28398	6873
一般旅馆		12729	136	3141	1016	−16356	2713
经济型连锁酒店		9532	4	368	1008	−6478	887
其他一般旅馆		3197	132	2773	7	−9878	1826
民宿服务		3				−220	10
民宿服务		3				−220	10
其他住宿业		291	6	15	34	−1084	781
其他住宿业		291	6	15	34	−1084	781
按登记注册类型分							
内资企业	**43**	**23441**	**1223**	**10739**	**1117**	**−40962**	**9403**
国有企业		1731	404	51	128	−6146	2787
集体企业		1652	1	606		−1619	26
有限责任公司		9746	802	7823	136	−20307	3706
国有独资公司		−85	140	47		−1460	259
其他有限责任公司		9831	663	7776	136	−18847	3448
股份有限公司		1	2		847	−743	10
私营企业	43	10312	15	2259	6	−12148	2874
私营有限责任公司	43	10027	15	2259	6	−12074	2598
私营股份有限公司		285				−74	276
港、澳、台商投资企业		**965**	**31**	**955**	**149**	**−4011**	**560**
与港澳台商合资经营企业		106	31	96	149	−1592	375
与港澳台商合作经营企业		859		859		−2419	185

11-7 续表 17 （2020 年） 单位：万元

指标名称	三、损益及分配						
	研发费用	财务费用	利息收入	利息费用	投资收益	营业利润	营业外收入
外商投资企业		**7**	**-1**			**-1084**	**414**
中外合资经营企业		7	-1			-1084	414
按控股情况分							
国有控股		1538	679	122	1016	-7616	3545
集体控股		1641	-12	607		-1684	79
私人控股	43	16527	45	8126	168	-29191	4002
港澳台商控股		114	28	96		-2021	722
其他		4593	512	2743	82	-5546	2029
按经营形式分							
独立门店	43	22902	1246	10480	1226	-41564	9429
连锁总店(总部)		2		1		-54	19
连锁直营店		24			3	-529	67
连锁加盟店		245	2	48	36	-1076	145
其他		1238	5	1165		-2835	717
按单位规模分							
大型		677	215	740	21	-368	431
中型		10308	811	7414	1189	-17932	5302
小型	43	13371	223	3490	55	-25190	4565
微型		56	3	51		-2567	78
按星级分							
五星		4551	160	4110	256	-8572	2357
四星		1523	590	1762	929	-3831	1497
三星		1523	201	10		-6623	2200
二星		5	2		3	-786	33
其他	43	16809	299	5812	78	-26246	4289
按经营地分							
城镇	43	23121	1251	10652	1266	-43757	9212

11-7 续表 18　　　　　　　　　　　（2020 年）　　　　　　　　　　　单位：万元

指标名称	三、损益及分配						
	研发费用	财务费用	利息收入	利息费用	投资收益	营业利润	营业外收入
城区	43	15897	652	10171	1182	-44474	7927
乡村		1291	1	1042		-2300	1165
按港澳台商投资情况分							
港商投资		965	31	955	149	-4011	560
澳商投资		107	29	96		-937	308
餐饮业	**121**	**5225**	**1025**	**4051**	**1709**	**-12487**	**11889**
按餐饮业行业小类分							
正餐服务	1	4832	942	3711	1709	-12273	10500
正餐服务	1	4832	942	3711	1709	-12273	10500
快餐服务		332	47	328		1960	998
快餐服务		332	47	328		1960	998
饮料及冷饮服务		12		12		14	128
其他饮料及冷饮服务		12		12		14	128
餐饮配送及外卖送餐服务	120	49	35	-1		-2188	263
餐饮配送服务	120	49	35	-1		-2188	263
其他餐饮业							
其他未列明餐饮业							
按登记注册类型分							
内资企业	**121**	**5002**	**912**	**3731**	**1709**	**-14347**	**11001**
国有企业		2	2	2		-304	12
有限责任公司	120	872	59	620	-6	-5253	6410
其他有限责任公司	120	872	59	620	-6	-5253	6410
私营企业	1	4129	851	3109	1714	-8791	4580
私营独资企业							
私营有限责任公司	1	2784	82	995	1581	-7344	4211
私营股份有限公司		1345	769	2114	133	-1447	369
港、澳、台商投资企业		**-64**	**65**			**631**	

11-7 续表 19 （2020 年） 单位：万元

指标名称	三、损益及分配						
	研发费用	财务费用	利息收入	利息费用	投资收益	营业利润	营业外收入
港澳台商独资企业		−64	65			631	
外商投资企业		**287**	**48**	**320**		**1230**	**888**
外资企业		287	48	320		1230	888
按控股情况分							
国有控股		−16	37	12		−641	166
私人控股	121	4989	868	3715	1709	−13445	10605
港澳台商控股		−64	65			631	
外商控股		287	48	320		1230	888
其他		29	6	4		−262	230
按经营形式分							
独立门店	1	3965	864	3502	1712	−8968	8809
连锁总店(总部)		796	48	320		−404	1919
连锁直营店		34	−1	14	2	720	55
连锁加盟店						−19	8
其他	120	430	114	214	−6	−3816	1098
按单位规模分							
大型		1025	48	332		−1300	7306
中型		2812	965	2741	1712	−7485	1986
小型	120	1373	11	977	−3	−4025	2566
微型	1	15	1	1		324	31
按经营地分							
城镇	121	5039	946	3947	1709	−12064	11519
城区	1	4600	905	3594	1709	−10795	10846
乡村		185	79	104		−423	370
按港澳台商投资情况分							
港商投资		−64	65			631	
澳商投资		−64	65			631	

11-7 续表 20 （2020 年） 单位:万元

指标名称	营业外支出	利润总额	所得税费用	四、人工成本及增值税 应付职工薪酬(本年贷方累计发生额)	应交增值税	五、从事住宿和餐饮业活动的从业人员平均人数(人)
总计	**9997**	**-46169**	**3996**	**209699**	**9264**	**40820**
住宿业	**5769**	**-41429**	**1327**	**102133**	**6025**	**20312**
按住宿业行业小类分						
旅游饭店	4863	-26379	1194	65173	3381	12388
旅游饭店	4863	-26379	1194	65173	3381	12388
一般旅馆	882	-14513	119	33255	2369	7045
经济型连锁酒店	192	-5783	47	12820	935	2359
其他一般旅馆	691	-8730	72	20435	1434	4686
民宿服务	18	-228		305	30	71
民宿服务	18	-228		305	30	71
其他住宿业	6	-309	14	3400	246	808
其他住宿业	6	-309	14	3400	246	808
按登记注册类型分						
内资企业	**5596**	**-37133**	**1316**	**95325**	**5642**	**18849**
国有企业	295	-3653	6	17090	909	3062
集体企业	62	-1655	1	2365	132	286
有限责任公司	2889	-19480	1012	39717	2529	7881
国有独资公司	6	-1208		1920	96	565
其他有限责任公司	2882	-18272	1011	37797	2433	7316
股份有限公司	19	-751		1763	57	310
私营企业	2332	-11594	297	34391	2015	7310
私营有限责任公司	971	-10434	295	33447	1987	7117
私营股份有限公司	1361	-1160	3	944	29	193
港、澳、台商投资企业	**172**	**-3624**	**12**	**6025**	**338**	**1194**
与港澳台商合资经营企业	163	-1380	12	4504	324	955
与港澳台商合作经营企业	9	-2244		1521	14	239

11-7 续表 21　　(2020 年)　　单位:万元

指标名称	营业外支出	利润总额	所得税费用	四、人工成本及增值税 应付职工薪酬(本年贷方累计发生额)	应交增值税	五、从事住宿和餐饮业活动的从业人员平均人数(人)
外商投资企业	**2**	**-672**		**783**	**46**	**269**
中外合资经营企业	2	-672		783	46	269
按控股情况分						
国有控股	732	-4803	468	32188	1775	5737
集体控股	62	-1666	4	3183	156	464
私人控股	2627	-27804	314	48084	2470	10140
港澳台商控股	149	-1448	12	3918	330	1037
其他	2200	-5708	529	14761	1295	2934
按经营形式分						
独立门店	3589	-35703	1253	92652	5559	18196
连锁总店(总部)	1	-35	1	40	2	13
连锁直营店	1	-463	-13	294	26	123
连锁加盟店	6	-937	39	3427	275	803
其他	2173	-4291	46	5720	163	1177
按单位规模分						
大型	148	-85		7791	511	1214
中型	4404	-17025	1070	50487	3031	8946
小型	1177	-21793	226	42967	2393	9824
微型	40	-2526	32	888	91	328
按星级分						
五星	244	-6459	12	12399	1385	2758
四星	2311	-4645	352	15476	613	2572
三星	2036	-6459	48	14422	772	3151
二星	28	-780	1	995	60	185
其他	1150	-23085	915	58841	3195	11646
按经营地分						
城镇	3587	-38111	1264	98013	5921	19393

11-7 续表22 （2020年） 单位：万元

指标名称	营业外支出	利润总额	所得税费用	四、人工成本及增值税 应付职工薪酬（本年贷方累计发生额）	应交增值税	五、从事住宿和餐饮业活动的从业人员平均人数（人）
城区	3523	−40049	892	81830	4918	16252
乡村	2183	−3318	64	4120	105	919
按港澳台商投资情况分						
港商投资	172	−3624	12	6025	338	1194
澳商投资	148	−776	12	3135	285	768
餐饮业	**4228**	**−4740**	**2669**	**107566**	**3238**	**20508**
按餐饮业行业小类分						
正餐服务	1649	−3337	2640	77148	2443	14252
正餐服务	1649	−3337	2640	77148	2443	14252
快餐服务	2532	427	15	24163	394	5037
快餐服务	2532	427	15	24163	394	5037
饮料及冷饮服务	4	138	5	357		127
其他饮料及冷饮服务	4	138	5	357		127
餐饮配送及外卖送餐服务	44	−1968	9	5862	402	1085
餐饮配送服务	44	−1968	9	5862	402	1085
其他餐饮业				36		7
其他未列明餐饮业				36		7
按登记注册类型分						
内资企业	**1900**	**−5160**	**2530**	**84041**	**2966**	**15749**
国有企业	2	−294		397	7	79
有限责任公司	268	890	1937	46236	1027	7496
其他有限责任公司	268	890	1937	46236	1027	7496
私营企业	1630	−5755	593	37408	1932	8174
私营独资企业						
私营有限责任公司	1611	−4658	593	36203	1685	7905
私营股份有限公司	19	−1097		1205	246	269
港、澳、台商投资企业	**1**	**631**	**139**	**776**	**−65**	**101**

11-7 续表23 （2020年） 单位:万元

指标名称	营业外支出	利润总额	所得税费用	四、人工成本及增值税 应付职工薪酬（本年贷方累计发生额）	应交增值税	五、从事住宿和餐饮业活动的从业人员平均人数（人）
港澳台商独资企业	1	631	139	776	-65	101
外商投资企业	**2328**	**-211**		**22749**	**337**	**4658**
外资企业	2328	-211		22749	337	4658
按控股情况分						
国有控股	27	-501	1	4857	262	618
私人控股	1850	-4604	2471	75863	2254	14332
港澳台商控股	1	631	139	776	-65	101
外商控股	2328	-211		22749	337	4658
其他	23	-55	58	3322	450	799
按经营形式分						
独立门店	1332	-1405	2405	66314	1689	11418
连锁总店（总部）	2691	-1176		23369	337	5658
连锁直营店	18	757	153	2498	-1	285
连锁加盟店		-11		7		20
其他	188	-2905	111	15379	1214	3127
按单位规模分						
大型	2773	3233	2010	55585	1068	10491
中型	617	-6115	348	21551	821	2945
小型	817	-2190	208	29655	1316	6862
微型	21	333	103	775	33	210
按经营地分						
城镇	4197	-4656	2654	105215	2977	20103
城区	3864	-3765	2574	93616	1987	17755
乡村	32	-84	15	2352	261	405
按港澳台商投资情况分						
港商投资	1	631	139	776	-65	101
澳商投资	1	631	139	776	-65	101

11-8 限额以上住宿和餐饮业

（2020 年）

指　　标	法人企业（个）	个体（产业）单位数（个）	从业人员期末人数（人）	营业额	客房收入
总计	**548**	**428**	**53508**	**1176307**	**254467**
住宿业	**323**	**52**	**24071**	**446080**	**242442**
按住宿业行业小类分					
旅游饭店	136	21	15330	290144	144065
一般旅馆	169	22	7589	138594	85825
经济型连锁酒店	47	3	2569	46329	26055
其他一般旅馆	122	19	5020	92265	59770
民宿服务	1	1	92	1999	1549
其他住宿业	17	8	1060	15344	11004
按登记注册类型分					
内资企业	**318**	**14**	**21572**	**395691**	**213522**
国有企业	19	2	3225	45624	15418
集体企业	6		394	6450	2177
有限责任公司	91	8	9652	183813	86548
国有独资公司	5		537	7368	2944
其他有限责任公司	86	8	9115	176445	83603
股份有限公司	2	1	345	5368	2842
私营企业	200	2	7831	153300	105869
私营有限责任公司	198	2	7584	149636	105257
私营股份有限公司	2		247	3664	612
其他企业		1	125	1137	669
港、澳、台商投资企业	**4**		**1210**	**20726**	**6683**
与港澳台商合资经营企业	3		960	16740	4854
与港澳台商合作经营企业	1		250	3986	1829
外商投资企业	**1**		**272**	**1817**	**923**
按控股情况分					
国有控股	40		5861	90822	34323
集体控股	10		575	8396	3273
私人控股	240		10577	191220	124054
港澳台商控股	3		1041	15820	4403
其他	30		3217	62531	29305
按经营形式分					
独立门店	253	45	20438	359626	186307
连锁总店（总部）	2		14	249	229
连锁直营店	4		124	2140	1776
连锁加盟店	32		800	16987	15778
其他	32	7	2695	67078	38352
按单位规模分					
大型	2		1256	24581	8863
中型	43		9649	168403	67821
小型	246		10116	169243	112657
微型	32		250	6563	6017

经营情况

单位：万元

餐费收入	商品销售额收入	其他收入	客房数(间)	床位数(个)	餐位数(位)	年末餐饮营业面积(万平方米)
824851	**30972**	**66016**	**66618**	**102720**	**343990**	**201.04**
138366	**13160**	**52112**	**63044**	**96639**	**84216**	**111.93**
102447	9213	34420	28468	45968	52758	67.02
32965	3868	15936	31512	45614	28712	40.97
10518	234	9522	6422	9941	7329	10.76
22447	3634	6414	25090	35673	21383	30.21
348	24	79	160	299	210	0.92
2607	56	1678	2904	4758	2536	3.01
123912	**9942**	**48315**	**58851**	**89487**	**78960**	**105.69**
14869	2886	12451	3882	7125	9940	5.27
1602	47	2625	628	1340	2257	1.94
70020	3835	23410	16858	27706	38967	44.97
2698	217	1510	865	1529	1600	0.84
67322	3618	21901	15993	26177	37367	44.14
1851	24	651	786	1220	726	1.22
35109	3151	9171	36572	51911	26525	52.15
34359	1483	8537	36217	51293	25765	51.81
750	1668	634	355	618	760	0.33
462		7	125	185	545	0.14
8863	**1521**	**3659**	**1101**	**1346**	**2240**	**2.74**
6763	1521	3602	886	1021	1876	2.66
2100		58	215	325	364	0.08
810	**45**	**40**	**380**	**736**	**240**	**0.15**
28965	3491	24044	8099	14159	18126	16.58
1943	47	3134	1056	2248	3157	2.97
50528	4271	12367	41912	60482	40799	63.67
6420	1566	3431	1083	1539	1988	2.64
24812	1197	7217	5470	9032	12790	18.18
114530	12658	46131	52500	80843	70534	91.36
10	10		88	130	36	0.34
268	57	40	572	887	282	1.11
731	151	326	3705	5351	889	2.73
22827	284	5616	6179	9428	12475	16.40
10132	1733	3853	993	1506	1884	2.06
61491	6455	32637	14292	23176	31689	42.74
40650	2249	13688	39912	58961	41475	57.79
394	136	16	2423	3817	1812	1.45

11-8 续表 (2020 年)

指　　标	法人企业(个)	个体(产业)单位数(个)	从业人员期末人数(人)	营业额	客房收入
按星级分					
五星	11	3	3666	66508	28871
四星	22	2	2838	47978	20127
三星	37	2	3287	48681	20553
二星	4	4	237	3296	2590
一星		1	5	42	40
其他	249	40	14038	279575	170261
餐饮业	**225**	**376**	**29437**	**730227**	**12026**
按餐饮业行业小类分					
正餐服务	193	351	22846	573494	12026
快餐服务	17	11	4882	122993	
饮料及冷饮服务	3	2	199	4883	
茶馆服务		1	39	437	
咖啡馆服务		1	24	690	
其他饮料及冷饮服务	3		136	3756	
餐饮配送及外卖送餐服务	11		1417	23148	
其他餐饮业	1	12	93	5708	
按登记注册类型分					
内资企业	**222**	**1**	**16567**	**369988**	**11553**
国有企业	3		62	801	6
有限责任公司	49		7875	182498	1232
私营企业	170		8610	186218	10188
其他企业		1	20	472	127
港、澳、台商投资企业	**1**		**116**	**4050**	
外商投资企业	**2**		**4324**	**102559**	
按控股情况分					
国有控股	7		635	18869	41
私人控股	206		14954	332995	11384
港澳台商控股	1		116	4050	
外商控股	2		4324	102559	
其他	9		958	17652	
按经营形式分					
独立门店	165	367	19960	496144	11093
连锁总店(总部)	4	1	5372	138520	
连锁直营店	8	3	447	12749	
连锁加盟店	1	2	81	728	
其他	47	3	3577	82087	933
按单位规模分					
大型	5		10177	256812	
中型	18		3358	70362	4946
小型	174		7363	141768	6375
微型	28		89	7184	106

单位:万元

			客房数(间)	床位数(个)	餐位数(位)	年末餐饮营业面积(万平方米)
餐费收入	商品销售额收入	其他收入				
28284	2783	6570	3649	5142	12901	9.62
18275	1678	7898	4871	8287	13311	13.96
17586	3469	7073	5709	10198	15228	13.89
656	45	4	697	1511	702	1.12
	2		30	57		
73565	5183	30567	48088	71444	42074	73.32
686485	**17812**	**13904**	**3574**	**6081**	**259774**	**89.11**
540918	16153	4397	3574	6081	206829	71.28
113429	1273	8291			50026	16.08
4875		8			429	0.25
437					135	0.09
690					120	0.02
3748		8			174	0.14
21734	207	1208			1290	1.21
5529	179				1200	0.28
348918	**4127**	**5390**	**3362**	**5737**	**191858**	**61.71**
616	53	127	3	6	442	0.15
178725	861	1680	196	297	74781	18.90
169233	3213	3583	3100	5324	116335	42.56
344			63	110	300	0.10
4027	**23**				**1209**	**0.45**
94281	**37**	**8241**			**14231**	**4.57**
17427	53	1348	35	38	29669	2.75
313496	4074	4040	3264	5589	153172	56.45
4027	23				1209	0.45
94281	37	8241			14231	4.57
17650		2			8717	2.40
465583	15444	4024	2970	5205	126852	60.04
130241	37	8241			34041	6.62
12651	77	20			2055	0.94
723	5				474	0.16
77286	2249	1619	604	876	96352	21.35
247725	846	8241			49805	12.73
61106	730	3580	1026	1688	19366	9.90
131041	2610	1742	2249	3899	135970	42.66
7010	1	68	24	40	1857	1.34

11-9 分区县(市)限额以上住宿和餐饮业法人财务状况

(2020 年)

单位:万元

区县(市)	流动资产合计	存货	固定资产原价	资产合计	所有者权益	实收资本	营业收入
中原区	170938	2388	66619	270220	-13149	53416	144475
二七区	54110	6951	93037	122672	15528	42217	51016
管城区	24686	1686	17243	37078	2728	12350	10651
金水区	246452	6190	335771	495232	93767	138485	208132
上街区	3546	68	1289	4306	5	121	2760
惠济区	41488	2553	115434	171709	92136	59064	32226
中牟县	7314	1064	13221	20149	6344	5217	11238
巩义市	7099	762	19196	32747	7265	3253	10872
荥阳市	52763	478	25862	115657	49675	2600	13090
新密市	78311	809	42169	98639	-15333	12998	21916
新郑市	17402	1957	12048	30434	9308	16591	10766
登封市	19481	1967	60941	63387	-8414	22817	15778
经开区	16648	538	8540	33864	13064	13954	25656
高新区	27817	447	17942	38705	12165	10838	28815
郑东新区	104305	5881	131208	264097	41893	55197	216076
航空港实验区	39530	1134	38775	64848	24341	15891	34114

11-9 续表

(2020 年)

单位:万元

区县(市)	营业成本	税金及附加	销售费用	管理费用	营业利润	利润总额	应付职工薪酬	应交增值税
中原区	53788	551	81813	10890	-6050	-290	42619	754
二七区	22932	748	17786	14495	-5354	-3630	10529	492
管城区	5423	148	3072	2929	-1647	-1651	2902	188
金水区	87507	2194	83783	58338	-20837	-18275	49096	2891
上街区	1739	11	488	562	-30	-17	559	15
惠济区	10485	78	11824	14226	-7489	-8742	10138	88
中牟县	5263	37	2344	3201	458	507	2849	89
巩义市	4483	204	3013	2329	775	183	2328	137
荥阳市	4520	19	6788	3672	-2941	-2560	4378	376
新密市	8068	100	6385	6646	-1537	-615	6392	66
新郑市	4258	61	2839	3072	-694	-504	3763	137
登封市	5836	514	5905	3849	-3995	-3025	4802	329
经开区	15286	72	5359	5988	-1182	-974	5369	183
高新区	15305	181	6054	6954	-81	700	5129	414
郑东新区	99751	1064	62464	51917	-7493	-6786	49928	1897
航空港实验区	12618	452	5560	11427	-445	-491	8919	1208

11-10　分区县(市)限额以上住宿和餐饮业经营情况

(2020年)

单位:万元

区县(市)	营业额	客房收入	餐费收入	商品销售额收入	其他收入
中原区	180779	13374	161075	3133	3198
二七区	85610	19396	56793	3492	5928
管城区	39980	8173	27618	3635	554
金水区	228726	52448	149286	4214	22780
上街区	14652	2416	12053	11	171
惠济区	48518	12434	26365	3203	6518
中牟县	18583	5860	11215	1029	481
巩义市	50955	8044	41278	986	639
荥阳市	36190	5394	25453	3356	1987
新密市	31859	12752	16079	1371	1658
新郑市	61539	10398	47646	3472	23
登封市	15846	6940	7797	104	1006
经开区	26232	5426	18820	25	1962
高新区	28181	9166	16682	484	1850
郑东新区	266134	65213	184277	1811	14833
航空港实验区	42523	17034	22414	646	2428

11-11 限额以上批发、零售贸易业商品销售类值

（2020 年）

单位：万元

指 标	批发业				零售业			
	销售额		零售额		销售额		零售额	
	2020 年	2019 年	2020 年	2019 年	2020 年	2019 年	2020 年	2019 年
合计	**51636530**	**47512394**	**1519343**	**1404607**	**18414791**	**18999335**	**17605806**	**17852938**
通过公共网络实现的商品销售	2533262	2329315	85156	63592	1794583	1981715	1749531	1948500
粮油、食品类	936282	947567	61200	63281	1421521	1247887	1387801	1216948
粮油类	617934	606160	28769	36116	268669	248018	243561	223677
肉禽蛋类	75581	101416	15110	13858	211984	167651	209763	163109
水产品类	16599	15094	7648	4683	72404	55261	72401	55260
蔬菜类	31799	32081	2115	2076	123970	103404	123892	103384
干鲜果品类	89410	72240	5799	4963	226772	204443	222401	199733
饮料类	27860	34341	368	363	242357	190434	237311	182866
烟酒类	2259179	2155202	151615	160932	494610	364631	439386	306596
服装、鞋帽、针纺织品类	336893	478209	26125	41423	1450799	1505467	1448467	1508966
服装类	228675	297693	14799	30099	1147305	1187930	1145255	1189924
鞋帽类	51578	65618	4349	5428	234238	247760	234188	248770
针纺织品类	41358	65092	6968	5896	61352	66013	61274	66794
化妆品类	33493	45731	487	2885	460748	665659	457432	703431
金银珠宝类	253465	240700	8889	11866	216838	243880	215229	247268
日用品类	139497	137478	18549	18488	863956	787625	860905	811881
可穿戴智能设备	1005	1514			2786	3508	2772	3508
五金、电料类	82330	93501	8990	9884	106879	99321	94773	89310
体育、娱乐用品类	22191	16123	1108	3661	75494	76685	73303	74123
照相器材类	4745	6038	10		17491	23122	15668	20910
书报杂志类	523321	549309	30481	37875	96802	95944	88196	84013
电子出版物及音像制品类	1475	1152	1453	1002	4060	4802	4060	4802
家用电器和音像器材类	1709709	2241776	67091	81812	867499	1027788	793340	925262

11-11 续表 （2020 年） 单位:万元

指标	批发业				零售业			
	销售额		零售额		销售额		零售额	
	2020 年	2019 年	2020 年	2019 年	2020 年	2019 年	2020 年	2019 年
能效等级为 1 级和 2 级的商品	881881	1022640	12349	4892	292056	291133	285826	288724
智能家用电器和音像器材	561435	492420	23754	18074	208989	256672	193784	251622
中西药品类	7424330	7243136	417749	161400	1031591	800236	993059	704777
西药类	5248164	5302161	336257	101184	443320	345113	434033	319085
中草药及中成药类	1038872	1003026	33885	15546	172025	138426	171768	138732
文化办公用品类	523272	574111	57837	61911	610959	700441	499195	572739
计算机及其配套产品	127708	131803	35686	33933	489872	536423	392485	423393
家具类	87188	5143	5230		83005	80633	81507	77132
通讯器材类	3619326	3107502	150227	161972	448749	522972	428088	514308
智能手机	3391783	2440280	57682	47852	371880	452642	356298	446148
煤炭及制品类	6857298	6186062	5724	8815	100074	119684		
木材及制品类	59484	61740						
石油及制品类	4927995	4040421	300720	328304	1423017	1695162	1251788	1357721
化工材料及制品类	2732743	2299225			2522	1986		
化肥类	613034	622613			2522	1838		
金属材料类	10369589	8964268			5364	2034		
建筑及装潢材料类	1573804	1263934	3455	3072	56322	63988	51299	55088
机电产品及设备类	1362594	1300803	16386	23537	30988	31401	16669	15493
农机类	18376	4408				1		
汽车类	1642451	1461598	91854	111262	8048311	8133924	7923463	8097827
新能源汽车	24653	17385	3542	1810	220340	176606	195332	155361
种子饲料类	117057	127302						
棉麻类	554310	417912						
其他未列明商品类	3459395	3181656	93807	110863	272328	318841	260535	302388

11-12 按行业分企业信息化及电子商务情况

（2020 年）

行业	企业个数（个）	期末使用计算机数（台）	每百人使用计算机数（台）	企业拥有网站数（个）	每百家企业拥有网站数（个）
总计	**10759**	**690732**	**34.0**	**7151**	**66.5**
采矿业	54	5013	12.4	17	31.5
制造业	2060	149560	25.1	2854	138.5
电力、热力、燃气及水生产和供应业	92	39439	31.4	53	57.6
建筑业	1891	117808	23.7	929	49.1
批发和零售业	2598	75889	55.2	992	38.2
交通运输、仓储和邮政业	312	29706	33.4	121	38.8
住宿和餐饮业	524	10680	25.3	183	34.9
信息传输、软件和信息技术	381	87369	83.0	380	99.7
房地产业	1567	51236	48.2	739	47.2
租赁和商务服务业	522	24862	18.3	306	58.6
科学研究和技术服务业	440	64695	87.5	342	77.7
水利、环境和公共设施管理业	69	3019	11.8	38	55.1
居民服务、修理和其他服务业	49	1497	6.3	22	44.9
教育	48	11437	144.4	42	87.5
卫生和社会工作	64	8654	63.7	69	107.8
文化、体育和娱乐业	88	9868	79.0	64	72.7

11-12 续表 （2020 年）

行业	有电子商务交易活动		电子商务销售额（万元）	电子商务采购额（万元）
	企业数（个）	比重（%）		
总计	**1486**	**13.8**	**16392166.6**	**9868620.9**
采矿业	2	3.7		3115.0
制造业	304	14.8	7637332.1	2818502.8
电力、热力、燃气及水生产和供应业	8	8.7	789.0	1085.2
建筑业	167	8.8	787.3	1760083.1
批发和零售业	426	16.4	6920561.8	3950088.7
交通运输、仓储和邮政业	27	8.7	26565.8	849.8
住宿和餐饮业	230	43.9	120260.9	2304.0
信息传输、软件和信息技术	95	24.9	1233046.8	472449.2
房地产业	69	4.4	6376.0	2048.4
租赁和商务服务业	47	9.0	277147.6	851306.8
科学研究和技术服务业	53	12.0	83358.8	5529.9
水利、环境和公共设施管理业	6	8.7	4765.0	58.9
居民服务、修理和其他服务业	7	14.3	192.8	366.6
教育	5	10.4	38591.0	320.3
卫生和社会工作	4	6.3	120.0	37.9
文化、体育和娱乐业	36	40.9	42271.8	474.3

注：有电子商务交易活动的企业是指通过互联网开展电子商务销售或电子商务采购的企业（下表同）。

11-13　按地区分企业信息化及电子商务情况

（2020 年）

行　业	企业个数（个）	期末使用计算机数（台）	每百人使用计算机数（台）	企业拥有网站数（个）	每百家企业拥有网站数（个）
郑州市	**10759**	**690732**	**34.0**	**7151**	**66.5**
中原区	448	44668	27.0	274	61.2
二七区	649	35976	30.1	308	47.5
管城区	600	47751	44.1	291	48.5
金水区	2170	167464	38.4	1127	51.9
上街区	219	7893	37.3	114	52.1
惠济区	315	15762	32.5	154	48.9
中牟县	383	13784	30.3	174	45.4
巩义市	767	18658	23.9	392	51.1
荥阳市	493	13336	21.9	292	59.2
新密市	465	10670	19.6	247	53.1
新郑市	681	16379	29.4	297	43.6
登封市	356	8006	18.6	151	42.4
经开区	685	104420	54.5	453	66.1
高新区	961	69803	53.0	2035	211.8
郑东新区	1250	74814	40.4	685	54.8
航空港实验区	317	41348	14.5	157	49.5

11-13 续表 （2020 年）

行业	有电子商务交易活动		电子商务销售额（万元）	电子商务采购额（万元）
	企业数（个）	比重（%）		
郑州市	**1486**	**13.8**	**16392166.6**	**9868620.9**
中原区	69	15.4	214843.1	347503.6
二七区	93	14.3	632195.9	476234.2
管城区	82	13.7	2137334.4	1317509.2
金水区	341	15.7	1233208.2	1203966.7
上街区	30	13.7	172294.1	39119.7
惠济区	38	12.1	61130.1	44564.2
中牟县	36	9.4	30797.3	5356.1
巩义市	53	6.9	58395.8	4147.6
荥阳市	59	12.0	25085.3	65265.5
新密市	50	10.8	64593.3	3292.7
新郑市	71	10.4	166586.1	32479.2
登封市	45	12.6	8678.8	513.4
经开区	104	15.2	3971961.8	2286156.4
高新区	215	22.4	887848.4	871061.4
郑东新区	163	13.0	6607589.7	3170415.0
航空港实验区	37	11.7	119624.2	1036.0

主要统计指标解释

社会消费品零售总额 指企业（单位、个体户）通过交易直接售给个人、社会集团非生产、非经营用的实物商品金额，以及提供餐饮服务所取得的收入金额。个人包括城乡居民和入境人员，社会集团包括机关、社会团体、部队、学校、企事业单位、居委会或村委会等。

商品零售不包括：(1)售给城乡居民已确知是用于生产、经营的商品；(2)售给各类农业生产者的生产资料类商品，如农机、农药化肥、农膜、种子饲料等商品；(3)售给企业单位生产用具及生产上专用的劳动保护用品；(4)专用于科研的用品和设备；(5)售给医疗机构的中、西药品、中药材和医疗设备器材；(6)以投资为目的商品，如黄金、收藏品等。

商品购进额 指从本企业以外的单位和个人购进（包括从国外直接进口）作为转卖或加工后转卖的商品金额（含增值税）。本指标反映批发和零售业从国内外市场上购进商品的总价。

商品购进包括：(1)从工农业生产者、批发和零售业、住宿和餐饮业、出版社或报社的出版发行部门和其他服务业等企事业单位和个体经营户购进的商品；(2)从机关、社会团体购进的商品；(3)从海关、市场管理部门购进的缉私和没收的商品；(4)从居民收购的废旧商品等。

不包括：(1)企业为本单位自身经营用，不是作为转卖而购进的商品，如材料物资、包装物、低值易耗品、办公用品等；(2)未通过买卖行为而收入的商品，如接受其他部门移交的商品、借入的商品、收入代其他单位保管的商品、其他单位赠送的样品、加工回收的成品等；(3)经本单位介绍，由买卖双方直接结算，本单位只收取手续费的业务；(4)销售退回和买方拒付货款的商品；(5)商品溢余；(6)期货交易商品。

商品销售额 指对本单位以外的单位和个人出售的商品金额（包括售给本单位消费用的商品，含增值税），在批发和零售业中，本指标反映在国内市场上销售商品以及出口商品的总价。

商品销售包括：(1)售给个人和社会集团消费用的商品；(2)售给农业、工业、建筑业、服务业等国民经济各行业用于生产、经营用的商品，包括售予批发和零售业作为转卖或加工后转卖的商品；(3)对国（境）外直接出口的商品。

商品销售不包括：(1)未通过买卖行为付出的商品，如因机构变动移交给其他企业单位的商品、借出的商品、归还受其他单位委托代保管的商品、付出的加工原料和赠送给其他单位的样品等；(2)促销返券所销售的、不计入营业收入的商品；(3)经本单位介绍，由买卖双方直接结算，本单位只收取手续费的业务；(4)未发生所有权转移的商品预付卡销售，如加油卡；(5)汽车维修、电话卡销售等服务性经济活动；(6)购货退回的商品；(7)商品损耗和损失；(8)出售本单位自用的废旧物资；(9)期货交易商品；(10)自来水供应企业、电力企业、天然气供应企业提供的水、电、气。

期末商品库存额 对于批发和零售业法人单位和个体经营户，是指报告期末取得所有权的全部商品金额（含增值税）；对于批发和零售业产业活动单位，是指报告期末实际在库且归属法人具有所有权的全部商品金额（含增值税）。这个指标反映批发和零售业的商品库存情况，以及对市场商品供应的保证程度。

库存商品包括：(1)存放在本单位（如门市部、批发站、采购站、经营处）的仓库、货场、货柜和货架中的商品；(2)挑选、整理、包装中的商品；(3)已记入购进而尚未运到本单位的商品，即发货单或银行承兑凭证已到而货未到的商品；(4)寄放他处的商品，如因购货方拒绝付款而暂时存在购货方的商品；(5)委托其他单位代销（未作销售或调出）尚未售出的商品；(6)代其他单位购进尚未交付的商品。

库存商品不包括：(1)所有权不属于本单位的商品，如商品已作销售但买方尚未取走的商品，代替他人保管、运输、加工的商品，代其他单位销售（未做购进或调入）而未售出的商品；(2)委托外单位加工的商品（包括本单位所属加工厂和其他生产单位加工生产尚未收回成品的商品）；(3)外贸企业代理其他单位从国外进口，尚未付给订货单位的商品；(4)代国家储备部门保管的商品。

十二、对外经济贸易和旅游

12-1 对外经济贸易

单位:亿元

项　　目	2019 年	2020 年	2020 年比 2019 年±%
全市进出口总值	**4129.9**	**4946.4**	**19.7**
全市进口总值	1451.7	1997.6	37.6
全市出口总值	2678.2	2948.8	10.0
新批外资企业(个)	85	101	18.8
合同外资额(万美元)	239298	115032	-51.9
实际利用外商直接投资(万美元)	440542	465851	5.7

12-2 分区县(市)实际使用外资表

单位:万美元

区县(市)	2019 年	2020 年	2020 年比 2019 年±%
合　计	**440542**	**465851**	**5.7**
中原区	22554	23633	4.8
二七区	22590	25882	14.6
管城区	14801	16252	9.8
金水区	33060	34053	3.0
上街区	10016	10645	6.3
惠济区	18043	18597	3.1
中牟县	6467	6866	6.2
巩义市	34350	35400	3.1
荥阳市	18800	19608	4.3
新密市	22657	23600	4.2
新郑市	21355	23026	7.8
登封市	11889	13000	9.3
经开区	58774	62687	6.7
高新区	31611	32905	4.1
郑东新区	55227	58379	5.7
航空港实验区	58349	61320	5.1

12-3　与郑州市建立友好关系的城市

国　家	城　市	建立时间
日本	埼玉市	1981. 10
美国	里士满市	1994. 9
罗马尼亚	克卢日·纳波卡市	1995. 5
韩国	晋州市	2000. 7
俄罗斯	萨马拉市	2000. 8
纳米比亚	马林塔尔市	2001. 8
约旦	伊尔比德市	2002. 2
巴西	若茵维莱市	2003. 11
德国	什未林市	2006. 4
保加利亚	舒门市	2007. 4
白俄罗斯	莫吉廖夫市	2014. 6

12-4　2020 年郑州市国内旅游调查主要指标

指　标	单位	2020 年	2020 年比 2019 年±%
国内旅游总人次	万人	11303. 95	-13. 1
过夜游客人数	万人	5585. 10	-15. 3
一日游游客人数	万人	5718. 85	-11. 6
国内旅游总收入	亿元	1401. 06	-11. 5
过夜游客总花费	亿元	936. 23	-10. 6
一日游游客总花费	亿元	464. 83	-12. 2
国内游客人均花费	元	1239. 44	-0. 4
国内游客人均天花费	元	774. 65	-4. 0
国内过夜游客人均旅游长度	天	1. 60	6. 7
城镇居民家庭人均接待国内游客比例	人次	1. 10	-20. 0

主要统计指标解释

进出口总额 海关进出口总额指实际进出我国国境的货物总金额。包括对外贸易实际进出口货物,来料加工装配进出口货物,国家间、联合国及国际组织无偿援助的物资和赠送品,华侨、港澳台同胞、外籍华人的捐赠品的金额。租赁期满归承租人所有的租赁货物,进料加工进出口货物,边境地方贸易及边境地区小额贸易进出口货物(边民互市贸易除外),中外合资企业、中外合作经营企业、外商独资经营企业进出口货物和公用物品,到、离岸价格在规定限额以上的进出口货样和广告品(无商业价值、无使用价值和免费提供出口的除外),从保税仓库提取在中国境内销售的进口货物,以及其他进出口货物。进出口总额用以观察一个国家在对外贸易方面的总规模。我国规定出口货物按离岸价格统计,进口货物按到岸价格统计。

出口总值 指在对外贸易中实际离开我国口岸或边境直接出口或转口的商品,包括来料加工装配(工缴费)和补偿贸易出口。

进口总值 指在对外贸易中实际到达我国口岸或边境的进口商品。

利用外资 是指我国各级政府、部门、企业、中国银行和其他单位通过对外借款、吸收外商直接投资和外商其他投资方式,从国外和港澳台地区筹措的资金。

外商直接投资 是指外国企业和经济组织或个人(包括华侨、港澳台胞以及我国在境外注册的企业)按我国有关政策、法规,用现汇、实物、技术等在我国境内开办外商独资企业、与我国境内的企业或经济组织共同举办中外合资经营企业、合作经营企业或合作开发资源的投资(包括外商投资收益的再投资)以及经政府有关部门批准的项目投资总额内,企业从境外借入的资金。

旅游人数 包括入境国际旅游者人数、出境居民人数和国内旅游者人数。1. 入境国际旅游者人数:指来我国参观、访问、旅行、探亲、访友、休养、考察、参加会议和从事经济、科技、文化、教育、体育、宗教等活动的外国人、华侨、港澳和台湾同胞的人数。不包括外国在我国的常驻机构,如使领馆、通讯社、企业办事处的工作人员;来我国常住的外国专家、留学生以及在岸逗留不过夜人员。2. 出境居民人数:指大陆居民因公务活动或私人事务短期出境的人数。公务活动出境居民人数包括在国际交通工具上的中国服务员工,因私出境居民人数不包括在国际交通工具上的中国服务员工,因私出境居民人数不包括在国际交通工具上的中国服务员工。3. 国内旅游者人数:指我国大陆居民和在我国常住 1 年以上的外国人、华侨、港澳台同胞离开常住地在境内其他地方的旅游设施内至少停留一夜,最长不超过 6 个月的人数。

旅游外汇收入 指国内各部门为来我国旅游的外国人、华侨、港澳和台湾同胞提供商品和劳务而获得的外汇收入。包括供应商品、饮食和提供住宿、交通、邮电文化娱乐、导游等各项服务所得到的全部外汇收入。

十三、财政金融

13-1　金融机构信贷收支

（2020年底）

单位：万元

项　　目	合计	2020年比年初	2020年比年初±%	市区	中牟县	巩义市	荥阳市	新密市	新郑市	登封市	上街区
各项存款	**249943269**	**16381941**	**7.01**	**215477125**	**6491688**	**5319438**	**4316610**	**5152050**	**7375527**	**3976759**	**1834073**
境内存款	249849750	16389051	7.02	215390143	6491016	5317348	4316035	5151830	7373606	3976635	1833136
住户存款	89617757	10047358	12.63	64568315	4910305	3822089	3208848	4007127	4624946	3100336	1375791
活期存款	37470820	4081379	12.22	28971397	1576842	1248719	1099910	1391926	1763156	937697	481172
定期及其他存款	52146938	5965979	12.92	35596919	3333462	2573370	2108939	2615200	2861789	2162640	894619
非金融企业存款	92776130	-505990	-0.54	87452448	862273	945019	687095	442021	1567417	581434	238424
活期存款	37797215	-1788701	-4.52	33993633	615216	659912	516009	365039	1133013	318268	196125
定期及其他存款	54978915	1282711	2.39	53458815	247057	285107	171086	76982	434404	263166	42298
机关团体存款	33403748	-203578	-0.61	29790314	612952	386648	412465	688066	1092839	209425	211038
财政性存款	3103270	-64861	-2.05	2798044	105481	82524	7628	12397	78949	10369	7878
非银行业金融机构存款	30948844	7116121	29.86	30781022	5	81068		2220	9454	75070	6
境外存款	93519	-7110	-7.07	86982	672	2090	574	220	1921	125	936
各项贷款	**284393790**	**30750513**	**12.12**	**259905513**	**5059086**	**3210907**	**3235788**	**2860331**	**6498045**	**2423677**	**1200443**
境内贷款	284368646	30768111	12.13	259880493	5059075	3210860	3235788	2860265	6498045	2423677	1200443
住户贷款	110044397	13799993	14.34	96950873	2663365	1249934	2473412	1255066	3691575	880954	879218
短期贷款	15980851	2204776	16.00	13326747	693010	231060	350219	419651	711856	199245	49062
消费贷款	9595481	1487438	18.35	8745310	183983	96387	96021	92839	235215	122146	23581
经营贷款	6385370	717338	12.66	4581437	509027	134673	254198	326812	476641	77100	25481
中长期贷款	94063546	11595217	14.06	83624126	1970355	1018874	2123192	835416	2979719	681708	830156
消费贷款	82433215	9162769	12.51	72881732	1649578	925014	2059798	676747	2804514	638559	797273
经营贷款	11630331	2432448	26.45	10742394	320777	93859	63394	158669	175205	43149	32883
非金融企业及机关团体贷款	174284249	16948118	10.77	162889620	2395710	1960927	762376	1605199	2806470	1542723	321225
短期贷款	41461073	2488986	6.39	36879553	455218	801981	474725	684880	1186566	865165	112986
中长期贷款	119947739	13342850	12.52	113675311	1831271	997678	214566	916985	1456730	651978	203221
票据融资	10339860	23199	0.22	9799680	109221	161268	72586	3333	163174	25580	5018
融资租赁	2354041	1046436	80.03	2354041							
各项垫款	181535	46646	34.58	181035			500				
非银行业金融机构贷款	40000	20000	100.00	40000							
境外贷款	25144	-17597	-41.17	25020	11	47		66			

13-2 中资全国性四家行信贷收支

（2020 年底）

单位：万元

项　　目	合　计	市　区	中牟县	巩义市	荥阳市	新密市	新郑市	登封市	上街区
各项存款	70986473	59291987	1313992	2152275	1489015	1968001	2345462	1486560	939181
境内存款	70937941	59248588	1313795	2150554	1488450	1967843	2343657	1486441	938613
个人存款	34944152	26180913	929198	1553535	1140059	1712961	1538272	1152294	736920
活期储蓄存款	17926813	13728457	541716	673821	582897	743919	837470	495676	322857
定期储蓄存款	11217562	7875404	266631	632028	429454	679311	550959	475440	308335
结构性存款	805738	665795	14664	31025	13201	33806	13780	13729	19738
单位存款	31403933	28636160	384592	515985	348391	252663	805376	259077	201689
活期存款	13586511	11581354	281233	353437	257131	207511	534712	205504	165629
定期存款	2614309	2481308	15277	19323	23395	11095	30836	9779	23296
保证金存款	1053499	928064	10240	14617	24368	10830	53178	5827	6375
结构性存款	366111	352581	1200	12000			330		
非存款类金融机构存款	4589856	4431515	5	81034		2220	9	75070	3
境外存款	48532	43399	197	1721	564	158	1805	119	569
各项贷款	**82149345**	**71946174**	**1351998**	**1463221**	**1770465**	**1195487**	**2777540**	**854948**	**789512**
境内贷款	82147175	71944085	1351987	1463174	1770465	1195464	2777540	854948	789512
短期贷款	9977696	8537255	88524	405322	144352	204419	273900	255452	68472
个人贷款	2710431	2326439	60568	49788	49578	64400	85197	55425	19036
个人消费贷款	2068109	1767461	45523	40810	39326	51044	64718	43032	16195
单位贷款	7267265	6210817	27956	355533	94774	140019	188703	200027	49436
经营贷款	5337863	4385648	27956	280266	89381	140019	185130	200027	29436
固定资产贷款	302593	212593		70000					20000
贸易融资	1626808	1612575		5267	5393		3573		
中长期贷款	71078615	62386593	1263452	993839	1625613	990241	2503418	597248	718211
个人贷款	40113155	34210883	791171	466144	1477680	458914	1833019	274176	601168
个人消费贷款	38534618	32802948	783466	455200	1454194	439447	1760263	265065	574035
单位贷款	30965460	28175710	472281	527695	147933	531327	670399	323072	117043
经营贷款	3687190	3363400	1181	185464	2653	21866	31294	29634	51698
固定资产贷款	26665480	24210320	471100	342231	142280	509461	631305	293438	65345
并购贷款	176050	168250					7800		
贸易融资	436741	433741			3000				
票据融资	1067351	997225	11	64014		803	222	2247	2829
各项垫款	23514	23014			500				
境外贷款	2170	2089	11	47		23			

13-3 农村合作金融机构（农信、农商）信贷收支表

（2020 年底）　　单位：万元

项　　目	合　计	市　区	中牟县	巩义市	荥阳市	新密市	新郑市	登封市	上街区
各项存款	**18996151**	**7402881**	**2370127**	**1505828**	**1382431**	**1801576**	**2989755**	**1397682**	**145871**
境内存款	18996151	7402881	2370127	1505828	1382431	1801576	2989755	1397682	145871
个人存款	14943228	5496338	2082427	1301984	1221843	1318325	2091875	1325937	104499
活期储蓄存款	4549932	2342160	602766	282028	217076	309071	545600	229710	21521
定期储蓄存款	8746646	2796592	1181646	841040	788106	862443	1179096	1019282	78441
结构性存款									
单位存款	4052923	1906543	287700	203844	160588	483251	897880	71745	41372
活期存款	3221109	1590558	270834	152699	139364	235427	776981	39870	15376
定期存款	552254	191804	1055	38190	16231	212111	70927	1279	20657
保证金存款	120917	70788	4433	12351	2690	10391	4407	15518	339
非存款类金融机构存款									
各项贷款	**11311135**	**4372993**	**1620290**	**976570**	**683355**	**1105411**	**1674657**	**790605**	**87254**
境内贷款	11311135	4372993	1620290	976570	683355	1105411	1674657	790605	87254
短期贷款	6756534	2835242	819702	479213	444628	708615	886081	535290	47763
个人贷款	2655605	1105063	478769	137956	201361	292506	326454	108268	5228
个人消费贷款	807658	364072	114787	45923	42861	24719	146895	66451	1950
单位贷款	3990929	1620179	340933	341257	243267	416109	559627	427022	42535
非存款类金融机构贷款	110000	110000							
中长期贷款	3605075	1047621	691378	400103	166484	396796	631220	231982	39491
个人贷款	1833223	626550	339585	222171	145691	235395	129408	110512	23911
个人消费贷款	1332455	528331	215631	165967	114889	109453	78825	95822	23537
单位贷款	1771852	421071	351793	177932	20793	161401	501812	121470	15580
票据融资	949526	490130	109210	97254	72243		157356	23333	

13-4 财 政

（2020 年）

单　　位	郑州市	市本级	中原区	二七区	管城区	金水区	上街区	惠济区
一般公共预算收入	**12592106**	**6055927**	**544209**	**552107**	**539643**	**1220791**	**150011**	**347113**
税收收入	**8700672**	**3761052**	**472728**	**461664**	**455109**	**1033806**	**123274**	**298416**
增值税	3015687	1476075	169587	132270	174664	345662	33956	82035
国内增值税	1119114	451711	53350	45462	84164	102365	19104	22780
国有企业增值税	60635	19376	19206	1867	347	2644	1027	77
集体企业增值税	3922	99	13	412	980	305	58	182
股份制企业增值税	738669	269335	22311	24174	51749	68805	9904	14570
联营企业增值税	20				7	4		
港澳台和外商投资企业增值税	103434	40870	5153	8909	6196	13614	1239	4060
私营企业增值税	85328	33904	104	6646	418	10416	1898	662
其他增值税	90989	30632	8450	2761	2759	15826	5817	3890
增值税税款滞纳金、罚款收入	2006	702	196	59	175	220	76	18
残疾人就业增值税退税	-18043	-1810	-275	-499	-192	-2621	-452	-126
软件增值税退税	-24733	-21738	-1037	-70	-19	-1590		-40
宣传文化单位增值税退税	-2706	-1360	-64	-25		-1257		
资源综合利用增值税退税	-26695	-319	-2166	-167			-463	-3
其他增值税退税	-610	-229			-4	-63		
免抵调增增值税	136138	91601	1560	2302	22043	583		
改征增值税(项)	1896573	1024364	116237	86808	90500	243297	14852	59255
改征增值税(目)	2097705	1136541	119870	90778	95351	264054	17573	61664
改征增值税税款滞纳金、罚款收入	1225	451	72	82	68	194	9	49
其他改征增值税国内退税	-138	-80				-38		
企业所得税	1411865	664913	56131	80559	44418	233004	12808	45529
个人所得税(款)	367549	176789	32985	28245	12783	67651	1931	5569
个人所得税(项)	385694	182843	34317	30097	13732	72915	2050	6053
储蓄存款利息所得税	2	2						
其他个人所得税	385692	182841	34317	30097	13732	72915	2050	6053
个人所得税税款滞纳金、罚款、加收利息收入	466	232	18	29	23	82	2	10
资源税	51761	3491	582	842	245	216	701	8844
城市维护建设税	505335	296260	24165	18696	23396	52651	4899	11626
房产税	296105	139361	17348	23954	14747	40243	3772	8824
印花税	161945	82374	8635	8880	10211	18262	1613	3885

收 入

单位:万元

经开区	高新区	郑东新区	航空港实验区	中牟县	巩义市	荥阳市	新密市	新郑市	登封市
1005928	**670086**	**1241943**	**653663**	**610116**	**516037**	**526841**	**387567**	**826078**	**315666**
794991	**573084**	**1147540**	**574342**	**409614**	**357314**	**368837**	**221248**	**568552**	**169058**
262201	220772	435535	210651	91448	122341	95756	92948	136774	62171
171063	108786	61416	102882	23644	101542	43858	67424	60662	43048
17629	1129	563	31	3336	3127	2081	1871	4149	1527
90	6	1		10	218	631	236	772	6
123616	87551	39357	12125	12990	95707	35110	59322	42582	32110
						3			6
22549	6431	5169	6202	8136	813	236	621	4373	9214
1668	10799	17591	3198	3374	6165	4928	5595	7502	3716
10625	5294	1637	11797	2920	6718	1992	2879	3209	3136
271	160	225	41	9	181	45	198	59	68
-19	-90	-1270	-406	-1139	-4033	-338	-3753	-2154	-651
-3426	-15763	-2477	-8			-144			-95
	-3	-4							
		-228	-91	-332	-13303	-2031	-558	-624	-6729
		-72					-314		
3920	13441	955	73285		8029	3865	2633	2736	786
91138	111986	374119	107769	67804	20799	51898	25524	76112	19123
113946	130149	384054	123239	86925	24571	59094	31655	88722	20907
143	64	158	76	5	10	154	49	63	19
	-49	-11	-2	-4			-3	-13	
150817	116771	117758	91232	49263	23343	49734	27321	97340	27502
22624	22942	62289	26014	11378	4180	5345	4728	13011	2954
23472	24039	64828	26947	11730	4527	5590	5090	13625	3125
23472	24039	64828	26947	11730	4527	5590	5090	13625	3125
68	38	79	5	11	23	4	11	11	10
1003	911	594	979	1104	7280	3972	6131	4619	13734
118323	33592	42430	38116	12087	15335	13117	8507	17407	7189
28967	15889	47348	30165	8815	14372	5817	3467	10014	5371
16445	9277	22192	23849	5855	6288	3392	2403	7994	2153

13-4　续表 1

（2020 年）

单　　位	郑州市	市本级	中原区	二七区	管城区	金水区	上街区	惠济区
城镇土地使用税	275399	69804	9125	9656	8996	12784	7566	8118
土地增值税	990480	396029	51801	39370	50744	90110	9531	46143
车船税(款)	152348	21896	252	6660	37	51032	33164	48
耕地占用税(款)	208704	66708		7461	463	14906	4653	6
契税(款)	1253433	367657	101902	105048	114365	107181	8455	77735
环境保护税(款)	10769	452	113	51	18	42	225	26
其他税收收入(款)	−708	−757	102	−28	22	62		28
非税收入	**3891434**	**2294875**	**71481**	**90443**	**84534**	**186985**	**26737**	**48697**
专项收入	2008363	1340033	19433	16859	16192	51338	8256	7874
教育费附加收入(项)	224244	113686	10478	10229	10159	31341	2188	4907
地方教育附加收入(项)	75683	38564	3490	3419	3465	10629	729	1636
文化事业建设费收入	1044	6	282	39		697		
残疾人就业保障金收入	48284	17440	5183	3172	2568	8671	736	1331
教育资金收入	934090	687643					2250	
农田水利建设资金收入	723726	482499					2250	
森林植被恢复费	379	195					98	
水利建设专项收入	142							
其他专项收入(项)	771						5	
行政事业性收费收入	297836	149759	6865	2089	26940	21750	2980	5290
公安行政事业性收费收入	22411	21229					4	
法院行政事业性收费收入	126666	71137	2794	1439	13533	19695	507	3397
商贸行政事业性收费收入	268	268						
财政行政事业性收费收入	27							
应急管理行政事业性收费收入	61	36						
人防办行政事业性收费收入	59420	18431					1877	
文化和旅游行政事业性收费收入	11	11						
教育行政事业性收费收入	27612	16766	938	64	576	408		1110
自然资源行政事业性收费收入	19210	11079					215	
建设行政事业性收费收入	5650	722	631			1093	25	79
交通运输行政事业性收费收入	2	2						
农业农村行政事业性收费收入	49	1	23					
林业草原行政事业性收费收入	162				162			
水利行政事业性收费收入	3123	95	85	22	81		31	

单位:万元

经开区	高新区	郑东新区	航空港实验区	中牟县	巩义市	荥阳市	新密市	新郑市	登封市
22814	11310	16037	18119	31293	71476	15438	6778	17798	6567
92271	66229	211848	25679	68767	17131	63519	17996	133195	6144
101	36	21404	356	15886	8357	3622	3687	5379	2328
2182	9132	2239	53155	2451	30489	39051	15507	23872	3137
77197	66129	168361	55977	111188	35136	69584	27605	100778	26799
120	97	182	52	109	1575	622	4168	359	3009
-74	-3	-677	-2	-30	11	-132	2	12	
210937	**97002**	**94403**	**79321**	**200502**	**158723**	**158004**	**166319**	**257526**	**146608**
70846	21861	49293	26757	116735	18079	78882	56382	219062	59238
50548	14255	31573	16562	7252	8476	6170	6109	9146	4103
17107	4760	11149	5470	2416	2826	2056	2038	3048	1367
	2	4		11					9
3191	2844	6567	4725	1496	677	2174	1255	2446	1135
				52780	3050	33900	26100	102152	26215
				52780	3050	33900	20880	102152	26215
						39			47
									142
						643		118	5
3909	23000	2109	13876	29935	10177	8800	9017	14767	9467
					445	117	15	8	593
2630	18000		4091	4037	2206	2091	2209	1836	1785
					27				
					10			15	
906	3000		8064	22804	2686	1197	3025	8298	1102
362	2000	1		87	1865	1013	1299	2254	1232
		2059	750	802	1423	3413	379	1566	333
11			138	1197	681	511		398	313
						25			
		34		324	520	169	697	302	797

13-4 续表 2 （2020 年）

单　位	郑州市	市本级	中原区	二七区	管城区	金水区	上街区	惠济区
卫生健康行政事业性收费收入	21432	1819	2346		11823	514	309	703
药品监管行政事业性收费收入	1	1						
民政行政事业性收费收入	1073	595						
人力资源和社会保障行政事业性收费收入	3741	3403	48	2	53	40	12	1
仲裁委行政事业性收费收入	3923	3923						
党校行政事业性收费收入	123	112						
其他行政事业性收费收入	2871	129		562	712			
罚没收入	307874	132397	9045	5739	6465	18390	5768	5285
一般罚没收入	307870	132397	9045	5739	6465	18390	5768	5285
公安罚没收入	118859	75339					1462	
检察院罚没收入	3997	2009	-250	2	255			460
法院罚没收入	53387	12843	2873	2697	1038	11094	133	1011
新闻出版罚没收入	25	13				12		
海关罚没收入	58	58						
药品监督罚没收入	794	420	35		269	41		
卫生罚没收入	563	190	24	31	45	84	2	3
检验检疫罚没收入	47							
交通罚没收入	10316	6188					42	
审计罚没收入	57					1		
渔政罚没收入	4				4			
市场监管罚没收入	4761	531	237	284	407	603	32	337
其他一般罚没收入	115002	34806	6126	2725	4447	6555	4097	3474
国有资本经营收入	216354	181670	4	23121				
利润收入	28874	10481		2858				
股利、股息收入	3996	3932	4	60				
产权转让收入	149784	138332		20203				
其他国有资本经营收入	33700	28925						
国有资源(资产)有偿使用收入	692579	242254	33924	41802	30410	93102	730	29430
利息收入	87704	61849	1430	6524	411	999	105	708
国库存款利息收入	3283	1789	121	99	124	186	32	173
财政专户存款利息收入	129							
其他利息收入	84292	60060	1309	6425	287	813	73	535
非经营性国有资产收入	226553	124081	29956	34697	20028	2705	625	984

单位:万元

经开区	高新区	郑东新区	航空港实验区	中牟县	巩义市	荥阳市	新密市	新郑市	登封市
		15	833	533	96			2	3287
				151	114	120	59	34	
					104	2	8	54	14
									11
						142	1326		
5403	2000	3445	10543	28991	17519	18993	25919	16591	16772
5403	2000	3445	10543	28991	17519	18989	25919	16591	16772
			3	4968	3552	5117	13267	4767	10387
			2004	400			5		1116
145			2718	736	9561	2912	4045	2496	1948
			17						
83		77	72					2	27
			22	5	12	45	8	104	10
						10	37		
			11	299	697	847	871	752	620
				34	4	18			
58		6		361	209	403	479	439	439
5117	2000	3362	5696	22188	3484	9637	7207	8031	2225
53888	5000	4573			263	1261			10035
		4573							15535
30000					249				-9000
23888	5000				14	1261			3500
74829	45141	32418	7090	21677	112047	44641	9881	4223	28458
2031	20141	7156	3548	1856	1919	679	7079	2836	1309
116	141	218	190	156	108	129	83	190	93
							129		
1915	20000	6938	3358	1700	1811	550	6867	2646	1216
72770		24032	929	13	257	10783	753	1285	386

13-4 续表 3 （2020 年）

单　　位	郑州市	市本级	中原区	二七区	管城区	金水区	上街区	惠济区
行政单位国有资产出租、出借收入	9552	3483	143	1053	2141	1430	67	633
行政单位国有资产处置收入	111908	73865	1298	20477	14708	50	475	135
事业单位国有资产处置收入	50831	26934	85	11299	3132	42	22	11
事业单位国有资产出租出借收入	16802	12358	9	1858	47	1183	33	186
其他非经营性国有资产收入	37460	7441	28421	10			28	19
矿产资源专项收入	774	387						
水资源费收入	123	123						
其他国有资源(资产)有偿使用收入	377425	55814	2538	581	9971	89398		27738
捐赠收入	12434	501	1500	833	3706	17		1
政府住房基金收入	122883	116854	597			2275		
上缴管理费用	5508	5508						
计提公共租赁住房资金	94784	94784						
公共租赁住房租金收入	19808	15347	597			735		
其他政府住房基金收入	2783	1215				1540		
其他收入(款)	233111	131407	113		821	113	9003	817
主管部门集中收入	151							151
差别电价收入	15							
其他收入(项)	232945	131407	113		821	113	9003	666
政府性基金预算收入	**10594034**	**7546259**				**27**	**55136**	
国有土地收益基金收入	355548	293410						
农业土地开发资金收入	27637	17238						
国有土地使用权出让收入	9467576	6718827					52281	
土地出让价款收入	8731916	6473706					51020	
补缴的土地价款	485288	47529					247	
划拨土地收入	291259	230125					439	
缴纳新增建设用地土地有偿使用费	-49743	-32765						
其他土地出让收入	8856	232					575	
城市基础设施配套费收入	669005	455129					1415	
污水处理费收入	63813	51400				27	1440	
彩票发行机构和彩票销售机构的业务费用	200							
其他政府性基金收入	10255	10255						

单位:万元

经开区	高新区	郑东新区	航空港实验区	中牟县	巩义市	荥阳市	新密市	新郑市	登封市
1551		1176			91			297	214
70188		3212	11	8	136		702	10	44
836		19393	47	5	30	9157	51	48	15
12		58	871			85		930	113
183		193				1541			
						229			158
28	25000	1230	2613	19808	109871	32950	2049	102	26605
		309			269	528	2370		2709
2025		2256	20000	3129	28				
			17000						
2025		2256	3000	3129					
					28				
37			1055	35	341	4899	62750	2883	19929
									15
37			1055	35	341	4899	62750	2883	19914
46490	**90000**	**44880**	**1004220**	**718434**	**490001**	**533776**	**277009**	**695680**	**277712**
			18000	9726	10371	12728	6340	16444	6529
			2000	638	1988	2501	2144	2042	1086
			933207	626713	463522	492123	259990	589700	264420
			900862	589701	38113	471326	260740	589212	258098
				26856	404708	449	180	823	4496
			48000	11985	22396	22244	1568	449	2053
			-15655	-5304	-2886	-2424	-2498	-3359	-507
				3475	1191	528		2575	280
46490	90000	41472	49100	79211	12752	24016	6824	85073	4585
		3408	1913	2146	1168	2408	1711	2421	1092
					200				

13-5 财 政

（2020 年）

单 位	郑州市	市本级	中原区	二七区	管城区	金水区	上街区	惠济区
一般公共预算支出	**17201800**	**9339734**	**443849**	**482956**	**442931**	**814861**	**224508**	**277526**
一般公共服务支出	1590546	677560	71166	86402	77680	108233	36285	49620
人大事务	18435	6057	987	980	1614	923	580	846
政协事务	13294	5102	728	918	594	877	494	738
政府办公厅（室）及相关机构事务	717415	271241	37976	57405	41712	56734	13057	25449
发展与改革事务	39281	20323	986	199	2389	481	543	168
统计信息事务	26154	8156	1976	2133	2453	1988	144	1173
财政事务	73707	24625	3967	2456	2590	2930	1640	2070
税收事务	30278	7042			2383		11430	
审计事务	27324	12769	558	1102	594	805	360	1103
海关事务	2687	2687						
人力资源事务	60035	42727	2704	2044	417	2780	110	215
纪检监察事务	89104	45589	3674	3432	1941	4124	1468	3073
商贸事务	73711	58439	1143	970	927	1705	868	2342
知识产权事务	664	664						
民族事务	2338	1088	25	225	188	5	4	37
港澳台事务	323	291					32	
档案事务	5594	1445	266	294	328	273	212	287
民主党派及工商联事务	2888	1565	47	129	100	130	76	181
群众团体事务	27832	14332	556	721	1024	2412	309	1162
党委办公厅（室）及相关机构事务	45883	16542	981	1254	846	1484	667	3979
组织事务	22437	5301	771	1276	763	5286	382	561
宣传事务	32078	13172	1154	1278	955	1854	694	1861
统战事务	8032	2104	500	334	334	528	284	439
对外联络事务	9	7					2	
其他共产党事务支出（款）	35729	9787	5404	1928	9916	5754	1274	
网信事务	1143	1143						
市场监督管理事务	111590	42828	5532	5967	5596	9143	1650	3908
其他一般公共服务支出（款）	122581	62534	1231	1357	16	8017	5	28
国防支出	7135	2110	396		486			287
国防动员	4056	241	396					287

支　出

单位:万元

经开区	高新区	郑东新区	航空港实验区	中牟县	巩义市	荥阳市	新密市	新郑市	登封市
702318	**538155**	**1142516**	**919943**	**904704**	**914060**	**779822**	**727403**	**1230536**	**618910**
93629	54128	102837	99449	86684	91114	71234	69075	100383	65110
17	123	135	60	1253	601	646	2352	787	809
				878	608	599	833	487	438
46936	23954	62548	44426	53348	38857	30244	26605	41461	23326
213	763	797	2907	1708	2433	1851	1609	4472	2119
1054	754	1871	1000	925	2197	1134	1011	2095	769
1740	2615	4923	4325	5715	5257	6354	5556	7650	2897
1090	800	2042	350	1587		6182	1654		
	619	2624	1361	2561	867	1789	1381	2611	824
			2600						
1993	6118	4331	3413	311	2271	1811	632	3729	284
509	5388	2326	2943	3896	4621	4670	4840	4546	3230
21412	1277	10759	1736	1997	979	1105	1090	2091	55
	7								
24	29		1	5	8	243	78	108	324
				600	262	315	521	432	359
	15		12	28	69	88	62	328	85
652	176	889	1258	972	612	518	670	3301	1243
	2133	2467	634	1134	3306	2311	2160	6202	5017
		481		1024	1934	1111	1639	1173	1216
	10	9	10	2856	1697	1381	1246	1948	1982
21		184	70	596	328	695	636	647	607
245				2			1664		
818	1616	5160	4830	5288	5374	6858	6963	7970	4513
16905	7731	1291	27513		18833	1329	5873	8345	15013
9			120	451	575	604	412	1640	174
9			120	445	241	604	412	1256	174

13-5 续表 1 （2020 年）

单 位	郑州市	市本级	中原区	二七区	管城区	金水区	上街区	惠济区
其他国防支出(款)	3079	1869			486			
公共安全支出	776433	460257	13181	10220	12918	25720	11507	8153
武装警察部队(款)	929	787						5
公安	548126	374545			100		8116	
国家安全	158	158						
检察	47923	16869	5056	2603	3007	3701	685	1735
法院	115922	41376	6355	5758	8001	12688	1858	5016
司法	32439	9165	1770	1420	1545	2430	770	1354
监狱	6356	6356						
强制隔离戒毒	10455	9941						
国家保密	55				12			43
其他公共安全支出(款)	14070	1060		439	253	6901	78	
教育支出	2406821	960295	105050	108502	84853	202723	31205	60588
教育管理事务	53943	33322	588	206	1032	273	443	2984
普通教育	1789429	567505	96408	102682	73179	159750	27688	55669
职业教育	225732	191054	4	175	102		31	1202
成人教育	688	466						
广播电视教育	24							
特殊教育	8514	4200		572	384	520		
进修及培训	25358	13215	1351	185	141	935	249	193
教育费附加安排的支出	235257	123142	6669	4553	9980	41239	2208	4
其他教育支出(款)	67876	27391	30	129	35	6	586	536
科学技术支出	690714	539162	6211	6260	10874	38905	4375	2208
科学技术管理事务	29439	19055	403	311	648	1178	681	147
基础研究	63986	63916			50			
应用研究	154109	145913	317	80	771	1229	2	106
技术研究与开发	235159	155949	5317	4571	9036	21770	3442	1829
科技条件与服务	16298	11549	15			1665		
社会科学	172	169						
科学技术普及	4740	2270	102	216	9	246	25	22
科技交流与合作	20755	20727	28					
科技重大项目	5310	3420		250	340	490	30	90
其他科学技术支出(款)	160746	116194	29	832	20	12327	195	14

单位:万元

经开区	高新区	郑东新区	航空港实验区	中牟县	巩义市	荥阳市	新密市	新郑市	登封市
				6	334			384	
8605	14357	11600	9143	46463	41375	38558	38082	43833	26166
				28	9	30	12	20	38
2704	693	8921	1776	31355	25976	28945	27533	32456	19100
1225	1350	1275	2981	2955	2613	2234	2016	2833	1616
3872	12314	1032	3881	6817	9019	4021	6368	5475	3170
468		372	273	2308	2006	3032	1828	2982	1829
					514				
336			232	3000	1238	296	325	67	413
81878	81013	205094	82227	174763	140819	109816	131144	183784	113279
1727	240	356	20157	2700	1815	4438	2671	2684	787
51007	54860	162073	39060	148020	124087	89753	116184	146383	82121
	4		175	9183	4609	6600	3535	5933	3304
					217	5			
					24				
			32	400	363	461	473	668	473
678	498	12		2290	1709	652	2096	1346	996
28205	20639	42452	22767	11414	7699	6113	5907	12194	4135
261	4772	201	36	756	296	1794	278	14576	21463
48924	143799	31948	132528	9982	32267	7749	4946	19836	7939
	1572	6276	7447	748	1847		1322	2906	193
							20		
6001	12190	6871	116375	1133	1162	466	298	2070	562
22582	89548	10497	7724	7533	3935	3857	2976	11230	3714
1387	9005	1				2888	1	180	
								3	
3	200			366	177	268	252	543	244
	195	503							
890	1640	50	420	50		270		230	140
18061	29449	7750	562	152	25146		77	2674	3086

13-5 续表 2 （2020 年）

单　　位	郑州市	市本级	中原区	二七区	管城区	金水区	上街区	惠济区
文化旅游体育与传媒支出	235911	132532	1828	2600	3430	5429	1254	10423
文化和旅游	112556	57242	1268	1877	2947	2985	905	10121
文物	55189	40828	544	36	197	434	82	29
体育	13990	10890		2		778		179
新闻出版电影	1014	422		1	2	5	62	6
广播电视	31253	21101				122	138	
其他文化旅游体育与传媒支出(款)	21909	2049	16	684	284	1105	67	88
社会保障和就业支出	1414123	649366	56302	68736	38628	64376	26682	28597
人力资源和社会保障管理事务	81263	54962	506	134	2113	1051	7224	3085
民政管理事务	73696	18604	7986	9143	4717	9721	1244	799
行政事业单位养老支出	546780	225933	21317	35177	15380	18170	13581	14025
企业改革补助	23433	19992			1500	4		
就业补助	31070	20179	499	1100	187	1171	250	283
抚恤	84706	12845	5170	6474	3158	9515	1216	3215
退役安置	151363	103836	5963	6242	5071	13805	907	1308
社会福利	49475	27051	2467	2601	1290	3490	584	434
残疾人事业	56385	15191	2701	2415	1017	2104	919	2510
红十字事业	2507	1049	106	135	148	189		160
最低生活保障	30092	2806	1158	1529	734	1530	343	258
临时救助	4924	2381	97	218	22	98	48	14
特困人员救助供养	18290	2690	119	440	99	325	114	53
其他生活救助	1201	112	32	110	356	51	19	
财政对基本养老保险基金的补助	213435	119358	6118	2121	2590	1825	50	2157
财政对其他社会保险基金的补助	5428	14						
退役军人管理事务	10508	4881	393	747	49	822	111	245
其他社会保障和就业支出(款)	29567	17482	1670	150	197	505	72	51
卫生健康支出	1256839	479408	36964	43146	34922	55675	11850	24295
卫生健康管理事务	43941	10485	3223	1266	1864	1882	820	2663
公立医院	209626	109360	31	175	857	3108	107	2702
基层医疗卫生机构	67418	10391	2656	749	7872	4162	162	561
公共卫生	252813	102711	9660	15563	8244	19170	4470	6564
中医药	2827	2343	43	25	223	20		29

单位:万元

经开区	高新区	郑东新区	航空港实验区	中牟县	巩义市	荥阳市	新密市	新郑市	登封市
1423	795	7763	1269	9972	18287	8930	5891	16266	19069
907	671	851	1111	4506	7732	4074	3259	9362	6278
105	90	409	49	244	5466	1221	1540	2151	2417
64	26	5323	26	83	192	404	550	604	308
19	5	8	10		371	96		15	34
				2444	565	2304	157	3870	552
328	3	1172	73	2695	3961	831	385	264	9480
5765	14539	32451	37976	46085	107072	79671	97037	75531	76040
927	571	279	6033	2303	1490	2520	3108	1302	1465
438	2879	8305	969	2940	7027	4440	2469	3176	1430
349	307	96	19387	7102	45408	39266	41893	31887	37641
					1913		24		
536	266	958	67	671	1726	800	1805	1213	1186
723	1174	5766	2156	5813	6458	5612	8404	9080	7746
185	1095	1367	156	2916	2233	2361	1994	2926	1801
34	599	5660	262	1616	2460	1749	1602	1946	2185
706	1271	1366	2420	2463	2726	5666	7565	5143	5965
				50		75	70	354	171
221	148	561	1075	2474	5099	2817	3227	4167	3950
27	22	376	28	376	711	117	196	338	308
96	22	251	697	1307	1887	2408	4140	1691	3017
5	2	13	88	16	69	166	85	98	87
1255	1232	1800	5	15281	23259	9412	16619	6909	7736
							1396	4018	
25		214	88	651	545	780	524	452	308
238	4951	5439	4545	106	4061	1482	1916	831	1044
9210	10087	25694	23618	59434	132829	114929	95106	94503	73778
257		410	332	2900	1944	3129	1403	9906	2456
40	18	15		6970	43224	33289	661	8110	1032
506	1511	4308	1378	2021	14929	3347	15558	2252	2758
5697	4807	14274	8149	11206	18523	14791	17751	9665	14495
				9			75	60	

13-5 续表 3 （2020 年）

单　位	郑州市	市本级	中原区	二七区	管城区	金水区	上街区	惠济区
计划生育事务	57321	6719	6197	7409	1037	10676	2290	2264
行政事业单位医疗	125258	49533	7951	10779	8082	6680	2392	5917
财政对基本医疗保险基金的补助	450200	171712	3796	6639	4506	8928	1227	3258
医疗救助	6335	730	628	132	57	124	90	4
优抚对象医疗	2708	135	1629	29	24	148	31	37
医疗保障管理事务	3586	918	198	219	103	175	77	69
老龄卫生健康事务(款)	312	50	5	5	5	10	5	21
其他卫生健康支出(款)	34494	14321	947	156	2048	592	179	206
节能环保支出	534217	266955	9243	7991	7590	15496	4333	6145
环境保护管理事务	49979	22520	1209	916	758	1854	668	3848
环境监测与监察	2501	1390						3
污染防治	83073	27802	2284	2678	1012	3497	1696	615
自然生态保护	85197	34466			21	818		861
天然林保护	37							
退耕还林还草	400						1	
能源节约利用(款)	193424	118754	4928	3645	4307	5228	1768	818
污染减排	10792	9667		7		6	11	
可再生能源(款)	215							
循环经济(款)	30200							
其他节能环保支出(款)	78399	52356	822	745	1492	4093	189	
城乡社区支出	4710359	2965294	101035	90815	112335	210048	73309	53536
城乡社区管理事务	490297	251646	14539	19160	25657	30189	7333	21464
城乡社区规划与管理(款)	21312	16195		50	119		754	149
城乡社区公共设施	2868333	2056249	35536	28361	64718	53775	6338	23672
城乡社区环境卫生(款)	480204	230719	41268	27464	21657	72788	4039	8210
建设市场管理与监督(款)	64819	64017	28	610				41
其他城乡社区支出(款)	785394	346468	9664	15170	184	53296	54845	
农林水支出	805711	282104	3312	8827	4235	9709	2225	12952
农业农村	229050	61771	1453	1892	1825	2237	1168	3392
行政运行	14107	3953	1304	173	1754	224	817	272
一般行政管理事务	2475	1039	144	5	23	16	76	952
机关服务	5234							

单位:万元

经开区	高新区	郑东新区	航空港实验区	中牟县	巩义市	荥阳市	新密市	新郑市	登封市
510	1538	2527	1080	2429	3742	5066	2547	5718	1227
			5576	800	8370	6677	6851	6419	4807
2094	2048	3576	6643	29981	36903	46816	48300	43778	44356
80	89	132	156	614	1158	371	541	890	996
8		97	30	93	151	89	176	152	14
	52			458	397	174	217	397	184
				40		115	10	46	
18	24	355	274	1913	3488	1065	1016	7110	1453
21533	27299	19346	10329	13400	63297	53881	31690	23021	31175
1741	2007		5048	1270	2006	3518	4148	4864	2400
262			1017	269	839				
1440	7035	8243	1472	3400	18788	5515	5200	1435	9151
	3066	1604	26	6970	2988	19805	12927	1625	4716
					28				9
					90	34	91	27	157
27	2534	-369	223	993	799	23933	7052	7759	13440
93	258		66		37	494		295	275
									215
					30200				
17970	12399	9868	2477	498	7522	582	2272	7016	812
216318	121279	461569	306894	251739	113902	155768	103280	434789	44509
4874	12351	66641	6380	9672	9109	10227	7680	79388	4233
13	3996	354	2910	254	928	988	549		1326
	12	359707	270788	57431	81493	136986	75015	237456	11303
33457	37677	22369	22645	18670	21223	6986	10966	4229	11985
			12		123				
177974	67243	12498	4159	165712	1026	581	9070	113716	15662
4025	3407	28188	17729	77567	61568	63978	80181	108303	90750
534	109	2084	3701	25408	25125	18339	32069	33785	20586
	6			649	512	419	754	1452	1824
26	47	22	275			21	68	90	41
							5234		

13-5 续表 4 （2020 年）

单 位	郑州市	市本级	中原区	二七区	管城区	金水区	上街区	惠济区
事业运行	41862	13024		238		1474		1411
农垦运行	65	65						
科技转化与推广服务	5457	4366				67		
病虫害控制	4626	601		5		7	1	40
农产品质量安全	3440	2931	1		1	77	15	16
执法监管	285	173				9		43
统计监测与信息服务	476	181						
行业业务管理	89				17			4
防灾救灾	608	122	1		1	2	3	10
农业结构调整补贴	327							
农业生产发展	65504	18581			15	33	50	530
农村合作经济	7704	2700						
农产品加工与促销	670							
农村社会事业	20147	10751		600				
农业资源保护修复与利用	5204	74						
农村道路建设	7211	5		342				
成品油价格改革对渔业的补贴	9							
对高校毕业生到基层任职补助	106							
农田建设	6137	138						
其他农业农村支出	37307	3067	3	529	14	328	206	114
林业和草原	158964	53416	32	2598	209	3199	555	6714
行政运行	8591	2327			182			617
一般行政管理事务	924	82					4	275
机关服务	555	1						
事业机构	25157	13421						54
森林资源培育	48048	9154	10	2517	27	3041	548	2147
技术推广与转化	532	404						2
森林资源管理	19072	18370						20
森林生态效益补偿	4171	65						1346

单位:万元

经开区	高新区	郑东新区	航空港实验区	中牟县	巩义市	荥阳市	新密市	新郑市	登封市
		240		6477	6899	2807	4188	5344	
				530	190	29	167		108
			213	464	511	720	469	1390	418
				9	34	212	14	119	11
			10		47	10			3
							289		6
				4		5	59		
10	6	8	12	44	70	66	76	94	119
				327					
409	30	362	2578	10798	4978	7401	8702	7689	6727
					43	1173	688	300	2800
				667	3				
			76		200	1788	4033	330	2445
				220	235	310	582	3410	373
5				1391	2658		781	1127	907
				9					
						106			
				1365	1942	419	736	705	832
84	20	1452	537	2454	6803	2853	5229	11735	3972
20	45	5367	7426	15552	5440	16059	8681	27935	18574
				1217	208	435	405	581	2619
			39	56	18		15	25	449
							554		
		5038		6265	898	809	1130	2545	35
			7261	1703	2212	11890	2403	1268	11128
						25	50	20	31
20				29				633	20
				40	562	103	1294	57	704

13-5　续表 5　　（2020 年）

单　位	郑州市	市本级	中原区	二七区	管城区	金水区	上街区	惠济区
动植物保护	321	186						4
湿地保护	2593	429				37		1176
执法与监督	2219	1564						
产业化管理	3431	2195						
信息管理	98							
贷款贴息	624							
林业草原防灾减灾	3897	2524	10	24		14	3	182
国家公园	319	21						46
行业业务管理	199	156						43
其他林业和草原支出	38213	2517	12	57		107		802
水利	213866	127060	303	1499	2093	1399	67	838
行政运行	11428	4597	118		2			
一般行政管理事务	388	80			7			283
机关服务	3027			190				
水利行业业务管理	4199	1406						8
水利工程建设	92906	77060						
水利工程运行与维护	28457	23242			13			
水利前期工作	2468	1587						
水利执法监督	72	72						
水土保持	1359	81	9					
水资源节约管理与保护	3528	832	176	18	31	57	67	496
水文测报	5					5		
防汛	2409	925		206	54	161		9
抗旱	242							
农村水利	5967	1214			5			5
江河湖库水系综合整治	11757	9			20			
大中型水库移民后期扶持专项支出	479	59						

单位:万元

经开区	高新区	郑东新区	航空港实验区	中牟县	巩义市	荥阳市	新密市	新郑市	登封市
		10		48	6	3	39	35	
				858	60	33			
				190	262	122	65	7	9
	45			79		170	952	20	15
							98		
					624				
		288	11	318	122	107	173	230	190
					252				
		31	115	4749	216	2362	1503	22514	3374
142	131	14209	481	17775	9849	6277	9367	24469	12870
		279		3372	196	405	246	302	2190
14						18			
				3		2316	518		
					83		2702		
		521		6628	5683	89	402		3044
				3119	630	183	207	134	929
				200	32		300		349
	30				132	63	883	85	106
35	85	67	59	402	71	550	683	10	135
93	7	37	303	134	458	266	74	49	73
						4	83	20	135
			119	2165	298	647	693	745	195
	9				3		68	11657	
		59			420				

13-5　续表 6　（2020 年）

单　　位	郑州市	市本级	中原区	二七区	管城区	金水区	上街区	惠济区
信息管理	646	646						
水利建设征地及移民支出	641	13						
农村人畜饮水	2057							
南水北调工程建设	3015			1000	1922			
南水北调工程管理	1736	1005			39			
其他水利支出	37080	14232		85		1176		37
扶贫	72791	10769					22	37
农村综合改革	108238	20624	1523	2226	93	2837	285	1878
普惠金融发展支出	18353	7604	1		15	37	108	93
其他农林水支出(款)	4449	860		612			20	
交通运输支出	739709	583591	605	622	471	1960	2648	1065
公路水路运输	313813	174858	591	549	415	1960	2224	1065
行政运行	9461	4795	485		415	92	856	848
一般行政管理事务	254	58	106					70
机关服务	5407			190				
公路建设	185414	130718				489	1081	
公路养护	20744	5425				397	211	64
交通运输信息化建设	2234	2234						
公路和运输安全	1656	447						
公路运输管理	17898	10386		359		579	76	62
航道维护	45	45						
海事管理	605	465				26		21
口岸建设	800	800						
取消政府还贷二级公路收费专项支出	1383							
其他公路水路运输支出	67912	19485				377		
铁路运输	117607	117607						
铁路路网建设	61259	61259						

单位:万元

经开区	高新区	郑东新区	航空港实验区	中牟县	巩义市	荥阳市	新密市	新郑市	登封市
									628
				1569	14			80	394
						93			
						10	682		
		13246		183	1829	1633	1826	11387	4692
	31		274	5439	6238	7942	13976	7127	21241
3109	2851	6052	5471	12045	11160	12663	14007	13361	15536
	5	476	283	1344	854	2662	2081	1626	1928
220	235		93	4	2902	36			15
76143	272	389	7826	20970	20841	7930	19045	62335	17626
800			7444	17584	15509	6113	16822	60306	15817
			2209	580		264	342	517	267
						14			6
				1		2060	3156		
			850	4189	4035	1739	8350	25573	9240
			722	8466	799	515	1193	1278	2396
			715						
			427	283	174				752
			2500	2971	1200		806		1459
				75	5	7			6
800									
									1383
			21	1019	9296	1514	2975	32938	308
56348									

13-5 续表 7 （2020 年）

单 位	郑州市	市本级	中原区	二七区	管城区	金水区	上街区	惠济区
其他铁路运输支出	56348	56348						
民用航空运输	60000	60000						
成品油价格改革对交通运输的补贴	15134	10590			25		422	
对城市公交的补贴	2009	1730					9	
对农村道路客运的补贴	2370	50					1	
对出租车的补贴	9784	8782					52	
成品油价格改革补贴其他支出	971	28			25		360	
邮政业支出	12							
一般行政管理事务	3							
其他邮政业支出	9							
车辆购置税支出	7423	657		73	31		2	
车辆购置税用于公路等基础设施建设支出	1896	86						
车辆购置税用于农村公路建设支出	2709	163						
车辆购置税其他支出	2818	408		73	31		2	
其他交通运输支出(款)	225720	219879	14					
公共交通运营补助	153387	150000						
其他交通运输支出(项)	72333	69879	14					
资源勘探工业信息等支出	427255	339271	1637	2263	2281	10063	338	443
资源勘探开发	3608	719	539			14		
制造业	8678	8078						
工业和信息产业监管	118211	101564	978	2263	2186	3993	338	443
国有资产监管	19921	18627			95			
支持中小企业发展和管理支出	250070	201029	120			6056		
其他资源勘探工业信息等支出(款)	26767	9254						
商业服务业等支出	125059	103664	315	1175	363	8382	74	362
商业流通事务	23993	11637		865		5086	58	266
涉外发展服务支出	57265	56185						

单位:万元

经开区	高新区	郑东新区	航空港实验区	中牟县	巩义市	荥阳市	新密市	新郑市	登封市
56348									
			105	923	849	1090		1104	131
			9	97	18	36		78	41
			39	327	811	645		507	29
			30	241	20	409		219	61
			27	258				300	
				9	3				
					3				
				9					
	255	35	277	554	3320	20	500	925	1341
			26	554	1256				
			163		1464	20			1062
	255	35	88		600		500	925	279
18995	17	354		1900	1160	707	1723		337
				1900	473	180	497		337
18995	17	354			687	527	1226		
54046	30251	1542	131966	13195	12947	14784	2926	1881	25226
	510	16		289		1	300	1163	583
7441					600				
21529	19209	1526	452	780	99	2981	981	718	887
16522						424	518		257
8554	9725		131514	12126	12234	11378	1127		6000
	807				14				17499
15079	1652	1307	11103	717	1852	1573	1963	3486	1133
1203		617		536	925	787	1203	2253	377
11659			6905	181	899				

13-5 续表 8 （2020 年）

单　位	郑州市	市本级	中原区	二七区	管城区	金水区	上街区	惠济区
其他商业服务业等支出(款)	43801	35842	315	310	363	3296	16	96
金融支出	40678	35587		86	162	107		191
金融部门行政支出	723	717			6			
金融部门监管支出	983	983						
金融发展支出	17370	14351						
其他金融支出(款)	21602	19536		86	156	107		191
援助其他地区支出	13605	12560						
自然资源海洋气象等支出	88981	26299	1524	1451	1649	2670	1078	1227
自然资源事务	86314	24642	1524	1451	1649	2670	1078	1227
气象事务	2146	1324						
其他自然资源海洋气象等支出(款)	521	333						
住房保障支出	724289	409459	27625	27593	40183	42743	7910	11824
保障性安居工程支出	466306	302534	11719	11641	28783	31509	1545	3653
住房改革支出	248239	100602	13858	15952	11400	11234	6356	8171
城乡社区住宅	9744	6323	2048				9	
粮油物资储备支出	53745	29992	1667	1413	2168	3654	491	514
粮油事务	9895	6099			376	1106	140	
物资事务	736	293			131			178
粮油储备	14262	10258	571	568			155	
重要商品储备	28852	13342	1096	845	1661	2548	196	336
灾害防治及应急管理支出	88381	46710	1884	2178	984	4501	696	817
应急管理事务	31314	7149	977	1204	984	1859	400	664
消防事务	52623	36809	907	950		2642	289	
森林消防事务	498							153
煤矿安全	3467	2508		24				
地震事务	267	224					7	
自然灾害防治	179							

单位:万元

经开区	高新区	郑东新区	航空港实验区	中牟县	巩义市	荥阳市	新密市	新郑市	登封市
2217	1652	690	4198		28	786	760	1233	756
784	17195	4773	203	53	3496	540	15	431	10
	151								
	183								
		3512	202	40	2979				
784	16861	1261	1	13	517	540	15	431	10
				362	683				
	957	2512	2062	11144	5656	7251	6631	15730	6671
	957	2512	2062	11074	5330	6948	6540	15566	6615
				70	326	115	91	164	56
						188			
32131	3254	186789	17215	40090	42648	15813	22731	27155	8515
31565	3254	173693	5946	30180	28629	4416	7196	2538	1963
		13096	11269	9910	13082	11392	15113	24617	6552
566					937	5	422		
1156	2524	2102	2551	2822	2884	1820	1684	2882	1754
				1047	481	356	127	120	43
								134	
	204			85	985	787	301		552
1156	2320	2102	2551	1690	1418	677	1256	2628	1159
7682	653	4764	2791	4013	4592	3935	8073	6517	3481
373	653	1522		2034	1941	3037	6491	2010	2564
7309		3222	2791	1979	1399	850	1489	4507	802
					345				
					816		4		115
					1	35			
					90		89		

13-5 续表 9

（2020 年）

单　　位	郑州市	市本级	中原区	二七区	管城区	金水区	上街区	惠济区
自然灾害救灾及恢复重建支出	33	20						
其他支出(类)	20578	9176	2	5279	1400		163	
债务付息支出	450711	328382	3902	7397	5319	4467	8085	4279
政府性基金预算支出	**10015812**	**4333332**	**322986**	**397748**	**651510**	**747099**	**97010**	**321152**
文化旅游体育与传媒支出	1960	365	136	305	140	308	13	50
社会保障和就业支出	9093	729		56			9	
大中型水库移民后期扶持基金支出	8619	729		56			9	
小型水库移民扶助基金安排的支出	474							
城乡社区支出	8247948	3510202	299920	345838	583554	688032	52210	300405
国有土地使用权出让收入及对应专项债务收入安排的支出	7062933	2733451	219920	320138	583554	688032	49738	275139
国有土地收益基金及对应专项债务收入安排的支出	279675	245553						17971
农业土地开发资金安排的支出	920	286						
城市基础设施配套费安排的支出	388950	296823					1439	
污水处理费安排的支出	53775	47089					1033	
棚户区改造专项债券收入安排的支出	384100	147500	80000	25700				
城市基础设施配套费对应专项债务收入安排的支出	48795	39500						7295
农林水支出	401	4						
交通运输支出	3394	151					352	245
车辆通行费安排的支出	2891							245
民航发展基金支出	503	151					352	
其他支出	1318912	620597	15760	32544	54349	45099	36862	8524
其他政府性基金及对应专项债务收入安排的支出	1257966	593889	15000	28462	53407	42500	36400	7900
彩票发行销售机构业务费安排的支出	1901	1690						
彩票公益金安排的支出	59045	25018	760	4082	942	2599	462	624
债务付息支出	272014	157882	253	18725	6521	1340	3514	2828

单位:万元

经开区	高新区	郑东新区	航空港实验区	中牟县	巩义市	荥阳市	新密市	新郑市	登封市
		20				13			
8822				2972		978	514		94
15156	10694	11848	22944	31826	15356	20080	6977	8230	6411
1010080	**989025**	**678102**	**816759**	**730374**	**415398**	**641646**	**291311**	**650166**	**416080**
30	74	241	20	73	36	166	22	122	224
		115		1083	388	1599	470	941	3818
		115		1083	332	1581	398	849	3582
					56	18	72	92	236
913203	938591	529024	731268	583197	314493	554137	203806	532453	279701
779318	782302	468555	631543	557613	259707	497371	192922	442324	243024
12263	74764		14			12728		3423	
286						414	220		
46836	76525	31160	6027	6784	6781	24016	6816	41706	4585
		1209	14284		705	2408	1448		1092
35000	5000	28100	79400	18800	39900	17200		45000	10000
39500									2000
		4		40	22	23		40	272
			151	582	998	233	123	150	560
				582	998	233	123	150	560
			151						
79972	22005	134654	27497	120373	71946	65866	67548	74768	104676
79700	21000	134000	27000	118600	70000	63708	63700	73400	91000
				44	167				
272	1005	654	497	1729	1779	2158	3848	1368	13676
6875	20355	7008	42824	13413	9878	9127	10367	25974	12192

主要统计指标解释

财政收入 国家财政参与社会产品分配所取得的收入，是实现国家职能的财力保证。公共财政预算收入主要包括税收收入和非税收入。财政收入所包括的内容几经变化，目前主要包括：增值税、企业所得税、个人所得税、资源税、城市维护建设税、房产税、印花税、城镇土地使用税、土地增值税、车船税、耕地占用税、契税、烟叶税、环境保护税、国有资本营业收入、国有资源（资产）有偿使用收入、罚没收入、专项收入、其他收入等。

财政支出 国家财政将筹集起来的资金进行分配使用，以满足经济建设和各项事业的需要，主要包括：一般公共服务支出、国防支出、公共安全支出、教育支出、科学技术支出、文化旅游与传媒支出、社会保障和就业支出、卫生健康支出、节能环保支出、城乡社区支出、农林水支出、交通运输支出、资源勘探信息支出、商业服务业等支出、金融支出、援助其他地区支出、自然资源海洋气象等支出、住户保障支出、粮油物资储备支出、灾害防治及应急管理支出、其他支出等。

存款 企业、机关、团体或居民根据可以收回的原则，把货币资金存入银行或其他信用机构保管并取得一定利息的一种信用活动形式。根据存款对象的不同可划分为企业存款、财政存款、机关团体存款、基本建设存款，城镇储蓄存款、农村存款等科目。它是银行信贷资金的主要来源。

贷款 银行或其他信用机构根据必须归还的原则，按一定利率，为企业、个人等提供资金的一种信用活动形式。我国银行贷款分为流动资金贷款、固定资产贷款、城乡个体工商户贷款以及农业贷款等科目。

十四、教育、文化、卫生、体育、科技和民政

14-1 教育事业主要综合指标

（2020 年）

指 标	数 值	指 标	数 值
平均每万人拥有各类学校数（个）	**1.35**	**小学学龄人口入学率（%）**	**100.00**
高等学校	0.05	**小学五年巩固率（%）**	**104.90**
中等职业学校	0.09	**初中学龄人口入学率（%）**	**100.00**
技工学校	0.02	**初中三年巩固率（%）**	**102.28**
普通高中	0.10	**义务教育巩固率（%）**	**112.01**
普通初中	0.31	**平均每万人各类学校教职工数（人）**	**210.13**
普通小学	0.77	#专任教师	164.11
平均每万人各类学校在校生数（人）	**2866.49**	#高等学校	60.05
高等学校	1186.33	中等职业学校	11.05
中等职业学校	273.85	技工学校	2.44
技工学校	82.46	普通高中	16.65
普通高中	169.65	普通初中	32.73
普通初中	356.05	普通小学	39.75
普通小学	796.51		

14-2 学校教育基本情况

(2020 年)

单位:所、人

项目	全市	市区	县(市)	中牟县	巩义市	荥阳市	新密市	新郑市	登封市
各类学校教育合计数									
学校数	1699	837	797	114	110	97	161	160	155
毕业生数	880315	263717	218873	29499	23211	29387	28583	51925	56268
招生数	1116811	323470	253247	39150	24308	39685	30952	68195	50957
在校学生数	3611944	1176374	940720	152990	99233	130216	126131	230567	201583
教职工数	264872	105813	83387	10997	12553	12825	13653	15861	17498
专任教师	206788	82945	64505	9151	9924	9790	10782	11982	12876
高等学校									
学校数	65								
研究生培养单位	(12)								
普通本专科学校	65								
成人本专科学校	(32)								
毕业生数	397725								
研究生	8893								
普通本专科	295703								
成人本专科	42925								
招生数	540094								
研究生	15718								
普通本专科	387609								
成人本专科	106457								
在校学生数	1494850								
研究生	38265								
普通本专科	1160303								
成人本专科	191559								
教职工数	75672								
专任教师	59338								
中等职业学校									
学校数	110	73	37	7	2	5	4	10	9
毕业生数	95653	67285	28368	3417	1187	3772	1798	12098	6096
招生数	120211	74645	45566	6234	1370	7901	1601	14562	13898
在校学生数	345065	230278	114787	15685	3928	19452	4580	39911	31231
教职工数	13926	8463	5463	585	288	1123	367	1418	1682
专任教师	10456	6355	4101	525	269	925	320	797	1265
技工学校									
学校数	20	16	4			1		3	
毕业生数	34132	20683	13449			5989		7460	
招生数	47771	25180	22591			9043		13548	
在校学生数	103900	56777	47123			21584		25539	
教职工数	3071	2049	1022			635		387	
专任教师	2625	1792	833			487		346	
普通高中									
学校数	131	90	41	6	8	7	8	7	5
毕业生数	64712	36093	28619	3580	4897	3908	5501	5925	4808
招生数	75624	42667	32957	5261	4627	4425	6776	6369	5499

14-2 续表 （2020年） 单位：所、人

项目	全市	市区	县(市)	中牟县	巩义市	荥阳市	新密市	新郑市	登封市
在校学生数	213766	120005	93761	14882	14383	11690	18927	17920	15959
教职工数	20985	12217	8768	1517	1392	1305	1464	1831	1259
专任教师	18020	10160	7860	1376	1351	1054	1305	1684	1090
普通初中									
学校数	393	205	188	24	27	23	35	30	49
毕业生数	138117	64819	73298	10305	8010	7910	10181	10759	26133
招生数	153205	74853	78352	13875	9073	7820	10988	15519	21077
在校学生数	448644	214412	234232	39283	25249	23603	32474	41733	71890
教职工数	41246	19808	21438	3013	3089	2087	2929	2983	7337
专任教师	36370	17943	18427	2688	2885	1949	2691	2747	5467
小学									
学校数	966	445	521	76	72	60	113	109	91
毕业生数	149721	74671	75050	12185	9092	7794	11083	15674	19222
招生数	179568	105935	73633	13757	9192	10482	11538	18187	10477
在校学生数	1003648	553794	449854	83032	55467	53745	69922	105301	82387
教职工数	50088	29399	20689	2995	3414	3071	4454	3473	3282
专任教师	47763	28057	19706	2904	3286	2969	4110	3280	3157
特殊教育学校									
学校数	13	7	6	1	1	1	1	1	1
毕业生数	202	113	89	12	25	14	20	9	9
招生数	291	143	148	23	46	14	49	10	6
在校学生数	1951	988	963	108	206	142	228	163	116
教职工数	490	278	212	24	25	41	56	32	34
专任教师	453	257	196	23	22	37	53	30	31
工读学校									
学校数	1	1							
毕业生数	53	53							
招生数	47	47							
在校学生数	120	120							
教职工数	28	28							
专任教师	26	26							
幼儿园									
幼儿园数	(1848)	(916)	(932)	(147)	(121)	(171)	(169)	(189)	(135)
入园幼儿数	(136406)	(70100)	(66306)	(9833)	(10470)	(11109)	(11522)	(12665)	(10707)
离园幼儿数	(135396)	(65345)	(70051)	(11412)	(10165)	(9019)	(11723)	(16696)	(11036)
在园幼儿数	(438680)	(219070)	(219610)	(37070)	(34985)	(33729)	(35943)	(47313)	(30570)
教职工数	59366	33571	25795	2863	4345	4563	4383	5737	3904
专任教师	31737	18355	13382	1635	2111	2369	2303	3098	1866

注：1. 标注“( )”为不计合计数中。

2. 高等教育为省教育厅反馈数据，只有全市数，计入合计数。

14-3　全市各级各类学校

（2020 年）

类　别	总计	国家财政性教育经费	一般公共预算安排的教育经费	一般公共预算教育经费	教育事业费	基本建设经费
总计	**3441619**	**2785441**	**2709534**	**2278643**	**1945972**	**97411**
高等学校	**219355**	**168280**	**159020**	**124935**	**120761**	**4174**
普通高等学校	218902	168103	158843	124897	120724	4174
成人高等学校	453	177	177	37	37	
中等职业学校	**257275**	**189599**	**187500**	**167440**	**153465**	**6884**
中等专业学校	55456	44760	42760	40085	39653	422
职业高中	93073	91844	91842	81043	73191	1779
技工学校	49601	45785	45688	40680	35628	4683
成人中等专业学校	59145	7210	7210	5632	4993	
普通中学	**1339297**	**1154512**	**1122079**	**956037**	**781390**	**60199**
普通高中	547127	461642	443129	382695	314546	38085
普通初中	792170	692870	678951	573342	466844	22113
普通小学	**1134798**	**1030333**	**1016381**	**837741**	**722157**	**25692**
特殊教育学校	**12146**	**12144**	**12143**	**9979**	**9800**	
幼儿园	**396717**	**149089**	**136467**	**118577**	**95974**	
教育行政单位	**13957**	**13957**	**13825**	**11422**	**11239**	
教育事业单位	**44442**	**44061**	**38651**	**32129**	**31209**	**57**
其他	**23632**	**23467**	**23467**	**20384**	**19978**	**406**

教育经费收入情况

单位:万元

教育费附加	其他一般公共预算安排的教育经费	政府性基金预算安排的教育经费	捐赠收入	事业收入	学费	其他教育经费
235260	**430891**	**75396**	**282**	**613268**	**553752**	**9610**
	34086	**9260**		**51037**	**43883**	**38**
	33946	9260		50761	43803	38
	140			276	80	
7091	**20060**	**2002**		**61622**	**46008**	**798**
10	2676	2000		9746	7440	
6072	10799	2		1191	422	38
369	5008			3766	302	50
640	1577			46919	37844	709
114449	**166042**	**32432**	**179**	**171771**	**148836**	**3412**
30064	60433	18513	14	81701	69085	1651
84384	105609	13919	165	90069	79751	1761
89892	**178641**	**13952**	**1**	**96606**	**88415**	**3387**
179	**2165**	**1**				**2**
22602	**17890**	**12208**	**102**	**232000**	**226609**	**1660**
183	**2402**	**132**				
863	**6522**	**5410**		**67**		**314**
	3083			**165**		

14-4 分区县(市)教育

(2020 年)

类别	总计	国家财政性教育经费	一般公共预算安排的教育经费	一般公共预算教育经费	教育事业费	基本建设经费
总计	**3441619**	**2785441**	**2709534**	**2278643**	**1945972**	**97411**
市本级	734243	581416	571065	488806	431814	47913
中原区	169013	125943	125749	103092	96423	
二七区	184239	131583	131377	107242	102689	
管城区	122296	99911	97382	84277	70854	3443
金水区	283954	208357	204973	174931	122276	11417
上街区	44781	39328	39162	30752	28543	
惠济区	97997	75356	72286	60689	60682	
中牟县	205317	181756	180258	160113	143792	4907
巩义市	191629	172503	167642	139245	131546	
荥阳市	178463	149101	129289	107130	101017	
新密市	210567	189757	187957	132324	126417	
新郑市	267797	225456	221395	181313	169119	
登封市	174575	129144	116446	95571	91436	
经开区	104428	81700	81523	75465	47260	
高新区	121741	92061	81013	70243	49604	
郑东新区	242386	212175	212124	185223	113039	29731
航空港实验区	108195	89893	89893	82227	59460	

经费收入情况

单位:万元

教育费附加	其他一般公共预算安排的教育经费	政府性基金预算安排的教育经费	捐赠收入	事业收入	学费	其他教育经费
235260	**430891**	**75396**	**282**	**613268**	**553752**	**9610**
9080	82259	10253		145389	119550	2097
6668	22658	20		36011	35011	412
4553	24135	28	1	49898	46815	204
9980	13105	2529		22361	22142	24
41239	30042	3322	1	70992	69131	1891
2208	8410	166		4848	4719	61
7	11597	3070		22531	21590	3
11414	20145	1498		23337	17939	
7699	28397	4861		19126	17715	
6113	22159	19812		27351	25661	
5907	55633	1800	61	19816	18419	38
12194	40082	4061	14	42284	37180	10
4135	20875	12698	43	42030	35234	2512
28205	6058	177	163	15539	14962	194
20639	10770	11048		26787	24565	14
42452	26901	52		27872	27224	2149
22767	7666			17097	15894	

14-5 全市各级各类教育经费支出情况

（2020 年）

单位：万元

类　别	总计	事业性经费支出	工资福利支出	对个人和家庭的补助支出	商品和服务支出	其他资本性支出	基本建设支出	其它支出
总计	**2795450**	**2794263**	**1542360**	**169072**	**494782**	**456671**	**131378**	**1135**
高等学校	**196649**	**195570**	**84650**	**13808**	**53610**	**39329**	**4174**	**1027**
普通高等学校	196196	195117	84346	13749	53519	39329	4174	1027
成人高等学校	453	453	304	59	90			
中等职业学校	**175245**	**175245**	**74202**	**9177**	**54446**	**30167**	**7253**	
中等专业学校	26256	26256	11521	2996	7277	4040	422	
职业高中	93277	93277	44744	3915	23979	18859	1779	
技工学校	49144	49144	13613	1695	22157	6628	5052	
成人中等专业学校	6568	6568	4325	571	1032	640		
普通中学	**1152340**	**1152339**	**620370**	**65804**	**174300**	**208486**	**83379**	**1**
普通高中	478830	478830	228200	28199	85890	94336	42205	
普通初中	673510	673509	392170	37605	88409	114151	41174	1
普通小学	**1011065**	**1011046**	**632671**	**71719**	**145275**	**125270**	**36109**	**19**
特殊教育学校	**12272**	**12272**	**7925**	**889**	**2614**	**845**		
幼儿园	**167043**	**166956**	**90191**	**3205**	**32338**	**41221**		**88**
教育行政单位	**13933**	**13933**	**6488**	**733**	**5571**	**1140**		
教育事业单位	**43265**	**43265**	**18088**	**2822**	**14573**	**7725**	**57**	
其他	**23637**	**23637**	**7775**	**914**	**12055**	**2486**	**406**	

14-6 分区县(市)教育经费支出情况

(2020 年)

单位:万元

类　别	总计	事业性经费支出	工资福利支出	对个人和家庭的补助支出	商品和服务支出	其他资本性支出	基本建设支出	其它支出
总计	**2795450**	**2794263**	**1542360**	**169072**	**494782**	**456671**	**131378**	**1135**
市本级	612092	611013	243591	37005	170993	107023	52401	1027
中原区	125825	125825	90131	6585	19033	10076		
二七区	131894	131872	93313	8033	20156	10370		21
管城区	99684	99684	58711	2876	24994	9660	3443	
金水区	211062	211050	118050	10990	26740	43853	11417	11
上街区	40653	40651	28218	3276	3203	5953		2
惠济区	75799	75799	45301	4074	18943	7480		
中牟县	172169	172168	107550	8629	28907	22176	4907	1
巩义市	172251	172251	108104	11340	19509	33298		
荥阳市	149747	149744	90779	8081	13674	37209		4
新密市	190541	190540	113153	39537	19023	18828		1
新郑市	224355	224355	121240	10577	56256	35864	417	
登封市	111584	111584	74778	6683	19996	10126		
经开区	81510	81472	37788	2141	16489	25053		39
高新区	91178	91178	41191	1201	9822	38964		
郑东新区	214193	214193	114437	3601	19535	17827	58792	
航空港实验区	90915	90885	56024	4444	7508	22909		29

14-7 公有制艺术表演团体(事业)基本情况

(2020 年)

区县(市)	机构数(个)	从业人员(人)	专业技术人员	演出场次(场)	国内演出场次	农村演出场次	国内演出观众人次(千人次)	本年收入(千元)	本年支出(千元)
总　计	**15**	**1242**	**758**	**3617**	**3617**	**2789**	**2101**	**239560**	**269455**
省本级	4	595	427	891	891	557	790	146455	178170
郑州市	11	647	331	2726	2726	2232	1311	93105	91285
市本级	4	396	262	542	542	150	199	65748	64972
中牟县	1	29	4	459	459	436	99	5830	5830
巩义市	1	34	5	270	270	255	160	1528	1667
荥阳市	1	40	13	338	338	338	135	2468	2468
新密市	2	52	28	286	286	286	250	3184	3152
新郑市	1	47	18	434	434	380	150	11443	10172
登封市	1	49	1	397	397	387	318	2904	3024

14-8 公有制艺术表演场馆(事业)基本情况

(2020 年)

区县(市)	机构数(个)	从业人员(人)	专业技术人员	座席数(个)	演(映)出场次(场)	艺术演出场次	观众人次(千人次)	艺术演出观众人次	实际使用建筑面积(平方米)	演(映)出业务用房	本年收入(千元)	本年支出(千元)
总　计	**12**	**424**	**49**	**8610**	**1430**	**1403**	**712**	**186**	**51878**	**21121**	**82159**	**92518**
省本级	2	229	31	3491	1385	1363	670	148	23961	11756	61078	70582
郑州市	10	195	18	5119	45	40	42	38	27917	9365	21081	21936
市本级	7	146	13	1326	42	38	41	37	15978	4523	12257	12937
巩义市	1	14	3	1093					2050	1642	923	1098
新密市	1	11		1500					1500	1500	600	600
新郑市	1	24	2	1200	3	2	1	1	8389	1700	7301	7301

14-9　公共图书馆情况

（2020年）

区县(市)	机构数(个)	从业人员(人)	专业技术人员	年末总藏量(千册)	图书	书刊文献外借(千册次)	总流通人次(千人次)	为读者举办各种活动(次) 举办展览	组织各类讲座	举办培训班	实际使用公用房屋建筑面积(平方米)	阅览室面积	阅览室坐席数(个)
总　计	**17**	**592**	**395**	**9055**	**7511**	**2150**	**4992**	**106**	**281**	**322**	**153358**	**40260**	**8226**
省本级	2	212	151	4235	3330	876	736	28	90	32	38864	14606	2078
郑州市	15	380	244	4820	4181	1274	4256	78	191	290	114494	25654	6148
市本级	2	214	198	1703	1454	262	3111	15	48	86	70476	12065	2146
中原区	1	15	8	173	170	64	61	1		17	2000	500	269
二七区	1	7		224	205	12	24		1	1	1146	1000	165
管城区	1	5	1	160	158	32	110	3	12	6	2500	460	120
金水区	1	23	8	134	131	101	142	2	10	76	2000	900	351
惠济区	1	8		124	121	52	48	5	2	18	1500	280	180
经开区	1	28	1	410	370	103	50	4		23	4108	500	350
上街区	1	11	2	389	334	142	138	1	15	5	5200	4000	620
中牟县	1	7	1	186	167	188	116	3	4		2200	820	260
巩义市	1	5	2	263	216	43	67	12	14	20	11700	1432	397
荥阳市	1	20	11	375	307	31	99	9	32	4	5000	695	460
新密市	1	13	2	244	179	61	89	4	25	12	2600	1100	400
新郑市	1	16	7	347	304	147	185	11	18	12	3258	1758	300
登封市	1	8	3	88	65	36	16	8	10	10	806	144	130

14-10　文化馆基本情况

（2020年）

区县(市)	机构数(个)	从业人员(人)	专业技术人员	举办展览个数(个)	举办训练班次(次)	培训人次(千人次)	组织文艺活动(次)	参加人次(千人次)
合　计	**14**	**347**	**160**	**130**	**1446**	**90**	**1337**	**412**
省本级	1	62	34	10	16	1	31	61
郑州市	13	285	126	120	1430	90	1306	351
市本级	1	47	42	24	180	4	50	2
中原区	1	18	2	7	242	8	51	10
二七区	1	15	11	12	40	6	84	12
管城区	1	42	6	21	43		56	5
金水区	1	19	4	3	130	51	122	18
惠济区	1	19	8	3	155	4	70	26
上街区	1	8	2	3	20	2	200	100
中牟县	1	18	10	4	179	5	148	25
巩义市	1	32	16	21	296	3	365	75
荥阳市	1	24	5	1	89	3	47	10
新密市	1	20	9	9	16	1	32	13
新郑市	1	16	9	4	35	3	65	39
登封市	1	7	2	8	5	1	16	15

14-11 广播电视事业基本情况

指标名称	单位	2019 年	2020 年
广播电台	座	2	1
电视台	座	2	1
广播电视台	座	7	1
中短波转播发射台	座	2	2
调频、电视转播发射台	座	9	11
广播节目套数	套	22	22
全年公共广播节目播出时间	时:分	151923:20	159062:40
全年制作广播节目时间	时:分	136601:15	109364:14
广播人口综合覆盖率	%	99.6	99.7
电视节目套数	套	27	23
全年电视节目播出时间	时:分	168759:56	169983:71
全年制作电视节目时间	时:分	69462:28	25511:58
电视人口综合覆盖率	%	99.85	99.85
有线电视用户	万户	180	161.65

注:2020 年机构改革,省广播台、电视台合并为广播电视台。

14-12 博物馆基本情况

（2020 年）

区县（市）	机构数（个）	从业人员（人）	藏品数（件）	一级品	展览（次）	观众人数（千人次）
总 计	**41**	**1419**	**280809**	**745**	**124**	**2785**
省本级	4	485	154987	589	9	760
郑州市	37	934	125822	156	115	2025
市本级	21	726	27165	81	70	1306
中原区	1	5	506	11	4	90
管城区	1	5			1	
金水区	2	34			7	6
巩义市	1	30	16027	19	6	273
荥阳市	1	24	12400	4	1	
新密市	2	16	4202	8	5	40
新郑市	1	43	62879	33	3	201
登封市	7	51	2643		18	109

注：博物馆统计包含民办博物馆。

14-13 文物保护管理单位情况

（2020 年）

区县（市）	机构数（个）	从业人员（人）	藏品数（件）	一级品	展览（次）	观众人数（千人次）
总 计	**10**	**419**	**3201**	**5**	**2**	**824**
市本级	2	56	108		2	200
中牟县	1	8	970	2		
巩义市	4	305	2021	3		624
荥阳市	1	23				
新密市	2	27	102			

14-14　等级运动员、社会体育指导员发展情况

单位：人

年度	二级运动员	女	社会体育指导员当年审批人数
2015	369	120	4101
2016	426	122	3781
2017	458	125	4413
2018	435	139	3363
2019	505	145	3020
2020	391	103	1516

14-15　体育彩票发行情况

年度	体育彩票销售点(个)	体育彩票销售收入(万元)
2015	1783	239200
2016	1877	280760
2017	1852	316744
2018	2013	467093
2019	2309	400281
2020	3292	335410

14-16 卫生事业基本情况

（2020 年）

指标	机构数（个）	实有床位数（个）	人员数（人）							其他技术人员（人）	管理人员（人）	工勤人员（人）
				卫生技术人员	执业（助理）医师	执业医师	注册护士	药师（士）	技师（士）	其他			
总计	**6258**	**104888**	**161370**	**133549**	**50714**	**45211**	**64653**	**5085**	**6366**	**6731**	**10695**	**8090**	**9032**
医院	**282**	**91736**	**115565**	**97892**	**33620**	**32084**	**51232**	**3969**	**4458**	**4613**	**4936**	**6362**	**6375**
综合医院	130	55073	68539	59018	20379	19582	31036	2087	2533	2983	2513	3598	3410
中医医院	74	15639	19021	15978	5914	5489	7618	1064	763	619	863	1045	1135
中西医结合医院	6	1538	1921	1575	600	556	850	47	43	35	134	69	143
专科医院	70	19253	25992	21269	6709	6446	11700	769	1117	974	1422	1646	1655
口腔医院	4	60	575	492	247	215	218	6	17	4	10	42	31
眼科医院	8	1637	2502	2000	641	626	1112	72	92	83	86	174	242
耳鼻喉科医院	2	180	227	176	65	63	96	6	9		26	23	2
肿瘤医院	2	4152	5098	4444	1290	1286	2517	127	295	215	212	173	269
心血管病医院	4	2570	4251	3635	1181	1172	2005	137	169	143	197	329	90
胸科医院	1	1178	1330	1167	373	373	693	42	38	21	67	48	48
妇产（科）医院	8	642	1135	758	263	244	405	30	55	5	22	56	299
儿童医院	1	2007	3128	2707	795	790	1448	107	151	206	50	235	136
精神病医院	6	1037	748	558	167	157	289	23	35	44	55	63	72
传染病医院	1	1401	1778	1491	394	392	896	62	66	73	74	164	49
皮肤病医院	2	220	160	108	41	33	54	6	5	2	2	15	35
职业病医院	1	120	296	170	80	79	61	4	15	10	75	11	40
骨科医院	4	473	367	309	117	66	159	10	12	11	7	22	29
康复医院	6	1194	1104	773	250	237	385	31	56	51	186	65	80
整形外科医院	1	65	181	132	44	35	78	6	4		2	8	39
美容医院	11	246	862	471	211	173	205	18	21	16	268	66	57
其他专科医院	8	2071	2250	1878	550	505	1079	82	77	90	83	152	137
护理院	2	233	92	52	18	11	28	2	2	2	4	4	32
基层医疗卫生机构	**5887**	**9290**	**34945**	**27611**	**14617**	**10811**	**10258**	**901**	**888**	**947**	**4756**	**962**	**1612**
社区卫生服务中心（站）	288	2936	7299	6462	2703	2360	2831	318	356	254	217	233	387
社区卫生服务中心	98	2911	6036	5287	2117	1841	2293	299	350	228	180	213	356
社区卫生服务站	190	25	1263	1175	586	519	538	19	6	26	37	20	31

14-16 续表 （2020 年）

指标	机构数（个）	实有床位数（个）	人员数（人）	卫生技术人员	执业（助理）医师	执业医师	注册护士	药师（士）	技师（士）	其他	其他技术人员（人）	管理人员（人）	工勤人员（人）
卫生院	99	6134	6178	5132	2123	1414	1809	291	339	570	381	128	537
乡镇卫生院	99	6134	6178	5132	2123	1414	1809	291	339	570	381	128	537
中心卫生院	29	2199	1855	1522	647	428	492	90	102	191	151	36	146
乡卫生院	70	3935	4323	3610	1476	986	1317	201	237	379	230	92	391
村卫生室	2691		6507	2486	1924	756	562				4021		
门诊部	423	220	6045	5386	2897	2183	2173	118	154	44	43	329	287
综合门诊部	85	163	1917	1767	858	739	771	46	89	3	11	85	54
中医门诊部	65	4	893	735	433	377	203	48	27	24	11	59	88
中西医结合门诊部	1		10	10	5	5	2		3				
专科门诊部	272	53	3225	2874	1601	1062	1197	24	35	17	21	185	145
诊所、卫生所、医务室	2386		8916	8145	4970	4098	2883	174	39	79	94	272	401
诊所	2226		8150	7505	4583	3761	2684	163	21	54	35	242	364
卫生所、医务室	160		766	640	387	337	199	11	18	25	59	30	37
专业公共卫生机构	**57**	**3862**	**9289**	**7339**	**2367**	**2216**	**3093**	**209**	**642**	**1028**	**574**	**606**	**770**
疾病预防控制机构	15		1555	1019	522	437	91	29	123	254	150	191	195
专科疾病防治院（所、站）	1		68	53	11	11	1		14	27		5	10
健康教育所（站、中心）	2		16	6	2	1	2		1	1	3	4	3
妇幼保健院（所、站）	14	3862	6273	5362	1745	1692	2758	173	422	264	338	184	389
妇幼保健院	8	3862	6163	5297	1711	1663	2739	173	411	263	333	155	378
妇幼保健所	6		110	65	34	29	19		11	1	5	29	11
急救中心（站）	4		172	104	30	27	62	4	3	5	8	38	22
采供血机构	1		429	267	28	28	161		74	4	54	18	90
卫生监督所（中心）	18		685	468						468	13	152	52
计划生育技术服务机构	2		91	60	29	20	18	3	5	5	8	14	9
其他卫生机构	**32**		**1571**	**707**	**110**	**100**	**70**	**6**	**378**	**143**	**429**	**160**	**275**
医学科学研究机构	4		97	44	26	26	1	1		16	48	4	1
医学在职培训机构	1		15	7	4	4	2			1	6		2
临床检验中心（所、站）	19		1278	543	52	45	2	2	361	126	363	115	257
统计信息中心	1		17	1	1	1					6	10	
其他	7		164	112	27	24	65	3	17		6	31	15

14-17　医疗机构门诊服务情况

（2020年）

类　别	总诊疗人次数（人次）	门、急诊人次	门诊人次	急诊人次	观察室留观病例数（例）	健康检查人数（人）	急诊死亡率（%）	观察室病死率（%）	预约诊疗人次占总诊疗人次百分比（%）
总　计	**79156991**	**73971431**	**70580496**	**3390935**	**217192**	**4209375**	**0.07**	**0.08**	**17.86**
医院	**45135839**	**41686370**	**38965270**	**2721100**	**167895**	**2705766**	**0.09**	**0.10**	**30.40**
综合医院	28107263	26733927	25068081	1665846	100292	1843836	0.11	0.14	31.03
中医医院	9313288	7883836	7581851	301985	4745	319307	0.11	0.80	24.78
中西医结合医院	621710	371162	332896	38266	152	381			13.99
专科医院	7090255	6695213	5980210	715003	62706	542242	0.02		41.05
口腔医院	168005	168005	168005						19.18
眼科医院	1020722	1004638	952865	51773		35649	0.02		7.99
耳鼻喉科医院	27372	27372	27372						
肿瘤医院	1112358	1050883	1037152	13731	1007	9140	0.07		49.54
心血管病医院	1044797	915677	784230	131447	50	122132	0.06		42.04
胸科医院	132822	129824	126491	3333	313	3321			2.26
妇产（科）医院	183556	181548	180169	1379	12	47112			18.50
儿童医院	1611161	1611161	1245809	365352	60183	10950			76.27
精神病医院	311571	309343	230467	78876					36.89
传染病医院	447476	446966	424979	21987	212	166613	0.01		12.50
皮肤病医院	45937	45767	45767						16.10
职业病医院	67744	8456	8456			59289			
骨科医院	61672	42496	41496	1000					0.55
康复医院	277696	202873	174940	27933		30699	0.05		0.18
整形外科医院	12358	12358	12358						
美容医院	167472	159017	159017		570	1140			1.38

14-17　续表　　(2020 年)

类　　别	总诊疗人次数(人次)	门、急诊人次			观察室留观病例数(例)	健康检查人数(人)	急诊死亡率(%)	观察室病死率(%)	预约诊疗人次占总诊疗人次百分比(%)
			门诊人次	急诊人次					
其他专科医院	397536	378829	360637	18192	359	56197	0.08		13.29
护理院	3323	2232	2232						
基层医疗卫生机构	**30233794**	**28581281**	**28261689**	**319592**	**42046**	**1399676**	**0.01**	**0.01**	
社区卫生服务中心(站)	7121670	6429124	6267338	161786	24467	432731		0.02	
社区卫生服务中心	5978759	5355033	5201732	153301	21113	356648		0.03	
社区卫生服务站	1142911	1074091	1065606	8485	3354	76083			
卫生院	6873815	6472115	6314309	157806	17579	390805	0.01		
乡镇卫生院	6873815	6472115	6314309	157806	17579	390805	0.01		
中心卫生院	2456697	2249991	2213189	36802	10233	137917			
乡卫生院	4417118	4222124	4101120	121004	7346	252888	0.01		
村卫生室	8190651	7835334	7835334						
门诊部	1820206	1633620	1633620			576140			
诊所、卫生所、医务室	6227452	6211088	6211088						
诊所	5636537	5624066	5624066						
卫生所、医务室	590915	587022	587022						
专业公共卫生机构	**3787358**	**3703780**	**3353537**	**350243**	**7251**	**103933**			**11.03**
专科疾病防治院(所、站)						100			
妇幼保健院(所、站)	3620175	3536597	3353537	183060	7251	103833			11.54
内:妇幼保健院	3602267	3518689	3335629	183060	7251	88903			11.60
急救中心(站)	167183	167183		167183					

14-18 医疗卫生机构住院服务情况

（2020 年）

机构分类	入院人数（人）	出院人数（人）		住院病人手术人次数（人次）	每百门急诊的入院人数(人)	死亡率（%）
			死亡			
总　计	**3395021**	**3394133**	**8059**	**981477**	**5.84**	**0.24**
医院	**3011723**	**3012374**	**7868**	**924622**	**7.22**	**0.26**
综合医院	2017095	2017241	5451	690394	7.55	0.27
中医医院	427941	427082	1123	59988	5.43	0.26
中西医结合医院	39020	39119	6	22543	10.51	0.02
专科医院	525271	526548	1288	151697	7.85	0.24
眼科医院	50417	50330	131	25223	5.02	0.26
耳鼻喉科医院	2981	3027		1002	10.89	
肿瘤医院	180832	181659	355	34796	17.21	0.20
心血管病医院	82447	83099	157	49425	9.00	0.19
胸科医院	27136	27096	81		20.90	0.30
妇产（科）医院	7259	7251		4201	4.00	
儿童医院	74867	75155		17188	4.65	
精神病医院	9609	9252	3		3.11	0.03
传染病医院	24854	25130	106	2399	5.56	0.42
皮肤病医院	1231	1223			2.69	
职业病医院	812	794		11	9.60	
骨科医院	10073	9901		5037	23.70	
康复医院	19264	19656	110		9.50	0.56
整形外科医院	3026	3026		3026	24.49	
美容医院	4051	3860		1598	2.55	
其他专科医院	26412	26089	345	7791	6.97	1.32
护理院	2396	2384			107.35	
基层医疗卫生机构	**222462**	**220497**	**113**		**1.69**	**0.05**
社区卫生服务中心（站）	53019	52918	100		0.82	0.19
卫生院	164426	162562	13		2.54	0.01
乡镇卫生院	164426	162562	13		2.54	0.01
中心卫生院	61007	60337	6		2.71	0.01
乡卫生院	103419	102225	7		2.45	0.01
门诊部	5017	5017				
专业公共卫生机构	**160836**	**161262**	**78**	**56855**	**4.55**	**0.05**
妇幼保健院（所、站）	160836	161262	78	56855	4.55	0.05
妇幼保健院	160836	161262	78	56855	4.57	0.05

14-19 门诊部、诊所、卫生所、医务室

（2020 年）

指标名称	合计	按管理类别分		按经济类型分				
		非营利性	营利性	国有	集体办	联营	私营	其他
机构总数（个）	**2809**	**350**	**2459**	**58**	**52**	**4**	**2526**	**169**
总人员数（人）	**14961**	**2085**	**12876**	**329**	**364**	**8**	**13261**	**999**
卫生技术人员	13531	1860	11671	275	321	7	12084	844
执业医师	6281	841	5440	158	162	5	5554	402
执业助理医师	1586	205	1381	10	25		1478	73
注册护士	5056	663	4393	88	107	2	4551	308
药剂师（士）	292	69	223	7	8		257	20
技师（士）	193	44	149	8	10		149	26
其他卫生技术人员	123	38	85	4	9		95	15
工勤技能人员	688	60	628	13	16	1	594	64
床位数（门诊部）	**220**	**150**	**70**	**150**			**64**	**6**
房屋建筑面积（m^2）	**354893**	**60996**	**293897**	**15532**	**5922**	**120**	**302175**	**31144**
总收入（万元）	**107880**	**15631**	**92249**	**4996**	**2801**	**18**	**90175**	**9890**
医疗收入	73718	10211	63507	2873	2648		63629	4568
药品收入	25408	3755	21653	1022	1062		21759	1565
总支出（万元）	**78992**	**14966**	**64026**	**5535**	**2679**	**14**	**63091**	**7673**
人员经费	44101	7713	36388	2667	1730	10	34682	5012
药品支出	19420	3883	15537	1085	792	4	16012	1527
诊疗人次数	**8047658**	**1155133**	**6892525**	**153007**	**384450**	**14195**	**6946034**	**549972**
出诊人次数	202950	47136	155814	86	40101		136323	26440
出院人数（门诊部）	**5017**	**420**	**4597**	**420**			**4597**	

基本情况

按设置/主办单位分			按诊所类别分				
政府办	社会办	私人办	普通	中医	中西医结合	口腔	其他
4	**343**	**2462**	**1082**	**510**	**104**	**395**	**295**
6	**1957**	**12998**	**3695**	**1502**	**358**	**1756**	**1605**
6	1747	11778	3501	1357	340	1639	1308
4	877	5400	1800	754	165	764	615
	138	1448	289	111	24	353	95
2	641	4413	1360	369	133	504	517
	41	251	35	104	17	3	15
	29	164	7	4	1	4	23
	21	102	10	15		11	43
	67	621	119	90	9	60	123
	162	**58**					
270	**45221**	**309402**	**68290**	**27392**	**5534**	**25607**	**38909**
18	**22660**	**85202**	**14059**	**6354**	**1108**	**9924**	**6701**
12	13855	59852	9739	3840	674	7063	5631
6	6746	18656	4694	1643	253	357	1529
14	**21009**	**57969**	**12344**	**6004**	**1005**	**7629**	**6771**
9	11375	32717	6471	3165	526	4631	3747
5	5872	13543	4297	1999	255	803	1896
7034	**1450836**	**6589788**	**3377500**	**1361090**	**339753**	**445831**	**703278**
	61696	141254	4635	998	2221	3887	4623
	420	**4597**					

14-20　医疗卫生机构病床使用情况

（2020 年）

机构分类	实际开放总床位（床日）	平均开放病床数（张）	实际占用总床日数（床日）	出院者占用总床日数（床日）	病床周转次数（次）	病床工作日（日）	病床使用率（%）	出院者平均住院日（日）
总　　计	**37126943**	**101440**	**31413477**	**31088845**	**33.5**	**309.7**	**84.61**	**9.2**
医院	**32560586**	**88963**	**28339330**	**28157830**	**33.9**	**318.6**	**87.04**	**9.3**
综合医院	19538601	53384	17387276	17310052	37.8	325.7	88.99	8.6
中医医院	5478942	14970	4631283	4607911	28.5	309.4	84.53	10.8
中西医结合医院	543498	1485	541213	548938	26.3	364.5	99.58	14.0
专科医院	6905400	18867	5707450	5617249	27.9	302.5	82.65	10.7
口腔医院	11100	30						
眼科医院	563805	1540	342812	343429	32.7	222.5	60.80	6.8
耳鼻喉科医院	65700	180	29433	29433	16.9	164.0	44.80	9.7
肿瘤医院	1516735	4144	1703529	1714413	43.8	411.1	112.32	9.4
心血管病医院	928262	2536	767834	768821	32.8	302.7	82.72	9.3
胸科医院	416544	1138	475044	476986	23.8	417.4	114.04	17.6
妇产（科）医院	189014	516	59940	48382	14.0	116.1	31.71	6.7
儿童医院	785190	2145	546636	548747	35.0	254.8	69.62	7.3
精神病医院	375713	1027	351098	308765	9.0	342.0	93.45	33.4
传染病医院	505196	1380	421082	422375	18.2	305.1	83.35	16.8
皮肤病医院	37168	102	24246	20085	12.0	238.8	65.23	16.4
职业病医院	43920	120	18147	18481	6.6	151.2	41.32	23.3
骨科医院	171015	467	103627	99786	21.2	221.8	60.60	10.1
康复医院	469845	1284	351046	334630	15.3	273.5	74.72	17.0
整形外科医院	23725	65	12775	10336	46.7	197.1	53.85	3.4
美容医院	50833	139	15501	10615	27.8	111.6	30.49	2.8
其他专科医院	751635	2054	484700	461965	12.7	236.0	64.49	17.7
护理院	94145	257	72108	73680	9.3	280.3	76.59	30.9
基层医疗卫生机构	**3175306**	**8676**	**1908846**	**1773774**	**25.4**	**220.0**	**60.12**	**8.0**
社区卫生服务中心（站）	967531	2644	608022	548776	20.0	230.0	62.84	10.4
社区卫生服务中心	964155	2634	607357	548776	20.1	230.6	62.99	10.4
社区卫生服务站	3376	9	665			72.1	19.70	
卫生院	2207775	6032	1300824	1224998	26.9	215.6	58.92	7.5
乡镇卫生院	2207775	6032	1300824	1224998	26.9	215.6	58.92	7.5
中心卫生院	801741	2191	435364	429928	27.5	198.7	54.30	7.1
乡卫生院	1406034	3842	865460	795070	26.6	225.3	61.55	7.8
专业公共卫生机构	**1391051**	**3801**	**1165301**	**1157241**	**42.4**	**306.6**	**83.77**	**7.2**
妇幼保健院（所、站）	1391051	3801	1165301	1157241	42.4	306.6	83.77	7.2
妇幼保健院	1391051	3801	1165301	1157241	42.4	306.6	83.77	7.2

14-21　医疗卫生机构收入与支出

（2020 年）

单位：万元

类　别	总收入				总费用/支出					
		财政拨款收入	事业收入	上级补助收入		业务活动费	单位管理费	业务活动费用和单位管理费用中		
								财政基本拨款经费	财政项目拨款经费	人员费用
总　计	**8245789**	**860283**	**7058934**	**44434**	**7792860**	**6764667**	**749587**	**154943**	**255469**	**2328567**
医院	**7137481**	**541985**	**6449779**	**23359**	**6782181**	**6027409**	**678346**	**120121**	**184158**	**1985516**
综合医院	4710023	295886	4319714	14840	4549622	4077511	427743	83994	113511	1288541
中医医院	812159	82917	708646	36	764214	639426	111818	15573	23660	268244
中西医结合医院	114667	15128	99048		98781	85017	13592	1287	2659	35640
专科医院	1498137	148055	1319875	8483	1369190	1225087	125187	19267	44328	392853
口腔医院	19747		18885	16	18015	11499	4959			8188
眼科医院	82479	4784	75796		76334	65775	9680	1165	3488	28046
耳鼻喉科医院	4927		4927		5737	4372	531			844
肿瘤医院	513458	29961	476949		474884	445778	26320	6612	10245	107508
心血管病医院	316703	38240	274149		298389	276066	21131	679	4114	65891
胸科医院	127653	5733	113639	8000	118775	108733	9954	2203	2577	32411
妇产(科)医院	21007	1	19813		21299	10946	7917	10	10	10013
儿童医院	161718	41698	116633		131407	121960	8520	1022	7017	56398
精神病医院	21949	4699	17087	65	21500	18106	3383		1621	11072
传染病医院	83277	15720	64591	400	75995	65186	10622	838	8654	27197
皮肤病医院	5264		5262	2	4939	2930	949			1294
职业病医院	4046	473	3557		3377	2606	767	74	25	1147
骨科医院	7429		7409		3053	2214	664	56	62	1109
康复医院	31683	580	31020		25324	21233	3911	835	290	11161

14-21　续表 1　（2020 年）　单位：万元

类　别	总收入				总费用/支出			业务活动费用和单位管理费用中		
		财政拨款收入	事业收入	上级补助收入		业务活动费	单位管理费	财政基本拨款经费	财政项目拨款经费	人员费用
整形外科医院	1636		1636		1520	403	157			496
美容医院	25536		25536		17526	11831	4528	3658	4031	2656
其他专科医院	69625	6166	62988		71115	55449	11196	2117	2195	27423
护理院	2495		2495		376	369	7			238
基层医疗卫生机构	**474254**	**101726**	**316637**	**16805**	**436934**	**296533**	**6947**			**165860**
社区卫生服务中心(站)	157383	42279	111348	1584	172483	148517	1819			49925
社区卫生服务中心	149159	40829	104691	1531	164473	141133	1801			46844
社区卫生服务站	8224	1450	6657	53	8010	7384	18			3081
卫生院	177199	59447	111491	3859	157658	148016	5128			58855
乡镇卫生院	177199	59447	111491	3859	157658	148016	5128			58855
中心卫生院	59258	21244	35347	1961	49634	47502	1524			19891
乡卫生院	117941	38203	76143	1898	108024	100514	3604			38964
村卫生室	32752		20126	11361	28806					13523
门诊部	69734		46772		45219					25554
综合门诊部	33291		17477		18544					11197
中医门诊部	11572		11047		8932					3313
中西医结合门诊部	6		6		13					11
专科门诊部	24865		18242		17730					11034
诊所、卫生所、医务室	37187		26901		32768					18003

14-21 续表 2　　(2020 年)　　单位:万元

类　别	总收入	财政拨款收入	事业收入	上级补助收入	总费用/支出	业务活动费	单位管理费	业务活动费用和单位管理费用中		
								财政基本拨款经费	财政项目拨款经费	人员费用
诊所	34524		24751		30181					16819
卫生所、医务室	2663		2150		2587					1184
专业公共卫生机构	**535416**	**207669**	**290869**	**4271**	**492684**	**419512**	**53496**	**31383**	**69770**	**157971**
疾病预防控制机构	144831	99470	25041	3380	134864	110822	18488	9696	9976	16853
专科疾病防治院(所、站)	3885	1913	1972		3885	3708	177	3885		
健康教育所(站、中心)	403	273		69	403	75		14	60	233
妇幼保健院(所、站)	298595	50557	233912	420	269272	239811	26088	6794	22908	120601
妇幼保健院	293512	45549	233839	419	265653	237824	24456	5658	21108	119696
妇幼保健所	5083	5008	73	1	3619	1987	1632	1136	1800	905
急救中心(站)	5237	4703	438		3190	2776		2332	444	1631
采供血机构	22491	1598	20830		20094	15233	4861			
卫生监督所(中心)	56052	45634	8559	126	57411	43525	3883	8661	36382	15406
计划生育技术服务机构	3922	3521	116	277	3565	3563		2		3246
其他卫生机构	**98638**	**8903**	**1649**		**81062**	**21213**	**10797**	**3439**	**1540**	**19219**
医学科学研究机构	5218	4929	274		5512	1475	1755	2432	646	1905
医学在职培训机构	291	291			291	3				207
临床检验中心(所、站)	87595		1136		71942	17859	8030			15795
统计信息中心	2857	2618	239		407	63	344	344	63	263
其他	2677	1065			2910	1813	668	663	832	1049

14-22 村卫生室基本情况

（2020 年）

类别	合计	按主办单位分					按行医方式分		
		村办	乡医院设点	联合办	私人办	其他	中医为主	西医为主	中西医结合
机构数（个）	**2691**	**1287**	**110**	**176**	**411**	**707**	**83**	**1710**	**898**
执业（助理）医师（人）	1864	898		158	269	539	47	1071	746
乡村全科执业助理医师人数	519	308	13	41	34.00	136.00	6	275	251
注册护士（人）	558	225		68	96	169	5	349	204
乡村医生和卫生员（人）	4021	2230	188	286	297	1020	88	2429	1504
乡村医生	3857	2145	183	272	277	980	81	2336	1440
卫生员	164	85	5	14	20	40	7	93	64
年内培训人次数	24994	8721	398	7725	2644	5506	425	11273	13296
设备数：简易呼吸器（个）	1771	969	37	115	146	504	48	1087	636
便携式高压消毒锅（带压力表）（个）	2064	1108	47	163	179	567	50	1294	720
冷藏箱	1817	1030	66	136	119	466	38	1143	636
诊查（观察）床（张）	4517	2386	169	255	537	1170	119	2811	1587
无菌柜（个）	1369	719	50	82	154	364	34	909	426
中药柜（个）	3172	1794	110	185	302	781	128	1755	1289
西药柜（个）	5093	2491	166	374	617	1445	123	3166	1804
担架（付）	187	117	6	10	13	41	4	117	66
处置台（个）	2418	1212	71	166	333	636	65	1539	814
总收入（万元）	**32752**	**17102**	**1611**	**1685**	**3452**	**8901**	**789**	**19764**	**12199**
事业收入	20122	10005	908	909	2741	5559	548	12277	7296
医疗收入	16151	8109	603	606	2405	4427	460	9741	5949
药品收入	12349	6619	460	395	1347	3528	349	7234	4767
上级补助收入	11360	6802	699	689	464	2706	216	6848	4297
总费用（万元）	**28806**	**15480**	**1496**	**1608**	**2778**	**7445**	**676**	**17504**	**10626**
人员经费	13523	7399	460	951	1347	3367	321	8215	4987
药品费	12543	6854	487	429	1197	3575	322	7388	4832
诊疗人次数	**8190651**	**4215590**	**571085**	**355501**	**944352**	**2104123**	**194236**	**4993205**	**3003210**
其中：出诊人次数	355317	179749	42605	24046	15919	92998	5377	222289	127651

14-23 分区县(市)卫生事业发展情况

(2020 年)

区县(市)	机构个数(个)	实有床位数(张)	卫生技术人员(人)	执业(助理)医师	执业医师	注册护士	药师(士)	技师(士)	其他	其他技术人员	管理人员	工勤技能人员
总　计	**6258**	**104888**	**133549**	**50714**	**45211**	**64653**	**5085**	**6366**	**6731**	**10695**	**8090**	**9032**
中原区	530	8741	12165	5090	4527	5810	397	500	368	505	852	936
二七区	536	21975	27070	9971	9455	14389	869	978	863	1641	991	1483
管城区	410	5443	8609	3377	3000	4089	285	489	369	465	605	681
金水区	732	30041	38176	13671	13024	19416	1666	1667	1756	2046	2585	2272
上街区	80	1124	1422	568	498	644	74	59	77	68	72	110
惠济区	155	982	1754	633	515	763	53	54	251	176	119	158
中牟县	483	3775	4374	1760	1358	1834	201	280	299	702	128	451
巩义市	670	4242	5591	2256	1815	2411	196	277	451	717	278	391
荥阳市	438	3163	4018	1590	1202	1688	165	217	358	611	270	424
新密市	377	5524	5278	1961	1566	2490	211	267	349	1126	306	353
新郑市	588	5746	6589	2543	2070	2881	275	311	579	792	444	419
登封市	402	5672	5054	2047	1614	2174	203	329	301	717	230	269
经开区	99	1794	3500	1212	1119	1652	97	389	150	484	199	202
高新区	189	842	1945	787	644	771	88	201	98	127	195	267
郑东新区	328	3964	6104	2485	2162	2802	244	238	335	240	606	517
航空港实验区	241	1860	1900	763	642	839	61	110	127	278	210	99

14-24 分区县(市)医疗机构收入与支出

(2020 年)

区县(市)	总收入(万元)	财政拨款收入	事业收入	上级补助收入	总费用/支出(万元)	业务活动费	单位管理费	业务活动费用和单位管理费用中		
								财政基本拨款经费	财政项目拨款经费	人员费用
总　计	**8245789**	**860283**	**7058934**	**44434**	**7792860**	**6764667**	**749587**	**154943**	**255469**	**2328567**
中原区	570869	54375	490406	955	544097	462967	65217	12161	20268	191130
二七区	2694554	157606	2484678	4374	2533602	2348835	157881	21048	54773	719310
管城区	268929	62547	197179	452	263277	195535	52682	3955	30637	89778
金水区	2818468	275127	2459482	21098	2656364	2352428	253440	56836	83157	814803
上街区	29201	3256	25172	230	47006	29452	1267	457	649	12469
惠济区	45898	13328	31034	890	43274	39056	2041	569	3776	12974
中牟县	164511	40377	120591	2557	135173	103650	23338	2191	2531	50318
巩义市	150878	18597	125642	2474	150052	123704	15076	2059	2964	51989
荥阳市	123104	15413	105011	1404	119344	105186	7925	2651	2956	43674
新密市	173755	26464	143229	2037	159852	133637	12452	320	10136	51510
新郑市	254298	27690	216038	3969	252045	211893	24148	45891	4059	74992
登封市	150932	18020	130920	1497	147005	120691	21221	1067	324	45395
经开区	219832	17972	132782	90	200942	143956	17059	739	2963	54716
高新区	90598	40091	28018	1159	89284	59032	6893	2537	34606	20088
郑东新区	423042	82631	322284	447	350987	283077	50029	2462	1671	71774
航空港实验区	66920	6789	46470	802	100558	51570	38919			23647

14-25 科技事业发展情况

单位:项、个

年 度	获省级及以上科学技术奖	国家级	省级	各类科研计划	国家级	省级	市级	高新技术企业数
2010	26		26	842	84	134	624	223
2011	38	4	34	1214	91	194	929	274
2012	41	4	37	1472	101	221	1150	332
2013	39	4	35	1416	65	297	1054	387
2014	42	8	34	1237	25	263	949	362
2015	48	12	36	1007	1	334	672	465
2016	38	8	30	909		188	721	625
2017	38	9	29	1228		303	925	855
2018	206	8	198	1847	511	436	900	1323
2019	182	6	176	3709		1203	2506	2048
2020	173		173	6605	50	3189	3366	2918

14-26 专利申请和授权情况

单位:件

年 度	专利申请量	发明专利	实用新型	外观专利	专利授权量	发明专利	实用新型	外观专利
2010	8203	2455	3784	1964	5677	554	3399	1724
2011	10997	3019	5922	2056	6141	888	3826	1427
2012	16254	4257	7944	4053	9065	1228	6041	1796
2013	20259	6038	9574	4647	10372	1205	6905	2262
2014	24307	8267	10781	5259	12316	1265	8182	2859
2015	26046	8452	12883	4711	16125	1869	10441	3815
2016	37411	12304	19627	5480	17884	2388	11519	3977
2017	50544	18543	25675	6326	21249	2954	13696	4599
2018	70128	26597	37213	6318	31585	3192	22935	5458
2019	59620	14459	40107	5054	33679	2896	26359	4424
2020	75604	16315	53447	5842	50224	4252	40847	5125

14-27 城乡最低生活救助标准

单位:元/月

年　度	城市居民最低生活保障金标准	农村居民最低生活保障金标准
2010	300	160
2011	340	180
2012	380	200
2013	430	240
2014	470	260
2015	520	290
2016	550	320
2017	600	380
2018	630	430
2019	700	700
2020	730	730

14-28 社会福利彩票及捐赠情况

年 度	社会福利彩票销售额(亿元)	社会福利资金筹集额(万元)	接受社会捐赠额(万元)	捐赠接收工作站、点数(个)
2010	7.53	4049.5	641.7	107
2011	11.30	4788.6	77.6	110
2012	13.78	10082.4	0.7	109
2013	14.71	10159.0	93.1	114
2014	15.43	9337.0	86.5	118
2015	15.19	12973.1	476.6	126
2016	15.13	9199.0	409.1	127
2017	17.15	8102.0	287.9	144
2018	16.90	10723.4	171.4	144
2019	15.15	13591.1	168.1	
2020	9.12	5061.0	173.2	

14-29 结婚与离婚登记情况

单位:对、人

年 度	结婚登记	内地居民登记结婚			涉外结婚	离婚登记	内地居民	华侨、港澳台居民登记离婚
			初婚人数	再婚人数				
2010	83594	83562	151647	15541	32	15606	15602	4
2011	94275	94226	166279	22271	49	19281	19276	5
2012	99522	99480	178566	20478	42	22879	22871	8
2013	100531	100492	188849	12135	39	29269	29260	9
2014	98036	97996	181060	14932	40	28433	28427	6
2015	88996	88964	162699	15229	32	31032	31026	
2016	84308	84273	150828	17788	35	37173	37166	7
2017	78307	78277	135171	21443	30	46441	46428	13
2018	78444	78417	107054	49834	27	44696	44687	9
2019	71987	71940	91203	52765	44	46506	46492	14
2020	61844	61830	77887	45801	14	41324	41319	5

14-30 分区县(市)最低生活保障情况

(2020 年)

指　标	最低生活保障人数(人)	城镇	农村	最低生活保障保障金(万元)	城镇	农村
郑州市	53466	14215	39251	34646	12250	22396
中原区	1355	1355		1240	1240	
二七区	1996	1996		1884	1884	
管城区	1116	1116		1035	1035	
金水区	2217	2217		2147	2147	
上街区	541	541		475	475	
惠济区	311	311		300	300	
中牟县	2627	199	2428	1753	168	1585
巩义市	11953	645	11308	6543	535	6009
荥阳市	7009	356	6653	4136	297	3839
新密市	5849	357	5492	4314	363	3951
新郑市	8390	1458	6932	4850	1136	3714
登封市	6571	133	6438	3403	104	3299
经开区	178	178		161	161	
高新区	263	263		236	236	
郑东新区	689	689		558	558	
航空港实验区	2401	2401		1611	1611	

14-31　规模以上工业企业 R&D 人员情况

（2020 年）

类　　别	有 R&D 活动企业个数(个)	有研发机构企业个数(个)	R&D 人员合计(人)	项目研究开发人员	管理和服务人员	女性	研究人员
总计	**1153**	**381**	**51524**	**48110**	**3414**	**10603**	**16020**
按企业规模分组							
大型	39	25	20800	19940	860	4148	6117
中型	149	68	12424	11317	1107	2754	4311
小型	905	277	17872	16458	1414	3609	5471
微型	60	11	428	395	33	92	121
按隶属关系分组							
中央	38	17	5426	4954	472	1152	2394
地方	48	16	3501	3221	280	617	1163
其他	1067	348	42597	39935	2662	8834	12463
按登记注册类型分组							
内资企业	1105	359	42589	39569	3020	8604	13397
国有企业	6	2	1106	983	123	304	348
集体企业	5	3	101	83	18	35	27
有限责任公司	288	99	19393	18206	1187	3523	5739
国有独资公司	13	9	913	850	63	151	418
其他有限责任公司	275	90	18480	17356	1124	3372	5321
股份有限公司	45	27	5005	4628	377	1048	2237
私营企业	761	228	16984	15669	1315	3694	5046
私营独资企业	6	1	63	57	6	9	5
私营有限责任公司	691	193	13608	12493	1115	3004	3622
私营股份有限公司	64	34	3313	3119	194	681	1419
港、澳、台商投资企业	20	10	6370	6171	199	1392	1626
合资经营企业（港或澳、台资）	10	5	6023	5877	146	1292	1480
港、澳、台商独资经营企业	10	5	347	294	53	100	146
外商投资企业	28	12	2565	2370	195	607	997
中外合资经营企业	15	7	1264	1159	105	273	438
中外合作经营企业	3		103	92	11	13	19
外资企业	8	3	775	715	60	162	324
外商投资股份有限公司	2	2	423	404	19	159	216

14-31　续表 1　（2020 年）

类　别	有 R&D 活动企业个数(个)	有研发机构企业个数(个)	R&D 人员合计(人)	项目研究开发人员	管理和服务人员	女性	研究人员
按国民经济行业大类分组							
采矿业	14		671	548	123	46	185
煤炭开采和洗选业	12		645	523	122	38	178
有色金属矿采选业	2		26	25	1	8	7
制造业	1111	371	49026	45849	3177	10136	15202
农副食品加工业	26	11	590	535	55	201	205
食品制造业	27	10	1702	1526	176	625	698
酒、饮料和精制茶制造业	5	3	324	308	16	84	55
烟草制品业	2	2	492	445	47	54	179
纺织业	7	3	159	146	13	57	25
纺织服装、服饰业	12	5	462	417	45	268	93
木材加工和木、竹、藤、棕、草制品业	2		73	68	5	7	5
家具制造业	6	1	119	113	6	29	48
造纸和纸制品业	15	4	337	313	24	96	53
印刷和记录媒介复制业	22	7	510	470	40	121	100
文教、工美、体育和娱乐用品制造业	8	2	259	249	10	54	61
石油、煤炭及其他燃料加工业	4	1	43	38	5	13	8
化学原料和化学制品制造业	51	22	949	884	65	250	324
医药制造业	37	16	1462	1327	135	760	699
化学纤维制造业	1		24	23	1	8	11
橡胶和塑料制品业	27	9	495	436	59	92	103
非金属矿物制品业	296	90	5656	5150	506	1185	1411
黑色金属冶炼和压延加工业	6	3	138	133	5	21	26
有色金属冶炼和压延加工业	49	17	2851	2675	176	458	575
金属制品业	47	18	1050	986	64	190	267
通用设备制造业	81	30	2927	2725	202	343	1151
专用设备制造业	128	31	4815	4509	306	634	1938
汽车制造业	62	19	3793	3521	272	579	1644
铁路、船舶、航空航天和其他运输设备制造业	16	9	1175	1054	121	364	600
电气机械和器材制造业	79	26	2566	2330	236	550	652
计算机、通信和其他电子设备制造业	40	10	13498	13032	466	2636	3088
仪器仪表制造业	50	21	2353	2237	116	436	1160
金属制品、机械和设备修理业	5	1	204	199	5	21	23

14-31 续表 2 （2020 年）

类别	有 R&D 活动企业个数(个)	有研发机构企业个数(个)	R&D 人员合计(人)	项目研究开发人员	管理和服务人员	女性	研究人员
电力、热力、燃气及水生产和供应业	28	10	1827	1713	114	421	633
电力、热力生产和供应业	19	6	1419	1344	75	294	424
燃气生产和供应业	2	1	137	127	10	55	61
水的生产和供应业	7	3	271	242	29	72	148
按经济成分分组							
公有经济	109	46	8689	7891	798	1767	3506
非公有经济	1044	335	42835	40219	2616	8836	12514
按企业控股情况分组							
国有控股	99	41	8536	7760	776	1708	3455
集体控股	10	5	153	131	22	59	51
私人控股	950	293	26760	24869	1891	5502	7714
港澳台商控股	17	10	6148	5980	168	1344	1498
外商控股	18	8	1569	1449	120	404	615
其他	59	24	8358	7921	437	1586	2687
按地区分组							
郑州市	1153	381	51524	48110	3414	10603	16020
中原区	17	4	765	670	95	257	237
二七区	19	8	1110	1000	110	366	545
管城区	8	4	1052	963	89	145	563
金水区	12	8	394	379	15	92	117
上街区	50	20	1510	1413	97	368	446
惠济区	7	6	854	808	46	222	478
中牟县	59	19	1866	1717	149	493	652
巩义市	99	55	3156	2980	176	498	529
荥阳市	119	32	2840	2583	257	486	866
新密市	165	23	2579	2337	242	497	583
新郑市	130	43	2971	2558	413	937	819
登封市	89	19	2633	2379	254	486	506
经开区	96	33	8430	8006	424	1396	2995
高新区	229	86	9778	9093	685	1919	4085
郑东新区	13	8	1487	1401	86	274	462
航空港实验区	41	13	10099	9823	276	2167	2137

14-31 续表 3 （2020 年）

类别	全时人员	非全时人员	R&D 人员折合全时当量合计（人年）	研究人员	基础研究人员	应用研究人员	试验发展人员
总计	**40594**	**10930**	**37721**	**12117**	**105**	**1140**	**36475**
按企业规模分组							
大型	17450	3350	16393	5040	25	411	15957
中型	8911	3513	8529	3054	14	324	8192
小型	13901	3971	12507	3938	67	402	12038
微型	332	96	292	85		4	288
按隶属关系分组							
中央	4390	1036	4227	1912	94	183	3951
地方	1900	1601	2490	876		139	2351
其他	34304	8293	31004	9329	12	819	30173
按登记注册类型分组							
内资企业	33185	9404	31042	10175	105	890	30047
国有企业	969	137	762	247		5	757
集体企业	91	10	54	13			54
有限责任公司	15293	4100	14222	4414	94	283	13846
国有独资公司	640	273	714	334		31	684
其他有限责任公司	14653	3827	13508	4080	94	252	13162
股份有限公司	3718	1287	4014	1832		337	3677
私营企业	13114	3870	11991	3669	12	266	11713
私营独资企业	36	27	29	2			29
私营有限责任公司	10428	3180	9512	2639	9	227	9276
私营股份有限公司	2650	663	2449	1027	3	39	2408
港、澳、台商投资企业	5650	720	4943	1225		25	4918
合资经营企业（港或澳、台资）	5341	682	4793	1168		24	4770
港、澳、台商独资经营企业	309	38	150	56		2	148
外商投资企业	1759	806	1736	717		225	1511
中外合资经营企业	1098	166	902	351		37	865
中外合作经营企业	74	29	71	11			71
外资企业	388	387	460	205		102	358
外商投资股份有限公司	199	224	303	150		86	216

14-31　续表 4　　　　（2020 年）

类　　别	全时人员	非全时人员	R&D 人员折合全时当量合计（人年）	研究人员	基础研究人员	应用研究人员	试验发展人员
按国民经济行业大类分组							
采矿业	256	415	287	86		16	271
煤炭开采和洗选业	235	410	284	85		16	268
有色金属矿采选业	21	5	3	1			3
制造业	38870	10156	36126	11579	105	1049	34972
农副食品加工业	449	141	389	125		27	362
食品制造业	858	844	1030	483		198	832
酒、饮料和精制茶制造业	192	132	116	20			116
烟草制品业	289	203	460	168	25		435
纺织业	93	66	108	19	6		102
纺织服装、服饰业	379	83	388	74			388
木材加工和木、竹、藤、棕、草制品业	66	7	54	4			54
家具制造业	103	16	74	29			74
造纸和纸制品业	211	126	275	45			275
印刷和记录媒介复制业	359	151	294	60		2	292
文教、工美、体育和娱乐用品制造业	219	40	192	48		35	157
石油、煤炭及其他燃料加工业	36	7	31	6			31
化学原料和化学制品制造业	753	196	717	244		10	707
医药制造业	1142	320	1131	539			1131
化学纤维制造业	21	3	21	10			21
橡胶和塑料制品业	394	101	325	71			325
非金属矿物制品业	4231	1425	3622	893	3	122	3497
黑色金属冶炼和压延加工业	98	40	115	24		7	109
有色金属冶炼和压延加工业	1806	1045	1927	399		272	1656
金属制品业	861	189	691	185		3	688
通用设备制造业	2173	754	2084	819	69	65	1951
专用设备制造业	3754	1061	3787	1538		42	3745
汽车制造业	3174	619	3032	1409		183	2849
铁路、船舶、航空航天和其他运输设备制造业	995	180	1093	557			1093
电气机械和器材制造业	2105	461	2026	506		40	1986
计算机、通信和其他电子设备制造业	12025	1473	10091	2358		13	10078
仪器仪表制造业	1970	383	1878	930		31	1848
金属制品、机械和设备修理业	114	90	175	19	3		173

14-31　续表 5　　　　　　　　　　　（2020 年）

类　别	全时人员	非全时人员	R&D 人员折合全时当量合计（人年）	研究人员	基础研究人员	应用研究人员	试验发展人员
电力、热力、燃气及水生产和供应业	1468	359	1308	452		75	1233
电力、热力生产和供应业	1189	230	1007	297		54	953
燃气生产和供应业	44	93	111	50		21	89
水的生产和供应业	235	36	191	106			191
按经济成分分组							
公有经济	6642	2047	6760	2832	82	250	6427
非公有经济	33952	8883	30961	9284	23	890	30048
按企业控股情况分组							
国有控股	6506	2030	6661	2798	82	250	6328
集体控股	136	17	99	35			99
私人控股	20541	6219	19439	5616	12	533	18894
港澳台商控股	5451	697	4763	1119		25	4738
外商控股	899	670	914	395		188	726
其他	7061	1297	5846	2155	11	144	5690
按地区分组							
郑州市	40594	10930	37721	12117	105	1140	36475
中原区	451	314	508	166		26	482
二七区	978	132	925	464		5	920
管城区	893	159	953	525		141	812
金水区	257	137	291	89		19	272
上街区	1235	275	1148	322		64	1084
惠济区	399	455	533	298		188	345
中牟县	1513	353	1452	509		64	1388
巩义市	1946	1210	2153	362		184	1969
荥阳市	2356	484	1974	618	1	139	1834
新密市	1822	757	1765	389	3	37	1725
新郑市	2014	957	1838	552	6	68	1763
登封市	1939	694	1420	268		33	1387
经开区	6835	1595	7008	2461	3	1	7005
高新区	7766	2012	7627	3184	69	165	7393
郑东新区	1185	302	1140	365	25		1116
航空港实验区	9005	1094	6987	1543		6	6980

14-32 规模以上工业企业办科技机构情况

（2020 年）

类　别	机构数（个）	企业在境外设立的研发机构数（个）	机构人员合计（人）	博士毕业	硕士毕业	机构经费支出（万元）	仪器和设备原价（万元）
总计	**520**	**9**	**30397**	**485**	**3436**	**894783.7**	**654069.6**
按企业规模分组							
大型	47		17208	103	1753	522690.4	251415.9
中型	102	3	6221	200	1030	224353.6	264028.6
小型	360	6	6885	182	650	145195.4	137532.0
微型	11		83		3	2544.3	1093.1
按隶属关系分组							
中央	28		3209	50	1014	115411.4	126790.5
地方	21		1287	47	151	55789.9	49595.8
其他	471	9	25901	388	2271	723582.4	477683.3
按登记注册类型分组							
内资企业	486	9	23443	432	3050	736715.3	552661.3
国有企业	2		117		22	2554.5	6360.8
集体企业	3		48		1	1703.9	1466.4
有限责任公司	122	2	9327	102	1057	283846.5	293666.6
国有独资公司	15		781	8	253	26219.3	59886.0
其他有限责任公司	107	2	8546	94	804	257627.2	233780.6
股份有限公司	50	1	6510	113	1222	263720.0	102959.5
私营企业	309	6	7441	217	748	184890.4	148208.0
私营独资企业	1		8			53.2	24.1
私营有限责任公司	246	3	5301	143	539	125447.4	100856.7
私营股份有限公司	62	3	2132	74	209	59389.8	47327.2
港、澳、台商投资企业	15		5759	8	137	90144.1	37814.9
合资经营企业（港或澳、台资）	9		5575	1	119	86783.9	32049.5
港、澳、台商独资经营企业	6		184	7	18	3360.2	5765.4
外商投资企业	19		1195	45	249	67924.3	63593.4
中外合资经营企业	9		612	9	195	45733.1	33175.1
外资企业	6		414	13	16	16842.1	22388.9
外商投资股份有限公司	4		169	23	38	5349.1	8029.4

14-32　续表 1　　　　　　　　　　　　(2020 年)

类　别	机构数（个）	企业在境外设立的研发机构数（个）	机构人员合计（人）			机构经费支出（万元）	仪器和设备原价（万元）
				博士毕业	硕士毕业		
按国民经济行业大类分组							
制造业	507	9	29793	474	3304	876212.8	635818.5
农副食品加工业	17		313	20	30	4393.3	14110.1
食品制造业	17		829	48	90	26578.9	32658.8
酒、饮料和精制茶制造业	3		203			1949.8	3001.4
烟草制品业	2		223	12	75	18500.6	23161.5
纺织业	4		94	6	2	2047.5	1644.2
纺织服装、服饰业	5		205	1	13	2273.0	827.4
家具制造业	1		16	2	8	327.4	119.7
造纸和纸制品业	4		134	1	1	3574.1	5248.6
印刷和记录媒介复制业	8		221		5	4161.9	15821.6
文教、工美、体育和娱乐用品制造业	2		92		2	584.2	3359.4
石油、煤炭及其他燃料加工业	1		6		1	163.0	50.2
化学原料和化学制品制造业	30		651	27	104	12106.5	8828.2
医药制造业	24	3	731	31	172	18069.3	14919.0
橡胶和塑料制品业	10		251	4	16	3597.5	4107.9
非金属矿物制品业	115	2	2389	68	303	51837.6	70248.3
黑色金属冶炼和压延加工业	3		40	2	3	1596.1	5013.9
有色金属冶炼和压延加工业	22		1368	55	206	81776.9	54644.7
金属制品业	23	1	635	7	18	14378.8	14494.2
通用设备制造业	37	1	1284	18	169	38426.9	30500.2
专用设备制造业	40		2533	23	494	99205.6	50018.5
汽车制造业	26	1	4680	80	888	232646.1	154521.0
铁路、船舶、航空航天和其他运输设备制造业	11		971	11	166	25378.4	18222.6
电气机械和器材制造业	38		822	10	90	20105.0	18713.7
计算机、通信和其他电子设备制造业	24		9439	16	174	176987.9	78665.1
仪器仪表制造业	39	1	1645	32	273	35335.2	12893.4
金属制品、机械和设备修理业	1		18		1	211.3	24.9
电力、热力、燃气及水生产和供应业	13		604	11	132	18570.9	18251.1

14-32 续表 2 （2020 年）

类　别	机构数（个）	企业在境外设立的研发机构数（个）	机构人员合计（人）	博士毕业	硕士毕业	机构经费支出（万元）	仪器和设备原价（万元）
电力、热力生产和供应业	6		288		46	11705.4	12856.6
燃气生产和供应业	2		97	1	22	1662.1	249.7
水的生产和供应业	5		219	10	64	5203.4	5144.8
按经济成分分组							
公有经济	66		4869	52	1324	205502.8	194486.2
非公有经济	454	9	25528	433	2112	689280.9	459583.4
按企业控股情况分组							
国有控股	61		4774	52	1320	202101.6	191805.1
集体控股	5		95		4	3401.2	2681.1
私人控股	392	9	10810	319	1074	287618.5	284926.1
港澳台商控股	16		5673	17	128	93428.5	39471.9
外商控股	13		799	36	54	26028.3	34628.8
其他	33		8246	61	856	282205.6	100556.6
按地区分组							
郑州市	520	9	30397	485	3436	894783.7	654069.6
中原区	5		276	1	24	3800.1	889.2
二七区	9		692	9	116	16193.2	16691.9
管城区	4		3592	45	643	164619.9	41835.8
金水区	8		286	6	40	6068.8	13749.0
上街区	24		894	24	175	20355.2	26869.9
惠济区	11		566	35	65	22991.9	23495.4
中牟县	22		955	8	236	39730.5	32674.2
巩义市	68	2	2022	69	113	88530.7	74850.8
荥阳市	39	1	1117	9	89	27248.5	19774.4
新密市	24		407	9	13	4985.6	4997.8
新郑市	48		1361	47	159	33275.7	42587.6
登封市	20	1	496	4	24	10343.3	6615.7
经开区	62	1	3537	55	740	158116.8	150579.6
高新区	144	2	4786	109	663	106790.9	94069.0
郑东新区	11	2	412	27	115	27355.9	34371.4
航空港实验区	21		8998	28	221	164376.7	70017.9

14-33　规模以上工业企业

（2020 年）

类　别	R&D 经费内部支出合计（万元）	按支出用途分组					按活动类型分组	
		经常费支出	人员劳务费	资产性支出	土建工程	仪器和设备	基础研究支出	应用研究支出
总计	**1570523.2**	**1399736.2**	**554570.2**	**170787.0**	**2062.9**	**168724.1**	**1495.5**	**41171.3**
按企业规模分组								
大型	664691.8	641732.5	328283.1	22959.3	260.4	22698.9	89.4	21487.8
中型	468647.2	366491.9	104170.9	102155.3	768.1	101387.2	52.8	7680.8
小型	427530.6	382364.6	119872.0	45166.0	1029.7	44136.3	1353.3	11787.6
微型	9653.6	9147.2	2244.2	506.4	4.7	501.7		215.1
按隶属关系分组								
中央	214281.7	176354.7	63070.7	37927.0	602.6	37324.4	1219.8	9204.0
地方	133091.4	111158.3	25690.5	21933.1	144.9	21788.2		2202.3
其他	1223150.1	1112223.2	465809.0	110926.9	1315.4	109611.5	275.7	29765.0
按登记注册类型分组								
内资企业	1379646.9	1216425.7	459128.9	163221.2	2009.5	161211.7	1495.5	33262.7
国有企业	18678.4	17038.7	7632.2	1639.7	5.1	1634.6		95.4
集体企业	1669.5	1669.5	763.8					
有限责任公司	602032.5	524882.2	207208.2	77150.3	906.1	76244.2	1219.8	12401.4
国有独资公司	48857.8	28279.2	8141.1	20578.6	47.3	20531.3		2137.2
其他有限责任公司	553174.7	496603.0	199067.1	56571.7	858.8	55712.9	1219.8	10264.2
股份有限公司	327580.9	294090.7	133245.3	33490.2	476.6	33013.6	16.5	15546.3
私营企业	429685.6	378744.6	110279.4	50941.0	621.7	50319.3	259.2	5219.6
私营独资企业	1502.6	1502.6	241.0					
私营有限责任公司	354219.6	306385.9	80687.3	47833.7	446.7	47387.0	231.8	4829.5
私营股份有限公司	73963.4	70856.1	29351.1	3107.3	175.0	2932.3	27.4	390.1
港、澳、台商投资企业	110249.3	106328.1	67146.1	3921.2	43.5	3877.7		515.8
合资经营企业（港或澳、台资）	102676.0	100348.1	64232.7	2327.9	43.5	2284.4		252.9
港、澳、台商独资经营企业	7573.3	5980.0	2913.4	1593.3		1593.3		262.9
外商投资企业	80627.0	76982.4	28295.2	3644.6	9.9	3634.7		7392.8
中外合资经营企业	52961.5	51272.2	18900.8	1689.3	0.9	1688.4		3621.6
中外合作经营企业	1017.8	1017.8	264.1					
外资企业	21560.4	19671.7	6992.9	1888.7	1.2	1887.5		3574.9
外商投资股份有限公司	5087.3	5020.7	2137.4	66.6	7.8	58.8		196.3

R&D 经费情况

试验发展支出	按资金来源分组			R&D经费外部支出合计				
	政府资金	企业资金	其他资金		对境内研究机构支出	对境内高等学校支出	对境内企业支出	对境外支出
1527856.4	**29354.1**	**1540488.6**	**680.5**	**37552.6**	**6542.4**	**5143.0**	**23999.1**	**1868.1**
643114.6	14903.0	649787.0	1.8	18844.4	1806.5	2141.9	14347.0	549.0
460913.6	8407.4	459870.8	369.0	8899.8	3433.4	997.2	3652.0	817.2
414389.7	5927.4	421297.4	305.8	9724.9	1261.7	1992.4	5968.9	501.9
9438.5	116.3	9533.4	3.9	83.5	40.8	11.5	31.2	
203857.9	15444.9	198795.4	41.4	6963.9	1248.9	1927.1	3787.9	
130889.1	2205.7	130809.2	76.5	2014.0	1950.2	27.1	36.7	
1193109.4	11703.5	1210884.0	562.6	28574.7	3343.3	3188.8	20174.5	1868.1
1344888.7	28466.9	1350499.5	680.5	36597.6	6510.1	5131.6	23087.8	1868.1
18583.0		18678.4		486.6	2.5	3.9	480.2	
1669.5		1669.5		3.5	3.5			
588411.3	11870.8	590045.6	116.1	16771.5	2224.7	1252.2	12588.0	706.6
46720.6	3616.0	45202.2	39.6	358.9	101.8	257.1		
541690.7	8254.8	544843.4	76.5	16412.6	2122.9	995.1	12588.0	706.6
312018.1	10384.1	317153.8	43.0	12858.4	2065.4	1699.0	8812.4	281.6
424206.8	6212.0	422952.2	521.4	6477.6	2214.0	2176.5	1207.2	879.9
1502.6	6.1	1496.5						
349158.3	4224.2	349474.0	521.4	2613.8	590.8	1123.3	837.0	62.7
73545.9	1981.7	71981.7		3863.8	1623.2	1053.2	370.2	817.2
109733.5	8.9	110240.4		13.7	2.3	11.4		
102423.1	8.9	102667.1		2.3	2.3			
7310.4		7573.3		11.4		11.4		
73234.2	878.3	79748.7		941.3	30.0		911.3	
49339.9	793.5	52168.0		263.8			263.8	
1017.8		1017.8						
17985.5	1.1	21559.3		677.5	30.0		647.5	
4891.0	83.7	5003.6						

14-33　续表 1　　　　（2020 年）

类　　别	R&D 经费内部支出合计（万元）	按支出用途分组					按活动类型分组	
		经常费支出	人员劳务费	资产性支出	土建工程	仪器和设备	基础研究支出	应用研究支出
按国民经济行业大类分组								
采矿业	11876.4	11244.0	1566.3	632.4	23.7	608.7	16.5	468.7
煤炭开采和洗选业	11329.6	10813.5	1520.0	516.1	23.7	492.4		447.7
有色金属矿采选业	546.8	430.5	46.3	116.3		116.3	16.5	21.0
制造业	1488528.9	1346813.5	535146.5	141715.4	1440.4	140275.0	1479.0	36693.1
农副食品加工业	11773.4	10710.4	3349.0	1063.0	8.5	1054.5		279.5
食品制造业	42350.8	31532.1	12818.3	10818.7	1.3	10817.4		4007.7
酒、饮料和精制茶制造业	3859.6	3704.5	1284.4	155.1	0.9	154.2		
烟草制品业	21464.9	20259.6	15603.9	1205.3	6.8	1198.5	89.4	
纺织业	2747.0	2704.7	903.4	42.3		42.3	15.9	
纺织服装、服饰业	6040.4	5896.2	2367.9	144.2	5.6	138.6		
木材加工和木、竹、藤、棕、草制品业	974.3	974.3	431.4					
家具制造业	2197.6	2180.5	762.6	17.1	1.0	16.1		
造纸和纸制品业	6919.8	6065.2	1555.3	854.6	0.1	854.5		
印刷和记录媒介复制业	6778.7	6416.0	3210.3	362.7	0.3	362.4		202.0
文教、工美、体育和娱乐用品制造业	2838.6	2754.7	1397.9	83.9		83.9		263.5
石油、煤炭及其他燃料加工业	836.8	825.1	215.7	11.7	0.2	11.5		
化学原料和化学制品制造业	30096.1	23353.7	6312.2	6742.4	51.6	6690.8		175.5
医药制造业	43063.0	39451.1	14734.6	3611.9	11.2	3600.7		
化学纤维制造业	375.8	375.4	118.4	0.4		0.4		
橡胶和塑料制品业	11078.9	7474.0	1669.4	3604.9	0.1	3604.8		
非金属矿物制品业	162584.2	126571.7	33287.8	36012.5	314.7	35697.8	215.9	5465.4
黑色金属冶炼和压延加工业	8491.8	7816.9	686.7	674.9	0.7	674.2		1220.6
有色金属冶炼和压延加工业	157723.9	147216.7	15001.7	10507.2	337.2	10170.0		6858.9
金属制品业	45003.2	33351.7	7332.3	11651.5	162.8	11488.7		163.7
通用设备制造业	85336.7	74097.7	23079.0	11239.0	25.5	11213.5	1130.4	973.1
专用设备制造业	166538.2	156718.4	46778.3	9819.8	45.3	9774.5		567.5
汽车制造业	266082.8	254322.4	128671.9	11760.4	220.3	11540.1		14778.7
铁路、船舶、航空航天和其他运输设备制造业	27685.8	27389.6	12794.5	296.2	1.0	295.2		
电气机械和器材制造业	67816.0	62017.6	19001.7	5798.4	118.0	5680.4		947.3
计算机、通信和其他电子设备制造业	259873.4	247416.2	153104.1	12457.2	90.2	12367.0		422.6
仪器仪表制造业	45361.1	42708.9	26991.8	2652.2	32.5	2619.7		367.1

试验发展支出	按资金来源分组			R&D经费外部支出合计	对境内研究机构支出	对境内高等学校支出	对境内企业支出	对境外支出
	政府资金	企业资金	其他资金					
11391.2	15.4	11861.0		540.8	379.5	75.5	85.8	
10881.9	0.1	11329.5		540.8	379.5	75.5	85.8	
509.3	15.3	531.5						
1450356.8	28780.0	1459321.3	427.6	35948.3	6120.0	4956.4	23003.8	1868.1
11493.9	271.8	11501.6		18.6		18.6		
38343.1	167.0	42107.3	76.5	614.4	351.7	257.7	5.0	
3859.6		3859.6						
21375.5		21464.9		2756.8	794.0	371.7	1591.1	
2731.1		2747.0						
6040.4	84.0	5956.4		2.0			2.0	
974.3		974.3						
2197.6	28.6	2169.0		47.2			47.2	
6919.8		6919.8		4.9			4.9	
6576.7		6690.4	88.3	70.3	70.3			
2575.1	13.7	2824.9						
836.8		836.8		60.0	60.0			
29920.6	497.4	29598.7		502.3	96.2	26.1	380.0	
43063.0	1477.5	41585.5		3047.6	1684.5	77.7	1222.7	62.7
375.8		375.8						
11078.9	16.0	11062.9		173.0	23.0	150.0		
156902.9	3612.7	158939.3	32.2	2031.1	121.0	284.9	808.0	817.2
7271.2		8491.8		20.0	20.0			
150865.0	324.1	157399.8		157.8	148.4		9.4	
44839.5	589.0	44374.6	39.6	90.9	23.9	48.1	18.9	
83233.2	3402.1	81934.6		994.7	375.2	619.5		
165970.7	8630.5	157847.5	60.2	3191.9	554.8	1656.3	980.8	
251304.1	2355.5	263693.6	33.7	11404.7	160.8	435.6	10087.5	720.8
27685.8	4842.7	22801.9	41.2	1391.3			1391.3	
66868.7	955.6	66813.2	47.2	5126.2	308.6	101.0	4716.6	
259450.8	302.1	259571.3		1332.0	1242.8	19.1	70.1	
44994.0	1209.7	44142.7	8.7	2910.6	84.8	890.1	1668.3	267.4

14-33　续表 2　　(2020 年)

类　别	R&D 经费内部支出合计（万元）	按支出用途分组					按活动类型分组	
		经常费支出	人员劳务费	资产性支出	土建工程	仪器和设备	基础研究支出	应用研究支出
金属制品、机械和设备修理业	2636.1	2508.2	1682.0	127.9	4.6	123.3	27.4	
电力、热力、燃气及水生产和供应业	70117.9	41678.7	17857.4	28439.2	598.8	27840.4		4009.5
电力、热力生产和供应业	39894.0	31904.0	11789.1	7990.0	538.4	7451.6		3815.8
燃气生产和供应业	1645.4	1645.4	1562.7					193.7
水的生产和供应业	28578.5	8129.3	4505.6	20449.2	60.4	20388.8		
按经济成分分组								
公有经济	353018.0	284730.2	96052.4	68287.8	748.4	67539.4	1194.4	13422.5
非公有经济	1217505.2	1115006.0	458517.8	102499.2	1314.5	101184.7	301.1	27748.8
按企业控股情况分组								
国有控股	349995.7	281715.0	94476.3	68280.7	748.4	67532.3	1194.4	13422.5
集体控股	3022.3	3015.2	1576.1	7.1		7.1		
私人控股	721320.9	646112.9	198047.0	75208.0	1009.9	74198.1	275.7	12329.3
港澳台商控股	103272.9	99568.8	65647.7	3704.1	0.1	3704.0		515.8
外商控股	32101.6	29873.3	11233.7	2228.3	9.9	2218.4		3771.2
其他	360809.8	339451.0	183589.4	21358.8	294.6	21064.2	25.4	11132.5
按地区分组								
郑州市	1570523.2	1399736.2	554570.2	170787.0	2062.9	168724.1	1495.5	41171.3
中原区	31398.0	13597.4	6424.5	17800.6	4.9	17795.7		289.1
二七区	21403.2	21367.5	8501.6	35.7	0.6	35.1		278.9
管城区	154175.8	150454.9	89009.2	3720.9	170.1	3550.8		11107.2
金水区	7771.1	7017.9	3027.4	753.2	0.1	753.1		322.0
上街区	35678.2	32872.9	9536.4	2805.3	29.0	2776.3		2050.5
惠济区	20459.5	19843.5	6238.8	616.0		616.0		3771.2
中牟县	66194.8	61717.0	20028.8	4477.8	41.4	4436.4		4873.9
巩义市	158073.1	147999.5	14929.3	10073.6	403.1	9670.5		4733.6
荥阳市	86528.0	62371.7	19835.5	24156.3	670.9	23485.4	87.9	4764.1
新密市	55779.9	51559.1	11985.9	4220.8	74.1	4146.7	128.0	1110.2
新郑市	89239.9	61932.7	15375.8	27307.2	78.3	27228.9	15.9	2421.7
登封市	57098.9	52885.9	11333.7	4213.0	289.5	3923.5	16.5	1275.2
经开区	310875.6	290015.1	111392.3	20860.5	91.2	20769.3	27.4	43.9
高新区	239127.5	201942.3	92212.3	37185.2	200.6	36984.6	1130.4	3839.1
郑东新区	46655.7	44048.6	25601.4	2607.1	6.9	2600.2	89.4	
航空港实验区	190064.0	180110.2	109137.3	9953.8	2.2	9951.6		290.7

试验发展支出	按资金来源分组			R&D经费外部支出合计				
	政府资金	企业资金	其他资金		对境内研究机构支出	对境内高等学校支出	对境内企业支出	对境外支出
2608.7		2636.1						
66108.4	558.7	69306.3	252.9	1063.5	42.9	111.1	909.5	
36078.2		39641.1	252.9	1023.1	2.5	111.1	909.5	
1451.7		1645.4						
28578.5	558.7	28019.8		40.4	40.4			
338401.1	16601.0	336299.1	117.9	8360.4	1830.3	2221.9	4308.2	
1189455.3	12753.1	1204189.5	562.6	29192.2	4712.1	2921.1	19690.9	1868.1
335378.8	16601.0	333276.8	117.9	8316.5	1786.4	2221.9	4308.2	
3022.3		3022.3		43.9	43.9			
708715.9	9482.0	711276.3	562.6	15799.2	4317.2	2789.1	7373.8	1319.1
102757.1		103272.9		11.4		11.4		
28330.4	658.4	31443.2		677.5	30.0		647.5	
349651.9	2612.7	358197.1		12704.1	364.9	120.6	11669.6	549.0
1527856.4	29354.1	1540488.6	680.5	37552.6	6542.4	5143.0	23999.1	1868.1
31108.9	45.8	31352.2		131.8	42.5		89.3	
21124.3	5113.1	16290.1		563.2	239.6	315.4	8.2	
143068.6	1317.7	152858.1		6082.1	96.1	110.6	5593.8	281.6
7449.1	164.9	7606.2		457.4	70.3	7.1	380.0	
33627.7	277.3	35400.9		10.0		10.0		
16688.3	158.3	20301.2		15.0	10.0		5.0	
61320.9	2204.4	63956.7	33.7	2328.9	130.2	301.0	1458.5	439.2
153339.5	615.1	157454.1	3.9	266.9	180.4	77.1	9.4	
81676.0	1576.5	84845.9	105.6	211.1	57.8	153.3		
54541.7	200.2	55579.7		237.9	40.0	117.2	80.7	
86802.3	2252.9	86922.8	64.2	2998.3	1970.6	598.7	429.0	
55807.2	506.8	56592.1		726.1	396.0	279.5	50.6	
310804.3	8535.0	302286.4	54.2	12793.7	803.7	1425.8	9479.6	1084.6
234158.0	5884.2	232824.4	418.9	7107.9	1700.6	1244.8	4099.8	62.7
46566.3	45.8	46609.9		3176.1	794.0	371.7	2010.4	
189773.3	456.1	189607.9		446.2	10.6	130.8	304.8	

14-34 规模以上工业企业自主知识产权保护情况

（2020 年）

类型	专利申请数（件）	发明专利	期末有效发明专利数（件）	已被实施	专利所有权转让及许可数（项）	专利所有权转让及许可收入（万元）	发表科技论文（篇）	期末拥有注册商标（件）	形成国家或行业标准（项）
总计	**13132**	**3611**	**9252**	**4793**	**581**	**12271.0**	**2551**	**11174**	**243**
按企业规模分组									
大型	4227	1907	2236	1284	2	19.0	1724	4680	62
中型	2530	719	2194	1411	355		543	3204	106
小型	6115	966	4655	1994	205	52.0	280	3267	74
微型	260	19	167	104	19	12200.0	4	23	1
按隶属关系分组									
中央	3824	1725	1798	996			1971	1792	109
地方	520	79	301	179	4	10.0	67	988	4
其他	8788	1807	7153	3618	577	12261.0	513	8394	130
按登记注册类型分组									
内资企业	12490	3442	8858	4588	581	12271.0	2391	9936	239
国有企业	1767	835	329	49	3		1206		15
集体企业	13		2	2			2	1	
股份合作企业			13	13					
有限责任公司	3837	1192	3090	1778	75	12200.0	837	2298	112
国有独资公司	266	116	315	290			84	23	21
其他有限责任公司	3571	1076	2775	1488	75	12200.0	753	2275	91
股份有限公司	1137	492	1360	938	2	19.0	253	2270	42
私营企业	5736	923	4064	1808	501	52.0	93	5367	70
私营独资企业	4		3	3				1	
私营合伙企业								1	
私营有限责任公司	4993	784	3140	1413	114		64	3259	46
私营股份有限公司	739	139	921	392	387	52.0	29	2106	24
港、澳、台商投资企业	264	88	228	84			30	34	1
合资经营企业（港或澳、台资）	220	81	115	45			30	33	1
港、澳、台商独资经营企业	44	7	113	39				1	
外商投资企业	378	81	166	121			130	1204	3
中外合资经营企业	215	44	97	55			119	249	2
中外合作经营企业	20	6	25	25			7	2	
外资企业	130	29	27	24			2	27	
外商投资股份有限公司	13	2	17	17			2	926	1

14-34 续表 1 （2020 年）

类型	专利申请数（件）	发明专利	期末有效发明专利数（件）	已被实施	专利所有权转让及许可数（项）	专利所有权转让及许可收入（万元）	发表科技论文（篇）	期末拥有注册商标（件）	形成国家或行业标准（项）
按国民经济行业大类分组									
采矿业	6		26	26			28	6	
煤炭开采和洗选业	6		6	6			28		
有色金属矿采选业			20	20				6	
制造业	11177	2739	8832	4698	578	12271.0	1259	11151	224
农副食品加工业	126	17	92	46	1		4	180	1
食品制造业	139	47	184	114	8		21	3568	2
酒、饮料和精制茶制造业	3							63	
烟草制品业	1020	414	377	122			162	1680	14
纺织业	64	1	20	16			2	19	1
纺织服装、服饰业	42	11	69	69				67	
木材加工和木、竹、藤、棕、草制品业	6								
家具制造业	42	1	25	1				115	2
造纸和纸制品业	42	5	59	3				6	1
印刷和记录媒介复制业	120	20	45	31			2	3	
文教、工美、体育和娱乐用品制造业	100	14	44	17				359	
石油、煤炭及其他燃料加工业	33	6	16	7				1	1
化学原料和化学制品制造业	261	68	165	60	52		15	790	1
医药制造业	422	128	431	245	5		37	1134	5
化学纤维制造业	2	1	22	7				15	1
橡胶和塑料制品业	126	13	106	69			4	81	
非金属矿物制品业	1832	356	1180	709	12		54	297	34
黑色金属冶炼和压延加工业	34	3	28	28				2	
有色金属冶炼和压延加工业	464	72	218	156			170	36	42
金属制品业	422	59	318	144			40	66	12
通用设备制造业	818	208	864	499	36	52.0	259	215	17
专用设备制造业	1668	421	1488	686	39	10.0	152	490	17
汽车制造业	901	269	765	653	29	9.0	193	1285	18
铁路、船舶、航空航天和其他运输设备制造业	207	71	277	204	25	12200.0	34	14	16
电气机械和器材制造业	788	164	951	267	30		21	155	8
计算机、通信和其他电子设备制造业	611	129	264	180			4	177	4
仪器仪表制造业	827	209	787	331	341		85	326	27

14-34 续表 2

(2020 年)

类　型	专利申请数(件)	发明专利	期末有效发明专利数(件)	已被实施	专利所有权转让及许可数(项)	专利所有权转让及许可收入(万元)	发表科技论文(篇)	期末拥有注册商标(件)	形成国家或行业标准(项)
金属制品、机械和设备修理业	57	32	37	34				7	
电力、热力、燃气及水生产和供应业	1949	872	394	69	3		1264	17	19
电力、热力生产和供应业	1799	832	374	52			1247	6	17
燃气生产和供应业	18	2	1	1			7		1
水的生产和供应业	132	38	19	16	3		10	11	1
按经济成分分组									
公有经济	4277	1775	2116	1106	11	10.0	2111	2151	108
非公有经济	8855	1836	7136	3687	570	12261.0	440	9023	135
按企业控股情况分组									
国有控股	4260	1775	2114	1104	11	10.0	2109	2149	106
集体控股	17		2	2			2	2	2
私人控股	7289	1314	5719	2699	537	12252.0	261	6775	98
港澳台商控股	172	48	194	72			7	1	2
外商控股	196	37	65	62			4	955	1
其他	1198	437	1158	854	33	9.0	168	1292	34
按地区分组									
郑州市	13132	3611	9252	4793	581	12271.0	2551	11174	243
中原区	176	19	89	27	8		10	50	1
二七区	1942	903	615	274	5		1112	561	17
管城区	269	166	432	425	1	9.0	20	938	16
金水区	61	13	70	68			4	469	2
上街区	291	55	252	148	25		168	46	49
惠济区	61	15	47	41			6	1003	1
中牟县	462	80	516	334	5		143	378	3
巩义市	1121	101	408	194	44		8	161	5
荥阳市	696	147	684	264	13		33	335	8
新密市	799	128	458	264	2		21	529	18
新郑市	732	124	369	269	15		39	2015	4
登封市	398	76	285	162	27	12200.0	66	51	1
经开区	1859	613	1104	753	33	10.0	185	693	15
高新区	2619	655	3066	1216	395	52.0	414	1910	78
郑东新区	1141	444	573	168			307	1698	19
航空港实验区	505	72	284	186	8		15	337	6

14-35 规模以上工业企业新产品开发、生产及销售

（2020 年）

类　别	新产品开发项目数（项）	新产品开发经费支出（万元）	新产品销售收入（万元）	出口
总计	**6076**	**1168353.0**	**33565845.5**	**21985403.3**
按企业规模分组				
大型	1079	456697.4	26670537.2	21624997.9
中型	1327	359246.9	3793199.4	233129.8
小型	3501	342013.0	3056843.7	127275.6
微型	169	10395.7	45265.2	
按隶属关系分组				
中央	807	169124.6	1149318.0	71687.0
地方	278	87765.1	1303556.7	19494.8
其他	4991	911463.3	31112970.8	21894221.5
按登记注册类型分组				
内资企业	5655	1018626.0	13908828.5	3605765.4
国有企业	297	23031.3	45841.3	
集体企业	17	1522.3	9428.8	11.7
有限责任公司	1626	445458.3	6730562.3	3099814.2
国有独资公司	132	45503.7	269919.1	
其他有限责任公司	1494	399954.6	6460643.2	3099814.2
股份有限公司	505	191538.0	2836671.2	287870.3
私营企业	3210	357076.1	4286324.9	218069.2
私营独资企业	9	1237.2	14012.0	
私营有限责任公司	2675	289046.5	3365697.8	151132.8
私营股份有限公司	526	66792.4	906615.1	66936.4
港、澳、台商投资企业	203	81652.4	18523611.6	18352756.9
合资经营企业（港或澳、台资）	155	75328.6	18332268.4	18227566.5
港、澳、台商独资经营企业	48	6323.8	191343.2	125190.4
外商投资企业	218	68074.6	1133405.4	26881.0
中外合资经营企业	110	48249.8	770937.7	25977.0
中外合作经营企业	4	746.3	933.7	694.8
外资企业	66	14398.6	206386.5	
外商投资股份有限公司	38	4679.9	155147.5	209.2

14-35 续表 1 （2020 年）

类　别	新产品开发项目数(项)	新产品开发经费支出(万元)	新产品销售收入(万元)	出口
按国民经济行业大类分组				
采矿业	6	1208.9		
煤炭开采和洗选业	3	1154.9		
有色金属矿采选业	3	54.0		
制造业	5724	1130913.2	33522835.7	21985403.3
农副食品加工业	79	7666.5	123068.7	
食品制造业	185	33397.3	410787.6	1568.3
酒、饮料和精制茶制造业	21	3618.5	12836.8	
烟草制品业	81	20866.8	73722.8	400.8
纺织业	42	4999.3	60088.7	2615.3
纺织服装、服饰业	32	4073.0	47842.3	
木材加工和木、竹、藤、棕、草制品业			2.0	
家具制造业	39	1878.3	14087.7	
造纸和纸制品业	59	5466.0	66178.0	
印刷和记录媒介复制业	48	4738.2	66820.0	11.7
文教、工美、体育和娱乐用品制造业	28	1720.2	16163.3	2228.5
石油、煤炭及其他燃料加工业	8	493.8	1033.8	
化学原料和化学制品制造业	217	20687.0	173147.3	8178.9
医药制造业	308	42639.7	174207.5	6503.6
化学纤维制造业	8	375.8	1796.4	
橡胶和塑料制品业	86	9305.7	84199.5	16805.0
非金属矿物制品业	837	120408.3	1216378.8	42687.5
黑色金属冶炼和压延加工业	24	4131.6	28807.7	2106.9
有色金属冶炼和压延加工业	270	118431.8	2054533.7	130280.3
金属制品业	250	42748.6	247893.8	13866.8
通用设备制造业	491	67540.2	835688.3	3509.3
专用设备制造业	811	132337.8	2042504.9	106767.3
汽车制造业	372	159543.6	2517596.9	176820.3
铁路、船舶、航空航天和其他运输设备制造业	86	26493.9	214679.8	334.0
电气机械和器材制造业	457	64527.9	1159752.1	25684.0
计算机、通信和其他电子设备制造业	417	185723.1	21660050.5	21438266.8
仪器仪表制造业	450	46049.1	214966.8	6768.0

14-35　续表 2　　(2020 年)

类　　别	新产品开发项目数(项)	新产品开发经费支出(万元)	新产品销售收入(万元)	
				出口
金属制品、机械和设备修理业	18	1051.2	4000.0	
电力、热力、燃气及水生产和供应业	346	36230.9	43009.8	
电力、热力生产和供应业	315	19951.8	7438.9	
燃气生产和供应业	7	467.2		
水的生产和供应业	24	15811.9	35570.9	
按经济成分分组				
公有经济	1098	267646.9	3049688.6	80730.4
非公有经济	4978	900706.1	30516156.9	21904672.9
按企业控股情况分组				
国有控股	1044	263242.5	3011411.7	79839.7
集体控股	54	4404.4	38276.9	890.7
私人控股	4144	602847.1	7145935.8	1241789.3
港澳台商控股	175	81702.4	18554223.0	18352601.4
外商控股	156	24460.9	401315.3	986.5
其他	503	191695.7	4414682.8	2309295.7
按地区分组				
郑州市	6076	1168353.0	33565845.5	21985403.3
中原区	60	21024.1	63287.8	82.5
二七区	334	29816.5	212240.1	2856.0
管城区	57	53649.6	1249681.5	173546.3
金水区	79	7252.6	61567.6	4.6
上街区	296	27734.8	229383.2	7357.6
惠济区	103	13845.5	343759.9	40.0
中牟县	283	58084.2	1573834.9	18475.2
巩义市	525	130818.4	2292542.2	124848.7
荥阳市	413	56493.4	552576.8	5677.1
新密市	362	36470.9	332222.3	11546.0
新郑市	409	68666.8	514698.5	31312.5
登封市	161	24816.0	318932.6	1173.7
经开区	840	276698.1	3643580.0	1050120.8
高新区	1608	206953.7	1316679.8	73182.8
郑东新区	201	43210.7	143440.3	754.4
航空港实验区	345	112817.7	20717418.0	20484425.1

14-36 规模以上工业企业政府相关政策落实情况

（2020 年）

单位：万元

类　别	使用来自政府部门的研发资金	研究开发费用加计扣除减免税	高新技术企业减免税
总计	**846902.6**	**131974.4**	**138543.4**
按企业规模分组			
大型	508977.5	64770.4	90166.2
中型	155786.7	30621.2	26675.8
小型	176551.0	35749.5	21174.9
微型	5587.4	833.3	526.5
按隶属关系分组			
中央	88116.0	9505.6	8110.0
地方	39173.2	6433.3	13970.9
其他	719613.4	116035.5	116462.5
按登记注册类型分组			
内资企业	712111.0	107676.5	135251.0
国有企业	3678.6	443.5	192.0
有限责任公司	275004.8	42592.5	84529.7
国有独资公司	15922.9	1979.0	4606.5
其他有限责任公司	259081.9	40613.5	79923.2
股份有限公司	264841.6	30502.1	24731.7
私营企业	168586.0	34138.4	25797.6
私营有限责任公司	120280.1	23951.3	18680.8
私营股份有限公司	48305.9	10187.1	7116.8
港、澳、台商投资企业	90232.3	17897.3	1474.6
合资经营企业(港或澳、台资)	88804.7	17716.7	1258.3
港、澳、台商独资经营企业	1427.6	180.6	216.3
外商投资企业	44559.3	6400.6	1817.8
中外合资经营企业	37876.2	4705.7	1632.4
外资企业	3317.0	114.2	137.3
外商投资股份有限公司	3366.1	1580.7	48.1
按国民经济行业大类分组			
制造业	834721.8	130353.8	137248.9
农副食品加工业	5056.2	967.7	106.7
食品制造业	11249.9	5161.5	725.8

14-36 续表 1 （2020 年）

类　　别	使用来自政府部门的研发资金	研究开发费用加计扣除减免税	高新技术企业减免税
酒、饮料和精制茶制造业	1129.4	282.4	
纺织业	1316.2	216.0	
纺织服装、服饰业	1311.0	345.6	
木材加工和木、竹、藤、棕、草制品业	0.5		
家具制造业	1143.4	241.0	27.2
造纸和纸制品业	3329.3	894.1	290.3
印刷和记录媒介复制业	4375.2	952.0	299.2
文教、工美、体育和娱乐用品制造业	1369.2	272.6	27.9
石油、煤炭及其他燃料加工业	641.6	61.3	
化学原料和化学制品制造业	12079.6	3286.2	1801.5
医药制造业	37751.8	4625.0	3818.5
橡胶和塑料制品业	3139.8	319.5	195.2
非金属矿物制品业	62647.9	15024.1	11487.6
黑色金属冶炼和压延加工业	1232.8	138.7	124.7
有色金属冶炼和压延加工业	30717.9	5250.3	253.0
金属制品业	17261.1	3451.5	2547.9
通用设备制造业	35321.3	8515.1	5239.5
专用设备制造业	108472.2	13429.4	23990.2
汽车制造业	192800.9	23412.5	5425.7
铁路、船舶、航空航天和其他运输设备制造业	16592.5	2218.5	5127.2
电气机械和器材制造业	29873.9	6118.1	7844.0
计算机、通信和其他电子设备制造业	214773.2	30724.8	61700.1
仪器仪表制造业	40355.6	3978.6	6216.7
金属制品、机械和设备修理业	779.4	467.3	
电力、热力、燃气及水生产和供应业	12180.8	1620.6	1294.5
电力、热力生产和供应业	3688.3	592.9	801.2
燃气生产和供应业	1713.1	321.2	
水的生产和供应业	6779.4	706.5	493.3

14-36 续表 2 （2020 年）

类 别	使用来自政府部门的研发资金	研究开发费用加计扣除减免税	高新技术企业减免税
按经济成分分组			
公有经济	144588.6	17546.4	25273.6
非公有经济	702314.0	114428.0	113269.8
按企业控股情况分组			
国有控股	144193.3	17513.3	25250.6
集体控股	395.3	33.1	23.0
私人控股	310081.4	61277.2	54761.7
港澳台商控股	88319.6	16361.4	700.4
外商控股	8658.9	2031.6	331.6
其他	295254.1	34757.8	57476.1
按地区分组			
郑州市	846902.6	131974.4	138543.4
中原区	9035.1	1196.0	40.1
二七区	10839.7	3462.5	1126.3
管城区	142686.3	16139.3	484.1
金水区	6295.6	1289.2	585.9
上街区	14020.8	2859.3	776.2
惠济区	4286.9	1896.4	208.8
中牟县	49382.7	7283.6	2451.3
巩义市	41615.5	7658.5	2489.3
荥阳市	26677.1	4430.9	3627.2
新密市	10558.4	3852.8	1343.9
新郑市	29759.1	5739.3	3935.6
登封市	14478.3	5929.6	2820.5
经开区	193058.1	23449.4	48973.7
高新区	130900.7	21756.6	27460.4
郑东新区	1884.1	607.6	20.5
航空港实验区	161424.2	24423.4	42199.6

14-37 规模以上工业企业技术获取和技术改造情况

（2020 年）

单位：万元

类　别	引进境外技术经费支出	购买境内技术经费支出	技术改造经费支出
总计	**277.5**	**21662.7**	**139131.3**
按企业规模分组			
大型	129.8	19395.1	86980.6
中型		2044.7	38212.8
小型	147.7	210.9	12772.2
微型		12.0	1165.7
按隶属关系分组			
中央			66482.2
地方		1064.3	2300.1
其他	277.5	20598.4	70349.0
按登记注册类型分组			
内资企业	147.7	3331.9	119132.3
国有企业			37234.3
集体企业			91.7
有限责任公司		2076.7	59315.9
国有独资公司			6923.2
其他有限责任公司		2076.7	52392.7
股份有限公司		1066.0	11365.2
私营企业	147.7	189.2	11125.2
私营合伙企业			80.0
私营有限责任公司		189.2	9463.4
私营股份有限公司	147.7		1581.8
外商投资企业	129.8	18330.8	19999.0
中外合资经营企业	129.8	18330.8	18460.6
中外合作经营企业			254.0
外资企业			1284.4

14-37 续表 1 （2020 年）

类　别	引进境外技术经费支出	购买境内技术经费支出	技术改造经费支出
按国民经济行业大类分组			
采矿业			24.0
煤炭开采和洗选业			24.0
制造业	277.5	21597.7	101483.4
农副食品加工业			60.2
食品制造业			2755.5
烟草制品业			585.1
纺织服装、服饰业			153.1
造纸和纸制品业			1678.0
印刷和记录媒介复制业			2347.5
化学原料和化学制品制造业		2.5	111.5
医药制造业		9.0	72.7
橡胶和塑料制品业			426.4
非金属矿物制品业		49.7	9163.4
有色金属冶炼和压延加工业			20128.9
金属制品业		15.0	2260.5
通用设备制造业	147.7		5372.0
专用设备制造业		1064.3	3166.3
汽车制造业	129.8	20400.5	49771.0
铁路、船舶、航空航天和其他运输设备制造业			2071.4
电气机械和器材制造业		16.0	327.1
计算机、通信和其他电子设备制造业			389.0
仪器仪表制造业		40.7	643.8
电力、热力、燃气及水生产和供应业		65.0	37623.9
电力、热力生产和供应业		65.0	37623.9

14-37 续表 2 （2020 年）

类　　别	引进境外技术经费支出	购买境内技术经费支出	技术改造经费支出
按经济成分分组			
公有经济	129.8	19395.1	89015.0
非公有经济	147.7	2267.6	50116.3
按企业控股情况分组			
国有控股	129.8	19395.1	88923.3
集体控股			91.7
私人控股	147.7	2267.6	43050.0
外商控股			1284.4
其他			5781.9
按地区分组			
郑州市	277.5	21662.7	139131.3
中原区			190.2
二七区			3519.6
管城区			5656.2
金水区			224.5
上街区		1.7	18094.4
惠济区			1284.4
中牟县	129.8	18345.8	20145.1
巩义市			4776.4
荥阳市		25.0	1218.5
新密市		81.0	1792.2
新郑市		16.0	4192.9
登封市		2.5	5041.9
经开区		3141.0	29083.0
高新区	147.7	49.7	5849.0
郑东新区			37670.9
航空港实验区			392.1

14-38 建筑业企业

（2020 年）

类别	有 R&D 活动企业个数（个）	有研发机构企业个数（个）	R&D 人员合计（人）	项目研究开发人员	管理和服务人员	女性	研究人员
总计	**115**	**45**	**10027**	**9259**	**768**	**1694**	**4574**
按企业规模分组							
大型	40	25	5103	4522	581	649	2308
中型	38	9	1079	948	131	242	428
小型	35	9	278	242	36	76	86
微型	2	2	3567	3547	20	727	1752
按隶属关系分组							
中央	20	10	5923	5614	309	898	2835
地方	11	5	1265	1145	120	252	612
其他	84	30	2839	2500	339	544	1127
按登记注册类型分组							
内资企业	115	45	10027	9259	768	1694	4574
国有企业	2	2	505	497	8	56	212
有限责任公司	41	20	6843	6463	380	1232	3252
国有独资公司	9	5	849	771	78	119	367
其他有限责任公司	32	15	5994	5692	302	1113	2885
股份有限公司	11	4	1303	1065	238	148	656
私营企业	61	19	1376	1234	142	258	454
私营有限责任公司	56	18	1279	1142	137	240	403
私营股份有限公司	5	1	97	92	5	18	51
按国民经济行业大类分组							
建筑业	115	45	10027	9259	768	1694	4574
房屋建筑业	36	23	3165	2837	328	508	1420
土木工程建筑业	38	15	5703	5379	324	956	2724
建筑安装业	25	3	730	667	63	118	270
建筑装饰、装修和其他建筑业	16	4	429	376	53	112	160
按经济成分分组							
公有经济	31	17	6709	6290	419	1041	3275
非公有经济	84	28	3318	2969	349	653	1299
按企业控股情况分组							
国有控股	30	16	6612	6246	366	1021	3220
集体控股	1	1	97	44	53	20	55
私人控股	82	27	3172	2824	348	638	1215
其他	2	1	146	145	1	15	84
按地区分组							
郑州市	115	45	10027	9259	768	1694	4574
中原区	8	6	1001	890	111	119	432
二七区	6	1	862	662	200	74	426
管城区	6	3	394	331	63	77	216
金水区	45	14	2016	1805	211	340	713
上街区	1	1	93	60	33	20	22
惠济区	4	3	122	115	7	18	47
中牟县	3	1	101	91	10	20	42
荥阳市	3	1	95	87	8	14	43
新郑市	2	1	143	137	6	11	76
经开区	7	3	4130	4075	55	810	2049
高新区	22	4	532	495	37	102	236
郑东新区	6	6	525	500	25	80	268
航空港实验区	2	1	13	11	2	9	4

R&D 人员情况

		R&D 人员折合全时当量合计（人年）				
全时人员	非全时人员		研究人员	基础研究人员	应用研究人员	试验发展人员
7938	**2089**	**8217**	**3859**	**4**	**2216**	**5997**
3795	1308	3717	1758		1467	2249
736	343	742	287	4	164	574
251	27	192	62		20	173
3156	411	3566	1751		566	3000
5068	855	5267	2566		1418	3850
1060	205	882	462		248	635
1810	1029	2067	830	4	551	1512
7938	2089	8217	3859	4	2216	5997
388	117	424	181		157	267
5522	1321	5712	2785		1551	4161
644	205	621	299		406	214
4878	1116	5091	2486		1144	3946
1085	218	1128	577		340	788
943	433	953	316	4	168	781
877	402	869	271	4	115	749
66	31	85	45		53	32
7938	2089	8217	3859	4	2216	5997
2147	1018	2146	995	4	759	1383
4903	800	5124	2505		1176	3948
517	213	594	224		182	412
371	58	352	135		99	254
5702	1007	5914	2930		1639	4275
2236	1082	2303	928	4	577	1722
5615	997	5829	2882		1639	4190
87	10	84	48			84
2107	1065	2232	887	4	577	1651
129	17	71	41			71
7938	2089	8217	3859	4	2216	5997
651	350	760	326		232	528
727	135	544	306		311	234
333	61	339	188		217	123
1383	633	1357	505		355	1002
84	9	61	15		23	38
84	38	66	26	4		62
75	26	76	31		37	39
43	52	63	32			63
128	15	126	67		120	5
3611	519	3926	1936		890	3036
360	172	425	188		31	394
447	78	464	236		2	462
12	1	10	3			10

14-39 建筑业企业

（2020 年）

类　　别	R&D经费内部支出合计	按支出用途分组					按活动类型分组	
		经常费支出	人员劳务费	资产性支出	土建工程	仪器和设备	基础研究支出	应用研究支出
总计	**256192.7**	**253069.1**	**136011.9**	**3123.6**	**761.3**	**2362.3**	**123.4**	**46455.6**
按企业规模分组								
大型	172486.6	170158.5	71148.1	2328.1	688.2	1639.9		39246.6
中型	19185.2	18530.1	11916.5	655.1	69.6	585.5	123.4	2325.2
小型	3533.8	3393.4	2308.9	140.4	3.5	136.9		285.9
微型	60987.1	60987.1	50638.4					4597.9
按隶属关系分组								
中央	168918.9	168645.6	97091.4	273.3	226.4	46.9		33037.0
地方	20784.0	20773.6	11064.4	10.4	10.4			3187.6
其他	66489.8	63649.9	27856.1	2839.9	524.5	2315.4	123.4	10231.0
按登记注册类型分组								
内资企业	256192.7	253069.1	136011.9	3123.6	761.3	2362.3	123.4	46455.6
国有企业	7972.4	7966.6	5108.9	5.8	5.8			482.3
有限责任公司	188161.5	186305.6	101097.0	1855.9	176.9	1679.0		37921.4
国有独资公司	25605.5	25340.5	9519.4	265.0	226.0	39.0		6646.8
其他有限责任公司	162556.0	160965.1	91577.6	1590.9	-49.1	1640.0		31274.6
股份有限公司	42007.1	41512.4	19000.8	494.7	494.7			6238.8
私营企业	18051.7	17284.5	10805.2	767.2	83.9	683.3	123.4	1813.1
私营有限责任公司	17043.2	16344.9	10078.6	698.3	82.3	616.0	123.4	1563.5
私营股份有限公司	1008.5	939.6	726.6	68.9	1.6	67.3		249.6
按国民经济行业大类分组								
建筑业	256192.7	253069.1	136011.9	3123.6	761.3	2362.3	123.4	46455.6
房屋建筑业	104469.1	102045.8	38721.8	2423.3	247.8	2175.5	123.4	26063.0
土木工程建筑业	130186.9	129655.0	85238.2	531.9	498.1	33.8		15502.8
建筑安装业	13779.3	13625.8	7342.1	153.5	13.3	140.2		3743.3
建筑装饰、装修和其他建筑业	7757.4	7742.5	4709.8	14.9	2.1	12.8		1146.5
按经济成分分组								
公有经济	200062.5	199268.9	106508.6	793.6	722.5	71.1		34425.4
非公有经济	56130.2	53800.2	29503.3	2330.0	38.8	2291.2	123.4	12030.2
按企业控股情况分组								
国有控股	199105.9	198312.3	106234.2	793.6	722.5	71.1		34425.4
集体控股	956.6	956.6	274.4					
私人控股	50734.5	48404.5	27287.2	2330.0	38.8	2291.2	123.4	12030.2
其他	5395.7	5395.7	2216.1					
按地区分组								
郑州市	256192.7	253069.1	136011.9	3123.6	761.3	2362.3	123.4	46455.6
中原区	32737.1	32374.8	15771.9	362.3	208.2	154.1		6925.7
二七区	23867.1	23839.9	16581.4	27.2		27.2		6266.2
管城区	3051.2	3045.4	1536.6	5.8	5.8			1245.1
金水区	37229.6	35752.7	14302.7	1476.9	0.3	1476.6		4830.2
上街区	1204.8	1204.8	737.8					434.0
惠济区	2319.0	1921.6	1096.4	397.4	5.4	392.0	123.4	
中牟县	2429.1	2427.7	715.0	1.4	1.4			554.3
荥阳市	2319.3	2026.7	1338.3	292.6	47.5	245.1		
新郑市	3933.0	3932.6	2626.6	0.4	0.4			3452.6
经开区	112159.0	112159.0	66225.4					22286.8
高新区	25143.4	24584.2	8795.7	559.2	491.9	67.3		446.5
郑东新区	9706.9	9706.9	6241.8					14.2
航空港实验区	93.2	92.8	42.3	0.4	0.4			

R&D 经费情况

单位：万元

试验发展支出	按资金来源分组 政府资金	企业资金	其他资金	R&D 经费外部支出合计	对境内研究机构支出	对境内高等学校支出	对境内企业支出
209613.7	**1211.5**	**254924.7**	**56.5**	**3852.5**	**635.7**	**1523.8**	**1693.0**
133240.0	1039.5	171447.1		2347.0	620.7	375.4	1350.9
16736.6	33.3	19095.4	56.5	413.1	15.0	210.9	187.2
3247.9	138.7	3395.1		238.4		83.5	154.9
56389.2		60987.1		854.0		854.0	
135881.9	800.0	168118.9		2090.1	2.6	1042.9	1044.6
17596.4	18.0	20766.0		742.7	419.9	186.5	136.3
56135.4	393.5	66039.8	56.5	1019.7	213.2	294.4	512.1
209613.7	1211.5	254924.7	56.5	3852.5	635.7	1523.8	1693.0
7490.1		7972.4		28.6	2.6	13.4	12.6
150240.1	1079.1	187025.9	56.5	2994.7	590.4	1236.0	1168.3
18958.7		25605.5		353.7	15.0		338.7
131281.4	1079.1	161420.4	56.5	2641.0	575.4	1236.0	829.6
35768.3	21.3	41985.8		55.0		50.0	5.0
16115.2	111.1	17940.6		774.2	42.7	224.4	507.1
15356.3	111.1	16932.1		717.9	42.7	210.9	464.3
758.9		1008.5		56.3		13.5	42.8
209613.7	1211.5	254924.7	56.5	3852.5	635.7	1523.8	1693.0
78282.7	1129.5	103283.1	56.5	1851.2	633.1	391.4	826.7
114684.1	82.0	130104.9		1982.8	2.6	1118.9	861.3
10036.0		13779.3		18.5		13.5	5.0
6610.9		7757.4					
165637.1	803.3	199259.2		2712.8	342.5	1229.4	1140.9
43976.6	408.2	55665.5	56.5	1139.7	293.2	294.4	552.1
164680.5	803.3	198302.6		2117.1	17.6	1048.9	1050.6
956.6		956.6		595.7	324.9	180.5	90.3
38580.9	408.2	50269.8	56.5	1139.7	293.2	294.4	552.1
5395.7		5395.7					
209613.7	1211.5	254924.7	56.5	3852.5	635.7	1523.8	1693.0
25811.4	215.0	32522.1		480.3	127.6	7.4	345.3
17600.9		23867.1		981.9	80.0	162.6	739.3
1806.1		3051.2		607.7	324.9	186.5	96.3
32399.4	96.5	37076.6	56.5	544.8	42.7		502.1
770.8		1204.8					
2195.6		2319.0		164.9	45.5	119.4	
1874.8		2429.1					
2319.3		2319.3		91.5		91.5	
480.4	51.1	3881.9					
89872.2	803.3	111355.7		869.0	15.0	854.0	
24696.9		25143.4		42.4		32.4	10.0
9692.7	18.0	9688.9					
93.2	27.6	65.6		70.0		70.0	

14-40 建筑业企业办科技机构情况

（2020 年）

类别	机构数（个）	企业在境外设立的研发机构数（个）	机构人员合计（人）	博士毕业	硕士毕业	机构经费支出（万元）	仪器和设备原价（万元）
总计	**72**	**3**	**8559**	**109**	**455**	**469481.4**	**98114.6**
按企业规模分组							
大型	42	3	3734	87	255	352343.5	53002.2
中型	10		444	16	21	12531.2	6181.9
小型	11		98	5	19	2012.7	523.7
微型	9		4283	1	160	102594.0	38406.8
按隶属关系分组							
中央	19		5408	42	236	348655.1	65322.7
地方	12		1126	9	81	38833.2	2959.4
其他	41	3	2025	58	138	81993.1	29832.5
按登记注册类型分组							
内资企业	72	3	8559	109	455	469481.4	98114.6
国有企业	2		622	2	17	23323.0	2250.2
有限责任公司	36	3	5948	64	297	356904.9	72327.8
国有独资公司	7		745	31	34	44682.2	13151.3
其他有限责任公司	29	3	5203	33	263	312222.7	59176.5
股份有限公司	10		1197	2	82	67223.2	9071.7
私营企业	24		792	41	59	22030.3	14464.9
私营有限责任公司	23		702	41	59	18816.8	14113.7
私营股份有限公司	1		90			3213.5	351.2
按国民经济行业大类分组							
建筑业	72	3	8559	109	455	469481.4	98114.6
房屋建筑业	37	3	2671	90	185	302769.1	42224.7
土木工程建筑业	26		5535	18	243	156646.9	52502.2
建筑安装业	5		182		5	5593.0	1643.1

14-40 续表 （2020 年）

类别	机构数（个）	企业在境外设立的研发机构数（个）	机构人员合计（人）	博士毕业	硕士毕业	机构经费支出（万元）	仪器和设备原价（万元）
建筑装饰、装修和其他建筑业	4		171	1	22	4472.4	1744.6
按经济成分分组							
公有经济	32		6628	50	315	398466.3	78181.6
非公有经济	40	3	1931	59	140	71015.1	19933.0
按企业控股情况分组							
国有控股	31		6483	50	313	398456.3	78171.6
集体控股	1		145		2	10.0	10.0
私人控股	39	3	1915	59	139	69946.1	19927.3
其他	1		16		1	1069.0	5.7
按地区分组							
郑州市	72	3	8559	109	455	469481.4	98114.6
中原区	9	3	1130	9	18	75706.4	10776.1
二七区	2		65			3976.8	295.5
管城区	3		378	2	18	1080.6	428.2
金水区	21		725	37	66	21815.8	11475.7
上街区	1		91			1544.2	201.5
惠济区	3		276	20	24	5282.1	7887.8
中牟县	2		102	5	12	2475.6	2000.2
荥阳市	1		95	15	2	1531.2	1365.0
新郑市	2		25	3	10	783.5	218.1
经开区	10		4340	11	204	283134.2	52032.0
高新区	5		505	1	34	30827.9	9710.5
郑东新区	12		807	6	55	40123.1	1590.6
航空港实验区	1		20		12	1200.0	133.4

14-41 建筑业企业政府相关政策落实情况

（2020 年）

单位：万元

类别	来自政府部门的研发资金	研究开发费用加计扣除减免税	高新技术企业减免税
总计	**126979.3**	**53965.3**	**70999.0**
按企业规模分组			
大型	102601.5	47035.4	69299.1
中型	9994.2	4547.9	878.2
小型	3020.8	891.6	25.2
微型	11362.8	1490.4	796.5
按隶属关系分组			
中央	90874.6	44613.0	66247.1
地方	3641.7	1096.9	3414.1
其他	32463.0	8255.4	1337.8
按登记注册类型分组			
内资企业	126979.3	53965.3	70999.0
国有企业	3736.4	420.4	692.9
有限责任公司	85654.6	45045.5	69454.9
国有独资公司	17277.9	7484.1	5838.5
其他有限责任公司	68376.7	37561.4	63616.4
股份有限公司	29751.2	5857.4	710.1
私营企业	7837.1	2642.0	141.1
私营有限责任公司	6877.5	2581.0	141.0
私营股份有限公司	959.6	61.0	0.1
按国民经济行业大类分组			
建筑业	126979.3	53965.3	70999.0
房屋建筑业	55293.3	39488.9	66618.9

14-41 续表 （2020 年） 单位:万元

类　别	使用来自政府部门的研发资金	研究开发费用加计扣除减免税	高新技术企业减免税
土木工程建筑业	58849. 8	10778. 2	4074. 7
建筑安装业	6156. 9	1745. 3	271. 9
建筑装饰、装修和其他建筑业	6679. 3	1952. 9	33. 5
按经济成分分组			
公有经济	112074. 6	48582. 1	67011. 5
非公有经济	14904. 7	5383. 2	3987. 5
按企业控股情况分组			
国有控股	112074. 6	48582. 1	67011. 5
私人控股	12934. 9	4824. 8	235. 5
其他	1969. 8	558. 4	3752. 0
按地区分组			
郑州市	126979. 3	53965. 3	70999. 0
中原区	8703. 5	2542. 1	6677. 5
二七区	12542. 6	2412. 5	3686. 4
管城区	1407. 8	304. 2	0. 1
金水区	22905. 1	9408. 1	153. 5
上街区	1165. 6	391. 6	
惠济区	76. 9	6. 7	
中牟县	1364. 3	614. 4	33. 5
新郑市	544. 6	136. 2	
经开区	55352. 7	34153. 9	58157. 5
高新区	21924. 4	3677. 4	1579. 4
郑东新区	991. 8	318. 2	711. 1

14-42 服务业企业

（2020 年）

类　　别	有 R&D 活动单位数(个)	有研发机构单位数(个)	R&D 人员合计(人)	项目研究开发人员	管理和服务人员	女性	研究人员
总计	**505**	**138**	**19009**	**17892**	**1117**	**5395**	**7746**
按企业规模分组							
大型	54	20	5534	5262	272	1336	2567
中型	140	49	8351	7970	381	2658	3139
小型	294	66	4835	4385	450	1324	1899
微型	17	3	289	275	14	77	141
按隶属关系分组							
中央	27	6	4658	4587	71	1477	1611
地方	10	1	242	226	16	74	100
其他	468	131	14109	13079	1030	3844	6035
按登记注册类型分组							
内资企业	503	138	18969	17856	1113	5389	7728
国有企业	11	2	363	344	19	110	196
集体企业	1		120	118	2	24	67
有限责任公司	147	51	6286	5962	324	1412	3049
国有独资公司	8	5	227	209	18	51	121
其他有限责任公司	139	46	6059	5753	306	1361	2928
股份有限公司	27	11	3566	3503	63	1359	934
私营企业	317	74	8634	7929	705	2484	3482
私营独资企业	1		36	31	5	11	3
私营有限责任公司	266	55	6983	6381	602	2084	2747
私营股份有限公司	50	19	1615	1517	98	389	732
港、澳、台商投资企业	2		40	36	4	6	18
合资经营企业(港或澳、台资)	2		40	36	4	6	18
按国民经济行业大类分组							
交通运输、仓储和邮政业	11	1	354	334	20	100	167
铁路运输业	1		184	177	7	42	105
道路运输业	5	1	92	86	6	35	33
多式联运和运输代理业	3		32	30	2	10	6
装卸搬运和仓储业	2		46	41	5	13	23
信息传输、软件和信息技术服务业	244	66	10662	10152	510	2928	3941
电信、广播电视和卫星传输服务	4		2660	2660		1066	538
互联网和相关服务	24	6	1098	1001	97	402	455
软件和信息技术服务业	216	60	6904	6491	413	1460	2948
租赁和商务服务业	34	7	1036	933	103	380	474
租赁业	4	1	71	60	11	6	29
商务服务业	30	6	965	873	92	374	445

R&D 人员情况

全时人员	非全时人员	R&D 人员折合全时当量合计（人年）	研究人员	基础研究人员	应用研究人员	试验发展人员
15480	**3529**	**14516**	**5786**	**27**	**685**	**13804**
4148	1386	4271	2006	8	254	4009
7066	1285	6661	2386		374	6287
4149	686	3465	1336		57	3408
117	172	119	57	19		100
3323	1335	4016	1281	8	11	3997
200	42	155	62			155
11957	2152	10345	4443	19	674	9651
15444	3525	14512	5784	27	685	13801
241	122	247	134	19	18	210
108	12	119	67			119
4623	1663	4745	2279	8	314	4423
193	34	191	102			191
4430	1629	4554	2177	8	314	4232
3191	375	3313	836		55	3258
7281	1353	6088	2468		298	5790
32	4	1				1
5837	1146	4812	1890		246	4567
1412	203	1275	578		52	1223
36	4	4	2			4
36	4	4	2			4
143	211	150	61			150
31	153	58	33			58
64	28	68	22			68
29	3	20	3			20
19	27	4	2			4
9362	1300	8465	3024		145	8320
2393	267	2610	528		7	2603
979	119	665	257		8	657
5990	914	5190	2239		130	5060
810	226	720	315		2	718
54	17	57	23			57
756	209	663	293		2	661

14-42 续表 （2020 年）

类　别	有 R&D 活动企业个数(个)	有研发机构企业个数(个)	R&D 人员合计(人)	项目研究开发人员	管理和服务人员	女性	研究人员
科学研究和技术服务业	195	61	6481	6058	423	1801	2997
研究和试验发展	22	9	474	447	27	191	233
专业技术服务业	157	48	5811	5440	371	1561	2671
科技推广和应用服务业	16	4	196	171	25	49	93
水利、环境和公共设施管理业	10	1	109	97	12	26	38
水利管理业	2		10	10		3	3
生态保护和环境治理业	3	1	45	40	5	6	16
公共设施管理业	5		54	47	7	17	19
卫生和社会工作	4	1	51	47	4	23	19
卫生	3	1	43	40	3	20	15
社会工作	1		8	7	1	3	4
文化、体育和娱乐业	7	1	316	271	45	137	110
新闻和出版业	3	1	54	49	5	19	27
文化艺术业	2		40	38	2	12	9
娱乐业	2		222	184	38	106	74
按经济成分分组							
公有经济	60	21	3208	3052	156	762	1688
非公有经济	445	117	15801	14840	961	4633	6058
按企业控股情况分组							
国有控股	59	21	3088	2934	154	738	1621
集体控股	1		120	118	2	24	67
私人控股	406	105	11415	10521	894	3213	4715
港澳台商控股	1		2648	2648		1063	536
外商控股	1		10	10		3	6
其他	37	12	1728	1661	67	354	801
按地区分组							
郑州市	505	138	19009	17892	1117	5395	7746
中原区	16	8	1117	1066	51	198	593
二七区	15	5	832	781	51	238	447
管城区	6	1	324	307	17	43	175
金水区	156	45	7927	7610	317	2368	2751
上街区	3	1	125	115	10	37	48
惠济区	1	4	181	180	1	64	75
中牟县	2		56	54	2	15	20
荥阳市	6		69	61	8	15	30
新密市	4		319	264	55	173	109
新郑市	5	2	93	87	6	40	41
登封市	2		19	17	2	1	2
经开区	33	4	945	874	71	221	404
高新区	212	52	5722	5293	429	1638	2421
郑东新区	31	14	1086	1006	80	277	549
航空港实验区	13	2	194	177	17	67	81

全时人员	非全时人员	R&D 人员折合全时当量合计（人年）	研究人员	基础研究人员	应用研究人员	试验发展人员
4796	1685	4990	2316	8	527	4455
362	112	326	155		23	303
4264	1547	4536	2103	8	504	4025
170	26	127	58			127
100	9	57	17			57
10		8	2			8
40	5	27	9			27
50	4	21	6			21
37	14	37	16	19		18
30	13	32	13	19		13
7	1	6	3			6
232	84	97	37		12	85
49	5	46	24			46
36	4	39	9			39
147	75	13	4		12	1
1917	1291	2343	1230	27	57	2259
13563	2238	12173	4556		628	11545
1809	1279	2224	1164	27	57	2140
108	12	119	67			119
9720	1695	8114	3359		401	7713
2383	265	2600	526			2600
8	2	4	2		2	2
1452	276	1455	668		225	1230
15480	3529	14516	5786	27	685	13804
630	487	876	467	8	44	825
554	278	558	296		59	498
292	32	208	110		1	207
6677	1250	6527	2189		364	6163
113	12	28	12			28
142	39	160	66			160
36	20	44	15			44
57	12	49	21			49
225	94	112	40	19		93
83	10	63	27		12	51
18	1	14	1			14
759	186	677	282		1	677
4810	912	4231	1784		202	4029
930	156	862	437		3	859
154	40	106	39			106

14-43 服务业企业

（2020 年）

类别	R&D经费内部支出合计	按支出用途分组					按活动类型分组	
		经常费支出	人员劳务费	资产性支出	土建工程	仪器设备	基础研究支出	应用研究支出
总计	**355954.3**	**346637.1**	**255111.3**	**9317.2**	**203.9**	**9113.3**	**481.4**	**11187.8**
按企业规模分组								
大型	148851.6	146915.1	114151.6	1936.5	58.7	1877.8	126.1	3588.4
中型	128982.0	124126.7	94250.4	4855.3	92.2	4763.1		5613.4
小型	75783.9	73593.2	45965.7	2190.7	52.9	2137.8		1986.0
微型	2336.8	2002.1	743.6	334.7	0.1	334.6	355.3	
按隶属关系分组								
中央	95945.4	95034.5	74844.9	910.9	71.5	839.4	126.1	902.6
地方	5071.3	5070.5	2728.0	0.8		0.8		
其他	254937.6	246532.1	177538.4	8405.5	132.4	8273.1	355.3	10285.2
按登记注册类型分组								
内资企业	355404.2	346087.0	254591.1	9317.2	203.9	9113.3	481.4	11187.8
国有企业	15149.5	14304.5	11294.5	845.0	64.9	780.1	355.3	272.2
集体企业	4533.0	4533.0	4305.1					
有限责任公司	165254.5	160063.8	116298.2	5190.7	40.4	5150.3	126.1	5955.4
国有独资公司	4252.8	4207.2	3551.4	45.6		45.6		
其他有限责任公司	161001.7	155856.6	112746.8	5145.1	40.4	5104.7	126.1	5955.4
股份有限公司	42974.0	42329.8	36000.2	644.2	-3.4	647.6		511.6
私营企业	127493.2	124855.9	86693.1	2637.3	102.0	2535.3		4448.6
私营独资企业	425.2	425.2	142.6					
私营有限责任公司	90845.9	88720.2	60279.6	2125.7	56.0	2069.7		3613.7
私营股份有限公司	36222.1	35710.5	26270.9	511.6	46.0	465.6		834.9
港、澳、台商投资企业	550.1	550.1	520.2					
合资经营企业(港或澳、台资)	550.1	550.1	520.2					
按国民经济行业大类分组								
交通运输、仓储和邮政业	4519.5	4514.1	2113.0	5.4	5.4			
铁路运输业	156.7	156.7						
道路运输业	2743.7	2740.9	1014.6	2.8	2.8			
多式联运和运输代理业	561.2	561.2	238.0					
装卸搬运和仓储业	1057.9	1055.3	860.4	2.6	2.6			
信息传输、软件和信息技术服务业	181278.9	176670.0	136744.4	4608.9	42.9	4566.0		3414.4
电信、广播电视和卫星传输服务	25239.5	25239.5	23209.5					357.0
互联网和相关服务	15976.3	15909.9	12006.6	66.4	5.0	61.4		271.1
软件和信息技术服务业	140063.1	135520.6	101528.3	4542.5	37.9	4504.6		2786.3
租赁和商务服务业	26558.6	25677.8	17834.4	880.8	66.2	814.6		23.9
租赁业	2857.9	2751.2	992.3	106.7		106.7		
商务服务业	23700.7	22926.6	16842.1	774.1	66.2	707.9		23.9

R&D 经费情况

单位:万元

试验发展支出	按资金来源分组			R&D 经费外部支出合计			
	政府资金	企业资金	其他资金		对境内研究机构支出	对境内高等学校支出	对境内企业支出
344285.1	**9782.9**	**345267.9**	**903.5**	**19084.5**	**992.8**	**2278.2**	**15809.2**
145137.1	4550.3	144299.5	1.8	6672.0	163.7	1153.6	5354.7
123368.6	3644.7	124785.7	551.6	5001.8	461.7	310.6	4227.2
73797.9	1587.9	73845.9	350.1	7344.4	367.4	783.9	6191.1
1981.5		2336.8		66.3		30.1	36.2
94916.7	3025.1	92920.3		2150.6	421.5	795.2	933.9
5071.3	35.4	5035.9		2.0			
244297.1	6722.4	247311.7	903.5	16931.9	571.3	1483.0	14875.3
343735.0	9782.9	344717.8	903.5	19084.5	992.8	2278.2	15809.2
14522.0	87.1	15062.4		244.2	194.2	50.0	
4533.0		4533.0		1239.4			1239.4
159173.0	5780.2	158773.6	700.7	4191.3	322.6	1464.5	2399.9
4252.8	0.3	4252.5		268.0	187.2	18.8	62.0
154920.2	5779.9	154521.1	700.7	3923.3	135.4	1445.7	2337.9
42462.4	330.0	42644.0		2732.6	167.5	485.4	2079.7
123044.6	3585.6	123704.8	202.8	10677.0	308.5	278.3	10090.2
425.2		425.2					
87232.2	1296.4	89346.7	202.8	7267.3	69.8	188.3	7009.2
35387.2	2289.2	33932.9		3409.7	238.7	90.0	3081.0
550.1		550.1					
550.1		550.1					
4519.5	10.7	4508.8		439.9		30.1	409.8
156.7		156.7		66.3		30.1	36.2
2743.7	10.7	2733.0		373.6			373.6
561.2		561.2					
1057.9		1057.9					
177864.5	4221.6	177057.3		14175.3	310.9	767.7	13096.7
24882.5		25239.5		82.6			82.6
15705.2	229.3	15747.0		1308.9	28.8	18.8	1261.3
137276.8	3992.3	136070.8		12783.8	282.1	748.9	11752.8
26534.7	909.1	25135.4	514.1	702.1	333.4	50.0	318.7
2857.9		2857.9		113.6		50.0	63.6
23676.8	909.1	22277.5	514.1	588.5	333.4		255.1

14-43 续表

（2020 年）

类别	R&D 经费内部支出合计	按支出用途分组-经常费支出	经常费支出-人员劳务费	按支出用途分组-资产性支出	资产性支出-土建工程	资产性支出-仪器设备	按活动类型分组-基础研究支出	按活动类型分组-应用研究支出
科学研究和技术服务业	134804.9	132083.8	94488.7	2721.1	84.0	2637.1	126.1	7559.5
研究和试验发展	13404.6	12260.2	5719.3	1144.4	0.9	1143.5		312.5
专业技术服务业	118534.7	116971.7	86762.0	1563.0	83.1	1479.9	126.1	7247.0
科技推广和应用服务业	2865.6	2851.9	2007.4	13.7		13.7		
水利、环境和公共设施管理业	2465.8	1703.0	949.6	762.8	3.7	759.1		
水利管理业	239.2	239.2	96.0					
生态保护和环境治理业	1200.6	880.7	526.4	319.9		319.9		
公共设施管理业	1026.0	583.1	327.2	442.9	3.7	439.2		
卫生和社会工作	1213.7	877.2	274.0	336.5		336.5	355.3	
卫生	1041.7	707.1	123.7	334.6		334.6	355.3	
社会工作	172.0	170.1	150.3	1.9		1.9		
文化、体育和娱乐业	5112.9	5111.2	2707.2	1.7	1.7			190.0
新闻和出版业	782.5	782.3	739.6	0.2	0.2			
文化艺术业	313.1	313.1	264.9					
娱乐业	4017.3	4015.8	1702.7	1.5	1.5			190.0
按经济成分分组								
公有经济	101065.4	98169.4	73222.2	2896.0	72.9	2823.1	481.4	1558.6
非公有经济	254888.9	248467.7	181889.1	6421.2	131.0	6290.2		9629.2
按企业控股情况分组								
国有控股	96532.4	93636.4	68917.1	2896.0	72.9	2823.1	481.4	1558.6
集体控股	4533.0	4533.0	4305.1					
私人控股	183275.4	177651.4	123437.4	5624.0	118.6	5505.4		7049.7
港澳台商控股	24832.9	24832.9	23088.2					
外商控股	138.0	113.1	106.7	24.9		24.9		23.9
其他	46642.6	45870.3	35256.8	772.3	12.4	759.9		2555.6
按地区分组								
郑州市	355954.3	346637.1	255111.3	9317.2	203.9	9113.3	481.4	11187.8
中原区	33658.7	33640.2	23260.4	18.5	8.3	10.2	126.1	1317.7
二七区	13657.5	13617.7	10385.9	39.8	0.4	39.4		988.8
管城区	4671.3	4668.5	3983.1	2.8	1.0	1.8		138.2
金水区	124277.5	120596.4	94099.3	3681.1	57.1	3624.0		5946.9
上街区	1368.4	1368.4	1018.9					
惠济区	3556.0	3556.0	3152.2					
中牟县	1165.4	1165.4	714.1					
荥阳市	1283.3	1283.3	850.2					
新密市	5178.8	5178.8	2214.0				355.3	
新郑市	1637.1	1315.7	829.0	321.4	1.5	319.9		190.0
登封市	112.5	112.5	72.1					
经开区	17975.4	16976.8	10507.6	998.6	-11.2	1009.8		25.5
高新区	113470.5	109933.8	79839.4	3536.7	135.7	3401.0		2468.2
郑东新区	28108.3	28079.4	21218.3	28.9	0.3	28.6		112.5
航空港实验区	5833.6	5144.2	2966.8	689.4	10.8	678.6		

单位:万元

试验发展支出	按资金来源分组			R&D 经费外部支出合计			
	政府资金	企业资金	其他资金		对境内研究机构支出	对境内高等学校支出	对境内企业支出
127119.3	4641.5	129774.0	389.4	3372.7	348.5	1430.4	1589.5
13092.1	1644.7	11540.9	219.0	921.8	12.4	679.7	229.7
111161.6	2935.4	115428.9	170.4	2195.5	336.1	749.1	1106.0
2865.6	61.4	2804.2		255.4		1.6	253.8
2465.8		2465.8		45.2			45.2
239.2		239.2		45.2			45.2
1200.6		1200.6					
1026.0		1026.0					
858.4		1213.7		21.0			21.0
686.4		1041.7					
172.0		172.0		21.0			21.0
4922.9		5112.9		328.3			328.3
782.5		782.5		328.3			328.3
313.1		313.1					
3827.3		4017.3					
99025.4	4860.8	96204.6		4265.7	653.6	814.0	2795.8
245259.7	4922.1	249063.3	903.5	14818.8	339.2	1464.2	13013.4
94492.4	4860.8	91671.6		3026.3	653.6	814.0	1556.4
4533.0		4533.0		1239.4			1239.4
176225.7	4908.1	177463.8	903.5	14080.1	336.8	952.4	12790.9
24832.9		24832.9		82.6			82.6
114.1		138.0					
44087.0	14.0	46628.6		656.1	2.4	511.8	139.9
344285.1	9782.9	345267.9	903.5	19084.5	992.8	2278.2	15809.2
32214.9	1812.8	31845.9		283.4			283.4
12668.7	10.7	13646.8		1799.5		210.1	1589.4
4533.1	35.7	4635.6		10.5		10.5	
118330.6	5018.2	118941.6	317.7	7907.8	199.5	673.2	7032.8
1368.4		1366.6	1.8	116.0	94.3		21.7
3556.0		3556.0		127.9		90.0	37.9
1165.4		1165.4		62.0			62.0
1283.3	37.5	1245.8		2.0			
4823.5		5178.8					
1447.1	35.0	1602.1					
112.5		112.5					
17949.9	304.0	17671.4		626.0	12.4	550.0	63.6
111002.3	2420.3	110466.2	584.0	6720.4	629.5	703.1	5387.8
27995.8	108.7	27999.6		253.0	57.1	41.3	154.6
5833.6		5833.6		1176.0			1176.0

14-44　建筑业企业自主知识产权保护情况

（2020 年）

单位:件

类　　别	专利申请数		期末有效发明专利数		发表科技论文(篇)	形成国家或行业标准(项)
		发明专利		已被实施		
总计	**2024**	**341**	**986**	**756**	**1868**	**38**
按企业规模分组						
大型	1205	174	627	564	1670	27
中型	352	60	198	104	21	8
小型	209	25	94	21	10	
微型	258	82	67	67	167	3
按隶属关系分组						
中央	1102	205	506	466	1562	8
地方	184	38	80	45	108	5
其他	738	98	400	245	198	25
按登记注册类型分组						
内资企业	2024	341	986	756	1868	38
国有企业	101	32	26	11	32	
有限责任公司	1288	222	669	549	1663	32
国有独资公司	193	29	330	312	302	4
其他有限责任公司	1095	193	339	237	1361	28
股份有限公司	202	38	107	91	164	1
私营企业	433	49	184	105	9	5
私营有限责任公司	370	44	153	88	9	2
私营股份有限公司	63	5	31	17		3
按国民经济行业大类分组						
建筑业	2024	341	986	756	1868	38
房屋建筑业	687	91	256	172	1169	28
土木工程建筑业	758	181	311	209	311	5
建筑安装业	299	38	78	41	93	
建筑装饰、装修和其他建筑业	280	31	341	334	295	5
按经济成分分组						
公有经济	1240	241	621	557	1677	13
非公有经济	784	100	365	199	191	25
按企业控股情况分组						
国有控股	1227	240	614	553	1677	10
集体控股	13	1	7	4		3
私人控股	740	89	341	189	186	25
其他	44	11	24	10	5	
按地区分组						
郑州市	2024	341	986	756	1868	38
中原区	173	36	49	22	118	1
二七区	132	25	43	17	20	
管城区	68	10	39	35		3
金水区	576	60	478	410	399	19
上街区	17	6	1	1		1
惠济区	22	3	8	6	10	4
中牟县	63	15	2	2	17	2
荥阳市	2	1	15	15		1
新郑市	34	10	10	5	2	
经开区	542	133	171	151	1131	4
高新区	226	28	46	25	66	
郑东新区	148	14	83	67	105	3
航空港实验区	21		41			

14-45　服务业企业自主知识产权保护情况

（2020 年）

类　　别	专利申请数（件）	发明专利	期末有效发明专利数（件）	已被实施	专利所有权转让及许可数（项）	专利所有权转让及许可收入（万元）	发表科技论文（篇）	形成国家或行业标准（项）
总计	**3423**	**1529**	**3425**	**1789**	**30**	**12196.0**	**1796**	**83**
按企业规模分组								
大型	1192	627	1020	417	1	20.0	1085	22
中型	1152	508	1416	814	14	94.0	566	39
小型	942	282	849	419	15	12082.0	145	22
微型	137	112	140	139				
按隶属关系分组								
中央	999	544	1027	713	2	114.0	1178	24
地方	55	37	6	5				
其他	2369	948	2392	1071	28	12082.0	618	59
按登记注册类型分组								
内资企业	3422	1528	3424	1788	30	12196.0	1796	81
国有企业	542	342	843	526	1	94.0	202	6
集体企业	10	2	6	4			3	
有限责任公司	1444	663	1501	687	3	2300.0	1165	41
国有独资公司	55	20	41	23			95	7
其他有限责任公司	1389	643	1460	664	3	2300.0	1070	34
股份有限公司	192	73	171	129	3		351	4
私营企业	1234	448	903	442	23	9802.0	75	30
私营有限责任公司	854	219	535	247	17	9000.0	36	8
私营股份有限公司	380	229	368	195	6	802.0	39	22
港、澳、台商投资企业	1	1	1	1				2
港、澳、台商独资经营企业	1	1	1	1				2
按国民经济行业大类分组								
交通运输、仓储和邮政业	37	2	13	2				
道路运输业	23	2	13	2				
装卸搬运和仓储业	14							
信息传输、软件和信息技术服务业	1264	774	1526	670	12	802.0	275	20
电信、广播电视和卫星传输服务	130	116	149	149			217	2
互联网和相关服务	78	21	110	18			15	1
软件和信息技术服务业	1056	637	1267	503	12	802.0	43	17
租赁和商务服务业	446	247	734	442	3	94.0	139	8
租赁业	37	11	17	6			15	7
商务服务业	409	236	717	436	3	94.0	124	1

14-45 续表 （2020 年）

类别	专利申请数（件）	发明专利	期末有效发明专利数（件）	已被实施	专利所有权转让及许可数（项）	专利所有权转让及许可收入（万元）	发表科技论文（篇）	形成国家或行业标准（项）
科学研究和技术服务业	1609	499	1073	664	15	11300.0	1380	55
研究和试验发展	379	143	241	187	6	11280.0	90	13
专业技术服务业	1128	350	771	431	9	20.0	1278	41
科技推广和应用服务业	102	6	61	46			12	1
水利、环境和公共设施管理业	49	5	74	6			2	
水利管理业	24	2	24	6				
生态保护和环境治理业			18					
公共设施管理业	25	3	32				2	
卫生和社会工作	2	2	5	5				
卫生	2	2	5	5				
文化、体育和娱乐业	16							
新闻和出版业	1							
娱乐业	15							
按经济成分分组								
公有经济	1268	645	1321	867	2	114.0	1160	38
非公有经济	2155	884	2104	922	28	12082.0	636	45
按企业控股情况分组								
国有控股	1258	643	1315	863	2	114.0	1157	38
集体控股	10	2	6	4			3	
私人控股	1619	598	1286	638	28	12082.0	128	35
港澳台商控股	10	10	22	22			212	2
外商控股								1
其他	526	276	796	262			296	7
按地区分组								
郑州市	3423	1529	3425	1789	30	12196.0	1796	83
中原区	282	69	153	109			544	5
二七区	174	54	157	32			18	8
管城区	19	2	11	7				
金水区	931	582	806	568	10	9020.0	728	22
上街区	13	3	14	14				
惠济区	16	5	8	4			30	5
中牟县	2		1	1				
荥阳市	11	3	33	33				
新郑市	23		32	14			2	
经开区	184	73	82	46			20	7
高新区	1255	566	1510	799	20	3176.0	196	15
郑东新区	464	168	595	158			258	21
航空港实验区	49	4	23	4				

14-46 服务业企业政府相关政策落实情况

（2020年）

单位：万元

类　别	使用来自政府部门的研发资金	研究开发费用加计扣除减免税	高新技术企业减免税
总计	**229122.5**	**52139.5**	**30499.9**
按企业规模分组			
大型	84344.8	15658.3	20676.3
中型	80813.8	21346.8	6121.6
小型	62820.6	15085.3	3679.2
微型	1143.3	49.1	22.8
按隶属关系分组			
中央	35119.1	5626.7	3181.1
地方	4190.6	868.8	234.4
其他	189812.8	45644.0	27084.4
按登记注册类型分组			
内资企业	228802.4	52139.5	30499.9
国有企业	2080.8	402.0	513.0
集体企业	5945.2	668.8	702.1
有限责任公司	94473.6	24963.9	15724.9
国有独资公司	3421.6	583.0	756.2
其他有限责任公司	91052.0	24380.9	14968.7
股份有限公司	25664.0	4596.7	6051.1
私营企业	100638.8	21508.1	7508.8
私营有限责任公司	73663.6	17457.4	4147.7
私营股份有限公司	26975.2	4050.7	3361.1
港、澳、台商投资企业	320.1		
合资经营企业(港或澳、台资)	320.1		
按国民经济行业大类分组			
交通运输、仓储和邮政业	3171.5	484.6	192.4
道路运输业	2109.7	284.3	192.4
多式联运和运输代理业	361.0	25.1	
装卸搬运和仓储业	700.8	175.2	
信息传输、软件和信息技术服务业	131725.9	31719.4	12357.3
电信、广播电视和卫星传输服务	6231.7	1043.4	
互联网和相关服务	11326.2	3352.5	325.2
软件和信息技术服务业	114168.0	27323.5	12032.1
租赁和商务服务业	9679.0	2143.0	627.7
租赁业	1659.0	231.7	167.3
商务服务业	8020.0	1911.3	460.4
科学研究和技术服务业	82400.8	16534.1	17131.1

14-46 续表 （2020 年） 单位:万元

类　　别	使用来自政府部门的研发资金	研究开发费用加计扣除减免税	高新技术企业减免税
研究和试验发展	10798.7	2678.2	1293.6
专业技术服务业	70220.8	13333.2	15712.3
科技推广和应用服务业	1381.3	522.7	125.2
水利、环境和公共设施管理业	1557.7	395.8	179.1
水利管理业	224.7	21.2	
生态保护和环境治理业	262.6	16.9	153.6
公共设施管理业	1070.4	357.7	25.5
卫生和社会工作	264.6		
卫生	264.6		
文化、体育和娱乐业	323.0	862.6	12.3
新闻和出版业	67.2	670.7	
文化艺术业	255.8	191.9	12.3
按经济成分分组			
公有经济	50478.2	8629.6	5740.3
非公有经济	178644.3	43509.9	24759.6
按企业控股情况分组			
国有控股	44533.0	7960.8	5038.2
集体控股	5945.2	668.8	702.1
私人控股	142441.6	35637.2	15610.3
港澳台商控股	5900.0	976.0	
外商控股	224.9	168.7	57.5
其他	30077.8	6728.0	9091.8
按地区分组			
郑州市	229122.5	52139.5	30499.9
中原区	18396.3	3287.3	2060.1
二七区	13670.4	2215.0	1293.3
管城区	4492.8	3259.4	85.5
金水区	70259.3	14419.0	5566.2
上街区	1112.6	499.2	790.0
惠济区	3546.7	531.3	1453.4
中牟县	768.0	154.5	113.9
荥阳市	356.7	267.5	38.1
新郑市	428.8	33.7	153.6
经开区	13626.9	3481.4	2581.6
高新区	75040.4	15114.1	5502.8
郑东新区	22343.5	8233.6	8804.4
航空港实验区	5080.1	643.5	2057.0

14-47　服务业企业办科技机构情况

（2020 年）

类　别	机构数（个）	企业在境外设立的研发机构数（个）	机构人员合计（人）	博士毕业	硕士毕业	机构经费支出（万元）	仪器和设备原价（万元）
总计	**201**	**10**	**7095**	**119**	**1620**	**151310.7**	**51639.6**
按企业规模分组							
大型	44	1	2923	53	925	74552.7	12463.9
中型	71	6	2710	39	513	53109.5	23197.4
小型	83	2	1442	27	181	23497.9	15846.0
微型	3	1	20		1	150.6	132.3
按隶属关系分组							
中央	19		901	37	424	33813.2	1982.7
地方	1		12			194.0	16.0
其他	181	10	6182	82	1196	117303.5	49640.9
按登记注册类型分组							
内资企业	201	10	7095	119	1620	151310.7	51639.6
国有企业	3		86		75	1471.2	121.6
有限责任公司	80	7	3059	59	909	86291.2	18367.9
国有独资公司	6		309	6	43	4505.0	930.4
其他有限责任公司	74	7	2750	53	866	81786.2	17437.5
股份有限公司	21		729	19	172	12491.0	3147.9
私营企业	97	3	3221	41	464	51057.3	30002.2
私营有限责任公司	70	2	1882	36	208	27256.7	20270.5
私营股份有限公司	27	1	1339	5	256	23800.6	9731.7
按国民经济行业大类分组							
交通运输、仓储和邮政业	1		10			319.2	35.0
道路运输业	1		10			319.2	35.0
信息传输、软件和信息技术服务业	93	9	3467	46	499	61684.8	27522.2
互联网和相关服务	6	6	290		11	4858.1	534.4
软件和信息技术服务业	87	3	3177	46	488	56826.7	26987.8
租赁和商务服务业	11		308	2	55	12046.0	1948.7
租赁业	1		12			194.0	16.0
商务服务业	10		296	2	55	11852.0	1932.7

14-47 续表

（2020 年）

类　别	机构数（个）	企业在境外设立的研发机构数（个）	机构人员合计（人）	博士毕业	硕士毕业	机构经费支出（万元）	仪器和设备原价（万元）
科学研究和技术服务业	93	1	3237	71	1051	75893.4	19564.1
研究和试验发展	15	1	337	12	109	9607.5	3494.3
专业技术服务业	70		2831	58	926	65849.1	15764.8
科技推广和应用服务业	8		69	1	16	436.8	305.0
水利、环境和公共设施管理业	1		33		3	380.2	2414.8
生态保护和环境治理业	1		33		3	380.2	2414.8
卫生和社会工作	1		4			34.5	121.7
卫生	1		4			34.5	121.7
文化、体育和娱乐业	1		36		12	952.6	33.1
新闻和出版业	1		36		12	952.6	33.1
按经济成分分组							
公有经济	37	1	1629	47	628	48590.9	6132.9
非公有经济	164	9	5466	72	992	102719.8	45506.7
按企业控股情况分组							
国有控股	37	1	1629	47	628	48590.9	6132.9
私人控股	140	4	4423	56	654	78501.5	37310.8
其他	24	5	1043	16	338	24218.3	8195.9
按地区分组							
郑州市	201	10	7095	119	1620	151310.7	51639.6
中原区	21		478	6	189	12607.8	2231.9
二七区	6		177	1	95	3185.3	2283.3
管城区	1		37		1	626.5	394.9
金水区	72	7	2973	80	592	63297.1	20289.5
上街区	1		15		2	502.7	3.1
惠济区	6		345		93	4735.0	964.4
新郑市	2		77		8	830.1	2768.3
经开区	4		107		6	1716.6	1407.4
高新区	70	3	2253	17	429	47189.0	17087.9
郑东新区	16		607	15	203	15989.4	2784.3
航空港实验区	2		26		2	631.2	1424.6

主要统计指标解释

普通高等学校 指按照国家规定的设置标准和审批程序批准举办的，通过全国普通高等学校统一招生考试，招收高中毕业生为主要培养对象，实施高等教育的全日制大学、独立设置的学院和高等专科学校、高等职业学校和其他机构。

中等职业学校 指实施中等职业教育的学校，招生对象是初中毕业生和具有初中同等学历的人员，基本学制为三年制。

成人高等学校 指按照国家有关规定审批，招收通过全国成人高教统一招生考试的具有高中毕业或同等学历的在职从业人员，利用脱产、半脱产、业余或函授等多种形式对其实施高等学历教育，培养高等教育专科或本科毕业水平的专门人才，修业年限、课程设置和总学时数均按高等学历教育要求付诸实施的学校。

等级运动员人数 指经考核正式批准授予等级运动员称号的人数。运动员等级分为国际级运动健将、运动健将、一级运动员、二级运动员、三级运动员、少年级运动员。

文化事业机构 指从事专业文化工作和专业文化工作服务的独立建制的单位。不包括这些单位另外举办独立核算的其他机构和各部门的业余文化组织。

研究与试验发展（R&D） 指在科学技术领域，为增加知识总量，以及运用这些知识去创造新的应用进行的系统的创造性的活动，包括基础研究、应用研究、试验发展三类活动。国际上通常采用 R&D 活动的规模和强度指标反映一国的科技实力和核心竞争力。

R&D 人员 指参与研究与试验发展项目研究、管理和辅助工作的人员，包括项目（课题）组人员，企业科技行政管理人员和直接为项目（课题）活动提供服务的辅助人员。反映投入从事拥有自主知识产权的研究开发活动的人力规模。

R&D 经费内部支出合计 指调查单位用于内部开展 R&D 活动（基础研究、应用研究和试验发展）的实际支出。包括用于 R&D 项目（课题）活动的直接支出，以及间接用于 R&D 活动的管理费、服务费、与 R&D 有关的基本建设支出以及外协加工费等。不包括生产性活动支出、归还贷款支出以及外单位合作或委托外单位进行 R&D 活动而转拨给对方的经费支出。

R&D 经费内部支出中政府资金 指 R&D 经费内容支出中来自政府部门的各类资金，包括财政科学技术拨款、科学基金、教育等部门事业费及政府部门预算外资金的实际支出。

R&D 经费内部支出中企业资金 指 R&D 经费内部支出中来自本企业的自有资金和接受其他企业委托而获得的经费，以及科研院所、高校等事业单位从企业获得的资金的实际支出。

艺术表演团体 指从事戏曲、音乐、舞蹈、杂技等专业艺术表演，有独立帐户，实行单独核算的团体，不包括半工半艺、半农半艺和民间职业剧团。

艺术表演场馆 指由各级文化主管部门、文化单位和其他部门（除部队系统处）举力的，具有观众厅设备，经常供专业艺术表演团体演出，并在工商、税务部门登记，公开售票的营业场所。

卫生机构 指从卫生、民政、工商行政、机构编制管理部门取得《医疗机构执业许可证》或法人单位登记证书，为社会提供医疗保健、疾病控制、卫生监督服务或从事医学科研和医学在职培训等工作的单位。

医院 包括综合医院、中医医院、中西医结合医院、民族医院、各类专科医院和护理院，不包括专科疾病防治院、妇幼保健院和疗养院。

实有床位数 指年底固定实有床位数，包括正规床、简易床、监护床、超过半年加床、正在消毒和修理床位、因扩建或大修而停用床位。不包括产科新生儿床、接产室待产床、库存床、观察床、临时加床和病人家属陪侍床。

卫生技术人员 包括执业医师、执业助理医师、注册护士、药师（士）、检验及影像技师（士）、卫生监督员和见习医（药、护、技）师（士）等卫生专业人员。不包括从事管理工作的卫生技术人员（如院长、副院长、党委书记等）。

十五、产业集聚区

15-1　产业集聚区主要经济指标

指标名称	规上工业营业收入			规上工业平均用工人数			固定资产投资
	2019 年（亿元）	2020 年（亿元）	比上年±%	2019 年（万人）	2020 年（万人）	比上年±%	比上年±%
郑州高新技术产业集聚区	610.1	541.1	-11.3	4.6	4.3	-4.8	15.3
郑州经济技术产业集聚区	1418.0	1385.1	-2.3	6.6	6.3	-4.3	14.5
郑州航空港产业集聚区	3202.4	3431.0	7.1	13.8	16.7	21.1	8.1
郑州市中牟产业集聚区	49.0	46.6	-4.9	0.5	0.5		-22.8
郑州市中牟汽车产业集聚区	196.5	265.2	34.9	1.5	1.4	-9.2	14.0
郑州上街装备产业集聚区	25.9	26.1	0.9	0.3	0.4	8.8	13.5
郑州马寨产业集聚区	130.8	131.5	0.6	1.1	1.3	12.4	32.8
巩义市产业集聚区	450.1	527.9	17.3	1.6	1.4	-11.7	3.3
巩义市豫联产业集聚区	91.0	225.4	147.6	0.8	0.6	-19.7	-1.2
新郑新港产业集聚区	162.9	157.2	-3.5	1.4	1.3	-4.3	0.2
新密市产业集聚区	57.8	65.1	12.6	0.4	0.3	-10.8	15.9
登封市产业集聚区	23.2	34.2	47.3	0.5	0.5	2.0	-4.2
荥阳市产业集聚区	61.1	70.9	16.1	0.6	0.6	-4.9	13.1

15-2 产业集聚区法人单位数

（2020 年）

单位：个

名　称	合计	规上工业	规上服务业	建筑业	批发和零售	住宿和餐饮	房地产开发
合　计	**2266**	**869**	**478**	**251**	**379**	**55**	**234**
郑州高新技术开发区	716	199	229	119	118	21	30
郑州经济技术开发区	646	157	147	94	153	13	82
郑州航空港产业集聚区	160	58	33	3	22	12	32
郑州市白沙产业集聚区	118	22	21	12	19	1	43
郑州市中牟汽车产业集聚区	94	54	13	4	11	2	10
郑州市上街装备产业集聚区	43	39		4			
郑州市马寨产业集聚区	80	56	5	2	9	1	7
巩义市产业集聚区	102	90	4		7		1
巩义市豫联产业集聚区	64	44	6		14		
新郑新港产业集聚区	74	58	3	5	3	3	2
新密市产业集聚区	35	18	2	3	1		11
登封市产业集聚区	70	46	5	5	14		
荥阳市产业集聚区	64	28	10		8	2	16

十六、统计工作大事记

一月

1. 1 月 1 日，郑州市统计局组织干部职工在绿城广场参加 2020 年郑州市元旦长跑活动，以积极向上的精神风貌迎接新年的到来。

2. 1 月 3 日，郑州市统计局组织召开 2020 年"双节"廉政谈话会，观看了廉政教育警示片，传达典型案例通报，对严格执行春节期间值班值守工作纪律进行强调要求。局党组书记、局长滕飞对贯彻落实徐立毅书记在全市双节廉政谈话会上的讲话精神和王新伟市长在市政府议事会议上的讲话精神，严守双节廉政纪律提出具体要求。

3. 1 月 3 日，郑州市副市长万正峰对《猪肉涨价会否影响郑州春节市场消费?》批示："请市商务局密切监测'两节'市场波动，及时进行市场投放，切实做到保供稳价，确保'两节'市场平稳。"

4. 1 月 9 日—1 月 10 日，郑州市召开全市第四次全国经济普查资料开发应用工作培训会议。

5. 1 月 14 日，郑州市统计局党组书记、局长滕飞同志带队开展节前走访慰问困难老党员活动。

6. 1 月 16 日，郑州市统计局召开郑洛新国家自主创新示范区郑州片区单位名录管理工作会议。

7. 1 月 20 日，郑州市统计局召开"不忘初心、牢记使命"主题教育总结大会，全面总结开展"不忘初心、牢记使命"主题教育以来取得的成效，研究巩固发展主题教育成果，推动统计工作再上新台阶。局党组书记、局长滕飞同志作总结讲话，市委第八巡回指导组曹国杰同志出席并作重要讲话。

8.《郑州统计年鉴—2019》正式出版发行。

9.《2019 郑州农村发展报告》正式出版发行。

二月

1. 2 月 11 日，郑州市统计局印发《关于进一步做好疫情防控期间郑州市企业研发创新统计工作的通知》(郑统办〔2020〕5 号)。

2. 2 月 15 日，郑州市统计局党组书记、局长滕飞主持召开局党组扩大会，迅速落实市委市政府工作部署，专题安排全市复工复产统计工作。局党组成员及各业务处负责同志参加会议。

3. 2 月 17 日—2 月 23 日，郑州统计局对申报新型冠状病毒防控应急科研攻关项目的企业开展企业研发投入情况核查。

4. 2 月 19 日，郑州市副市长吴福民对郑州市统计局撰写分析《2020 年一季度郑州市消费品市场预测》作出批示："请继续关注商贸流通行业的情况，根据疫情变化和市场变化规律，适时提出建议，促进全市商贸业发展"。

5. 2 月 20 日，郑州市人民政府印发《郑州市人民政府关于做好第七次全国人口普查的通知》(郑政〔2020〕5 号)，明确郑州市第七次全国人口普查的实施方法、保障措施、工作要求等。

6. 2 月份，郑州市统计局全体人员深入社区一线，开展新型冠状病毒感染的肺炎疫情防控工作。

三月

1. 郑州市统计局撰写统计分析《莫道春寒尚料峭　危中有机天地宽——全市第一批商贸企业复工复业情况追踪》获得万正峰副市长批示："请市商务局加强跟踪落实，组织指导全市商贸企业积极、有序安全复工"。

2. 郑州市统计局组织开展抗击新冠肺炎疫情爱心捐款活动，截止 3 月 9 日，共捐款 23100 元，其中党员捐款 20000 元。

3. 开展新型冠状病毒感染的肺炎疫情防控工作以来，郑州市统计局累计招募 116 名志愿者，服务时长 10170 个小时，扫码登记 20550 多人次，测量体温 12100 多人次，用实际行动坚守社区第一道防线，捍卫统计志愿者的初心和使命。

4. 在新型冠状病毒感染的肺炎疫情防控工作中，郑州市统计局广大干部职工主动向党组织递交"请战书"和"党员决心书"，截止 3 月 9 日，共收到"请战书"签名 114 人，"党员决心书"签名 83 名党员。

5. 按照《郑州市人民政府推进政府职能转变和"放管服"改革协调小组关于印发〈郑州市持续清理证明事项工作方案〉的通知》要求，郑州市统计局全面清理工作中影响推进"放管服"改革的有关证明事项，及时完成清理结果报送工作。

6. 3月10日，郑州市统计局撰写的《关于郑州市2019年研发统计年报上报情况的报告》获郑州市副市长史占勇批示："请市科技局、市发改委、市工信局、市城建局高度重视研发统计年报工作，针对上报率不高问题要分行业加强督导，市统计局要采取有力措施，确保按时高质量上报。"

7. 3月10日，郑州市统计局驻村第一书记姚德军及队员闫明、蒙晓泽3位同志，正式进驻巩义市站街镇七里铺村开展工作。

8. 3月16日，郑州市统计局召开中层以上干部会议，郑州市统计局党组书记、局长滕飞全文领学《徐立毅同志在全市优化营商环境大会上的讲话精神》，安排全市优化营商环境大会精神贯彻落实工作。

9. 3月18日，郑州市统计局撰写的《2019年规模以上工业增加值营业收入年报情况》获郑州市副市长史占勇批示："请市工信局认真分析原因，特别是增加值率下降原因。"

10. 3月19日—3月20日，郑州市统计局开展全市经济运行和统计工作专项督导。

11. 3月25日，郑州市2020年统计工作暨党风廉政建设视频会议召开。会议以党的十九大和十九届二中、三中、四中全会、中央经济工作会议、习近平总书记关于经济社会发展工作部署及考察调研河南重要讲话精神为指导，全面落实省委十届十次全会、市委十一届十一次全会和全国、全省统计工作会议要求部署，总结2019年全市统计工作，研究分析当前统计工作面临的新形势，安排部署2020年重点任务。郑州市统计局党组书记、局长滕飞作了题为《锐意进取　实干担当　奋力开创全市统计工作新局面》的工作报告。市纪委监委派驻市审计局纪检监察组副组长易明全面总结2019党风廉政建设工作，并代表派驻纪检监察组对扎实推进党风廉政建设工作提出明确意见。郑州市统计局党组成员、副局长祝遵刚主持会议并作总结讲话。

12. 3月25日，郑州市统计局党组成员、副局长孙玉平带领工作人员，对新密市十亿元以上新开工项目进行实地核查。

13. 3月27日，河南省统计局投资处副处长刘俊华一行赴郑州市调研投资项目开工建设及建筑企业复工复产情况。

14. 在《河南省节能减排（应对气候变化）工作领导小组办公室关于2018年度能源消耗总量和强度"双控"及煤炭消费减量替代专项考核结果的通报》（豫节减办〔2020〕2号）中，郑州市2018年度能源消耗和强度"双控"及煤炭消费减量替代专项考核结果均获"优秀"等级。

四月

1. 为贯彻落实中央、省、市关于依法防控新冠肺炎疫情、切实保障人民群众生命健康安全的部署，加强疫情防控相关法律法规学习宣传，郑州市统计局以"防控疫情　法治同行"法治宣传挂图式样专题制作宣传展板，积极开展疫情防控法治宣传活动。

2. 4月7日，郑州市科技局副局长张道礼一行到郑州市统计局，就2019年郑州市全社会研发投入情况及如何做好下阶段科技统计工作进行座谈交流。

3. 4月17日，郑州市统计局印发《关于建立健全驻村联系点制度的通知》（郑统党发〔2020〕1号）。

4. 4月20日，郑州市统计局印发《关于调整局领导成员分工的通知》（郑统党发〔2020〕2号）。

5. 4月22日，郑州市统计局印发《关于印发郑州市统计局2020年度党组理论学习中心组集体学习计划的通知》。

6. 4月23日，《郑州农村发展报告2020》主编工作交流会召开，2020年《农村发展报告》编辑工作正式启动。

7. 4月24日，郑州市统计局党组书记、局长滕飞率队到巩义市站街镇七里铺村进行驻村帮扶调研，并到贫困家庭进行慰问。

8. 4月26日，郑州市统计局印发《关于郝惊迪等九位同志职务任免的通知》（郑统党发〔2020〕3

号），根据《党政领导干部选拔任用工作条例》精神，按照《郑州市统计局2020年科级干部选任工作方案》规定的程序，经市直机关工委批复，结合干部交流工作规定，局党组研究，决定任命：郝惊迪同志任郑州市统计局办公室主任（试用期一年），免去其郑州市统计局法规处副处长职务；张春培同志任郑州市统计局统计设计管理处处长，免去其郑州市统计局贸易外经处处长职务；郑惠同志任郑州市统计局贸易外经处处长，免去其郑州市统计局统计设计管理处处长职务；李辉同志任郑州市统计局服务业统计处处长，免去其郑州市统计局统计监测评价考核处处长职务；徐正道同志任郑州市统计局人口和就业统计处处长（试用期一年），免去其郑州市统计局二级主任科员；李疆同志任郑州市统计局社会科技和文化产业统计处处长（试用期一年），免去其郑州市统计局社会科技和文化产业统计处副长职务；冯晋东同志任郑州市统计局统计监测评价考核处处长，免去其社会科技和文化产业统计处处长职务；江亚丽同志任中共郑州市统计局机关党委委员、专职副书记，免去其郑州市统计局第三产业处副处长职务；刘学勇同志任郑州市统计局机关党委委员、副书记，中共郑州市统计局机关纪律检查委员会委员、书记，免去其郑州市统计局办公室主任职务。

9. 4月26日，郑州市统计局印发《关于李万勇等四位同志职务任免的通知》（郑统党发〔2020〕4号），根据《党政领导干部选拔任用工作条例》精神，按照《郑州市经济社会调查队和郑州市统计局普查中心2020年科级干部选任工作方案》规定的程序，经局党组研究，决定任命：李万勇同志任郑州市经济社会调查队综合科科长（试用期一年），免去其郑州市经济社会调查队副科长职务；王二朋同志任郑州市经济社会调查队农村经济调查科科长（试用期一年），免去其郑州市经济社会调查队二级主任科员职级；陈旭同志任郑州市经济社会调查队农村住户调查科科长（试用期一年），免去其郑州市经济社会调查队农村住户调查科副科长职务；曲典同志任郑州市统计局普查中心主任（试用期一年），免去其郑州市统计局普查中心副主任职务。

10. 4月26日，郑州市统计局印发《关于沙莹同志岗位聘用的通知》（郑统党发〔2020〕5号），根据《郑州市统计局干部培训中心2020年管理岗位聘用工作方案》规定的程序，经局党组研究，决定聘用沙莹同志为郑州市统计局干部培训中心八级职员（副主任），免去其郑州市统计局干部培训中心九级职员。

11. 4月30日，郑州市发改委张幼明副主任一行，就建立郑州市数字经济统计制度、开展数字经济统计、反映数字经济发展等工作，与郑州市统计局进行探讨和交流。

12. 4月30日，郑州市统计局印发《关于做好2020年度全市统计用区划代码和城乡划分代码维护更新工作的通知》（郑统办〔2020〕12号）。

五月

1. 5月6日，郑州市统计局党组召开专题会议，集中学习2015年以来习近平总书记在主持召开的7次关于打赢脱贫攻坚专题会议上的讲话精神，以及习近平总书记给郑州圆方集团全体职工重要回信精神。各党支部相继开展习近平总书记给郑州圆方集团全体职工重要回信精神学习讨论活动。

2. 5月7日—5月8日，郑州市统计局党组成员、副局长张庆华一行分别到中牟县、新郑市、新密市和荥阳市实地调研“两个工作规范”贯彻执行情况。

3. 5月8日，河南省统计局二级巡视员、综合处处长朱启明一行三人到郑州市调研经济运行情况。

4. 5月12日—5月13日，郑州市第七次全国人口普查办公室成立4个工作组，对所辖16个县（市、区）、开发区人口普查前期工作开展情况进行全面调研和督导。

5. 为认真落实驻村帮扶制度，5月14日，郑州市统计局党组成员、副局长张庆华带领有关人员，到站街镇七里铺村看望驻村工作队，对驻村帮扶工作进行调研。

6. 5月15日，郑州市统计局召开了高质量发展考核评价统计指标工作会议。

7. 5月15日，郑州市机关工会对全市机关先进工会、优秀工会工作者、优秀工会积极分子进行表彰。郑州市统计局机关工会再次被授予“先进集体”荣誉称号。

8. 5月18日，经市直机关工委批复，郑州市统计局按期完成机关党委、机关纪委换届选举工作。

9. 5月19日，河南省统计局袁祖霞副局长、季红梅总统计师等一行40余人，赴郑州市围绕复工复产工作开展专题调研。

10. 5月19日—5月21日，郑州市统计局有关人员随河南省统计局赴驻马店市调研上半年工业经济运行情况及企业规范化工作。

11. 5月20日，郑州市统计局召开局中层以上干部会议，学习贯彻习近平总书记关于经济工作重要讲话精神，传达国家统计局第10统计督察组对河南省统计督查反馈意见，紧紧围绕徐立毅书记在市委常委会（扩大）会议研究一季度经济工作时的具体要求安排重点统计工作任务，各处室负责同志从业务角度对当前经济形势和工作打算作交流发言。

12. 5月20日，洛阳市统计局总经济师郭俊良一行到郑州市统计局，围绕地区生产总值统一核算改革和县域经济发展情况交流座谈。

13. 5月21日，河南省统计局总工程师罗勤礼、贸易处处长张喜峥一行莅郑调研跨境电商及汽车销售行业统计工作。

14. 5月25日，郑州市统计局撰写的统计分析《社会消费品零售总额增速低于全省的原因分析》获郑州市副市长万正峰批示："请李兵同志组织深入研究对接沟通，并提建议。转统计、商务。"

15. 5月25日，郑州市统计局党组扩大会专题传达学习省纪委2期"贯彻落实中央八项规定精神"系列专题。

16. 按照市纪监委要求，郑州市统计局积极组织全体党员观看《据典话廉》廉政教育微视频，并开展学习讨论活动。

17. 5月26日—5月28日，郑州市统计局组成调研组，赴中原区、二七区、管城区、金水区、上街区、惠济区对统计机构单设进展情况等工作开展专题调研。

18. 5月27日，郑州市统计局副局长张庆华一行赴中原区调研规上服务业运营情况。

19. 5月27日—5月29日，郑州市统计局分别到荥阳市、惠济区、中牟县，经开区，航空港区开展城乡划分属性实地核查工作。

20. 5月27日—5月28日，郑州市统计局党组成员、副局长张庆华一行赴航空港区、经开区调研全市多式联运发展情况。

21. 5月28日，郑州市统计局赴经开区开展"数字经济"调研。

六月

1. 郑州市统计局驻鼎诺工作组再次被评为"2019年度防范打击和处置非法集资工作先进单位"。

2. 5月28日、6月1日，郑州市统计局举办"守初心　担使命　当先锋"文艺作品展示活动。

3. 为深入贯彻落实《河南省社会信用条例》，深入推进社会信用体系建设，郑州市统计局采取多种方式，积极开展《河南省社会信用条例》宣传活动。

4. 6月4日，郑州市统计局召开全市统计系统国家统计督察反馈意见整改工作会议。深入贯彻全省统计督察整改工作会议精神，安排部署全市统计系统督察整改工作。

5. 6月9日，郑州市统计局孙玉平副局长一行到巩义市站街镇七里铺村开展扶贫攻坚调研工作。

6. 6月12日，郑州市统计局张庆华副局长一行到市交通运输局调研，深入了解疫情对郑州市道路运输业的影响以及全市道路运输发展情况。

7. 6月12日，郑州市统计局组织召开新晋升中层干部廉政谈话会，局机关、局属二级机构新晋升的11名中层干部参加了集体廉政谈话。

8. 郑州市统计局撰写《郑州网上零售业态低位运行情况分析》，获万正峰副市长批示。

9. 6月10日—6月12日，郑州市统计局对中牟县、新郑市、高新区的大型批发市场、高校餐饮统计入库情况进行专题调研。

10. 6月16日—6月17日，郑州市统计局党组成员、副局长孙玉平一行先后赴荥阳市、巩义市、高新区开展规模以下工业企业生产经营状况调研。

11. 6月18日，郑州市统计局党组书记、局长滕飞同志带领党组成员和40余名党员干部来到圆方非公党建学院，开展“走进圆方”主题党日活动。

12. 6月18日，郑州市统计局撰写的统计分析《1—5月社会消费品零售总额增速位次在全省明显前移》，获河南省副省长、郑州市市长王新伟，郑州市副市长吴福民批示。

13. 6月18日—6月19日，河南省统计局赴新密市、经开区和新郑市调研企业研发统计工作。郑州市统计局党组成员、二级调研员负慧海陪同调研。

14. 6月23日，由河南省统计局主办、郑州市统计局承办，中共新郑市委、新郑市人民政府协办的河南省统计系统“签承诺、亮信用”活动启动仪式在郑州新郑市隆重举行。

15. 6月24日，郑州市政府副市长、党组成员吴福民到郑州市统计局进行工作指导和专题调研。郑州市统计局县处级领导干部参加调研座谈。

16. 6月28日，郑州市统计局印发《开展“两个工作规范”三年行动计划方案》，并召开工作推进会。

17. 6月30日，郑州市统计局党组成员、调研员负慧海同志带领工作人员，开展困难党员走访慰问活动。

七月

1. 7月1日，郑州市统计局开展“做文明有礼统计人、为文明城市添光彩”倡议活动。

2. 7月1日，郑州市召开市政府第60次常务会议，专题听取郑州市统计局关于国家统计督察反馈意见整改工作推进情况。河南省政府副省长、郑州市市长王新伟对推进整改工作提出明确要求。

3. 7月1日，郑州市统计局在局六楼会议室隆重举办庆祝建党99周年表彰大会暨“强化政治机关意识”专题党课活动。局党组书记、局长滕飞同志为全体党员干部上“强化政治机关意识”专题党课，会议由局党组成员、调研员负慧海主持。党组成员及局机关全体党员参加会议。

4. 7月2日，河南省统计局党组书记、局长王世炎，设管处处长乔西宏，政法处处长张静一行莅临郑州市，听取国家统计督察整改工作推进情况，宣讲习近平总书记关于统计工作的重要批示指示精神和中央《意见》《办法》《规定》，督导推进国家统计督察整改工作，实地查看郑州市第七次全国人口普查工作。郑州市政府副市长吴福民主持汇报会议。

5. 郑州市统计局统计分析《1—5月份郑州工业生产持续向好》获得郑州市副市长史占勇批示。

6. 7月13日，郑州市统计局撰写分析《2020年工业增加值率变化对郑州工业的影响分析》获郑州市副市长史占勇批示。

7. 7月14日，郑州市统计局举办防范和惩治统计造假弄虚作假法规知识业务培训，河南省统计局政策法规处处长张静以《弘扬统计法治精神　全面依法统计依法治统》为题，紧密结合统计违纪违法案例，从统计法律体系、统计法基本问题、统计调查管理等七个方面进行深入讲解。

8. 7月16日—7月17日，郑州市国家统计督察情况反馈意见整改工作领导小组办公室抽调相关人员组成6个工作组，对金水区等8个县（市、区）国家统计督察反馈意见整改落实情况开展专项督导。

9. 7月17日，郑州市统计局举办“文明交通　安全出行”知识讲座，郑州市交警二大队李郑伟警官以通俗易懂的语言，围绕道路交通安全形势、常见违法行为及其危害、安全驾驶习惯及行为、模范遵守交通法规等方面进行了深入浅出的讲解。

10. 郑州市统计局创作表演的《统计普法庆七一》节目入选市直机关工委“守初心担使命　当先锋”庆祝建党99周年文艺作品系列展播，被河南统计微信公众号推送。

11. 7月16日，郑州市统计局印发《关于建立〈郑州市统计局基层统计工作联系点制度〉的通知》。

12. 7月21日，郑州市第七次全国人口普查综合试点入户登记启动仪式在新郑市龙湖镇沙窝李新型社区举行。郑州市七人普领导小组副组长兼办公室主任、统计局局长滕飞，新郑市市长马宏伟，新郑市常务副市长、七人普领导小组组长王智明，郑州市人普办副主任孟玲武，新郑市七人普办公室主任、统计局局长刘德智，龙湖镇党政主要负责同志，各县（市、区）、开发区人普办和社区居民共三百余人共同参加了活动。启动仪式由郑州市人普办副主任、郑州市统计局总统计师黄飞主持。

13. 7月20日，郑州市统计局召开会议，进一步深入学习中央《意见》文件精神。郑州市统计局中层以上领导干部参加学习，局党组书记、局长滕飞主持会议。

14. 7月，郑州市统计局先后赴荥阳、新郑、登封、新密、中牟、高新区、经开区等地开展数据质量核查工作，实地走访企业，通过查阅企业账套、核对税务平台、了解企业工业总产值计算方法等形式，对工业总产值、营业收入、产品产量等重点指标进行现场核实。

15. 7月23日，郑州市统计局开展"学习强国"挑战达人选拔赛，来自各党支部的20多名党员参加了比赛。

16. 7月24日，郑州市统计局在嵩山饭店国际会议中心召开2020年上半年经济形势分析会。郑州市所辖各县(市、区)统计局、开发区统计部门主要领导、分管领导和综合科科长；郑州市统计局县处级领导干部、各部门负责人、专业处室全体人员参加了会议。郑州市统计局核算处、工业处、投资处、贸易处、服务业处、社科处、监测评价处、调查队进行经济形势分析研判。

17. 7月24日，在全市统计系统大会上，郑州市统计局党组书记、局长滕飞专题传达学习市委十一届十二次全体会议精神，全文领学徐立毅书记全会讲话。

18. 7月25日，郑州市统计局撰写统计分析《上半年触底回升，下半年潜力巨大——全市社会消费品市场整体情况分析》获郑州市副市长万正峰批示。

19. 7月27日，郑州市统计局召开局党组(扩大)会议，贯彻落实郑州市人民政府第一次全体(扩大)会议精神。

20. 7月30日，郑州市统计局赴金水区调研"两个工作规范"进展情况，并现场指导国基路街道办事处"两个工作规范"工作。

八月

1. 8月3日，郑州市统计局党组召开专题会议传达学习讨论省纪委《典型案例通报》第2期，局党组书记、局长滕飞主持会议，驻市审计局纪检组副组长易明参加会议。

2. 8月3日，郑州市统计局党组听取上半年党风廉政建设及反腐败日常工作汇报，研究部署下半年党风廉政建设重点工作。局党组书记、局长滕飞主持会议，驻市审计局纪检组副组长易明，局机关纪委书记刘学勇参加会议。

3. 8月5日，中共郑州市统计局机关委员会召开机关党委委员(扩大)会议，全体机关党委委员及各党支部书记参加会议。

4. 8月7日，郑州市统计局举行微党课大讲堂活动，郑州市统计局党组成员、机关党委书记负慧海同志以《话忠诚——忠诚是共产党人的根本政治品格》为题进行开课首讲。

5. 8月12日，普查中心在嵩山饭店召开系统人员培训会，对相关业务进行了培训。16个县(市、区)、开发区普查中心主任及业务骨干参加会议。

6. 8月12日，郑州市人普办召开了第七次全国人口普查综合试点工作总结会，这标志着第七次全国人口普查郑州市级综合试点工作圆满完成。各县(市、区)人普办负责人、综合组长、业务组长、数据处理组长及新郑试点地区有关人员、市人普办有关人员参加了会议。

7. 8月12日—8月13日，在局工会精心组织下，局领导带领局工会会员开展彭雪枫纪念馆学习和美丽乡村吴垭石头村发展变化考察专题活动。

8. 8月14日，郑州市统计局党组书记、局长滕飞到巩义市站街镇七里铺村调研指导脱贫攻坚工作以及扶贫政策的落实情况，并与站街镇包村领导、村支部书记、驻村工作队座谈，共议七里铺村发展及下一步脱贫攻坚工作。

9. 8月17日，市直机关工委书记范兴辉一行到市统计局调研指导机关党建工作。市统计局党组书记、局长滕飞，局党组成员、机关党委书记负慧海参加调研。

10. 8月24日，郑州市统计局党组召开专题会议传达学习讨论市纪委监委2020年第1期《典型案例通报》，局党组书记、局长滕飞主持会议，驻市审计局纪检监察组副组长易明参加会议。

11. 8月24日，郑州市统计局召开党组扩大会，紧紧围绕市委、市政府中心工作，严格对照中共郑州市委、郑州市人民政府《意见》要求，再次对贯彻落实工作进行研究部署。局各分管领导结合工作详细汇报了抓落实具体举措。

12. 8月24日—8月28日，郑州市举办了全市第七次全国人口普查综合业务培训班，全市16个区县（市）、210个乡（镇、办）两级普查人员共553人参加了培训。

13. 8月27日—9月1日，郑州市统计局党组成员、二级调研员李向涛带队到新郑市、登封市、中牟县、金水区、惠济区、二七区等县（市）区开展依法统计行政指导，与基层统计调查单位统计人员座谈，有力推进全市统计系统服务型行政执法工作。

14. 8月31日，国家统计局党组成员、副局长，国务院第七次全国人口普查办公室主任李晓超一行莅临郑州，调研人口普查及黄河高质量发展工作。

九月

1. 9月2日，河南省统计局服务业处处长王予荷一行，莅郑开展“牢记初心使命、争当出彩先锋、推进服务业统计高质量发展”党建活动，并调研服务业统计工作。

2. 9月5日上午9:09分，由省人普办和郑州市人普办联合冠名的“人普号”品牌城际高铁徐徐驶离郑州，开向焦作，标志着我省人口普查宣传高潮即将到来。

3. 9月3日，郑州市统计局设管处党支部联合核算处党支部、服务业处党支部，赴巩义市站街镇七里铺村开展支部联建“消费扶贫”活动。

4. 9月4日，郑州市统计局组织在职党员到百花社区开展“全城清洁”主题党日活动，对百花路35号院和38号院小区道路和卫生死角进行了清理。

5. 9月7日—9月11日，郑州市统计局档案管理人员积极参加2020年度全市档案从业人员岗位培训班，并顺利通过考试，荣获郑州市档案局统一颁发的《郑州市档案人员岗位培训证书》。

6. 9月9日，郑州市统计局举办2020慈善日活动捐款仪式。

7. 9月9日，郑州市统计局举办《红船精神》党员读书分享会。郑州市统计局党组成员、机关党委书记负慧海首先围绕坚守信仰、对党忠诚、躬身践行三个方面进行了讲述、分享，来自10个党支部的同志对《红船精神》一书畅谈学习收获。

8. 9月9日—9月10日，郑州市统计局党组成员、副局长张庆华一行，分别对上街区、惠济区、管城区、高新区开展“两个工作规范”三年行动计划的推进情况进行督导。

9. 9月11日，郑州市统计局积极组织开展《民法典》专题学习活动，各区县（市）统计局法规科科长及全市统计执法证持证人员参加了专题学习。

10. 9月11日，郑州市统计局召开统计法治培训会议，就贯彻执行统计法规和统计制度开展统计监督检查工作进行专题业务培训和座谈交流。各区、县（市）统计机构法制科长以及全市统计执法持证人员参加会议。局党组成员、二级调研员李向涛到会并讲话。

11. 9月11日，郑州市召开全市第七次全国人口普查领导小组成员单位第三次会议。市人普办及成员单位30余人参加会议。

12. 9月14日，郑州市统计局党组书记、局长滕飞主持召开局领导班子会议，集中学习《中华人民共和国民法典》等法律法规，专题研究全市统计系统加强新时代高质量统计工作具体方案和措施，进一步提升统计法治保障能力。

13. 9月14日—9月18日，郑州市统计局党组成员、副局长孙玉平带领38名党员干部赴红旗渠干部学院开展2020年度党性教育培训。

14. 9月16日，郑州市人普办召开了全市人口普查办公室主任会议，各区县（市）人普办主任、业务组组长及市人普办相关人员50余人参加会议。

15. 9月23日，郑州市统计局党组成员、调研员负慧海带领30名志愿者前往荥阳市刘河镇申庄村开展文明单位结对帮扶“清洁家园行动”。

16. 9月23日，郑州市统计局党组书记、局长滕飞带领30名志愿者到荥阳市刘河镇申庄村开展“情

暖中秋　共度佳节”走访慰问活动。

17. 9 月 25 日，河南省第七次全国人口普查宣传月暨第十一届“中国统计开放日”启动仪式在郑州市奥体中心广场举行。河南省省委常委、常务副省长黄强，河南省统计局局长陈红瑜，郑州市副市长吴福民，郑州市统计局局长滕飞及各区县（市）统计局负责同志出席活动，在现场与各界代表共同参与，助力“七人普”宣传。

18. 9 月 25 日，郑州市统计局积极组织志愿者在中原路与嵩山路交叉口西北角参与文明交通志愿服务活动，进一步弘扬志愿服务精神，增强干部职工文明交通意识，营造安全、有序、文明、畅通的道路交通环境，为我市创建“全国文明城市”增光添彩。

19. 9 月 27 日，郑州市统计局召开落实全面从严治党专题汇报会，传达了市纪委《关于围绕郑州航空港经济综合实验区赵国玺、荥阳市乔楼镇鲁晓炜等人严重违反中央八项规定精神等案件开展以案促改的通知》《全市纪检监察机关中秋国庆期间开展落实中央八项规定精神专项监督检查工作方案》，局机关人事处和局属二级机构经济社会调查队、普查中心、数管中心负责人分别就履行全面从严治党主体责任情况作专题汇报。

20. 9 月 29 日，郑州市统计局党组书记、局长滕飞主持召开郑州市第三季度经济形势分析会暨七人普工作会议，16 个区县（市）的统计局局长和开发区统计部门负责人对本区域前三季度经济形势进行了研判分析，对人口普查工作开展情况进行了汇报，并签订了人口普查工作责任书。

21. 9 月 29 日，郑州市召开工业统计数据联审暨业务知识培训会。

十月

1. 10 月 12 日，郑州市人普办副主任黄飞赴巩义市开展人口普查工作督导，听取巩义市普查宣传、“两员”培训和摸底工作部署等方面情况汇报，并到普查小区实地查看人口普查工作情况。

2. 10 月 13 日，郑州市统计局报送的专报信息《我市扩大消费工作推进情况及需要关注的重点问题》获郑州市副市长吴福民批示。

3. 10 月 13 日，郑州市统计局党组成员、副局长祝遵刚一行，到中原区、荥阳市开展人口普查摸底阶段调研指导。

4. 10 月 14 日—10 月 15 日，郑州市统计局党组成员、副局长张庆华一行，到管城区、新密市对七人普工作进行督导。

5. 郑州市统计局撰写《全省视野中的郑州工业企业效益情况分析》获郑州市副市长吴福民批示。

6. 10 月 22 日，郑州市统计局举办微党课大讲堂活动。局党组成员、二级调研员李向涛以《重温狱中八条　同说信仰　共鉴忠诚》为题进行讲授。

7. 10 月 22 日，郑州市统计学会印发《关于郑州市 2019 年统计科研成果评选结果的通报》，对 14 项获奖课题进行通报表彰。

8. 10 月 27 日，郑州市统计局举办《民法典》专题讲座，邀请河南正方圆律师事务所律师李健，从《民法典》的重大意义、主要作用和七大关键点等方面进行重点解读。

9. 10 月 27 日，郑州市统计局召开 2020 年第三季度经济形势分析会。

10. 10 月 28 日，郑州市统计局党组书记陈平山带队到二七区调研第七次全国人口普查入户摸底工作，听取了二七区人普办摸底登记工作开展情况汇报，详细了解人普宣传动员、入户摸底进度、自主填报等方面情况，并到社区现场慰问看望一线普查员，实地入户走访。

11. 10 月 28 日—10 月 30 日，郑州市统计局分期分专业召开“郑州市统计大数据决策平台”培训会议。

12. 10 月 30 日，郑州市统计局组织干部职工积极参加“四季有你”系列之——“2020 追梦前行”郑州市直机关健步跑活动。

13. 10 月 30 日，郑州市统计局通过视频会议形式，集中收听收看河南省统计局举办的《民法典时代推进法治政府建设的新举措》法治专题讲座。

14. 10月31日，清华大学中国经济社会数据研究中心主任、国家统计局原副局长许宪春一行莅临河南郑州调研制造业转型升级和网红经济。

十一月

1. 11月1日，河南省委常委、常务副省长黄强在第七次全国人口普查正式登记第一天，亲临河南警察学院家属院人口普查登记现场进行调研指导。

2. 11月1日，郑州市副市长吴福民在市统计局总统计师黄飞的陪同下，来到惠济区天伦庄园小区，慰问现场普查员，并到居民家中查看信息登记情况。

3. 11月4日，国家统计局党组成员、副局长盛来运带领国家统计局调研组一行莅临郑州，在河南省统计局局长陈红瑜、副局长冯文元，郑州市政府副秘书长王保来，郑州市统计局党组书记陈平山、总统计师黄飞的陪同下，调研指导我市第七次全国人口普查工作开展情况。

4. 11月10日，郑州市统计局召开党组（扩大）会议，专题学习中央《意见》《办法》《规定》相关内容和《最高人民法院关于行政机关负责人出庭应诉若干问题的规定》。

5. 11月10日，郑州市统计学会印发《关于2019—2020年度郑州市优秀统计分析报告评选结果的通报》（郑统学〔2020〕4号），对48篇优秀统计报告进行表彰。

6. 11月11日，郑州市统计局印发《关于建立郑州市统计局基层统计工作联系点制度的通知》。

7. 11月12日，郑州市统计局党组书记陈平山一行到巩义市站街镇七里铺村调研脱贫攻坚工作，并看望慰问贫困户和驻村工作队。郑州市统计局党组成员、副局长孙玉平，巩义市副市长肖现军陪同调研。

8. 11月16日，郑州市统计局召开局党组（扩大）会议，传达学习《关于围绕郑州市社保系统损害营商环境案件开展以案促改的通知》，局党组成员围绕案件学习、剖析情况进行了表态发言。

9. 11月18日，郑州市统计局在嵩山饭大礼堂召开10月份郑州市经济形势分析会，市政府副秘书长王保来出席会议，16个区县（市）统计工作分管领导，市发改委、工信局、城建局、住房保障局、商务局、财政局、交通局、金融局等市直单位分管领导和市统计局中层以上领导干部参加了会议。

10. 11月18日，郑州市组织完成2020年度全国统计执法证资格考试。全市共有28名人员参加考试，14人通过考核。

11. 11月18日，郑州市统计局召开全市统计系统统计行政执法暨行政执法责任制示范点观摩会议，开展了统计执法、行政指导案卷展评和行政执法经验交流。

12. 11月19日，郑州市统计局举办党支部会议记录规范化培训暨交流观摩活动。郑州市统计局党组成员、机关党委书记负慧海同志为局属各党支部书记、党务工作者进行专题培训。

13. 11月19日，郑州市统计局党组成员、副局长孙玉平赴二七区和航空港区对2020年第一批年度审核调查单位开展现场核查。

14. 11月19日，郑州市统计局印发《关于2020年行政指导卷宗评查结果的通报》，对11件统计行政指导优秀案卷进行表彰。

15. 11月19日，郑州市统计局党组成员、副局长祝遵刚到新密市调研督导统计工作。

16. 11月19日—11月20日，第十三届中部省会城市经济形势座谈会在武汉召开，中部省会城市统计局领导及有关人员齐聚武汉，座谈交流各地经济社会发展情况。郑州市统计局党组书记陈平山、四级调研员程胜先带领相关专业人员出席会议。

17. 11月20日，郑州市统计局党组成员、副局长张庆华到荥阳市调研督导统计工作。

18. 11月24日—11月25日，郑州市统计局举办全市投资领域统计业务能力提升培训班。

19. 11月26日，郑州市统计局举办第二期党员读书分享活动。来自7个党支部的9名同志结合自身的工作实际和生活体验，从不同角度畅谈对《习近平谈治国理政》第三卷一书的学习感悟。

20. 11月26日，郑州市统计局印发《中共郑州市统计局党组关于深入学习宣传贯彻党的十九届五中全会精神的通知》。

十二月

1. 11 月 30 日—12 月 6 日，郑州市统计系统多措并举，扎实开展“宪法宣传周”系列活动。

2. 12 月 3 日，郑州市统计局印发《2020 年度依法行政考核实施方案》（郑统〔2020〕47 号）。

3. 12 月 4 日，郑州市统计局举办学习贯彻十九届五中全会精神宣讲会，邀请省委宣讲团成员、省社科院社科院城市与环境研究所所长王建国为全局干部职工解读五中全会精神。

4. 12 月 5 日，郑州市统计局印发《关于印发调整部门统计工作归口管理意见的通知》（郑统〔2020〕49 号）。

5. 12 月 7 日，郑州市统计局召开平安建设工作推进会，传达贯彻《郑州市统计局关于调整平安建设工作领导小组成员的通知》《郑州市统计局 2020 年平安建设工作要点》等相关文件精神，对下一步平安建设先进单位创建工作进行安排部署。郑州市统计局党组书记陈平山同志做重要讲话。

6. 12 月 11 日，郑州市统计局根据《郑州市统计局党组深入学习宣传贯彻党的十九届五中全会精神工作方案》的要求，开展十九届五中全会学习心得展评活动。

7. 12 月 14 日，郑州市统计局召开党组扩大会议，研究党风廉政建设和反腐败工作。郑州市统计局领导班子及派驻纪检组人员参加会议。

8. 12 月 14 日，郑州市统计局联合市委宣传部、市市场监督管理局、市文化广电和旅游局举办全市文化及相关产业统计业务培训会。

9. 12 月 17 日，郑州市统计局组织机关纪委、财务处等工作人员，到扶贫点巩义市站街镇七里铺村检查指导党风廉政建设工作。

10. 12 月 17 日，郑州市统计局组织全体干部职工在局六楼会议室观看电影《铁拐》。

11. 12 月 19 日，郑州市举办全市领导干部统计能力提升培训班暨全市经济运行分析会。全市各开发区、区县（市）、市直相关单位分管经济工作和统计工作的领导干部及统计系统人员共计 130 余人参加培训。郑州市政府副市长吴福民作开班致辞。

12. 12 月 21 日，河南省地方经济社会调查队到郑州市调研数字经济统计及核算工作。

13. 12 月 22 日，郑州市统计局召开全市 2020 年年报和 2021 年定期统计报表制度布置暨“两个工作规范”现场观摩会议。

14. 12 月 23 日，郑州市统计局对 2020 年度“双随机”抽查结果情况进行通报。

15. 12 月 23 日—12 月 24 日，郑州市人普办召开全市行职业编码质量验收培训暨业务工作推进会议。

16. 12 月 23 日—12 月 25 日，郑州市统计局召开全市工业统计制度培训会。

17. 12 月 29 日—12 月 30 日，郑州市统计局召开 2020 年全市服务业统计工作年报培训会。

18. 12 月 29 日，郑州市统计局组织全体干部职工在六楼会议室开展消防安全培训，进一步强化全局人员的消防安全意识。

19. 12 月 29 日—12 月 30 日，郑州市统计局召开全市能源统计年定报业务培训会。

20. 12 月 30 日，郑州市统计局召开“双节”党风廉政建设工作会议。

21. 12 月 30 日，郑州市统计局、郑州市物流口岸局、河南物流与采购联合会联合召开物流业统计工作座谈会。

22. 12 月，《郑州统计年鉴—2020》出版发行。